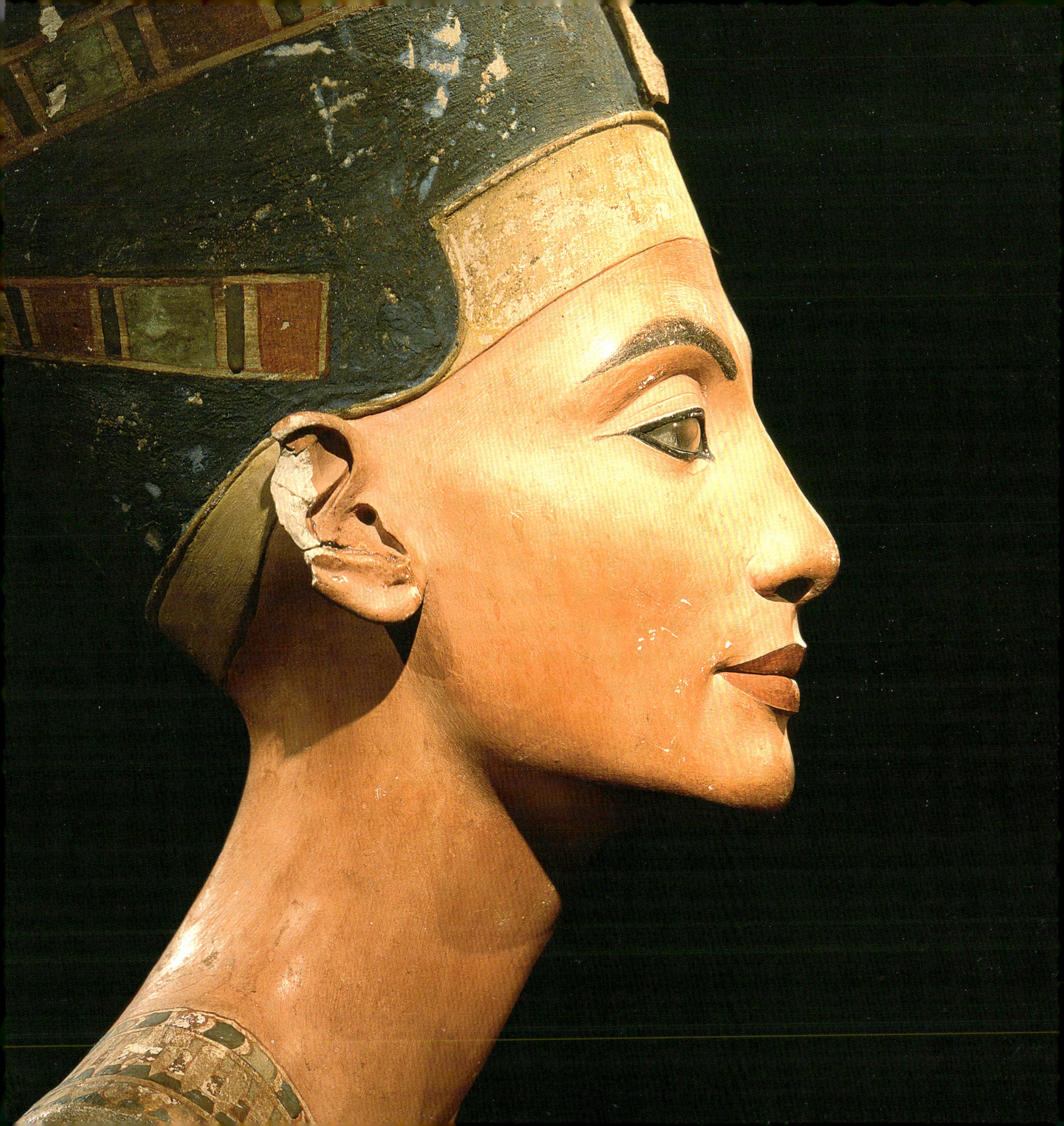

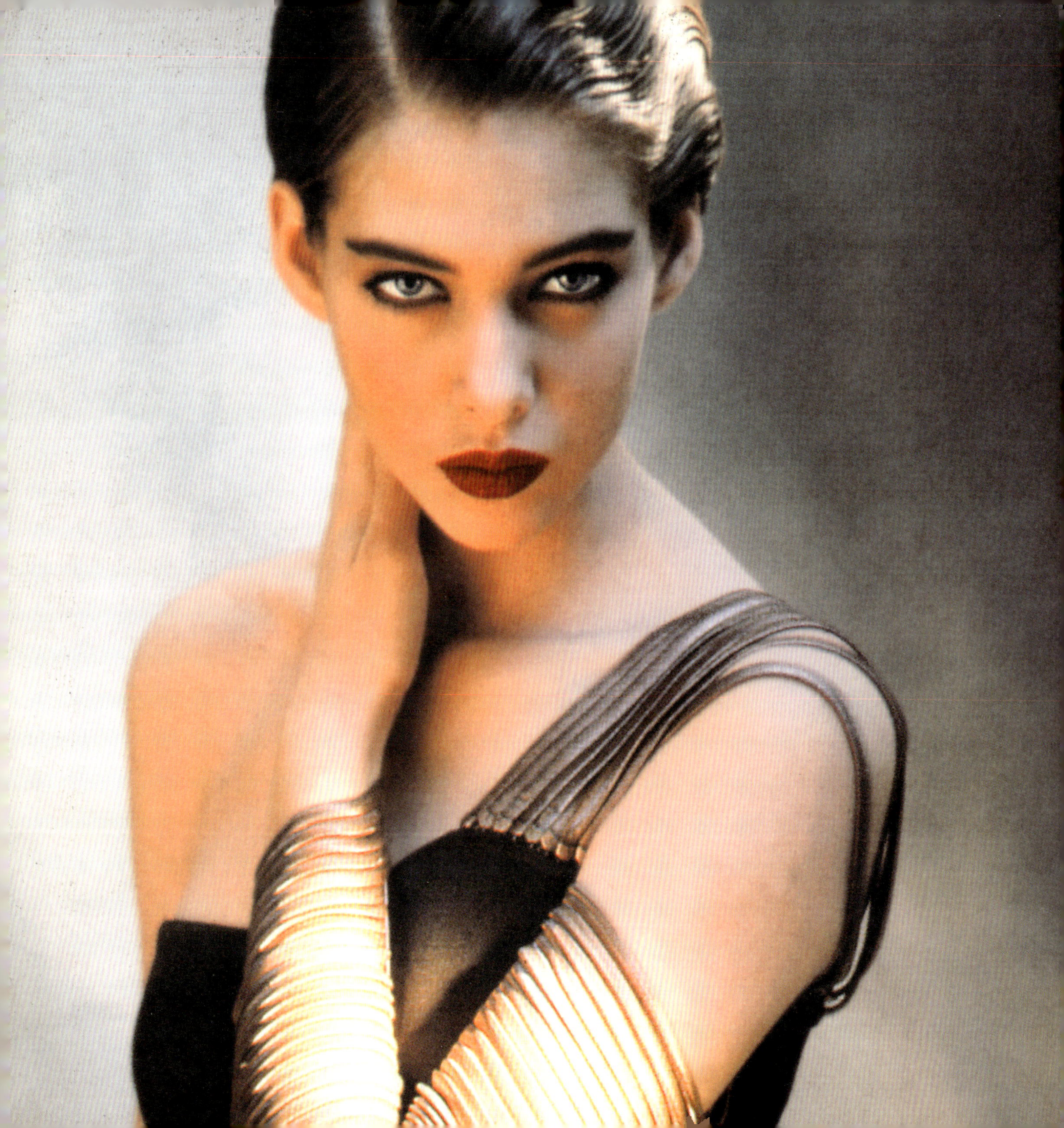

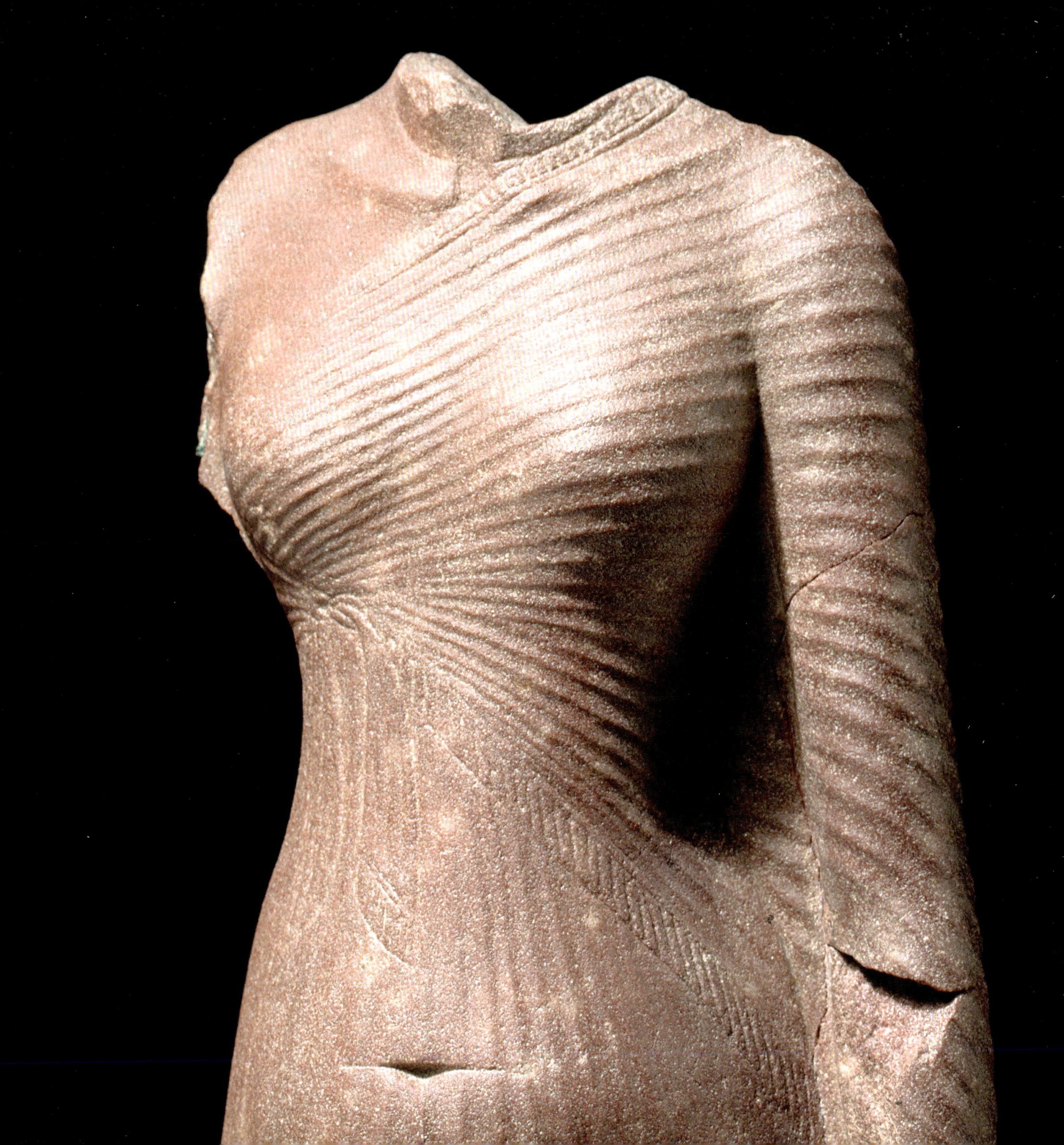

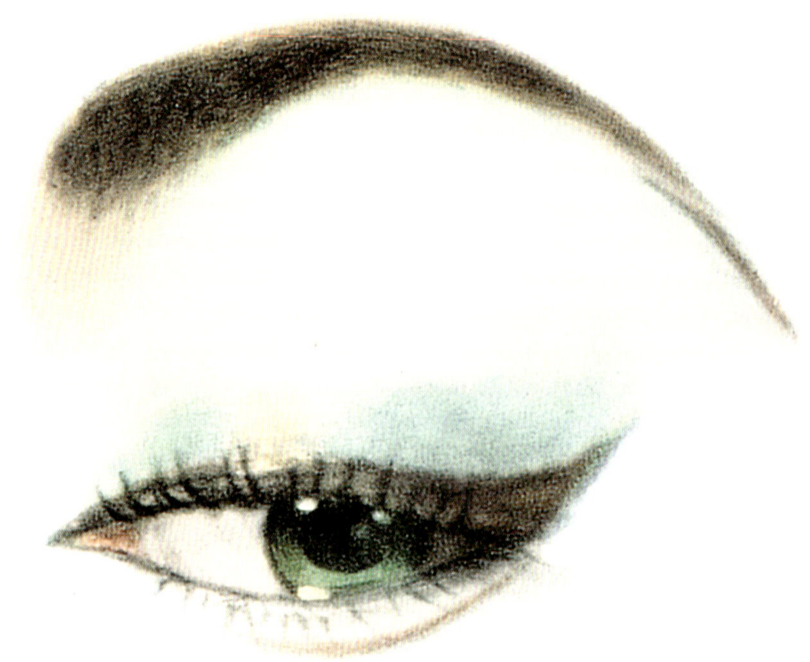

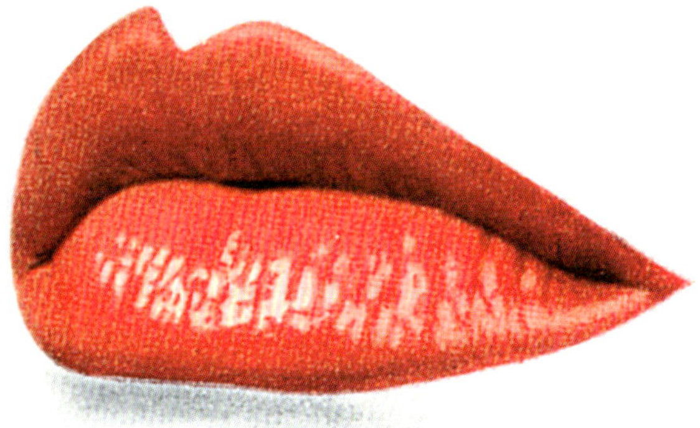

Dominique Paquet

LA BEAUTÉ

Préface de **Camille Laurens**

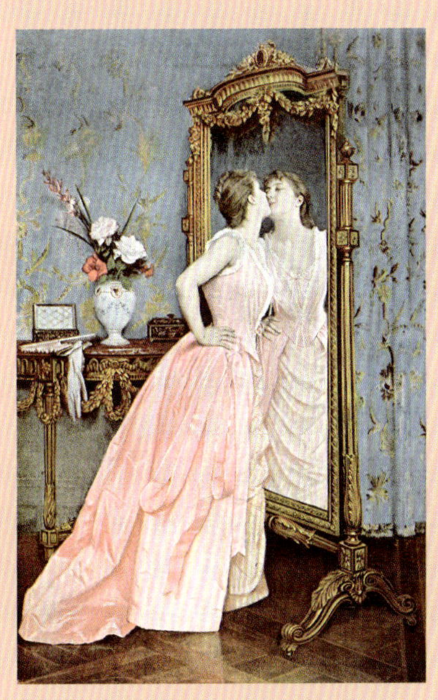

Gallimard

> Préface | Camille Laurens

Agrégée de lettres modernes, Camille Laurens est romancière et essayiste. Elle a notamment publié : *Index* (1991), *Philippe* (1995), *Dans ces bras-là* (prix Femina 2000), *L'Amour, roman* (2003), *Ni toi ni moi* (2006), *Romance nerveuse* (2010) et *Encore et jamais* (2013). Elle vit à Paris. Elle fait partie du jury du prix Femina.

Qu'est-ce que la beauté ? On pourrait faire la même réponse que Saint-Augustin à propos du temps : « Si personne ne me le demande, je le sais. Si je veux l'expliquer à qui me le demande, je ne le sais plus. » En effet, dès qu'il nous prend l'envie d'essayer, des exemples nous viennent, certes, et nombreux – œuvres d'art, visages d'actrices, corps d'éphèbes, paysages –, mais nous serions bien en peine de définir l'essence qui les rassemble. Si nous soulignons l'harmonie, la symétrie, Picasso vient défier la statuaire grecque et les parcs de Le Nôtre s'effacent devant les jardins anglais un peu fous. Si nous évoquons le calme et la sérénité, André Breton nous rappelle à l'ordre : « La Beauté sera convulsive ou ne sera pas. » Nous avons tous un jour trouvé banal un visage vanté comme sublime par un ami épris. Certains admirent le naturel, d'autres ne jurent que par la pose et l'artifice. La beauté peut même être invisible : les aveugles de naissance à qui Sophie Calle demandait quelle était pour eux la chose la plus belle n'avaient pas de difficulté à répondre – l'enfilade des bassins à Versailles, les cheveux d'une femme, la mer à perte de regard. La beauté est une vue de l'esprit, *cosa mentale*.

On peut alors tenter de décrire non ce qu'elle est mais ce qu'elle nous fait. Nous donne-t-elle du plaisir, nous met-elle au cœur espoir et joie, sentiment sublime ? Est-ce à cela qu'on reconnaît la beauté, à la paix délicieuse, au ravissement qui nous envahissent ? N'avons-nous pas, pourtant, avec Guillaume Apollinaire, des souvenirs contraires ? « Cette femme était si belle qu'elle me faisait peur », avoue-t-il. La beauté amorce parfois l'effroi, suscite, telle Hélène, guerre et discorde, et les vieillards de Troie eux-mêmes en restent pétrifiés. Est-elle donc « le commencement du terrible » ou bien « la promesse du bonheur » ? Impossible à dire. La beauté demeure subjective et relative, et cependant on lui met volontiers une majuscule. C'est qu'elle est capitale. On l'éprouve, on en fait l'épreuve : la rencontre de la Beauté est une initiation essentielle. Qu'on la crée ou qu'on la contemple, qu'elle suscite en nous un sentiment violent ou doux, qu'elle nous terrasse ou nous élève, nous enchante ou nous fasse trembler, nous ne saurions nous en passer. Elle est cette présence qui, au détour d'un regard, d'une allée, d'un chemin, nous envahit du sentiment d'être vivant, elle est ce que nous ne voulons pas perdre, ce qui, nous le pressentons, ne pourrait disparaître sans nous manquer, nous priver, nous réduire. Elle incarne la grâce de vivre.

Chapitre 1 • BEAU COMME L'ANTIQUE

Transmis aux hommes par Azazel, l'ange rebelle, l'art de la beauté porte en lui le signe du diable. S'il est sacré et ritualisé en Égypte ancienne, où khôl, henné ou fard à paupières rehaussent la beauté pharaonique, en Grèce antique il réside dans l'harmonie du corps et une pâleur extrême. À Rome, la simplicité pudique des premiers siècles laisse place à une beauté exubérante à partir de l'Empire.

SOMMAIRE

Chapitre 2 • LA NYMPHETTE MÉDIÉVALE

Si les soins de beauté qui défigurent l'œuvre de Dieu sont dénoncés par l'Église – pour gagner l'éternité, le voile et la moralité suffisent –, la beauté médiévale est jeune, blonde au teint de lis et aux lèvres incarnates. Le front épilé, les reins cambrés et le ventre saillant complètent le tableau.

Chapitre 3 · L'ÉPIPHANIE BAROQUE

Léonard de Vinci, Dürer et bien d'autres coulent le corps de la Renaissance dans un modèle idéal et les femmes n'auront de cesse que de se fabriquer une beauté d'illusion. Le blond vénitien, obtenu à force de teintures, le teint cérusé, les très déliés sourcils, les joues légèrement rosies puis rouges au XVIIIe siècle s'imposent.

Chapitre 4 · DE LA NATURE À L'ANTINATURE

La Révolution exalte le courant naturel initié par Rousseau vers 1750 et pour la première fois, la beauté n'est plus inféodée à un canon idéal. Au début du XIXe siècle, si le courant romantique prône le teint plombé, la maigreur et la blancheur spectrale, les femmes bourgeoises sont gracieuses et molles, légèrement fardées. Au milieu du siècle, le maquillage parfait la peau et les industries cosmétiques se développent.

Chapitre 5 · UN CORPS SAIN POUR UNE BEAUTÉ MODERNE

Au début du XXe siècle, un corps sain et musclé, libéré du corset, accompagne les femmes dans leur lutte pour leurs droits civiques. Très tôt cependant s'impose la tyrannie du hâle, qui va de pair avec celle de la jeunesse. Les années 1980 uniformisent les visages au moment où l'offre de produits cosmétiques s'accroît, et les années 1990 encensent les produits de soins. Désormais, vient le temps du métissage.

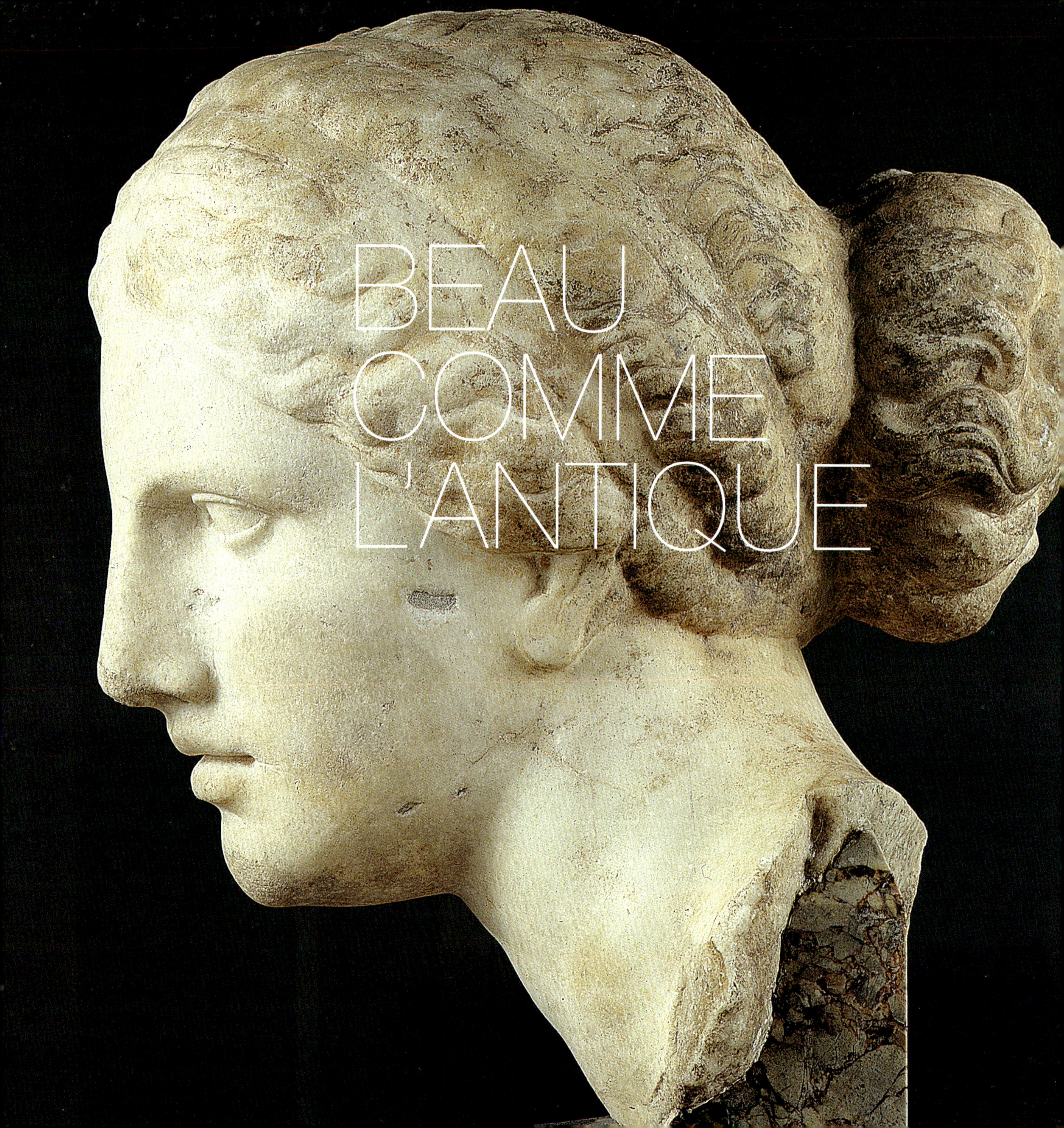
BEAU
COMME
L'ANTIQUE

Le Livre d'Hénoch raconte « comment l'ange Azazel apprit aux hommes à fabriquer les épées et les glaives, le bouclier et la cuirasse de la poitrine : il leur montra les métaux et l'art de les travailler et les bracelets et les parures et l'art de se peindre le tour des yeux à l'antimoine, et le fard pour embellir les paupières, et les pierres les plus belles et les plus précieuses, et toutes les teintures de couleur, et le monde en fut changé. »

Dès son origine, la beauté porte en elle une ambivalence. L'ange Azazel, en effet, est à la fois le « fort d'El » (El, le plus important des dieux cananéens) et, selon la tradition des tribus palestiniennes, le chef des anges rebelles. Il se manifeste aussi comme un démon du désert auquel on envoie, le jour des Expiations, un bouc chargé rituellement des péchés, bouc émissaire destiné à emporter avec lui toutes les forces maléfiques afin que le sacrifice à Yahvé puisse être accompli et agréé. « Envoyer à Azazel » signifie donc peu ou prou « envoyer au diable » (Lévitique, XVI).

Aphrodite, dite *Tête Kaufmann*, marbre, IIe siècle av. J.-C.

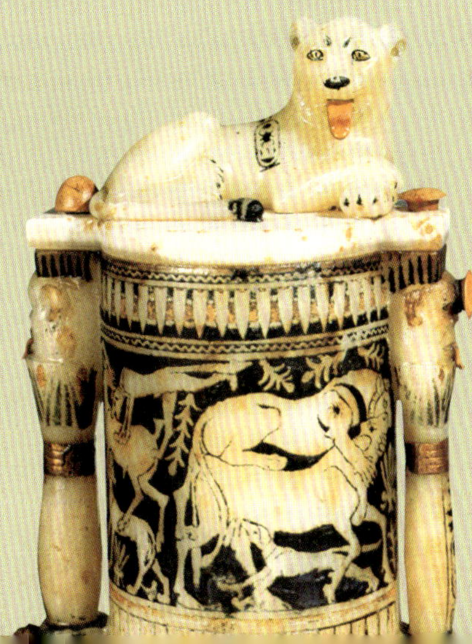

Pot à onguent au couvercle orné d'un lion couché, reposant sur quatre têtes de captifs, albâtre coloré, XVIIIe dynastie.

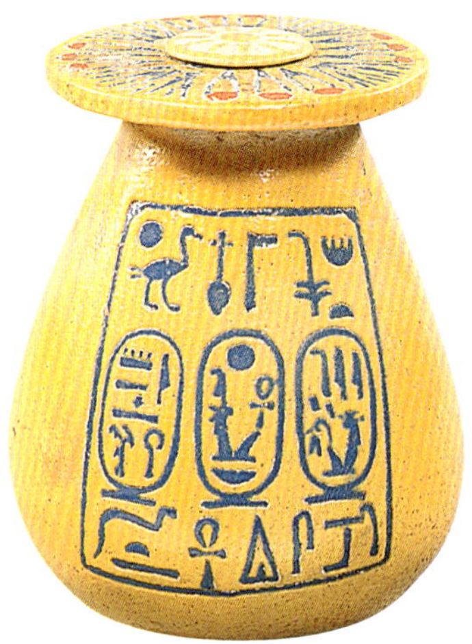

Dans cette perspective, la transmission de l'ange aux femmes de la terre comporte sa part diabolique. Car cet art de la beauté divulgué par un rebelle ne peut que se situer sur le fil fragile qui sépare l'ange de la bête. Associés aux métaux et à l'art de la guerre, les soins de la parure se trouvent désormais au cœur du combat que livre l'Éternel à la séduction de la chair. Ce combat s'ouvre par le Déluge qui suit la transmission d'Azazel, comme si les pluies du Ciel pouvaient laver les visages des femmes peintes et corrompues.

Au commencement était le souci de soi... L'exercice de la beauté dans l'Égypte ancienne ne semble pas avoir souffert d'opprobre. Au contraire, dès le IIIe millénaire av. J.-C., il est l'apanage de la classe sacerdotale qui se livre à l'étude des matières premières, à leurs mélanges et les utilise rituellement lors des cérémonies. Les rites initiatiques ou mortuaires comportent des pratiques de soins du corps dont chaque acte possède un sens symbolique et une fonction médicale. Ainsi l'antimoine, ou khôl, dont les Égyptiens se peignent les yeux, a pour vertu de protéger contre les ophtalmies du désert en maintenant une irritation continue des glandes lacrymales. Mais il renvoie également à l'œil d'Horus, le faucon sacré, dont l'acuité vigilante symbolise la lutte de la lumière contre les ténèbres.

Tout aussi rituels sont les onguents à l'oliban ou au térébinthe qui permettent au corps de lutter contre la transpiration.

Pot à khôl, faïence, XVIIIe dynastie
(vers 1403-1365 av. J.-C.).

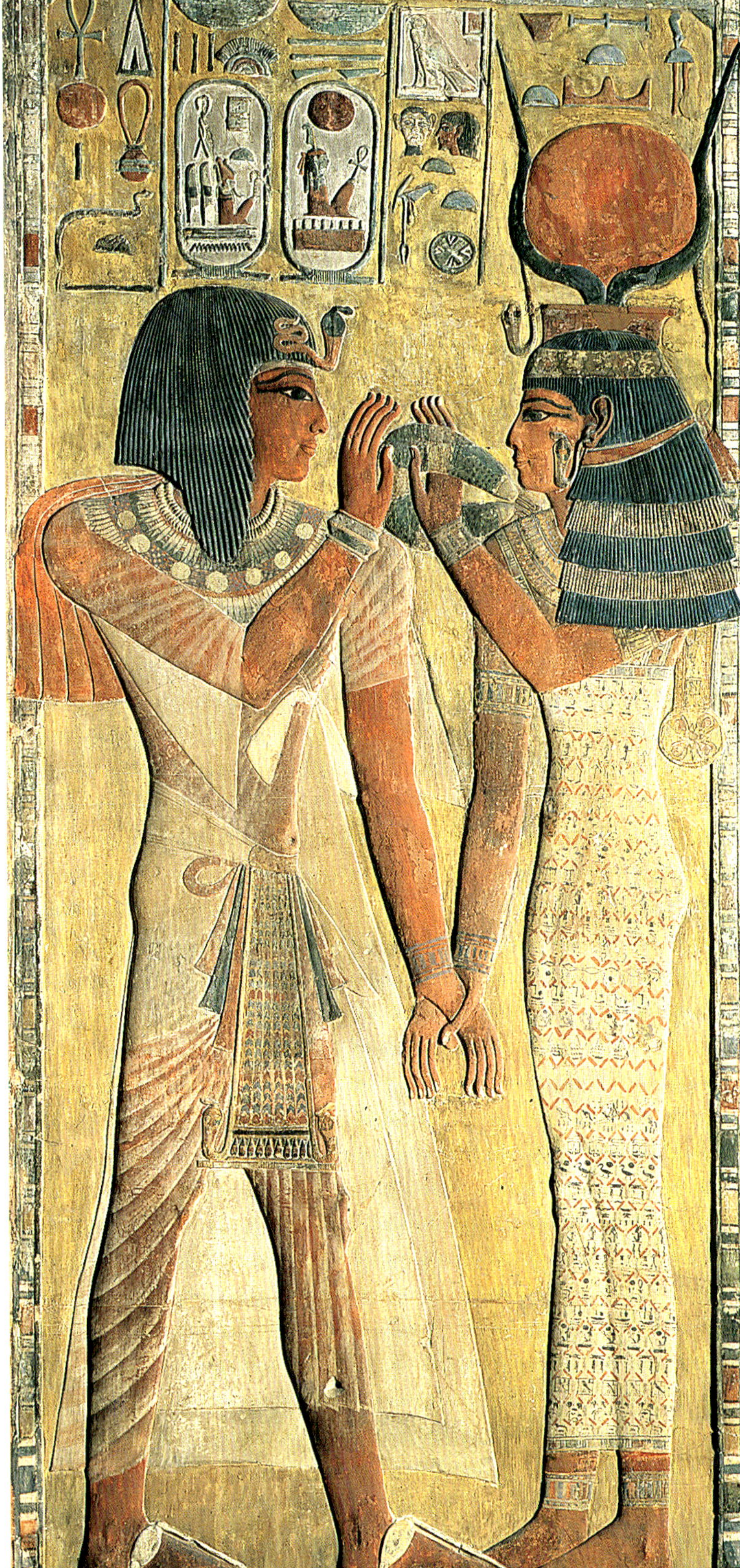

La déesse Hathor et le roi Sethi Ier, bas-relief provenant de la tombe de Sethi Ier, calcaire peint, vers 1303-1290 av. J.-C.

« Écosser des gousses séchées de fenugrec. Faire en mouillant une pâte avec les graines et en quantité égale de débris de coques. Rincer, faire sécher. Pulvériser et transformer en pâte. Chauffer la pâte jusqu'à ce que des nappes d'huile apparaissent à la surface. Recueillir l'huile. Celle-ci donne un teint parfait, remédie à la calvitie, aux taches de rousseur, aux marques de l'âge. »

Papyrus Edwin Smith, XVIe siècle avant J.-C.

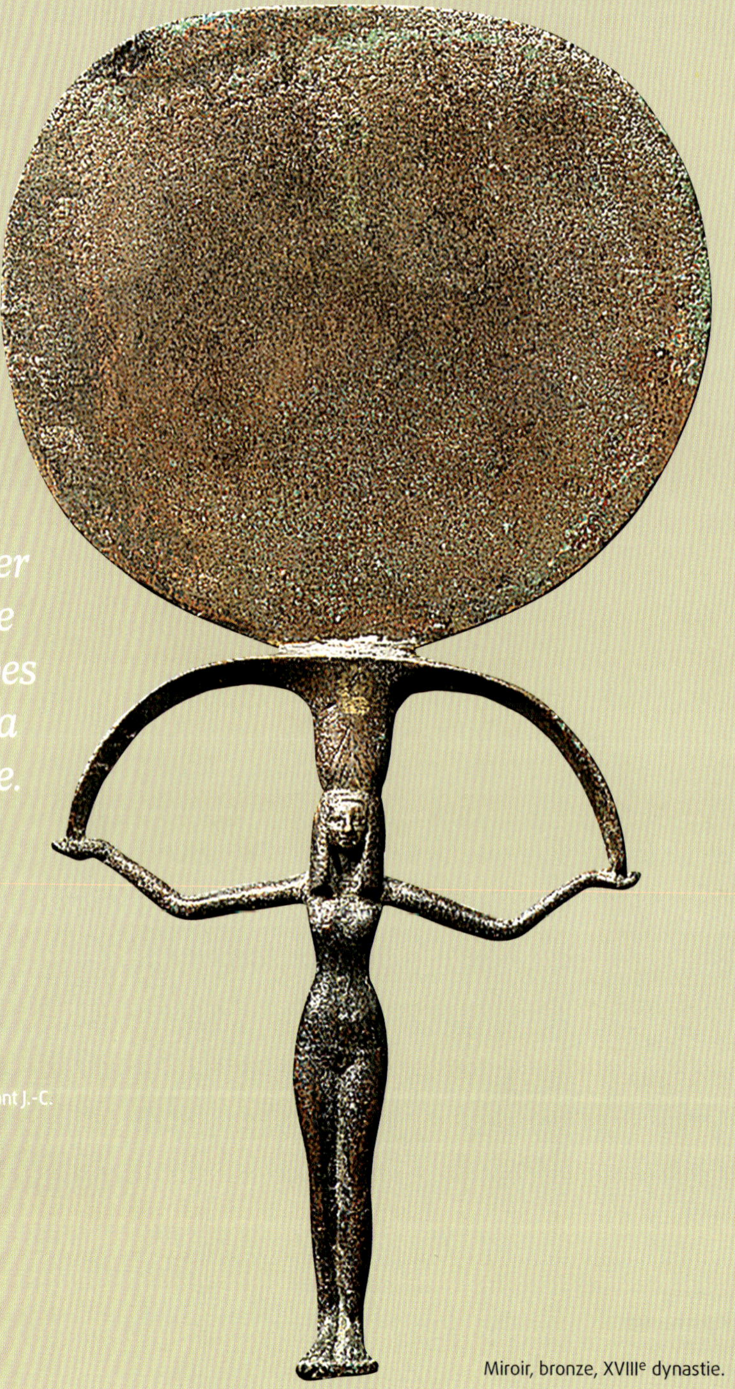

Miroir, bronze, XVIIIe dynastie.

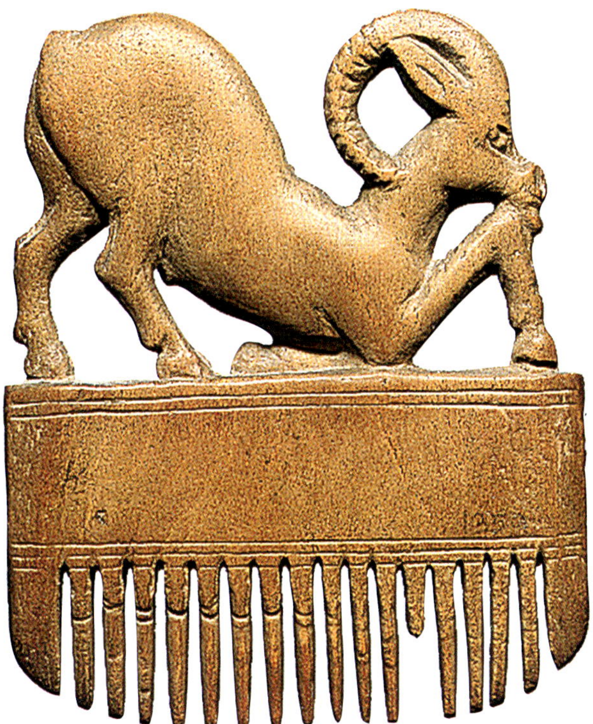

La classe sacerdotale détentrice des secrets des préparations est peu à peu imitée par la classe aristocratique à laquelle sont dévolues les fonctions administratives. Vers 2500 av. J.-C. on voit apparaître la distinction entre la femme à peau claire (qui reste à l'intérieur de la maison) et l'homme à peau foncée (dont les activités sont à l'extérieur), clivage qui demeurera inchangé jusqu'au XXe siècle. Le soin du corps fait partie des pratiques rituelles et sociales quotidiennes qui marquent la séparation entre une classe proche du panthéon théogonique et le peuple qui n'a accès qu'à des soins limités, profanes, coupés de toute signification ésotérique ; ainsi les peuples de la Libye que les Égyptiens jugent sales et malodorants.

Peigne au bouquetin, bois d'acacia,
XVIIIe dynastie.

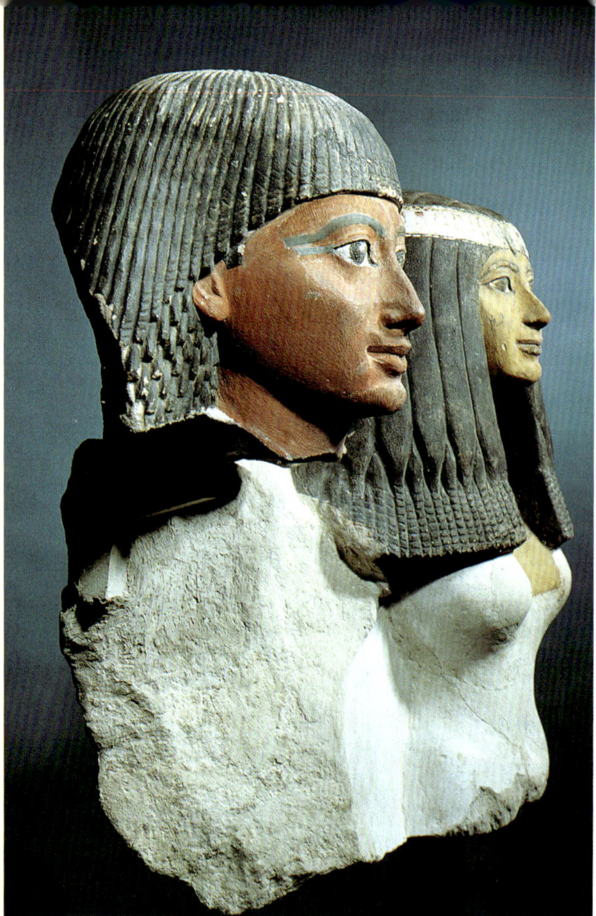

Beauté pharaonique. La toilette du corps commence par un bain parfumé dans lequel hommes et femmes se frottent avec le *natron* (limon du Nil) que l'on trouve en dissolution dans certains lacs égyptiens. Elle se poursuit par une exfoliation au *souabou* (pâte de cendres et d'argile de foulon) suivie d'un massage à l'huile parfumée.

Le corps est ensuite éclairé par une onction de peinture ocre jaune tirant sur le doré, les veines des tempes et du buste rehaussées de bleu qui tranche froidement sur l'éclat de l'or. L'œil passé au khôl noir « qui rend les yeux parlants » est étiré en forme de poisson tandis que les ombres à paupières déclinent les palettes violentes des pierres broyées : vert malachite, turquoise, *terra-cotta*, oxyde noir

Senynefer et Hatchepsout, grès peint,
XVIIIe dynastie (vers 1410 av. J.-C.).

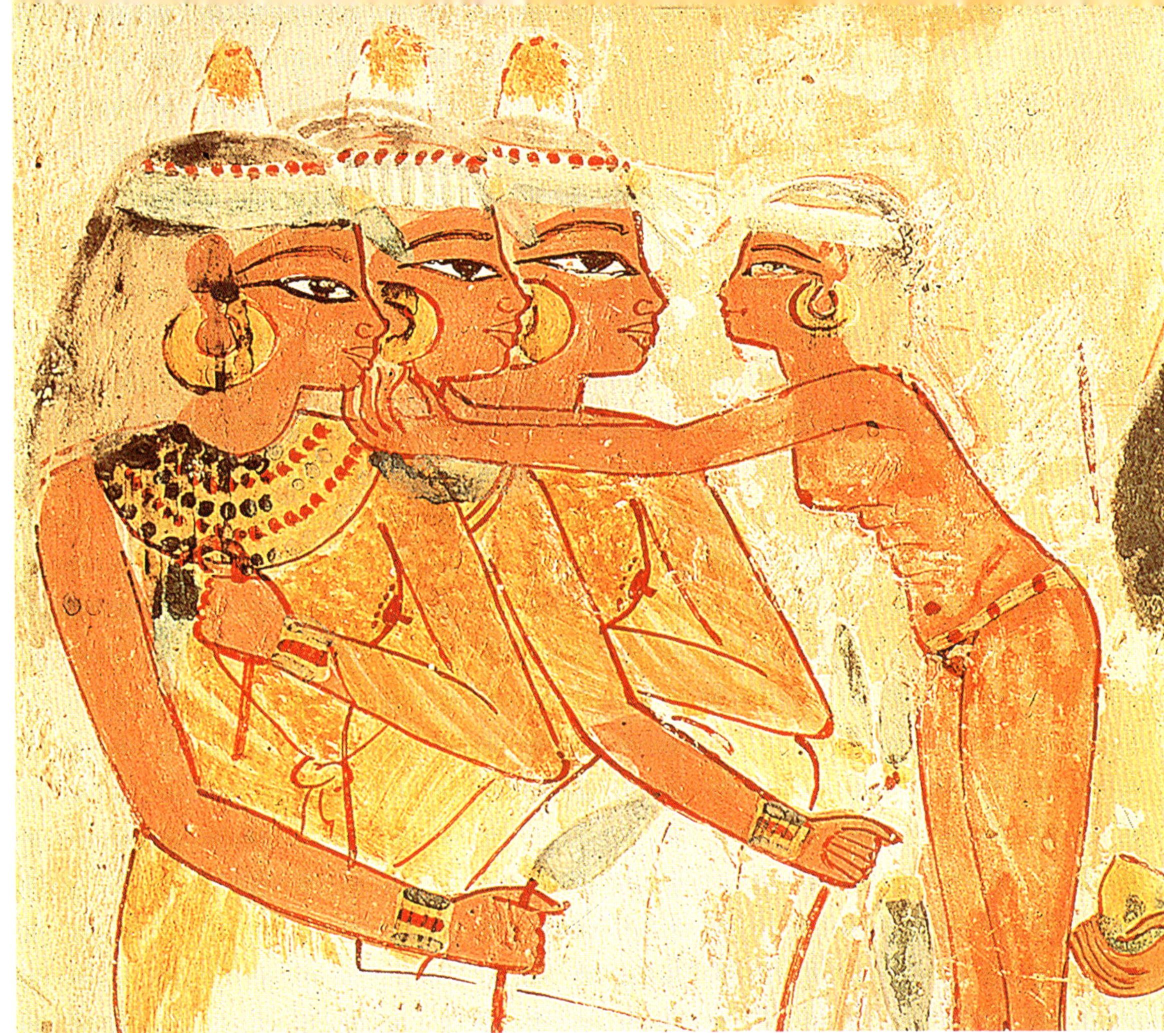

de cuivre, carbone. Les sourcils allongés et noircis complètent cet œil particulier. Les cils noircis ou épilés, les pommettes rosies, la bouche rosée ou carminée achèvent de conférer un éclat bayadère au visage sacré que coiffe la perruque bleutée surmontée d'un cône de parfum qui fond lentement au soleil et dégoutte sur tout le corps. Les ongles des mains et des pieds polis sont passés au henné, dont le tracé possède un sens symbolique et assure une protection contre la poussière du désert.

Toilette des femmes, peinture sur enduit de limon. Thèbes, vallée des Nobles, tombe de Nakht, début de la XVIIIe dynastie.

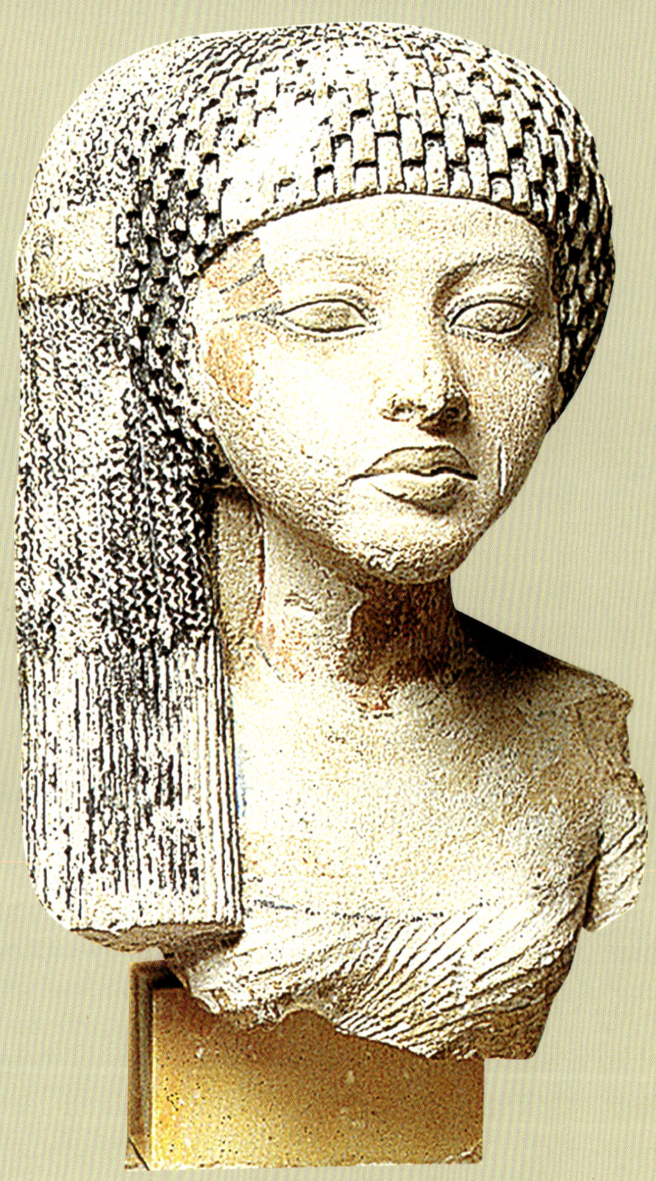

Une princesse de la famille d'Akhénaton, calcaire peint, XVIIIe dynastie (vers 1365-1349 av. J.-C.).

« Ta beauté est comme l'onde qui repose […] / Ton gosier est Anubis, / Ton corps est largement orné d'or. / Tes seins sont deux œufs de cornaline, / que Horus a plaqués de lapis-lazuli. / Tes épaules brillent comme faïence. »

Papyrus, XVIIIe dynastie (1540-1292 av. J.-C.)

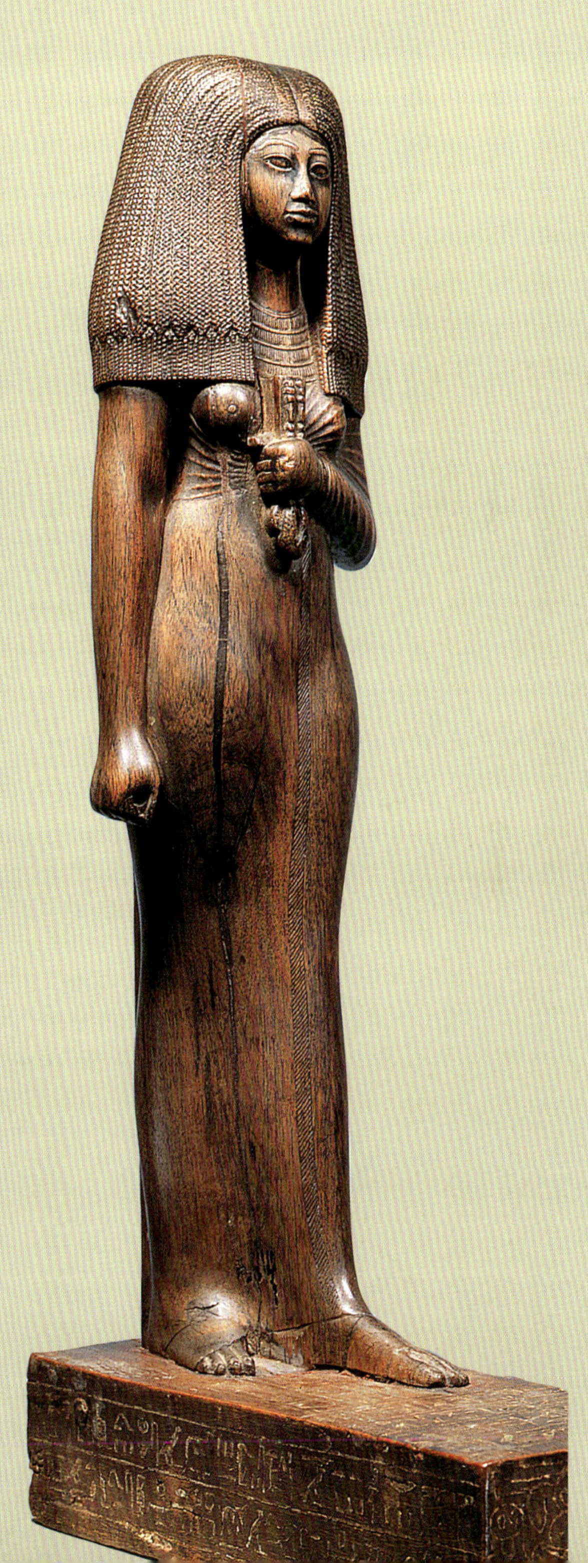

Statuette de la dame Touy, supérieure du harem de Min à Thèbes, bois de grenadille d'Afrique, fin XVIIIe dynastie.

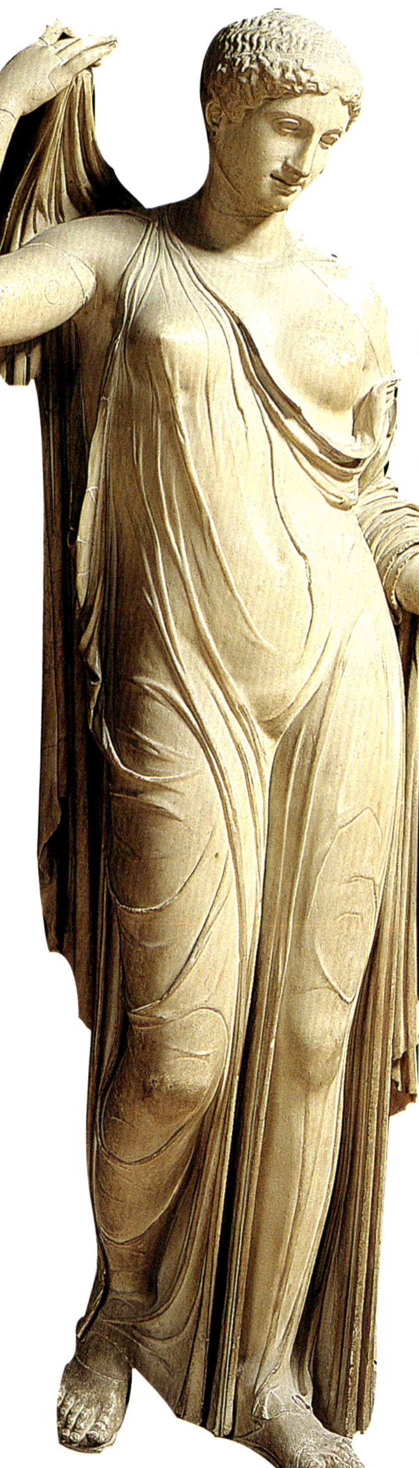

Les pâleurs du gynécée. Alors que l'Égypte brille d'éclats précieux, la Grèce homérique (XIIe-VIIIe siècle av. J.-C.) ne connaît que les soins rituels de l'hospitalité et de la toilette. Les bains parfumés à l'ambroisie, les massages d'huiles odorantes font toute la beauté du héros et de l'héroïne homériques. L'idéal de la Grèce archaïque ne réside ni dans la toilette du corps ni dans sa parure artificielle mais dans une harmonie qui résulte de l'accord du tout et de ses parties. Accords de proportions et de formes qui n'ont pas à être rehaussés par des coloris changeants, accords de nombres qui suffisent à le rendre beau. Si le corps est tors, le travail de rectitude s'opérera par les jeux du gymnase capables seuls de donner une beauté naturelle qui ne souffre pas d'artifices.

Cependant, d'après la mythologie, la beauté féminine est sous la tutelle d'Aphrodite, harmonieuse et douce, et de Pandore, trompeuse et fatale. Ainsi les femmes qui se parent détruisent-elles, à l'image de Pandore, les harmonieuses dispositions de la nature et exercent-elles une sorte d'*hubris* (démesure) qui contrevient à la beauté naturelle. Il ne faut pas en outre oublier que la Grèce est une société d'hommes dont la misogynie s'exerce à l'encontre des gynécées dès le début de la démocratie athénienne (VIe siècle av. J.-C.), avec une violence dont on trouve trace dans les Épîtres de saint Paul et les sermons des Pères de l'Église.

À Sparte, Lycurge avait banni les cosmétiques et interdit d'utiliser la peinture corporelle, corruptrice des manières des femmes. À Athènes, où l'influence des fards orientaux se développe à l'âge classique (V^{e}-IVe siècle av. J.-C.), les femmes sont maintenues dans le gynécée et leur peau « ressemble à celle des

Aphrodite dite *Vénus Génitrix*,
marbre, vers 360 av. J.-C.

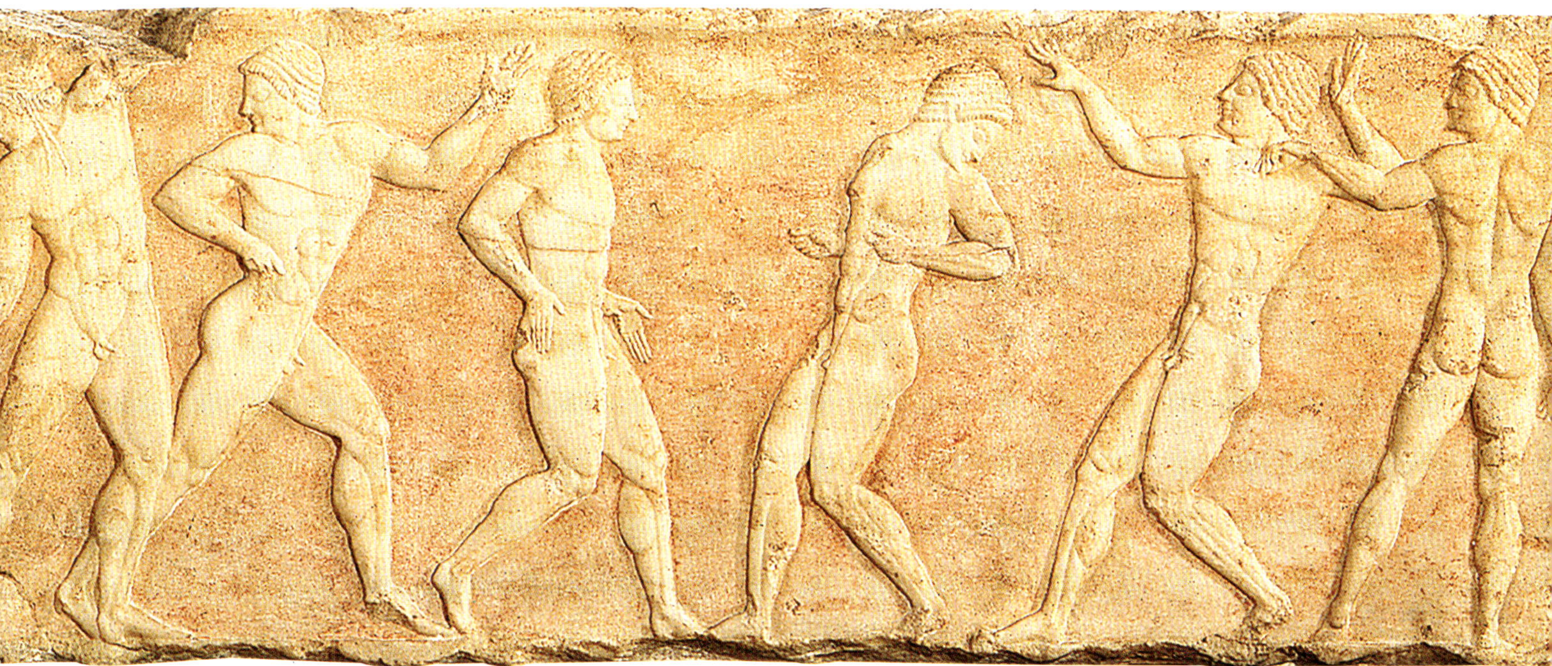

cordonniers » (Aristophane) : c'est dire qu'elle est d'une pâleur extrême. La femme blanchie à l'ombre des métiers à tisser ne saurait sortir fardée. En revanche, les jeux nocturnes réservés au mari autorisent quelques fards destinés à pimenter le destin d'un mariage souvent arrangé. À moins qu'elle ne se pare pour lutter à armes égales contre les courtisanes qui, à la nuit tombée, peintes et cheveux dénoués, hantent les rues d'Athènes.

Pendant la période hellénistique (IIIe-Ier siècle av. J.-C.), l'interdit s'assouplit. Sortant de plus en plus pour des emplettes, des cérémonies ou des visites, la femme grecque va acquérir « la manie de la céruse » (Clément d'Alexandrie) qu'elle partagera avec toutes les femmes de la Méditerranée, avec les courtisanes et les « guenons » (Aristophane), ces vieilles femmes plissées et édentées, anxieuses de vieillir, qui guettent le tendron sur le pas des portes.

Scène de gymnastique,
relief d'une base de kouros funéraire,
marbre, 510-500 av. J.-C.

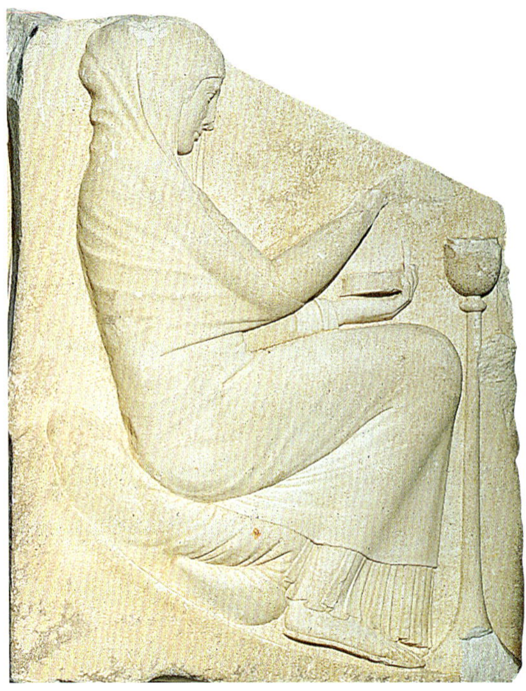

« Commotique » et cosmétique. Très tôt la langue grecque dissocie l'art de la toilette (*kosmêtikê technê*), qui désigne l'art de la parure (bijoux, vêtements, coiffure), l'hygiène, les techniques médicales de protection, de l'art du fard (*kommôtikê technê*), affecté et excessif.

Ce dernier appartient traditionnellement aux courtisanes et aux invertis notoires. En revanche, la cosmétique est une science qui fait partie de la médecine dont le but est la préservation du naturel physique. Dans l'éducation grecque, la gymnastique, en sculptant et en ciselant les muscles, associée aux massages d'huiles parfumées, aux soins des cheveux et de la barbe suffit à rendre beau naturellement. Le fard relève du simulacre, du mensonge et de l'illusion : il ne donne qu'une beauté éphémère, inauthentique et insignifiante.

Pourtant la mode barbare impose à Athènes les attraits d'une lourde cosmétique – c'est le terme qui prévaudra, englobant la toilette et le fard sous un même vocable – héritée de l'Orient. Le blanc de céruse (*psimuthion*) ou carbonate de plomb, le plâtre, la craie recouvrent les visages des femmes. L'unité

Côtés sculptés du *Trône Ludovisi* (jeune femme faisant une offrande et jeune femme jouant de la double flûte), marbre, 470-460 av. J.-C.

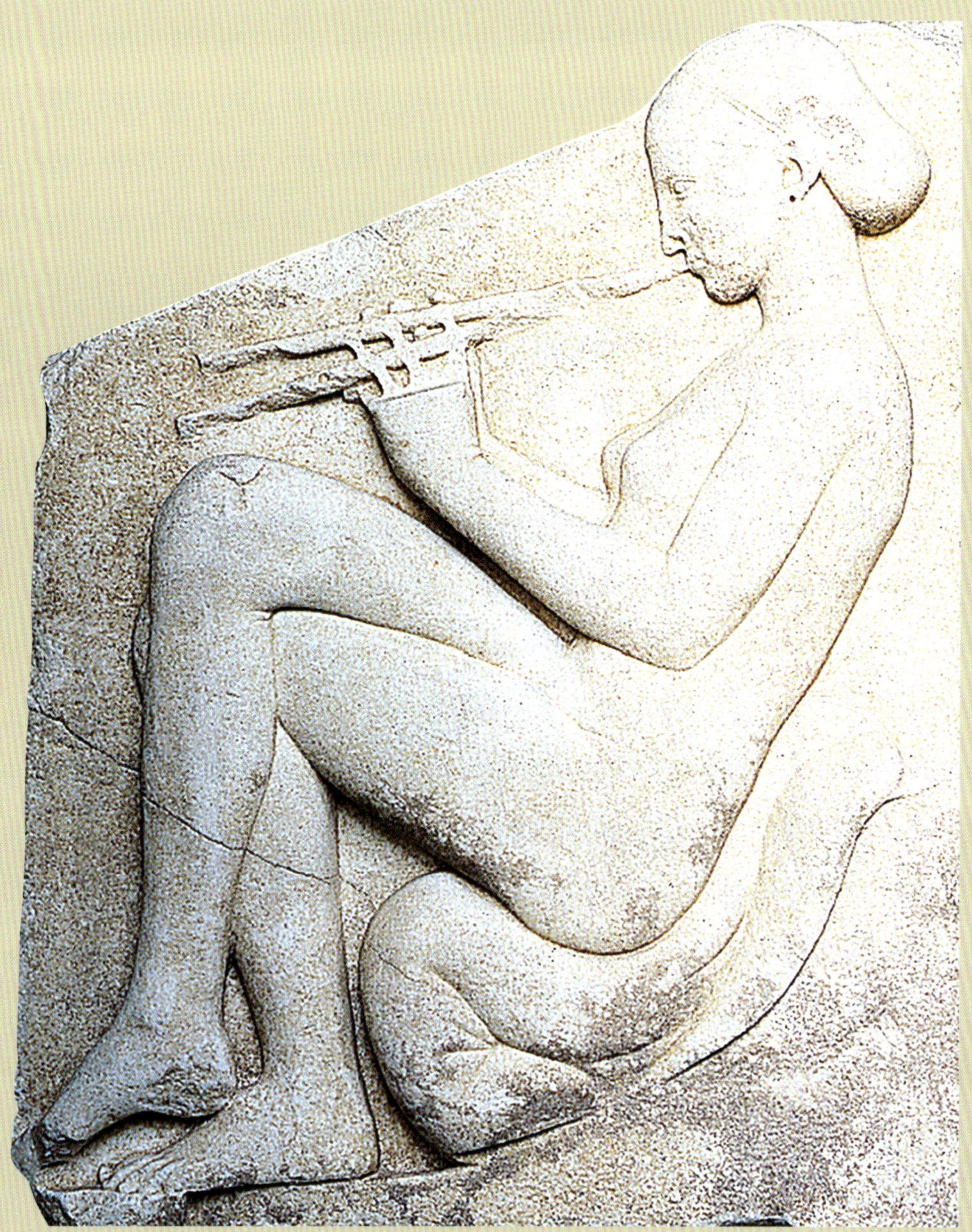

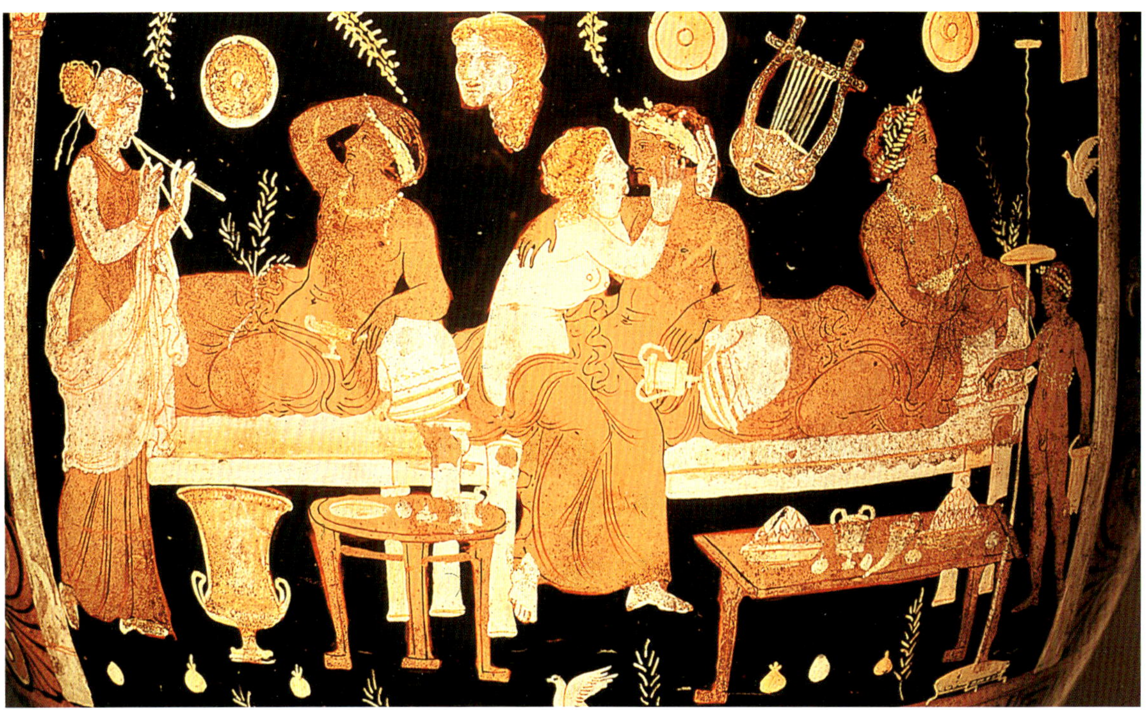

chromatique du blanc est rompue par du *phukos*, de l'orcanette ou du *miltos*, fards rouges, végétaux ou minéraux. Ceux-ci s'appliquent sur les joues en dégradés mélangés au blanc. La mûre, la figue d'Égypte ou la ronce écrasée offrent également une palette de camaïeux de rouges. Les yeux sont peints au safran ou à la cendre, les cils et les sourcils noircis à l'antimoine ou brillantinés d'un mélange de blanc d'œuf et de gomme ammoniaque. Le sourcil grec – réunion des deux sourcils en un seul – s'obtient par un dessin au fard noir.

La transmission des recettes se fait de mère en fille par des confectionneurs de drogues qui hantent les abords du gynécée où les femmes les plus aisées réalisent en secret leurs préparations. Mais plus la décadence grecque s'affirme (IIe-Ve siècle apr. J.-C.), plus les femmes des classes sociales défavorisées se fardent et s'enhardissent à quitter le seul territoire de la maison, montrant – ce qui aurait été impensable sous la démocratie – leurs visages enluminés aux « étrangers ».

Scène de banquet, détail d'un cratère,
vers 340 av. J.-C.

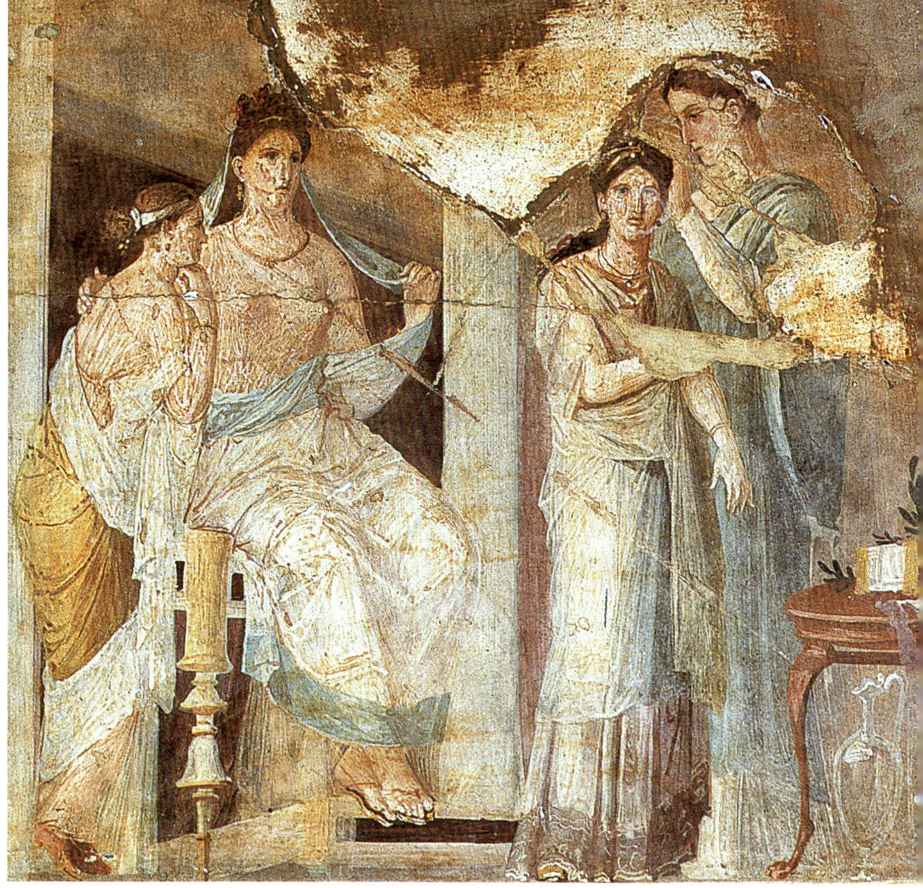

Visages de gadoue. À la cosmétique grecque répond à Rome l'*ars ornatrix*, constitué par des cosmétiques inoffensifs pour l'entretien du corps, à la commotique l'*ars fucatrix*, qui concerne des produits parfois toxiques.

Mais comme en Grèce archaïque, la matrone du temps de la République (Ve-Ier siècle av. J.-C.) est fruste et « rougeaude ». En revanche, la femme impériale (à partir de 29 av. J.-C.) conserve sa beauté dans ses pots et « la figure qu'elle montre ne dort pas avec elle » (Martial).

La toilette matinale de la patricienne semble à Rome un parcours du combattant. Tous les orifices du corps sont nettoyés, raclés, frictionnés ; le corps étrillé au strigile subit l'épilation de la poitrine, des bras, des aisselles, des jambes, du dessus des lèvres et de l'intérieur du nez ; les cheveux sont renforcés par des cheveux indiens (bruns) ou germaniques (blonds ou roux) ; les dents émaillées à la corne pilée, quand elles ne sont pas fausses ; l'haleine est parfumée au persil ; les boutons et les verrues masqués par des mouches ; les bosses disgracieuses effacées par des coussinets, des attelles rétablissant le niveau des omoplates ; des corsets faisant la taille souple et mince fabriquent une beauté mensongère et fragile.

Le visage cérusé comme il se doit, les yeux cendrés d'antimoine ou safranés, les joues rougies d'orcanette ou de minium achèvent une figure furieusement ripolinée dont les satiristes font mine de craindre qu'elle ne tombe en lambeaux au moindre mouvement.

Toilette des femmes, fresque provenant d'Herculanum, Ier siècle av. J.-C.

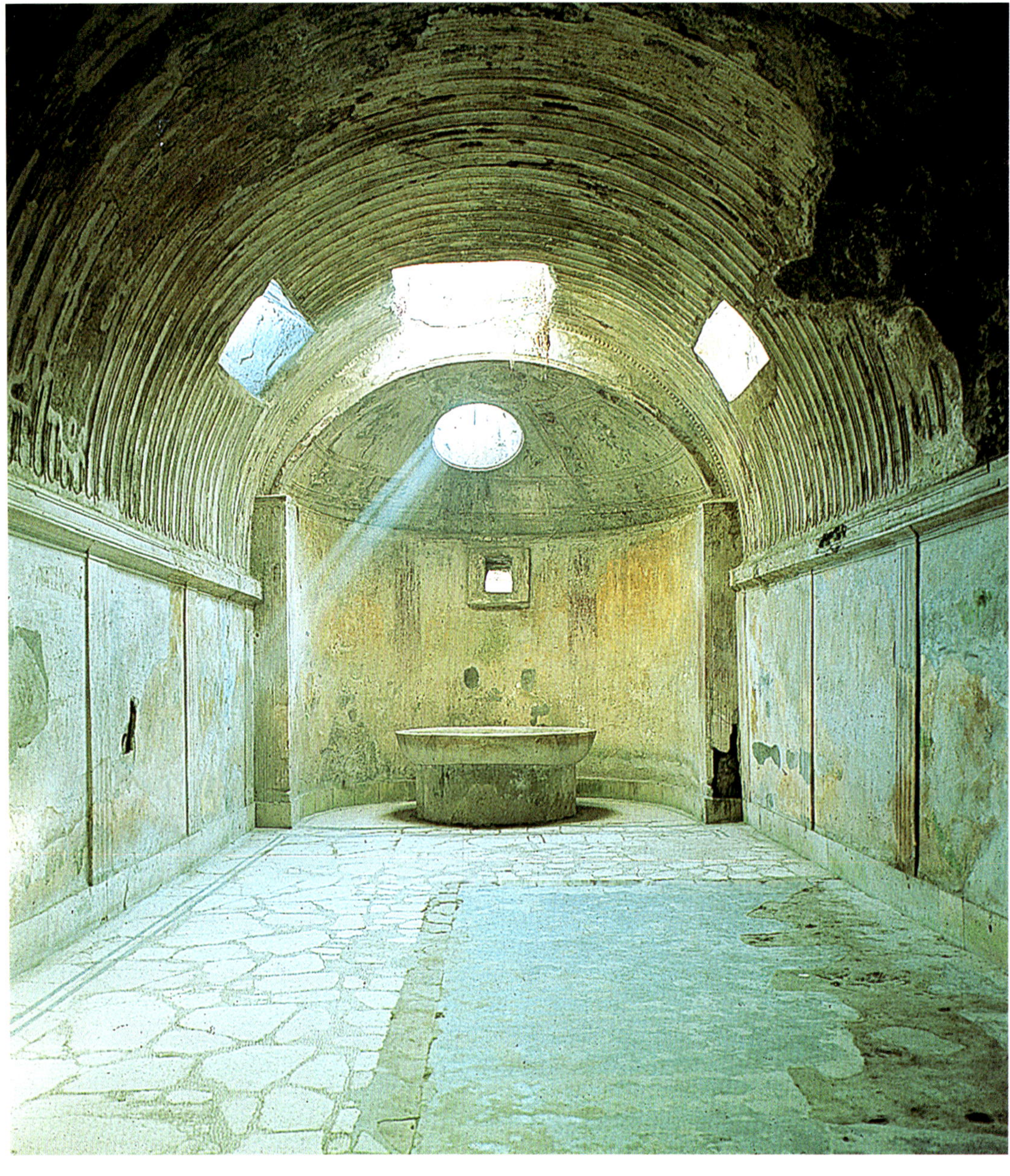

Caldarium des thermes du Forum
à Pompéi.

Coffret de toilette trouvé à Cumes,
Ier siècle.

Il importe au monde romain de la décadence (à partir du Ier siècle apr. J.-C.) de ne pas laisser prise au cloaque, de se prémunir du délétère par des bains renouvelés, des lotions et des onguents. Sans doute l'excès de la cuisine latine favorise-t-il ces dermatoses, ces haleines putrides, ces rougeurs qu'il s'agit de dissimuler. Mais aussi cet embonpoint que craignent les femmes en âge de se marier. Aussi « dans la crainte qu'elles ne ressemblent à un athlète, on leur diminue la nourriture ; [...] voilà comment on procède pour les aimer ! » (Térence, *L'Eunuque*).

Dans ce déploiement de stratégies artificielles, l'homme n'est pas épargné. Ovide dans son *Art d'aimer* lui conseille une beauté sans apprêt, élancée, hâlée par les exercices du Champ-de-Mars. Coupe fraîche, barbe taillée, ongles coupés et propres, poils disgracieux épilés, haleine parfumée constituent le *compendium* de la beauté masculine. En revanche, l'amoureux doit être pâle et maigre, conforme en cela à l'érotique antique qui associe la maigreur et la pâleur à l'amour. L'artifice d'une petite écharpe de malade sur la chevelure parfumée ajoutera selon Ovide au tableau digne de compassion de l'amant palpitant. Toutes ces préparations se font dans le secret des chambres où les artifices restent cachés aux yeux du public et des admirateurs.

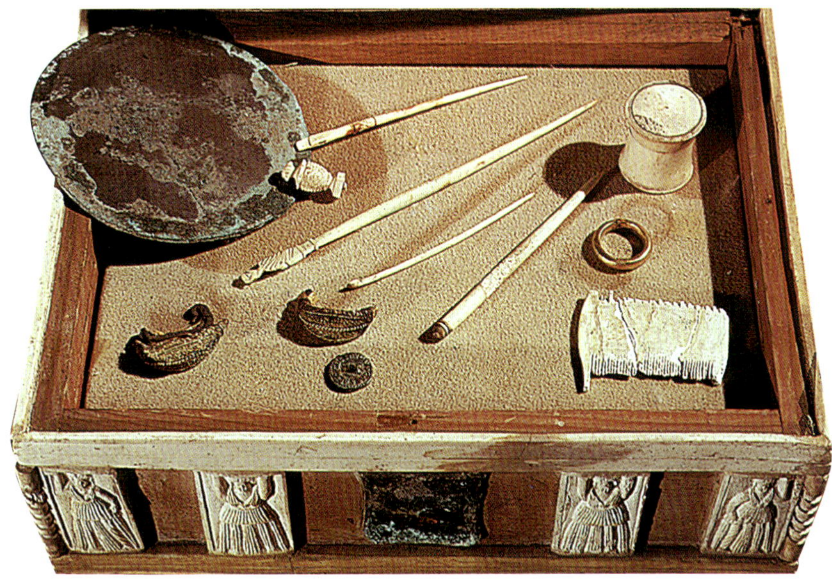

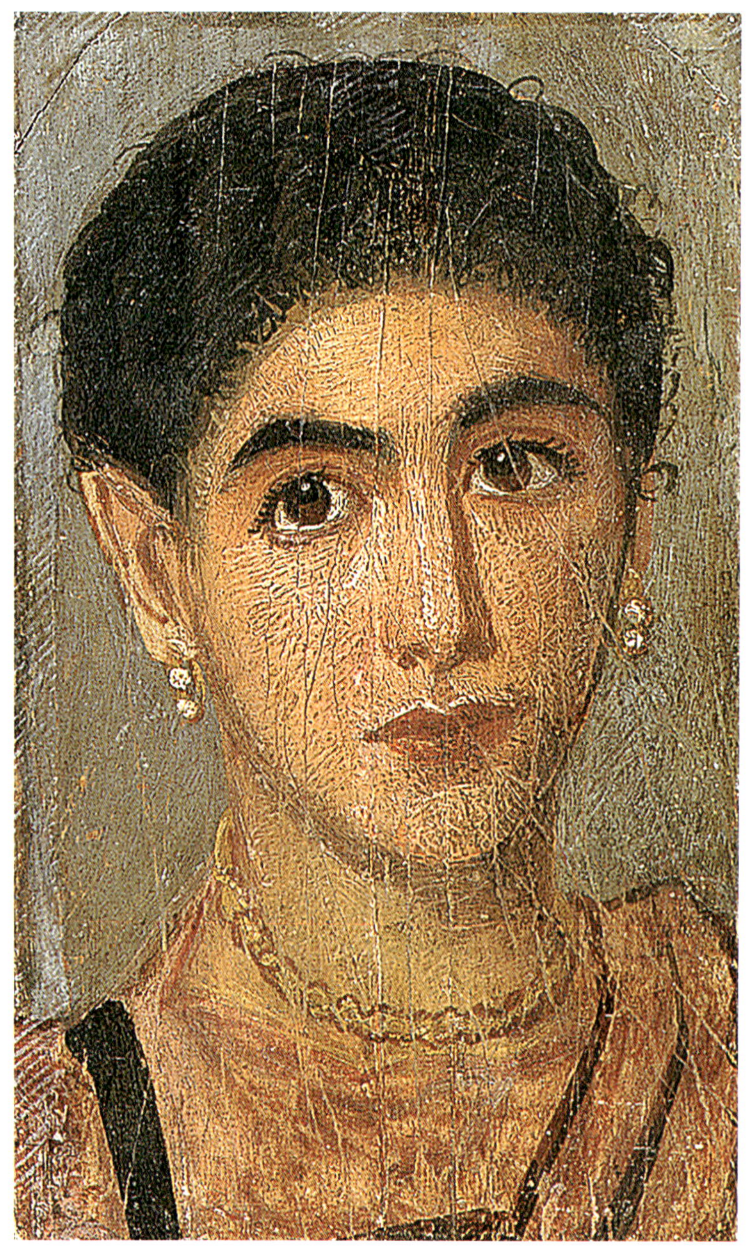

Portrait de jeune femme,
portrait dit du Fayoum, peinture sur cire,
période romaine.

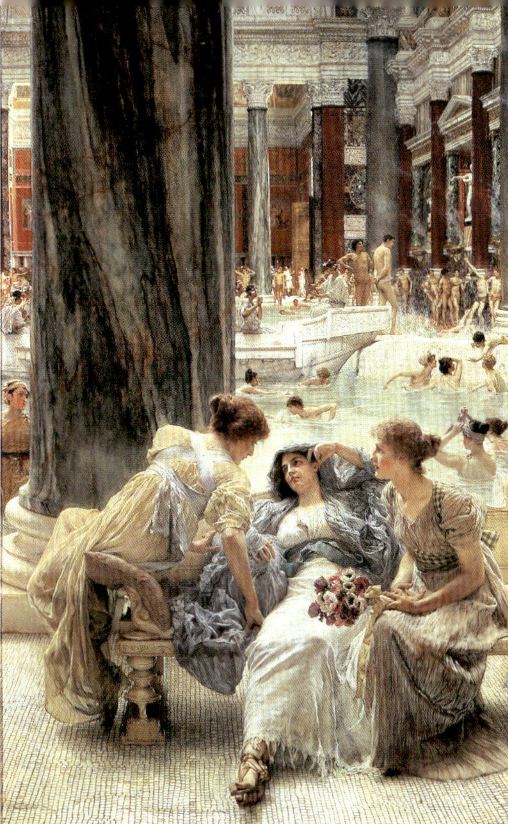

En fait, la beauté romaine est une beauté codifiée par l'hypocrisie des moyens qu'elle se donne, obsédée par la dissimulation et par les odeurs du corps. Pour lutter contre la corruption de la mort qui gagne, hommes et femmes se livrent à une parure exagérée qui n'a pas seulement pour but de restituer la jeunesse ou d'arrêter le temps, mais surtout de dissimuler les avanies. Autant le corps grec pouvait par l'exercice prétendre à une beauté lumineuse d'athlète, autant le corps romain, trahi par une diététique épicée, malmené par la pollution des rues et les émanations de la *cloaca maxima*, est dans la période de décadence de l'Empire menacé de pourrir sur pied. En effet, l'usage effréné et quotidien de la céruse corrompt le teint, noircit les dents, obstrue les émonctoires, ralentit les échanges nerveux et provoque à court terme un abrutissement conduisant à la cachexie. Que le fard soit à l'origine d'une apocalypse, voilà qui ne pouvait être encore que le fruit d'une malédiction diabolique.

Lawrence Alma-Tadema,
Les Bains de Caracalla, peinture, 1899.

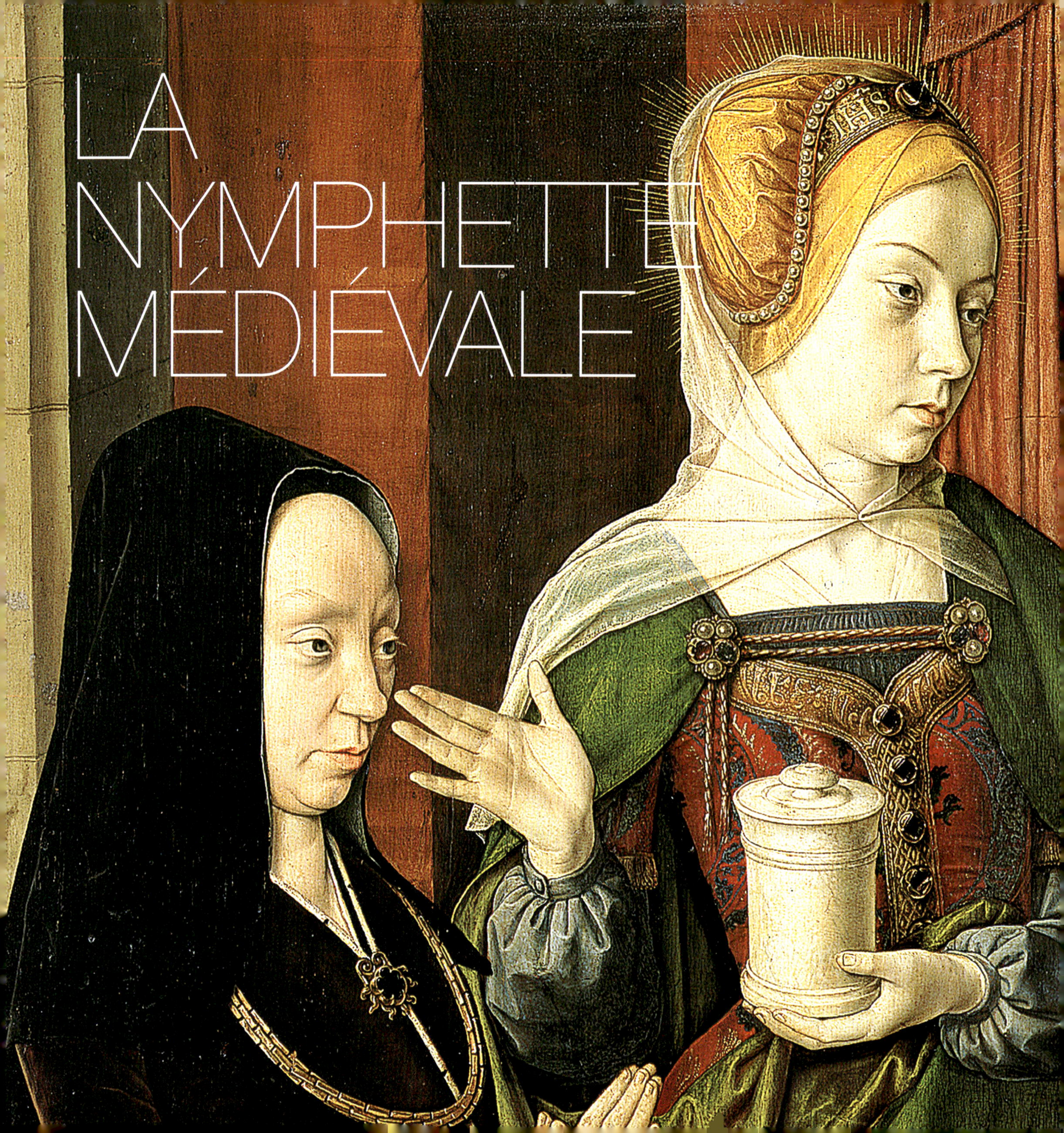

LA NYMPHETTE MÉDIÉVALE

« Quand Dieu eut fait la femme de la côte d'Adam, il lui donna une beauté impérissable. Mais elle la perdit à cause du diable après qu'elle eut goûté à la pomme ; ce fut pour elle une grande honte. Et les dames de maintenant qui n'en peuvent mais perdent, par la très grande faute d'Ève, une notable partie de leur beauté. L'une, par exemple, étant jeune fille, était rose, blanche et belle : à peine est-elle mariée, adieu les belles couleurs. »

Pierre Laruelle,
L'Ornement des dames, XIIIe siècle

En envahissant la Gaule, les Romains ne trouvèrent pas, comme on se plaît à l'imaginer, des êtres hirsutes et négligés, mais des hommes et des femmes vraisemblablement sensibles à l'artifice. Les textes manquent et seuls les objets de toilette découverts dans les tumulus témoignent de certaines pratiques affectant la peau et les cheveux. De fait, la progressive disparition du paganisme et la chute de l'Empire romain d'Occident ne signent pas pour autant la fin des pratiques antiques de la beauté. Celles-ci perdurent à Byzance et dans le bassin méditerranéen. Toutefois la faute d'Ève va peser lourdement sur le sort des femmes, confinant les corps et les visages dans un ascétisme que l'inventivité féminine saura pourtant détourner.

Jean Hey, dit le maître de Moulins, *Portrait présumé de Madeleine de Bourgogne, dame de Laage, présentée par sainte Madeleine* (détail), huile sur bois, vers 1490.

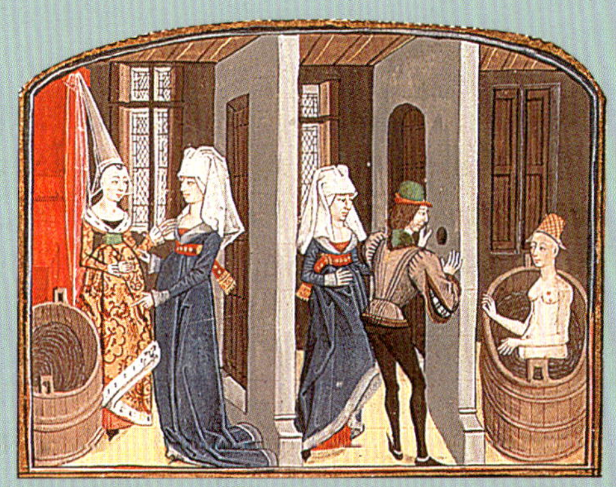

Scène dans une étuve publique, in *Roman de la Violette*, manuscrit, XVe siècle.

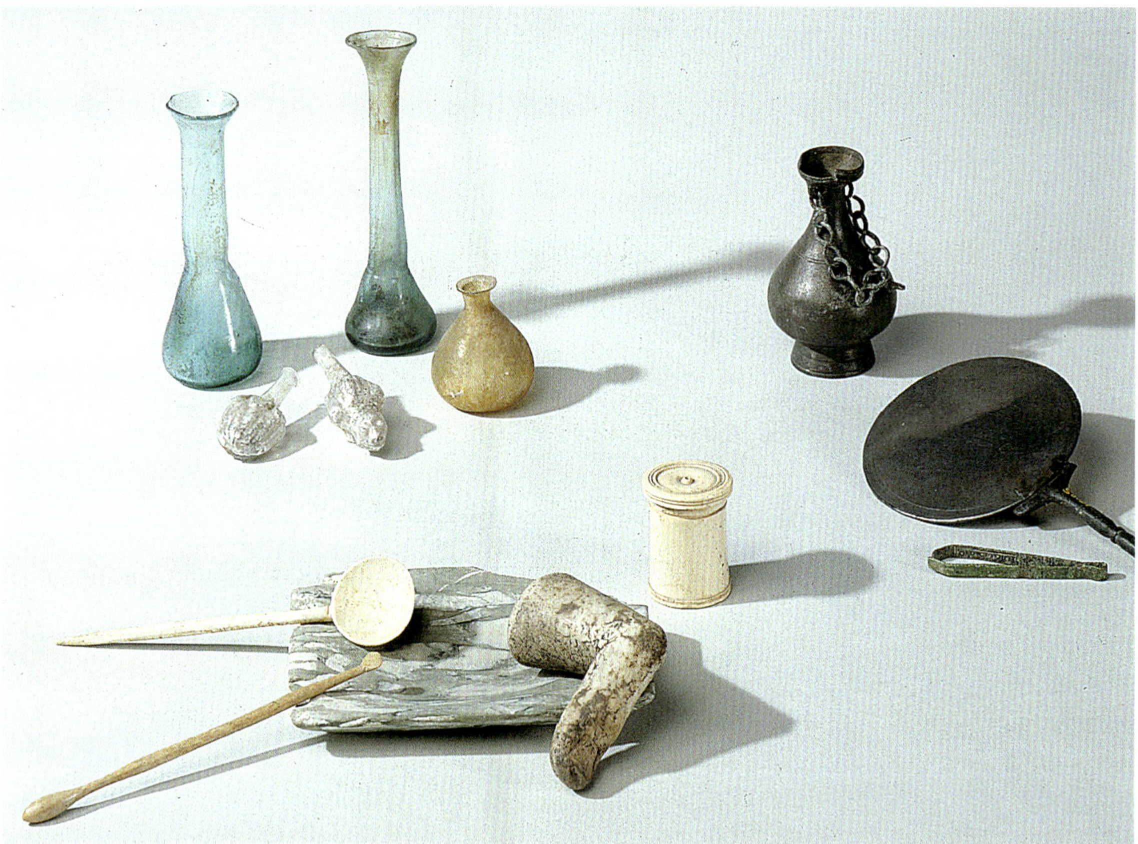

La christianisation met en effet à la mode la pudeur et l'austérité, étayée en cela par les Épîtres de saint Paul et les imprécations du prophète Isaïe contre l'impudicité des filles de Sion punies de leur coquetterie par l'Éternel et qui préfigurent certaines mortifications sacrées. La crasse se pare de vertus célestes et les imprécations des Pères de l'Église (du IIIe au Ve siècle apr. J.-C.) contribuent, au fur et à mesure que s'occulte le paganisme, à une lente désaffection des bains et des fards. D'autant que les invasions barbares laissent peu de place et de temps à la nonchalance et au souci de soi qu'exige l'ornement des corps.

Instruments de toilette : palette à fard, miroir, pince à épiler, broyeur, flacons, époque gallo-romaine.

La dévaluation du fard se fonde sur un certain nombre de clichés hérités de la philosophie grecque et de la satire romaine. Les peintures rendent laid et vulgaire, elles symbolisent la luxure et la prostitution (argument moral); elles demeurent délétères, sources d'ulcérations, de nécrose et de maladies morbides (thèse médicale héritée de Galien).

Mais les prédicateurs ajoutent à cet inventaire des éléments extraits du Nouveau Testament. Les soins de beauté sont inclus dans un contexte plus large de pratiques profanes dénoncées par l'Église, qui s'attache à moraliser les gestes les plus quotidiens de l'homme médiéval. De Tertullien, théologien latin du IIIe siècle converti au christianisme, à Jacques de la Marche, prédicateur du XIVe siècle, la modification du corps originel est associée à deux péchés : la luxure et l'orgueil. « Car elles pèchent contre Lui, celles qui accablent leur peau de drogues, maculent leurs joues de rouge, étirent leurs yeux avec du noir. [...] Ce qui est de nature est l'œuvre de Dieu, ce qui est factice est l'œuvre du diable » (Tertullien, *La Toilette des femmes*). La seule couleur autorisée pour Grégoire de Naziance, docteur de l'Église, est le rouge que la pudeur met aux joues des vierges. Au XIVe siècle, Jacques de la Marche, bon prince, autorisera le fard aux vierges nubiles qui cherchent un mari et aux femmes affligées d'une infirmité repoussante. Malgré tout, il lutte contre l'enchaînement fatal du maquillage, de la fête et de la luxure qui scelle la complicité avec le diable.

L'un de ses *exempla*, bref récit donné pour vrai et destiné à enseigner, relate l'histoire d'une jeune fille adonnée aux soins de beauté, emportée le

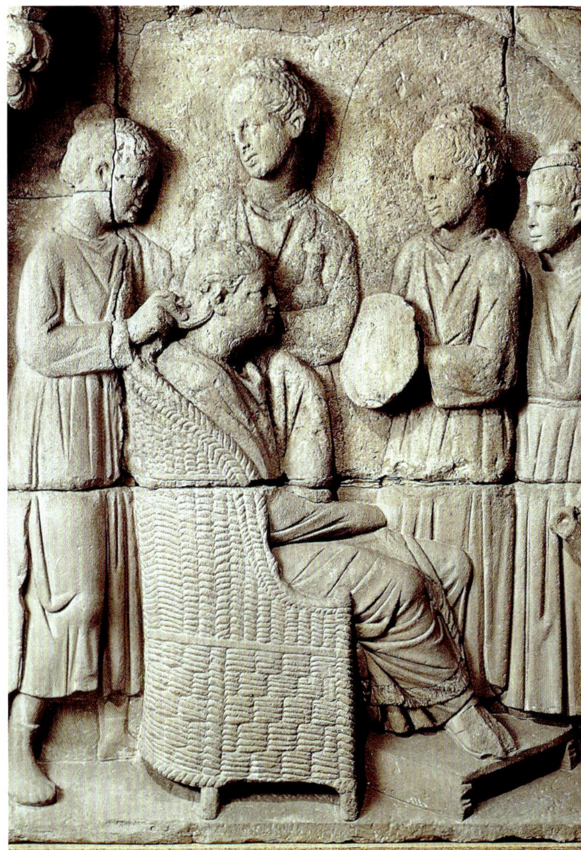

Dame à sa toilette, bas-relief provenant du mausolée Neumayer, époque gallo-romaine.

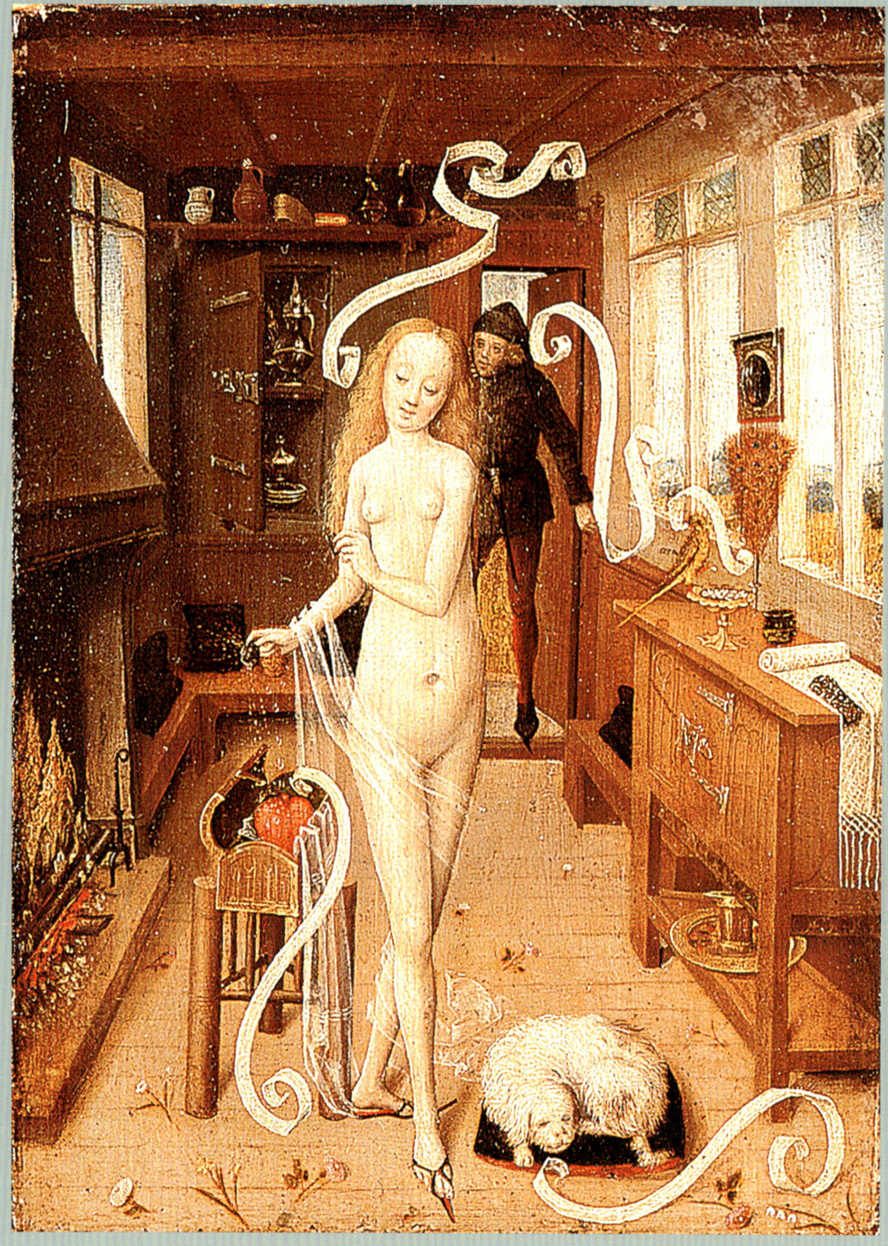

Anonyme, *La Sorcière*, vers 1470.

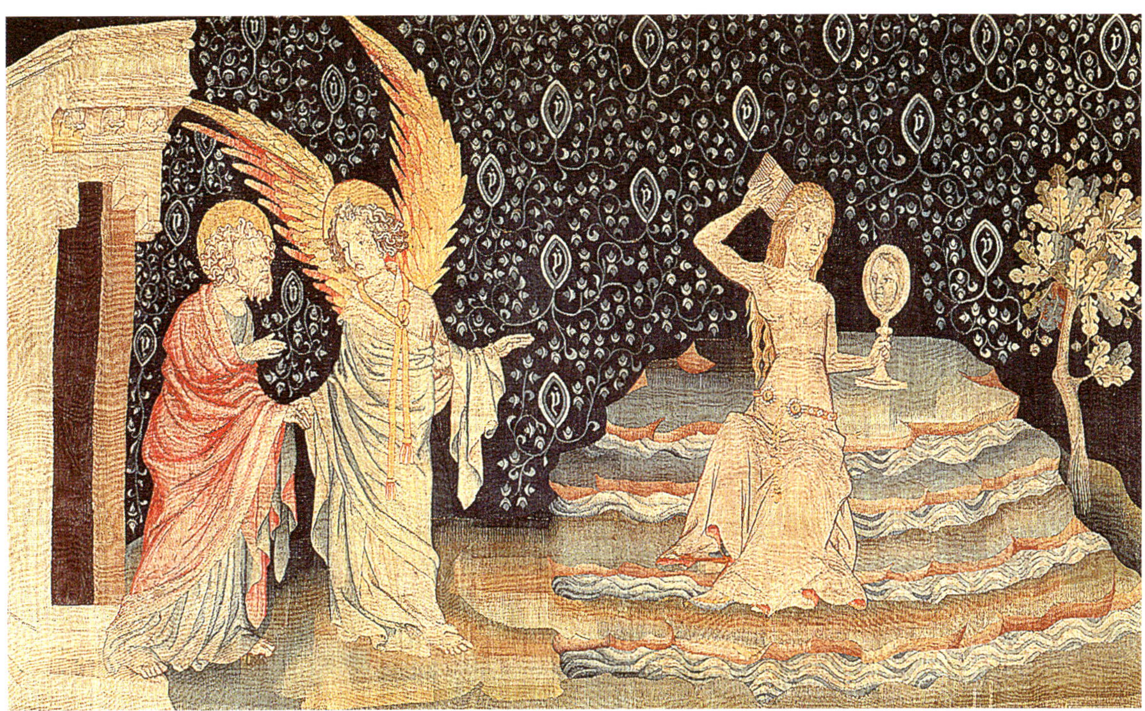

lendemain d'un banquet par le diable qui lui déclare : « Je suis celui dont tu accomplis les desseins, dont tu es l'armure et le filet, et il faut bien que tu m'accompagnes avec tous ceux que tu as fait venir dans ma demeure. » Preuves de stupidité, les *ornatus vanus* (les « vains ornements ») sont sources de péché. Car « se farder avec des artifices pour paraître soit plus rouge soit plus blanche est une tromperie adultère » (Jacques de la Marche).

En outre, l'usage des soins de beauté revient à défigurer l'œuvre de Dieu puisque le Créateur a fait l'homme à son image. Œuvre impie, le fard met donc la femme au service du diable car comme l'écrit Étienne de Bourbon (XIIe siècle) « la coquette a décidé de ressembler plus au diable qu'à Dieu car le Christ n'avait qu'une seule tête, alors que le dragon en avait sept ». Enfin la beauté éphémère et fugace rend vaine toute tentation d'embellir le futur cadavre. Pour gagner l'éternité, le voile et la moralité suffisent.

« La grande prostituée », *Apocalypse d'Angers*, Nicolas Bataille, tapisserie, 1373-1387.

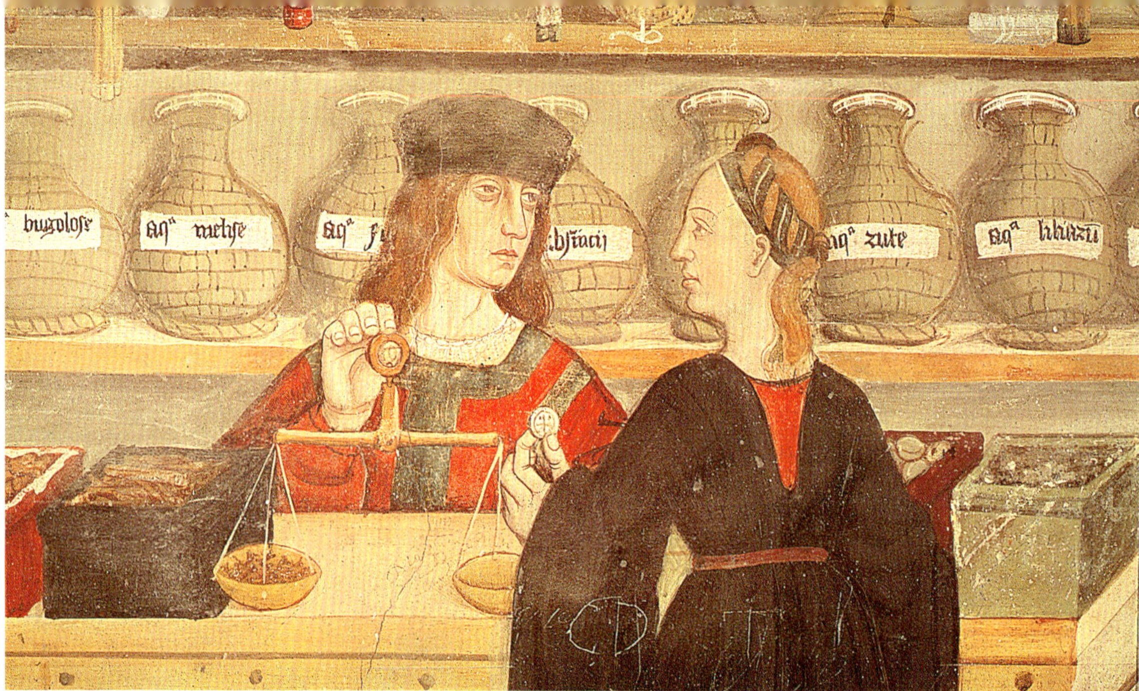

Belle comme une madone. Si l'anathème religieux concerne aussi les bains, il n'en restreint pas l'usage, tout comme celui des cosmétiques. Par l'entremise des croisés qui rapportent d'Orient les traditions de la toilette musulmane, l'antimoine et les onguents, le souci du corps revient aux femmes. Du XIIe siècle date le substantif *fard*, qui vient sans doute du francique (langue des anciens Francs faisant partie du germanique occidental) *farjwan* ou f*arwidon*, « teindre ».

Des XIIIe et XIVe siècles datent les grands traités médicaux tels que le *Traité du régime du corps* de maître Aldebrandin de Sienne (1256), *La Grande Chirurgie* de Lanfran de Milan (1296), *La Chirurgie* de Guy de Chauliac (1363) et les manuscrits des secrets de beauté issus de la tradition orale et des pratiques des personnages de la cour qui seront imprimés au XVIe siècle. Ceux-ci codifient au travers de recettes de blanchiment du teint, de teinture des cheveux et de disparition des taches cutanées et des rides, les canons de la beauté que la peinture primitive fixe à jamais.

La beauté médiévale est jeune, adolescente, car à vingt-cinq ans, alourdie par les maternités, la femme entre dans « le désert d'amour » et dix ans plus tard n'est plus qu'une « vieille recrépie » ou « une vieille réparée » par le fard (Adam de La Halle).

Intérieur de pharmacie (détail), fresque, XVe siècle.

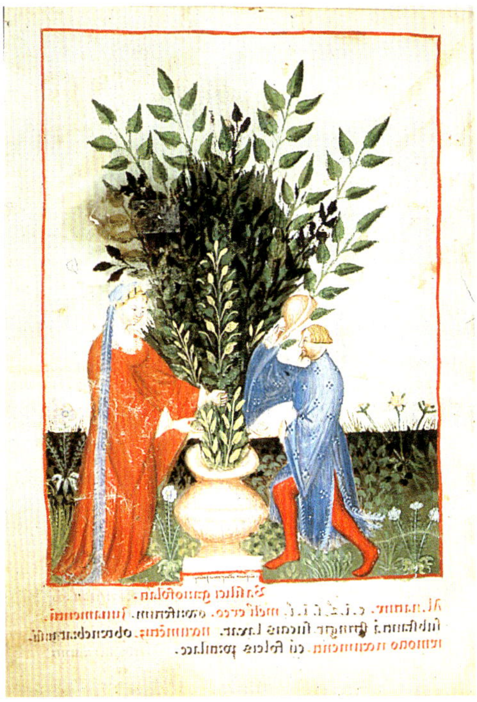

Blonde, aux cheveux frisés, crêpés ou tressés, elle brille d'un teint de lis ou de neige élargi au cou et aux mains, couleur qui dénote en elle la vierge pure et angélique. Ses joues à fossettes mutines flamboient intensément tout comme ses lèvres « vermeillettes ou incarnates ». Le front « fenestric » (Adam de La Halle), c'est-à-dire largement ouvert, est épilé, haut et large, poli et reluisant. Les sourcils, objet fantasmatique par excellence du Moyen Âge, doivent être bruns, « voutis » (Villon) et minces. L'entr'œil, ou entre-sourcils, beau et très désirable, surplombe un nez assis, bien droit, « traitis » (Eustache Deschamps), c'est-à-dire régulier et fin. Quant aux yeux « vairs et riants » (*Aucassin et Nicolette*), sous des paupières bombées et diaphanes, ils doivent briller d'une lueur qui ne doit rien à la couleur mais plutôt au jus de citron ! Enfin le menton rond et « fourchelé » (Guillaume de Lorris et Jean de Meun, *Le Roman de la rose*) – entendez percé d'une fossette – achève de donner la douceur à ce visage parfait.

Le basilic, *in* Albucasis, *Observations sur la nature des divers produits alimentaires et hygiéniques,* XVe siècle.

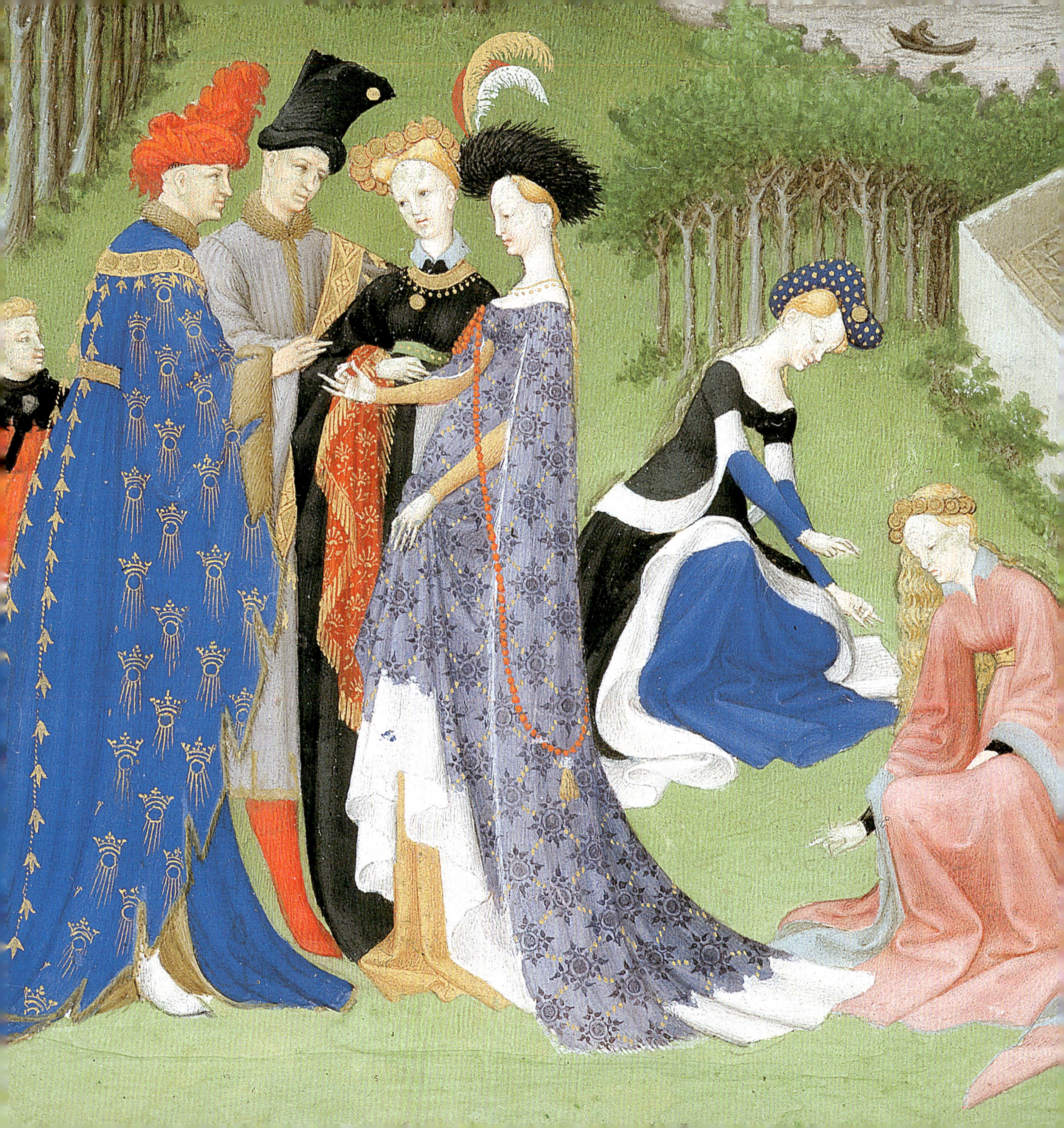

« Suis-je, suis-je, suis-je belle ?
Il me semble à mon avis,
Que j'ai beau front et doux vis
Et la bouche vermeillette :
Dites-moi que je suis belle.

J'ai verts yeux, petits sourcils
Le chef blond, le nez traitis,
Rond menton, blanche gorgette :
Suis-je, suis-je, suis-je belle ?

J'ai seins durs et haut assis,
Longs bras, grêles doigts aussi,
Et, par le faulx, je suis grêlette
Dites-moi que je suis belle. »

Eustache Deschamps, « Virelai », 1392

Calendrier : mois d'avril, *in* Paul de Limbourg, *Les Très Riches Heures du duc de Berry*, manuscrit, vers 1416.

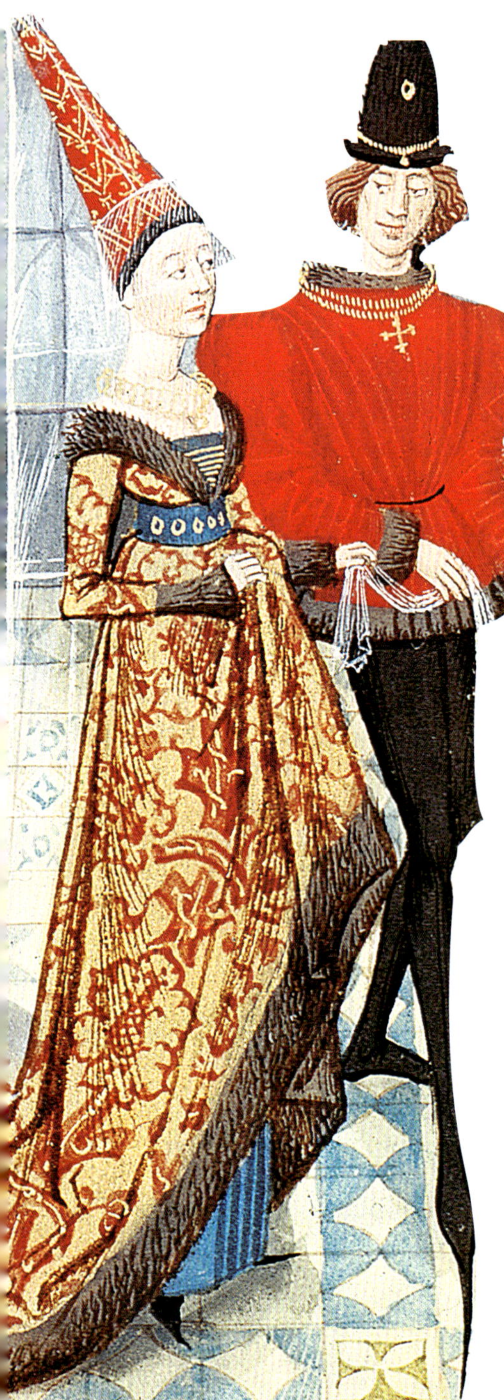

Les canons du corps sont plus flous car la préoccupation esthétique va à ce qui est dévoilé. Mince et bien ceinturée, la femme arbore des seins fermes et hauts, petits et ronds, surplombant une taille fine et des hanches étroites. Reins cambrés et ventre saillant complètent le tableau. Toutefois, au XVe siècle, Villon préférera les hanches charnues et les cuisses fermes signifiant sans doute par là le passage du canon adolescent au canon de la femme épanouie.

Des drames de la céruse. Ce modèle de nymphette auquel la femme est tenue de se conformer passe pour être naturel. En réalité, il ne peut être atteint qu'au prix de longues préparations, d'épilations et de métamorphoses. Les soins de la beauté ne cessent d'être vilipendés. Car si les canons triomphent, la misogynie s'adosse à l'hypocrisie pour nier la valeur embellissante du fard tout en établissant *a contrario* son efficacité par la glorification du modèle. La femme fardée « recrépie » est source d'inépuisables proverbes. Insultant : « La femme est femme le jour et guenon la nuit » ; poétique : « Femme fardée et ciel pommelé sont de courte durée » ; vulgaire : « À force de coiffeurs, la fiancée devient chauve »...

Femme frelatée, elle est celle qui trompe le fiancé naïf. Persuadé d'épouser une beauté capable de lui donner une progéniture qui fera fructifier son patrimoine, il craint de découvrir à la lueur des chandelles un laideron susceptible de lui « nouer l'aiguillette » – c'est-à-dire de le rendre impuissant – par sa seule hideur et de faire de sa vie une terre stérile. Le thème du mari trompé sur la marchandise nourrit donc des fantasmes sexuels et économiques liés à la perte de la virilité et du patrimoine.

Mariage de Renaud et Clarisse, in Renaud de Montauban, *Loyset Liedet*, manuscrit, XVe siècle.

Alesso Baldovinetti, *Portrait d'une jeune femme en jaune*, tempera et huile sur bois, 1465.

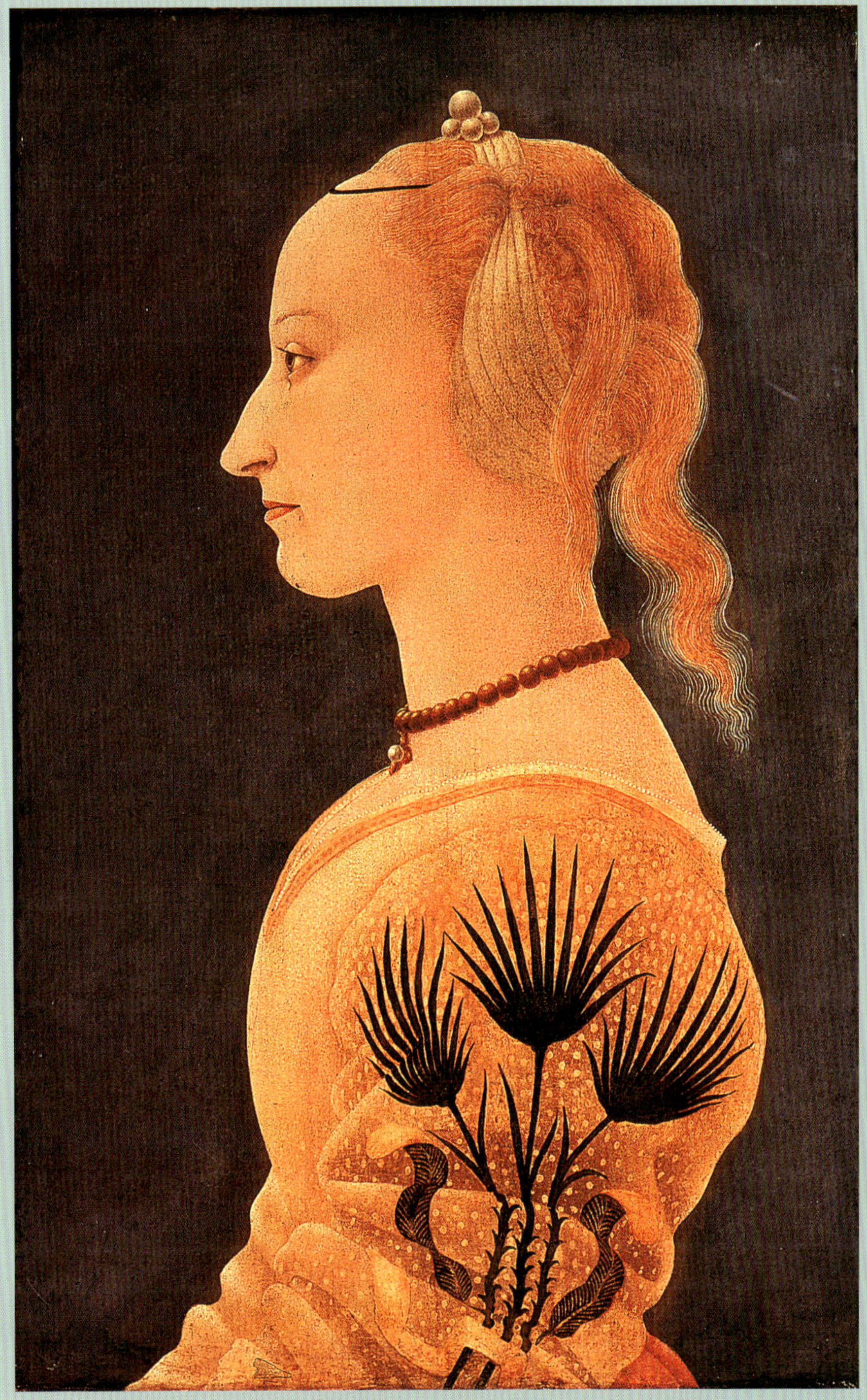

« Quant au soin où chacun se fonde
De se farder, de se faire la blonde,
De se friser, de corriger l'odeur,
Serrer la peau, réchauffer la froideur,
Je n'en dy rien pour estre telle peine
Commune encor à la Dame romaine. »

Joachim du Bellay in *Divers jeux rustiques*, 1560

Rogier Van der Weyden, *Portrait de jeune femme*, huile sur panneau, 1460.

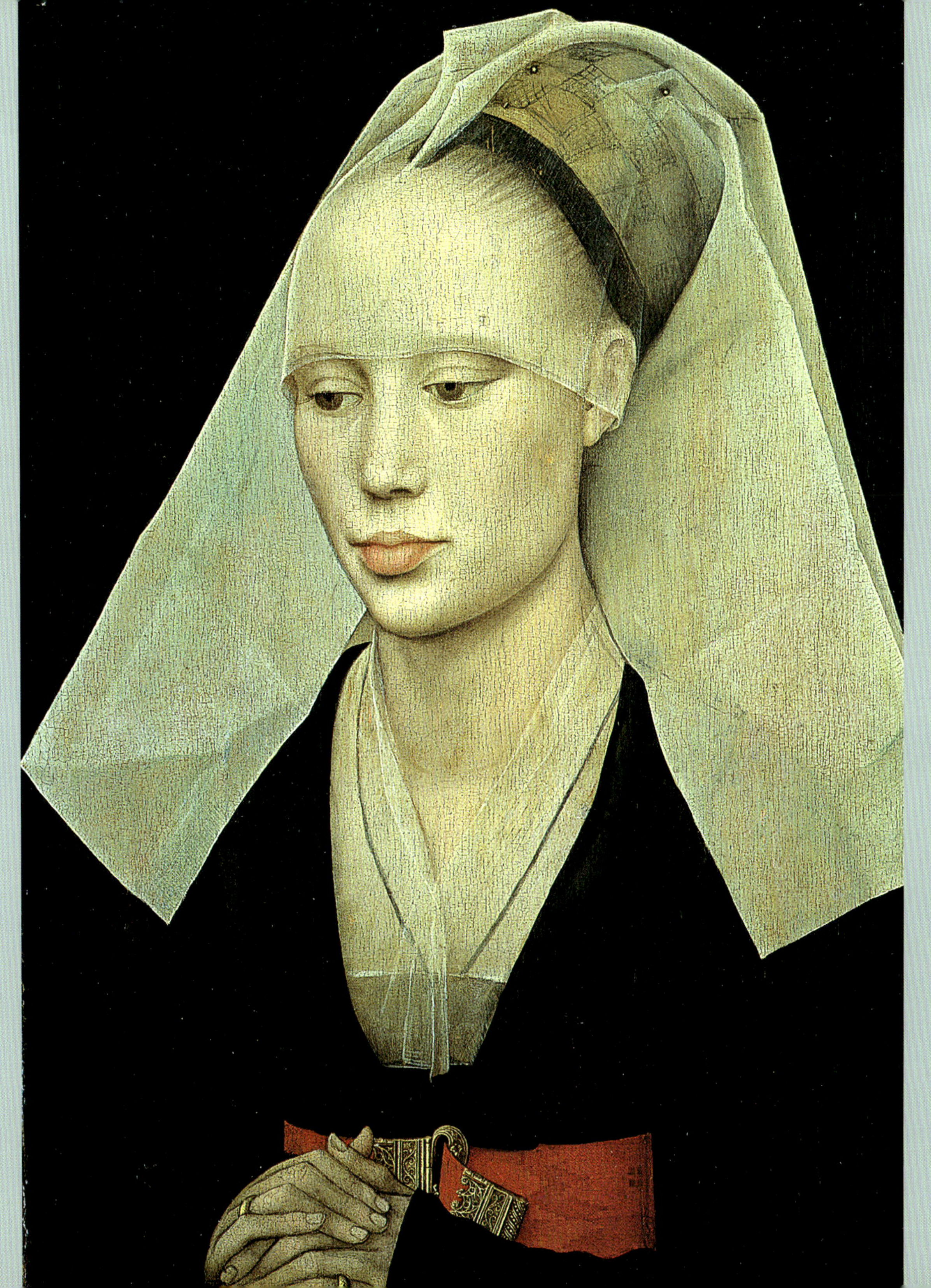

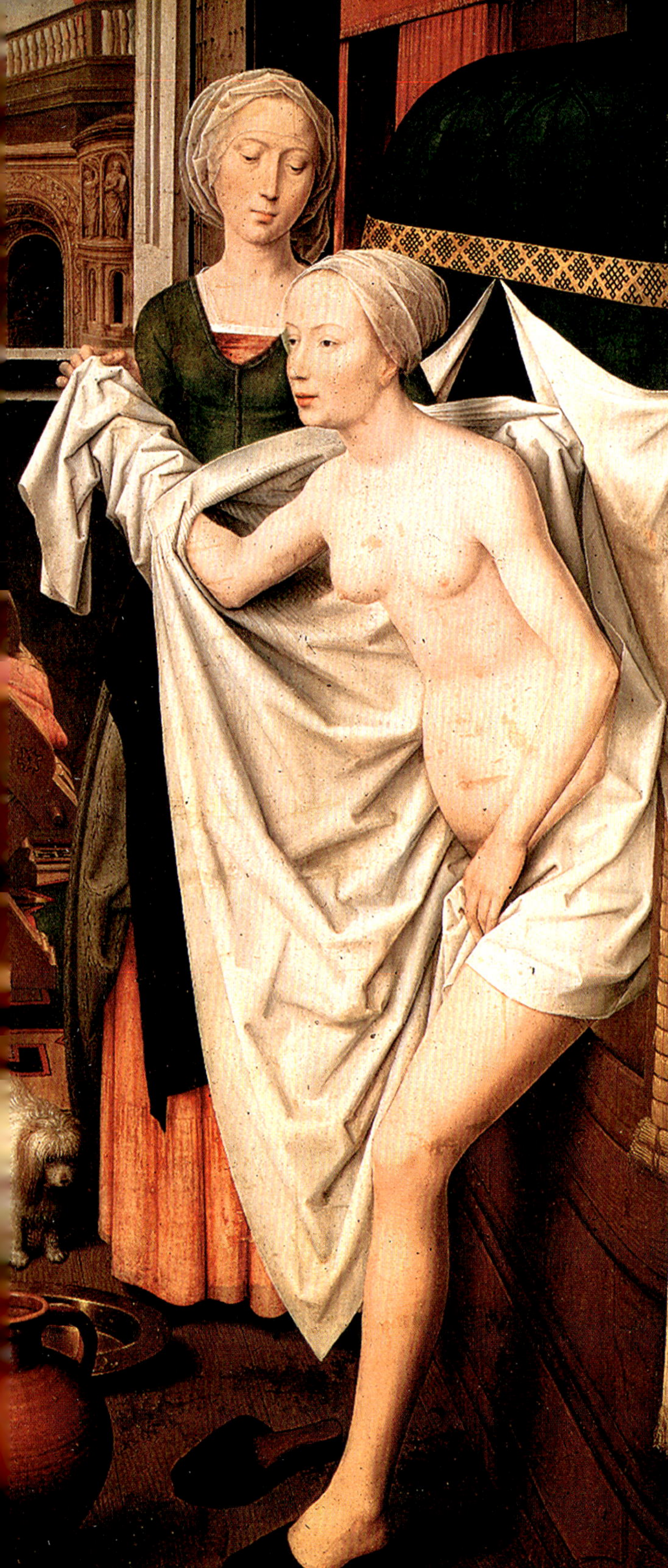

En se fardant, l'épouse ne lèse pas que son époux. Sa frivolité prive aussi les images pieuses peintes à la fresque de leurs teintures. Dans le poème de Pierre de Vic, moine de Montaudon (vers 1180-vers 1213), les Images se plaignent à Dieu de n'être plus peintes car les Femmes détournent les peintures pour « se fourbir ». Interdire le fard ne suffit pas car les coquines continuent à se peinturlurer. Après avoir entendu la plainte des Images et le plaidoyer des Femmes, Dieu conclut « qu'il faudra les laisser faire puisque pisser peut détruire le fard ». En sanctionnant les « fardements » par une affection urinaire, la morale est sauve et les Images seront peintes à nouveau. Ce poème, selon l'historien Roger Lassalle, révèle un mythe, celui du *pissar* (« pisser ») puisque rien, dans la physiologie ni dans les effets de la céruse, ne permet d'expliquer comment la miction pourrait évacuer les cosmétiques.

La céruse n'a pas pour seul effet de masquer les laiderons ni de détourner l'usage des peintures. Elle comporte son tragique. La dame s'effeuille vite : visage crevassé, rendu noir de plomb à force d'être blanchi, dents pourrissantes, haleine corrompue composent un tableau satanique digne de figurer dans une Apocalypse.

De céleste, la beauté devient morbide. La vanité du fard dessine précocement une géographie de la putréfaction qui n'attend pas la mort pour se manifester.

Hans Memling, *Bethsabée sortant du bain*, huile sur bois, vers 1485.

Hans Baldung Grien, *L'Harmonie ou Les Trois Grâces*, huile sur panneau, début du XVIe siècle.

Hans Baldung Grien, *Les Trois Âges et la Mort*, huile sur panneau, début du XVIe siècle.

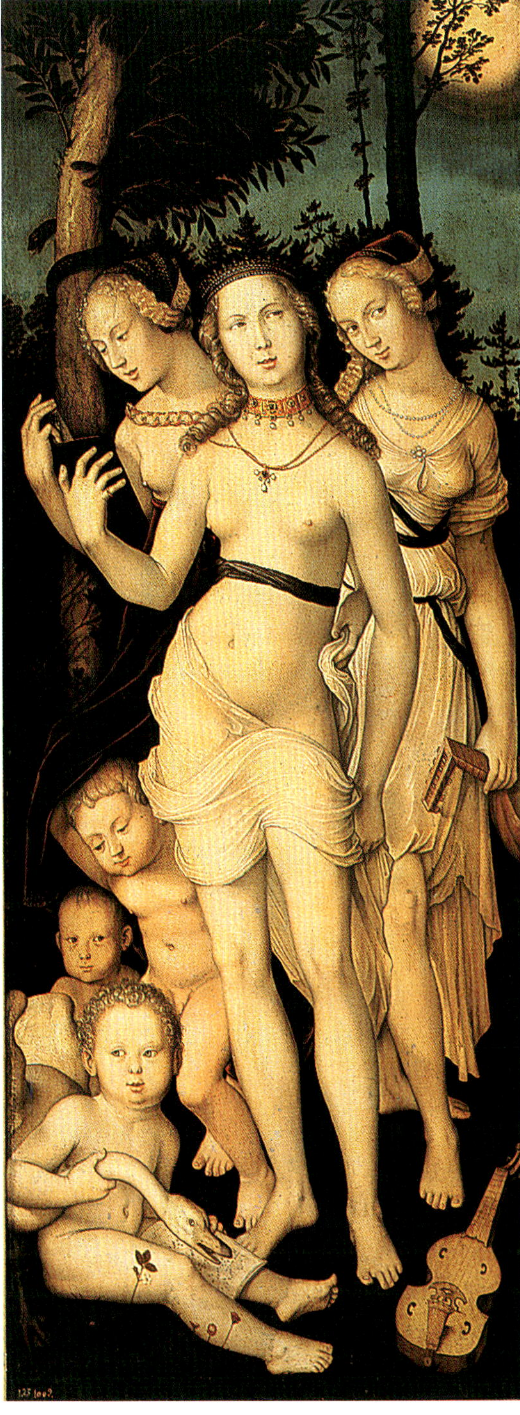

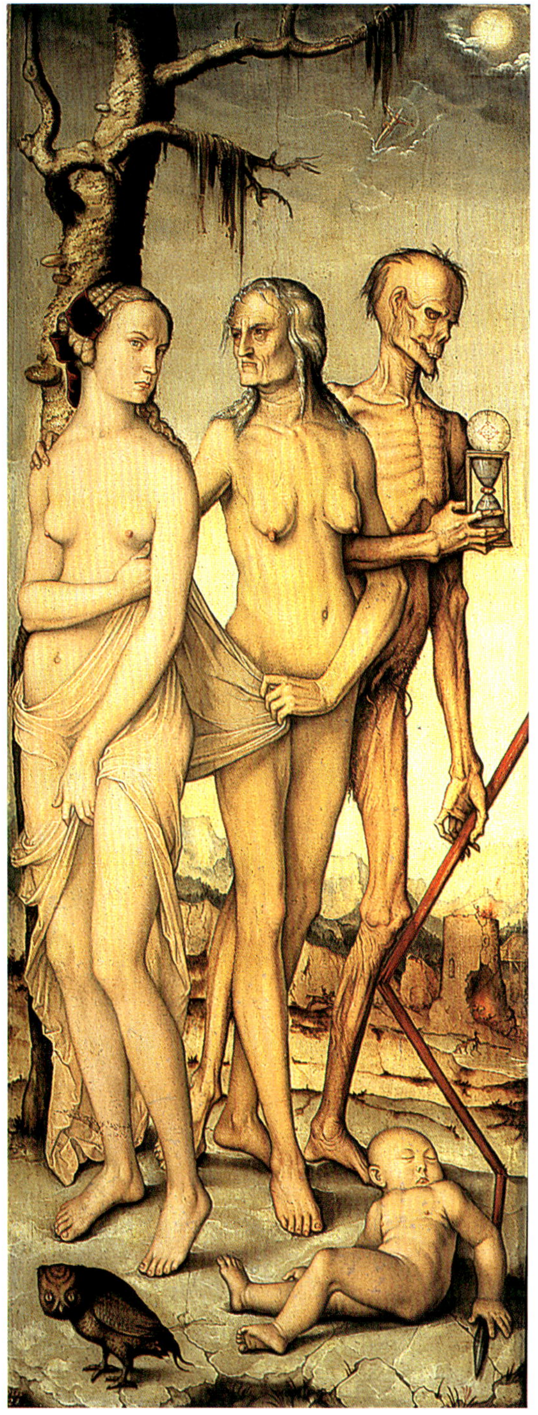

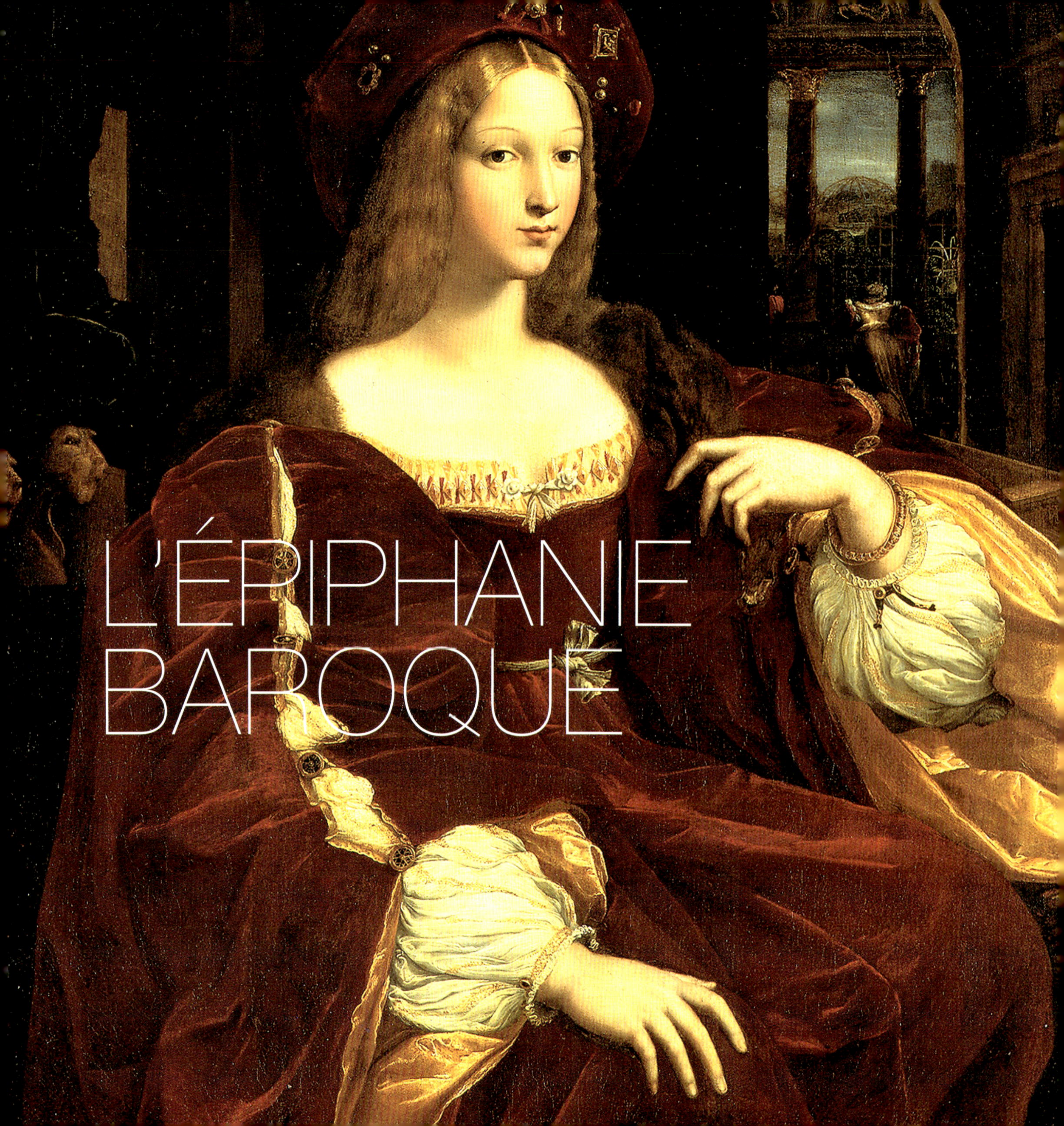

L'ÉRIPHANIE BAROQUE

« Une belle femme est l'objet le plus beau qui se puisse voir, et la beauté est le plus grand don que Dieu ait jamais élargi à la créature humaine, vu que par la vertu d'icelle nous dressons l'esprit à la contemplation, et par la contemplation au désir des choses célestes », écrit A. Firenzuola dans son Discours de la beauté des dames *(1578).*

Avec la renaissance de la pensée antique, la beauté féminine relève d'un attrait tout néoplatonicien pour la figure céleste qui permettrait l'accès à la contemplation des vérités éternelles.

La chute de Byzance en 1453 et la traduction en Italie des manuscrits antiques favorisent la pénétration en Europe des pratiques et des recettes de la Rome impériale. Ce savoir reconquis fait renaître un mode d'appréhension du visage et du corps tout inspiré des lois de l'harmonie pythagoricienne et de l'idéal platonicien du Beau, du Juste et du Vrai. Le canon médiéval de la nymphette disparaît au profit de la femme faite et légèrement grassouillette, mais le modèle de la blonde cérusée reste au cœur des amoureux de la beauté.

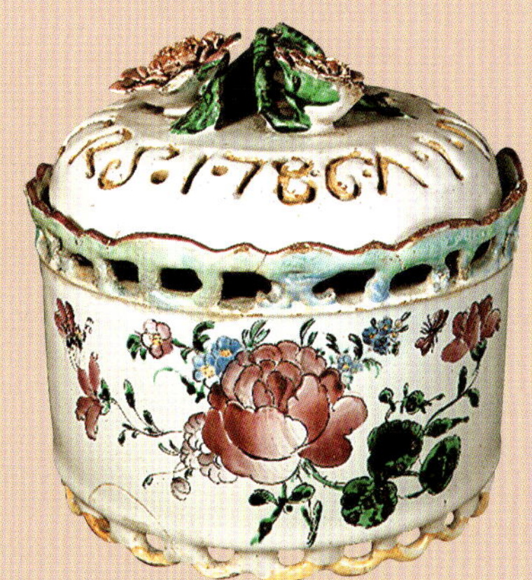

Raphaël, *Jeanne d'Aragon*, huile sur toile, 1518.

Boîte à mouches, XVIIIe siècle.

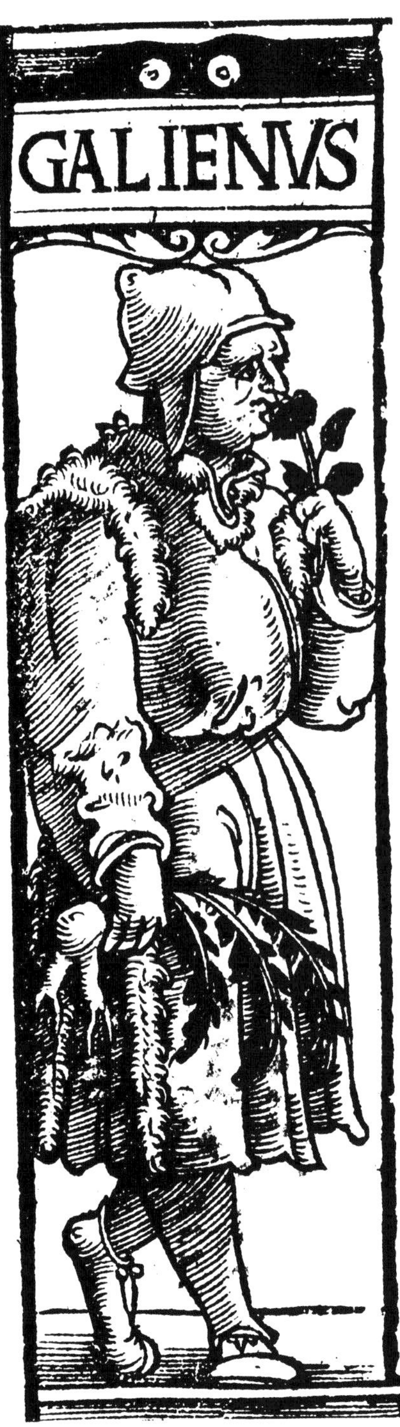

L'invention de l'imprimerie au XVe siècle, en accélérant la transmission des prescriptions et des recettes, fait apparaître deux figures emblématiques du conseiller des grâces : le docteur, diététicien et spécialiste de recettes issues de la médecine de Salerne, et la grande dame, conceptrice en secret de crèmes miracles, divulgatrice pour un petit nombre d'élues d'élixirs de jeunesse et de soins magiques. Le docteur héritier d'Hippocrate et de Galien, tel Nostradamus, auteur d'un *Traité des fardemens et des confitures* (1555), rend la distinction grecque entre cosmétique et commotique floue, puisqu'en médicalisant la beauté il la légitime jusque dans quelques-uns de ses excès. Quant à la grande dame, dont Catherine Sforza avec ses *Gli Experimenti* (entre 1492 et 1509) fonde le modèle, elle livre une collection de mixtures de toilette, de pharmacopée et de magie que sauront enrichir ultérieurement les aristocrates et les bourgeoises jusqu'aux actrices des XIXe et XXe siècles, sommées de révéler des secrets qui, s'ils n'ont plus rien de magique, relèveront toujours d'une alchimie individuelle.

Ces deux figures balisent le champ littéraire de la beauté en établissant deux types de discours : un discours scientifique, pragmatique, marquant les limites médicales et hygiénistes des soins de beauté, et un discours magique fait de « trucs » et de secrets mûris à l'ombre des boudoirs qui promettent l'éternelle beauté par des rites conjurateurs.

La folie des canons. Le corps de la Renaissance devient un morceau d'architecture. Découpé puis reconstruit, il se coule dans un modèle idéal qui n'a cependant rien d'immuable. Dans la configuration idéale de Polyclète, la tête doit rentrer sept

Portrait imaginaire de Galien,
détail du frontispice in *Spiegel der Artz*,
manuscrit, 1532.

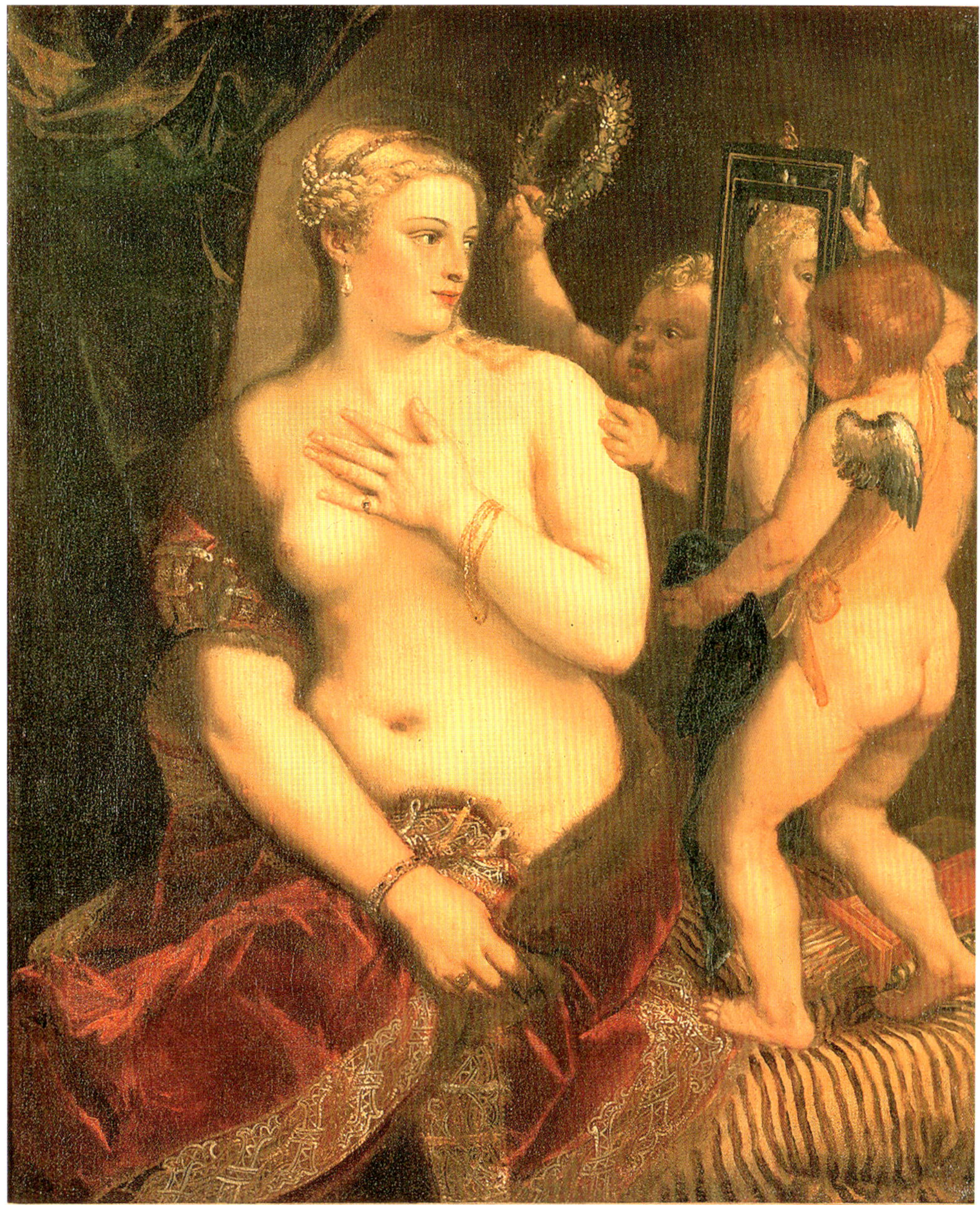

Titien, *Vénus au miroir*,
huile sur toile, vers 1555.

fois et demie dans la hauteur du corps, dans celle de Lysippe, huit fois et demie. Dürer et Léonard de Vinci établissent des diagrammes précis qui ont valeur idéale et obéissent à des règles aux caractères simples et empiriques en sectionnant par le nombre d'or les traits du visage. Ainsi, la distance verticale entre le bas du menton et l'horizontale des narines sera égale à un tiers de la hauteur de la figure ; de même, la distance entre la ligne des narines et celle des sourcils sera en proportion identique à celle entre la ligne supérieure des sourcils et la racine des cheveux. Quand elle n'est pas géométrique, la beauté s'ordonne en proportions, en séries mathématiques et symboliques qui découpent le corps des pieds à la tête. La dame doit posséder trois choses blanches (la peau, les dents, les mains), trois choses rouges (les lèvres, les joues, les ongles), trois choses noires (les yeux, les sourcils, les cils) et se conformer aux sept, neuf ou trente-trois canons du corps idéal.

La beauté devient « une sorte de concorde, d'harmonie secrète résultant de la composition et de la combinaison des membres, de leurs proportions et de leur adaptation à leur fin », écrit Agnolo Firenzuola, un bénédictin qui prononça vers 1540 une série de conférences sur la beauté qui eurent force de loi. Les littérateurs italiens en décrivant leurs héroïnes exaltent « leurs dents d'ivoire toutes petites », « leurs seins célestes » (Boccace), « les mamelles âpres et dures en partie découvertes

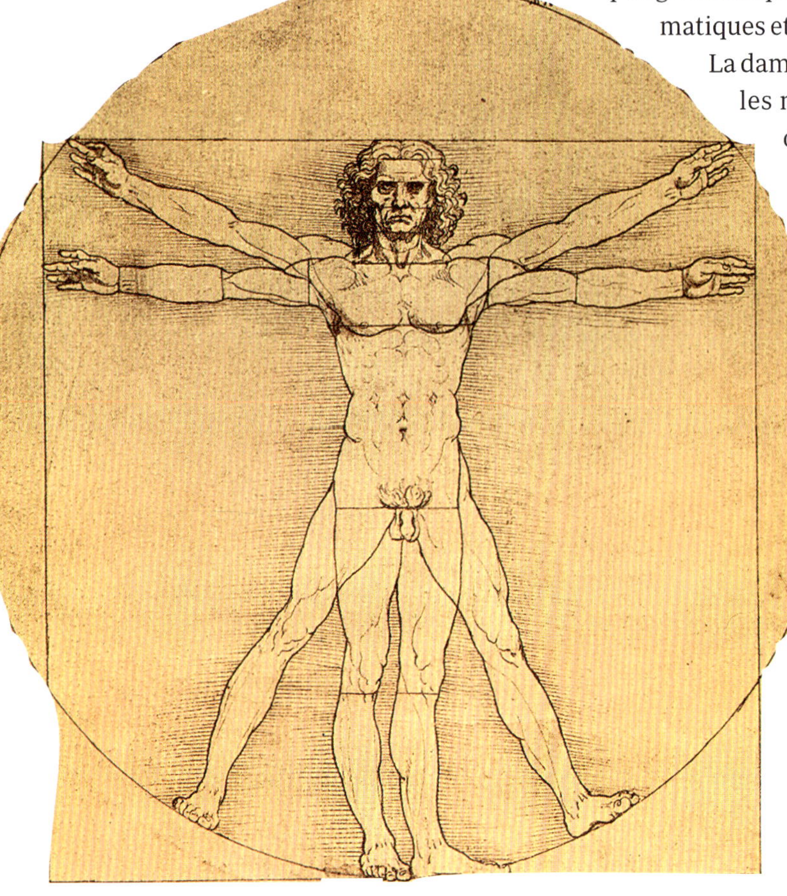

Léonard de Vinci, *Le Canon de Vitruve*, dessin, vers 1492.

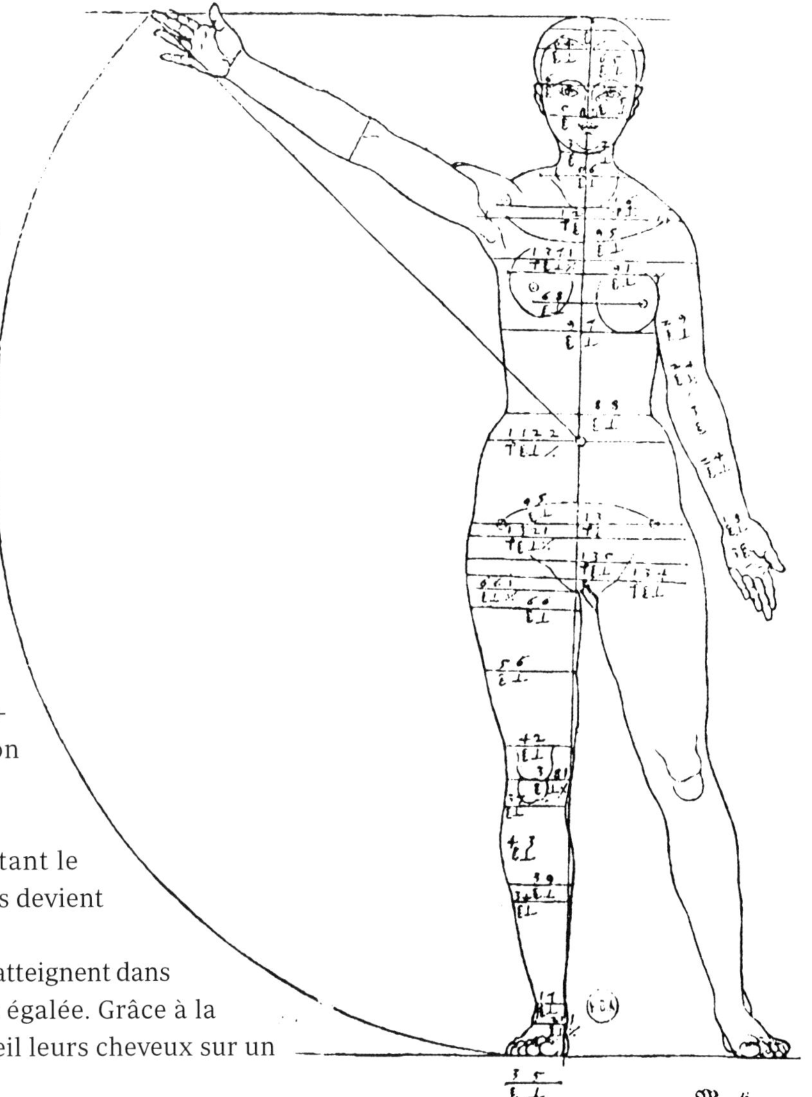

et en partie cachées » (le Tasse), « les très déliés sourcils » (l'Arioste), « l'œil pas parfaitement noir, le blanc tirant sur la fleur de lin, les paupières blanches et reiglées de petites veines vermeilles », « les joues à enflure mignonne, la bouche fontaine de toutes les douceurs amoureuses petite ne découvrant que les cinq ou six dents du haut, le menton rondelet » (Firenzuola), « la main longue rayée de petites veines claires et terminée par des doigts effilés » (Machiavel), la jambe ronde, le pied petit, les cheveux blondoyants. C'est-à-dire le modèle italien des Titien, Véronèse et Bronzino. C'est pourquoi, fortes de ce modèle qui reste cependant assez vague, les dames dont les proportions échappent à cet idéal de peintre n'auront de cesse que de se fabriquer par une lourde cosmétique une beauté d'illusion que seule la Révolution dynamitera.

« Ne sors jamais sans fard, fillette ». En important le modèle italien à la cour de France, Catherine de Médicis devient l'instigatrice de la beauté baroque.

Il n'y a de beauté que blondoyante et les Vénitiennes atteignent dans la teinture des cheveux une sophistication rarement égalée. Grâce à la *bionda*, mixture à blondir, et en laissant sécher au soleil leurs cheveux sur un

Albrecht Dürer, schéma didactique, vers 1514.

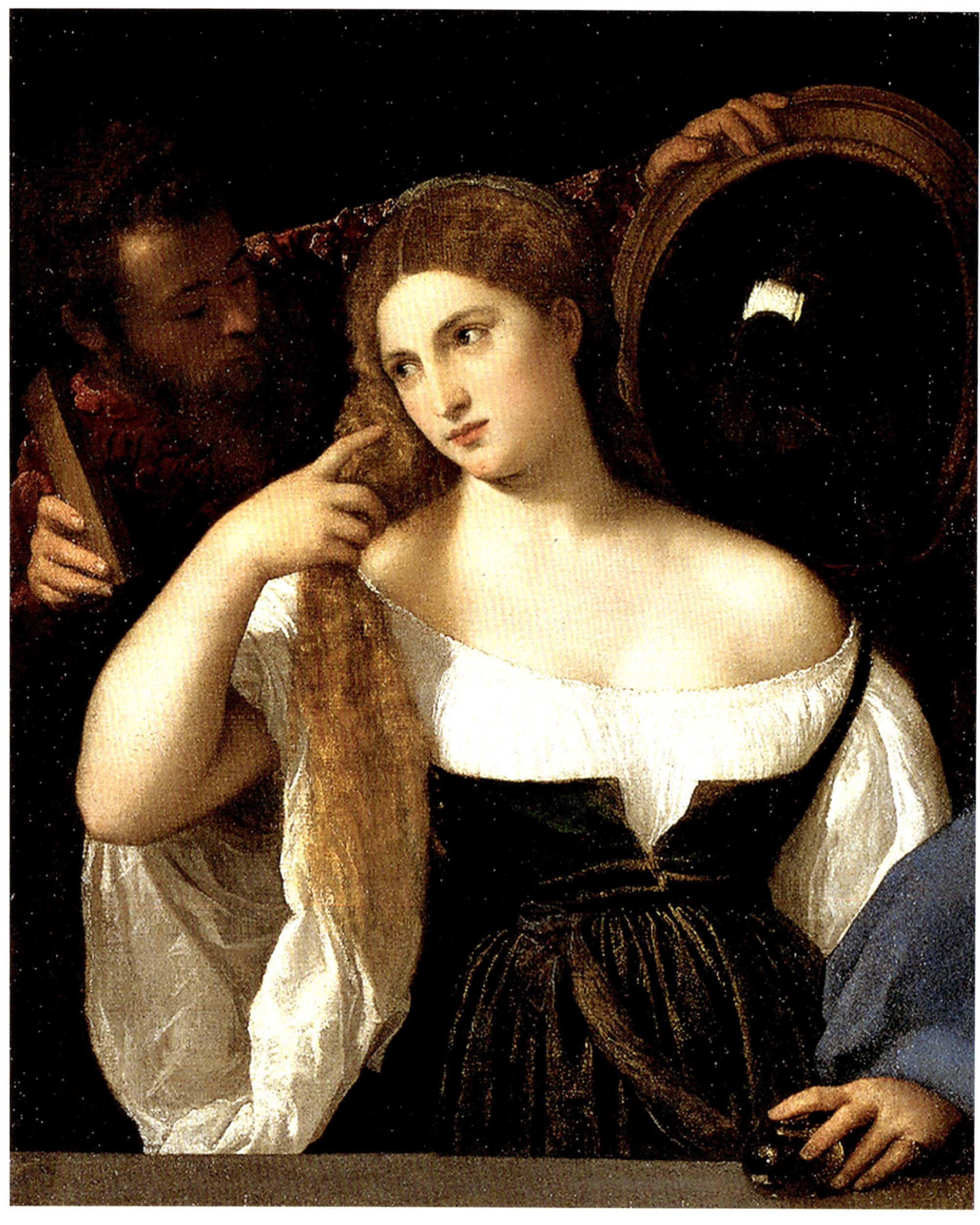

Le Titien, *Portrait d'une femme à sa toilette*, huile sur toile, 1512-1515.

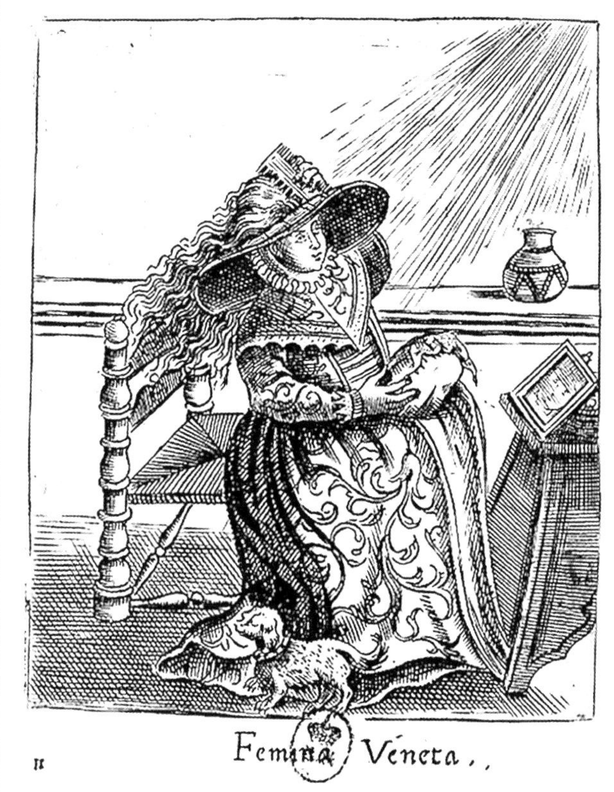

« Maint voyageur raconte qu'il a vu des femmes assises l'été à leur balcon, en plein soleil, un chapeau de paille sans fond sur la tête, en train de faire sécher leurs cheveux épandus ; elles y restaient une partie de la journée. »

E. Rodocanachi, *Courtisanes et bouffons, étude de mœurs romaines au XVIe siècle*, 1894

Vénitienne se teignant les cheveux, gravure, vers 1590.

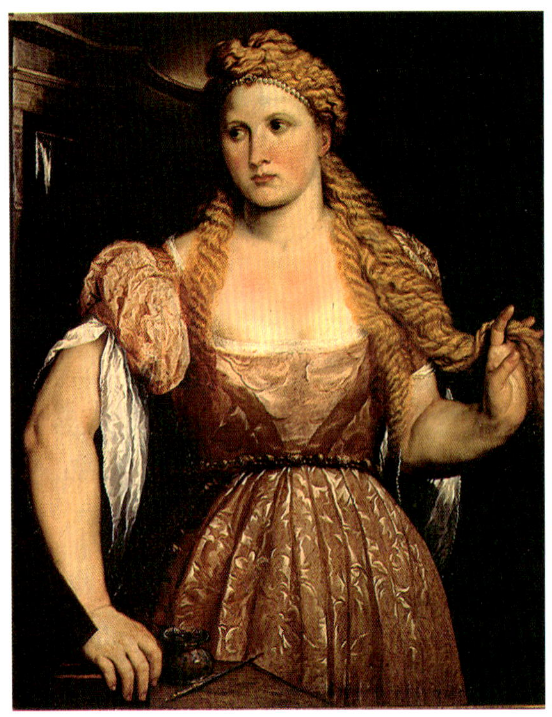

chapeau à larges bords sans fond, elles obtiennent ce blond fauve, dit blond vénitien. Le teint cérusé blanc et mat, les dents frottées une fois par semaine avec un mélange de poudre de corail rouge, de sandragon, de tartre de vin blanc, d'os de seiche, de noyau de pêche et de cannelle donnent au visage cette délicatesse et cette pureté qui marquent la différence aristocratique. La peau doit être si transparente que lorsqu'une femme boit, on doit lui voir, dit-on, couler le vin dans la gorge !

À Venise, on se farde les seins visibles sous le large décolleté et même le corps entier à l'instar des courtisanes. On peut se blanchir les mains grâce à des gants de nuit dont l'intérieur est enduit d'un mélange de miel, de moutarde et d'amandes amères que l'on enlève le matin à l'eau de pluie ou à l'huile de benjoin.

Les mouches commencent à faire leur apparition. Elles dissimulent les lentilles et les boutons mais en profitent pour dessiner des constellations. Témoin la duchesse de Newcastle dont le visage s'orne, lors d'une fête à la cour d'Angleterre, du char du Soleil attelé de quatre chevaux. Les hommes, eux aussi, sont fardés, à la fois pour dissimuler les marques des blessures valeureuses ou des maladies honteuses mais aussi par un souci d'idéal, d'artifice et d'aristocrate discrimination.

À la fin du XVIe siècle, bien que la pratique de la teinture, du fard et de l'épilation ait gagné toutes les couches aisées de la société urbaine, la vogue des soins de beauté connaît un fléchissement qui ne sera compensé que par l'usage des parfums. En effet, l'exigence hygiéniste recule et se déplace vers le souci du linge blanc. Désormais on procède à la toilette sèche, c'est-à-dire à la friction du corps avec des linges parfumés, et si le terme de maquillage apparaît à cette époque, il comporte un sens argotique, péjoratif (« tricher », « truquer »), qu'il conservera jusqu'au XIXe siècle.

Paris Bordone, *Jeune Femme*, huile sur toile, vers 1550.

Anonyme, *Gabrielle d'Estrées au bain*, huile sur toile, début du XVIIe siècle.

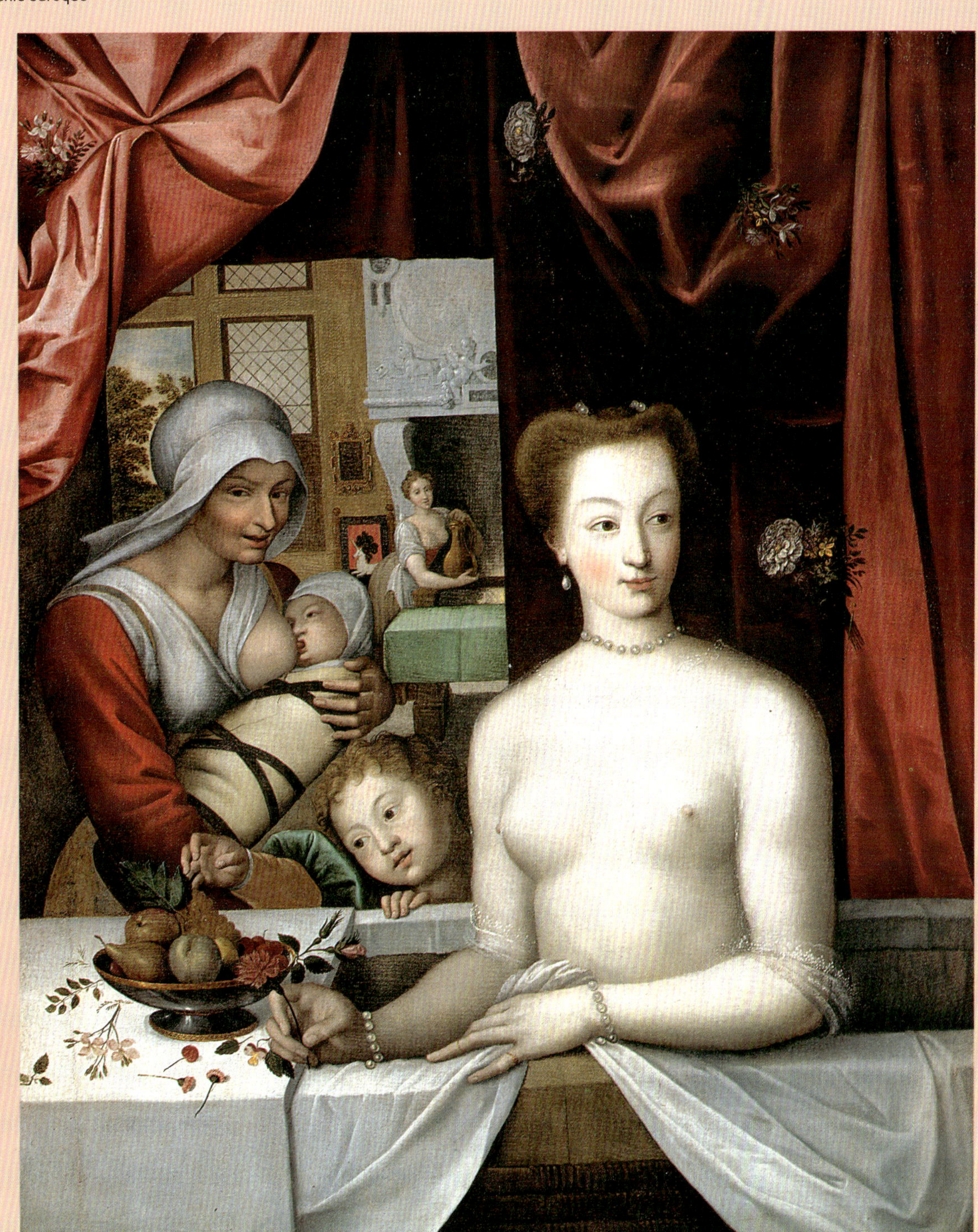

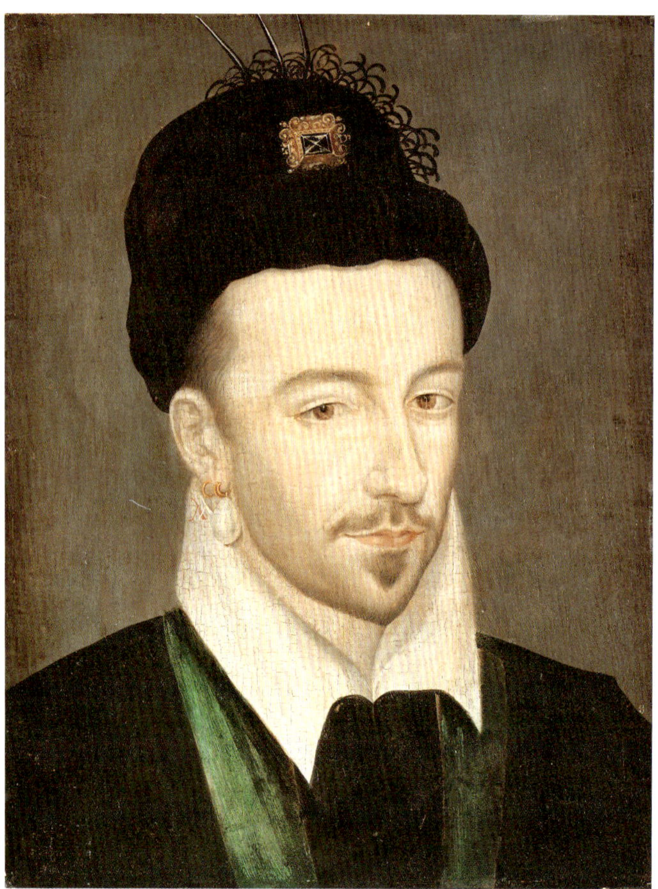

« Ces beaux mignons portaient les cheveux longuets, frisés et refrisés, remontant par-dessus leurs petits bonnets de velours, comme font les femmes ; et leurs fraises de chemises de toile d'atour empesées, et longues de demi-pied. »

Pierre de L'Estoile, *Mémoires pour servir à l'histoire de France*, 1589-1591

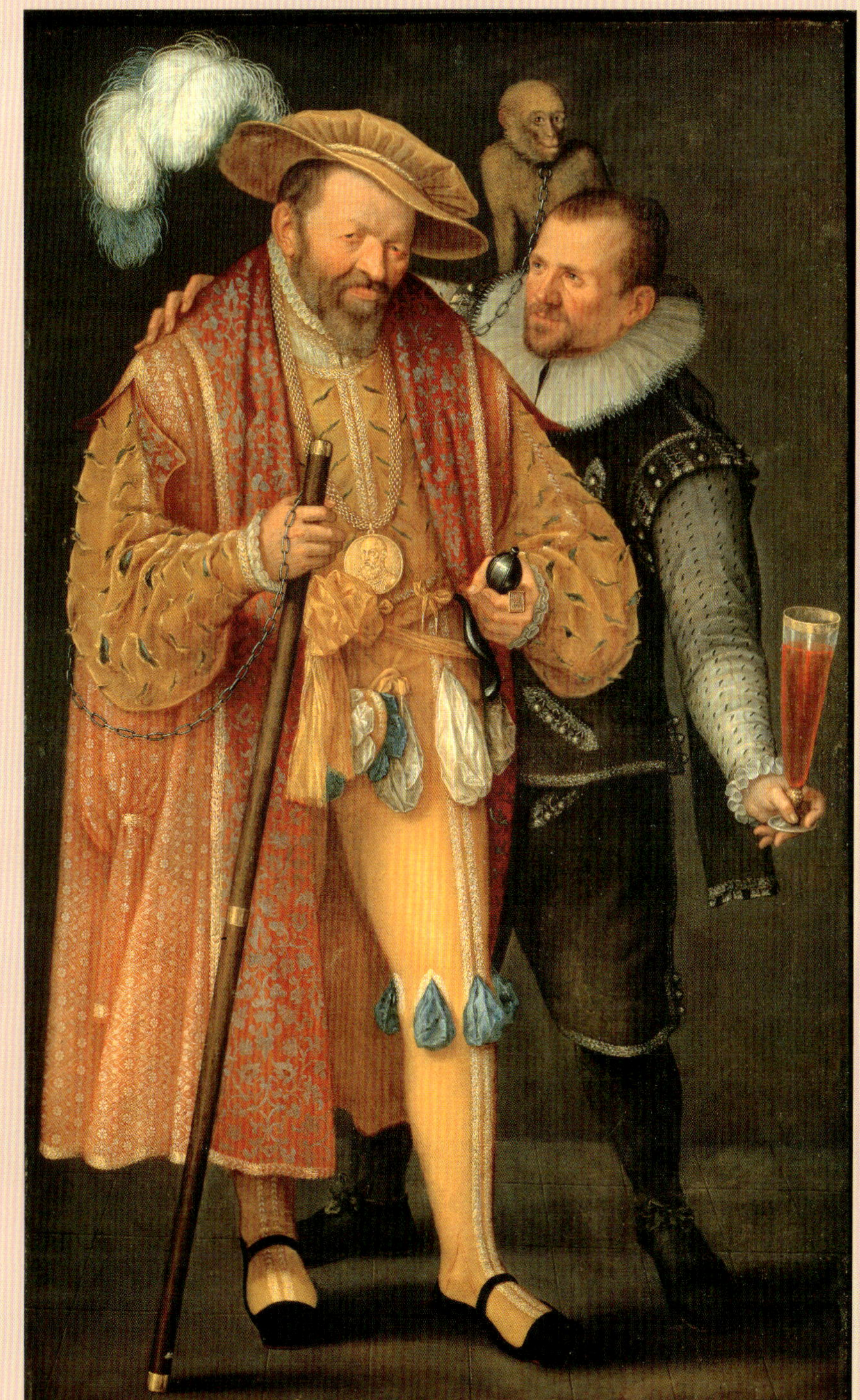

Attribué à Jean Decourt,
Henri III, huile sur bois, vers 1581.

Lucas Van Valckenborch,
L'Empereur Rodolphe II prenant sa cure,
huile sur toile, fin du XVIe siècle.

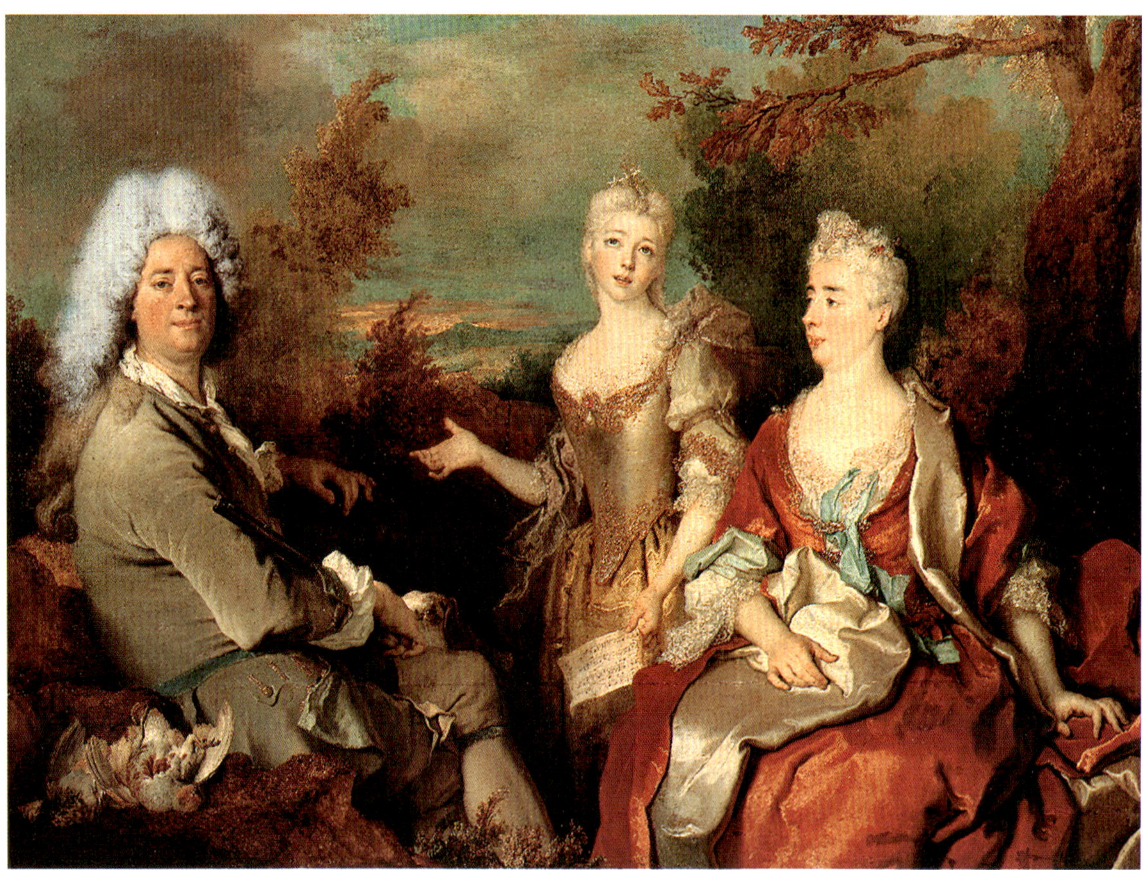

Le fard soleil. L'exercice de l'artifice au XVIIe siècle dans une cour de plus en plus hantée par la moralisation comporte une signification émancipatrice. Le courant précieux, à l'instigation de la marquise de Rambouillet et de Mlle de Scudéry dont Molière a raillé dans *Les Précieuses ridicules* les excès bourgeois, en hissant le langage au rang d'une métaphore perpétuelle, a exalté le visage cérusé, aux joues légèrement rougies, symbole d'une élévation angélique. Au-delà du paraître, il s'agit aussi de dissimuler les tavelures de l'existence et le cramoisi que donnent au teint les excès d'une nourriture

Nicolas de Largillierre, *Portrait de famille*, huile sur toile, vers 1730.

toujours épicée, de vins capiteux qui marbrent la peau d'un érythème fort peu pudique. Le hâle est banni et les dames portent pour la promenade un masque qu'elles tiennent par un bouton entre les dents. « Ce rempart du beau teint » empêche que « la neige du visage ne commence à fondre » (ne vieillisse), comme devant le « conseiller des grâces » (le miroir), les onctions d'eau distillée, de fleur de lys, de nénuphar, de fleur de fève (*Dictionnaire des précieuses*).

À ces dames qui exaltent le raffinement du corps et de l'intelligence, le courant dévot, conduit par la Compagnie du Saint-Sacrement, répond par l'injonction de la crasse et de la pudeur issue des sermons des Pères de l'Église. Le rouge que toutes les femmes portent sous l'influence de la Montespan dès 1673 symbolise l'adultère royal et annonce le feu de la damnation éternelle. Le courant moraliste voisine cependant avec un goût extrême pour le déguisement qui autorise de singuliers excès. L'art de la représentation de soi s'exalte d'abord au travers du Roi-Soleil qui n'hésite pas à paraître en ivrogne, « barbouillé », dans un divertissement de cour. La perruque blanche adoptée par le souverain puis par tous les courtisans marque moins le désir de restituer l'idéal de la nature que d'exalter la blancheur jusque sur le chef.

Molière peut blâmer « ces eaux, ces blancs, ces pommades [...] À l'honneur tous les jours, ce sont drogues mortelles » (*L'École des femmes*), ou vitupérer les Arsinoé qui mettent du blanc « et veulent paraître belles » (*Le Misanthrope*), il n'empêchera pas que le rouge « sur lequel roule tout le christianisme » (Madame de Sévigné) ne désarme pas et devienne même une sorte de signe extérieur de l'impudeur. Car on l'abandonne après une défaite amoureuse ; on paraît sale, négligée et décoiffée, confite en dévotion, jusqu'à ce que la renaissance du désir ne le fasse revenir sur les joues comme la promesse de jours meilleurs...

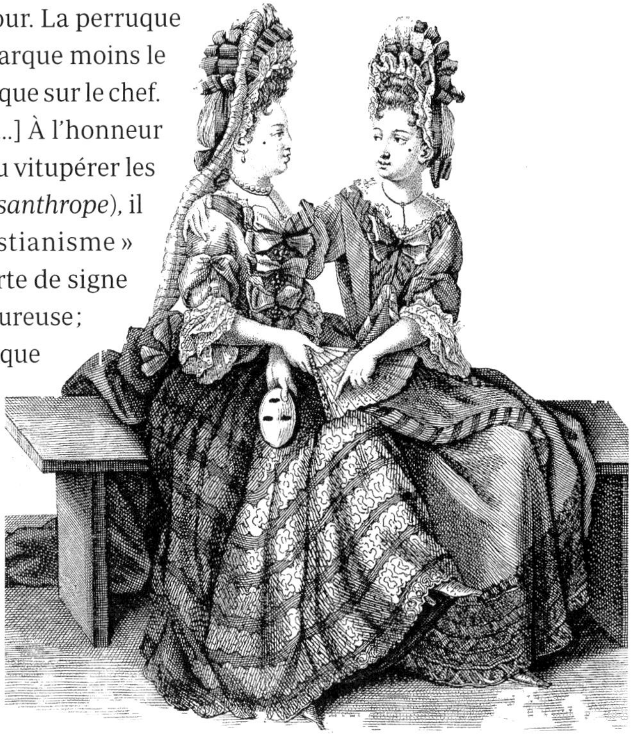

« Dames de qualité en conversation aux Tuileries », Nicolas Arnoult, gravure, XVIIe siècle.

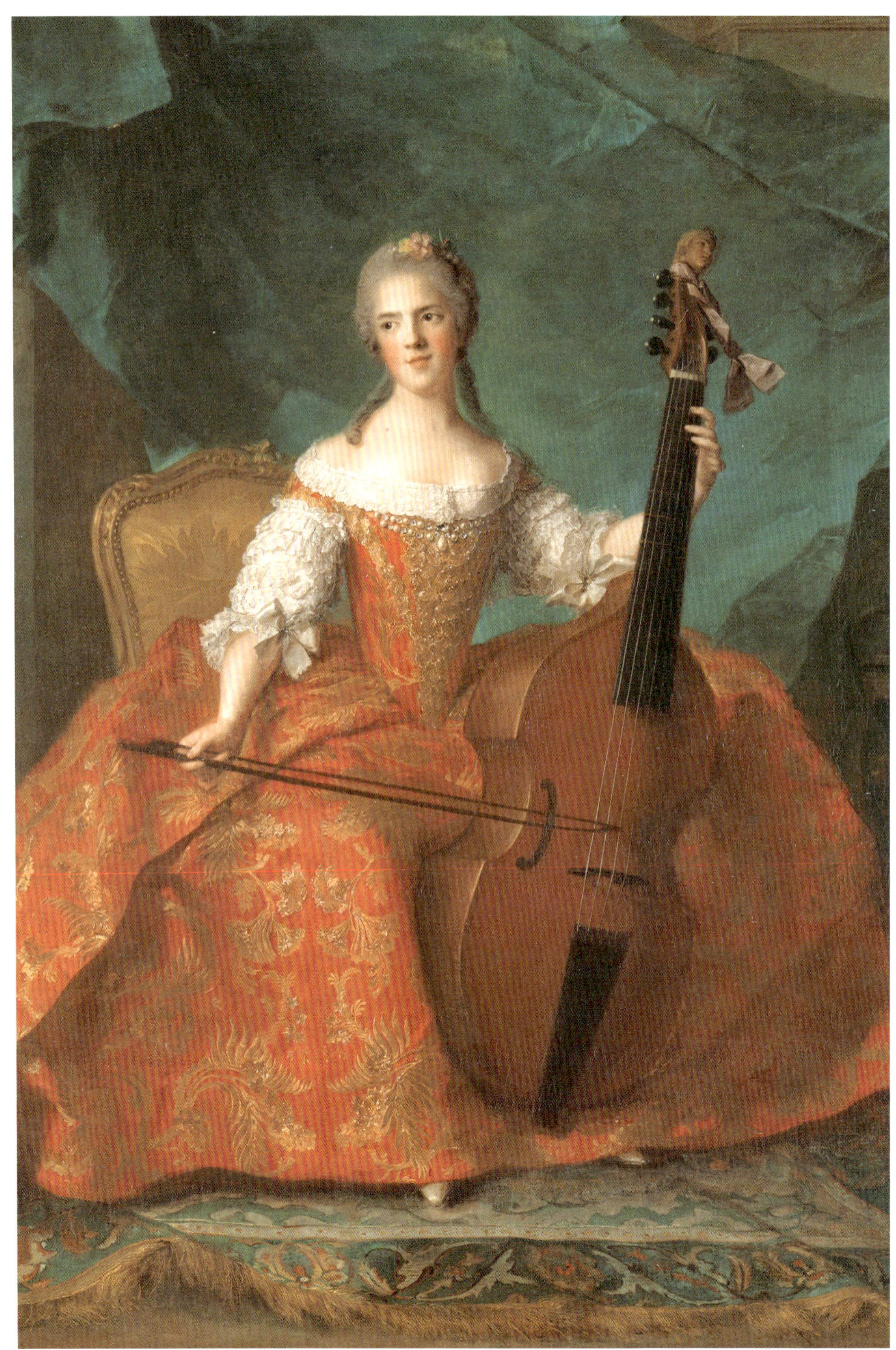

J.-M. Nattier, *Madame Henriette de France, fille de Louis XV*, huile sur toile, 1754.

Au XVIIIe siècle, la folie du rouge. Au XVIIIe siècle, chez les aristocrates, le rouge se décline du cramoisi au rouge-jaune en passant par le lilas, le rose et l'orangé. Sur un fond de blanc, brunissant vers les tempes, éclatant autour des lèvres, on ne l'applique plus en cercle sur les pommettes mais aussi près des yeux. Casanova, grand connaisseur de frissons, le décrypte ainsi : « On ne veut pas que le rouge paraisse naturel. [...] On le met pour faire plaisir aux yeux qui voient les marques d'une ivresse qui leur promet des égarements et des fureurs enchanteresses. »

Il sert de masque à la pâleur qu'engendrent les nuits de veille, les soupers nocturnes du Régent et qui épuisent la cour. Car toujours il faut porter beau malgré les frénétiques orgies obligatoires ! Hommes et femmes s'appliquent donc un fard très épais qui touche la paupière inférieure des yeux, car cela « donne du feu aux yeux » (selon les *Mémoires* du comte de Vaublanc, 1782).

Ne pouvant se résoudre à paraître fatiguée ni à briser la tyrannie de la mode, la cour ressemble, selon lady Montagu, à des « moutons nouvellement écorchés ». Les bourgeoises et les bourgeois s'en saisissent par imitation et, sans en exagérer l'artifice, commencent à se farder les joues en graduant les couleurs selon leur âge, du rose au carmin.

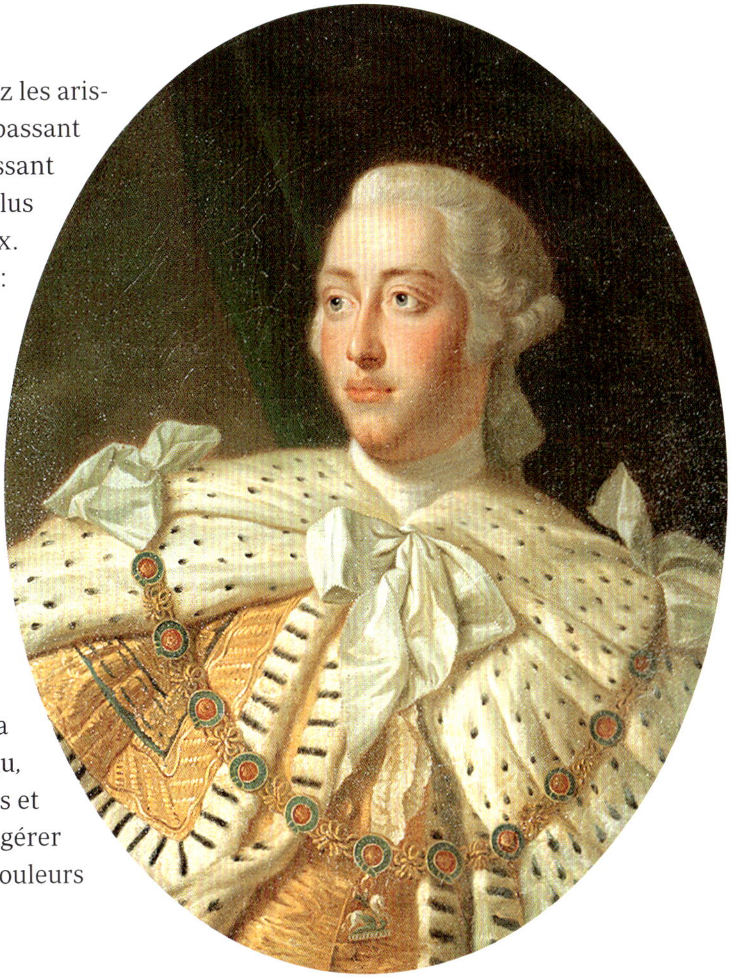

Anonyme, *George III d'Angleterre*, huile sur toile, XVIIIe siècle.

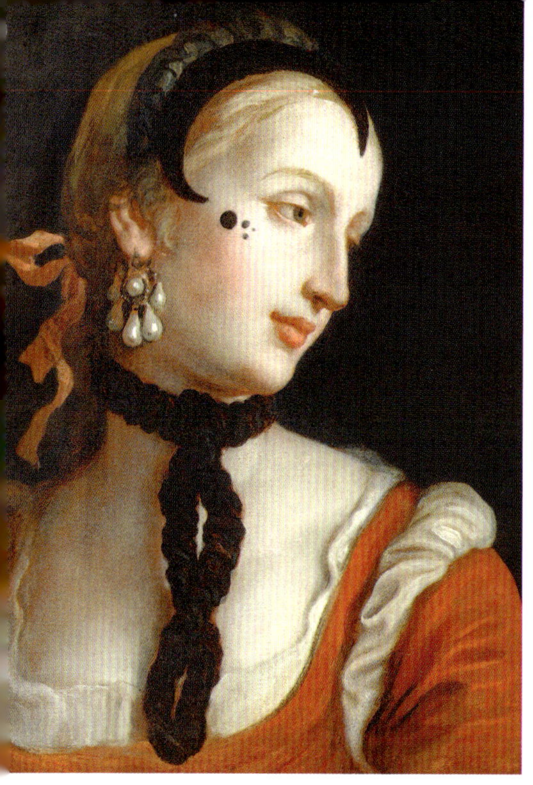

Excitant sensuel et masque de la vieillesse, le rouge marque l'apogée d'une illusion qui maquille tous les visages dès le sortir de l'enfance. Pour dormir, les femmes portent un demi-rouge, à la cour un grenat dont Nattier nous restitue l'intensité. Mais si la bourgeoise en use de manière moins perceptible, la versatilité des modes fait successivement fleurir le lilas, le rouge serkis ou le garance destiné plus particulièrement aux courtisanes. La folie du rouge va encore plus loin : la princesse de Monaco se farde avant l'échafaud et Madame Henriette, fille de Louis XV, morte brutalement, sera transportée dans un carrosse « en manteau de lit, coiffée en négligé avec du rouge » (avocat Barbier). L'art du trompe-l'œil et du marivaudage exalte, malgré la fatigue des roueries et des intrigues, une excitation des sens que l'oisiveté et l'art de la duplicité accroissent. Le goût du travestissement autorise des amours ambiguës et des dissimulations dont l'aveu dans le théâtre de Marivaux confine au cauchemar.

On maquille ses émotions et ses mots pour ne pas laisser prise au désordre et que triomphe toujours le privilège aristocratique de l'oisiveté, de l'intelligence et de la séduction.

Corps de pantin. Ces visages de poupée qu'arborent hommes et femmes virevoltant dans leur élégance retapée se dressent sur des corps baleinés et architecturés par des artifices invisibles. Bustes dissimulés dans les corsages amincissant la taille, hanches dilatées par le vertugadin, faux mollets épaississant les vrais, pieds rapetissés par le talon haut ou la chaussure à talon médian qui projette en avant, le corps discipliné se plie aux lois de l'étiquette et de la civilité.

Sans cesse en représentation, il se multiplie au gré des miroirs et des regards des autres qui l'enveloppent et le déchiffrent. Le XVIIIe siècle commençant a le goût du petit, du ténu, du mignon et du

Pietro Longhi (1701-1785),
Femme à la mouche, huile sur toile, s.d.

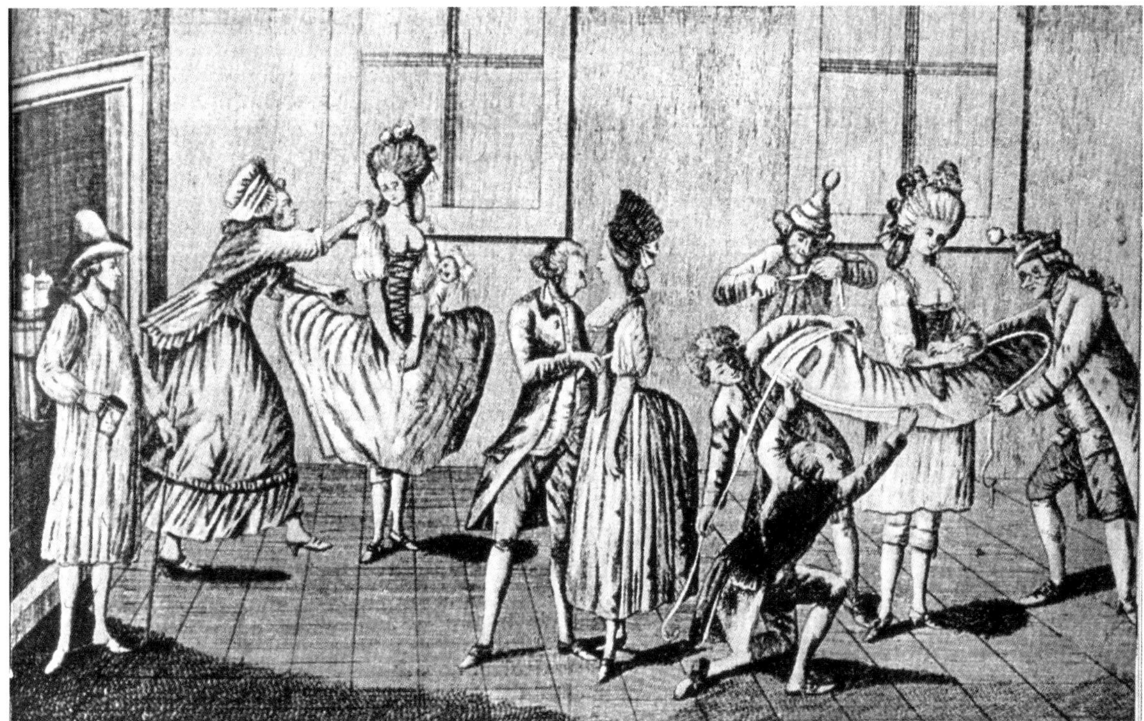

mignard dans un corps bridé que les attelles souterraines gonflent aux endroits idoines. On hait le muscle dessiné qui évoque l'effort, et l'on préfère à tout un corps de rotondités capitonnées que l'étreinte amoureuse fait palpiter. La gorge rebondie, les bras ronds et fermes, les hanches plus larges que les épaules, les mollets renflés aux attaches fines augurent des enchantements mous et voluptueux.

L'œil se fait langoureux, la bouche petite au milieu de fossettes mutines pour mieux séduire à sourires mouchetés, la main longue et potelée ; le pied se plie aux dimensions d'une chaussure en pointe. Toutes ces contraintes vestimentaires, ces architectures baleinées, ces fards poisseux qui ouvrent les nuits à la volupté ne manquent pas de provoquer des alanguissements, des vapeurs, des anémies contre lesquels la médecine préconise la marche au grand air, l'exercice quotidien et le désenclavement des chairs.

« Les Bouffantes », gravure satirique, vers 1785.

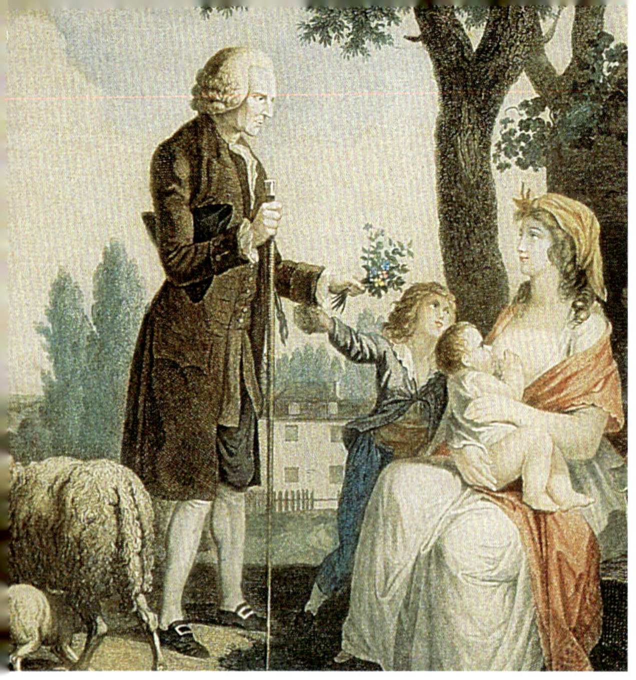

Un air de chiffonné. Vers 1750, les frémissements d'une mutation dans la conception de la nature et du corps se font sentir. Sous la pression des encyclopédistes et des dramaturges, l'excès d'artifice devient peu à peu obsolète. Ce qui prévaut lentement, ce sont les impressions, les émotions d'un visage et d'un corps qui s'embrasent à la vue de la nature et s'épanchent dans la contemplation des émotions collectives. Diderot invente la pantomime muette dont la Clairon qui avait déjà aboli la déclamation use avec un grand talent lyrique (*Paradoxe sur le comédien*, 1773-1778). Le Kain de la Comédie-Française, formé par Voltaire, délaisse les faux mollets et les fausses hanches ; Rousseau, à peine établi dans son statut de philosophe, revient à la simplicité luthérienne et à l'exaltation des sentiments vrais plutôt que des savoirs corrompus.

Aux artifices chromatiques, on préfère petit à petit un ordre ou un désordre naturels que le ridicule ne stigmatise plus. Les médecins posent des critères de conformité anatomique et posturale rétablissant la nature dans des corps habitués à suffoquer sous les attelles. Les influences conjointes de Marie-Antoinette, qui ramène d'Autriche une tradition de la beauté naturelle, et de la portraitiste Madame Vigée-Lebrun, instigatrice du style « négligé élégant », signent la disparition du rouge.

La pâleur redevient à la mode, mais une pâleur sans fard, dont la beauté réside dans le jeu d'émotions naturelles qui font frémir les yeux et la bouche. Dans un corps qui retrouve l'usage du bain, que la frugalité et une nourriture moins épicée ramènent à des couleurs virginales, la séduction ne réside plus dans le trompe-l'œil mais dans la vision d'un visage et d'un corps vibrant d'ardeurs amoureuses plus soucieuses de sincérité que de mensonge. Cette absolue simplicité, cette extension de la vérité intime aux rapports sociaux, aux mouvements esthétiques et philosophiques, rompent avec l'individualisme masqué de fards ludiques et sensuels. La cosmétique baroque cède le pas à un visage naturel,

Augustin Claude Simon Legrand,
Rousseau ou l'homme de la nature,
gravure, vers 1795.

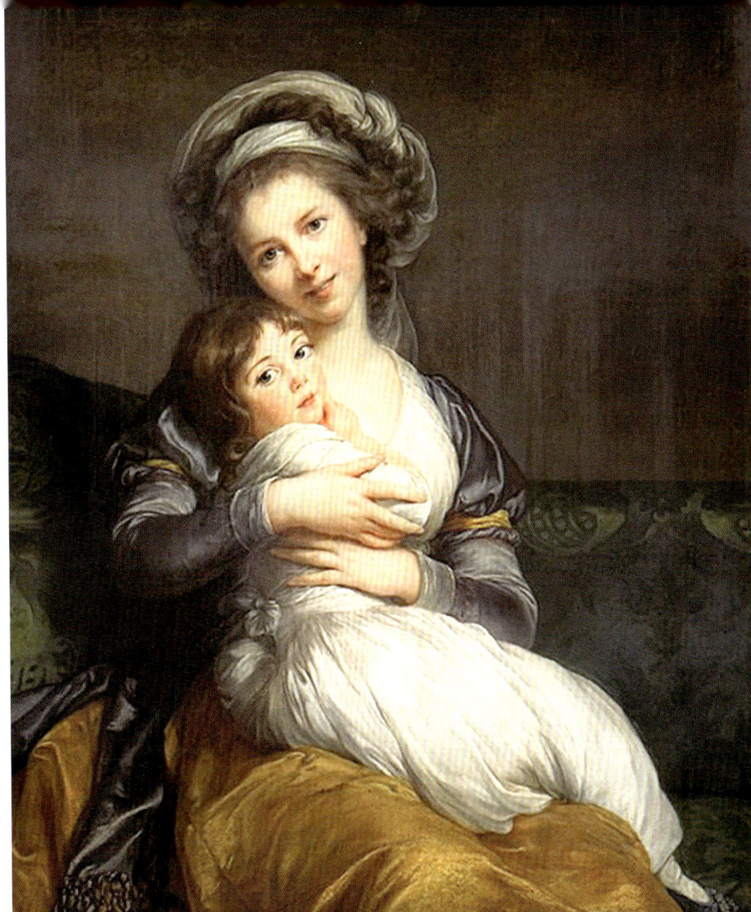

sentimental, et les excès capillaires de la cour de Louis XVI comme les beautés diaboliques des romans gothiques et sadiens laissent la place à une exigence d'authenticité que l'égalité postulée des conditions viendra confirmer.

La fin du siècle veut des visages purs et loyaux que seules les larmes peuvent troubler de leur sincère épanchement. Le citoyen s'inscrit tout entier dans la simplicité de sa mise et dans sa perméabilité aux influences du monde. Le rouge et la perruque enfarinée s'abîment avec la Bastille. L'Ancien Régime trahissait le peuple sous ses fards. Désormais seule l'ardeur révolutionnaire pourra cramoisir les joues.

Élisabeth Vigée-Lebrun, *Madame Vigée-Lebrun et sa fille*, huile sur toile, 1786.

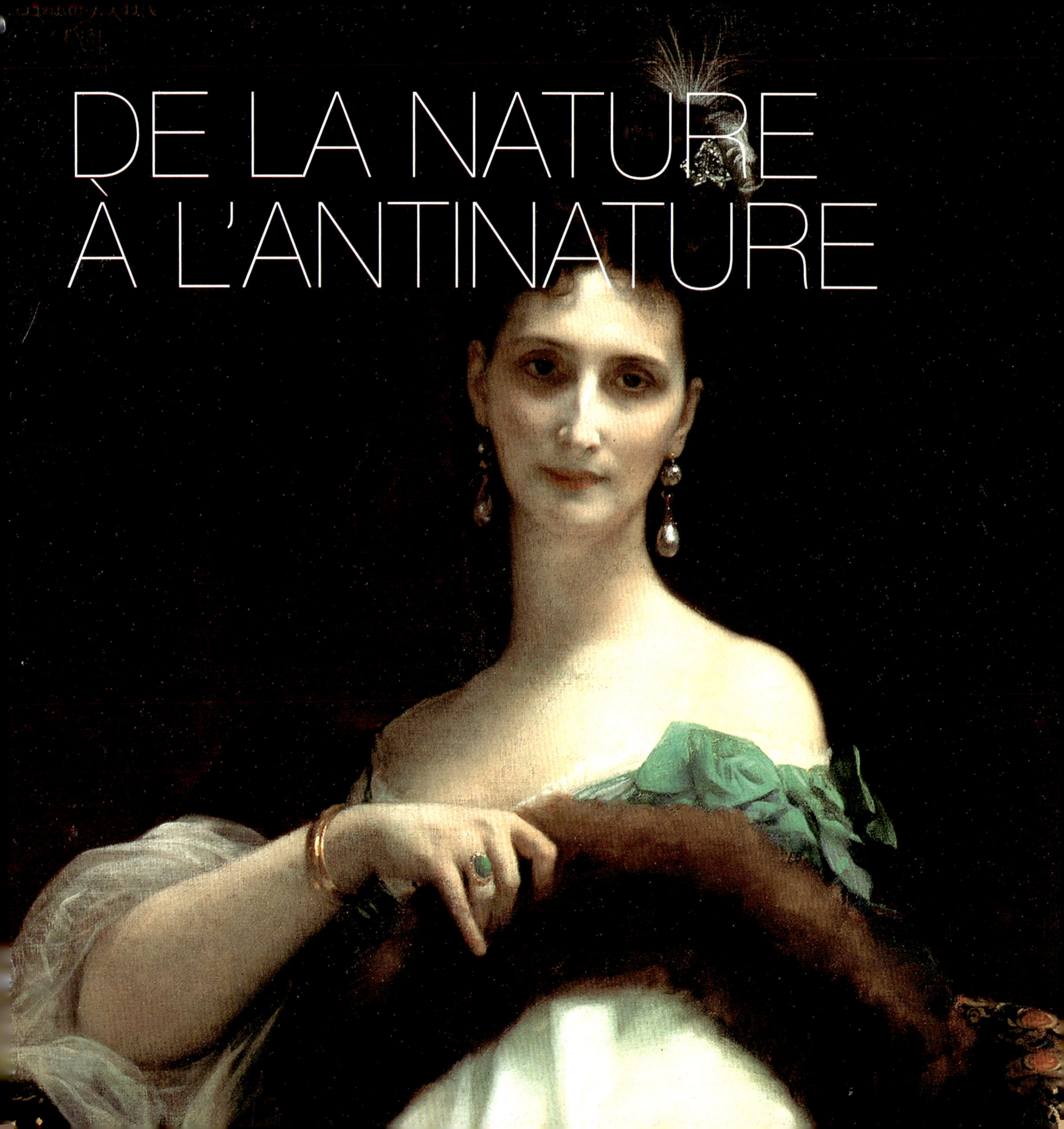

DE LA NATURE À L'ANTINATURE

« En 1822, le fashionable devait offrir un homme malheureux et malade ; il devait avoir quelque chose de négligé dans sa personne, les ongles longs, la barbe non pas entière, non pas rasée, mais grandie un moment par surprise, par oubli, pendant les préoccupations du désespoir, mèche de cheveux au vent, regard profond, sublime, égaré et fatal, lèvres contractées en dédain de l'espèce humaine, cœur ennuyé, byronien, noyé dans le dégoût et le mystère de l'être. »

Chateaubriand, *Mémoires d'outre-tombe*, 1809-1841

La Révolution, en coupant les cheveux enfarinés de l'Ancien Régime et en purifiant les visages du rouge aristocratique, exalte une physiognomonie sincère, naturelle et transparente.

Issu du romantisme allemand, d'un sentimentalisme hérité de Diderot et de Rousseau, étayé par le libéralisme naissant qui met en avant l'individu dans sa singularité physique et psychologique, ce courant naturel façonne un nouveau mode de pensée et une nouvelle approche de la beauté.

En outre, la parution entre 1781 et 1809 de l'ouvrage de Lavater, *L'Art de faire connaître les hommes et de les faire aimer*, remet en lumière un art ancien dont Héraclite et Galien avaient tracé les prémices : la physiognomonie. C'est-à-dire le moyen de lire dans la sémiologie du visage le diagnostic des maladies et de déduire le caractère. Lavater démontre que le « caractère en mouvement » d'un sujet peut être lu au travers de la morphologie et de l'expression de son visage.

Alexandre Cabanel, *Portrait de la comtesse de Keller*, huile sur toile, 1873.

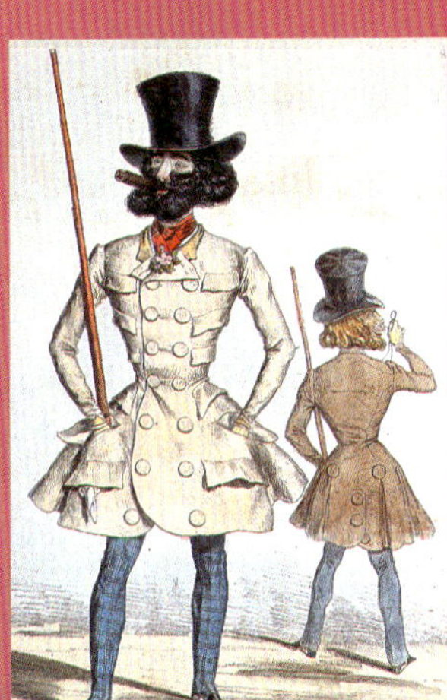

« Les Lions », 1840.

Pour la première fois, la beauté humaine n'est plus inféodée à un canon idéal. Chaque visage demeure unique, révélateur d'un moi secret dont la transparence au regard de l'autre peut être parfois dangereuse. Aussi la bourgeoisie libérale s'emploiera-t-elle à domestiquer ses passions, ses mimiques, pour offrir un visage vertueux éloigné de l'outrance du siècle passé.

Rien que le savon ! La distinction entre les classes bourgeoise et prolétaire se fait au début du XIXe siècle par la propreté, préoccupation hygiéniste qui ira s'affirmant. La pratique du bain se développe au rythme de la construction des salles d'eau ou de bain dans les appartements. Il ne s'agit pas encore de soins quotidiens mais d'attentions sporadiques : les pieds seront lavés « tous les huit jours » (De Chantal, *Nouveau traité de civilité*, 1850), les cheveux « tous les deux mois » (*L'Omnibus de la toilette*, 1828), les dents « au moins une fois par semaine » (H. Raisson, *Code de la toilette*, 1828).

La médecine, qui ne possède aucune connaissance nouvelle sur les produits de beauté, s'emploie toutefois à affirmer un savoir totalisé sur toutes les opérations de la toilette. Elle promeut le savon purificateur, cosmétique par excellence, l'eau pure, et redécouvre des vertus chrétiennes au souci de son corps.

La beauté de l'Empire est donc propre, limpide, purifiée d'eaux de senteur, voilée d'une gaze légère pour se protéger des hâles. Car elle ne cesse d'être blanche et éclatante grâce à des masques de nuit, des baumes exfoliants comme le baume de La Mecque, des huiles de cacao, de ben et d'une théorie d'eaux qui blanchissent, effacent les rides et les éphélides. Aux vinaigres astringents de l'Ancien Régime qui fripent la peau, le docteur Caron dans *La Toilette des dames* (1806) préfère les

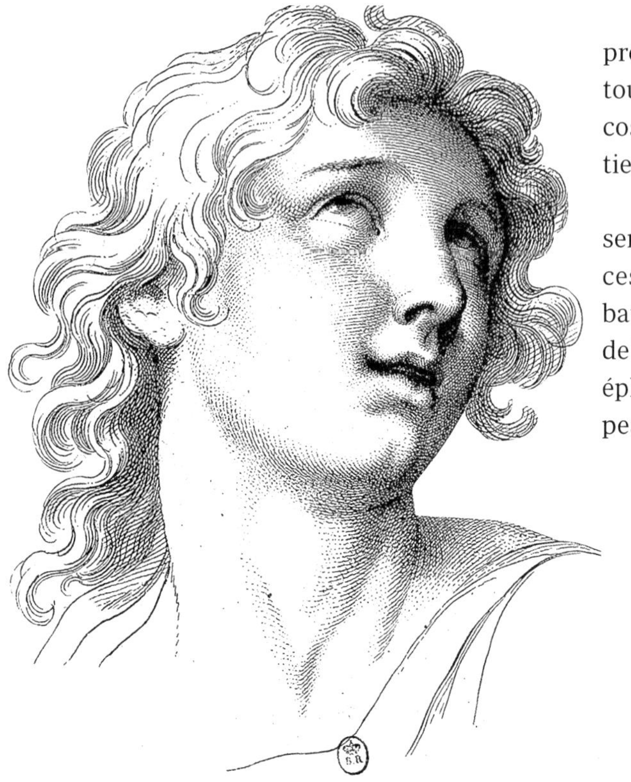

« Le ravissement », *in* Charles Le Brun, *Traité des passions*, vers 1663.

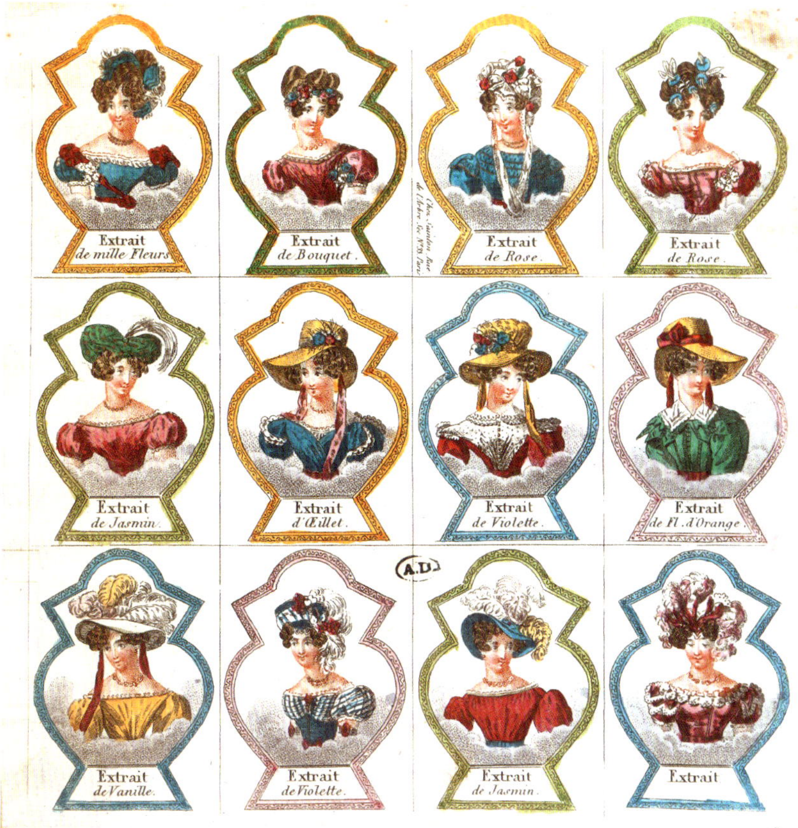

cosmétiques mucilagineux, doux, suaves qui laissent la peau lisse et fraîche, et frappe d'anathème tous les fards toxiques et minéraux. Tout au plus autorise-t-il les rouges végétaux mais avec parcimonie. Sous un Premier Empire vaporeux, les belles sont fraîches et immaculées. Pourtant, Napoléon, sensible à la pâleur de Joséphine, lui enjoindra : « Mettez du rouge, Madame. Vous avez l'air d'un cadavre ! »

Ce courant naturel cède le pas au courant romantique qui, en exaltant les turbulences du cœur, les ivresses passionnées et les larmes, crée une nouvelle cosmétique propre à magnifier son imaginaire : celle de la maladie.

Étiquettes de parfum, vers 1820.

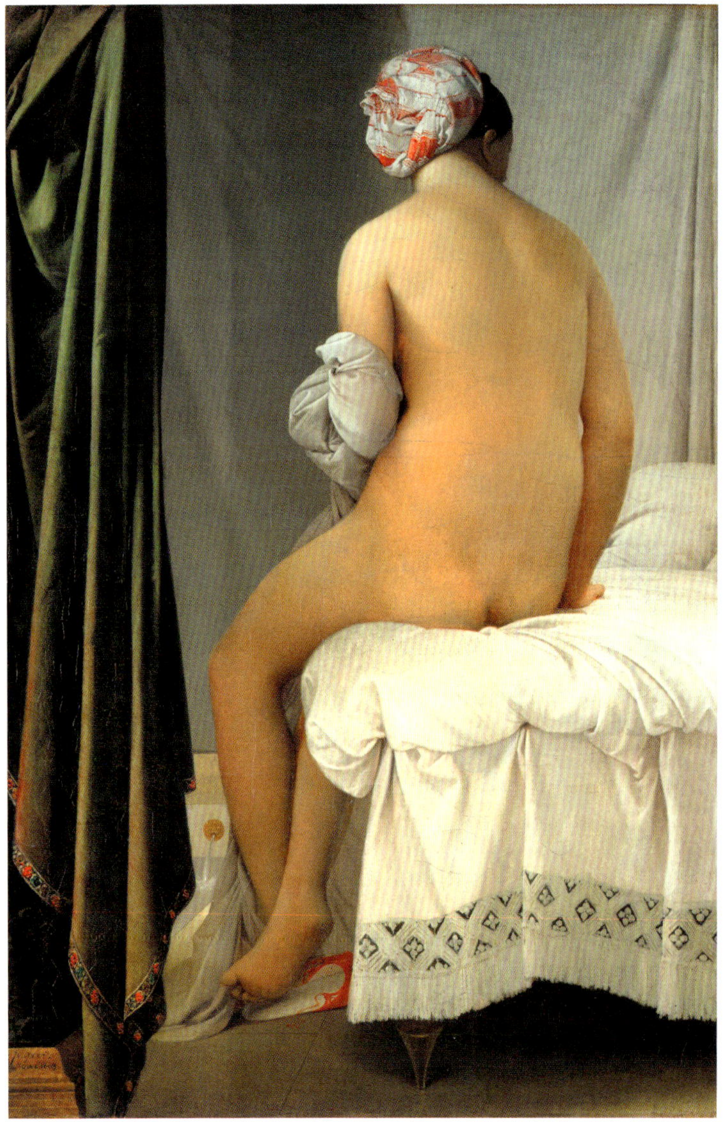

Dès 1830, il est « de mode d'être défait et pâle comme un mourant, d'avoir le teint plombé ou les joues creuses parce que cela donne l'air distingué, artistique », écrit le docteur Auber dans *Hygiène des femmes nerveuses* (1841). Le visage se pare de couleurs jaunâtres, bleuâtres, verdâtres. Pour maigrir, les femmes ne boivent que du vinaigre, ne mangent que des citrons et lisent tard la nuit pour se cerner les yeux. L'idéal séraphique bat son plein : pâleur spectrale, yeux sombres et profonds pareils à des puits d'ombre. C'est le temps des brunes aux yeux agrandis par la belladone ou l'atropine.

Comme Byron et Musset, on aime la femme orientale blanchie à l'ombre du harem, à la pâleur teintée de bitume ou de bistre, vibrant d'une fièvre érotique identique à celle qui saisit les tuberculeux peu avant la mort. Pour se faire un visage chlorotique (anémié) ou phtisique, les femmes se peignent en jaune orangé et soulignent leurs yeux, « soupiraux de l'enfer ». Un jeune homme qui doit se marier s'exalte devant le visage de sa bien-aimée sur lequel la lumière joue en reflets violets ; Théophile Gautier arbore une maîtresse jaune comme un citron, Musset trouve dans la pâleur la quintessence de l'ivresse.

J. A. Ingres, *La Petite Baigneuse, intérieur de harem*, huile sur toile, 1828.

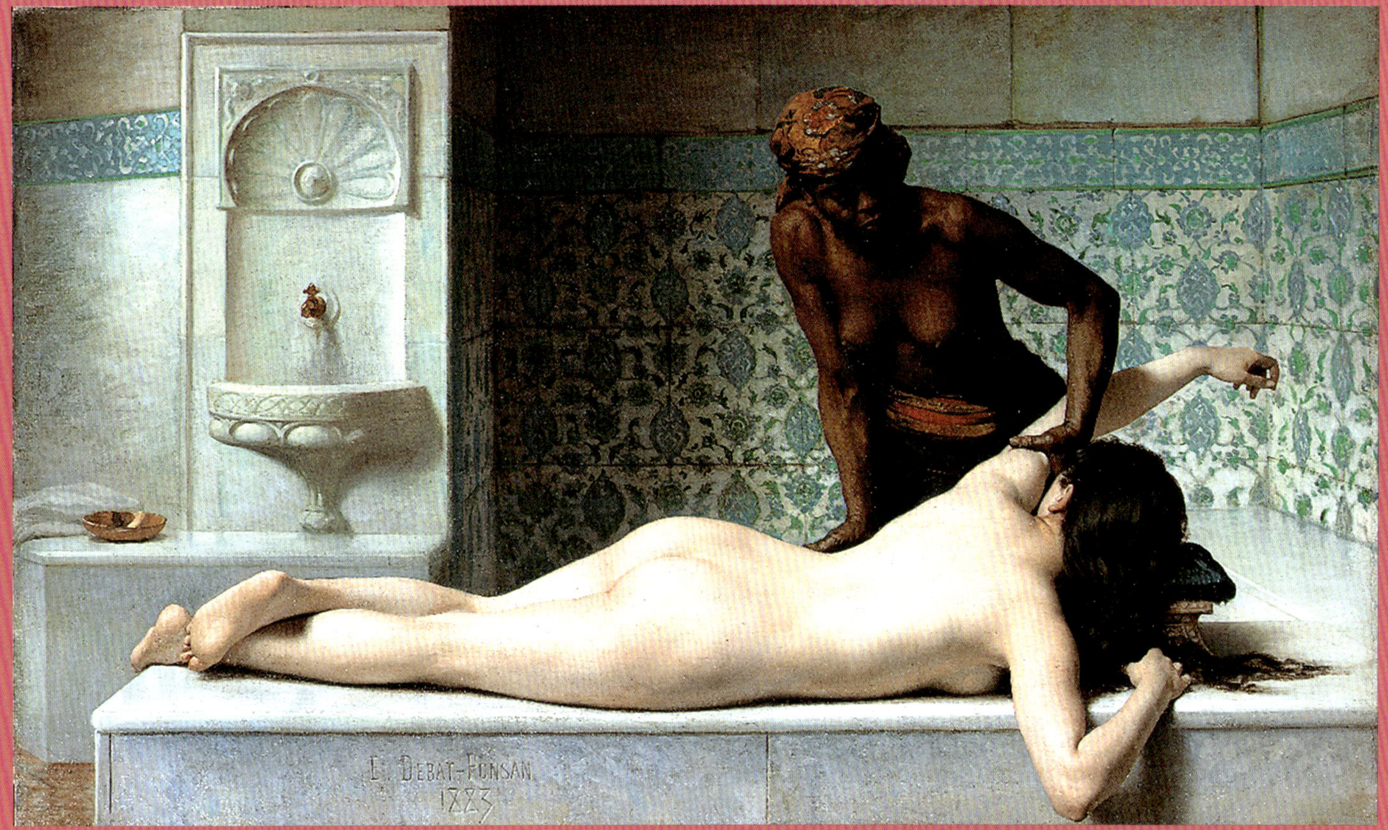

« Que j'aime voir, chère indolente / De ton corps si beau, / Comme une étoffe vacillante, / Miroiter la peau ! / Sur ta chevelure profonde / Aux âcres parfums, / Mer odorante et vagabonde / Aux flots bleus et bruns […]. »

Charles Baudelaire, *Les Fleurs du mal*, « Le serpent qui danse », 1857

Édouard Bernard Debat-Ponsan, *Le Massage, scène de hammam*, huile sur toile, 1883.

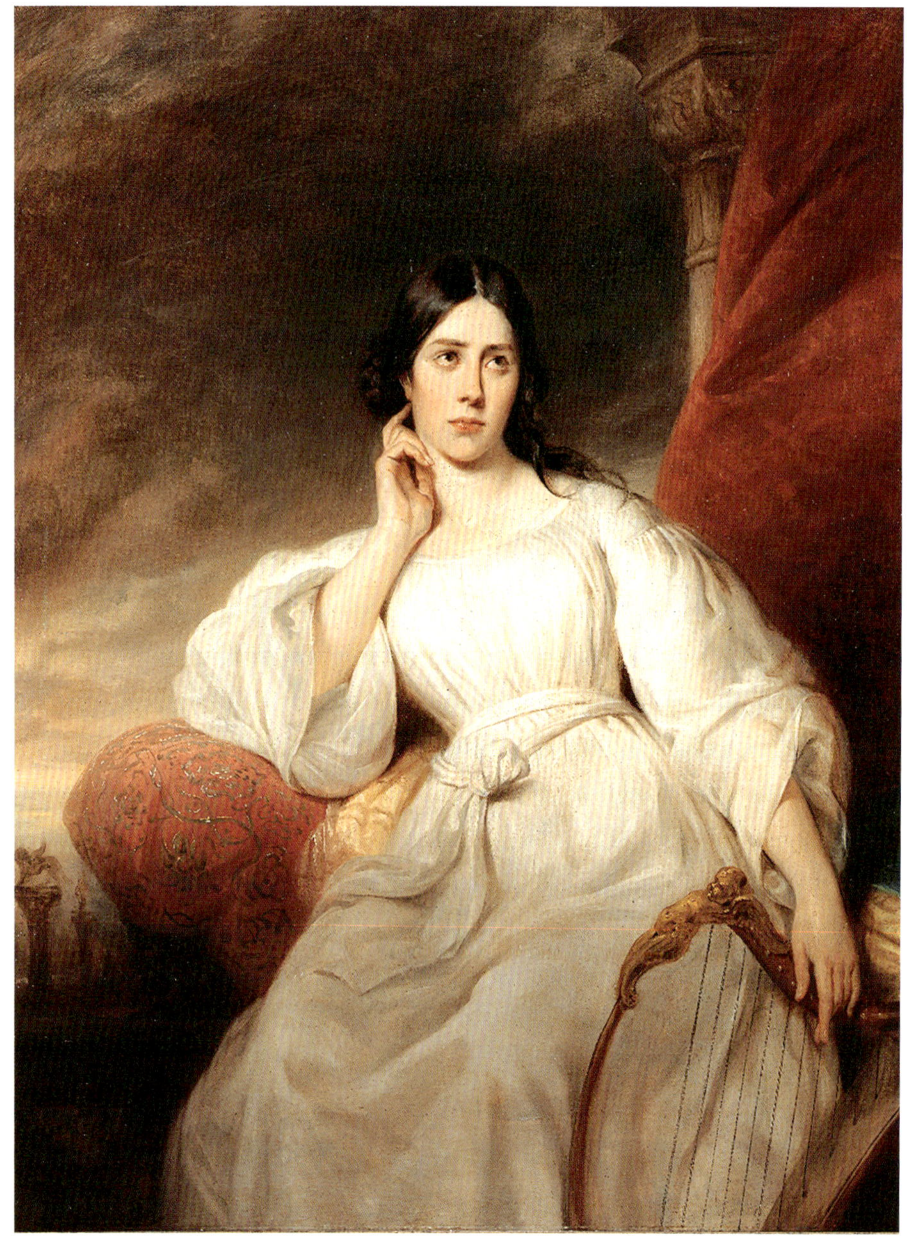

Henri Decaisne, *Maria Malibran dans le rôle de Desdémone de l'« Otello » de Rossini*, huile sur toile, 1830.

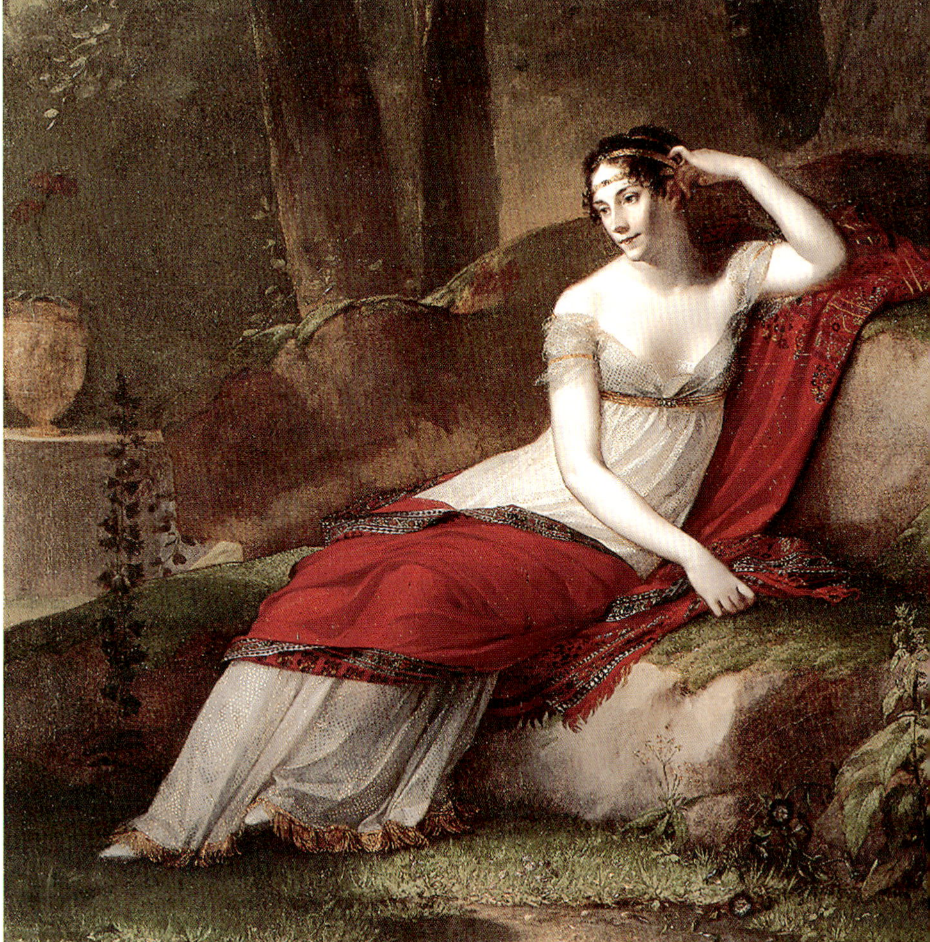

Splendeurs phtisiques. Cette beauté, issue de la mode du roman gothique de la fin du XVIIIe siècle, affecte les hommes comme les femmes de l'élite artistique. Mise à la mode par la princesse Belgiojoso, « la muse romantique » de Musset, elle dénote le versant luciférien et occulte du romantisme pour lequel le monde réel se double d'un monde infernal traversé de succubes, de traîtres, de docteur Miracle. Dans ce milieu de gens de lettres, on aime cette langueur distinguée et artistique des phtisiques auxquels on trouve du génie dans leur fièvre, du talent dans leurs quintes de toux.

Cette association de l'artiste et du malade, avant de devenir un lieu commun de l'imaginaire collectif comme l'a montré Balzac dans *Massimila Doni*, se construit contre le modèle de la beauté bourgeoise, symbole d'enrichissement et de satisfaction repue, fort éloigné des idéaux romantiques maladifs ou fantasmatiques qui affectent les artistes et leurs muses.

Au fantôme de la princesse tant chantée par Musset va succéder, dès 1837, le modèle de « la lionne » dont Marie d'Agoult dans ses souvenirs a laissé le portrait – celui de George Sand : « Cavalière et chasseresse, cravache levée, bottes éperonnées, fusil à l'épaule, cigare à la bouche, verre en main, toute impertinence et vacarme. »

Pierre-Paul Prud'hon, *L'Impératrice Joséphine*, huile sur toile, 1805.

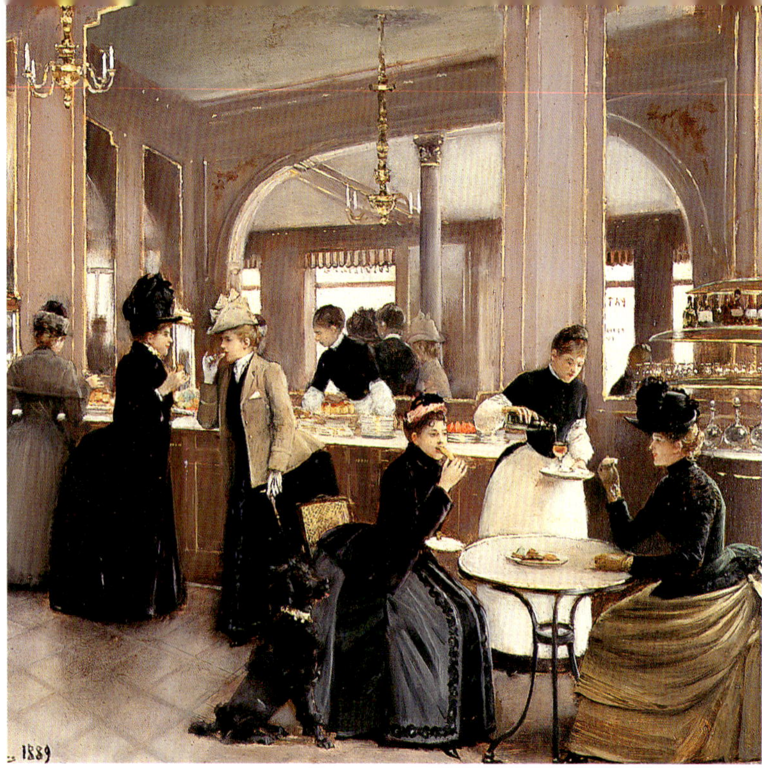

Molle et grasse. Ces afféteries parisiennes n'atteignent pas les femmes bourgeoises qui ne se reconnaissent pas dans ces cadavres qui « prennent des bains d'encre bleue » (Théophile Gautier, *La Croix de Berny*, 1871). Loin d'être des égéries, elles ressentent pourtant le besoin de se parer mais avec la discrétion que la bourgeoisie impose à ses femmes. Mises à distance, séparées, reléguées, elles ne laissent, lorsqu'elles sont exhibées, aucune place à l'ostentation. « La bourgeoise ne se farde pas, elle s'arrange », écrit Paul Perret dans *La Parisienne* (1868). Gracieuse et molle sans rien de masculin, les épaules légèrement tombantes, elle a le dos gras, les bras ronds ornés de fossettes, les mains courtes et potelées. Elle n'a garde de croiser les jambes, de s'appuyer au dossier de sa chaise ni de faire de grands gestes. Sa chair triomphe, image de réussite sociale et de maternité accomplie, ayant produit son lot d'héritiers, conformément aux exigences de son mariage. Sa beauté est un devoir de bonheur ; bonheur de son mari et de ses enfants, eux aussi opulents et lourds, nourris de viandes en sauce et d'oisiveté.

Jean Béraud, *La Pâtisserie Gloppe*, huile sur toile, 1889.

Dans son cabinet de toilette verrouillé, le miroir tourné vers la fenêtre, elle osera un blanc liquide ou *cold-cream*, de la poudre de riz, une touche de rouge aux joues si elle est brune, de rose si elle est blonde. Elle se noircira les yeux et brillantinera ses sourcils. Elle ne s'exposera pas aux embruns du littoral ou s'en protégera par des ombrelles, des chapeaux ou des voilettes. Même avec ce léger maquillage, il faudra rester naturelle et ne pas forcer le ton. Seules les soirées ramènent l'œil fardé élargi à l'estompe. L'accent est surtout mis sur la coiffure aux lourdes boucles rehaussées d'aigrettes, mais les héroïnes de Balzac ravivent leur teint par un bain au son (*Les Employés*) ; Renée Saccard dans *La Curée* de Zola s'alanguit jusqu'à midi dans les bains parfumés et Emma Bovary, lorsqu'elle ne s'encanaille pas aux bals masqués, arbore des pommettes rosées. Comme l'écrit en 1885 Madame de Géry dans ses *Leçons de coquetterie et d'hygiène pratique* : « Contrairement à ce que prétendent les âmes chagrines, jamais en aucun temps on ne s'est moins fardée que maintenant. » La beauté se manifeste davantage dans le maintien et la parure que dans le fard qui pourtant commence à se démocratiser et à s'industrialiser.

Interlope et maculée. À ce versant naturel de la beauté bourgeoise répond toutefois le versant sombre de la femme maquillée à outrance que fréquentent les célibataires lors de leurs « crises juponnières » (Huysmans) ou les bourgeois qui s'encanaillent. Ces femmes s'épanouissent dans les

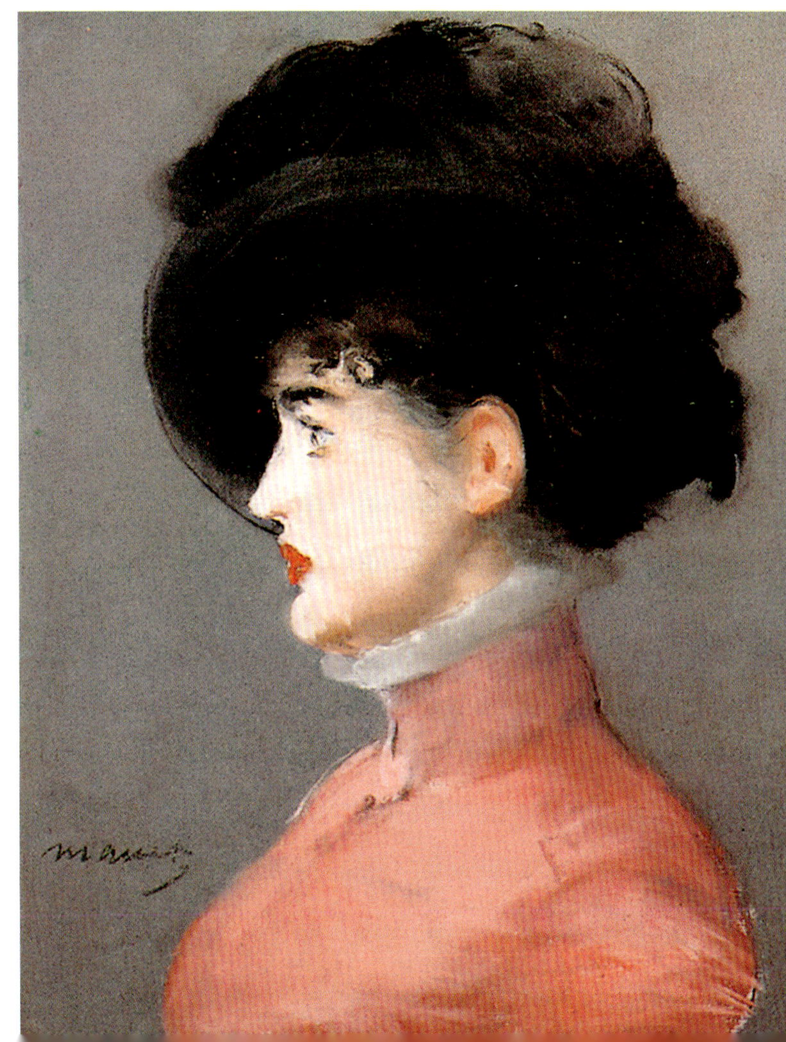

Édouard Manet, *Portrait d'Irma Brunner*, pastel sur toile, vers 1880.

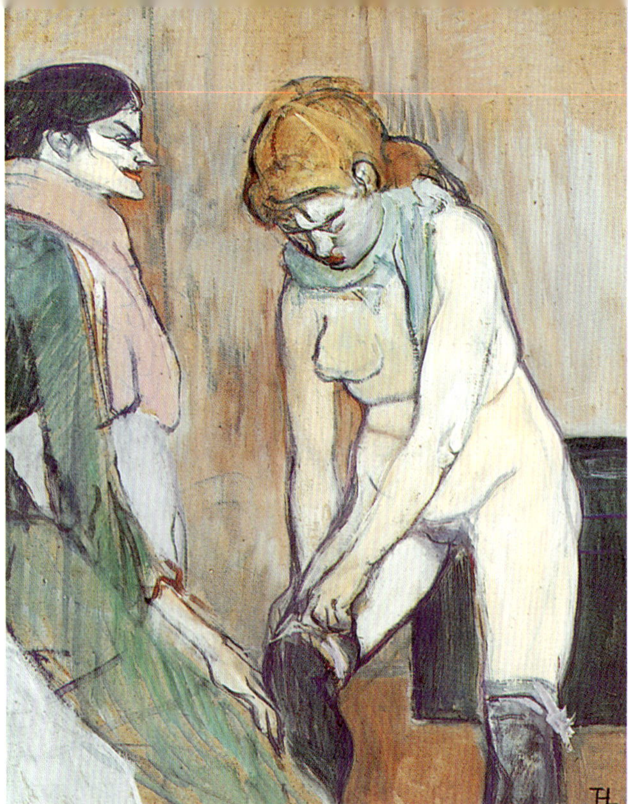

théâtres, les bouges et les brasseries où se rencontre la beauté populaire, qu'elle soit catin ou cousette. Verhaeren, Zola, Huysmans ont laissé des portraits de ces visages troués d'yeux charbonneux et de bouches agrandies au carmin, aux cheveux relevés à la hâte, de ces corps aux aisselles sylvestres frémissant d'âcres parfums, aux croupes rebondies sous le jupon retroussé qui promettent aux esseulés des nuits poivrées d'extases.

Comme un rêve de pierre. En déplaçant l'idéal du beau de la nature à l'artifice, Baudelaire dans son *Éloge du maquillage* de 1863, sans renouer tout à fait avec les grâces fatiguées du XVIIIe siècle, déplace l'idéal de la beauté vers l'artifice. « Tout ce qui est beau et noble, écrit-il, est le résultat de la raison et du calcul. Tout ce que fait la nature est affreux. » C'est pourquoi il y a une légitimité esthétique dans la transfiguration de l'apparence par tous les moyens mis à notre disposition : vêtements, bijoux, parures et fards.

Henri de Toulouse-Lautrec, *Femme tirant son bas*, huile sur carton, vers 1894.

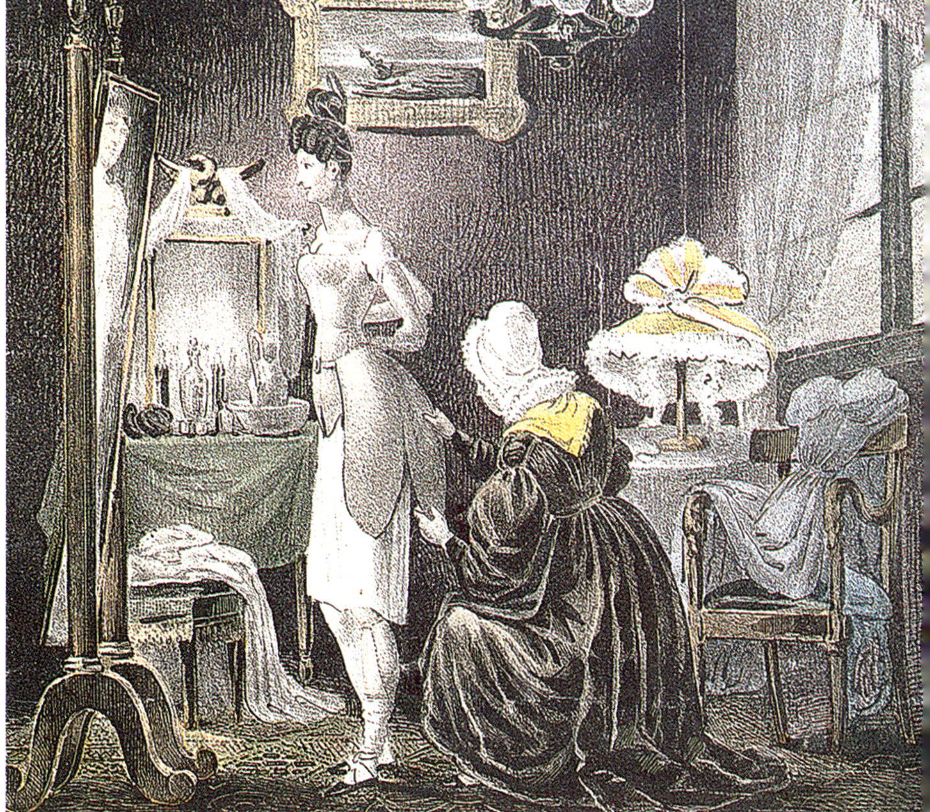

Le maquillage, qui commence lentement à perdre son sens trivial de « maquiller les cartes », parfait la peau. En camouflant les taches et les cicatrices, le fond de teint crée une sorte de statuaire. Tout comme la poudre de riz qui, d'après Théophile Gautier dans *La Mode* (1858), donne à la peau « une unité de ton préférable à ces martelages de blanc, de jaune et de rose qu'offrent les teints les plus purs ». La femme divinisée ressemble à une idole. L'œil fardé de noir symbolise la profondeur : il ouvre sur les ténèbres de l'infini. Le rouge, lui, augmente le feu de la prunelle et ajoute à un beau visage féminin « la passion mystérieuse de la prêtresse » (Baudelaire). Idole, statue ou pythonisse, vierge ou sainte, la femme devient transcendante et dépasse la nature par l'art et l'artifice.

Si le texte du poète légitime l'illusion, il reste un pamphlet provocateur qui se fonde sur une vision naïve de l'Antiquité, du Moyen Âge et de la transcendance, sur un polythéisme nostalgique et cruel dont Gustave Moreau a peint les ors et les pourpres. Au moment où se développent les industries cosmétiques de Pantin et d'Aubervilliers (vers 1860), les écrivains décadentistes promeuvent une modernité dont le maquillage est l'un des symboles. Dans cette course au faux, Villiers de l'Isle-Adam dans le registre macabre, Huysmans dans une version sociale puis mystique exaltent l'artifice en le déclinant de plus en plus subtilement, du faux imitant le vrai au vrai imitant le faux, ouvrant des abîmes esthétiques et sensuels.

Pose de fausse poitrine et de fausses fesses, lithographie, vers 1830.

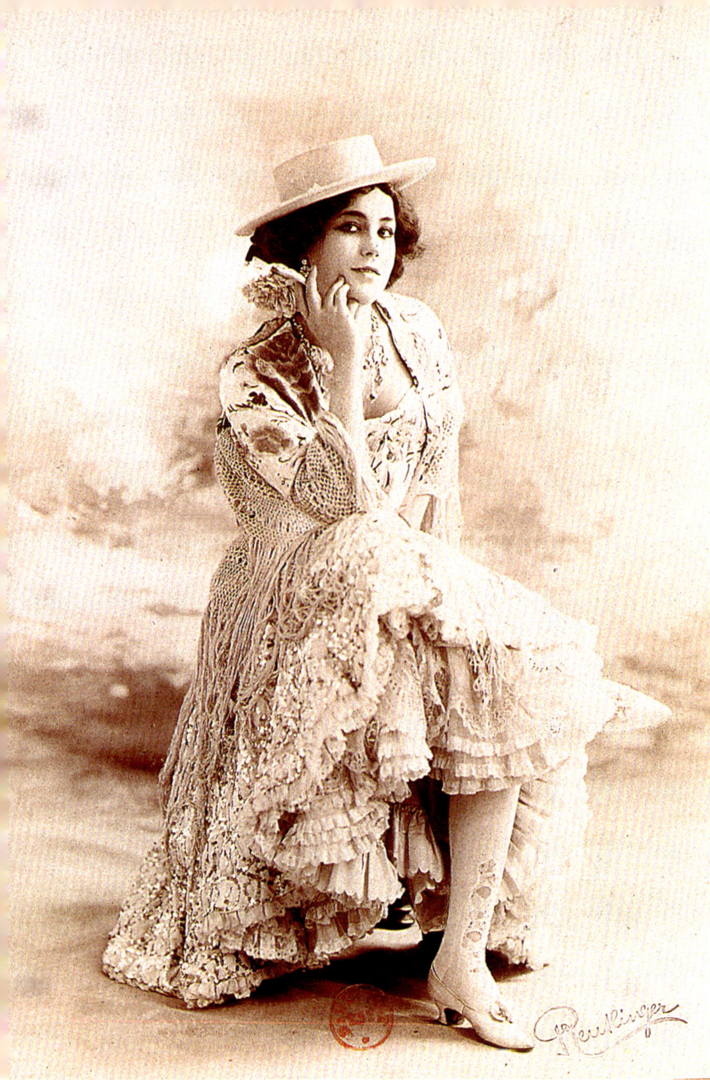

La Parisienne. Soucieuse de respectabilité, la jeune femme de la fin du siècle se farde proprement, lit les conseils des docteurs, des femmes du monde, comme la baronne Staffe (*Le Cabinet de toilette*, 1891) – qui publient des manuels de savoir-vivre à l'usage des femmes, de la bourgeoise à la midinette –., et des actrices qui prodiguent leurs secrets dans les colonnes spécialisées de *La Mode pour tous* ou du *Petit Écho de la mode.*

Témoin l'actrice Lola Montes qui en 1879 publie son *Art de la beauté chez la femme*, recueil de recettes glanées dans le monde entier. Si la célèbre saltimbanque reprend les conseils de propreté et d'exercice du corps du début du siècle, elle démontre aussi à ses lectrices que la beauté ne se construit pas par de savants artifices mais par quelques soins simples à réaliser chez soi. Que la vraie beauté est intérieure. Qu'elle irradie ensuite par un travail quotidien de maîtrise de son corps, de ses mouvements et de sa voix, seuls capables de lui donner cette naturelle séduction que la propreté, la tempérance et l'exercice magnifient mieux que tous les fards du monde.

Être belle ne signifie donc rien si l'âme est corrompue ou la vie malsaine. Au moment où Freud découvre la psychologie des profondeurs, la femme pressent que seules son authenticité, sa singularité vont prévaloir désormais, qu'aucun canon ne peut plus suffire à lui seul et que sa beauté sera un art de vivre plus qu'un art de plaire. Qu'en somme, il lui suffira de devenir ce qu'elle est.

Lola Montes, photographie de Reutlinger.

Jean Béraud, *La Parisienne, place de la Concorde*, huile sur toile, 1890.

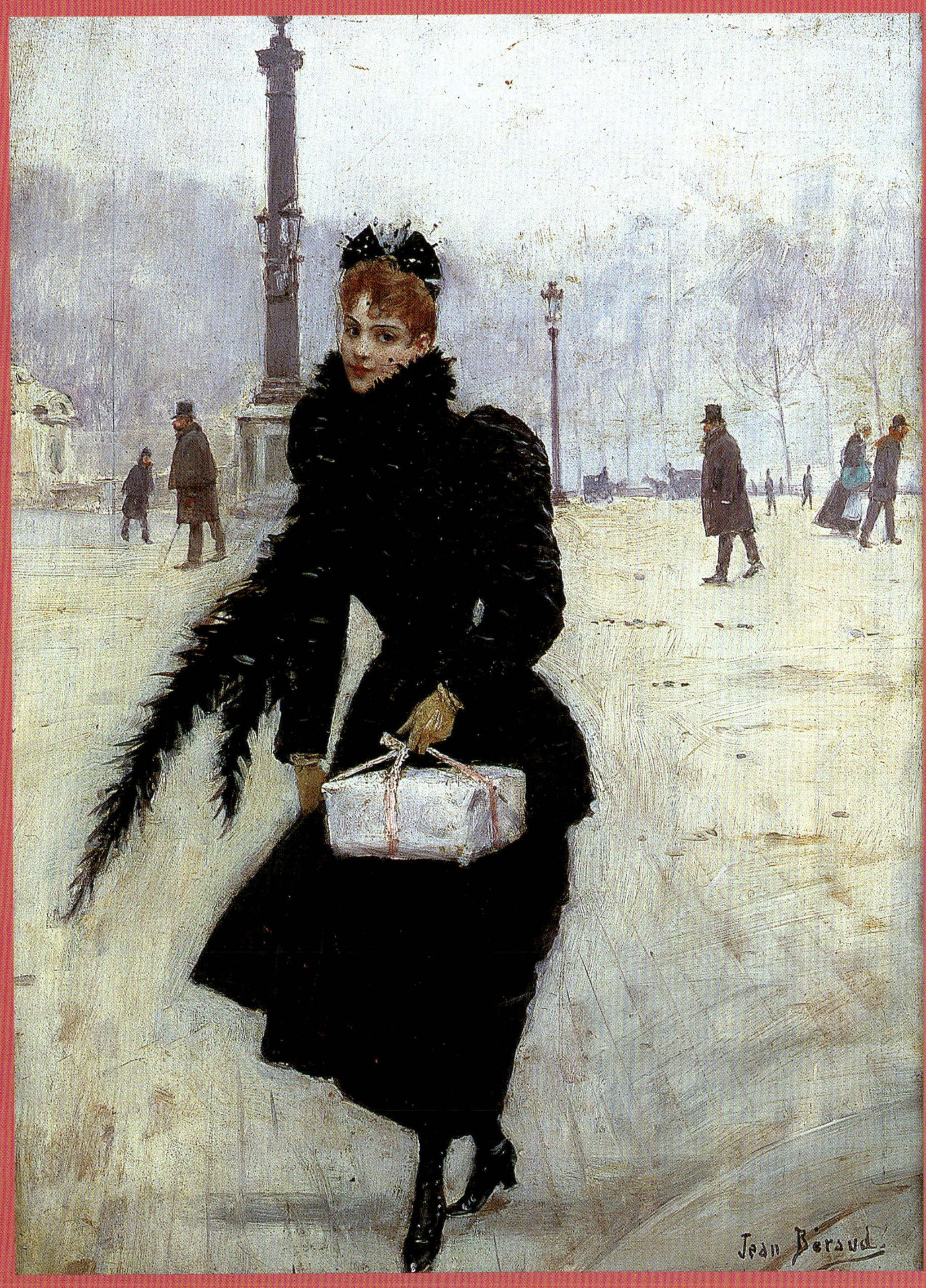
Jean Béraud

« L'inconnue a une manière à elle de s'envelopper dans un châle ou dans une mante ; elle sait se prendre de la chute des reins au col [...] Ah ! comme elle entend, passez-moi l'expression, la coupe de la démarche *! Examinez cette façon d'avancer le pied en moulant la robe avec une si décente précision, qu'elle excite chez le passant une admiration mêlée de désir, mais comprimée par un profond respect. »*

Honoré de Balzac, *Le Bal de Sceaux*, 1830

Jean Béraud, Les Belles de nuit, détail des *Jardins de Paris*, huile sur toile, 1905.

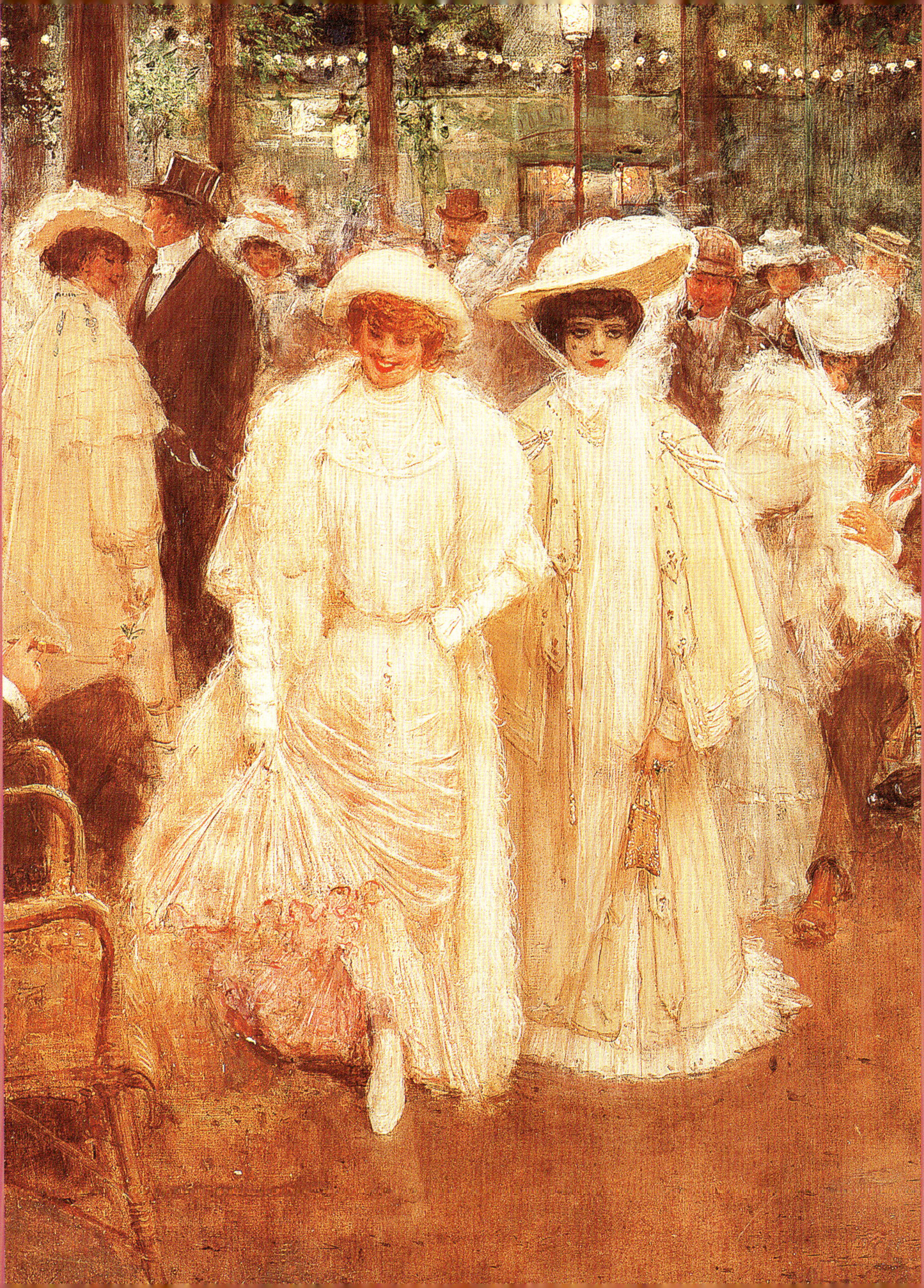

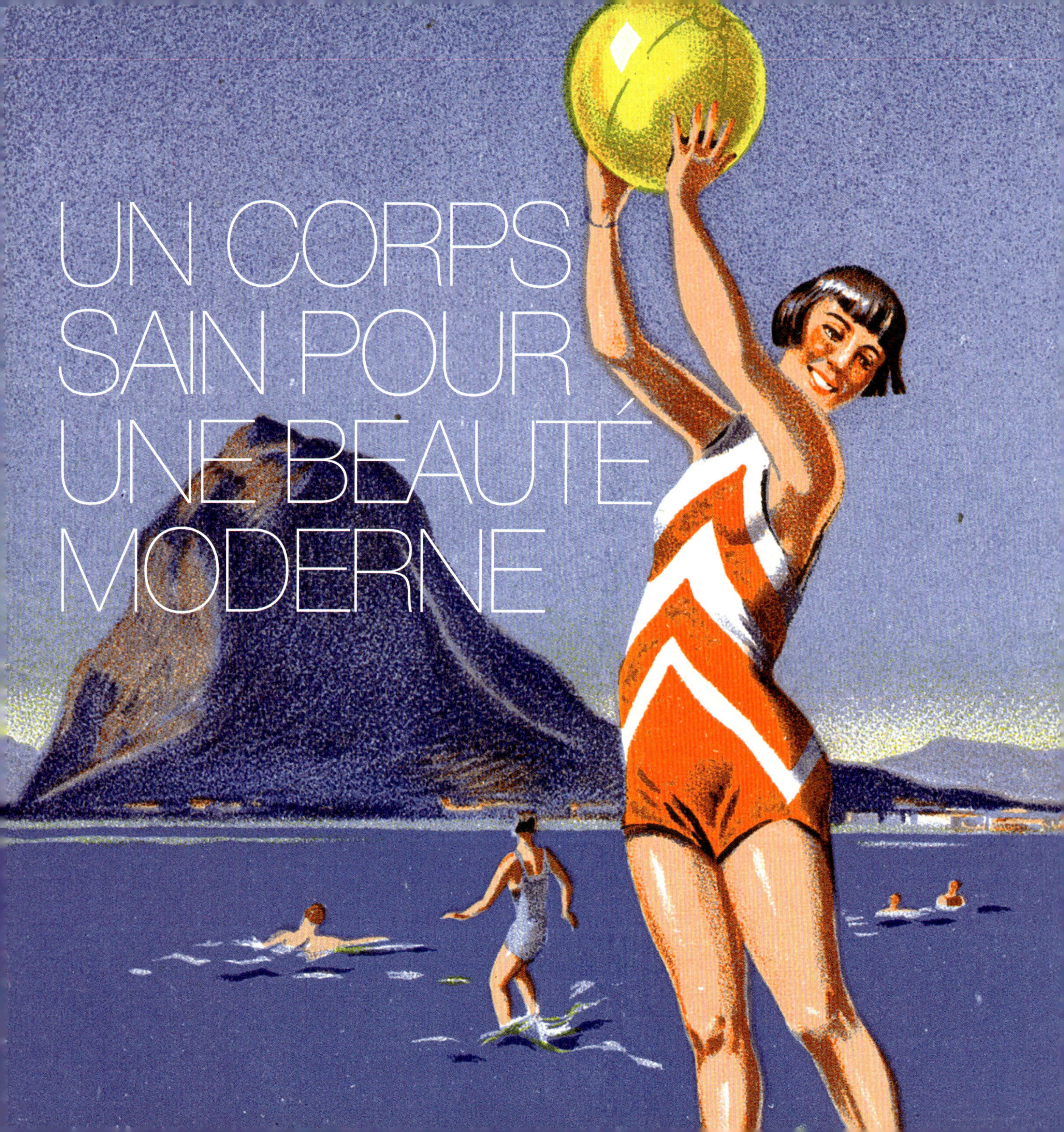

UN CORPS SAIN POUR UNE BEAUTÉ MODERNE

« La femme a droit à l'exercice normal de ses muscles et de ses nerfs : elle a droit à l'aération de sa chair, à l'hygiène de ses tissus, à la joie de tout son organisme physique. Alors seulement elle est une nature élégante, saine et bien équilibrée, et non plus la créature de péché et de volupté que dix siècles de catholicisme mortificateur nous ont préparée. »

Henry Bérenger,
« La femme dans les sports modernes »,
La Revue des revues, 1900

La découverte de la synthèse des corps organiques par le chimiste Berthelot, les définitions biochimiques des sécrétions endocrines et des hormones ainsi que les progrès de la connaissance médicale favorisent dès la fin du XIXe siècle la création de nouveaux produits cosmétiques et pharmaceutiques.

De plus, les contrôles médicaux à partir de 1906, l'interdiction de produits toxiques comme la céruse en 1913 légitiment une production de masse de cosmétiques vendus à bas prix dans les grands magasins, relayés dans la presse spécialisée par une publicité de plus en plus fiable et agressive.

Le corps se découvre peu à peu. La démocratisation de la villégiature, des bains de mer, des cures thermales, la découverte des sports de plein air anglais (canotage, tennis), l'expansion de la presse féminine qui aborde, outre les rubriques de mode et de beauté, les questions d'hygiène intime, transforment le regard porté sur le corps. Le muscle ne symbolise plus le travail manuel mais le rouage d'un organisme en pleine santé, productif et dynamique.

«Lugano-Lido» : femme jouant au ballon sur une plage. Carte postale publicitaire vers 1925.

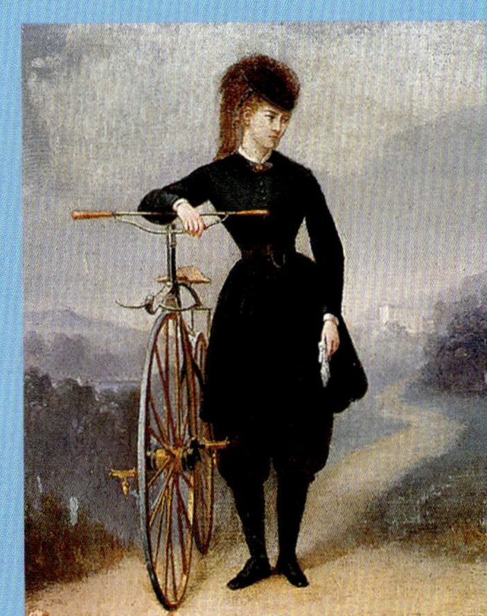

Attribué à Henri de L'Étang, *Blanche d'Antigny et son vélocipède*, huile sur toile, XIXe siècle.

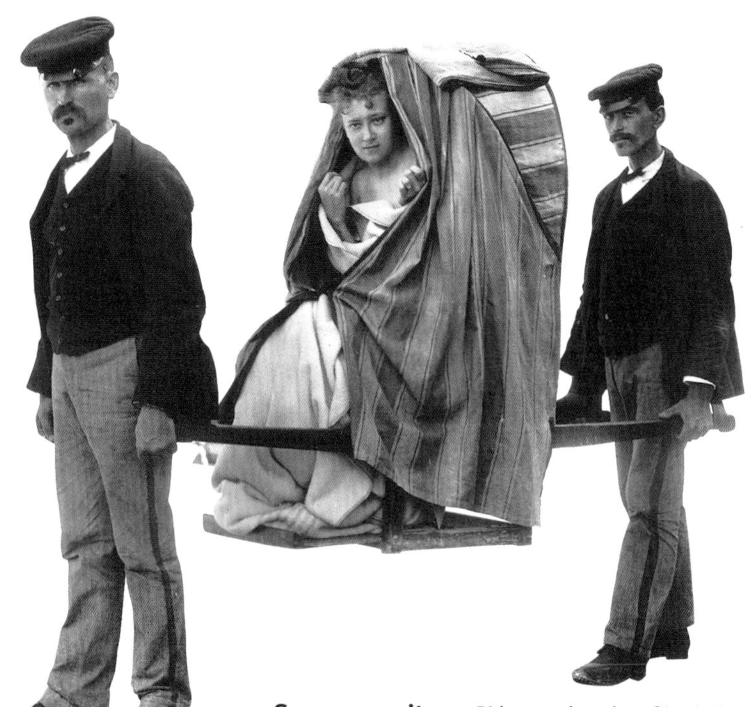

Sus aux capitons. L'émancipation féminine est également l'un des facteurs qui contribue à modeler le corps du XXe siècle. La bourgeoise replète, victime de vapeurs dues à l'embonpoint et au corset, devient obsolète. À sa place apparaît un être qui lutte pour l'acquisition de ses droits civiques et politiques, pour la maîtrise de sa maternité et qui ne supporte plus que la tutelle masculine lui dicte aussi les canons de sa beauté. Les femmes lianes aux corps de roseaux ployés, musclées par les agrès que les plus aisées ont fait installer à domicile n'hésitent pas à s'adonner le dimanche aux joies de la bicyclette.

La mode des cheveux courts (1902) anéantit le fantasme masculin de la toison. L'abandon du corset (1909) par le couturier Paul Poiret désenclave des chairs qui ne seront sculptées désormais que par la gymnastique. Finis les carcans de la robe à baleines et de la graisse. La femme moderne a la religion du ventre plat, du petit sein, des épaules musclées, c'est-à-dire d'un corps androgyne, garçonnier et ambigu, libre de ses actes et de ses choix amoureux comme le mettent en scène les romans de Victor Margueritte *La Garçonne* (1922) et *Ton corps est à toi* (1927).

Curiste à Aix-les-Bains, vers 1900.

« Le Bain de soleil », illustration autrichienne, vers 1900.

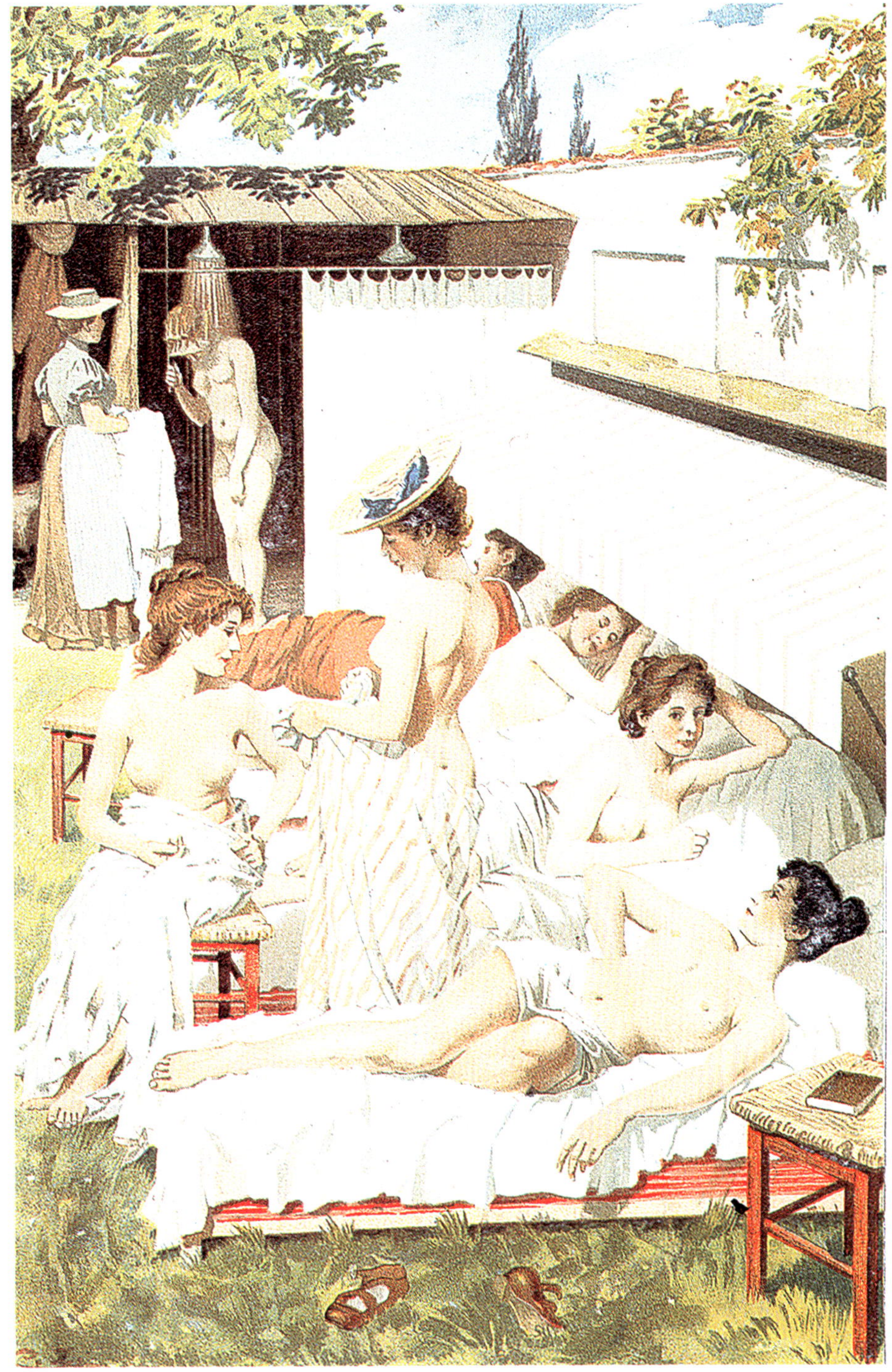

PAVL POIRET

COVTVRIER

AVENVE D'ANTIN 26

FAVB^{G}. S^{T} HONORÉ 107

À PARIS

TÉLÉPHONE : 575-80.

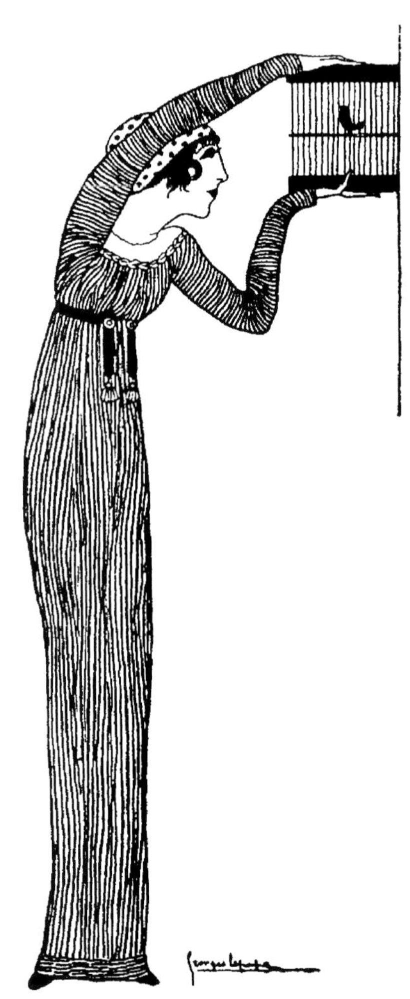

« C'était encore l'époque du corset. Je lui livrai la guerre. […] Ce corset les classait en deux massifs distincts : d'un côté, le buste, la gorge, les seins, de l'autre, le train de derrière tout entier […]. Comme toutes les grandes révolutions, celle-là s'était faite au nom de la Liberté, pour donner libre cours au jeu de l'estomac, qui pouvait se dilater sans mesure. »

Paul Poiret, *En habillant l'époque*, 1930

Illustration d'un bon de commande de la maison de couture de Paul Poiret, Georges Lepape, vers 1910.

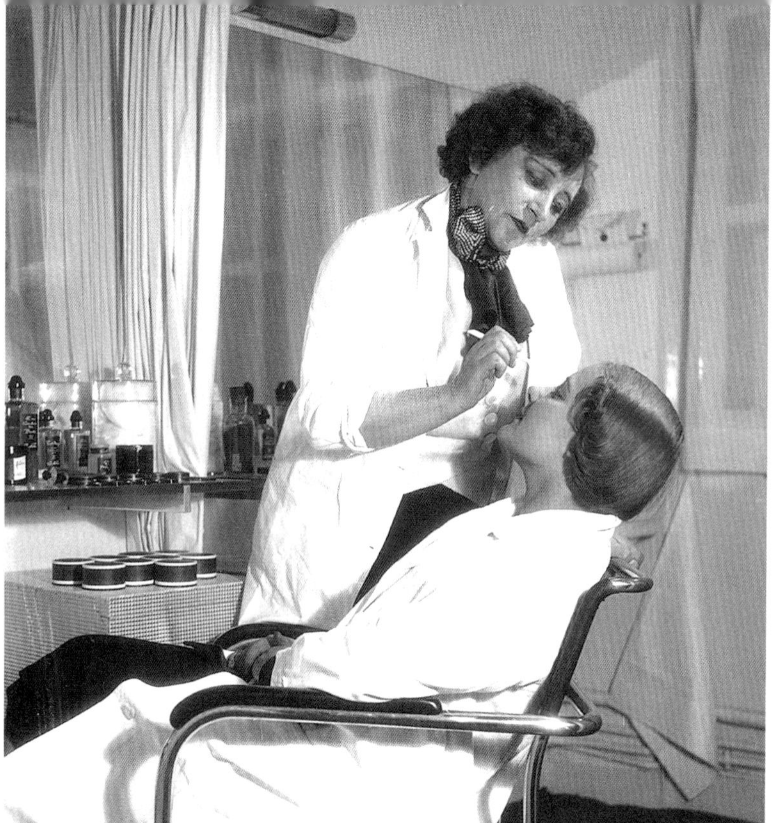

Beauté carrossée. Après la Première Guerre mondiale, les femmes accèdent de plus en plus aux professions libérales et disposent d'un budget personnel qu'elles peuvent affecter aux dépenses de beauté. En outre, leur désir de rester belles à la fois pour elles et pour soutenir professionnellement la concurrence masculine se trouve comblé par deux techniques réparatoires qui vont révolutionner la conception globale du corps humain : la chirurgie esthétique et l'institut de beauté.

Née dans les hôpitaux militaires, introduite dès 1919 en France par le docteur Raymond Passot, la chirurgie esthétique se développe rapidement. Lifting, suppression des pattes d'oie, du rictus de la bouche, nivellement du front, des fanons, des paupières, chirurgie des seins, du ventre, des chevilles, tout est désormais possible en quelques minutes dans le cabinet médical. Les actrices ne s'en privent pas, bientôt relayées par les « femmes du monde ». La chirurgie esthétique devient un bienfait social

Colette dans son institut de beauté, 6, rue de Miromesnil, Paris, 1932.

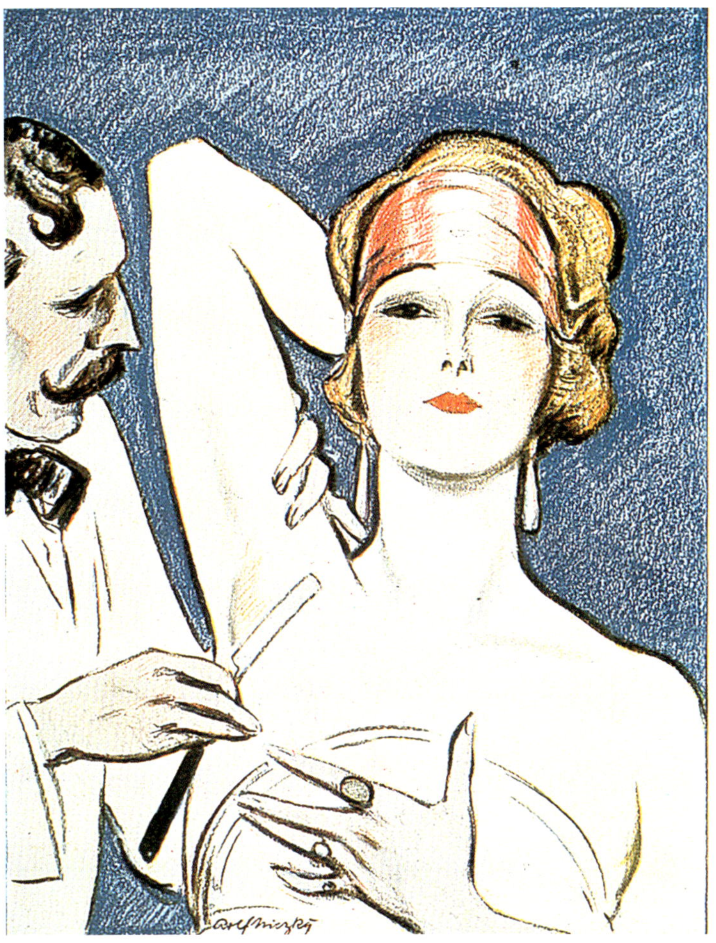

qui prolonge la jeunesse et la capacité de travail. En 1930, l'un des chirurgiens célèbres peut prophétiser : « Dans vingt ans, grâce à la chirurgie esthétique, il sera aussi inconvenant d'avoir l'air vieux ou laid que d'avoir l'air négligé. » Les *beauty surgeons* se comptent aux États-Unis par dizaines de milliers, et quoique en France le secret soit bien gardé, le phénomène prend une ampleur croissante.

Si le premier institut de beauté ouvre à Paris en 1895, la mode, là encore, nous parvient des États-Unis. Dirigés par des actrices ou des femmes d'affaires qui ont compris la pressante exigence esthétique de millions de femmes, ils offrent un havre de paix qui tient à la fois du boudoir, de l'antre alchimique et du laboratoire. Là les femmes du monde puis très vite toutes les femmes viennent demander « une beauté » ou qu'on « leur fasse une tête de grue »! Car l'image de la femme encanaillée par le fard perdure jusqu'à ce que les soins cosmétiques de plus en plus rationalisés et performants rassurent les clientes et leurs maris. Tant il est vrai que les premiers instituts offrent une panoplie de machines à sculpter aux noms terrifiants : l'« écraseur », l'« effleureur », les « ventouses magiques », le « compresseur », l'« aplanisseur », l'« amaigrisseur », l'« aplatisseur » effacent le « crapaud » (la culotte de cheval), font rentrer les genoux, rabotent la nuque, endurcissent les seins, dérident le ventre, « amoindrissent les mamelles »...

Séance d'épilation dans un institut, illustration, Rolf Niczky, 1924.

Même rationalisés par la chimie et la technologie, les soins de beauté conservent pour les échotiers un aspect diabolique, comme si la métamorphose du corps humain souffrait toujours d'une sorte de malédiction. C'est ainsi que la médecine s'en émouvra puisque le docteur Bordas, professeur au Collège de France, trouvera en 1929 des accents autoritaires pour dénoncer ces tortures où « la chair féminine est happée, broyée, écrasée, triturée », et l'utilisation de soins de beauté aléatoires et dangereux tel l'émaillage qui consiste à laquer le visage avec une crème à base d'écailles de poisson.

La tyrannie du hâle. L'abandon de l'ombrelle, dont Coco Chanel semble avoir été l'instigatrice (1922), des gants, du chapeau et de la robe longue, en découvrant la peau, promeuvent une nouvelle sensualité qui délaisse l'érotisme du fragment. Le hâle supplante la millénaire pâleur féminine, le vernis à ongles supplée au gant (1930), la coiffure se fait sculpture.

Les femmes découvrent vers 1925 les bienfaits du soleil ainsi que la grâce des subtiles colorations qu'il imprime à la peau. Si les dangers de l'exposition solaire sont très vite connus, ils n'empêchent pas la frénésie du hâle que donnent le naturisme, la gymnastique rythmique (sous la double influence d'Émile Jacques-Dalcroze et d'Isadora Duncan) et les sports de plein air. Le hâle légitime le *farniente*, l'improductivité d'une villégiature qui a le souci de soi, de son bien-être, de son épanouissement et fait aimer les peaux de cuivre, de pain d'épice et de chocolat dont l'ambre rappelle les Vénus exotiques de l'Empire colonial.

Ce culte va de pair avec celui de la jeunesse, de la santé, de l'énergie, seuls signes d'une séduction qui rapproche les sexes dans une mutuelle indifférenciation. La vieillesse et la mort refoulées cèdent le pas à l'apologie d'un âge que l'accession aux congés payés (1936) semble pouvoir prolonger éternellement.

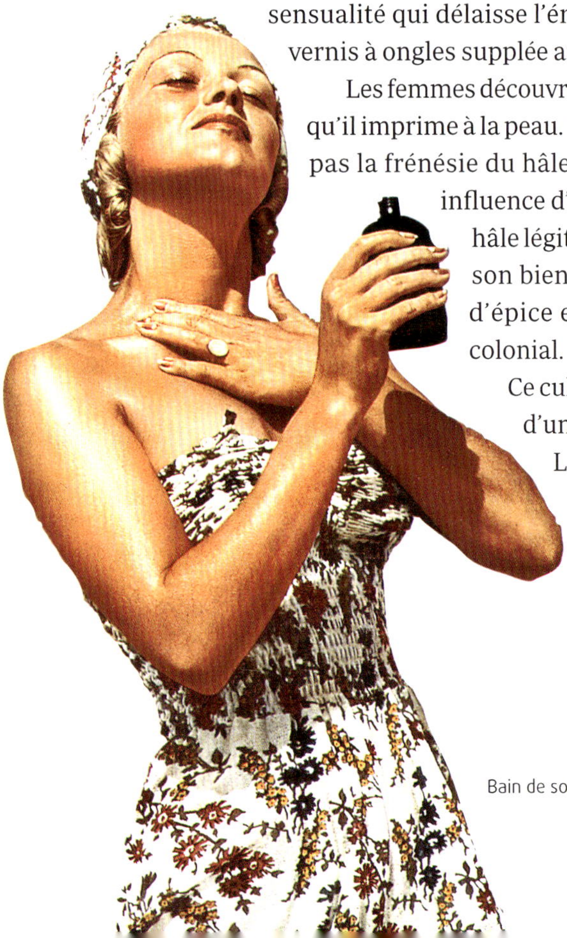

Bain de soleil, 1948.

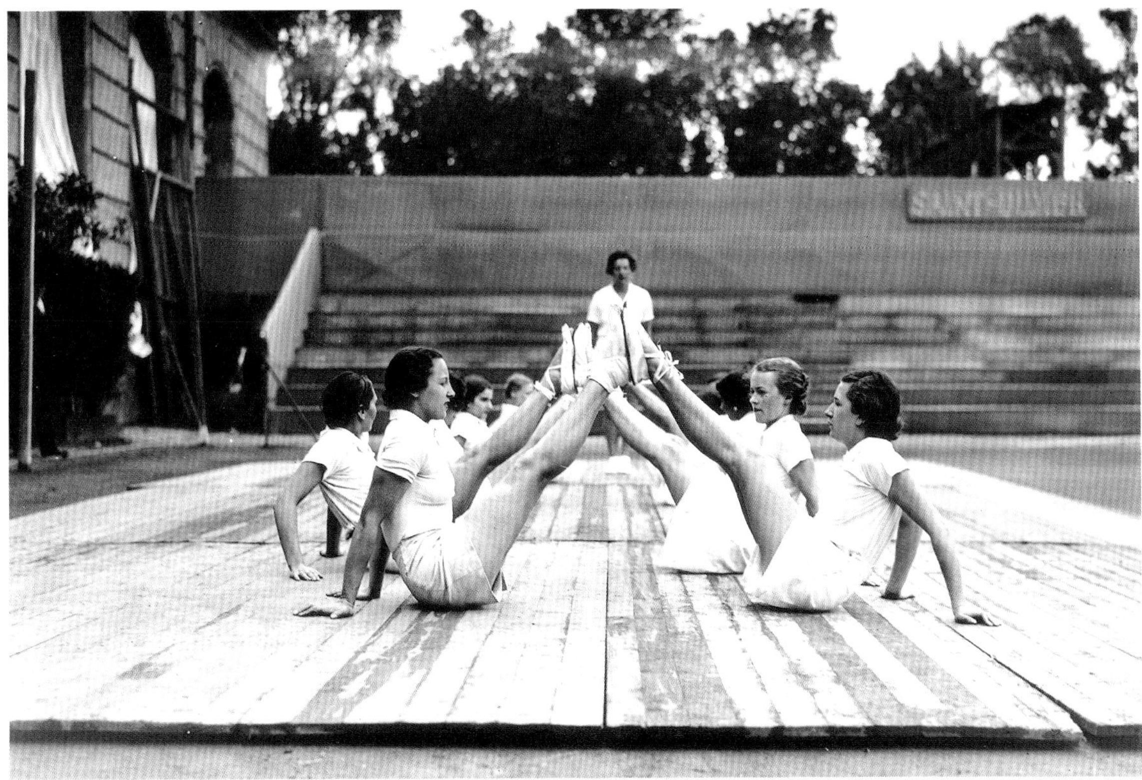

En feuilletant les visages. Depuis la fin du XIXe siècle, la mode est à la peau matifiée par la poudre de riz. Cette dernière se décline au début du siècle en plusieurs nuances qui offrent des variations chromatiques suivant les types de peau ou les heures de la journée. La naissance du cinéma muet met à la mode quelque temps le visage blanc aux yeux charbonneux, aux lèvres redessinées par le rouge à lèvres (dit « raisin » en raison de sa couleur) fabriqué à l'aide de colorants synthétiques allemands. Les produits se diversifient : on commence à trouver des rouges en poudre pour les joues, des fards pour les yeux et le fameux Rimmel qui fait les cils longs et épais.

Si les produits ne changent pas véritablement jusqu'en 1960, ils s'affinent cependant et offrent des qualités nouvelles de couleur, de ténacité ou d'onctuosité.

Culture physique, vers 1937.

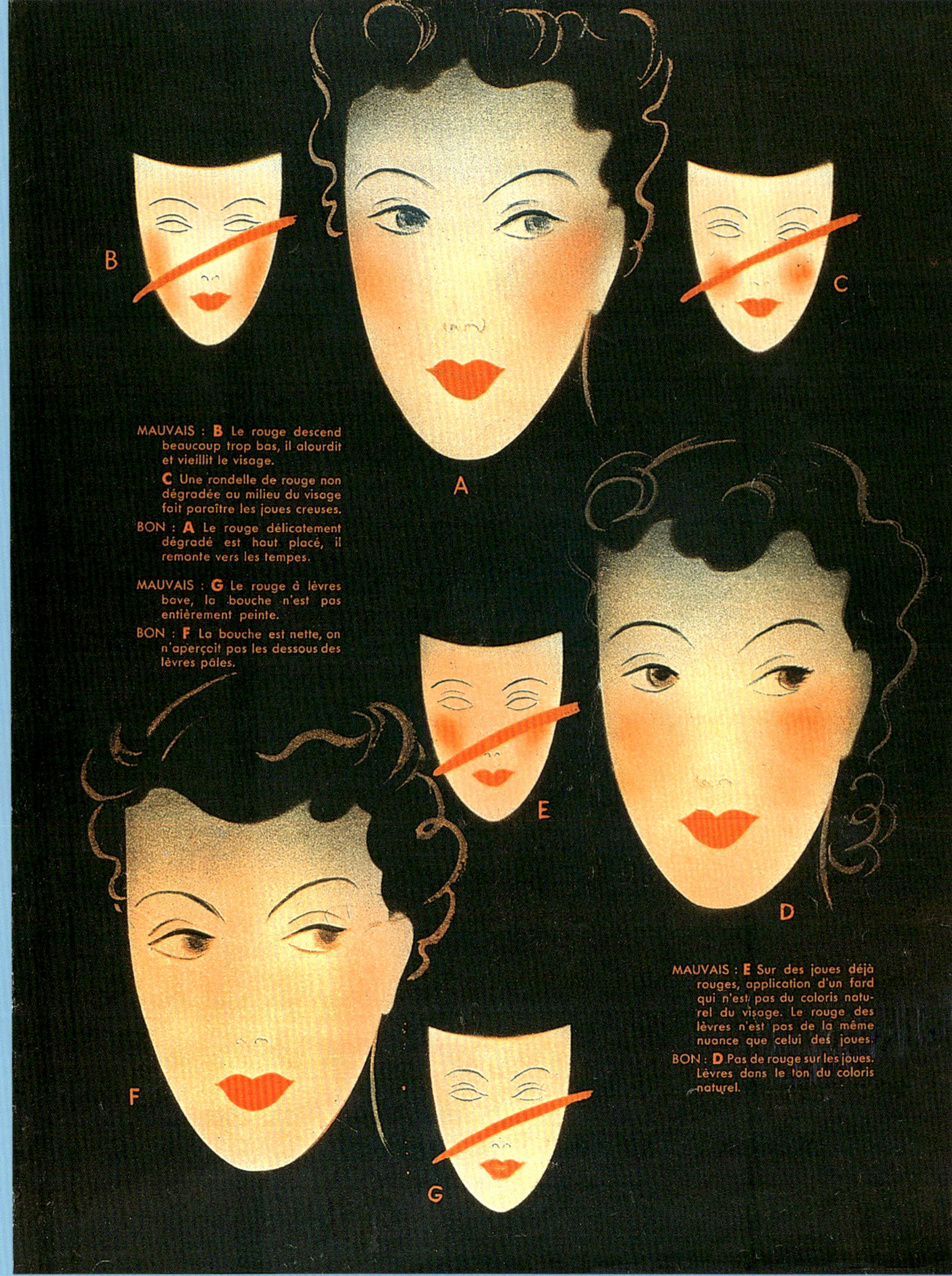
B
A
C
MAUVAIS : B Le rouge descend beaucoup trop bas, il alourdit et vieillit le visage.
C Une rondelle de rouge non dégradée au milieu du visage fait paraître les joues creuses.
BON : A Le rouge délicatement dégradé est haut placé, il remonte vers les tempes.
MAUVAIS : G Le rouge à lèvres bave, la bouche n'est pas entièrement peinte.
BON : F La bouche est nette, on n'aperçoit pas les dessous des lèvres pâles.
E
D
MAUVAIS : E Sur des joues déjà rouges, application d'un fard qui n'est pas du coloris naturel du visage. Le rouge des lèvres n'est pas de la même nuance que celui des joues.
BON : D Pas de rouge sur les joues. Lèvres dans le ton du coloris naturel.
F
G

Le maquillage s'harmonise à la robe, le rouge à lèvres au rouge à ongles tandis que les modes métamorphosent les visages de plus en plus rapidement. 1930 voit le triomphe de la femme plate, aux fards légers, mais en 1935 triomphent les jeunes sportives aux cheveux blond platiné et ondulés, à la bouche épaisse qui attire le baiser, aux sourcils rasés, redessinés, arqués, épaissis ou amoindris par l'estompe.

Les modèles, surtout hollywoodiens, changent au fur et à mesure de l'apparition de nouvelles stars. On les voit fleurir dans les magazines féminins (*Votre Beauté*, 1932 ; *Marie-Claire*, 1939 ; *Marie-France*, 1944 ; *Elle*, 1945) et par une floraison de manuels qui, photos et schémas à l'appui, conseillent les lectrices sur les soins que leur visage et leur activité exigent. Désormais la femme entretient un rapport ludique avec son visage : la voilà à peine poudrée au marché, simplement maquillée au travail, fardée d'ocre et d'or sous les feux des cocktails, parée comme une déesse pour les soirées.

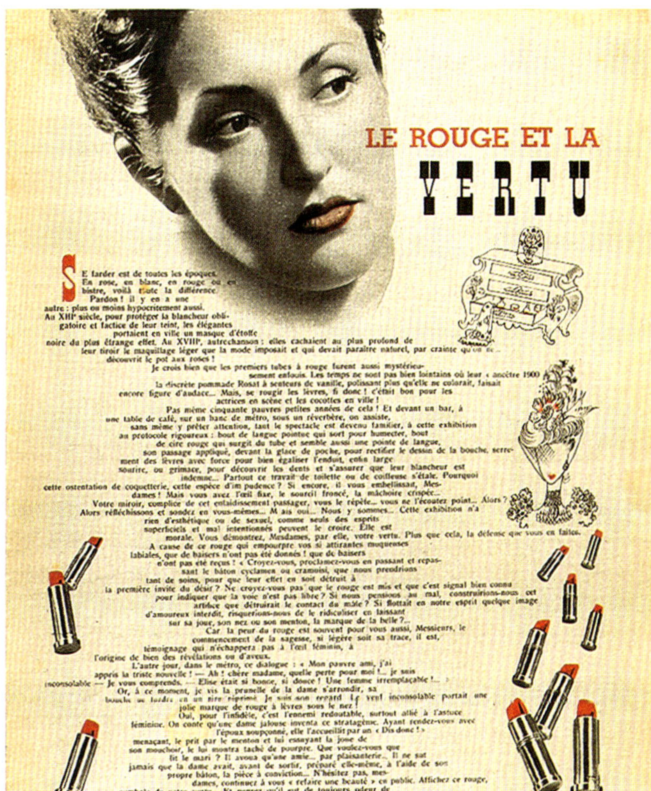

LE ROUGE ET LA VERTU

SE farder est de toutes les époques. En rose, en blanc, en rouge ou en bistre, voilà toute la différence.

Pardon ! il y en a une autre : plus ou moins hypocritement aussi. Au XIIIe siècle, pour protéger la blancheur obligatoire et factice de leur teint, les élégantes portaient en ville un masque d'étoffe noire du plus étrange effet. Au XVIIIe, autrechanson : elles cachaient au plus profond de leur tiroir le maquillage léger que la mode imposait et qui devait paraître naturel, par crainte qu'on ne découvrît le pot aux roses !

Je crois bien que les premiers tubes à rouge furent aussi mystérieusement enfouis. Les temps ne sont pas bien lointains où leur « ancêtre 1900 la discrète pommade Rosat à senteurs de vanille, polissant plus qu'elle ne colorait, faisait encore figure d'audace... Mais, se rougir les lèvres, fi donc ! c'était bon pour les actrices en scène et les cocottes en ville !

Pas même cinquante pauvres petites années de cela ! Et devant un bar, à une table de café, sur un banc de métro, sous un réverbère, on assiste, sans même y prêter attention, tant le spectacle est devenu familier, à cette exhibition au protocole rigoureux : bout de langue pointue qui sort pour humecter, bout de cire rouge qui surgit du tube et semble aussi une pointe de langue, son passage appliqué, devant la glace de poche, pour rectifier le dessin de la bouche, serrement des lèvres avec force pour bien égaliser l'enduit, enfin large sourire, ou grimace, pour découvrir les dents et s'assurer que leur blancheur est indemne... Partout ce travail de toilette ou de coiffeuse s'étale. Pourquoi cette ostentation de coquetterie, cette espèce d'impudence ? Si encore, il vous embellissait, Mesdames ! Mais vous avez l'œil fixe, le sourcil froncé, la mâchoire crispée... Votre miroir, complice de cet enlaidissement passager, vous le répète... vous ne l'écoutez point... Alors ? Alors réfléchissons et sondez en vous-mêmes... M ais oui... Nous y sommes... Cette exhibition n'a rien d'esthétique ou de sexuel, comme seuls des esprits superficiels et mal intentionnés peuvent le croire. Elle est morale. Vous démontrez, Mesdames, par elle, votre vertu. Plus que cela, la défense que vous en faites.

A cause de ce rouge qui empourpre vos si attirantes muqueuses labiales, que de baisers n'ont pas été donnés ! que de baisers n'ont pas été reçus ! « Croyez-vous, proclamez-vous en passant et repassant le bâton cyclamen ou cramoisi, que nous prendrions tant de soins, pour que leur effet en soit détruit à la première invite du désir ? Ne croyez-vous pas que le rouge est mis et que c'est signal bien connu pour indiquer que la voie n'est pas libre ? Si nous pensions au mal, construirions-nous cet artifice que détruirait le contact du mâle ? Si flottait en notre esprit quelque image d'amoureux interdit, risquerions-nous de le ridiculiser en laissant sur sa joue, son nez ou son menton, la marque de la belle ?...

Car la peur du rouge est souvent pour vous aussi, Messieurs, le commencement de la sagesse, si légère soit sa trace, il est, témoignage qui n'échappera pas à l'œil féminin, à l'origine de bien des révélations ou d'aveux.

L'autre jour, dans le métro, ce dialogue : « Mon pauvre ami, j'ai appris la triste nouvelle ! — Ah ! chère madame, quelle perte pour moi !... je suis inconsolable — Je vous comprends. — Elise était si bonne, si douce ! Une femme irremplaçable !... »

Or, à ce moment, je vis la prunelle de la dame s'arrondir, sa bouche se tordit en un rire réprimé. Je suis son regard. Le veuf inconsolable portait une jolie marque de rouge à lèvres sous le nez !

Oui, pour l'infidèle, c'est l'ennemi redoutable, surtout allié à l'astuce féminine. On conte qu'une dame jalouse inventa ce stratagème. Ayant rendez-vous avec l'époux soupçonné, elle l'accueillit par un « Dis donc ! » menaçant, le prit par le menton et lui essuyant la joue de son mouchoir, le lui montra taché de pourpre. Que voulez-vous que fît le mari ? Il avoua qu'une amie... par plaisanterie... Il ne sut jamais que la dame avait, avant de sortir, préparé elle-même, à l'aide de son propre bâton, la pièce à conviction... N'hésitez pas, mesdames, continuez à vous « refaire une beauté » en public. Affichez ce rouge, symbole de votre vertu... Et pensez qu'il eut de toujours odeur de sainteté : importé en France au XVe siècle par un Italien, il fut longtemps fabriqué « spécialité exclusive » dans un couvent de Clarisses !

Conseils de maquillage dans le magazine *Marie-Claire*, avril 1937.

Page du magazine *Claudine*, 1946.

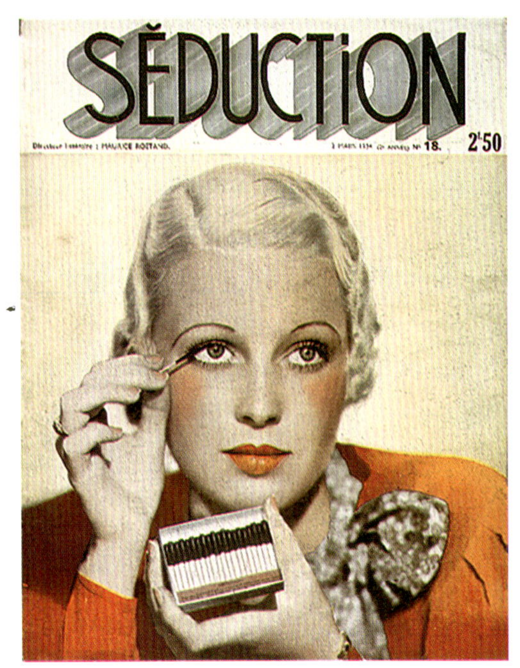

Sa singularité s'affirme par un jeu d'identifications successives qui couvre toutes les heures et toutes les activités de la journée. Plurielle, elle sait aussi masquer sous le simulacre du fard un œil tombant, une bouche amère.

En entrant dans l'ère des médias, la femme devient peu à peu actrice d'elle-même. La laideur n'existe plus. La permanence non plus. Le visage est désormais infidèle à tout. Sauf à son caprice.

Un passeport pour un autre état. À partir de 1960, le paradoxe de la beauté contemporaine réside à la fois dans l'uniformisation des produits et dans la profusion des modèles qu'elle propose. Toutefois, les mouvements féministes en vilipendant la femme prisonnière de la famille et du pouvoir machiste mettent en question les soins de beauté. La mode est aux produits orientaux, naturels, économiques et non plus aux *eye-liners* ou aux mascaras standardisés.

Le retour aux valeurs traditionnelles de la séduction s'effectue dès 1980, comme en témoigne par exemple *Madame Figaro*, tandis que le souci du corps se manifeste au travers de magazines qui traitent de la diététique, de l'hygiène ou de nouvelles pratiques hédonistes.

En retrouvant ses privilèges, la beauté a cependant changé. Elle est surtout devenue sociale, donc déritualisée. La femme cesse d'être cette « jolie petite madame » qu'on reléguait aux casseroles, mais un être actif, producteur de valeur, que la concurrence professionnelle avec les hommes rend plus dur et plus déterminé. La beauté devient désormais un enjeu politique, économique et social, le moyen d'accéder à une profession ou à une féminité combative qui n'oublie pas sa séduction. Devoir vis-à-vis de soi, vis-à-vis des autres, elle se décline au travers des images de la femme battante, toujours impeccable et efficace.

Couverture du magazine *Séduction*, 1932.

Marilyn Monroe à Roxbury (Connecticut, États-Unis), 1958.

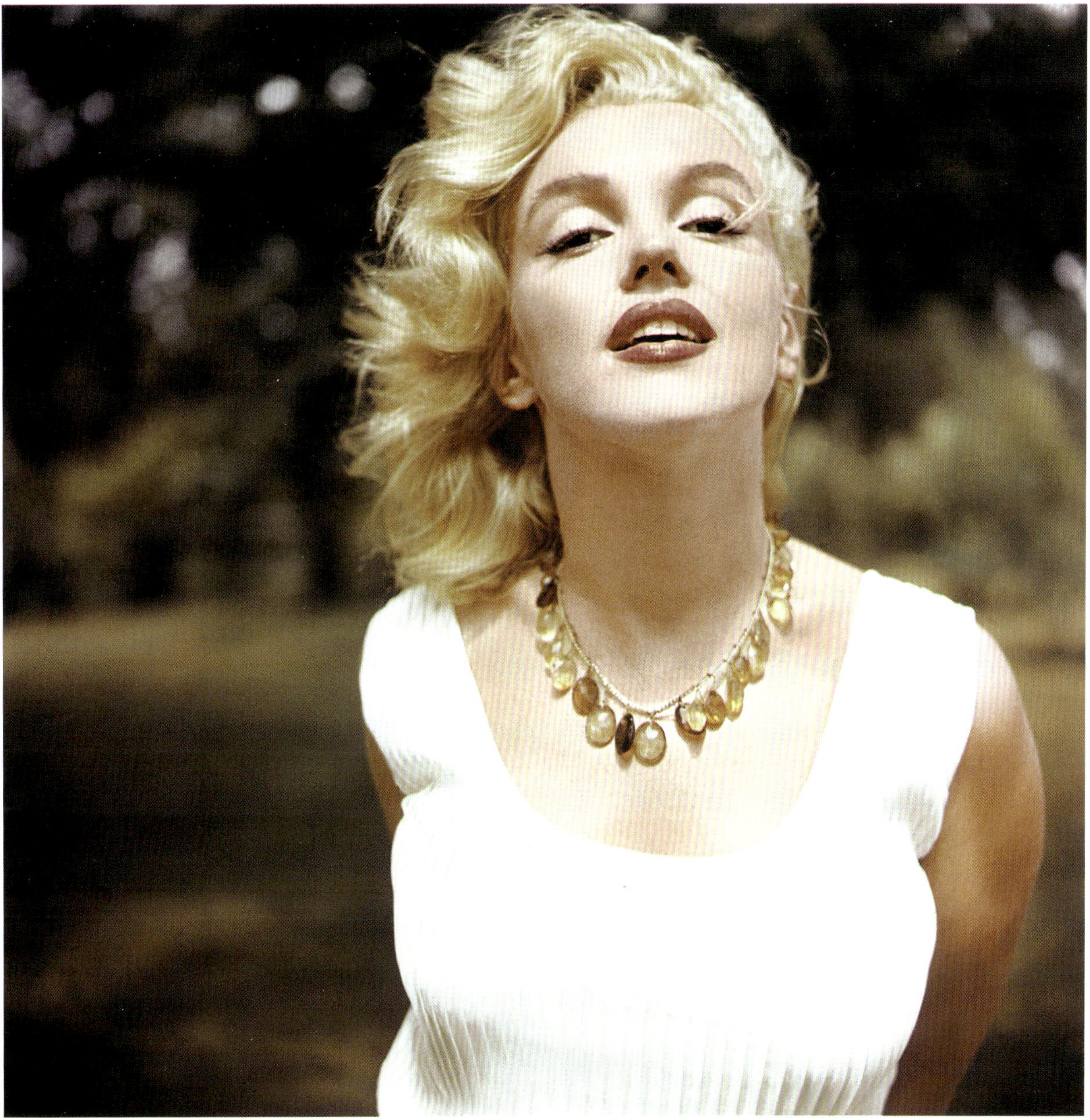

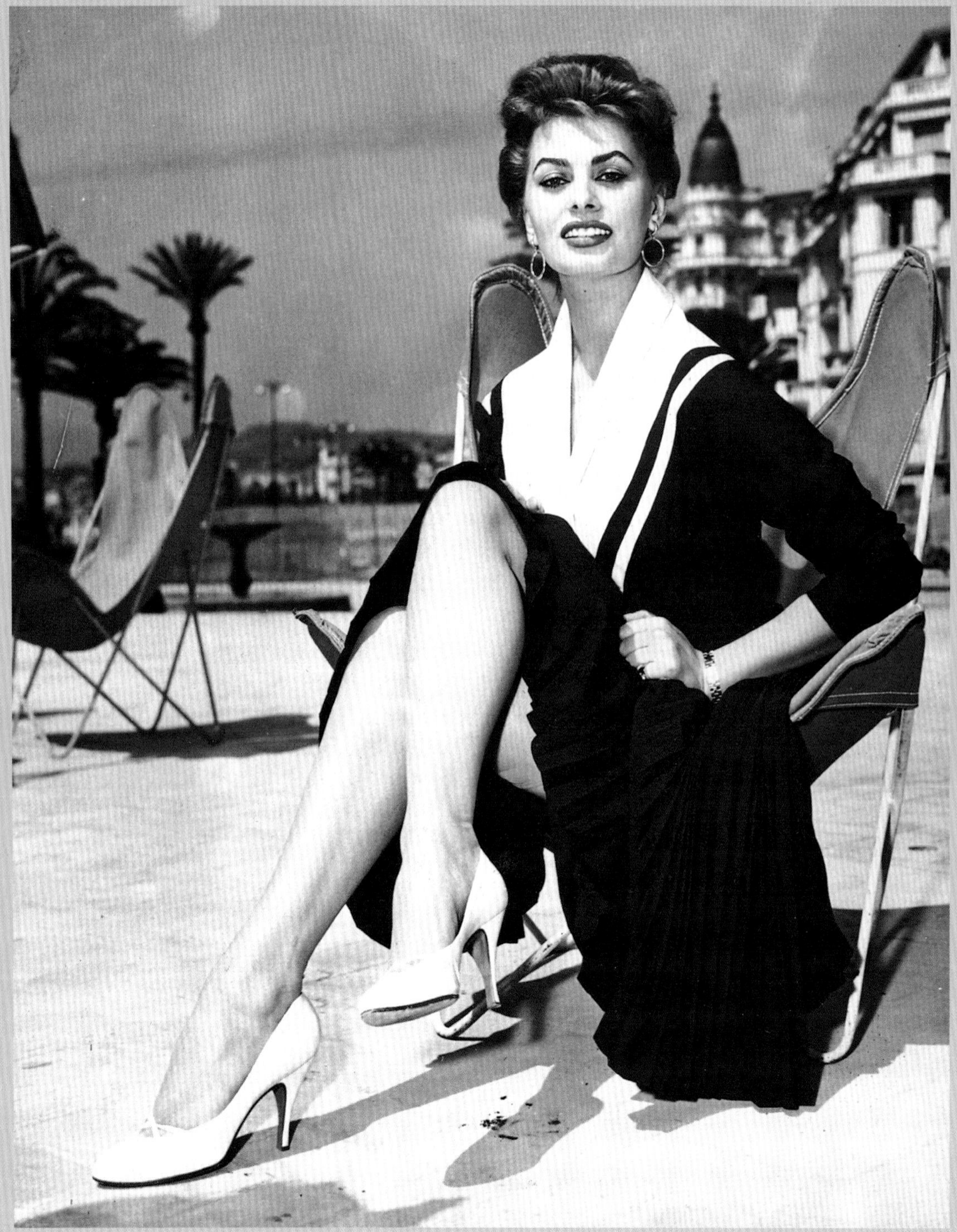

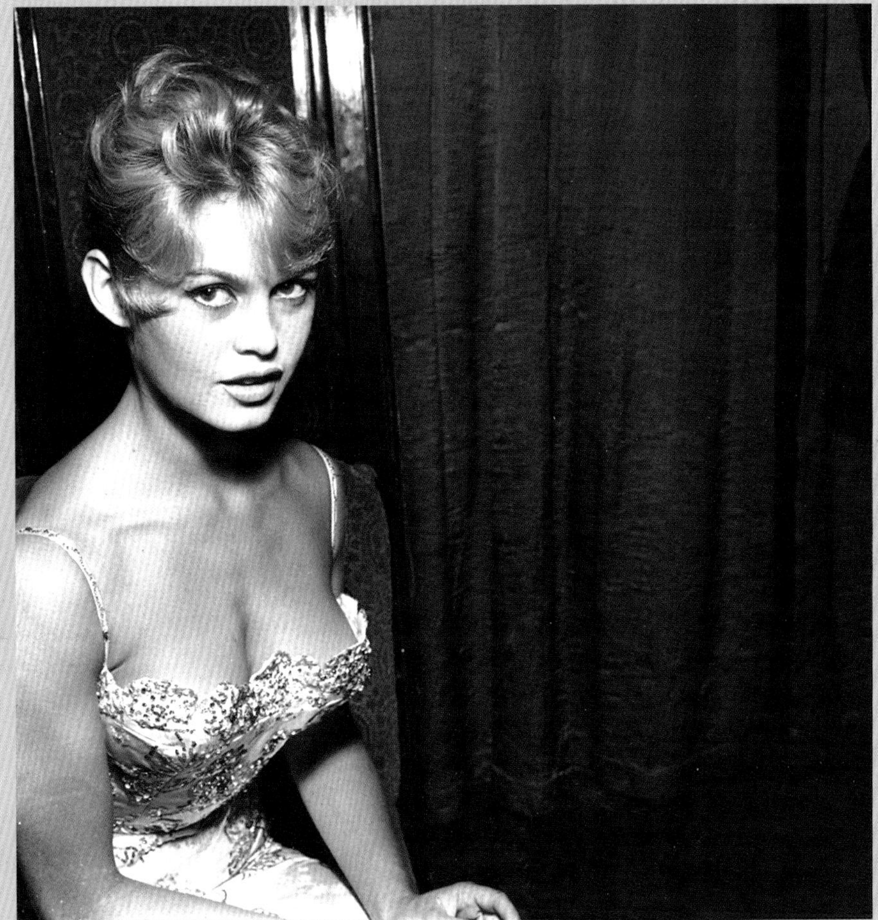

« La beauté (contrairement à la laideur) ne peut vraiment s'expliquer : elle se dit, s'affirme, se répète en chaque partie du corps mais ne se décrit pas. »

Roland Barthes, *S/Z*, 1970

Sophia Loren à Cannes, 1955.

Brigitte Bardot, 1956.

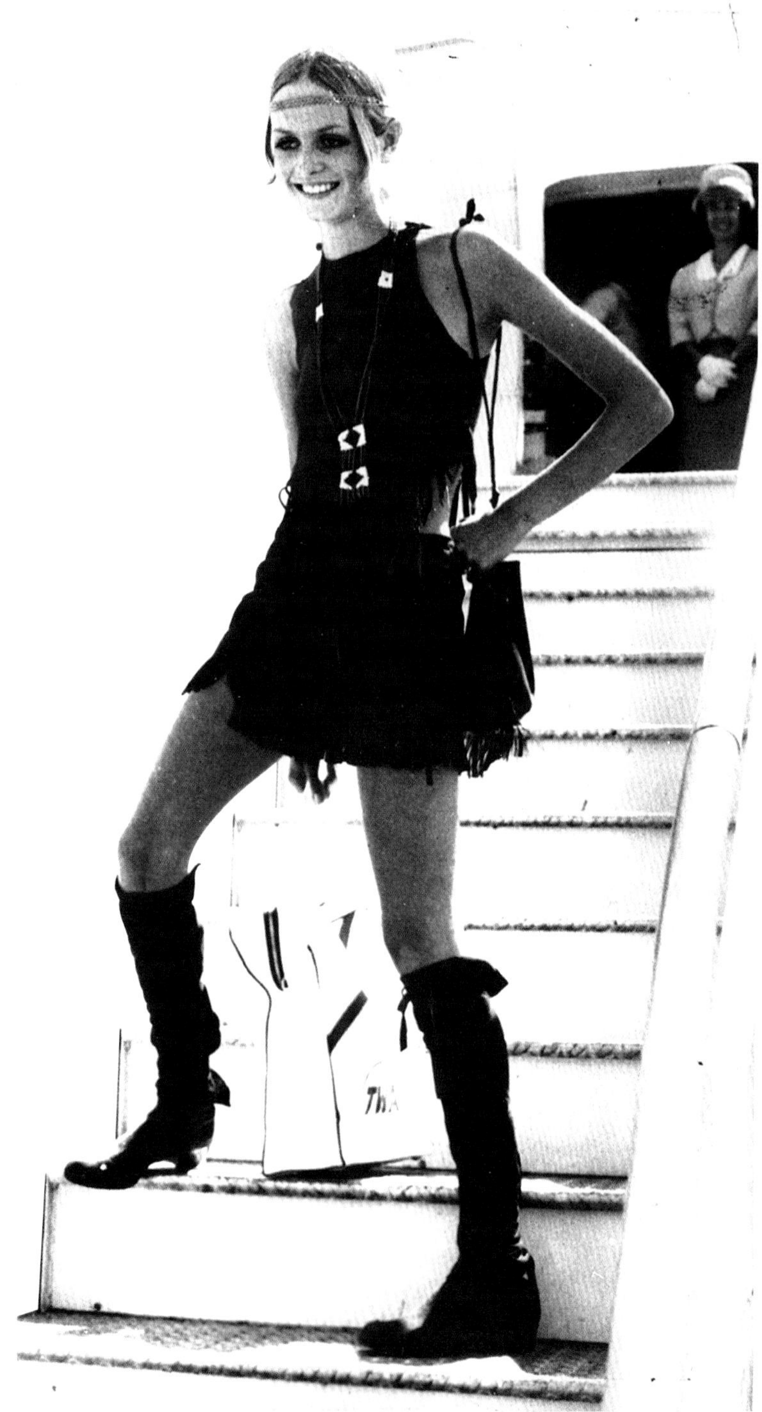

Twiggy en 1967.

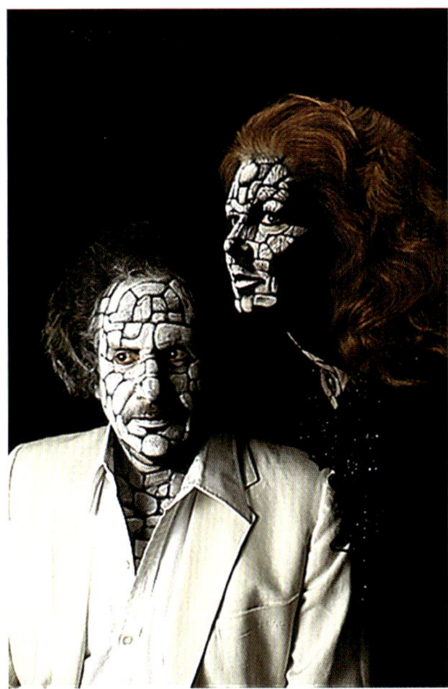

Visage en « kit ». Paradoxalement, les années 1980 uniformisent les visages, au moment où la diversité des produits, des couleurs et de leurs qualités chimiques s'accroît. Visages en *kit*, visages puzzles à monter comme des maquettes signées de grands couturiers, couleurs à combiner suivant le look que l'on veut se donner.

La sémantique du look, que l'on traduit par « apparence », montre bien l'impérialisme du regard que l'on porte désormais sur un visage scanné par les ordinateurs. Le vocabulaire des soins change aussi. La publicité ne parle plus de séduction, de mystère ni d'envoûtement mais de « capital beauté », de soins « stratégiques », de « gisements » et de ressources « énergétiques », de « crédit solaire », de « système *total-look* », de « photo témoin », comme si le corps était devenu une entreprise.

Être beau, c'est être lancé sur le marché des visages et des corps comme une marchandise. La femme a le choix entre dénoter sa classe sociale (N.A.P., *yuppies*, B.C.B.G., battante *versus* baba, *new wave* – *hard* ou *soft* –, rocker, punk, techno, grunge, etc.), affirmer une identité clanique ou refléter une beauté normalisée sans outrance.

Mort Shuman et le modèle Maya
maquillés par Steve Diakonoff.

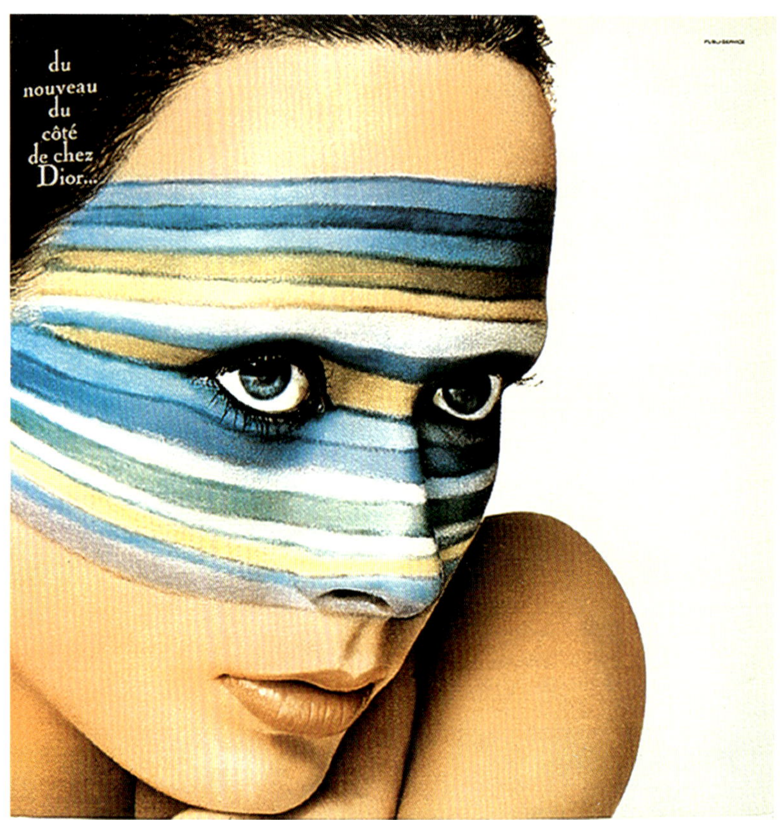

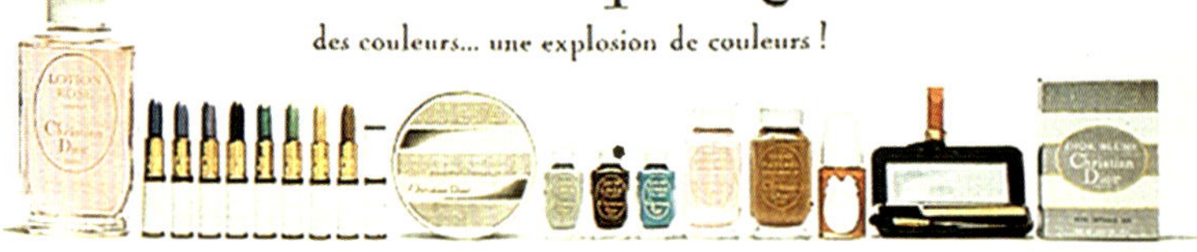

Publicité Christian Dior, 1969.

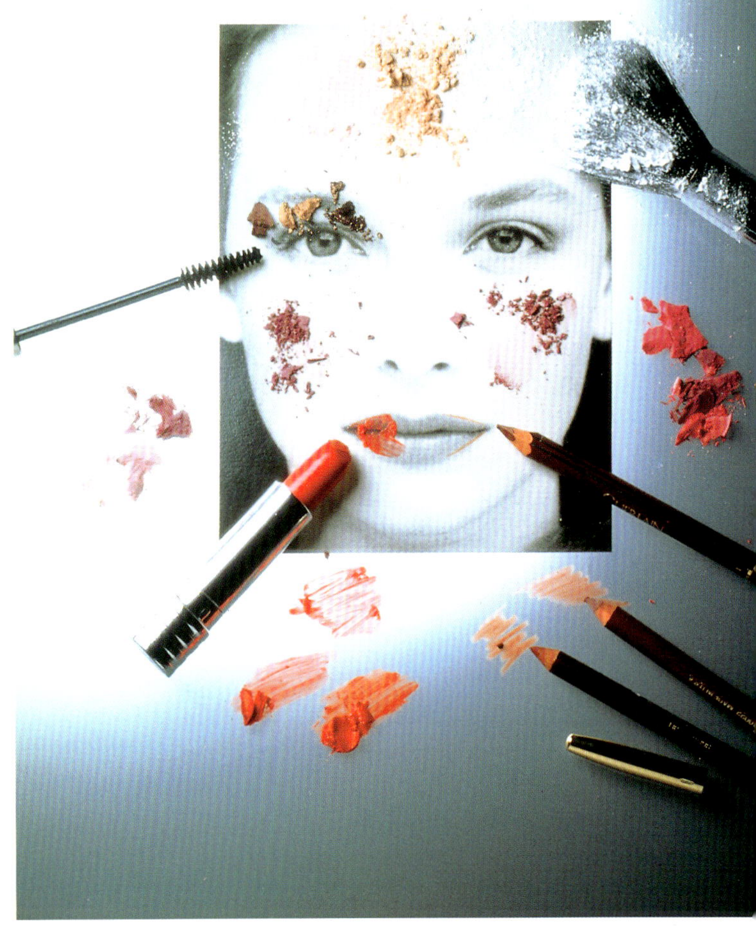

La mystique du « sous-vide ». Dans les années 1990, les industries cosmétiques entérinent un constat : le fléchissement des ventes de rouges à ongles et de fards à paupières, tout comme l'exigence des femmes qui, de plus en plus, achètent des produits de soins plutôt que des produits de maquillage. Aspirant à une « beauté naturelle » les consommatrices préfèrent, comme les anciens Grecs, la cosmétique à la commotique et recherchent un corps sain dont l'harmonie est le fruit de pratiques douces, réconfortantes et sensuelles. Si l'on « mange mou » (purées, mousses, sorbets), comme l'écrit Michel Serres dans *Les Cinq Sens* (1985), on se magnifie mollement aussi. L'homme et la femme cherchent des thérapies de l'âme plutôt que du corps, une écologie radicale du visage qui refuse les produits astringents au profit de l'onctuosité de crèmes traitantes dont les noms de baptême émollients reflètent cette tendance à la douceur.

Cette fin de siècle se sculpte moins qu'elle ne se masse, se farde moins qu'elle ne se câline, se fabrique moins qu'elle ne se dorlote. Ampoules, gélules et cachets contribuent de l'intérieur à peaufiner un corps naturel à peine hâlé mais surtout détendu et souple. Le consommateur demande la transparence des produits, la sincérité des visages, des valeurs d'humanité et de bonté éloignées de toute corruption. La révolution des extraits marins ou végétaux, la prohibition des matières minérales comme celle des dérivés animaux (baleine, extraits placentaires...)

Page de beauté du magazine *Marie-Claire*, hiver 1988.

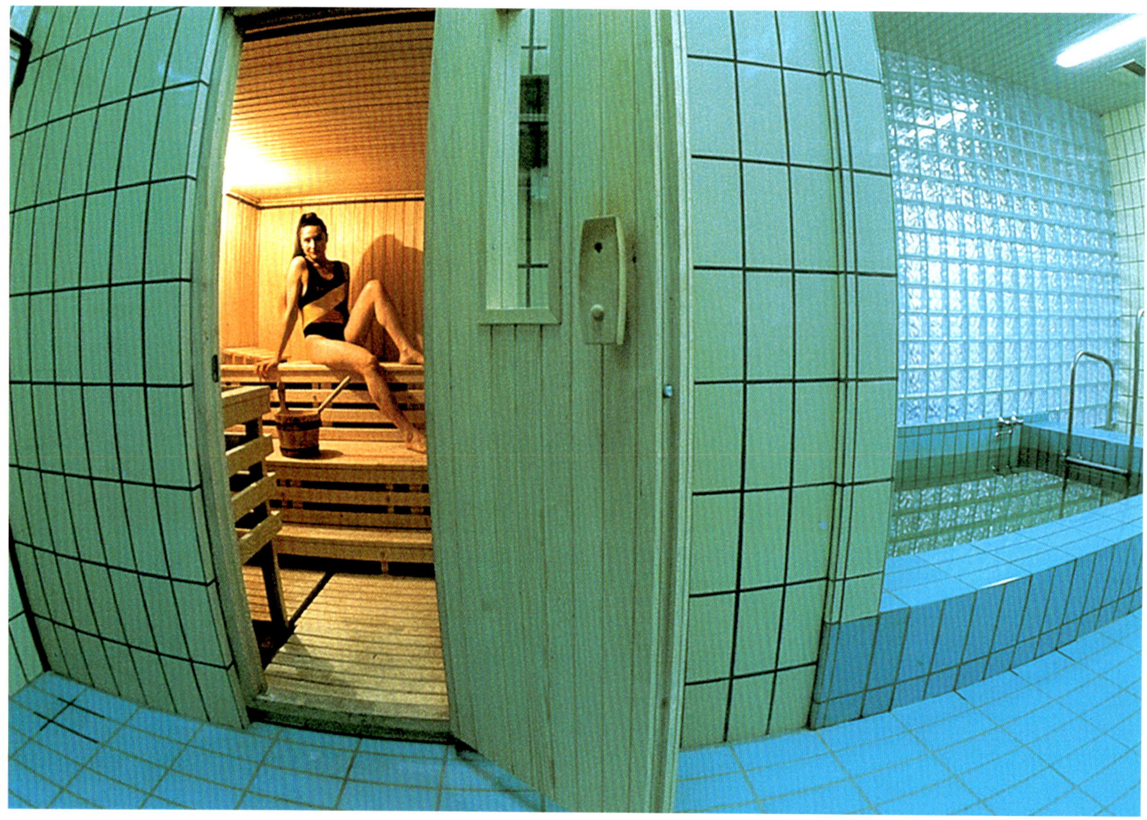

favorisent une beauté qui « chouchoute ses enzymes » (*Madame Figaro*, 1995), et avoue un maquillage… invisible. Ce paradoxe ne cède pas, au contraire, devant la mystique de la nature. Mais une nature « sous-vide », tout comme le visage protégé par des films invisibles, véritables écrans entre une peau fragile et un monde devenu délétère.

Si la rue se maquille « naturellement », elle se reconnaît aussi dans les figures dont les magazines déclinent les modèles. La beauté se consomme à la fois dans la répétition défunte des Rita Hayworth, Marilyn Monroe, Jackie Kennedy, Audrey Hepburn, et se consume dans la multiplicité des visages des mannequins ou des stars d'un jour.

Cabine de sauna.

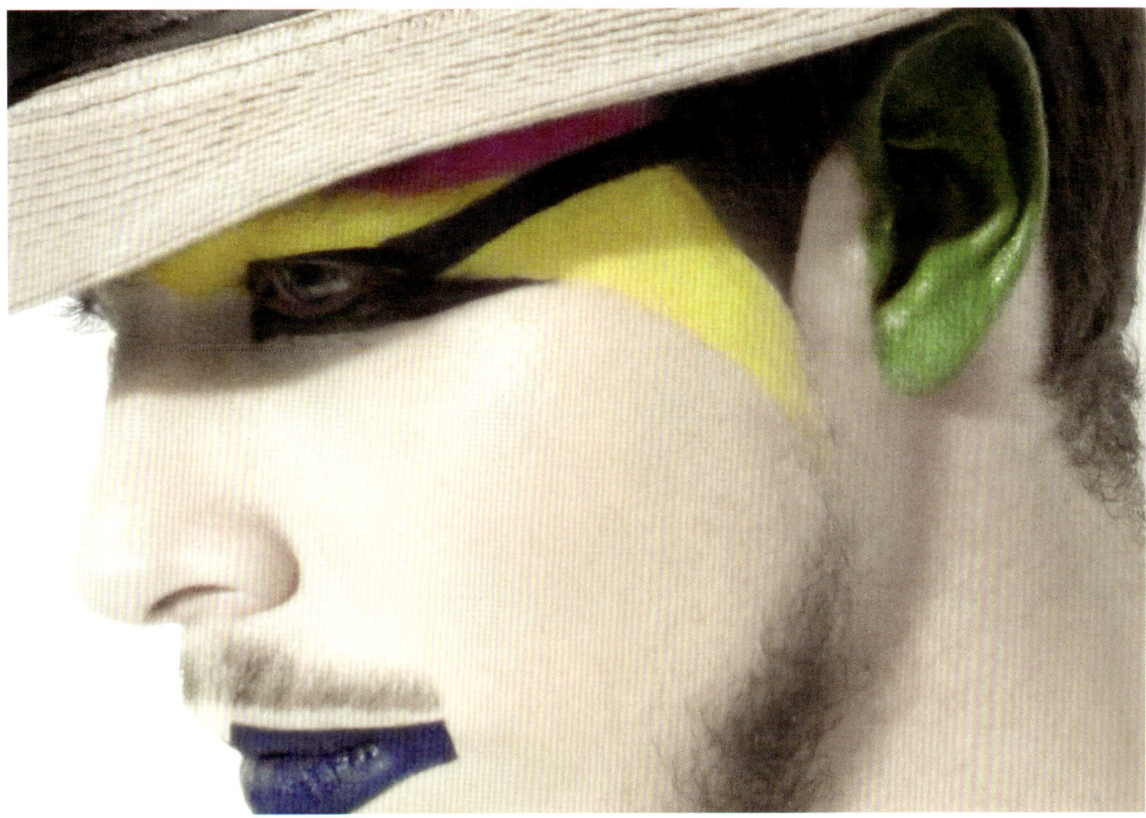

Poétiques du métissage. En réponse à cette exaltation de modèles baroques, des groupes sociaux revendiquent des corps d'artifice et de jeu. Avec le déclin du visage scandinave (pommettes hautes, bouche épaisse), du futuriste type Barbarella ou de la poupée Barbie, apparaissent des corps dont le regard ne se détourne plus. Les rondes s'affirment et promeuvent avec des lignes de vêtements la fantaisie et la sensualité d'un corps épanoui qui n'a plus rien à voir avec la symbolique traditionnelle de la maternité, de l'indolence ou de la fortune.

Le tatouage n'est plus dévolu aux marins ou aux repris de justice : délébile, il se colle comme les mouches de l'Ancien Régime ; indélébile, il envahit les corps comme une œuvre d'art. Le piercing

D-mai, photo de Jules Landau.

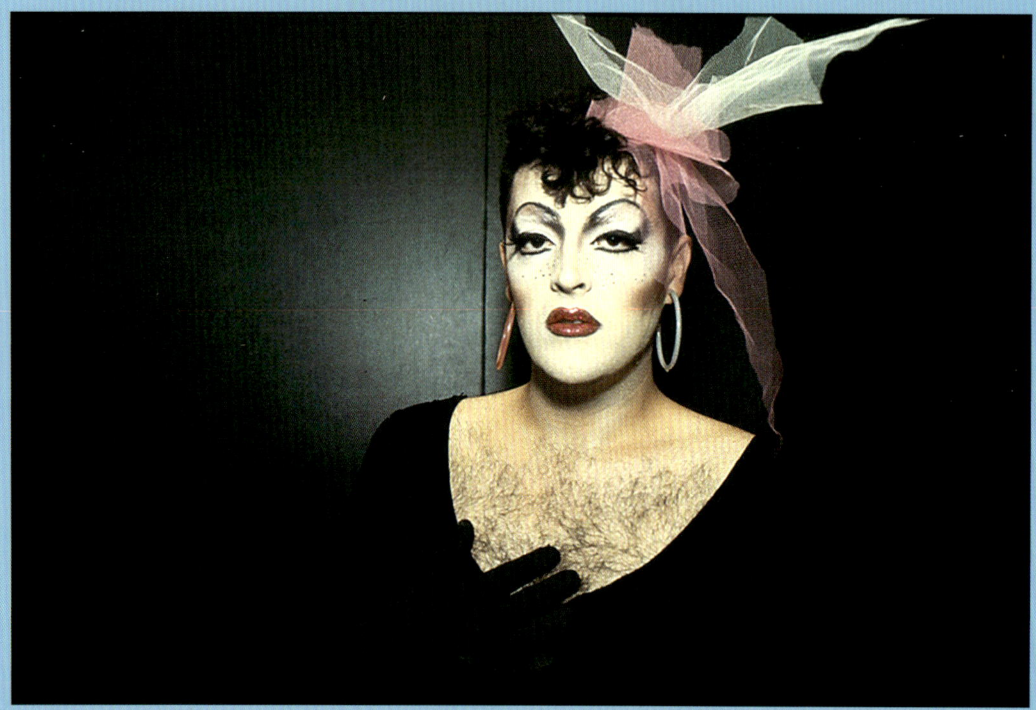

« En apôtre du choc visuel, [Jean Paul Gaultier] exhibe, le premier, les drag-queens, en même temps qu'il habille les hommes en jupe et brode des spermatozoïdes sur leurs caleçons, qu'il pousse sur le devant de la scène grands-mères en coquettes, poupées boudinées et femmes enceintes, ou sulfureuses créatures, parfois transpercées d'anneaux de la narine au nombril. »

Michèle Leloup, « Et Gaultier devint haut couturier », *L'Express*, 16/01/1997

Drag-queen.

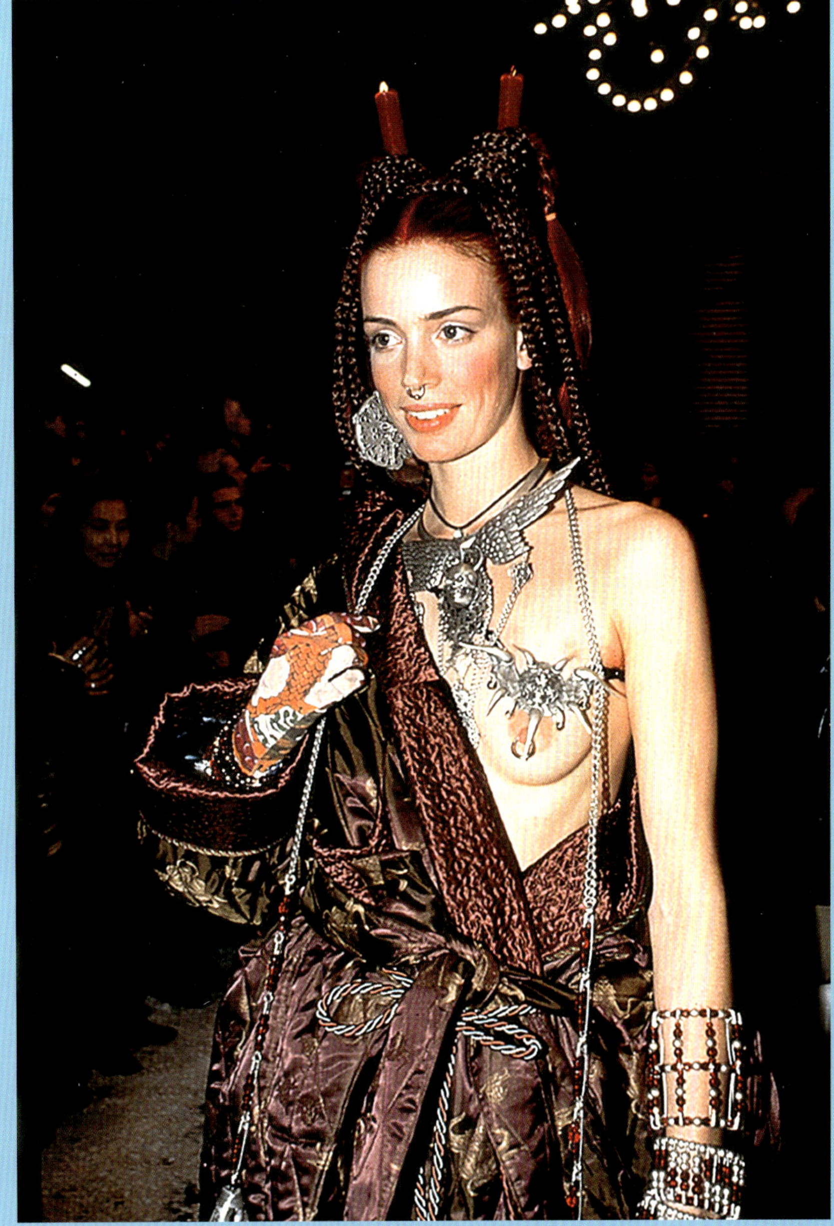

Le mannequin Sybil Buck présentant un modèle de Jean Paul Gaultier, défilé automne-hiver 1994-1995.

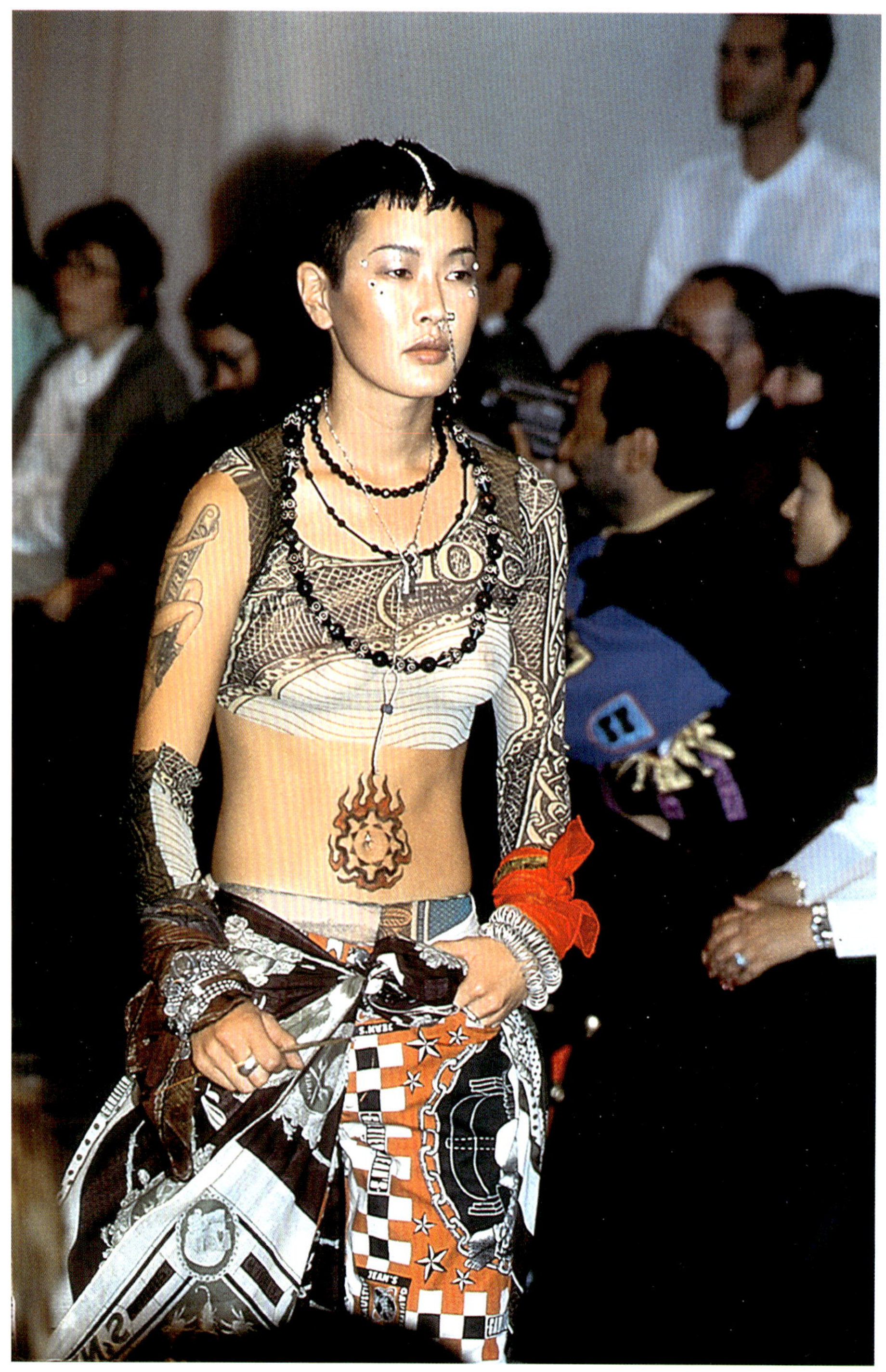

Défilé Jean Paul Gaultier,
été 1994.

transforme les parties du corps en bijoux érotiques et agressifs : cette pratique révèle un goût de la parure et de la mutilation qui exacerbe la violence érotique.

Le *branding*, le marquage de la peau au fer rouge, révèle une humanité désorientée qui recourt à des pratiques sacrificielles où la chair humaine exhaussée par ses brûlures exhibe une jouissance masochiste dans un monde sans désir. À moins qu'elle ne soit le signe, comme le prophétisait Isaïe, d'un châtiment que l'homme coupable s'infligerait à lui-même.

Chez les drag-queens (homosexuels et lesbiennes), l'apologie du travestissement et les signes extérieurs d'une sexualité parodique travaillent le corps dans l'ambiguïté. La disparition du dimorphisme sexuel est destinée à provoquer chez les spectateurs un malaise analogue à celui que la société fait subir à ses minorités.

Toutes ces pratiques reflètent une poétique : celle du métissage. Cette dernière se fonde sur la dialectique entre un monde de plus en plus perméable aux modes et aux produits internationaux, aux techniques de soins et de chirurgie, et des groupes sociaux repliés sur des valeurs identitaires qui déterminent des critères de beauté relevant parfois du tribalisme.

Élevé au rang d'un art nouveau, le métissage peut être une source d'inépuisables inventions comme par exemple le corps bionique, produit des nanotechnologies. En revanche, le tribalisme renforce par l'exclusion la création de critères rigides, sources d'un nouvel eugénisme. Si le corps est l'analyseur privilégié de la société, nul doute que la beauté contemporaine puisse aujourd'hui témoigner de l'état du monde : un univers métissé, toujours fragile, dont le souci de soi reste encore et toujours à conquérir afin que le souci de l'autre cesse d'être un danger.

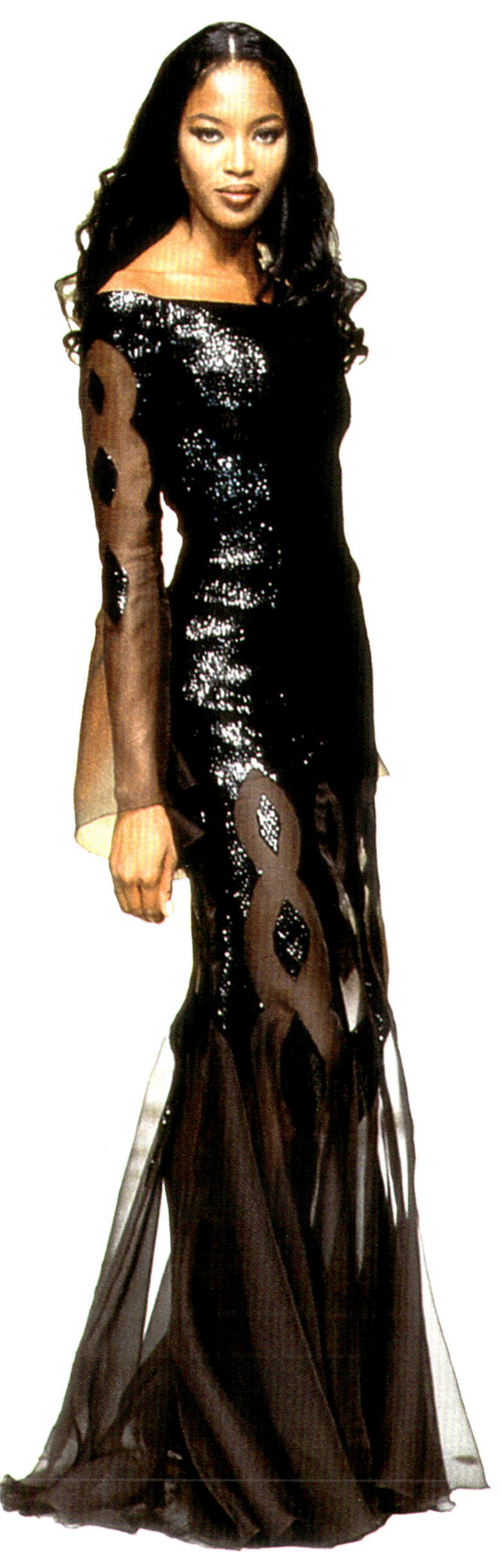

Le mannequin Naomi Campbell présentant un modèle de Valentino, défilé haute-couture, automne-hiver 1994-1995.

Table des illustrations

COUVERTURE

Premier plat Constantin Brancusi, *Muse endormie*, 1910, bronze. Paris, musée national d'Art moderne.
© Centre Pompidou, MNAM-CCI, Dist. RMN-Grand Palais/Adam Rzepka.
© Adagp, Paris, 2013.

2e plat Marilyn Monroe à Roxbury (Connecticut, États-Unis), 1958. Photographie de Sam Shaw/Shaw Family Archives.
© 1940-2013 Sam Shaw Inc./Roger-Viollet.
© Roger-Viollet, Paris.

OUVERTURE

1 Buste de la reine Néfertiti, vers 1354 av. J.-C. Staatliche Museen, Berlin.
© AKG, Paris.
2 Page de mode du magazine *Marie-Claire Bis*, printemps-été 1990.
© Marie Claire Bis/Photo Christian Moser, Issy-les-Moulineaux
3 Statuette acéphale de la reine Néfertiti, vers 1360 av. J.-C. Musée du Louvre, Paris.
© RMN-Grand Palais (musée du Louvre) / Hervé Lewandowski.
4 *Œil de biche*, photographie de couverture de *Vogue USA*, 1er janvier 1950.
© The Estate of Erwin Blumenfeld.
5 *Dans la glace*, lithographie d'après un tableau de Toulmouche, 1890. Bibliothèque des Arts décoratifs, Paris.
© Archives Charmet / Bridgeman-Giraudon.

CHAPITRE 1

10 Aphrodite, dite *Tête Kaufmann*, IIe siècle av. J.-C., marbre. Musée du Louvre, Paris.
© RMN-Grand Palais (musée du Louvre).
11 Pot à onguent au couvercle orné d'un lion couché, reposant sur quatre têtes de captifs, XVIIIe dynastie, albâtre coloré. Le Caire, Musée égyptien.
Photo Univers des Formes /© Éditions Gallimard.
12 Pot à khôl, vers 1403-1365 av. J.-C. (XVIIIe dynastie), faïence. Musée du Louvre, Paris.
© RMN-Grand Palais (musée du Louvre).
13 La déesse Hathor et le roi Sethi Ier, vers 1303-1290 av. J.-C., bas-relief provenant de la tombe de Sethi Ier, calcaire peint. *Idem*.
14 Miroir, XVIIIe dynastie, bronze. *Idem*.
15 Peigne au bouquetin, XVIIIe dynastie, bois d'acacia. *Idem*.
16 Senynefer et Hatchepsout, vers 1410 av. J.-C., XVIIIe dynastie, grès peint. *Idem*.
17 Toilette des femmes, début XVIIIe dynastie, peinture sur enduit de limon. Thèbes, vallée des Nobles, tombe de Nakht.
© Bridgeman-Giraudon.
18 Une princesse de la famille d'Akhénaton, vers 1365-1349 av. J.-C., XVIIIe dynastie, calcaire peint. Musée du Louvre, Paris.
© RMN-Grand Palais (musée du Louvre).
19 Statuette de la dame Touy, supérieure du harem de Min à Thèbes, fin XVIIIe dynastie, bois de grenadille d'Afrique. *Idem*.
20 Aphrodite dite *Vénus Génitrix*, vers 360 av. J.-C., marbre. Musée du Louvre, Paris.
© RMN-Grand Palais (musée du Louvre).
21 Scène de gymnastique, relief d'une base de kouros funéraire, 510-500 av. J.-C., marbre. Musée national, Athènes.
© Magnum/E. Lessing.
22 et 23 Côtés sculptés du *Trône Ludovisi*, 470-460 av. J.-C., marbre. Rome, Museo Nazionale Romano.
© Magnum/E. Lessing.
24 Scène de banquet, détail d'un cratère, vers 340 av. J.-C. Museo Archeologico Nazionale, Naples.
© RMN-Grand Palais.
25 Toilette des femmes, Ier siècle av. J.-C., fresque provenant d'Herculanum. *Idem*.
© Magnum/E. Lessing.
26 Caldarium des thermes du Forum à Pompéi.
© Magnum/E. Lessing.
27 Coffret de toilette trouvé à Cumes, Ier siècle. Museo Archeologico Nazionale, Naples.
© Magnum/E. Lessing.
28 *Portrait de jeune femme*, portrait dit du Fayoum, peinture sur cire, période romaine. Musée du Louvre, Paris.
© RMN-Grand Palais (musée du Louvre).
29 Lawrence Alma-Tadema, *Les Bains de Caracalla*, peinture, 1899. Coll. part.
© Bridgeman-Giraudon, Paris.

CHAPITRE 2

30 Jean Hey, dit le maître de Moulins, *Portrait présumé de Madeleine de Bourgogne, dame de Laage, présentée par sainte Madeleine* (détail), vers 1490, huile sur bois. Musée du Louvre, Paris.
© RMN-Grand Palais (musée du Louvre).
30 Scène dans une étuve publique, in *Roman de la Violette*, manuscrit Fr 24378,

folio 31, XVe siècle. BnF, Paris.
© Bibliothèque nationale de France, Paris.
32 Instruments de toilette : palette à fard, miroir, pince à épiler, broyeur, flacons, époque gallo-romaine.
Musée des Antiquités nationales, Saint-Germain-en-Laye.
© RMN-Grand Palais (musée d'Archéologie nationale).
33 Dame à sa toilette, bas-relief provenant du mausolée Neumayer, époque gallo-romaine. Rheinisches Landesmuseum, Trêves.
© Bridgeman-Giraudon, Paris.
34 Anonyme, *La Sorcière*, vers 1470.
Museum der Bildenden Künste, Leipzig.
© AKG, Paris.
35 « La grande prostituée », *Apocalypse d'Angers*, Nicolas Bataille, 1373-1387, tapisserie. Musée des Tapisseries, Angers.
© Bridgeman-Giraudon, Paris.
36 Intérieur de pharmacie (détail), XVe siècle, fresque. Château d'Issogne, Val d'Aoste.
© Bridgeman-Giraudon, Paris.
37 Le basilic, in *Observations sur la nature des divers produits alimentaires et hygiéniques*, Albucasis, Nouv. Acqu. Lat. 1673, folio 22, XVe siècle. *Idem*.
© Bibliothèque nationale de France, Paris.
38 Calendrier : mois d'avril, in *Les Très Riches Heures du duc de Berry*, Paul de Limbourg, vers 1416, manuscrit. Musée Condé, Chantilly.
© Bridgeman-Giraudon, Paris.
40 Mariage de Renaud et Clarisse, in Renaud de Montauban, *Loyset Liedet*, manuscrit 5073, folio 117 v°, XVe siècle.
Bibliothèque de l'Arsenal, Paris.
© Bridgeman-Giraudon, Paris.
41 Alesso Baldovinetti, *Portrait d'une jeune femme en jaune*, 1465, tempera et huile sur bois. National Gallery, Londres.
© Bridgeman-Giraudon, Paris.
43 Rogier Van der Weyden, *Portrait de jeune femme*, huile sur panneau, 1460.
National Gallery of Art, Washington.
© AKG, Paris.
44 Hans Memling, *Bethsabée sortant du bain*, vers 1485, huile sur bois.
Staatsgalerie, Stuttgart.
© AKG, Paris.
45g Hans Baldung Grien, *L'Harmonie ou Les Trois Grâces*, début XVIe siècle, huile sur panneau. Museo del Prado, Madrid.
© Bridgeman-Giraudon, Paris.
45d Hans Baldung Grien, *Les Trois Âges et la Mort*, début XVIe siècle, huile sur panneau. *Idem*.
© Bridgeman-Giraudon, Paris.

CHAPITRE 3

46 Raphaël, *Jeanne d'Aragon*, 1518, huile sur toile. Musée du Louvre, Paris.
© RMN-Grand Palais (musée du Louvre).
47 Boîte à mouches, XVIIIe siècle. *Idem*.
© RMN-Grand Palais (musée du Louvre).
48 Portrait imaginaire de Galien, détail du frontispice in *Spiegel der Artz*, manuscrit, 1532. BnF, Paris.
© Bibliothèque nationale de France, Paris.
49 Le Titien, *Vénus au miroir*, vers 1555, huile sur toile. National Gallery of Art, Washington.
© AKG, Paris.
50 Léonard de Vinci, *Le Canon de Vitruve*, dessin, vers 1492. Galleria dell'Academia, Venise.
© Alinari / Bridgeman-Giraudon.
51 Abrecht Dürer, schéma didactique, Avers 1514. BnF, Paris.
© Bibliothèque nationale de France, Paris.
52 Le Titien, *Portrait d'une femme à sa toilette*, 1512-1515, huile sur toile.
Musée du Louvre, Paris.
© RMN-Grand Palais (musée du Louvre).
53 Vénitienne se teignant les cheveux, vers 1590, gravure. BnF, Paris.
© Bibliothèque nationale de France, Paris.
54 Paris Bordone, *Jeune Femme*, vers 1550, huile sur toile. Kunsthistorisches Museum, Vienne.
© AKG, Paris.
55 Anonyme, *Gabrielle d'Estrées au bain*, début XVIIe siècle, huile sur toile.
Musée Condé, Chantilly.
© Bridgeman-Giraudon, Paris.
56 Attribué à Jean Decourt, *Henri III*, vers 1581, huile sur bois. Château de Versailles.
© RMN-Grand Palais (château de Versailles).
57 Lucas Van Valckenborch, *L'Empereur Rodolphe II prenant sa cure*, fin XVIe siècle, huile sur toile.
Kunsthistorisches Museum, Vienne.
© Magnum/E. Lessing.
58 Nicolas de Largillierre, *Portrait de famille*, vers 1730, huile sur toile. Musée du Louvre, Paris.
© RMN-Grand Palais (musée du Louvre).

59 « Dames de qualité en conversation aux Tuileries », Nicolas Arnoult, XVIIe siècle, gravure. BnF, Paris.
© Bibliothèque nationale de France, Paris.
60 J.-M. Nattier, *Madame Henriette de France, fille de Louis XV*, 1754, huile sur toile. Château de Versailles.
© RMN-Grand Palais, Paris.
61 Anonyme, *George III d'Angleterre*, XVIIIe siècle, huile sur toile. Château de Versailles.
© Bridgeman-Giraudon, Paris.
62 Pietro Longhi (1701-1785), *Femme à la mouche*, s.d., huile sur toile. Collection particulière, photo P. Louis.
© Bridgeman-Giraudon.
63 « Les Bouffantes », gravure satirique, vers 1785.
© Archives Gallimard.
64 Augustin Claude Simon Legrand, *Rousseau ou l'homme de la nature*, vers 1795, gravure. Musée Jean-Jacques-Rousseau, Genève.
© Archives Gallimard.
65 Élisabeth Vigée-Lebrun, *Madame Vigée-Lebrun et sa fille*, 1786, huile sur toile. Musée du Louvre, Paris.
© RMN-Grand Palais (musée du Louvre).

CHAPITRE 4

66 Alexandre Cabanel, *Portrait de la comtesse de Keller*, 1873, huile sur toile. Musée d'Orsay, Paris.
© RMN-Grand Palais (musée d'Orsay).
67 « Les Lions », 1840. Musée Carnavalet, Paris.
© Archives Charmet / Bridgeman-Giraudon.
68 « Le ravissement », *in* « Traité des passions », Charles Le Brun, vers 1663. BnF, Paris.
© Bibliothèque nationale de France, Paris.
69 Étiquettes de parfum, vers 1820. Bibliothèque des Arts décoratifs, Paris.
© Archives Charmet / Bridgeman-Giraudon.
70 J. A. Ingres, *La Petite Baigneuse, intérieur de harem*, 1828, peinture. Musée du Louvre, Paris.
© RMN-Grand Palais (musée du Louvre).
71 Édouard Bernard Debat-Ponsan, *Le Massage, scène de hammam*, 1883, huile sur toile. Musée des Augustins, Toulouse.
© Bridgeman-Giraudon, Paris.
72 Henri Decaisne, *Maria Malibran dans le rôle de Desdémone de l'« Otello » de Rossini*, 1830, huile sur toile. Musée de la Vie Romantique, Paris.
© Bridgeman-Giraudon.
73 Pierre-Paul Prud'hon, *L'Impératrice Joséphine*, 1805, huile sur toile. Musée du Louvre, Paris.
© RMN-Grand Palais (musée du Louvre).
74 Jean Béraud, *La Pâtisserie Gloppe*, 1889, huile sur toile. Musée Carnavalet, Paris.
© Archives Charmet / Bridgeman-Giraudon.
75 Édouard Manet, *Portrait d'Irma Brunner*, vers 1880, pastel sur toile. Musée d'Orsay, Paris.
© RMN-Grand Palais (musée d'Orsay).
76 Henri de Toulouse-Lautrec, *Femme tirant son bas*, vers 1894, huile sur carton. Musée d'Orsay, Paris.
© RMN-Grand Palais (musée d'Orsay).
77 Pose de fausse poitrine et de fausses fesses, vers 1830, lithographie. *Idem*.
© Archives Charmet / Bridgeman-Giraudon.
78 Lola Montes, Reutlinger, photographie. BnF, Paris.
© Bibliothèque nationale de France, Paris.
79 Jean Béraud, *La Parisienne, place de la Concorde*, 1890, huile sur toile. *Idem*.
© Bridgeman-Giraudon, Paris.
81 Les Belles de nuit, détail des *Jardins de Paris*, Jean Béraud, 1905, huile sur toile. Musée Carnavalet, Paris.
© Bridgeman-Giraudon, Paris.

CHAPITRE 5

82 «Lugano-Lido» : femme jouant au ballon sur une plage. Carte postale publicitaire vers 1925. Illustration anonyme.
Collection IM/Kharbine-Tapabor.
83 Attribué à Henri de L'Étang, *Blanche d'Antigny et son vélocipède*, XIXe siècle, huile sur toile. Musée de l'Ile-de-France, Sceaux.
© Lauros-Giraudon, Paris.
84 Curiste à Aix-les-Bains, vers 1900.
© ND-Viollet, Paris.
85 « Le Bain de soleil », illustration autrichienne, vers 1900.
© Archives Charmet / Bridgeman-Giraudon.
86 Illustration d'un bon de commande de la maison de couture de Paul Poiret, Georges Lepape, vers 1910.
© Archives Gallimard.
© ADAGP, Paris, 2013.

Dépôt légal : septembre 2013
Numéro d'édition : 255573
ISBN : 978-2-07-014258-3
Photogravure : G. Canale & C. S.p.A. (Italie)
Imprimé en Roumanie par G. Canale & C. S.A. en septembre 2013

GW01605984

D. J. HAYWARD.

THE DAKOTA

THE DAKOTA

The DC 3 Story

JACQUES BORGE
NICOLAS VIASNOFF

WARNE

First published in the United Kingdom
by Frederick Warne (Publishers) Limited 1982

First published in French under the title:
Le Dakota

Book design Paul-Henri Moisan

ISBN 0 7232 2963 5

CONTENTS

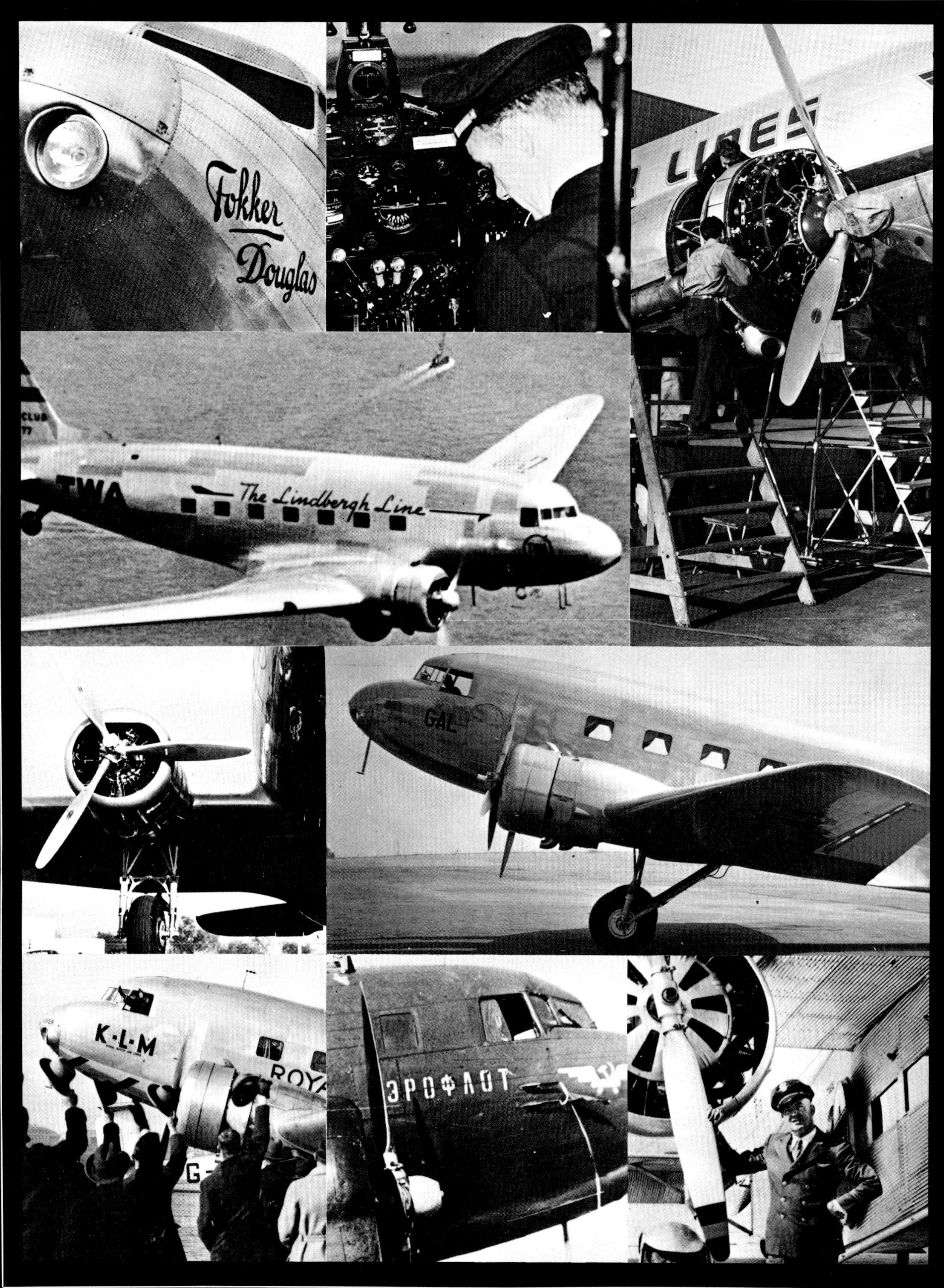
Fokker
Douglas
LINES
TWA
The Lindbergh Line
GAL
K-L-M
ROYA
ЭРОФЛОТ

Safety rules ground last of the DC3s

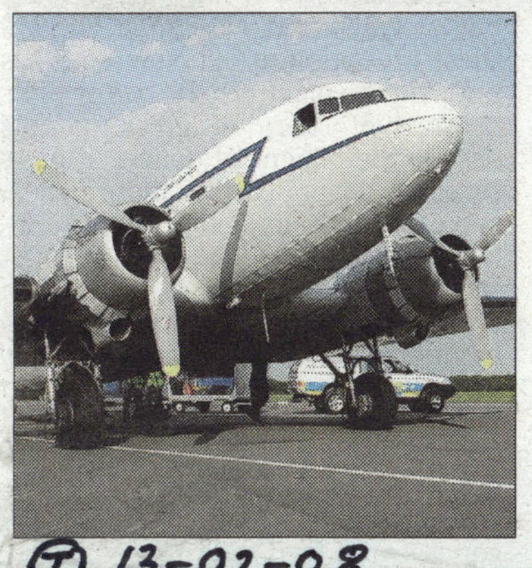

COVENTRY The Dakota DC3, the historic transport plane that first flew in 1935, will carry its last passengers in Britain later this year, after EU air safety regulations made it too costly to keep it going. Mike Collett, chairman of Air Atlantique Classic Flight in Coventry, which runs Britain's last two passenger-carrying DC3s, said he was saddened but fitting requirements such as weather radar was not viable financially. Over the next five months the Dakotas will embark upon a final tour of 18 British airports. In the Second World War 12,000 DC3s saw service.

Ⓣ 13-02-08

ITS ORIGINS

CHAPTER I

Try to imagine what it means for an airplane to still be in service fifty years after its creation...

It is as if Clément Ader's "Eole" were still flying in the days of the Caravelle; as if the Farman Airbus — a biplane made of fabric and wood that flew the Paris-to-London route — were still carrying passengers in the days of the Concorde; as if Charles Lindbergh's "Spirit of St. Louis" were still flying across the Atlantic Ocean in 1977.

Of course, it is easy to conceive of an automobile or motorcycle being used for fifty consecutive years. But an airplane? It is much more fragile, much more delicate.

However, the Douglas DC-3 "Dakota", conceived in 1935 (and being a direct development of the DC-1 of 1933), is still in operation today.

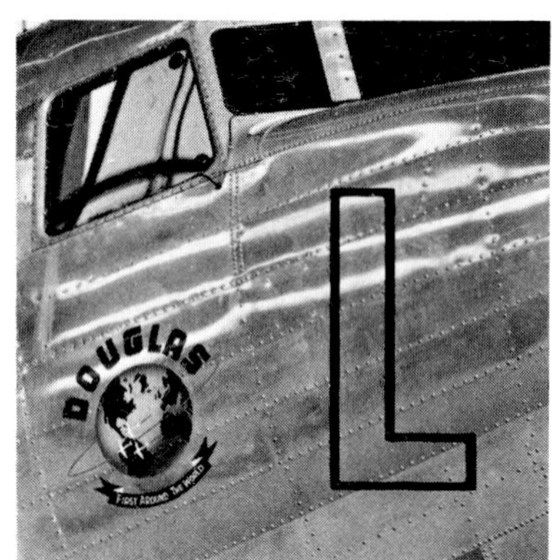

Let us make one point clear. It is not just going for short runs on Sunday, like a collector's Rolls-Royce, and is then quickly tucked back into its cozy hangar. It operates under the hardest and most appalling conditions; in all latitudes, taking off, overloaded, in Africa, in the dust, with the temperature at 40 °C (104 °F); or flying in Peru (as we shall see), crossing the Andean cordillera, where its maximum ceiling will not allow it to fly above the mountains.

There have been 13,641 examples constructed, including 416 by the Japanese and 2,800-3,000 by the Russians. Its production figures are still, today, the greatest for any transport airplane in the world.[1]

The Douglas firm, manufacturers of the plane, estimate that there are still between 2,500 and 3,000 examples of the DC-3 in service, among which 500 are being used by some 154 aviation companies producing $50 million annually.

In 1964 the Douglas factory modified a DC-3 built in 1939 into a deluxe version. It had in its log book a record of 81,535 hours of flight — equivalent to nine consecutive years in the air. When the French Navy, which still owned Dakotas in 1980, entertained us, we were flown to Nîmes in an airplane which left the Douglas factory in 1942. This venerable machine had, during its thirty-eight years of existence, assisted in some incredible events — the Normandy invasion, the Indochina war, the Korean war, the war in Algeria, etc. It was calculated that it had used 700 tires, 35,000 sparkplugs, and 160 engines.

The young men flying it were twenty years old. One of them told us : *"My grandfather flew one of these in 1943. When I finished my training I asked to be assigned to the Dakota group. I wanted to be able to say that I too had flown one!"*

This aircraft makes us think of a large St. Bernard dog. Out of the corner of its eye it watches the young, teaching them, correcting them, preventing danger. There is so much mechanical and human experience in those eleven tons of aluminum and steel!

To tell the truth, no one knows when the DC-3 will stop flying. It will certainly last until the year 2000, thanks to cannibalization.[2] If it reaches the age of 100, and why shouldn't it, then all comparisons with motor vehicles become meaningless. For a good reason — the Dakota is irreplaceable. Despite many efforts by manufacturers, no

1. Trailing far behind is the Junkers Ju 52, with 4,835 units built. The airplane with the greatest production figures, considering all types of aircraft, is the Yak family of Russian fighter planes. 60,000 of them have been built.

2. An operation consisting of repairing one machine with pieces from several others.

airplane has ever successfully replaced it. [3] Its very slow landing speed (about 100 km/h or 60 mph, similar to a small, private airplane) allowed it to use short and unprepared landing areas. Its strength is legendary. In the 1960s, Southern Airways found a cracked wing bolt on one of its DC-3s. Alarmed, their technical department sent the defective piece to Douglas so that they could determine the cause of the fatigue. The engineers at the factory realized that the bolt was an original part, making it twenty-two years old. Retracing the career of the plane, they determined that the bolt, designed to last for 16,000 hours of flight, had in fact been in service for 64,879 hours. The only response which the Douglas engineers could give to Southern Airways was "Congratulations!"

"Maybe you can destroy it," said one pilot, *"but you can never wear it out!"* Economical to maintain, sturdy, neither too large nor too small, inexpensive to purchase, the DC-3 occupies an unassailable position. [4]

Sometimes its use borders on the heretical — for example, as we neared Marignane, the approach traffic was very crowded and the following dialogue took place:

Controller : *"Papa Juliette, everyone is waiting for you. Increase your speed!"*

"Roger" (and we put the throttles on full power with a slight nose dive so we could reach a good 170 knots).

Controller : *"Papa Juliette . . . faster, please! You are being overtaken by another plane."*

"Impossible — we are at full power."

"What type of airplane are you flying?"

"A Dakota."

"Ah... Ah... Oh... You should have said so. Reduce your speed to 100 knots and go into the holding pattern."

There is even the possibility that a DC-3 will still be flying in 600 years. In 1946, a C-47 (military version of the DC-3) crashed while flying over Mont Dent Blanche in Switzerland. By a miracle, the plane slid along the snow and came to a stop, intact, in the middle of Gauli glacier some nine kilometers east of Grindelwald. The eleven occupants, including a ten-year-old girl, were unharmed. They were evacuated by a Storch airplane equipped with skis. The Swiss Natural Science Society requested that the crashed plane be left at the site of its disaster so scholars would have a reference point to use in studying the movement of the glacier. Several years after the accident the plane had, in effect, been totally engulfed by the glacier. Theoretically, it will emerge, intact, in 600 years!

More Than Ten Affectionate Nicknames

Like all perfect tools created by man, the Dakota is an object given dignified respect. It is in this spirit that we begin its exciting history.

It received, fittingly for its rank, numerous names and nicknames. It was called DC-3 (Douglas Commercial No. 3), Skytrooper, Skytrain, C-47 (the military designation), Dakota or Dak (the name given it by the British during World War II). Its pilots gave it affectionate nicknames, such as: The Three or Dizzy Three (a play on the designation DC-3); Gooney Bird or just plain Gooney (a slightly goofy bird which, aerodynamically, is claimed to be incapable of flight, but since the bird doesn't know this, it flies anyway); Spooky (in Viet Nam); Grand Old Lady; Fatso; The Beast (in the French Navy). It received numerous additional military designations: C-38; C-53; C-117; R4D (U.S. Navy); etc.

We have chosen to refer to it by its

3. *Flight* magazine published an amusing cartoon on the subject: the manager of a factory shows his DC-3 assembly line to a visitor and proclaims "This is the replacement for the DC-3!"

In 1939 Douglas built a high-wing DC-5, and KLM bought five, but the performances were slightly inferior to the DC-3 and Douglas abandoned it.

About 1945 the firm studied a 40-passenger DC-4 derived from the XB-42 experimental bomber with co-axial propellors, but Douglas soon realized that even such an ultra-modern plane could still not rival the DC-3.

Among the successors to the Dakota can be noted: the Convair 240 and the Martin 2-0-2, both modestly successful; the powerful and fast Sud-Ouest SO 30 P and Airspeed Ambassador; the hardy Miles Marathon; and finally the Fokker F-27 Friendship (which replaced the French Post Office's DC-3s) and the Nord 262 (which replaced the French Navy's C-47s at Nîmes). But none of these could beat the Dakota in sturdiness, cost of operation, and cost of maintenance.

4. It should be pointed out that, theoretically, the DC-3 does not even have the right to fly. Before the war, the Civil Aeronautics Board decided (among others) that its door was not strong enough and that it did not have enough emergency exits, so it was only given a temporary flight permit. After World War II, the commission several times considered prohibiting the plane from being flown, but faced with the number of DC-3s in service, and its popularity, the bureaucrats backed down and their plans for the ban wound up in the waste basket.

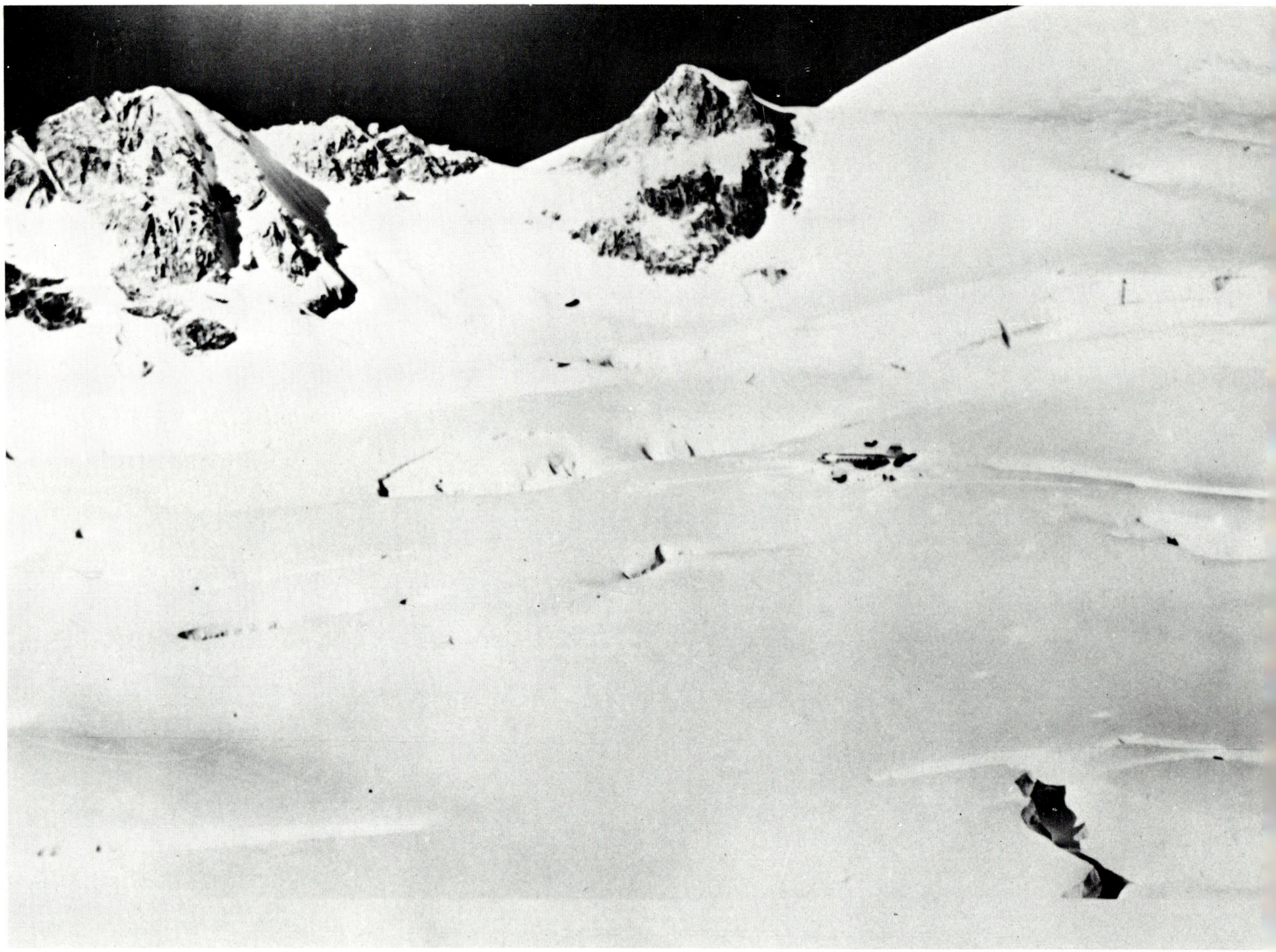

A C-47 crashed on Mont Dent Blanche in the Swiss Alps. The eleven occupants were rescued by Swiss soldiers. The plane is being engulfed by the glacier, where it will remain intact for 600 years!

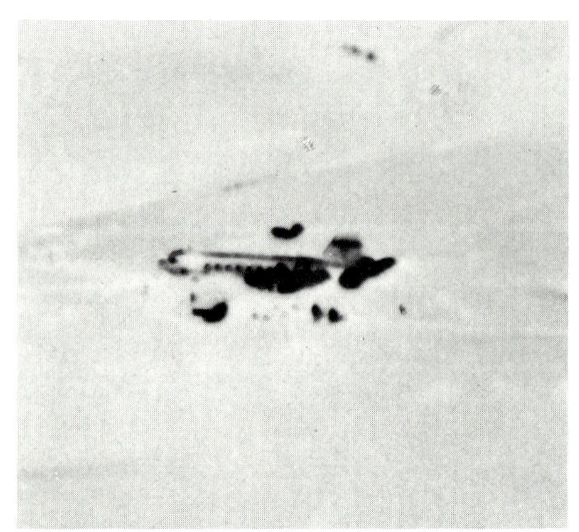

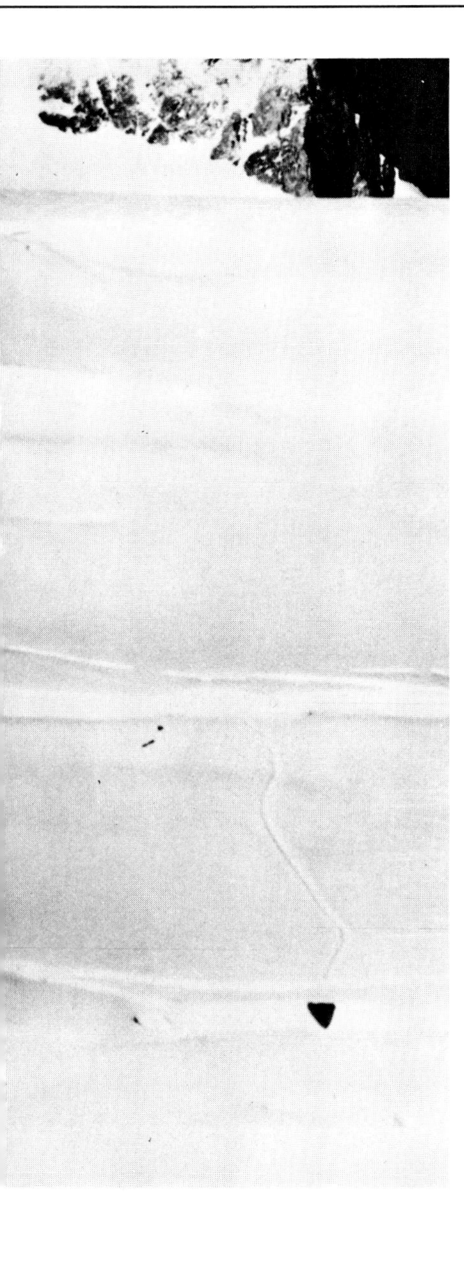

most common names: The Dakota; DC-3; and C-47.

Oddly enough, we are going to start the history of the Dakota by writing about another plane, the Boeing 247, a prodigy which considerably stirred-up the world of aviation in 1931.

An Infernal Noise, A Cold Bird

The beginning of the 1930s marked a turning point in the history of aerial transportation. It was then that most of the present airlines came into existence: PanAm was three years old; United Airlines; Braniff, formed on 3 November 1930; Transcontinental and Western Air, which would become TWA, etc. A merciless competition existed for the market. Passengers were very few, consisting primarily of industrialists and movie stars. They endured the primitive standards of comfort offered by the Ford, Fokker and Stinson trimotors or the Curtiss Condor biplane.

These relics, built like matchboxes, were so noisy that when flying in them passengers had to stuff cotton wool in their ears. They vibrated and bounced around so much in the air that about half the time they made the passengers suffer from airsickness. The cabins were drafty, and there were no provisions for heating them. So the passengers shivered in the cold, and then, when the planes landed on damp fields, the passengers were often spattered with mud splashed up through the plane's vents. About a third of the flights were detoured, turned back, or delayed by either the weather or mechanical failure, so the time potentially saved by air travel was often lost.

But all of this meant nothing compared to the accidents. The airlines suffered from a great deal of bad publicity, for example in March, 1931, when a national sports hero, Knute Rockne, the coach of the Notre Dame football team, died in the crash of a Fokker airplane. There was a general outcry as all the newspapers protested the lack of safety in American flying.

Despite the deplorable travel conditions, and despite the prohibitive price of tickets — the equivalent of three times the cost today — the speed of air travel was still a sacred ideal in a country so large that it took almost two full days and nights to cross it by train. It was near the end of 1931 that the aviation world learned that the Boeing company, in Seattle (a West Coast U.S. city, near the Canadian border), was going into production with a revolutionary airplane, the Boeing 247. This plane broke tradition with everything then flying. It was a bimotor monoplane, built of metal. Its equipment included retractable landing gear, variable-pitch metal propellors, and pneumatic de-icer "boots" to prevent ice from accumulating on the leading edge of the wings — one of the greatest fears of pilots.

The plane was powered by two Pratt and Whitney "Wasp" engines producing 550 hp each. It could carry ten passengers in unequalled conditions of luxury, and at a speed close to 300 km/h (185 mph). Its low, aerodynamic silhouette, and clean, smooth shape served notice, quite simply, that a page in the annals of aviation had been turned. All the airplanes that had been built before the 247 suddenly became outdated.

The 247 A Flying Marvel

Of course, all the airlines took a good, hard look at this marvel. They wanted to be certain that buyers were not going to be deceived. The plane had already received the name "Flying Pullman", and the manufacturer claimed a speed that was twice that of the Fokker or Ford airplanes then in service. The picture of the 247 published in the newspapers had already created quite a stir among the public, always eager to embrace the latest novelty.

United Airlines let it be known that they were going to order a certain number of the new plane. This was no surprise, for United was a subsidiary of Boeing, the manufacturer of the 247. In Kansas City, Jack Frye, at only twenty-nine years of age and already a vice-president of Transcontinental and Western Air (or TWA), recognized the danger presented by the appearance on the market of the 247. Frye contemplated the problem while he watched, from his office at the airport, his pilots taking off and landing.

Frye had the bronzed, animated face of a Texan and was, in fact, a former cowboy who had become a pilot. One day, when the young Frye was out guarding a herd of cattle on the prairie an old World War I surplus Curtiss Jenny biplane made a brief stop. It was

(continued page 19)

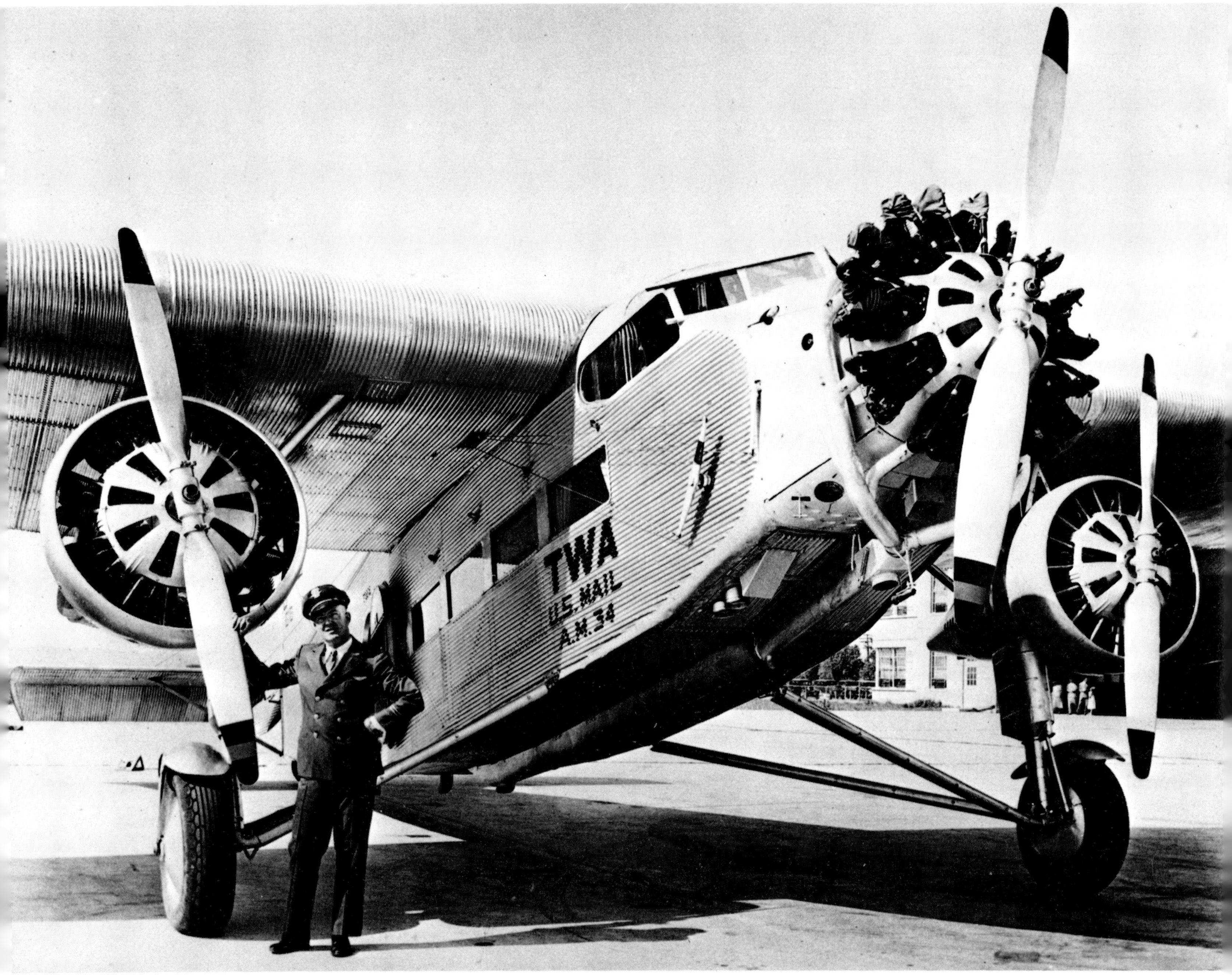

The Ford Trimotor, given the nickname "the Tin Goose", was one of the most widely used transport aircraft when the DC-1 made its appearance in 1933. Its cruising speed was 176 km/h (110 mph).

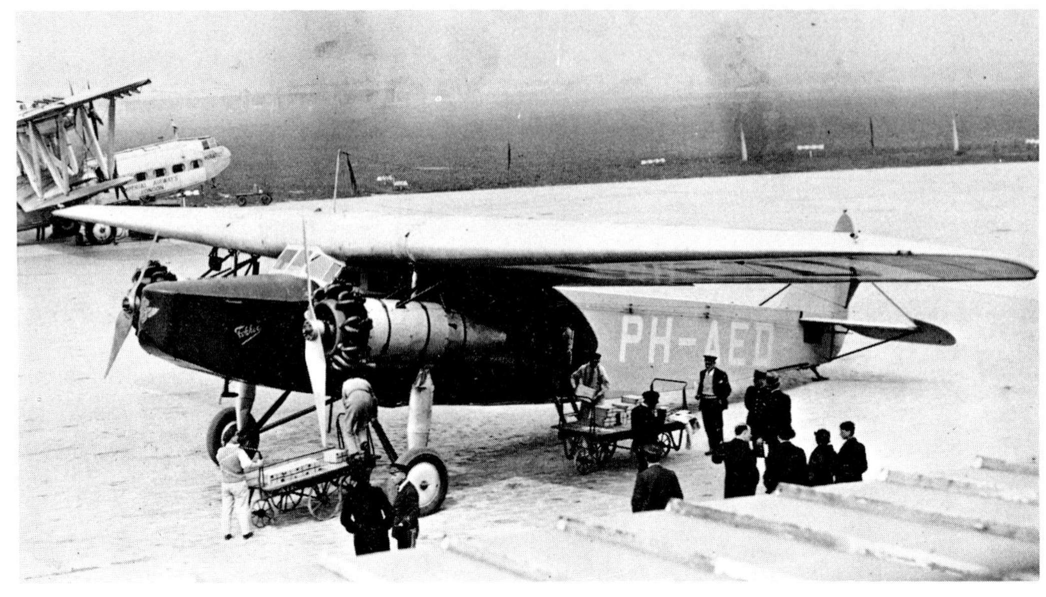

A Fokker F-VIII bimotor, belonging to KLM, in 1933.

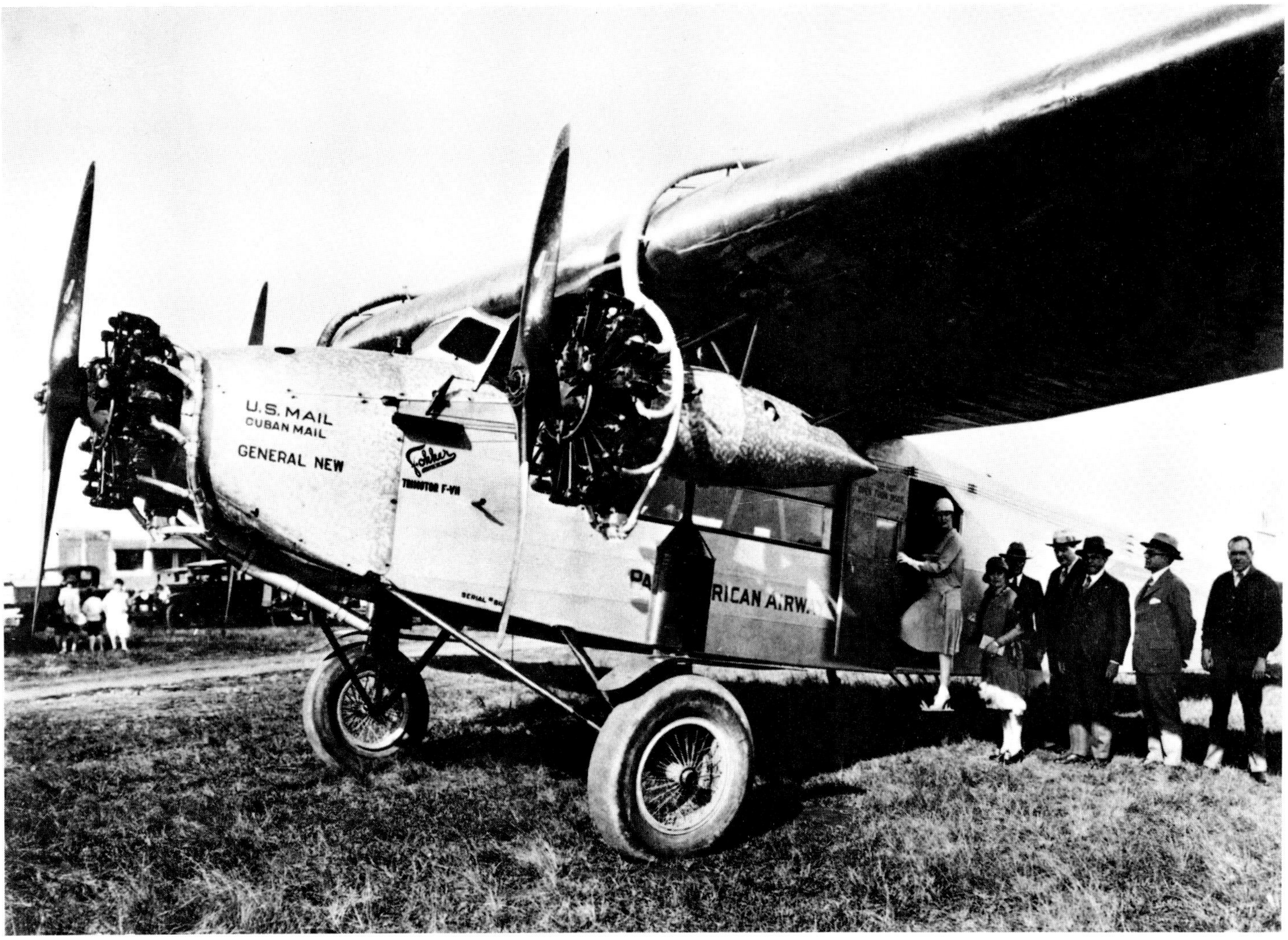

The Fokker F-VII trimotor of Pan American Airways on 16 January 1928, when the plane inaugurated the Key West to Havana route. ▲

A Fokker F-III on the Los Angeles to El Paso route. The Dutch manufacturer Fokker had a factory in the United States. ▼

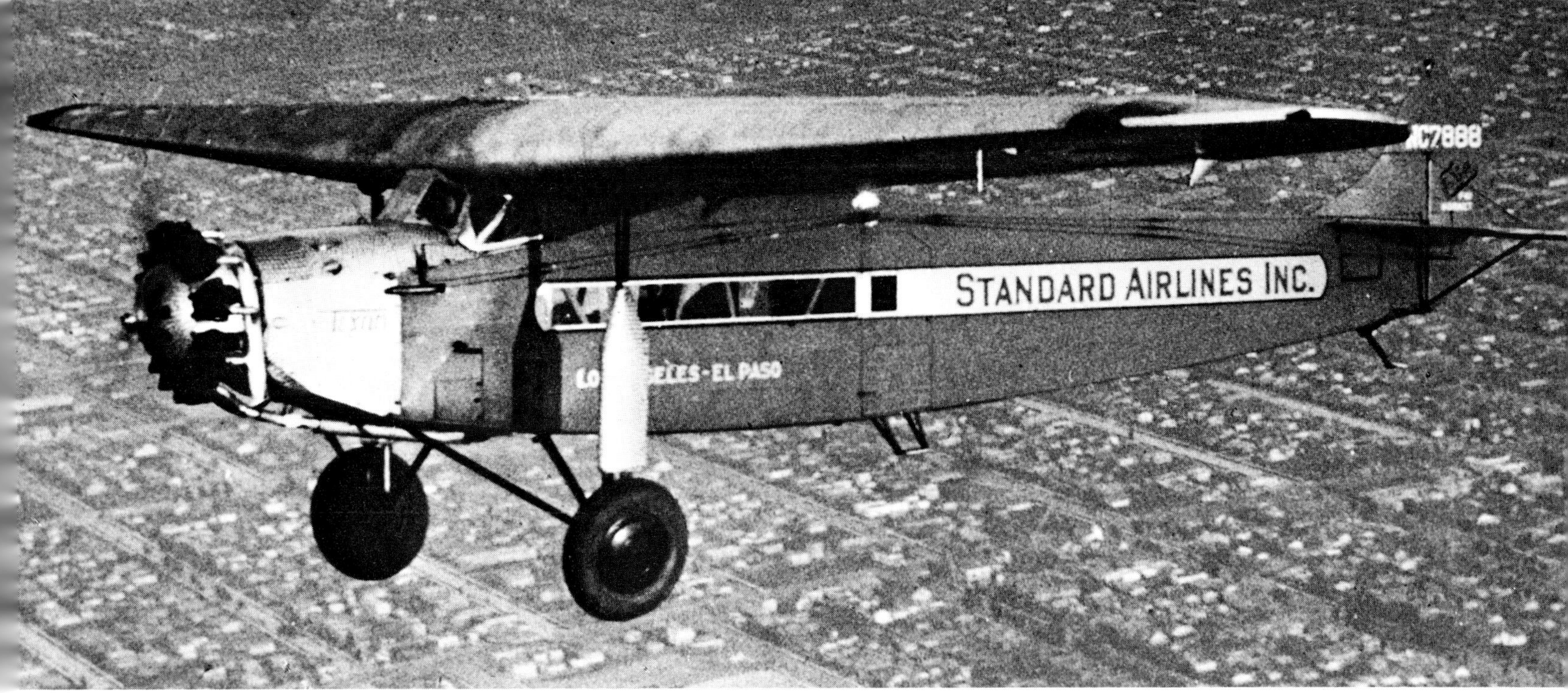

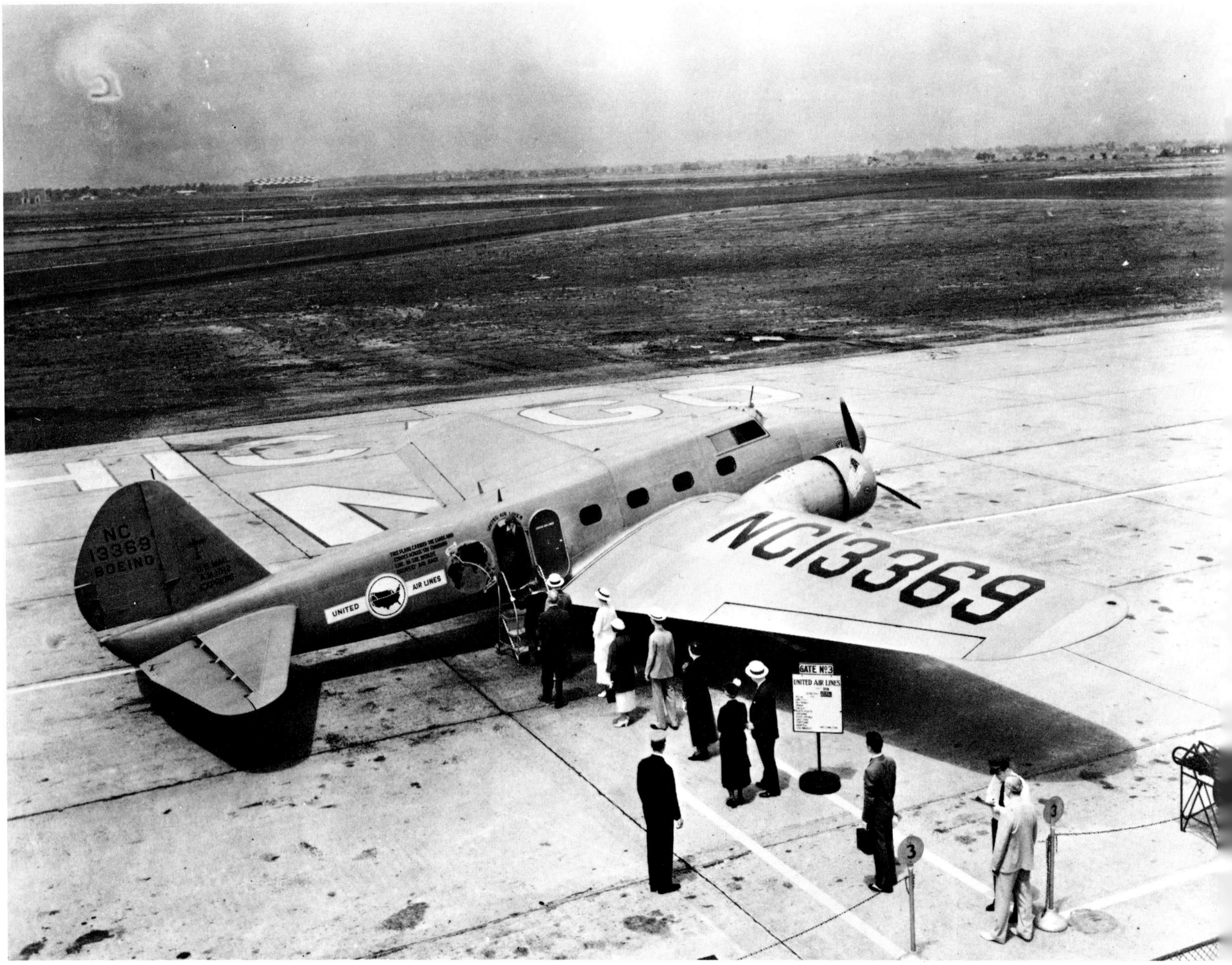

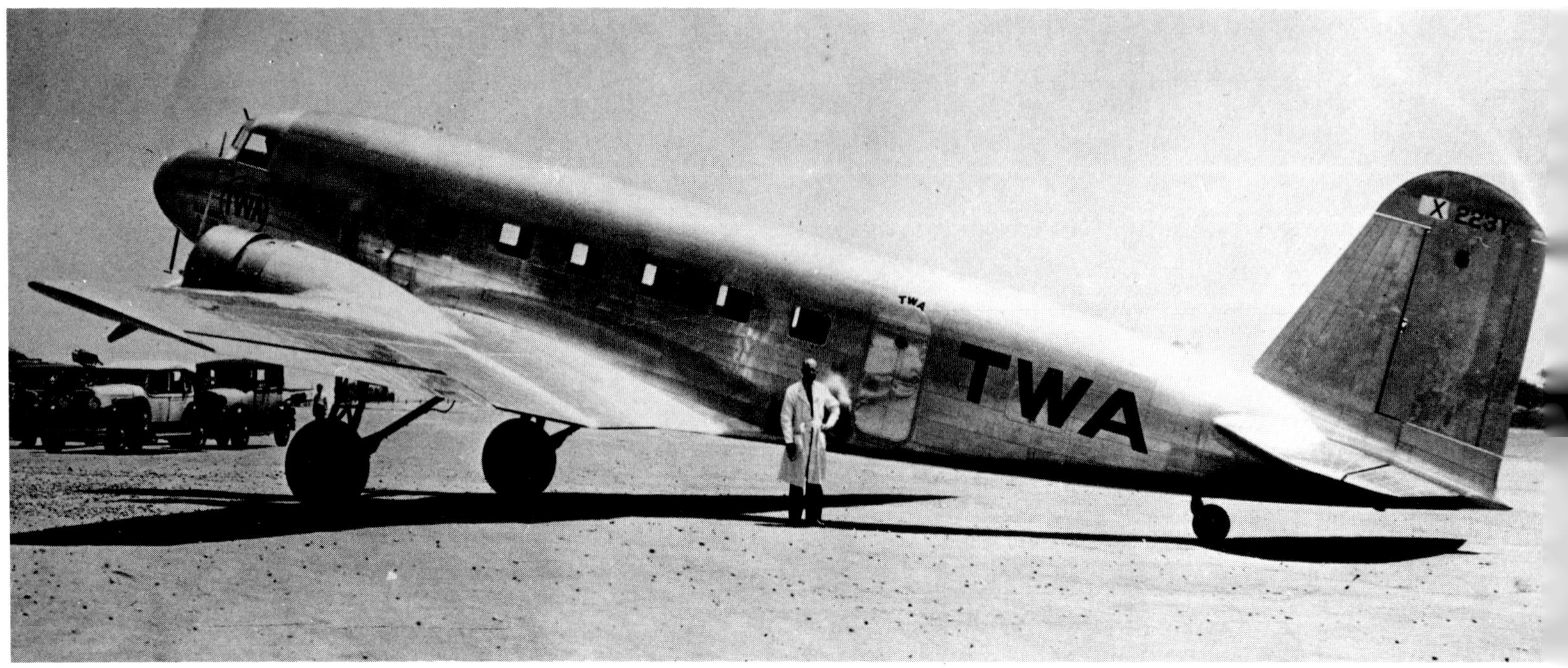
TWA
TWA

Boeing did not want to sell its 247 model (above) to TWA, so the airline commissioned Douglas to build a competitive plane — which was to be the DC-1. This photograph was taken in Chicago, as indicated by the large letters painted on the apron. This particular Boeing 247, NCI3369, has been preserved in the Smithsonian Institute in Washington, D.C.

The Douglas DC-1, photographed shortly before its first flight on 1 July 1933. Contrast the styling of the automobiles of the era, at left, with that of the airplane. Only one example of this model was built.

a "barnstormer", one of the daredevils who made a living by flying from town to town putting on wild aerial exhibitions, after which they took up a collection by passing the hat.

"Sir, sir", said the dazzled young Frye, *"take me with you. I will keep your plane clean, and you can teach me how to fly!"*

"You are too young. Wait until you are eighteen" said the pilot as he took off with a friendly wave of his hand.

The Ex-Cowboy Foams With Rage

Five years later Frye traded his horse for flying lessons. After a brief and eventful career, the ex-cowboy found some partners and financial backing, and they started TWA, which secured the sacrosanct route from New York to Los Angeles by way of Pittsburgh, Kansas City, and Phoenix.

Frye did not ponder the problem for very long. He took his feet off his desk, put out his cigar, and decided to go to Seattle as quickly as possible — by flying his personal plane there, dressed in his business suit and hat.

"May I purchase several 247s?" he asked the director of sales at Boeing.

"Sorry, United Airlines has already ordered sixty...."

United Airlines was the direct competitor of Frye's TWA, flying almost the same route — New York to San Francisco — but further north, by way of Cleveland, Chicago and Denver. The two were literally fighting over passengers. They sent them handbills, they asked them to give names of prospective clients, they employed touts in hotels across the country, paying them a commission for selling tickets.

"How long will I have to wait?" asked Frye. The Boeing director made an evasive gesture and smiled, a little sardonically.

"There is a chance it will be quite a while.... The 247 will not be flying for several months yet, and we are going to set aside the first sixty for United Airlines. Put your name on the list, and wait!"

Frye got the message. He was mad with rage. On the return journey he began to fight back, literally, while piloting his plane. He examined all the possible solutions to the problem. With the 247, United was sure to capture the passengers, and there was not another plane as modern on the market.

But Frye was a Texan and a cowboy as well. For him, the correct route was not necessarily the shortest route. He came up with only one solution — it would be necessary to build, especially for TWA, another airplane, just as modern . . . no, more modern than the 247... and as quickly as possible.

Frye landed at night at Kansas City. On a writing pad attached to his knee he had scribbled several notes. When the propellors stopped, he walked the short distance to his office.

Without a doubt his solution was difficult, even more difficult than it seemed. Frye's project would need large investments of capital, and America was undergoing a depression — the worst in its history. Automobiles were not selling. Factories were closing down. Long lines of unemployed were seen at the public soup kitchens. The moment seemed poorly chosen. But the directors of TWA had nothing to worry about. The banks had faith in the speed and the development of aviation.

I See 12 Seats And Extra Comfort

Frye had his idea. He addressed a questionnaire to sixty of his company's pilots so that they could express their ideas for the new airplane. The results showed that they preferred a low-winged, all-metal monoplane fitted with retractable landing gear. Oddly enough, the majority of the pilots favored a trimotor which, they thought, offered more safety in the eyes of the public. They wished for a cruising speed of between 230 and 280 km/h (145 and 175 mph). The mechanics, for their part, wanted engines that could be installed with all their fittings — wires, hoses, controls, etc. — in just a few hours. They also suggested many precise details — for example the simple changing of a wheel — that could save them many hours of labor.

The company then polled approximately thirty passengers, chosen at random, as to what improvements they desired for their comfort. Their complaints, in order, consisted of: the loud noise of the engines, which made conversation impossible; poor ventilation, with the lack of fresh air provoking airsickness; they all wanted to allow passengers to use tobacco, despite the law forbidding smoking on airplanes; and, finally, they endorsed the serving of a light meal and drinks during flight because, they said, the altitude whetted the appetite.

After having received, tallied, and categorized all these suggestions, Frye extracted the following proposed specifications for his project: The plane should have a total weight of about 6 ½ tons, with a payload capacity of about one ton. It should have a maximum speed of 300 km/h (185 mph), with a cruising speed of 235 km/h (145 mph). Its landing speed should be in the range of 100-105 km/h (62-65 mph), its range about 1,750 km (just over 1,000 mi), and it should fly at an altitude of at least 6400 m (21,000 ft). Finally, this airplane, equipped if possible with Pratt and Whitney "Wasp" engines producing 550 horsepower (the same as used on the Boeing 247), should be capable of carrying, in addition to the two pilots, twelve passengers in excellent, comfortable conditions. In addition, the plane was to be equipped with the latest equipment for both daylight and night navigation.

Donald Douglas' Historic Sleepless Night

On 5 May 1932, at eight o'clock in the morning, Donald Douglas received this letter at his aircraft factory in Santa Monica, California:

"Dear Mr. Douglas:

TWA is prepared to purchase at least ten examples of a trimotor commercial airplane of a new type, whose specifications are enclosed with this letter.

Would you be so kind as to inform me if your company is interested by this offer. If you are, can you tell us how much time would be required to build a prototype....

P.S.: Consider this letter confidential, and return the specifications to us if you are not interested."

One can appreciate the direct tone and the absence of all "bla-bla-bla" in this letter. That was Frye's style.

Five other aircraft manufacturers received an identical letter that same day. They were Curtiss-Wright, in St. Louis; Ford, in Detroit; Glenn Martin, in Baltimore; Consolidated, in San Diego; and General Aviation, in Los Angeles. Like Douglas, all of them were existing only on hope. This letter caused them to have an awful case of conscience.

For his part, Donald Douglas remembered it precisely, and later would call it "the birth certificate of the DC-3". In the meantime he nervously toyed with the scrap of paper. All that day, he did not mention the letter to anyone, and went home that night as usual. For part of the night he thought about it. He knew that with the depression he could not count on orders from the military. He also realized that it was a chance to build the best commercial airplane, and to take a leadership position in the air transport business.

The financial risk still had to be studied.

At two o'clock in the morning he made his decision. The answer would be yes.

The next day, at eight o'clock in the morning, he called a meeting of his engineers. He read Frye's letter, and then the specifications for the requested airplane, to them. Discussion of the proposal was punctuated by astonished looks and whistles through their teeth. But the astonishment soon gave way to enthusiasm. In the electrifying atmosphere they set to work. The meeting did not break up until four o'clock the next morning.

That same evening, Douglas dictated to his secretary his response to Frye. It was as laconic as the original inquiry had been — this was the way the giants communicated:

"We are interested. We will submit a proposal to you. When will our engineers be able to come and discuss it with you?"

He Designed His First Bomber At 29

Donald W. Douglas, Don to his friends, was born in Brooklyn in 1892. He was the son of a bank cashier. At the age of seventeen, Donald had the opportunity to see the Wright brothers fly. They were, by themselves, and during their era, responsible for hatching innumerable careers in aviation. During their French tour, in 1907, they did more for aviation than all the recruitment posters imaginable.

In short, Donald also succumbed to the flying enchantment of the Wrights, and he vowed that he would learn to fly. Meanwhile, on the advice of his father, who loved the sea, he entered the Naval Academy at Annapolis. In the first biographies of Douglas it was stated that he had to resign from the Academy because of an airplane accident . . . on a small scale. He launched a model airplane from a dormitory window. After making several graceful loops it crashed — into the fat belly of an admiral! The story is too good not to be true. It should be preserved.

The young Douglas then entered the famous Massachusetts Institute of Technology, producer of many great engineers. After that, he had no problems getting a job in the aircraft industry, with Glenn Martin. While working there, in 1919 at the age of twenty-seven, he designed the first authentically American bomber, the NB-2. It was with this plane that General Mitchell proved the validity of his claims. Twice in three trials he bombed and sank the target warships, under the disbelieving observation of the Navy. This classic episode in American aviation history was itself the subject of a movie.

The Small Douglas Airplanes Make A Tour Of The World

1920 found the young Donald in Los Angeles. He was living in the small house of a hairdresser, on Pico Boulevard, and in the evening cultivated his small potato garden to feed his wife, two children and dog. He looked everywhere for an opportunity to start his own aircraft manufacturing company, but he only had $600 saved up. One day, while talking about it, he encountered an old friend who had become a journalist. This friend had a friend, a mustached young millionaire named David R. Davies who wore a pince-nez and always looked as if he had just stepped out of a bandbox. Davies wanted to break a flying record. Which record? It didn't matter — nor did the fact that he didn't know how to fly!

Donald Douglas proposed to build an airplane to make the first non-stop flight across the United States, from Los Angeles to Long Island, some 4,300 km (2,700 mi). The agreement was made. The plane was named Cloudster. It was built in two stages. Initial fabrication of components took place in a mill, and as each piece was finished it was lowered out the window, loaded on a truck, and hauled to an old dirigible hangar. There the final assembly of the aircraft took place.

On 27 June 1921, Davies took off in the Cloudster, which was piloted by Springer, a friend of Donald's and a test pilot for Glenn Martin's company. At first all went marvelously well, and it seemed that the two men had a good chance to set the record. Then their Liberty engine suffered a breakdown at El Paso, Texas. They did not have enough time to make another attempt to set the record. Two military pilots, Kelly and Macready, beat them to the record, flying from Long Island to San Diego in 26 hours 50 minutes in a Fokker T-2.

The Cloudster was sold and modified, and became an excellent commercial aircraft, carrying twelve passengers. Donald obtained from Washington a contract for a torpedo seaplane, the DT. He established his works in a former movie studio on Wilshire Boulevard (a street that runs for 80 km or 50 mi) in Santa Monica. Behind the building was a hayfield. It would serve as an airfield. Then he built, for the Army, the DWC (Douglas World Cruiser) which established him as one of the best aircraft constructors of the day. The DWC was a strong biplane which could be easily modified into a seaplane by means of a simple attachment of pontoons. In 1924, the Army wanted to demonstrate the superiority of aviation as a means of communication and transportation in all latitudes. So four DWCs were sent on a circumnavigation of the globe, the first ever realized. The enterprise was a complete success, the aviators covered 49,560 km (30,775 mi) in 175 days, instead of the six months by classical means of transportation. From that point on the Douglas name was famous.

A Millionaire And His Valet

That same year, Donald presented his entry, the D-2, in the competition for an important market — military observation planes. He stuck a piece of paper on his office door with these words on it: "As for the D-2, everyone here gave their all. If we fail in this contest, I alone am responsible." Douglas captured the market, and the D-2 became the young firm's "bread and butter" for almost ten years. 750 of the D-2 were built, and some were sold to China. In 1929, Douglas designed one of his most interesting aircraft, the Dolphin. It was a small amphibious bimotor which could carry eight passengers at an average speed of 225 km/h (140 mph). This was one of the few products for which Donald created publicity, spending $40,000 for advertising in the newspapers. But the Dolphin was made for millionaires, and in 1930 these were not very common. Donald only sold two, with great difficulty — one to a radio program producer and the other to a company operating between the California mainland and Catalina Island.

The works lost all hope of recovering the capital invested in the Dolphin when a miracle arrived, in the form of a long black Cadillac out of which stepped a chauffeur, a valet, a pilot, and a nattily dressed Frenchman. He was Henry Esders, and he was a real millionaire. He made his way toward Donald and handed him a scrapbook in which he had collected all the press clippings and publicity published on the Dolphin. Smelling strongly of cologne [5] and making a big fuss over Douglas, Esders made it known that he wished to immediately purchase a Dolphin. The firm's managers did not know which way to turn. But when they saw the check for $57,000, payable to cash, they became extremely friendly. Also, Esders ordered a special Dolphin, to be equipped with a bar. This plane would be shipped across the Atlantic lashed to the deck of the Ile de France. The French industrialist (manufacturer of men's clothing) used his amphibious airplane primarily for trips between Paris and Deauville, where he owned an immense villa on the seacoast. The Dolphin would land on the water, the wheels would come out, and the plane would taxi up the beach to the villa.

This sale brought good luck to Douglas, and he sold eight more of the planes in 1934. Two of them went to Vanderbilt millionaires and one — this was a real victory — was bought by his rival, William E. Boeing, in person. Finally, the U.S. Army acquired 28; the Coast Guard 13; and the Navy 10.

An Inspired Landing Gear

In looking back, what is striking about Douglas and his success was his talent as a businessman which was at least as important as his talent as an engineer. He proved this by causing a respectable number of his competitors to go out of business.

Besides technology, in the early years of production — until the arrival of Frye's project in 1932 — carefulness was the rule. No risks were taken, and Douglas was content to build traditional airplanes which had the best chances of pleasing his military customers.

With the DC-1, which put the project into concrete form, the prudent Douglas took a certain risk. It was a very large financial gamble, for the capital invested would not be regained until the seventy-fifth example had been built and sold, and a moral risk, for a plane so complex and sophisticated could turn out to be a total fiasco, a failure, unable to be sold. This was considered more than a hundred times.

However, Donald Douglas knew that he had gathered around himself an excellent team of young engineers, and would not hesitate to call on the most knowledgeable and renowned experts of the period.

For four days and four nights chief engineer Dutch Kindelberger, his assistant Art Raymond, a team of engineers, and general manager Harry Wetzel burned the midnight oil working on the project.

Kindelberger said immediately that he wanted to forget the idea of a trimotor. After seeing the elegant Boeing 247 bimotor, passengers would no longer be attracted by an airplane which resembled the outdated Fords or the Fokkers.

Art Raymond, in turn, extolled the wing designed by Jack Northrop, one of the most brilliant designers of the era. First of all, it used an all metal construction, but more importantly, a compartmented wing, which made it extremely strong. To demonstrate this, during the construction of the DC-1 an enormous "steam roller" crawled over a wing section placed on the ground. The wing did not bend.

This type of construction allowed the wing to be built in three parts. One part would be integral with the fuselage and would support the engine nacelles; the other two parts would attach to the two stumps of the center part. The wing would not pass through the fuselage, and this would do a great deal to isolate engine vibrations.

A retractable landing gear allowed a 20 % increase in speed. This gear, hydraulically operated, was a masterpiece of simplicity and efficiency. The wheels did not disappear completely, but projected a little bit from their housing, allowing absent-minded pilots who forgot to lower their landing gear to make a belly landing without causing too much damage.

Wind tunnel tests on a model of the DC-1, performed at the California Institute of Technology. The model is suspended upside-down for technical reasons.

There was no standard test for wing strength, so someone thought of having a "steam-roller" drive over one. After this "test" proved to be successful, the photograph was released to the press.

5. We borrowed these details from a 1935 issue of the American magazine *Fortune*.

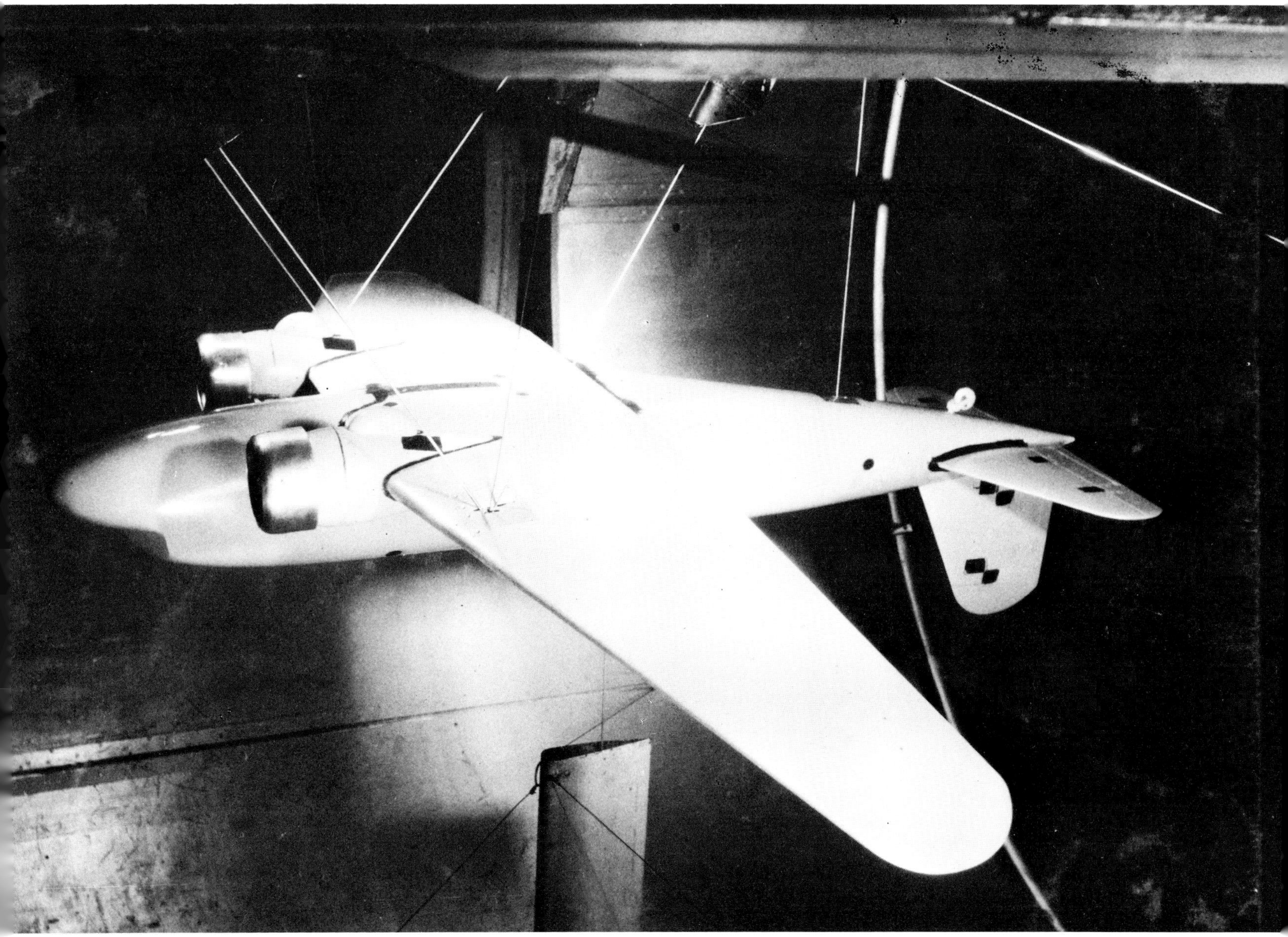

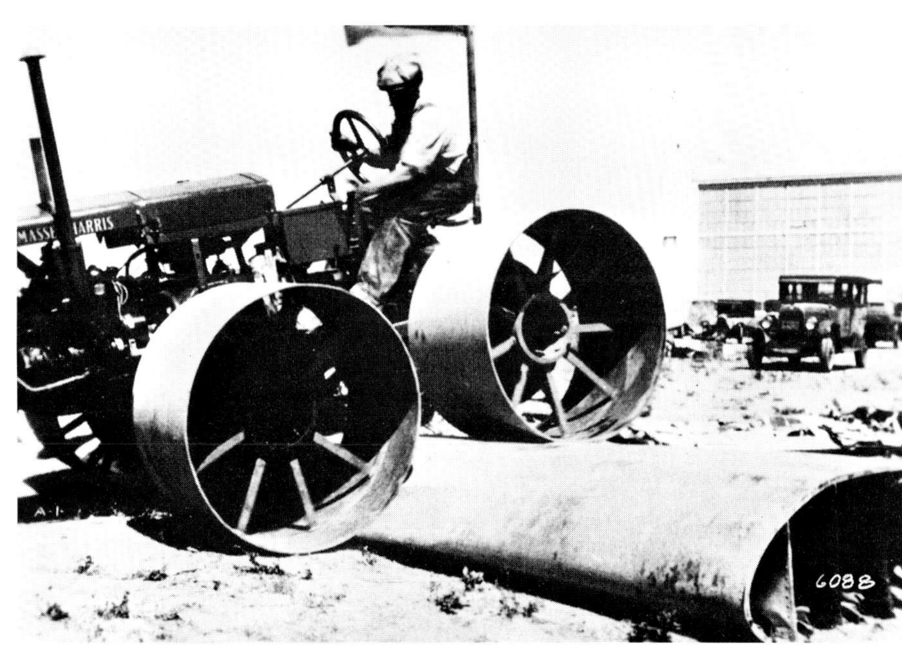
6088

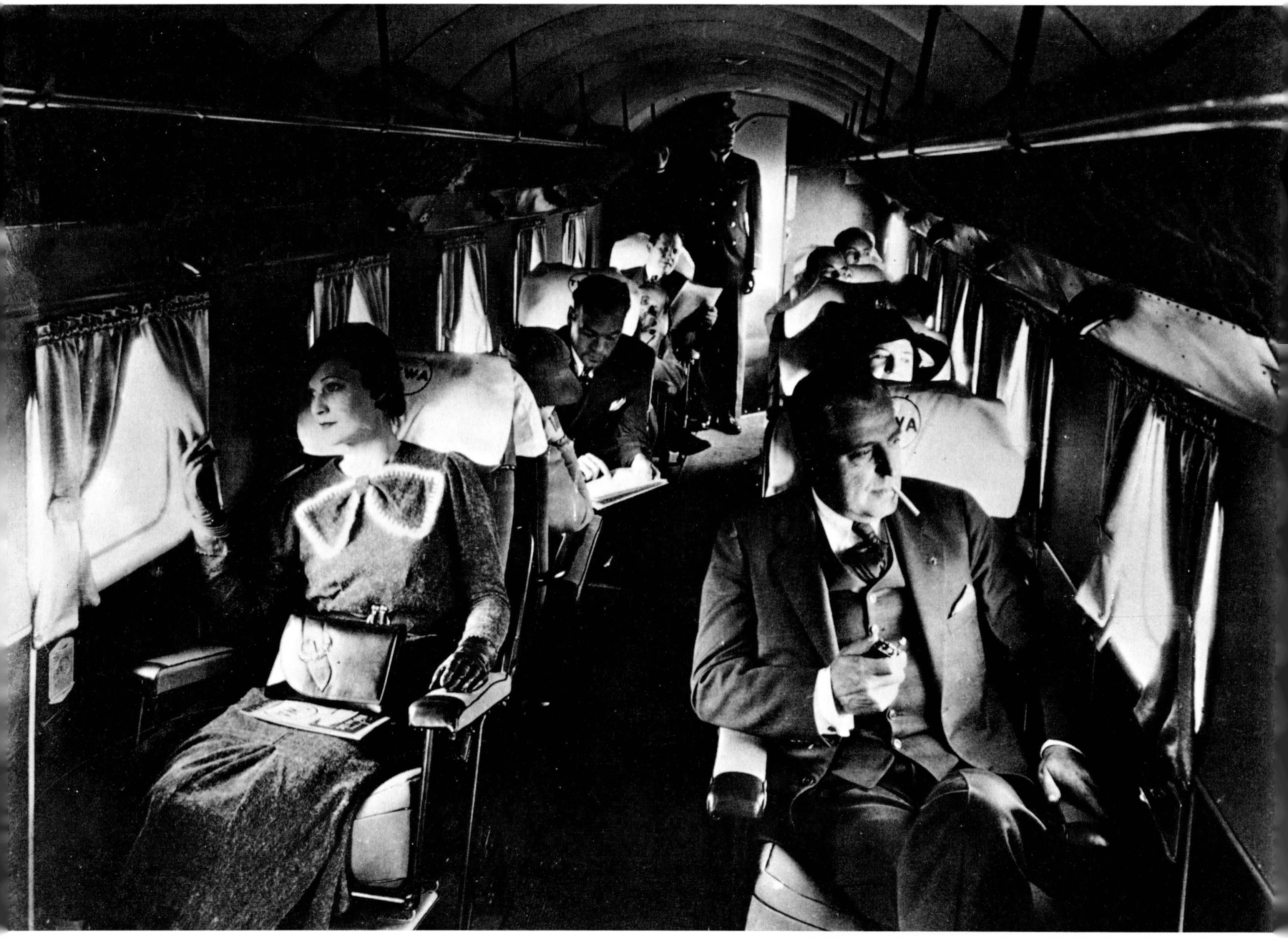

A mockup of the interior of the DC-1, used to test the layout.

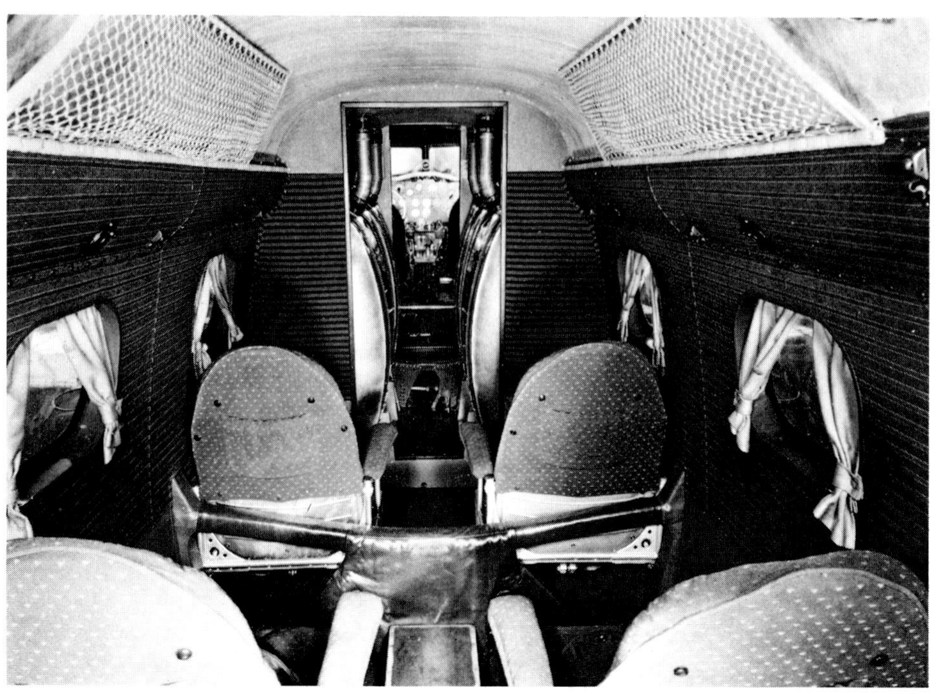

This photograph clearly shows the major drawback of the Boeing 247 — the support structure for the wings came through the cabin, forcing the passengers and the hostess to step over it when moving about. Also note the enormous fuel tanks located behind the cockpit, taking up space that could have been used for seating. In the Douglas design, one of the innovations was locating the fuel tanks in the central part of the wing, between the engines.

Charles Lindbergh Is The Hardest To Please

Exactly five days after Donald Douglas' affirmative response to Frye, the engineer Art Raymond and the financial manager Harry Wetzel boarded the Santa Fe express train on their way to make a presentation at TWA's headquarters in New York.

"We had to act very quickly", recalled Donald Douglas, *"for our competitors Glenn Martin and Consolidated were about to strike, and also, in all probability, Curtiss-Wright, Ford, and Fokker. In this business, when it is learned that someone is about to invest in a new airplane, everybody comes out..."*.

Raymond and Wetzel went to their compartment with their enormous briefcases (there were no attaché cases yet) stuffed with bundles of plans, slide-rules, logarithmic tables, etc. After ordering coffee from the porter, they took off their ties, rolled up their sleeves, and went to work on their calculations — working on numerous details which there had not been time for previously.

When they entered the vast office of the President of TWA, Richard Robbins, on the thirtieth floor of a Manhattan skyscraper, there was Frye, of course, but of the five or six other executives they met there, the two men were surprised to meet Charles Lindbergh in person. It had been just five years since he had become a hero with his famous trans-Atlantic flight.

Lindbergh, whose nickname was Slim, was a technical advisor to TWA. In addition, on the company's planes was written the motto "Lindbergh Line".

Everybody took his place around the table. Out came the slide-rules and the caps came off the fountain pens.

"Let us see a little bit of this project!" said the president.

For ten days this scene was repeated for five or six hours every day. In the evening, at six o'clock (because of the time differential it was only three o'clock in California), back in his hotel room, Raymond telephoned his boss in Santa Monica and gave him an account for the day. Frye was enthusiastic about the project, but the toughest was Charles Lindbergh. He demanded a draconian clause for the specifications of the new plane — it had to be capable of taking off fully loaded with only one engine operating and then climb to an altitude of 2,500 m (8,200 ft).

Donald Douglas recalled: *"One night Raymond called me and told me that Lindbergh had looked him right in the eyes and told him 'if your plane is not capable of this performance, we will select another constructor!' Confidentially, Raymond told me that this requirement was keeping him awake at night."* On paper, the plane could, theoretically, take off with one engine cut off, but in reality, nothing was certain. *"I spoke about it with chief engineer Kindelberger,"* said Douglas, *"and he answered me: 'Boss, the best way to find out is to try it!'"*

In the end, the ideas of the team of Kindelberger, Raymond, Burton, Herman, Stineman, Strompl, and Shogran were adopted. The plane would be a bimotor.

The Engine War

The contract was signed on 20 September 1932. TWA agreed to pay $125,000 for the prototype. If the cost was greater than this, the builder would pay the difference. TWA took an option for sixty additional planes, at $58,000 each, without engines. Both parties were enjoined to strict secrecy. But there was a leak anyway, and several days after the contract was signed the value of Douglas stock jumped from $7.12 to $16.00. It was clear that, despite the depression, banks were believers in the future of commercial aviation.

Construction of the DC-1 (Douglas Commercial Nº 1) began in an atmosphere of faith and enthusiasm that is hard to imagine today.

In the engineering drafting room there was hung a large cut-away drawing of the rival plane, the Boeing 247. Under it was the motto: *"Don't copy it, improve on it!"* [6]

The choice of engines had not been made. Two radial engines, both air-cooled, competed for the honor of powering the DC-1: The Wright "Cyclone" and the Pratt and Whitney "Hornet". They both furnished about the same power, 700 hp. The Pratt was a fourteen-cylinder, completely new, while the Wright was a nine-cylinder, developed from a long line stretching back to the 1920s. Naturally, each company

6. Douglas J. Ingells *The Plane That Changed The World.*

wanted to capture this market. They both sent engineers to Santa Monica to work with the Douglas engineers responsible for the project.

At the factory each was assigned an office, separated from the other by a corridor. A white line was even painted on the floor to mark the limits of each company's territory. The contest between them was fierce. They mutually accused each other of spying, and glared at each other when they met. With their overalls carrying, in large letters, either "Wright" or "Pratt and Whitney", the Douglas personnel compared them to two rival football teams.

In fact, Douglas decided very quickly to use the Wright "Cyclone" engine, which was as good as its rival but 30 % less expensive because of its older and longer development. Pratt and Whitney would get in on the action a little later, with the C-47 military version of the DC-3.

A Very Strange Cabin

The plane benefitted from the latest discoveries in aeronautics — what was the best, the most advanced, the most acute. Donald Douglas went to the most brilliant experts: to Northrop, the designer of the Alpha and Gamma monoplanes, all metal speedsters with revolutionary wing shapes; to Dr. Klein of the California Institute of Technology; to the physicist Oswald, who fainted one day from lack of oxygen during a test flight of a DC-3 at 4,500 m (14,750 ft); to Dr. Killian; to Dr. Zand, acoustical expert (already!) and eternal hunter of decibels.

The plane underwent all the tests possible and imaginable. 200 hours (in the form of a 1:11 scale model) in the wind tunnel; 500 static and aerodynamic tests, such as hanging bags of sand on the ailerons to determine how much stress they could stand. Without a doubt all of this improved the plane's efficiency. The results proved it! But the most interesting test, the one the most unusual for the era, was the research dedicated to the layout of the interior. For this, a full-size mockup was built in a hangar. The personnel at the factory nicknamed it "the fun house" [7] because strange things went on inside: One might see men going in carrying mannequins in pilot's uniforms, coming back out an hour or two later with a seat or rolls of rough sketches.

7. Douglas J. Ingells *The Plane That Changed The World.*

This technique allowed the study of the smallest details of the cockpit and the passenger's cabin.

For example, in the pilot's compartment, all the controls — gauges, levers, buttons, cables, etc. — were represented. They recognized that the cramped cockpit of the Dakota, located at the very tip of the nose, required extensive testing for efficiency. The layout was tested first with mannequins and then with humans.

Thus, once the central console, carrying the throttle levers, was in place, it was noticed that the pilots could not get into their seats without possibly damaging them. To make it easier for them to get in place, small armrests were designed that folded to the side, out of the way. Likewise, the folding seat for the flight mechanic retracted into a compartment.

As for the passengers, studies were made of scores of seats, cushions, headrests, ashtrays, luggage racks, curtains, toilets, etc. Tests were made on all possible combinations and layouts — seats facing backwards, compartments similar to those used on trains, etc.

It's Too Big, It Won't Fly...

The future proprietors, the pilots of TWA, paid regular visits to the mockup, taking a seat at the controls, having a call button added here, a cupboard for their clothes there, or some controls added which they judged necessary. Under the worried eyes of the engineers, the plane began to gain weight — more than half a ton. Donald Douglas mentioned this to Art Raymond, who had become chief engineer. *"Don't worry about it, boss,"* he replied, *"I have foreseen that the new variable pitch propellors* [8] *are going to give us even better performance!"*

At the end of the month of June 1933 the plane was brought out of the hangar for the first time. It had taken scarcely nine months to build it. Its rival, the Boeing 247, had flown for the first time on February of the same year. The difference was overwhelming. But the five months had not been wasted — the

8. Engineer Frank Collbohm contributed the Hamilton Standard variable-pitch propellor to the design. This system was somewhat comparable to changing gears in an automobile. It allowed the engines to run at their most efficient speed whether the plane was taking off, climbing, or in level flight.

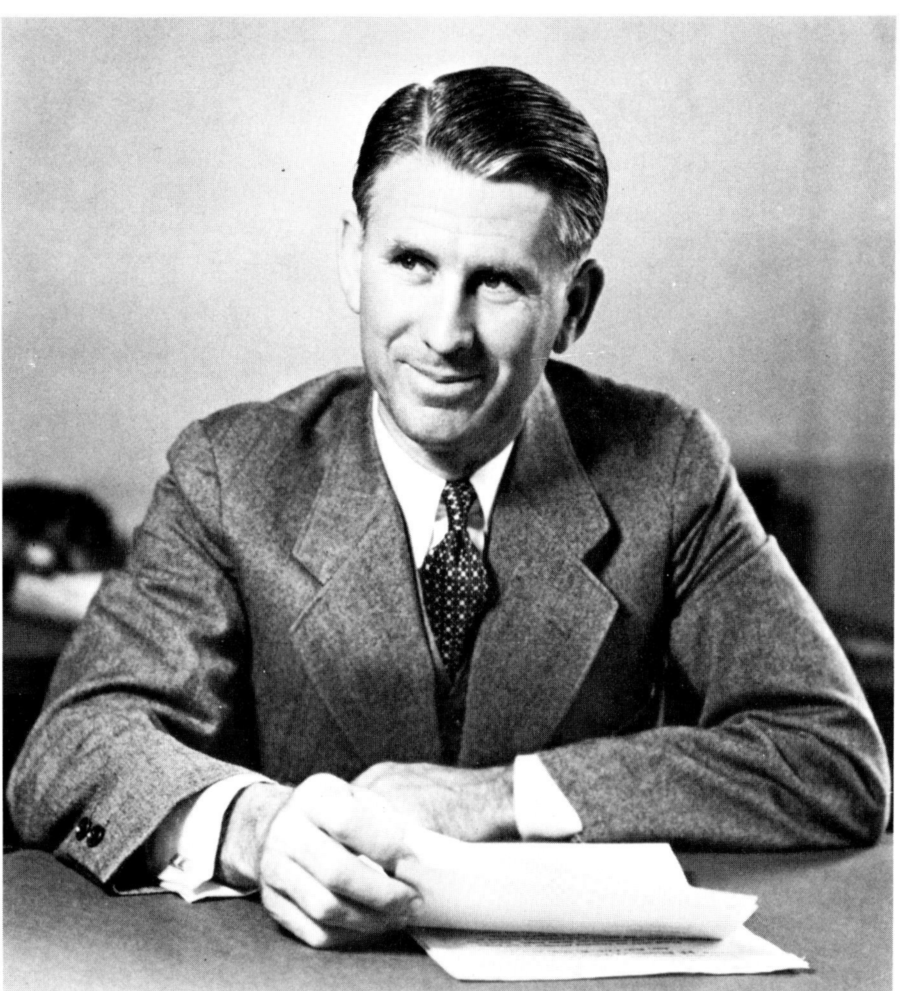

Chief test pilot Carl Cover, who successfully saved the prototype DC-1 when it suffered a malfunction on its first flight, 1 July 1933.

DC-1 was much more modern than the 247. It was much larger, 18.28 m (60 ft) long [9] as compared to 15.50 m (51 ft) for the Boeing; it weighed almost two-and-a-half tons more; it could only carry two more passengers, but its payload was 1,588 kg (3,500 lb) compared with 1,040 kg (2,300 lb) for the Boeing 247. Its cabin was comfortable and spacious, furnished with the latest refinements. There was a lavatory with washbasin and cupboards. The passengers could walk in the aisle. When in their seats there was plenty of leg room. They had curtains, individual vents and lights, and nets to hold their coats. This cabin had nothing in common with the narrow, confined passageway of the Boeing, its width bisected by an enormous wing support which forced the hostess to step high, while ducking her head, each time she brought a drink to the passengers.

9. Nearly four times smaller than a Boeing 747....

Donald Douglas had built everything so well that the price had escalated to $307,000, two-and-a-half times the price agreed to by TWA. As agreed, he would, therefore, have to pay $182,000 from his own pocket.

The debt would not be amortized overnight.

The Douglas was enormous. A giant for that era, with its cockpit perched at the end of a long nose that pointed to the sky and its plump belly, it was, in tailors' terminology, a very ample cut — just the opposite of the Boeing 247's narrow body and too short sleeves! In the absence of metal presses — they would come later — the airplane had been built entirely by hand. The workers had taken the raw sheet metal and beaten it with mallets to give it the required shape. Under the bright Californian sunshine the bare metal gave the giant a slight silvery glow, a very nice effect.

One pilot, on first seeing it parked there, paused without a word. Then he shook his head and said, "It's too big... it won't fly!"

On The Edge Of Catastrophe

On Saturday, 1 July 1933, a gigantic aerial festival began at the Los Angeles airport. 60,000 people would attend it, the 13th National Air Races, with its famous contests of speed intermixed with acrobatic competition and parachute jumping. This year, the main attraction of the demonstrations, which lasted for a week, was to be the squadron of General Balbo, which had crossed the Atlantic with twenty-four seaplanes; and the arrival of the pilot Roscoe Turner, who was coming from setting a coast-to-coast speed record of 11 hours 40 minutes, with four stops for refueling, at the controls of a minuscule Wedell-Williams racer, hitched to an enormous engine. It was necessary to have a good hold on this beast at takeoff, otherwise it would flip on its side with no chance of recovery!

Another celebration, more discreet, took place the same day, several miles away, on the private airfield of the Douglas factory. A family reunion, one could almost call it, gathering together the 800 workers at the factory.

The pretext was the first flight of the DC-1.

A moment so awaited, so stirring, that Donald Douglas had scheduled it for the lunch hour, so that the entire work force could witness it. We will let Donald Douglas recount the eventful moment: [10]

"It was a bright, clear day and a slight breeze was blowing in off the ocean when I got down to the flight line.

'What do you think?' I asked Carl Cover, chief test pilot, who all morning had been taxiing the plane around the field, running last-minute checks.

'I think,' Carl said, in one of his rare nostalgic moments, *'She's born to fly and belongs up there with the angels!'* [11].

Then he, Fred Herman, and Frank Collbohm climbed aboard. Cover taxied the plane down to the far end of the runway at the east end of the field, gunned the motors for a minute, and came roaring back.

The DC-1 was airborne at exactly 12:36.

'Well, she's up!' I shouted to Raymond above the roar.

Half a minute later the port engine sputtered, then quit altogether. We saw the plane's nose dip sharply. Cover pulled her up a few hundred feet and I thought the remaining engine, by its sound, would tear itself loose. What happened was worse. All sound ceased. Both engines had quit!

This time the nose dropped at a steep angle. Then, suddenly, the engines came to life. But not for long. The sound stopped again. We thought the ship was doomed. For the next few minutes we saw a demonstration of great airmanship. Carl would gun the engines. With a roar the plane would climb briefly. Then the roar would die and the plane would drop a little. Cover repeated the maneuver a half-dozen times in a saw-toothed pattern, somehow always managing to gain a little altitude. It was like a man climbing a slippery hill — two steps up and slip one back. When he had finally clawed up to about 1,500 ft (450 m), Cover was able to execute an approach and got back into the field.

This was a day to remember!"

The reason for the failure was quickly discovered. Cover, while he was struggling with the controls, came to a quick understanding of what was happening (and this allowed him to save the plane): the carburetor floats for the Wright engines had been installed incorrectly, so each time the ship's nose was raised the engines became starved of fuel and shut off. A silly mistake, but because of the successful result, one which only added to the glory of the pilot.

10. *Flying*, September 1959.

11. In languages other than English, airplanes and ships are usually masculine, and Cover's words lose a great deal in the translation. The feminine terminology of the Anglo-Saxons is much more tender and affectionate.

The Prototype Wriggles Like A Fish

Several days after Cover's dramatic test flight, while the mechanics were working on the DC-1 outside the hangar, a small plane appeared in the sky overhead.

At first nobody paid it any attention. But soon everybody was looking up, for the pilot of the plane began to give an extravagant exhibition of aerial acrobatics. The little red plane rolled on its back, and zigzagged a few feet above the Douglas. The engineers working on it were furious.

"That crazy fool," said one of them, "he's going to crash into the DC-1!" The little biplane regained altitude, performed several more tricks, then came back, cut off its engine, and made a dead-stick landing, passing a couple of yards over the tail of the DC-1 and stopping just a few feet from the hangar.

A very chilly reception awaited the pilot. But he was quickly recognized as Ernst Udet, German gymnastic champion and World War I ace. He had arrived the week before to participate in the National Air Races, which had just ended in Los Angeles. While in the neighborhood he had decided to pay a visit to Douglas, with his little biplane Flamingo. He had meant no harm with his aerial antics — he was just putting on a show for those on the ground — and had everything under control.

With that explanation, he was forgiven, and was invited to inspect the DC-1. He was very surprised by the plane, and judged it superior to the Junkers Ju 52. He promised to try and get the German airline Lufthansa to buy from Douglas. In fact, the Germans did take possession of several DC-2s, but they never bothered to pay for them.

Cover made another test flight on 7 July. Afterwards he commented that the plane wriggled in flight like a fish. This "fishtailing" would disappear, the

Test pilot Eddie Allen at the controls of the DC-1 prototype. The engines are 710 hp units made by Wright.

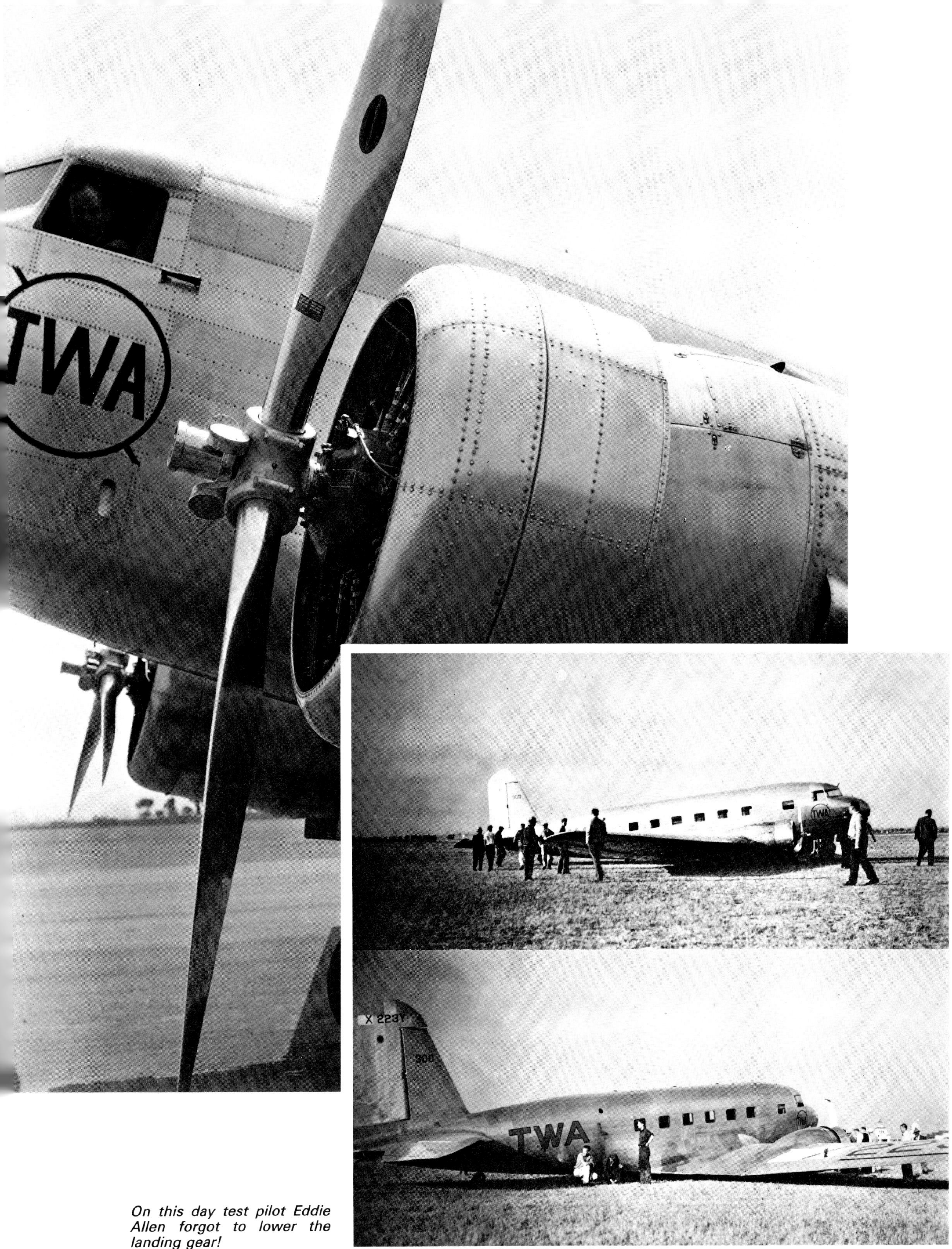

On this day test pilot Eddie Allen forgot to lower the landing gear!

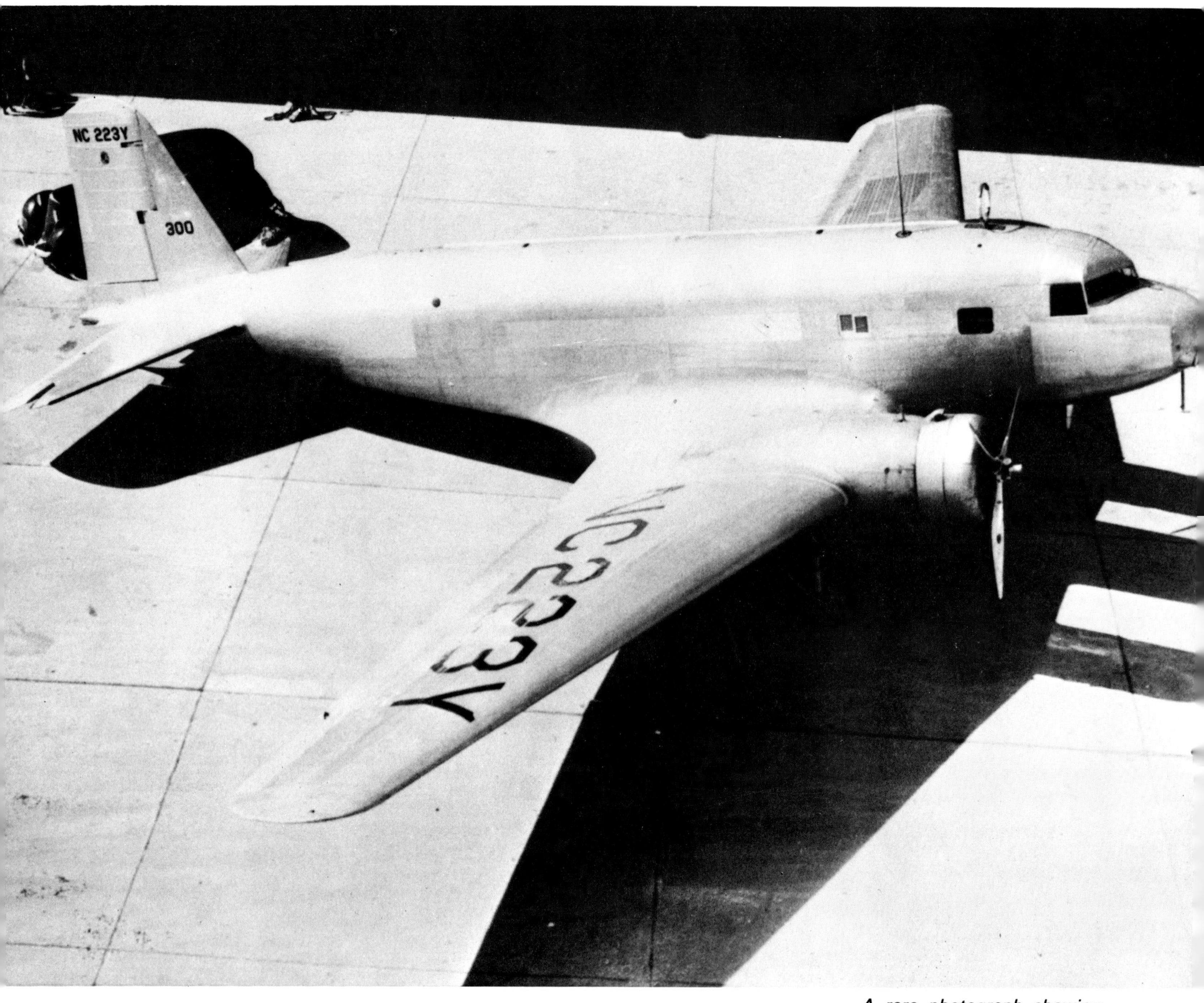

A rare photograph showing the DC-1 without side windows. The prototype was modified in 1935 for a flight from Oakland to Hawaii testing an automatic pilot system. The equipment fitted to the plane was guarded night and day by detectives. The device being tested was new and very sophisticated for the time.

engineers calculated, after some minor modifications to the rudder.

Test flights of the DC-1 continued. Carl Cover turned it over to test pilot Eddie Allen, who developed many test measures that were revolutionary at the time. Allen would be killed several years later while piloting the second prototype of the Boeing B-29 Superfortress.

Allen and Oswald took a 35 mm camera on board the DC-1 to film wing movements in various flight configurations.

But the excitement was not over. One day, as the result of a mix-up, Allen believed that the flight mechanic had lowered the landing gear. But the mechanic had given his place to Oswald, who did not know that he was supposed to lower the gear.

Allen, to his great surprise, made his landing — on the belly of the precious DC-1. Donald Douglas was not very happy. The accident proved, however, the strength of the airplane. Several days later, after the propellors had been replaced, the plane was flying again. Made over into a flying laboratory, the DC-1 was constantly at work, undergoing tests.

Embarrassing The Ford Trimotors

On 4 September 1933, at Winslow, Arizona, which was located 1,300 m (4,500 ft) above sea level, tests for operating the plane with only one engine functioning began. Eddie Allen was the pilot, Tommy Tomlinson the co-pilot, and Frank Collbohm the engineer went along to observe the flight. The weight of the plane was increased to eight tons, a little bit more than the maximum specified. They planned to proceed gradually, step-by-step, with the tests. They placed a marker about half-way down the runway, and decided to reduce power by about a quarter when that point was reached.

Donald Douglas recalled the telephone conversation he had with Collbohm after the test:

"*'The plane started down the runway,'* Collbohm said, *'and was a little slow picking up speed because of the heavy load. Allen poured on the coal. Feeling the wheel struts start to relax, I signaled to Tomlinson that I was beginning to raise the landing gear.*

'You know what that son-of-a-gun did?' Frank practically shouted over the phone. 'He reached up and cut the switch on the starboard engine!'"

The plane climbed normally to almost 2,500 m (8,000 ft) and flew all the way to Albuquerque, New Mexico, on only one engine. One of TWA's Ford Trimotors, on a scheduled flight, had taken off from Winslow before the DC-1, but the Douglas beat it to Albuquerque by fifteen minutes. [12]

No less exciting were the acoustical tests conducted by the young specialist, Stephen J. Zand. He spent hundreds of hours, on the ground and in the air, attempting to reduce the noise. He used rubber joints, thick cushions of kapok, special partitions, thick carpeting; he had the passengers seats mounted on silent blocks, and had the engine exhaust pipes moved to the bottom of the engine, where their racket would be smothered by the wings; etc. By these methods he succeeded in lowering the noise level from 98 to 72 decibels, which was quite an achievement. [13]

After the tests came the record setting. X223Y, this was the new registration number for the DC-1, brought five world records and nine American records to Douglas. The most spectacular took place in the month of April, 1935, when Tomlinson crossed the United States non-stop in 11 hours 5 minutes, bettering by thirty-five minutes the record that Roscoe Turner had established, as we have already seen, on his way to the National Air

---

12. The requirements for takeoff and flying with only one engine are very flexible. Performance depends on several parameters — weight of the plane, length and altitude of the runway, force and direction of the wind, etc. The requirements were so vague that after World War II the Americans established the following safety standard: length of ground run sufficient to clear an obstacle 15 m (50 ft) high. But this really didn't solve the problem, for there is a great difference between clearing the obstacle after a 2 km (1.25 mi) ground run plus 3 km (2mi) of painfully gaining altitude in flight over a level field, and clearing it immediately after a ground run of, for example, 500 m (1,640 ft).

Almost every DC-3 pilot recognized the fact that the plane had some difficulty holding level flight on only one engine with a full load.

Nevertheless, in its day the DC-3 was, without doubt, the only airplane in the world that could claim it was capable of taking off and flying without any problems with only one engine operating.

13. The Dakotas which are still flying today, carrying freight or for training, give no idea of what it was like to fly in one of the airlines' DC-2s or DC-3s during their heyday. They have been around a long time, and in the course of a long career they have lost all of the gadgets which rendered them less noisy. M. Badré, who evaluated the DC-2 for the French government in 1935, confirmed this for us.

Races on 1 July 1933, the day that the DC-1 flew for the first time.

The Glorious End Of The DC-1

What ever happened to the prototype, the DC-1?

Delivered officially to TWA on 13 September 1933, it transported a few passengers between Los Angeles, Winslow and Albuquerque. But it was used primarily, as we have seen, as a flying laboratory. In the spring of 1938 TWA sold it to the millionaire Howard Hughes, who was contemplating an attempt on the record for an around the world flight. Hughes had the plane fitted with supplementary gas tanks in the wings and fuselage, and added more powerful engines. This increased its range to 9,500 km (5,900 mi). But at the last minute the millionaire aviator changed his plans and bought a Lockheed 14 Super Electra, more expensive, smaller, but faster. This plane, named "The 1939 World's Fair", allowed him to circle the globe, some 23,850 km (14,810 mi) in 3 days, 8 minutes, 10 seconds — with only six stops for refueling. In 1938 Hughes sold the DC-1 to an English aristocrat, Viscount Forbes, who considered using it for a crossing of the Atlantic.

The plane finally got to England by ship and by barge.[14] Registered as G-AFIF, the plane was used for a few months by the Viscount for his personal trips. In October, 1938, the plane was sold to a French company looking for planes for the Republican faction in the Spanish Civil War. Sold to the Spaniards, registered as EC-AGJ, the Douglas was used by the LAPE company, belonging to the Republicans. At the time of the Nationalist advance, it was used, camouflaged and dirty, to evacuate the members of the government from Barcelona to Toulouse. At the end of the Spanish Civil War the French gave it back to the Spaniards, who registered it as EC-AAE, gave it the name "Negron", and used it on internal routes of the airline Saeta (later known as Iberia).

This airplane, the only one of its type in the world, took off for the last time from Malaga one day in December 1940. It was carrying mail and passengers to Tetuan.

Just as he had raised the wheels the pilot, Captain Rudolpho, had an engine fail. He wisely chose to immediately land the plane on the flat ground straight ahead of him, and the DC-1 skidded in the dust. The crew and the passengers were not hurt, but the plane, judged irreparable, was abandoned on the field. Its carcass, broiling under the sun, became a playground for children. Little-by-little, the peasants of the area came and cut from it — a piece here, another piece there — scraps of sheet metal to shape into tools or patch their boats.

One day the bishop of the local cathedral saw the need for a litter to carry the Virgin of Malaga during pilgrimages through the city. Pieces of aluminium from the DC-1 allowed the fabrication of a light but strong litter, which became a part of the treasury of the cathedral.

The words of her first pilot, Carl Cover, were prophetic: "She... belongs up there with the angels!"

(continued page 40)

14. Arthur Pearcy *DC-3: Forty Glorious Years.*

The end of the DC-1: the plane, flying under the colors of the Spanish company SAT (later Iberia), was named "Negron" in honor of a Nationalist pilot by that name who was killed in combat. It crashed on the Malaga plain in December 1940. There were no casualties.

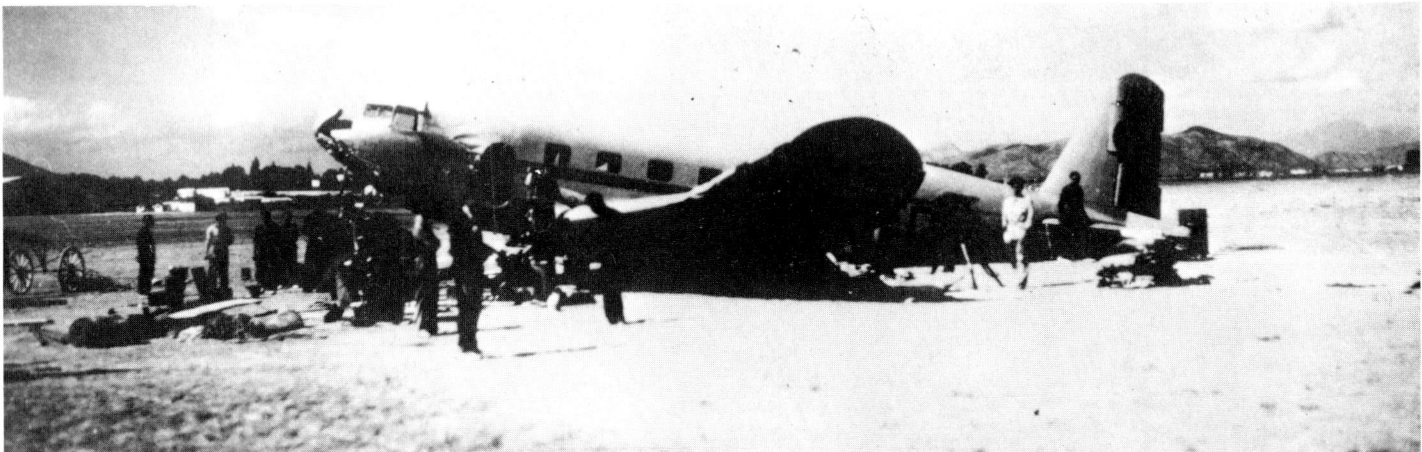

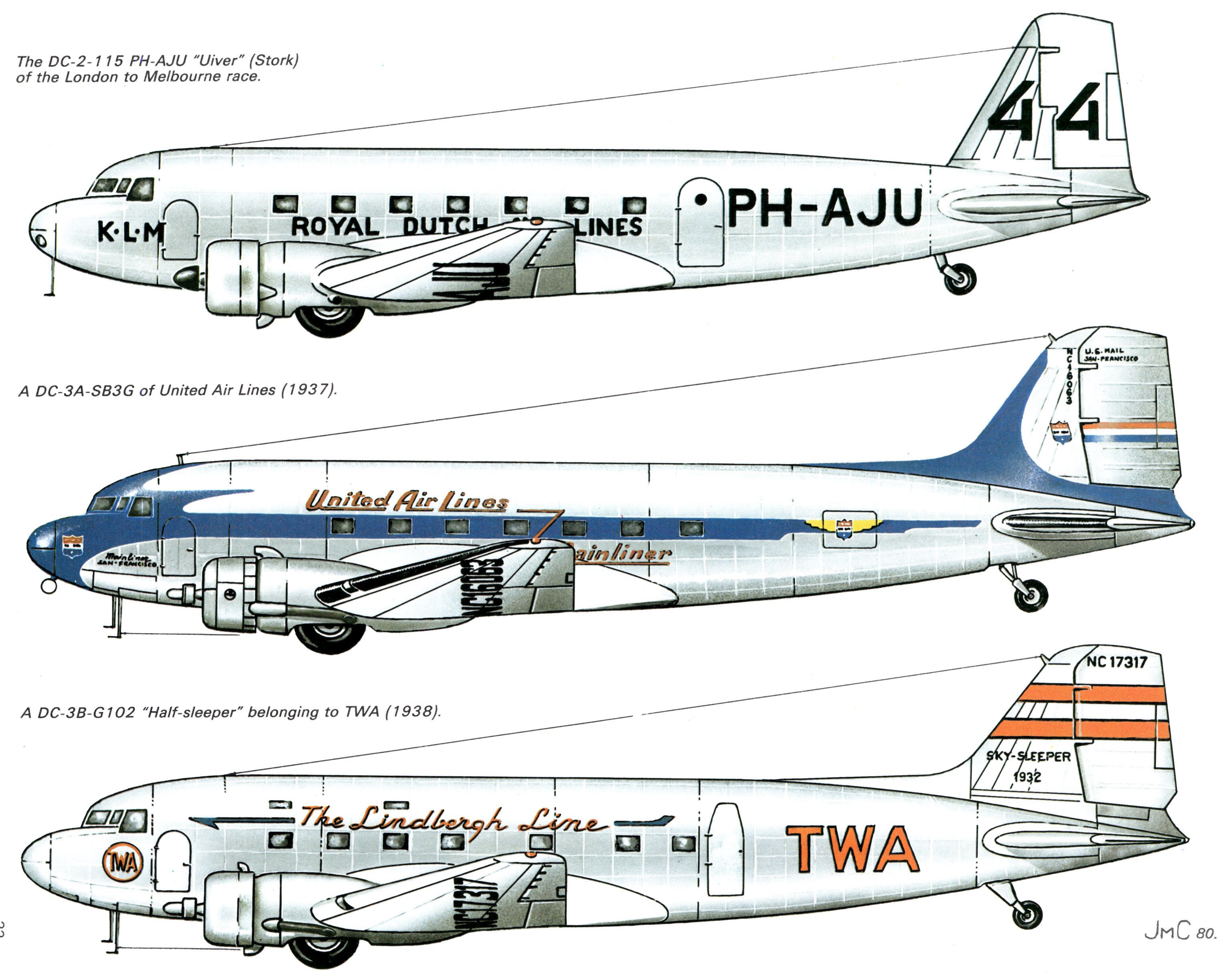

The DC-2-115 PH-AJU "Uiver" (Stork) of the London to Melbourne race.

A DC-3A-SB3G of United Air Lines (1937).

A DC-3B-G102 "Half-sleeper" belonging to TWA (1938).

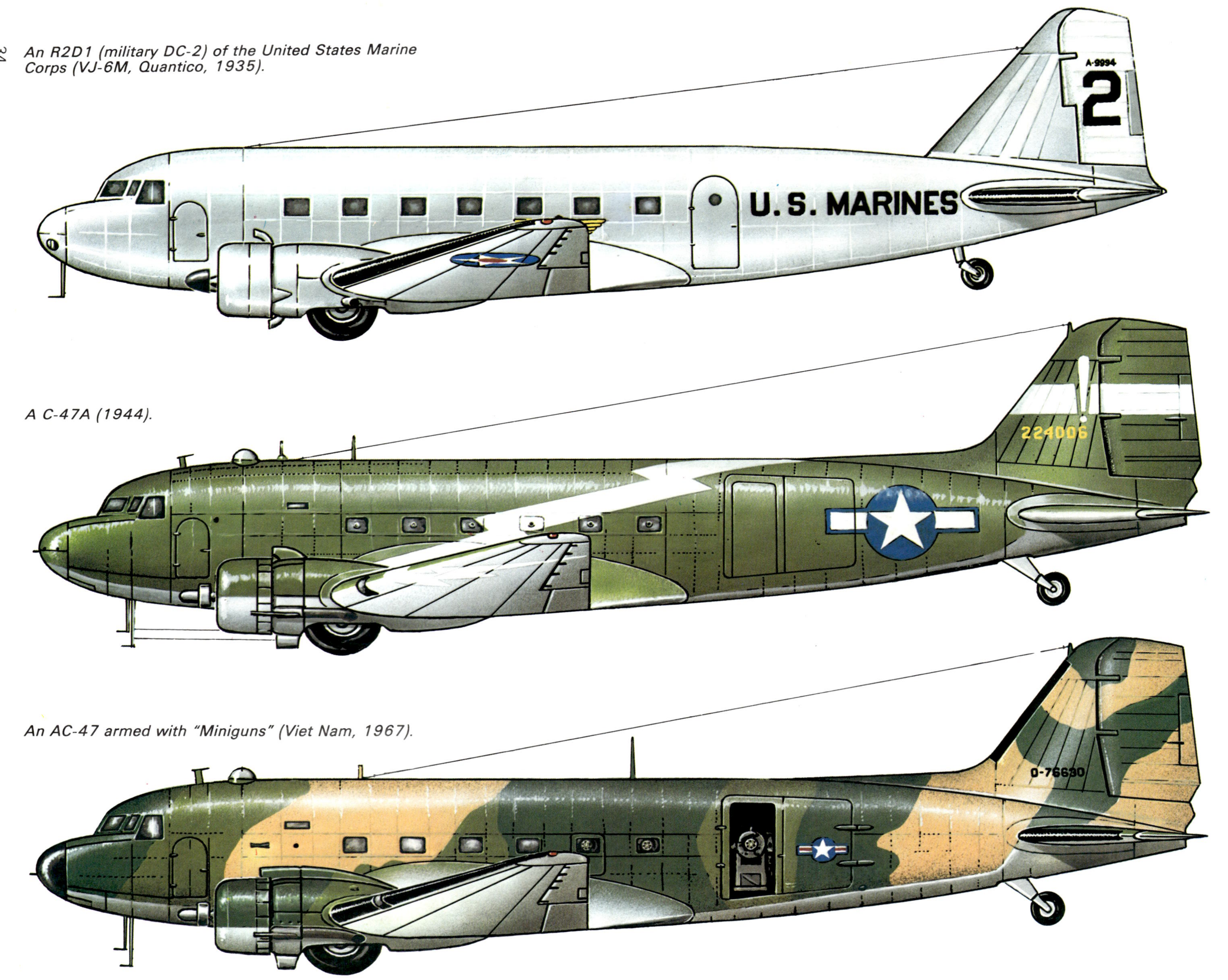

An R2D1 (military DC-2) of the United States Marine Corps (VJ-6M, Quantico, 1935).

A C-47A (1944).

An AC-47 armed with "Miniguns" (Viet Nam, 1967).

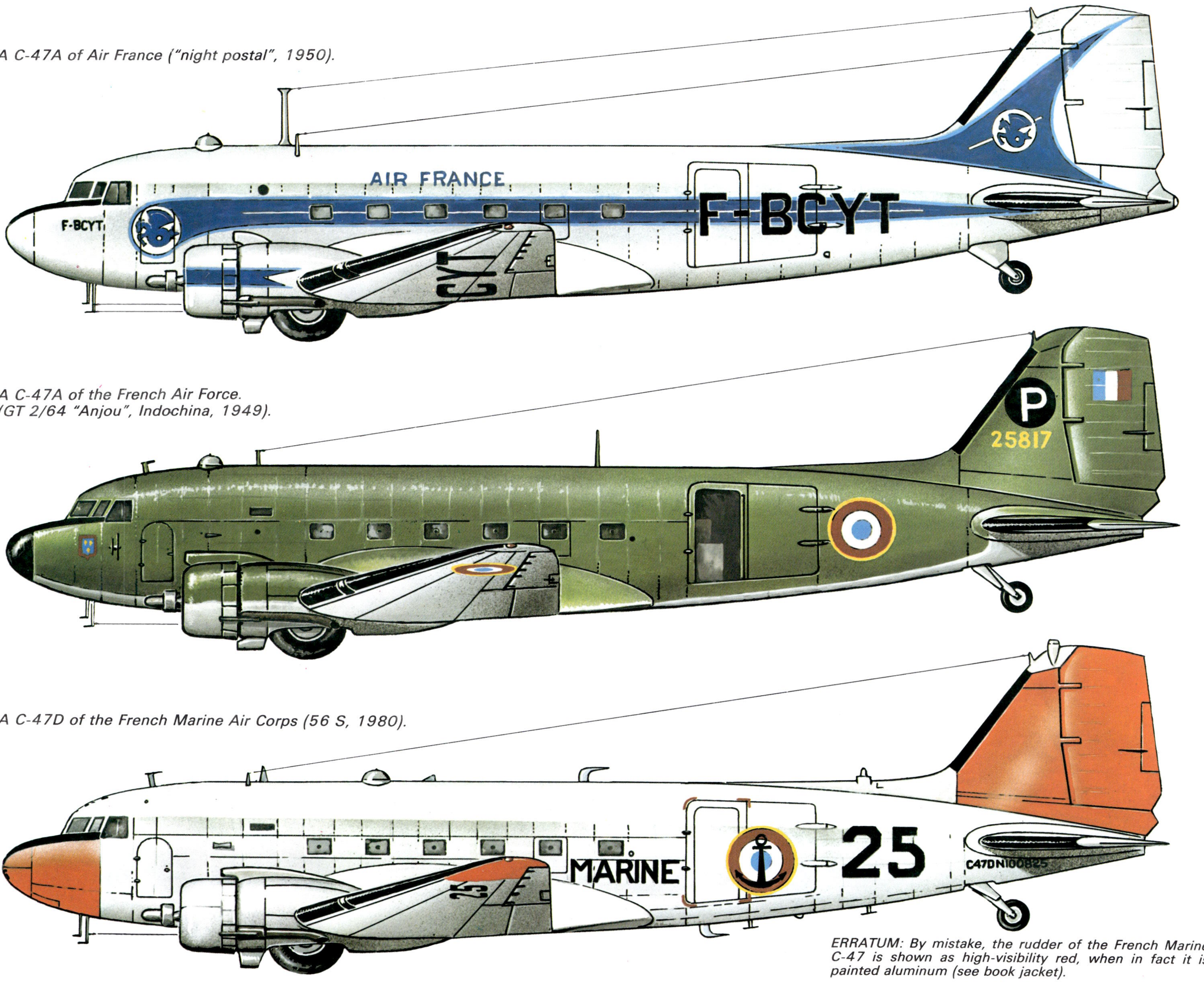

A C-47A of Air France ("night postal", 1950).

A C-47A of the French Air Force.
(GT 2/64 "Anjou", Indochina, 1949).

A C-47D of the French Marine Air Corps (56 S, 1980).

ERRATUM: By mistake, the rudder of the French Marine C-47 is shown as high-visibility red, when in fact it is painted aluminum (see book jacket).

A "Dakota 1" (C-47) of the 24th Squadron, Royal Air Force (1944).

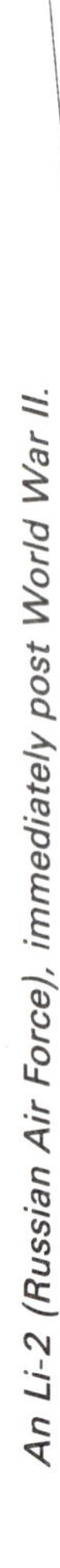

An Li-2 (Russian Air Force), immediately post World War II.

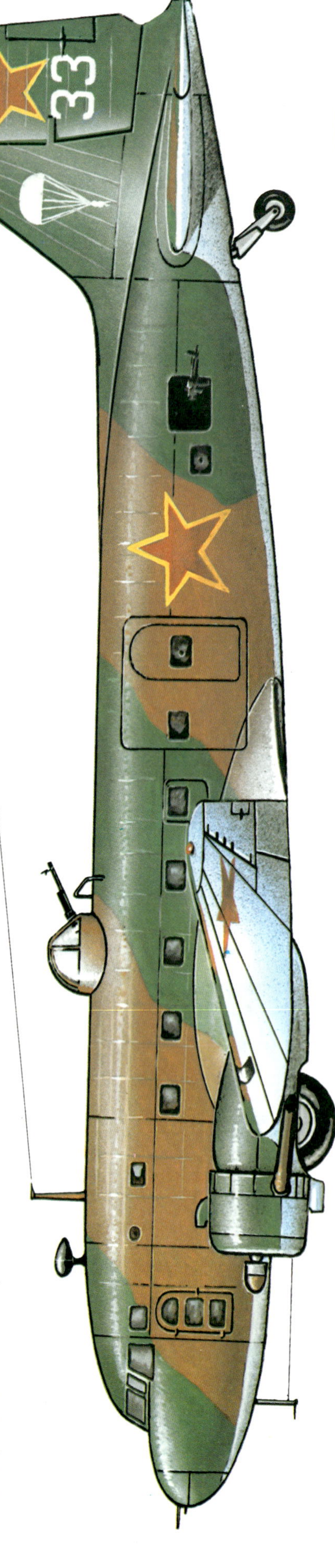

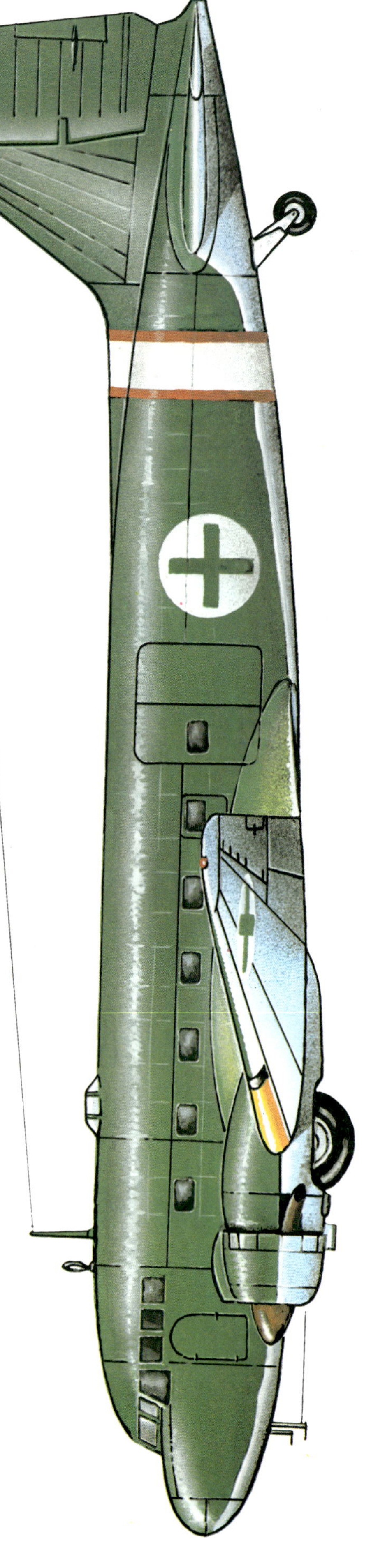

A Nakajima L-2D2 "Tabby" of the Japanese Imperial Marines (surrender, 1945).

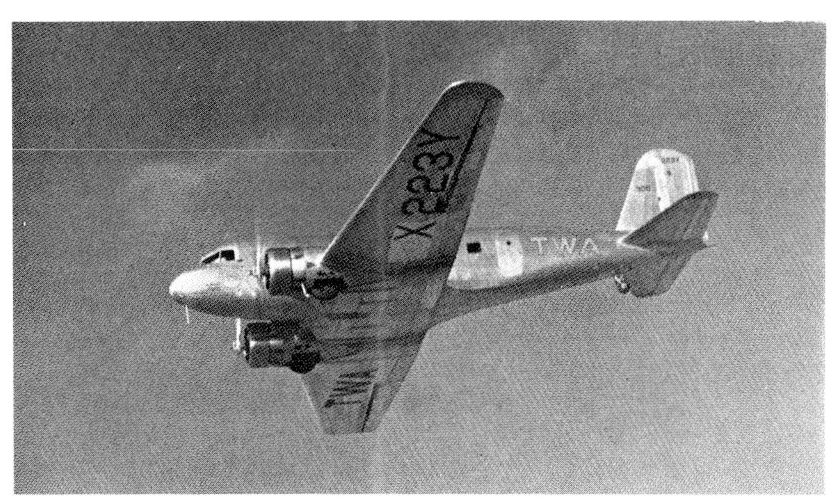

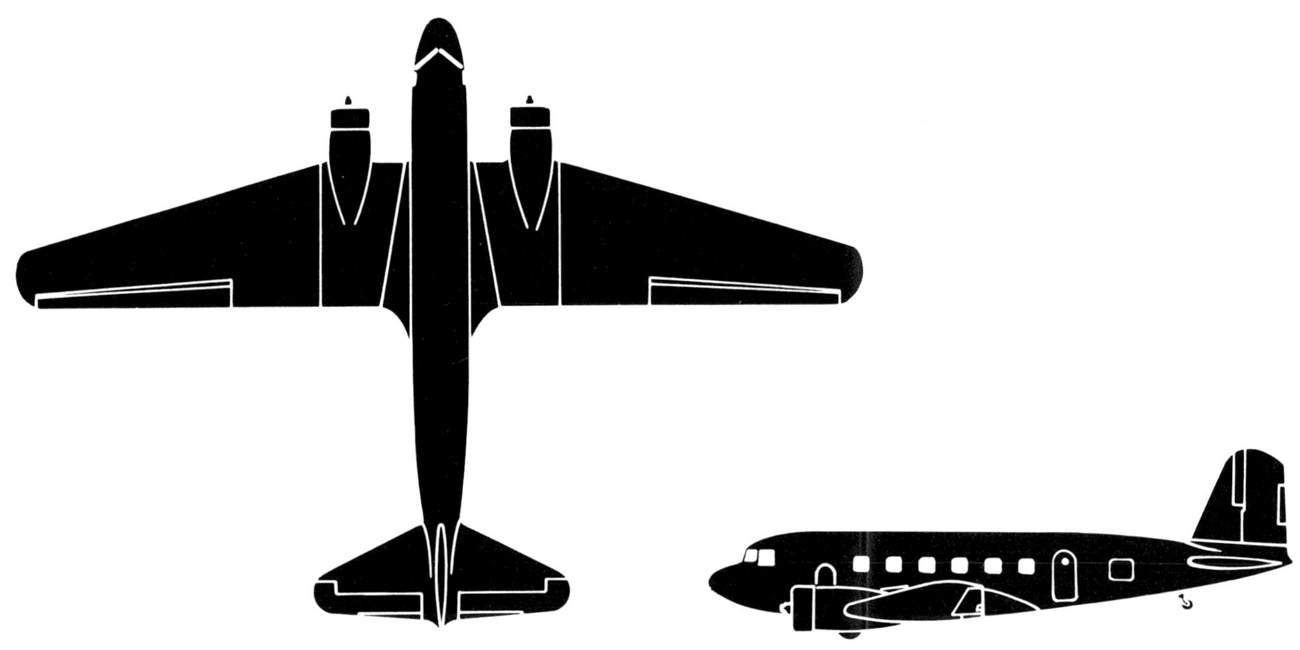

DC-1

First flight	*1 July 1933*	
First delivered	*13 September 1933 (TWA)*	
Engines	*2 Wright SRG 1820 F 3 (710 hp)*	
Maximum weight for takeoff	*7,938 kg*	*17,500 lb*
Payload	*1,588 kg*	*3,500 lb*
Passengers	*12*	
Cruising speed	*306 km/h*	*190 mph*
Range	*1,609 km*	*1,000 mi*
Dimensions:		
Length	*18.28 m*	*60 ft*
Wingspan	*25.90 m*	*85 ft*
Height	*4.88 m*	*16 ft*

From official records of McDonnell Douglas Aircraft Company

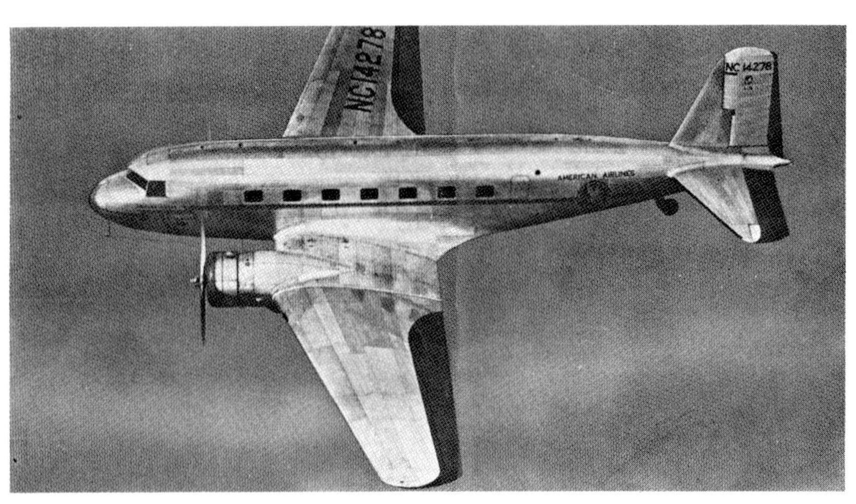

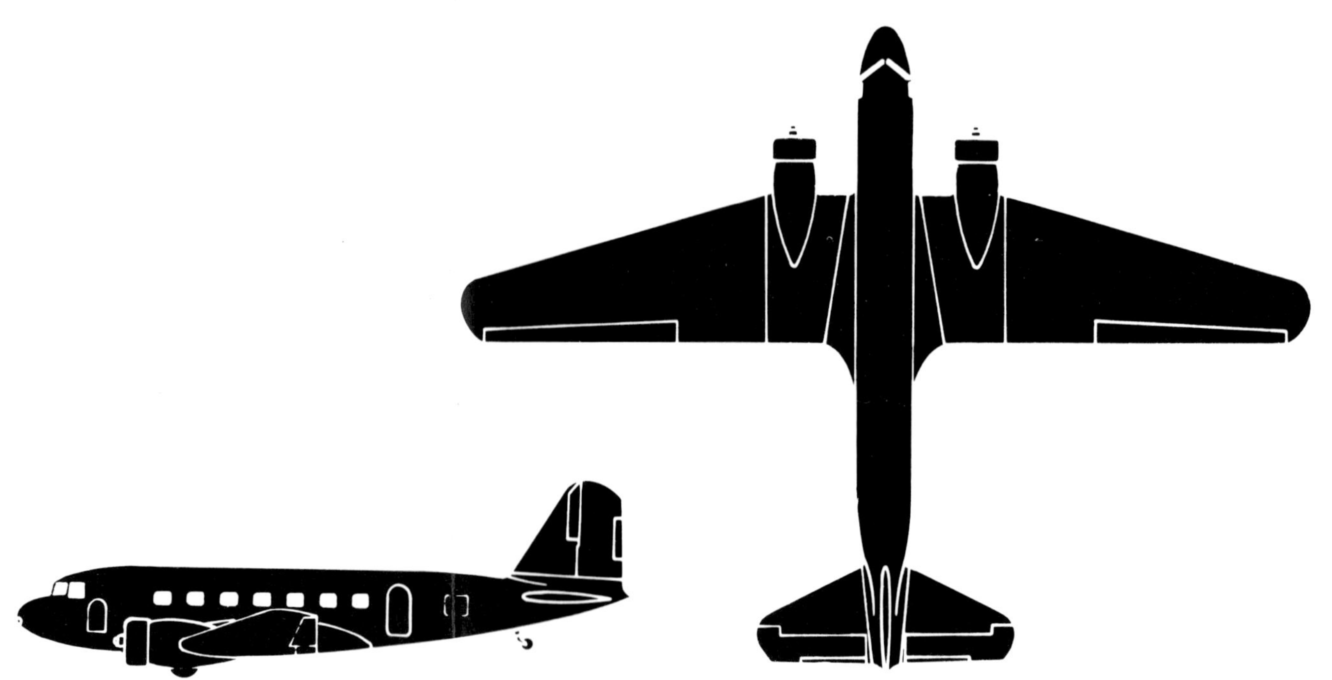

DC-2

First flight	*11 May 1934*	
First delivered	*13 May 1934 (TWA)*	
Engines	*2 Wright SRG 1820 FS2 (875 hp)*	
Maximum weight for takeoff	*8,419 kg*	*18,560 lb*
Payload	*1,846 kg*	*4,070 lb*
Passengers	*14 to 18*	
Cruising speed	*322 km/h*	*200 mph*
Range	*1,705 km*	*1,060 mi*
Dimensions:		
Length	*18.90 m*	*62 ft*
Wingspan	*25.91 m*	*85 ft*
Height	*4.98 m*	*16 ft 4 in*

From official records of McDonnell Douglas Aircraft Company

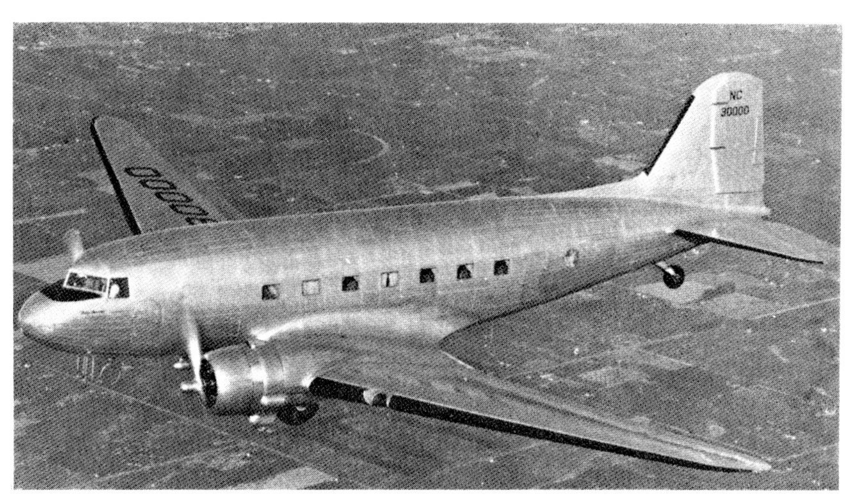

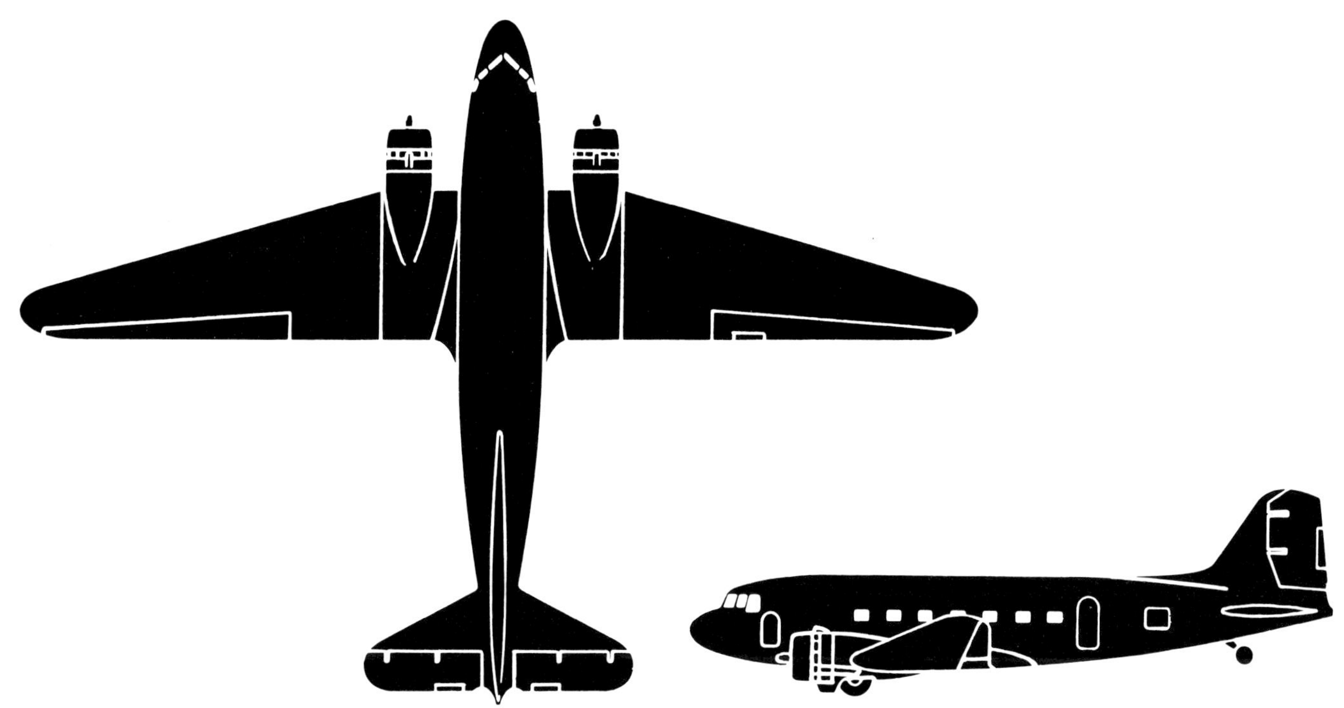

DC-3

First flight	*17 December 1935*	
First delivery	*8 August 1936 (American Airlines)*	
Engines	*2 Wright R 1820 (1,000 hp) or* *2 Pratt and Whitney R 1830 (1,200 hp)*	
Maximum weight for takeoff	*11,340 kg*	*25,000 1b*
Payload	*2,640 kg*	*5,820 1b*
Passengers	*14 to 28*	
Cruising speed	*309 km/h*	*192 mph*
Range	*2,409 km*	*1,500 mi*
Dimensions:		
Length	*19.70 m*	*64 ft 5½ in*
Wingspan	*28.95 m*	*95 ft*
Height	*5.16 m*	*16 ft 11½ in*

From official records of McDonnell Douglas Aircraft Company

Everybody Wants A DC-2

TWA were delighted with the performance of the DC-1, and in September placed a firm order for twenty airplanes. The designers and engineers had not been inactive, and had developed a slightly longer plane (by 61 cm or 24 in) that was even more comfortable. Thus it was the DC-2 that went into production instead of the DC-1, of which only one example was built.

The DC-2 could carry fourteen passengers instead of twelve. Its fuselage had an additional window on each side, so that each passenger had his own window. The passenger seats were reclinable and reversible, the latter so that passengers could more easily carry on a conversation. Two large landing lights were mounted under the nose, giving the plane a bit of a "Martian" look. It had engines identical to those of the DC-1 but with a little bit more power (875 hp instead of 710) which assured a comfortable cruising speed of 322 km/h (200 mph). The total allowable weight for the DC-2 was increased to 8,419 kg (18,560 lb), which was almost half a ton more than its predecessor.

Two improvements allowed the plane to land on the proverbial handkerchief. One was the flaps added beneath the wings. Actuated hydraulically, they acted as airbrakes. These flaps, tried out on the DC-1, allowed the plane to make its approach at a steeper angle without having to increase speed. Therefore the DC-2 could land at 93 km/h (58 mph), remarkably slow for a plane of its weight.

The DC-2 was also equipped with brakes on the wheels like a common automobile. It was through observation of the brakes on an elegant Pierce Arrow cabriolet that Hal Adams, the hydraulic specialist at Douglas, came up with the idea of applying the same principle to the plane. There was a large lever on the control panel, and compensators at the level of the rudder bars to give the correct amount of braking.

One of the pilots who tested the brakes did not believe that the slightest force was all that was required. Just after landing the plane, he applied the brakes with all his might. The plane reared up at the tail like a wild horse, and the propellors scraped the runway, sending up a shower of sparks.

The first DC-2 flew on 11 May 1934. It was purchased by TWA and put into service exactly seven days later. It did not take it long to become a success on the Columbus-Pittsburgh-New York route. The other airlines were in a state of shock. This was only the beginning. Within a five-day period, a DC-2 flown by TWA had set a new record four times for the flight between New York and Chicago — carrying a load of passengers! It was thirty minutes faster than its rival, the Boeing 247 which United Airlines flew on the same route. The hour of revenge had come . . . and it was not finished.

United fought back as best it could. The company immediately put the Boeing 247D on the route. This plane had more powerful engines than the 247, but it only flew 11 km/h (7 mph) faster than its predecessor. Meanwhile, the DC-2 was twice as comfortable, flew faster and with greater refinement, and offered screenings of movies during flight for its passengers.

Everyone wanted the DC-2. TWA wanted more, and American Airlines, Eastern Airlines, Braniff, Northwest, etc. wanted any.

It was a veritable concert of wailings.

It is acknowledged that this plane changed the American lifestyle.

It took them from the age of the biplane, made of wood and fabric, to the age of modern air travel, fast and comfortable. A leap of some thirty years — almost overnight.

13301 Winds Up Cannibalized

In 1936 TWA were offering no fewer than eighteen flights daily between Los Angeles and New York.[15] Just like the great trains, each plane had a name: "The Sky Chief" which left New York at 4:00 p.m. and arrived at Los Angeles at 7:00 a.m. the next morning; "The Second Sky Chief"; "The Third Sky Chief"; "The Sun Racer", so named because it had the peculiarity of chasing after the sun, leaving New York at 8:30 a.m. and landing at Los Angeles at 11:30 p.m. the same day; and finally, the most popular, "The Sky Master", which left New York at 11:30 p.m. and arrived at Los Angeles at 4:00 p.m. the next afternoon. This allowed the passengers to view from the air, if the weather was good, the most beautiful scenery in

15. C. Daniels *Douglas DC, The Anatomy Of A Legend.*

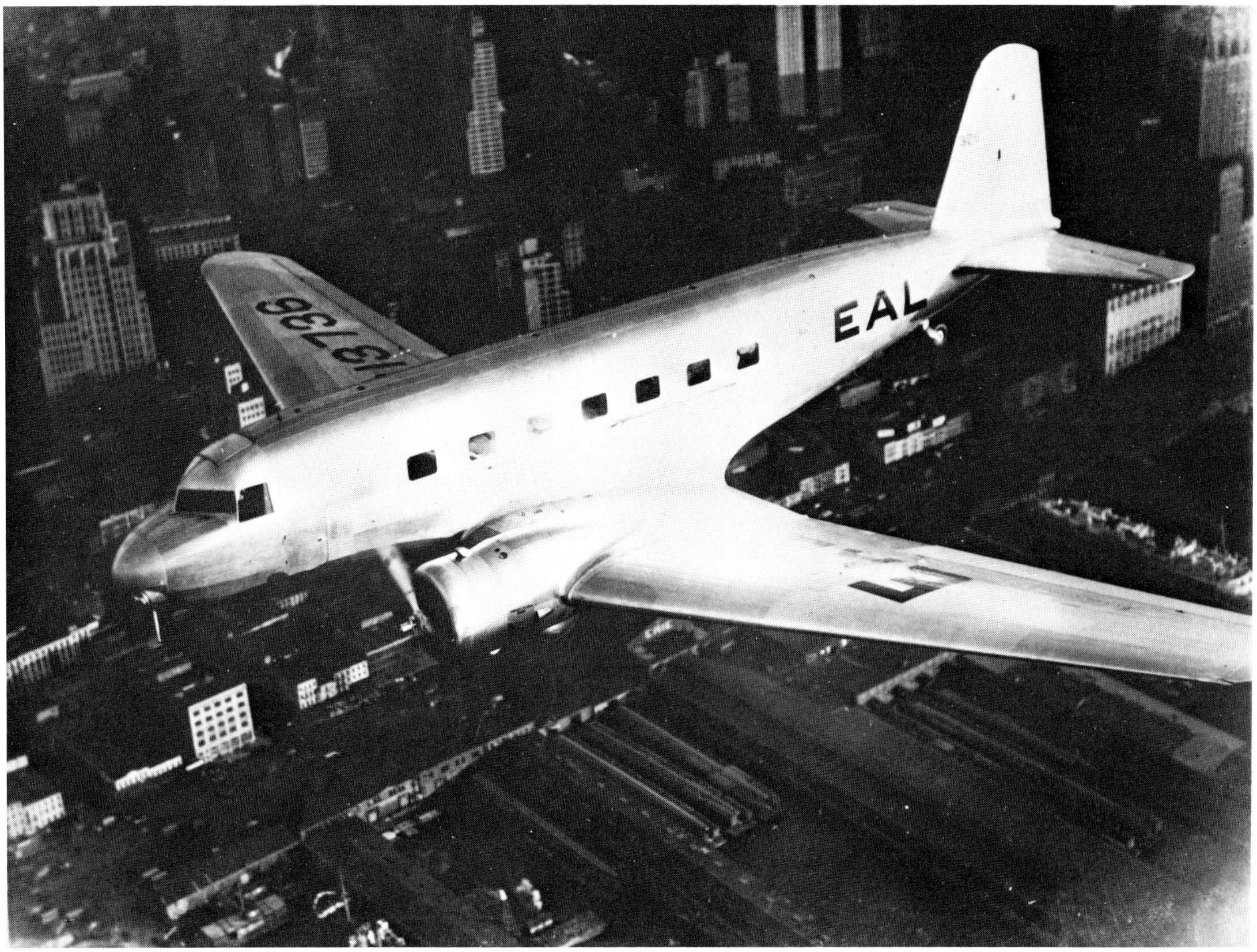

Using an Eastern Air Lines DC-2, Captain Eddie Rickenbacker, a director of the company, set a speed record for the flight from Los Angeles to New York — 12 hours 2 minutes. The caption for this agency photograph issued at the time mentioned that the record was set with an airplane that was "high-flying, powerful, and supercharged."

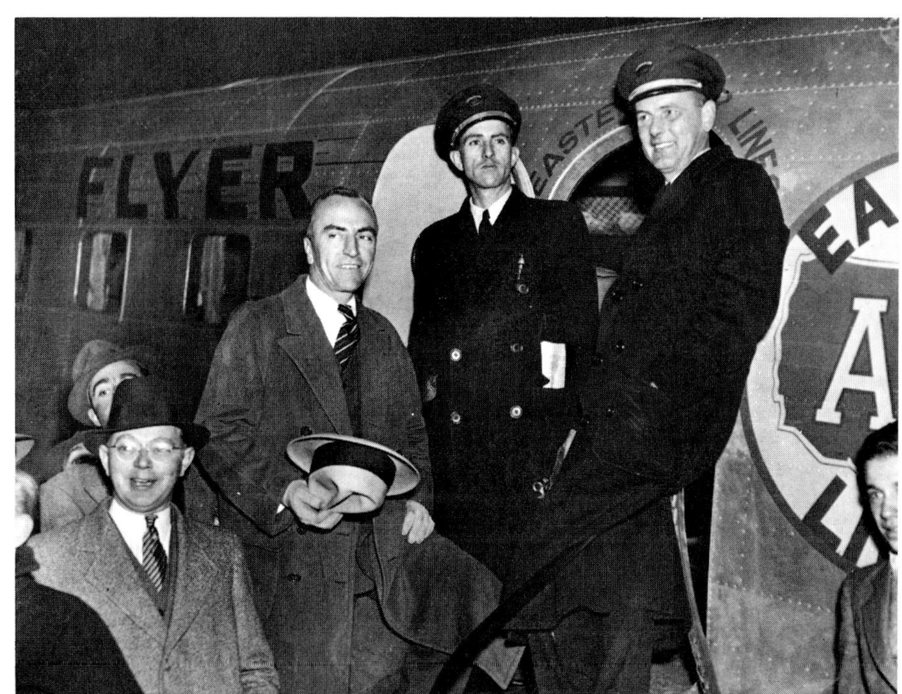

Captain Eddie Rickenbacker, at left, hat in hand, and an Eastern Air Lines crew accomplished the round trip from New York to Miami in 17 hours 18 minutes.

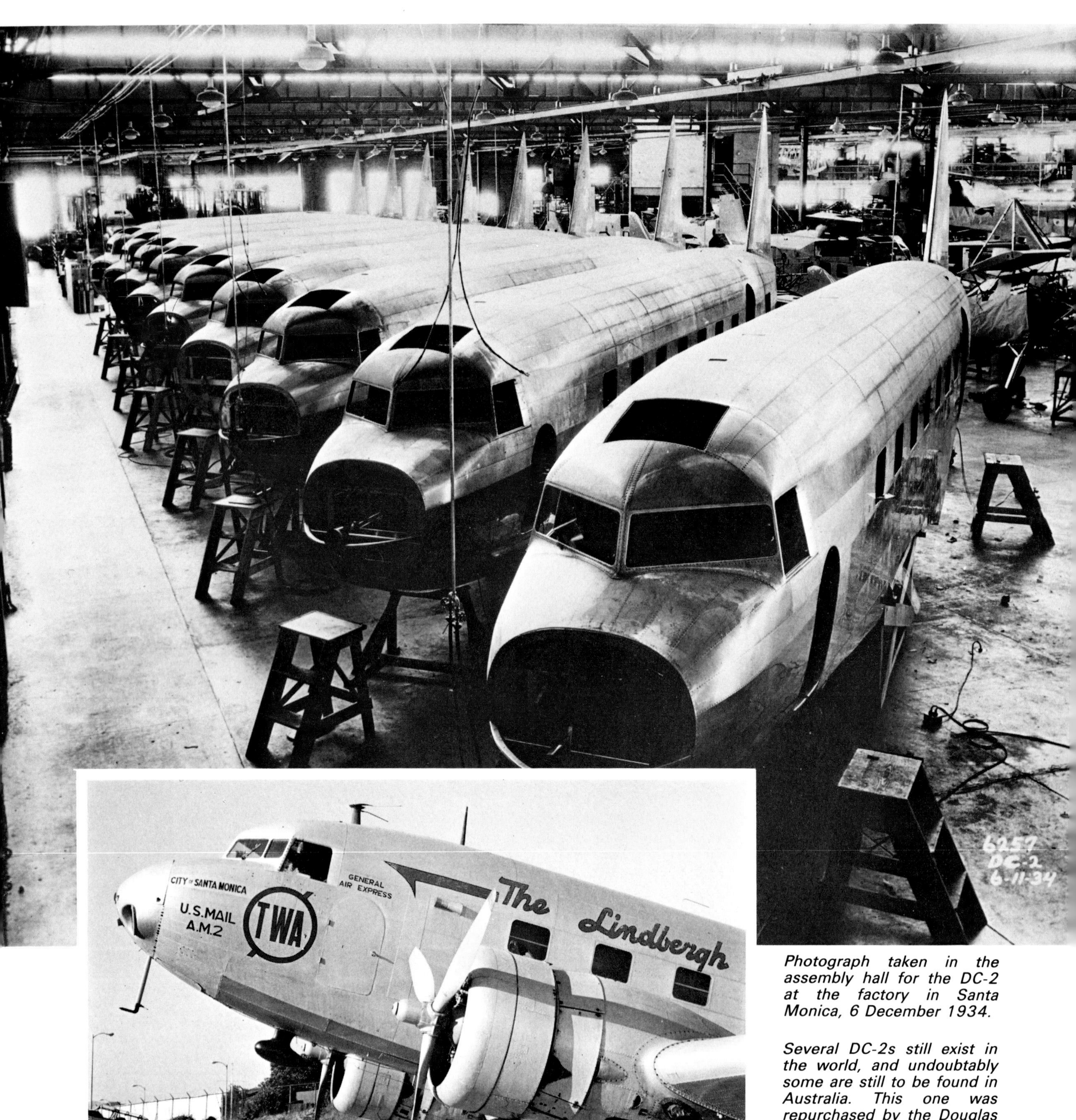

Photograph taken in the assembly hall for the DC-2 at the factory in Santa Monica, 6 December 1934.

Several DC-2s still exist in the world, and undoubtably some are still to be found in Australia. This one was repurchased by the Douglas museum in Santa Monica, and is on display at the Glover Field airport where the DC-2 was born. This plane was found in Florida, being used by firemen-parachutists. It has been repainted in the colors of TWA as used in the 1930s.

America — the Petrified Forest, the Grand Canyon of the Colorado, etc. Each afternoon there were numerous flights from Chicago to New York. The railroad companies were beginning to suffer as a result of the boom in air travel.

At that time the Douglas factory employed 2,000 workers, who turned out one DC-2 every two weeks. Each plane was built practically entirely by hand, requiring 58,000 man hours, which was not profitable. The arrival of big hydraulic presses allowed the planes to be built on an assembly line, like automobiles, reducing the work required to 32,000 man hours per plane. Very soon Douglas were producing ten planes a month.

A total of 211 DC-2s were manufactured. [16]

The first DC-2, carrying the registration number NC13301, flew for TWA, with no problems, for five years. By 1939 its pilots had given it the affectionate nickname of "Old 301". In 1941, at the beginning of World War II, TWA sold it to the Royal Air Force, which had sent an urgent mission to the United States to buy, on the spot, transport airplanes. "Old 301" was then dismantled and, lashed to the deck of a cargo vessel, shipped to India [17]. There it was completely stripped, losing its carpeting, its seats, its pretty curtains, etc., so that it could become a "truck". It was put into service hauling cases and drums of supplies between India and the Middle East. It was seen for the last time in 1942 in the Bombay area. From beneath its olive and green camouflage paint had reappeared the large identification letters of the TWA company. It was know by the name "Alley Sloper".

The British had an urgent need for spare parts, and so the unfortunate 13301 was sacrificed and "cannibalized" on the ground at Juhu, near Bombay. It was a shame, for had it survived a few more months, until the hundreds of Dakotas began arriving from the United States, it might have made it through the war and be found today in some museum.

The management at Douglas were very surprised by the success of the DC-2 in foreign countries. They had no idea that their plane, built expressly for the American market, would create any interest in countries such as Holland, Sweden, or Switzerland. Up to that time, no more than one or two examples of any American commercial airplane had been exported.

This success was due, in part, to a Dutchman who was himself also an aircraft manufacturer — Anthony Fokker. One day he came to Santa Monica to see Donald Douglas, and asked to purchase a license to manufacture the DC-2 and to be the Douglas representative for Europe.

Pleased to have this outlet, for an airplane whose cost of manufacture was far from being amortized, Douglas eagerly sold the plans and the manufacturing rights for the DC-2 to Fokker. The price was the ridiculously low sum of $100,000. [18] Donald Douglas, we should note in passing, was not an optimist, and he always underestimated the chances for success for his airplanes.

A Battle Of Crocodiles

The Dutchman would be the representative for Douglas' products in Europe (with the exception of the U.S.S.R.). Douglas was thrilled with this agreement. At Santa Monica, in order to prove their loyalty to "Tony", as they called Fokker, Douglas personnel would show visitors an office door with the name Fokker on it.

But this was a fable, such as is told to children. The hidden side of the transaction was much more interesting. It reveals a great battle between two crocodiles. [19]

Crocodile Number One: Anthony Fokker, a Dutch eccentric and genius who had built his first airplane at the age of seventeen. During World War I he sold the Germans a biplane fighter, the D-VII, which was the *bête noire* of the Allies' pilots. The D-VII had such a reputation that it was specifically mentioned in the Versailles Treaty of 1919, which prohibited the Germans from

(continued page 49)

16. To be precise: 131 civilian versions; 44 military versions; and 36 hybrids — DC-2 fuselage with wings and tail of the DC-3.
17. *The Aeroplane*, January 1951.

18. It is amusing to note that in the 1950s Douglas purchased the rights to build Sud-Aviation's Caravelle. Some journalists claimed that this was so he could imitate it. But it was nothing more than a simple business arrangement.
19. We have borrowed these details from the excellent work by Henri Hegener, *Fokker: The Man and the Aircraft*, edited by Bruce Robertson.

The DC-2. By comparison with the DC-1, the wingspan was unchanged, but the engines were enlarged from 710 hp to 750 hp, and the number of passengers increased from 12 to 16. The DC-2 flew at a maximum speed of 322 km/h (200 mph) instead of the 306 km/h (190 mph) for the DC-1. The cockpit does not yet have the bulging shape characteristic of the DC-3.

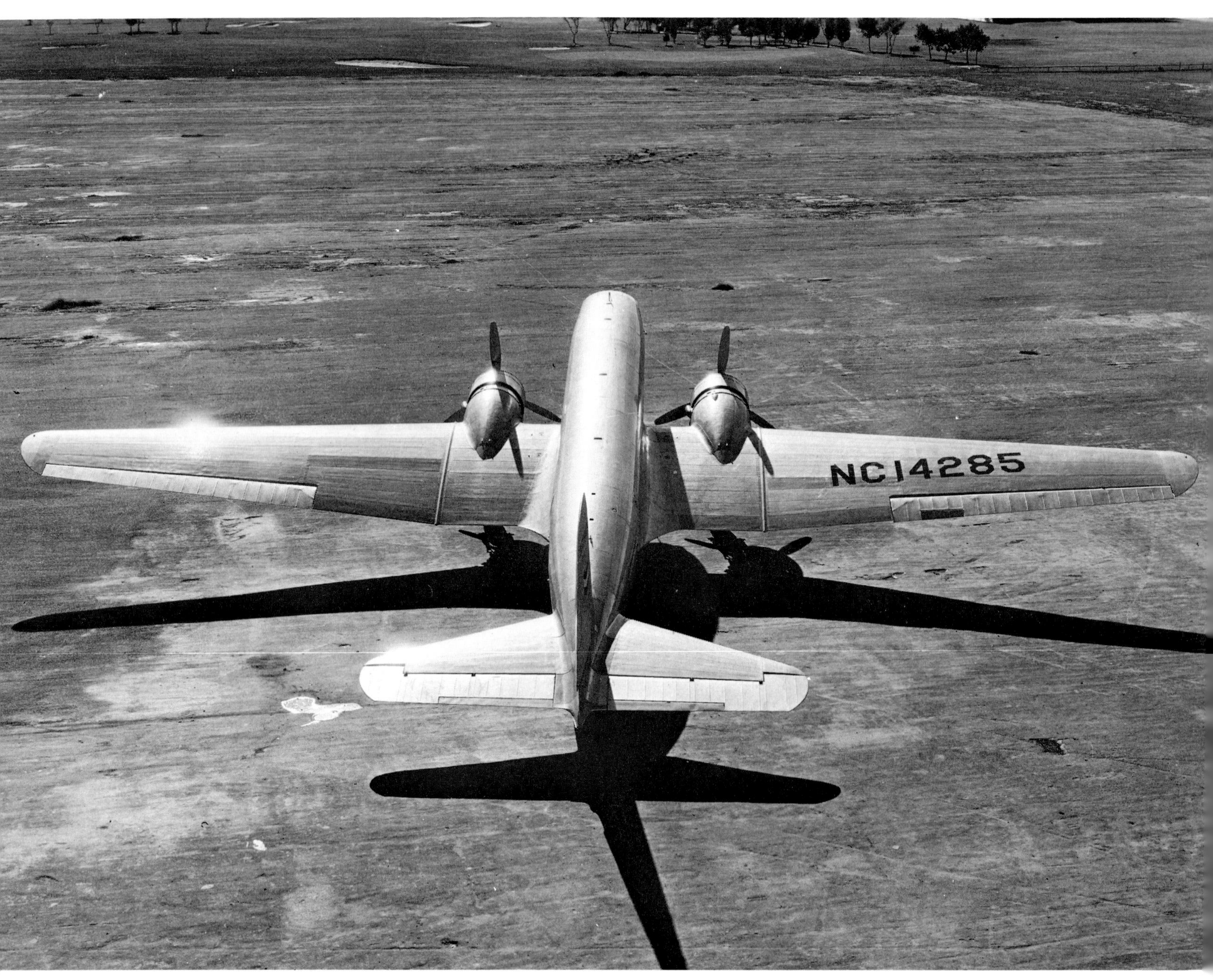

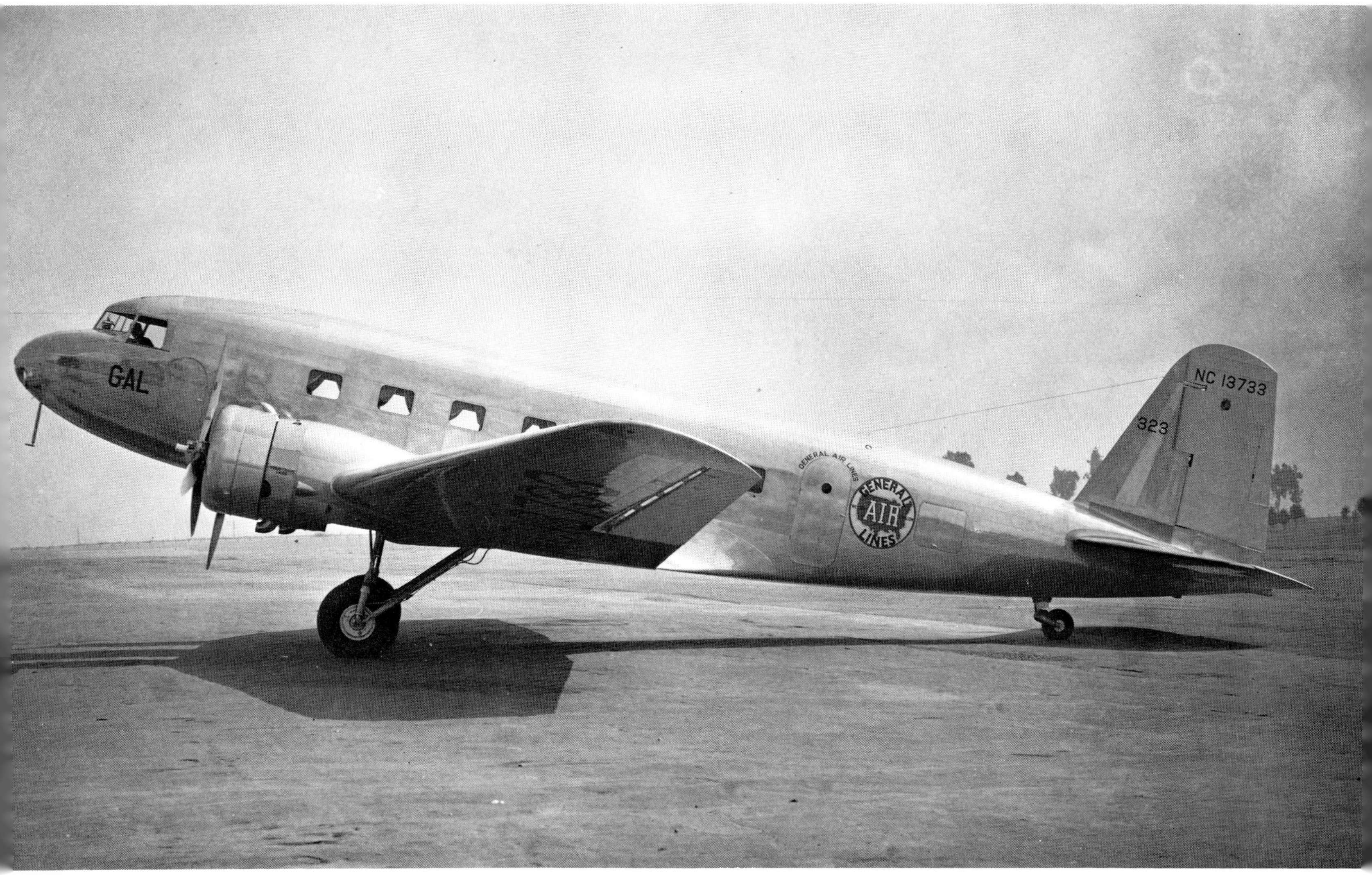

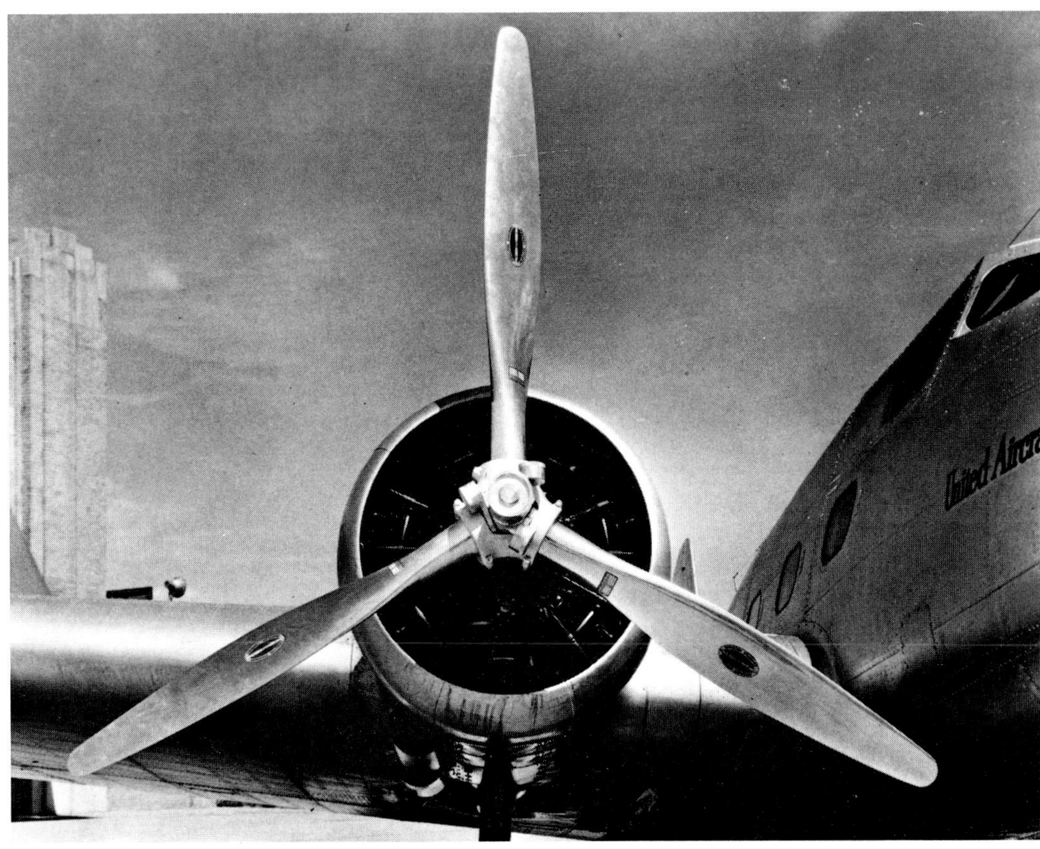

A close-up of the Hamilton Standard variable-pitch propellor fitted to the engines of the DC-2. Here on a Boeing 247.

5 June 1935 — a family celebration in honor of the 100th Douglas transport airplane to leave the factory at Santa Monica. This example was destined for American Airlines. In just 54 weeks, since 15 May 1934, Douglas had produced 100 of the DC-2!

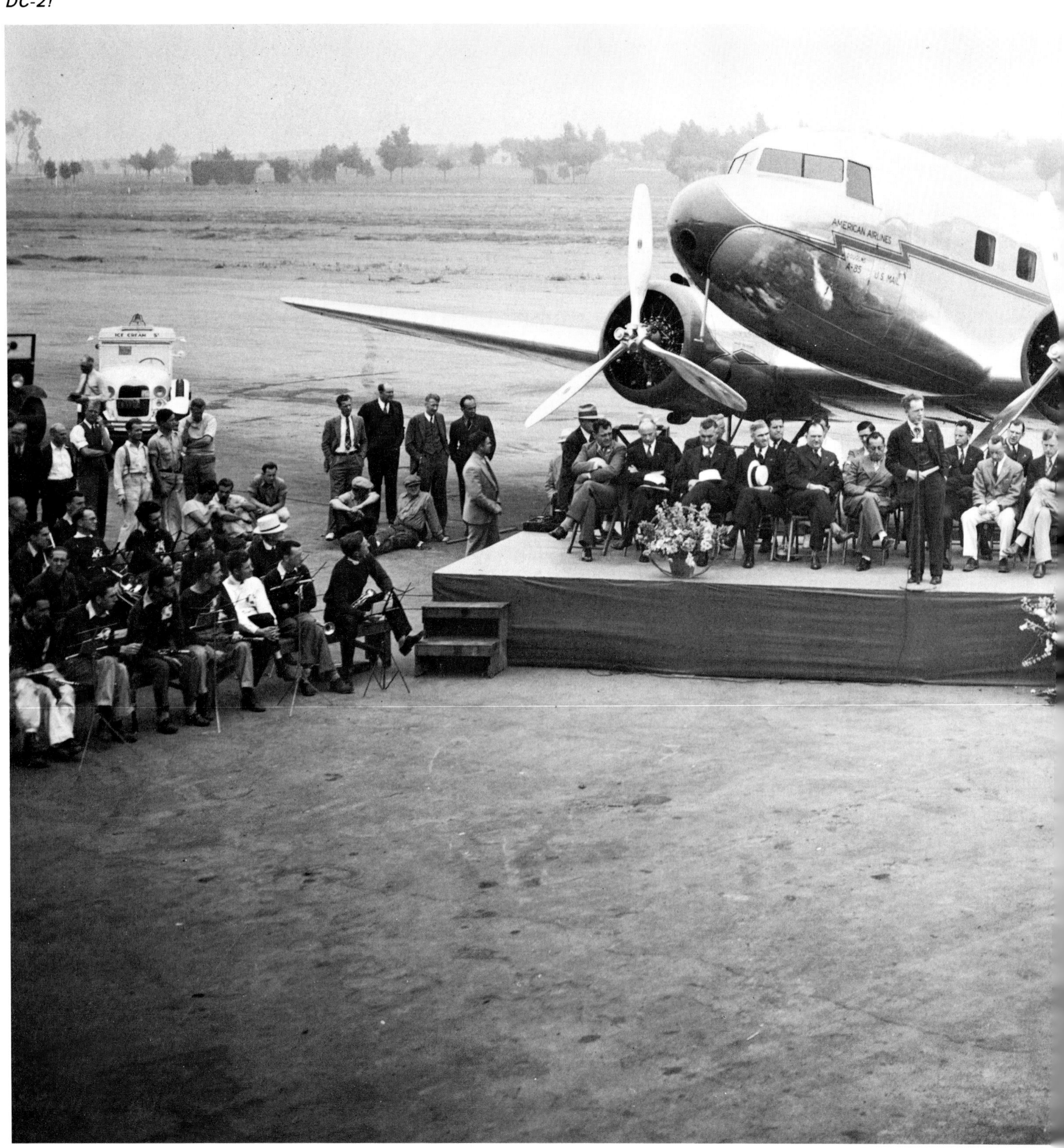

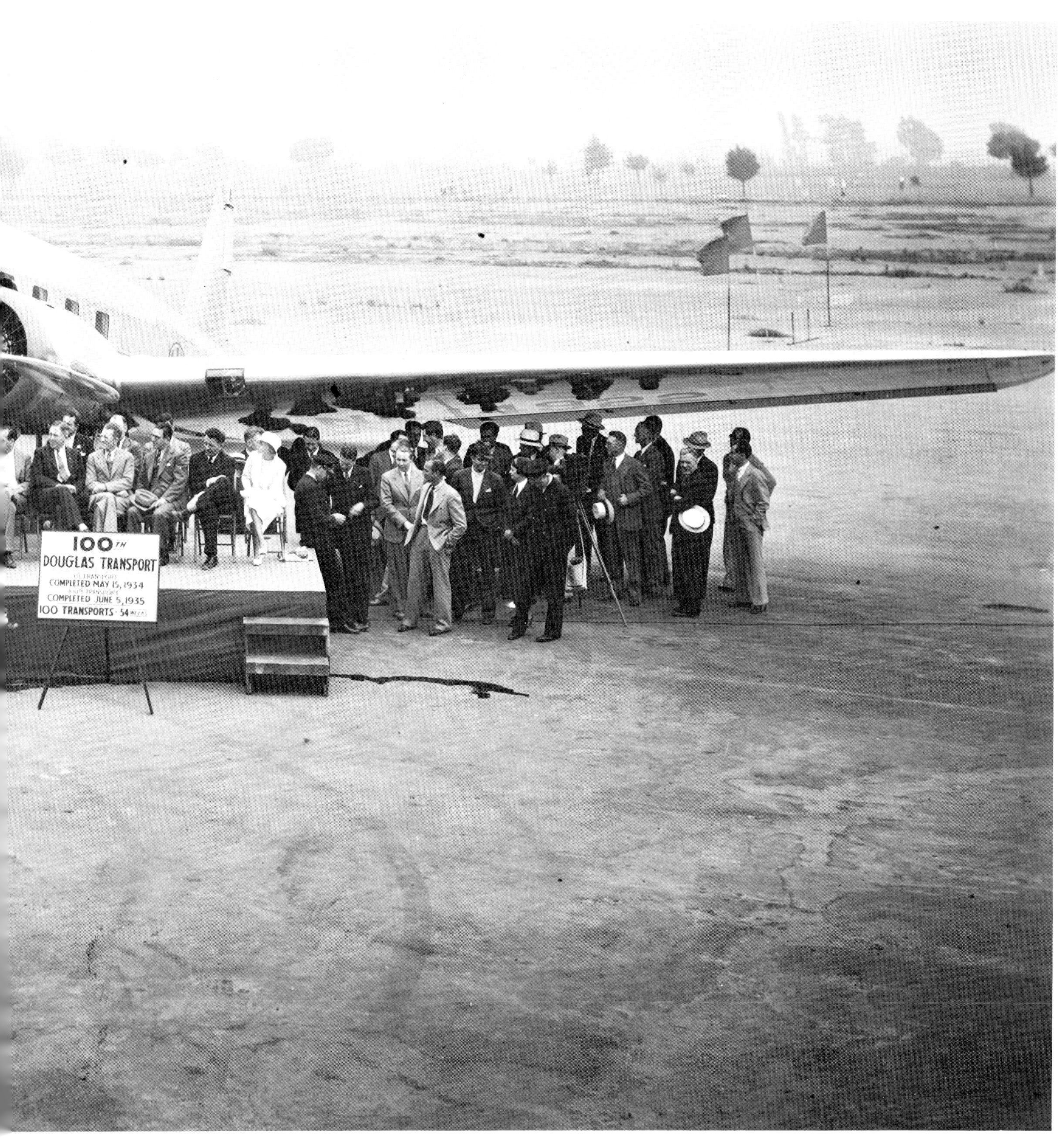
100TH
DOUGLAS TRANSPORT
COMPLETED MAY 15, 1934
COMPLETED JUNE 5, 1935
100 TRANSPORTS - 54

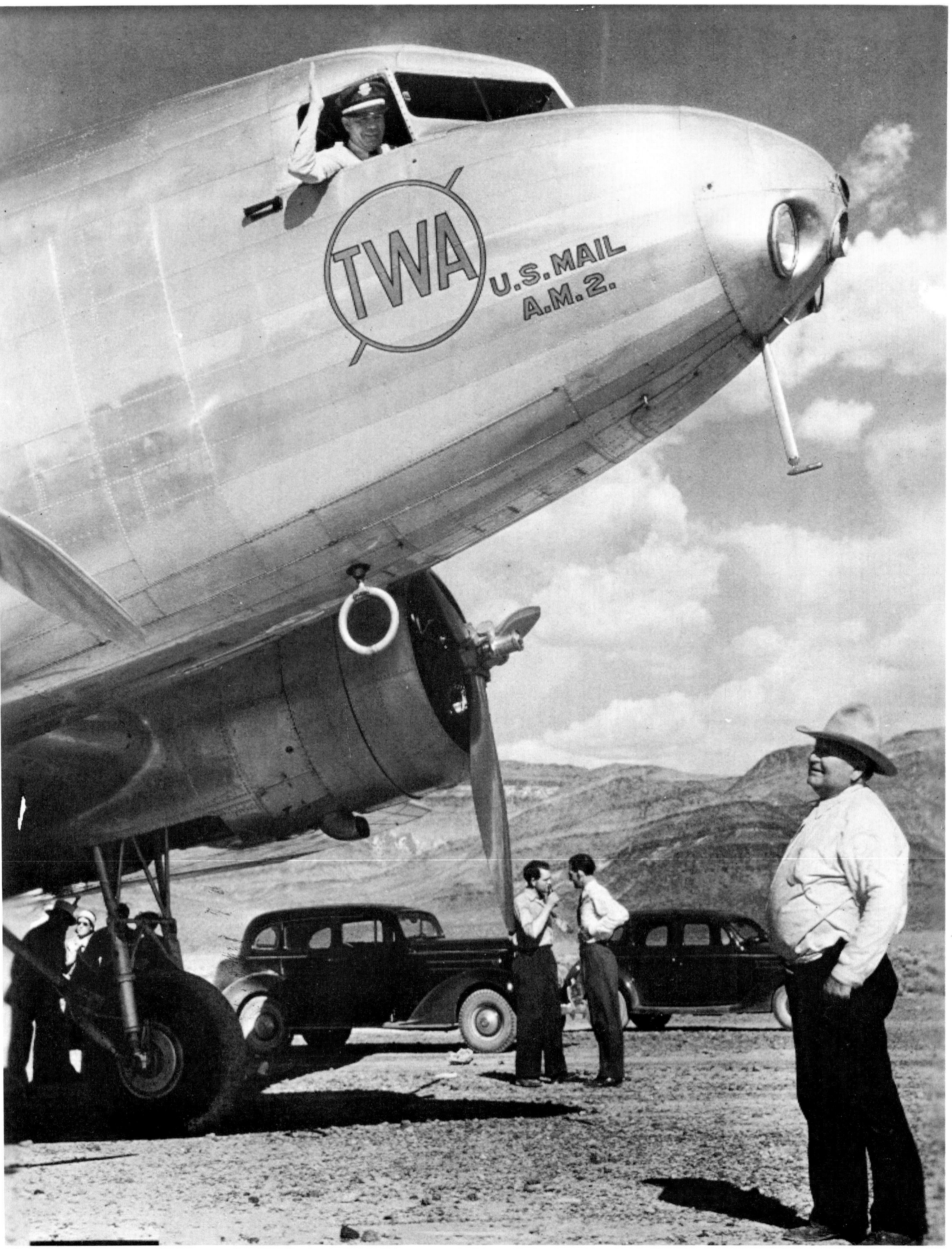
TWA
U.S. MAIL
A.M.2.

A DC-2 photographed in Death Valley, California.

A group of TWA hostesses, photograph taken about 1935.

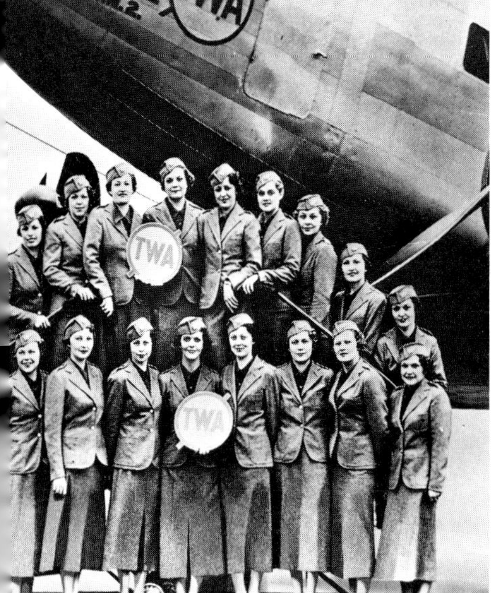

building any military aircraft. In the 1920s Fokker prevailed over the market for commercial aircraft with homely tri-motors of wood and fabric. They were used by numerous airline companies, even in the United States, where Fokker located a factory. His best customer was the Dutch company KLM, who could normally be counted on to stick with their fellow countryman and aircraft manufacturer. By the early 30s, Fokker realized that his planes, although widely used, were being outclassed by the new generation of metal aircraft from America — from Boeing, Lockheed, and Douglas. He immediately set to work on the Fokker XXXVI, a high-winged, four-engined airplane capable of seating thirty-two passengers, but built of wood and cloth. He pressured KLM to finance the plane, and to buy them.

Crocodile Number Two: Albert Plesman, founder and president of the KLM company, a visionary and a sharp financier. He was on very close terms with Fokker, who supplied the majority of the airplanes in Plesman's fleet. But in the long run, Plesman found that Fokker was expensive, and a little too forceful. Plesman was less and less convinced that the Fokker XXXVI quadrimotor was adaptable to his needs. He had even more doubts about the plane after reading the detailed accounts written about the Douglas, and seeing the films of the revolutionary airplane. The Douglas was ideal for the air route to the Dutch East Indies. Covering the distance from Amsterdam to Batavia, this was the longest route in the world — and the pride of KLM.

On 8 November 1933, Plesman sent a cable to Santa Monica, letting it be known that he was interested in manufacturing the Douglas, under license, in Holland. He thought that Aviolanda, who were already building Dorniers under license, would be able to undertake this job as well. Plesman, satisfied with his plan, waited for an answer. One fine morning Anthony Fokker came to see him in his office. Fokker had a strange smile on his face. He sat down in a chair and said:

"My dear Albert, if you are interested in buying a Douglas you should let me know, for I am now the representative in Europe!"

Plesman kept his mouth shut. What had happened?

An unfortunate indiscretion. One day Fokker had paid a visit to the offices of KLM, meeting there an old friend who had worked for the airline since its founding. The two men had lunch together. During the meal, Fokker learned that Plesman was intending to buy from Douglas. Fokker immediately comprehended what this meant for him — the loss of sales for his airplanes, an incalculable setback, financial ruin. He made the only response possible. He hurried to the nearest post office and sent a telegram to Douglas : I want a license... I will arrive.... All of this took place twelve days before Plesman sent his own telegram to Douglas. When Plesman's offer arrived at Santa Monica, Fokker would already have received an answer from Douglas. It was 'yes'.

Plesman, beaten by his crafty compatriot, was obliged to pay a hefty price for his DC-2s.[20] Fokker signed his agreement with Douglas on 15 January 1934, and the association proved to be fruitful for both parties. Fokker did not build any of the planes under license, contenting himself with selling them: 39 of the DC-2 and 46 of the DC-3 in all. Plesman, for his part, wisely decided to buy the Douglas airplanes anyway. He would not regret it, but quite the opposite, seeing that his first DC-2 would bring him, as we shall see, a great deal of publicity.

An Odor Of Perfume

KLM took possession of their first DC-2 on 22 August 1934. It arrived in Holland, its wings dismantled, by ship.

In order to make his Douglas well-known, Plesman, the enthusiastic head of the company, decided to enter it immediately in the MacRobertson Race, the great airplane race from England to Australia which was to begin on 20 October. In studying the route required for the race — Marseilles, Rome, Athens, Aleppo, Baghdad, Karachi, Bombay, Calcutta, Rangoon, Bangkok, Singapore, Batavia, etc. — Plesman had noted that the contestants would be making use of three-quarters of the KLM route to the Dutch East Indies —

(continued page 54)

20. At the time the company was not called Fokker, but Nederlandsche Vliegtuigenfabriek, or N.V. It is also worth noting that, in January 1935, the clever Fokker was successful in reselling the rights to build and market the Douglas in the British Empire to the English manufacturer Airspeed. The English wanted, considering their traditional use of engines "Made in England", to test a DC-2 equipped with Bristol Pegasus valve-less engine. One Douglas, belonging to the Polish company LOT, was fitted with these engines.

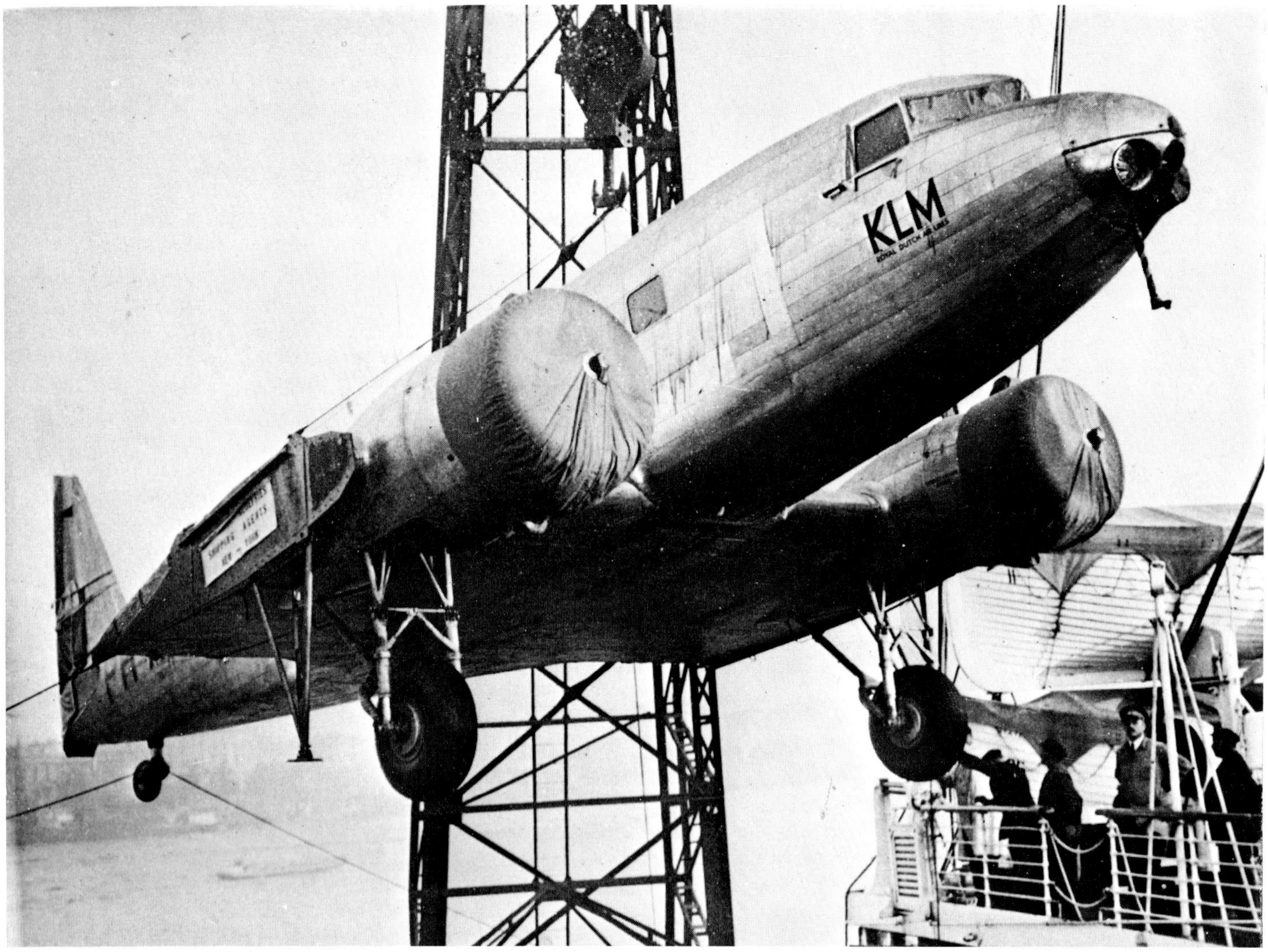

The first Douglas DC-2 purchased by the Dutch company KLM arrived at Rotterdam via ship, on 15 September 1934. Nicknamed "Uiver" (stork), the plane was used for the London to Melbourne race.

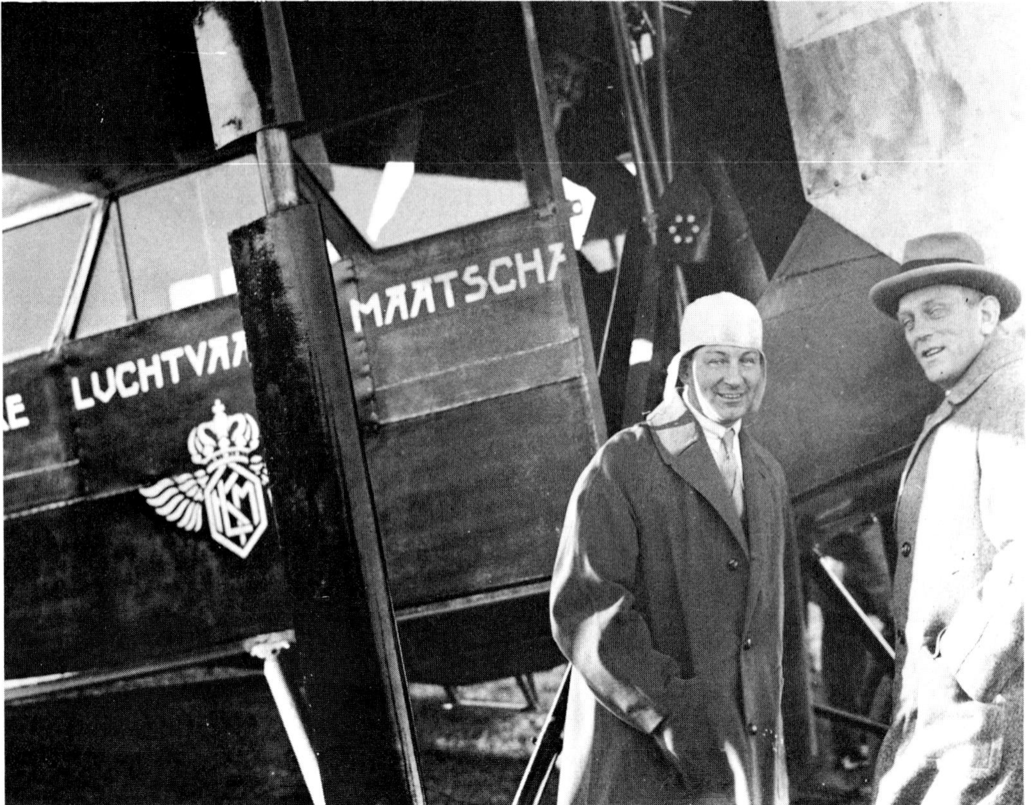

The two crocodiles: Anthony Fokker (at left) and Albert Plesman, head of KLM.

The shrewd businessman Anthony Fokker (second from left), who represented Douglas in Europe, "peddles his wares" to prospective English clients, eager to buy the DC-2. Note the "Fokker-Douglas" inscription.

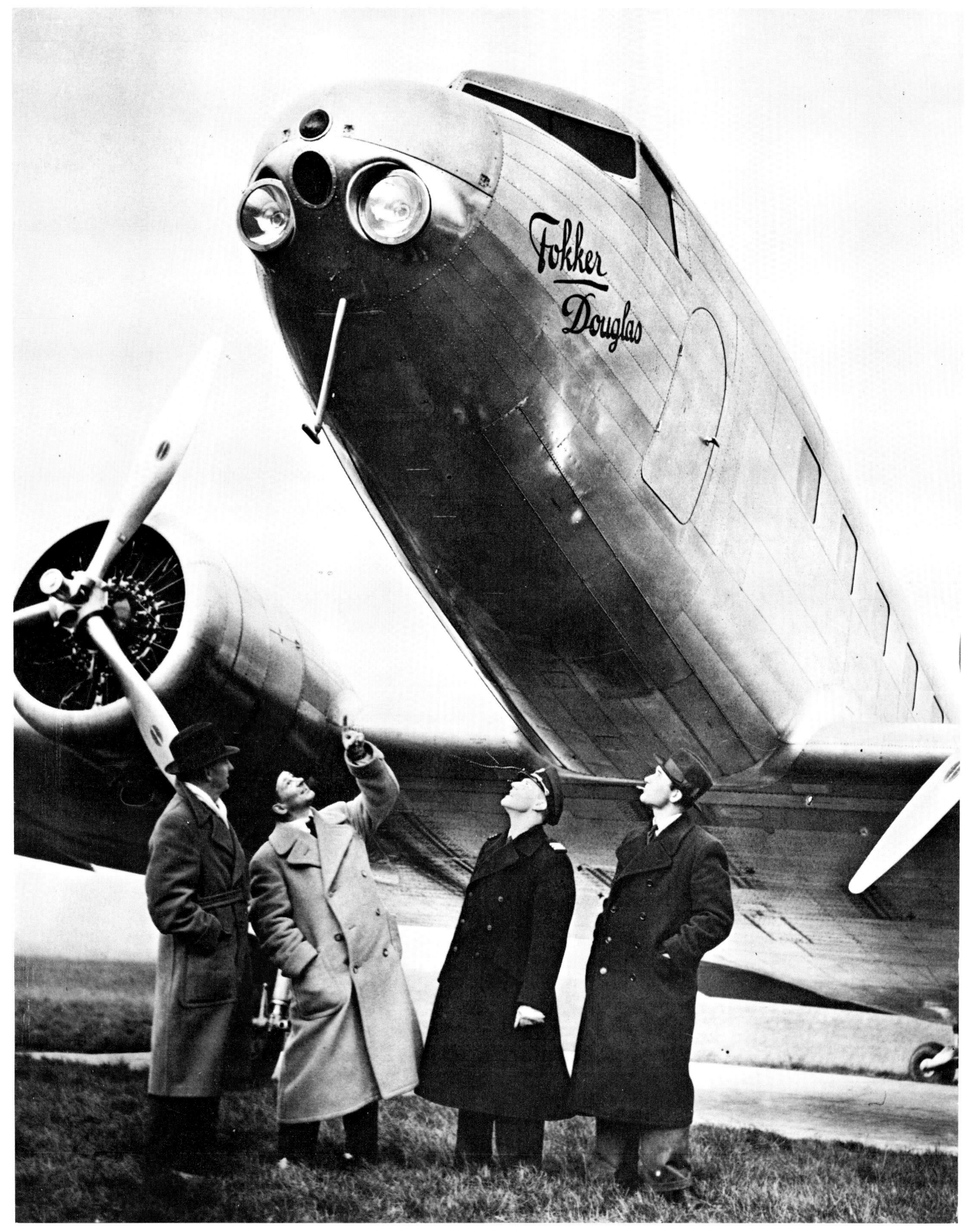
Fokker
Douglas

A DC-2 in service with KLM (photo taken in 1935).

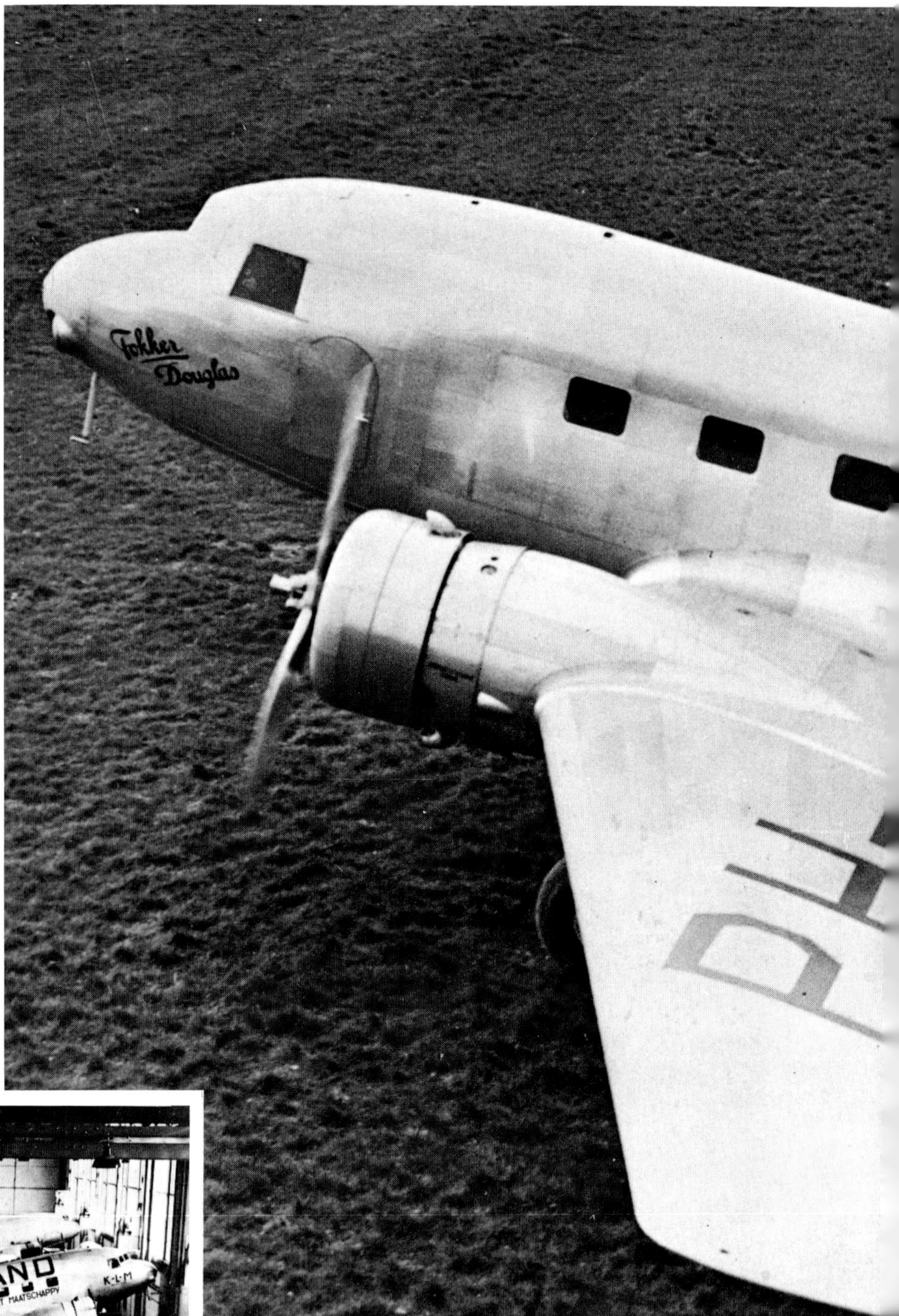

One of the first KLM hostesses enters a DC-2 with her basket of sandwiches and thermos of coffee.

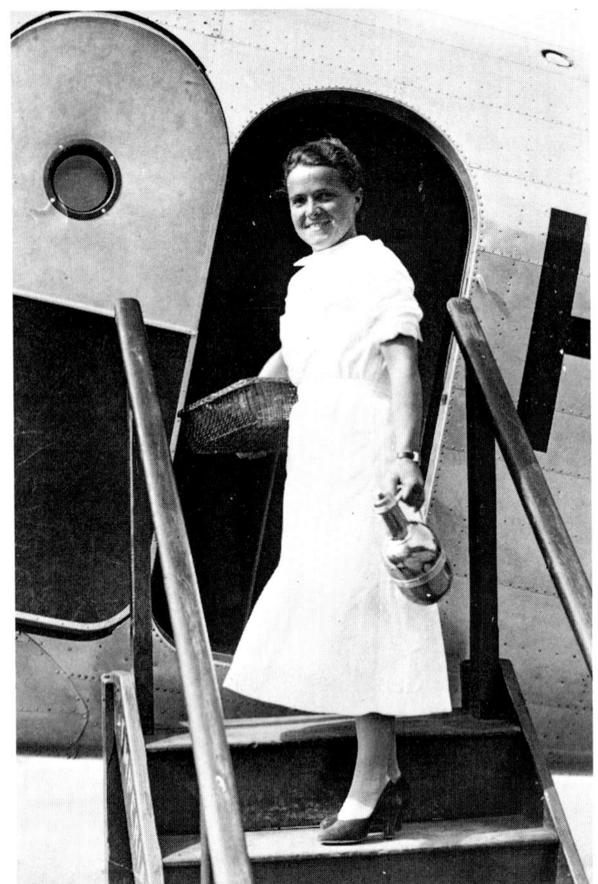

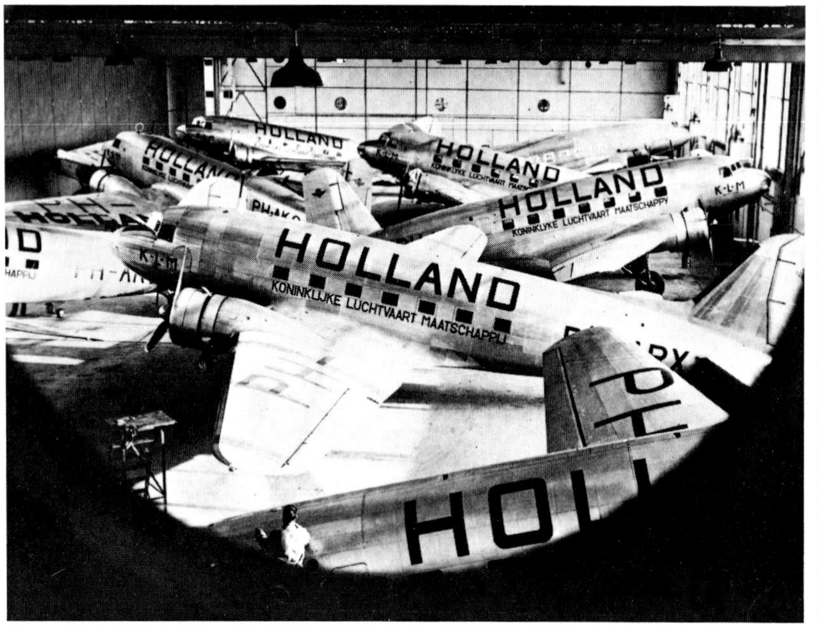

After the outbreak of hostilities, the Douglas aircraft belonging to KLM were decorated with large letters spelling "HOLLAND".

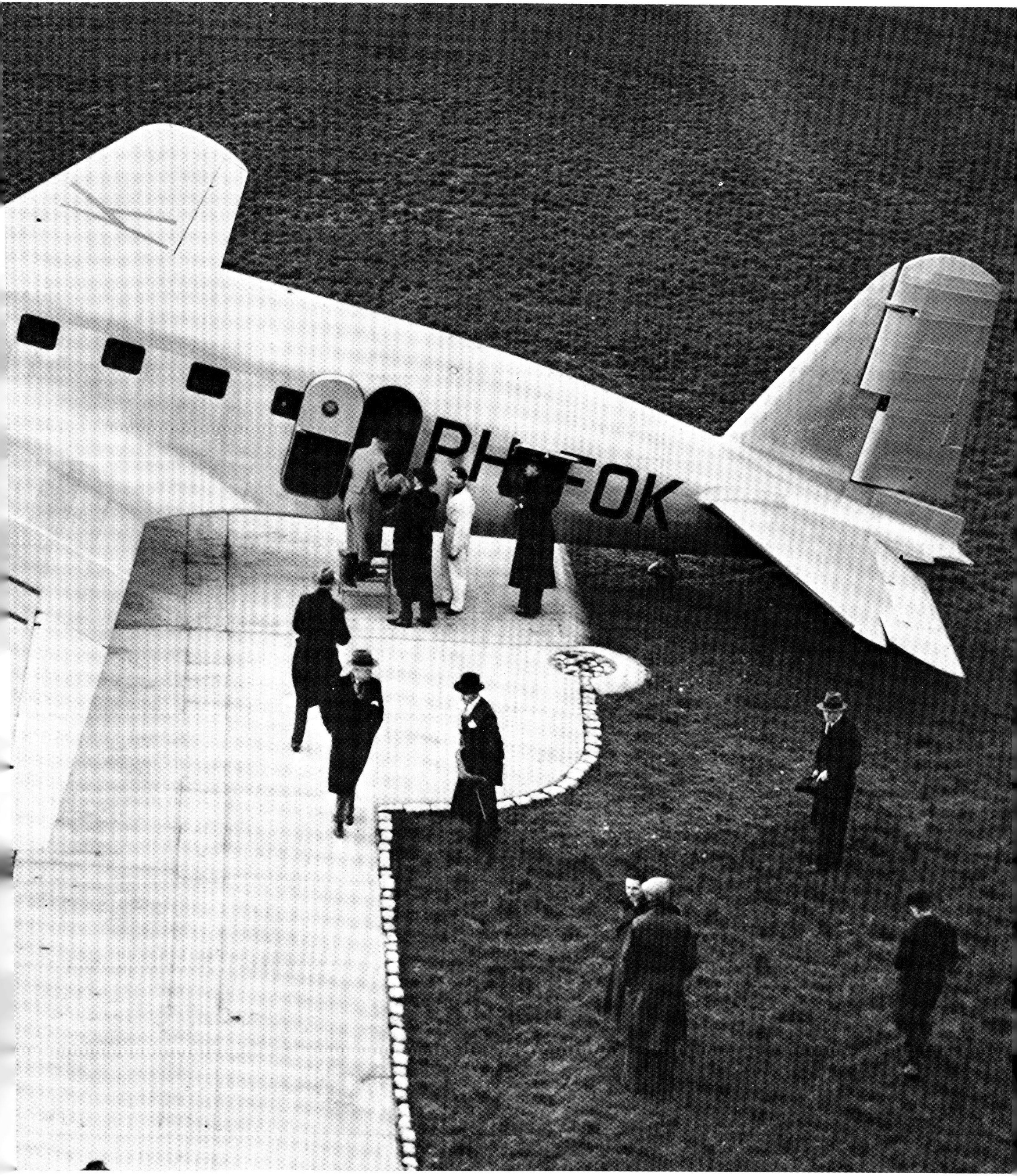
FOK

Amsterdam to Batavia. This was a route on which KLM had a great deal of experience.

To commemorate the centennial of the city of Melbourne, Sir MacPherson Robertson, a rich Australian chocolate manufacturer, had the idea of organizing the race. Chosen as the starting point was the new RAF airfield at Mildenhall, in Suffolk, because of its thick grass and wide open spaces. The Royal Aero Club of England took control of the affair, and organized it perfectly.

The atmosphere was more that of a garden party than an aeronautical contest. The King and Queen were there, and had long conversations with the contestants. The Prince of Wales arrived in his personal plane (a de Havilland) and even climbed into several of the planes to observe the pilot's cockpit. A colossal buffet was spread out under a tent. There one breathed, noted a journalist, the odor of perfume and pipe tobacco. A crowd estimated at 60,000 people had come, from near and far, through congested access roads. They were experiencing the apogee of the great public events of the pre-television era.

Hoping For Bad Weather!

The English teams, dressed in knickerbockers and tweed caps, were going to take off in their minuscule airplanes and fly half-way around the world with nothing more than thermos bottles and lap rugs — as if they were only going a short distance to visit friends. Some of the contestants had accepted advertising on their planes. The Airspeed Viceroy was sponsored by a brand of cigarettes, Jacqueline Cochran, "the fastest woman in the world", represented beauty salons. A team of masseurs followed her everywhere.

Plesman's DC-2 carried the colors of the KLM company. For the occasion it had been named "Uiver" (stork), and PH-AJU greatly impressed the journalists and the public. It was the largest of the planes and, above all, its lines differed radically from those of its competitors: the small antique tourers, the biplanes of another age. There were also the incredible racing planes, like the de Havilland Comet or the Granville of Jacqueline Cochran, equipped with a Pratt and Whitney 700 hp engine. All of the French entries had dropped out, one after the other.

KLM's Douglas had an experienced crew: Parmentier and Moll as pilots, Prins and Brugge as navigator and flight mechanic.

In its communiqués, KLM insisted that the Douglas was a regular airplane, carrying mail (especially envelopes for philatelists) and passengers. The company refused to install supplementary fuel tanks on the plane in order to prove their intention of only making a demonstration flight.

The date for the DC-2's arrival at Melbourne was scheduled — it would be 29 October, not one day sooner.

This also was a fairy tale. Who could believe for one minute that Parmentier and Moll, two old hands, were not going to give it all they could in this exciting race? It was a unique occasion to prove that they were as good as the best. They had another reason to get into the scuffle — the DC-2 was going to once again meet its rivals, the Boeing 247 and its pilot Roscoe Turner. It was he who set, as we have already seen, the record for a flight across the United States on the day of the first flight of the DC-1, the plane which, a short time later, took the same record away from Roscoe Turner. Under these conditions, who could believe that Parmentier and Moll were not going to take the shortest routes possible between the checkpoints, were not going to press the mechanics to give their all, were not going to dash through fog and storms?

(continued page 60)

This photo, taken in the hangar at Mildenhall, shows the modernism of the Douglas aircraft when compared to some contemporaries, such as the Hawker biplanes in the left background.

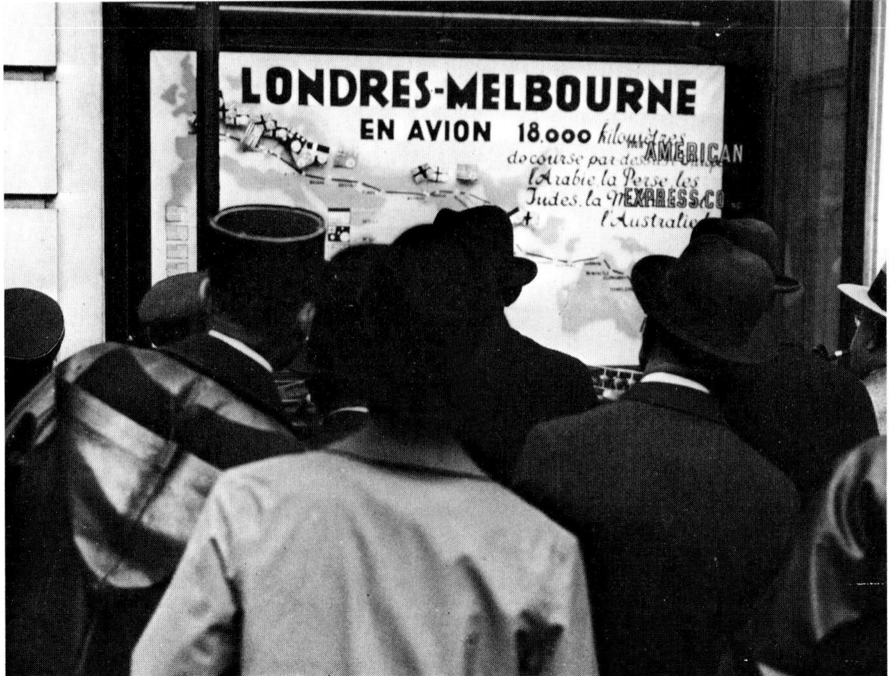

In Paris, on the rue Auber, the rubber-neckers gathered at the window of the American Express office, which showed the current results of the air race from London to Melbourne.

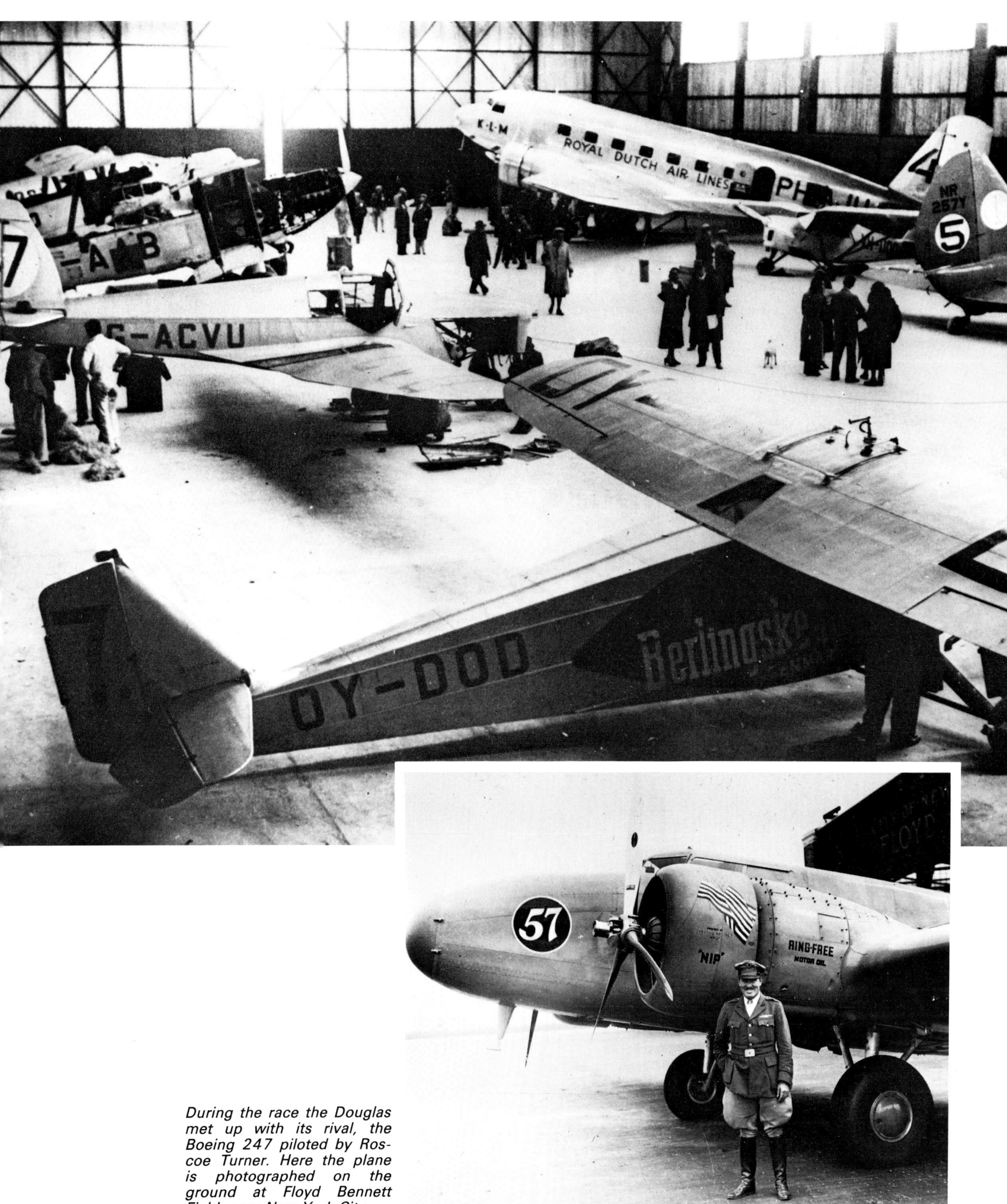

During the race the Douglas met up with its rival, the Boeing 247 piloted by Roscoe Turner. Here the plane is photographed on the ground at Floyd Bennett Field, near New York City.

One of the passengers, Mrs. Thea Rasche, interviewed by a journalist.

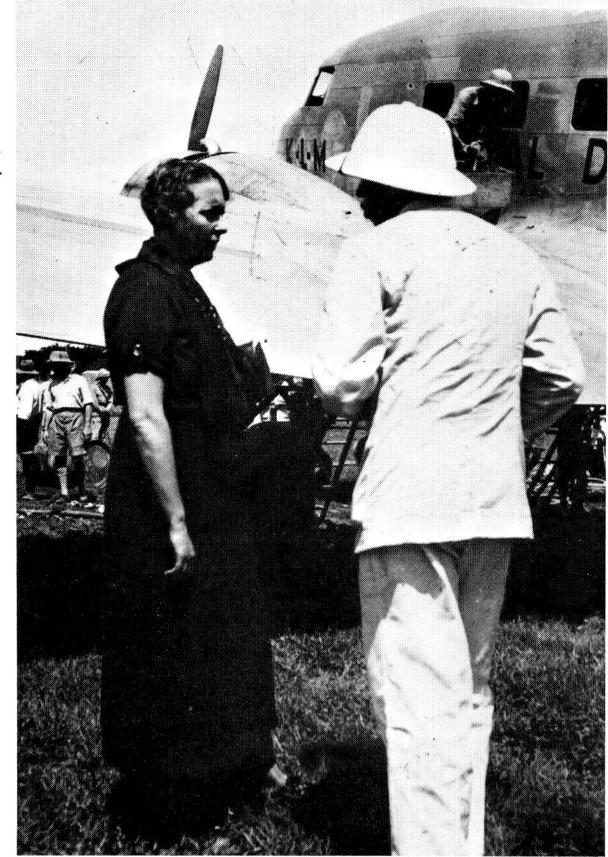

An impressive view of the KLM DC-2 shortly before its takeoff for Mildenhall airport, starting point for the race. Under the fuselage can be read its number: 44, followed by the letters KLM.

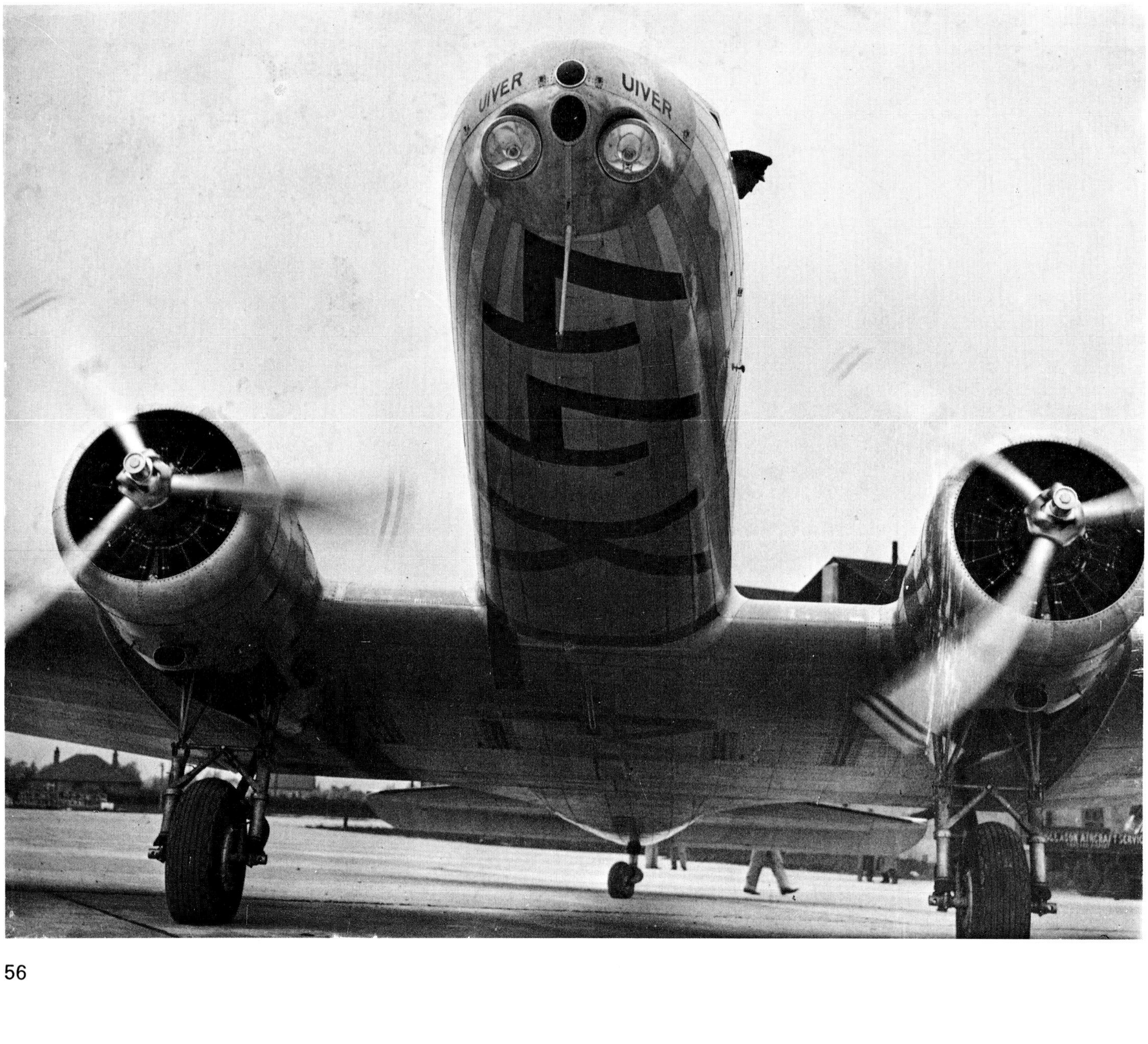

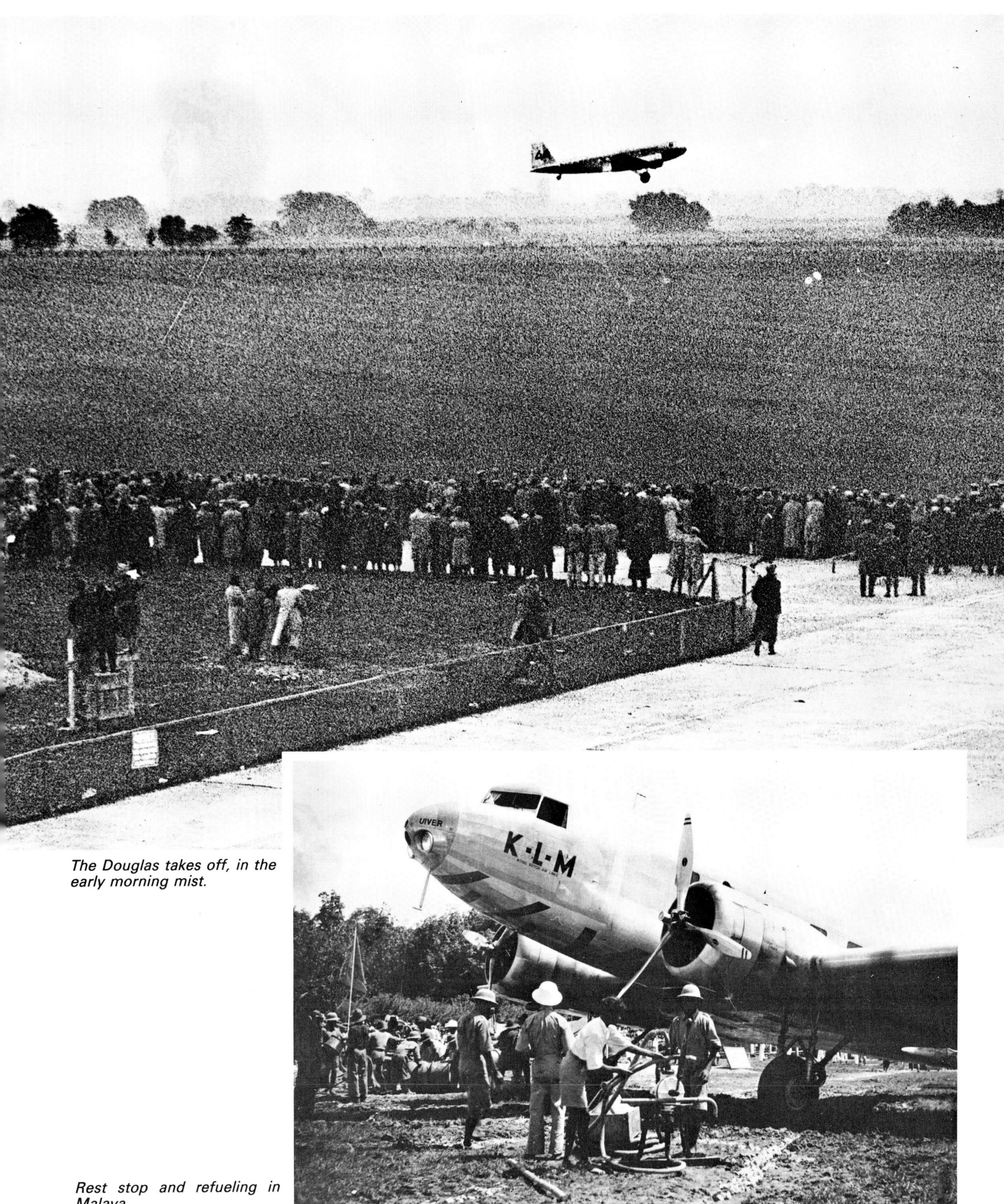

The Douglas takes off, in the early morning mist.

Rest stop and refueling in Malaya.

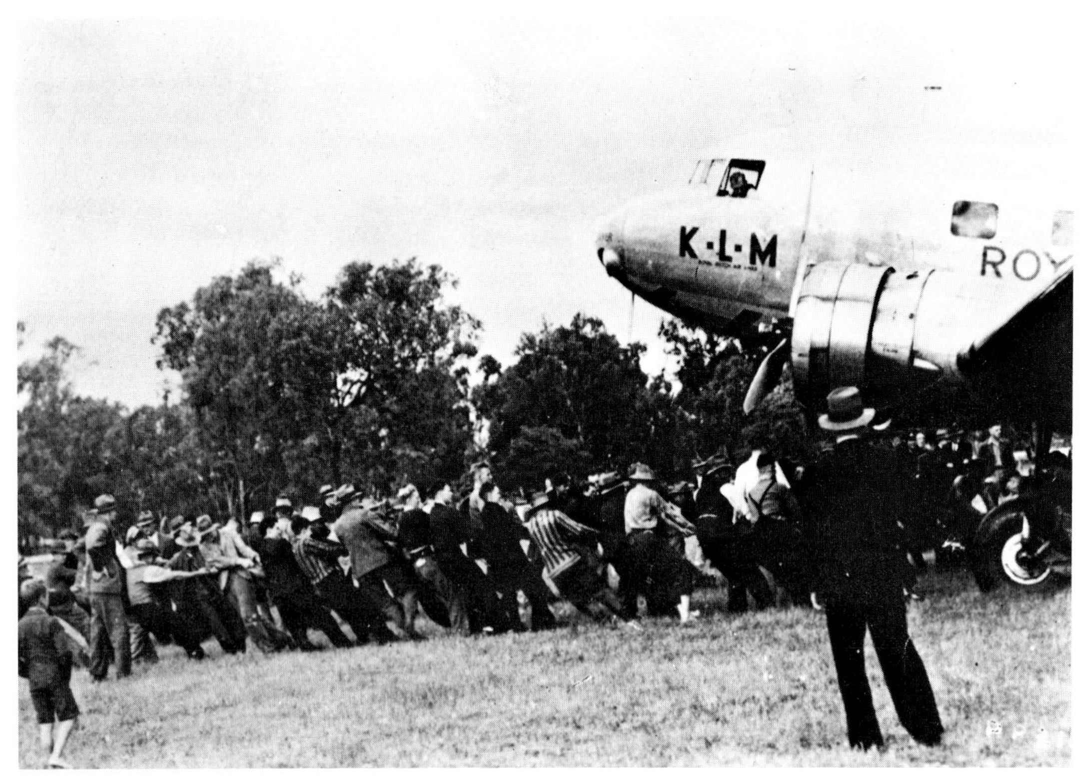

200 km (125 mi) from the finish, the DC-2 became bogged down on the landing field in the small valley of Albary. The entire population came out to pull the plane from its unfortunate predicament.

At the finish in Melbourne, the KLM Douglas starred for the newsreel camera.

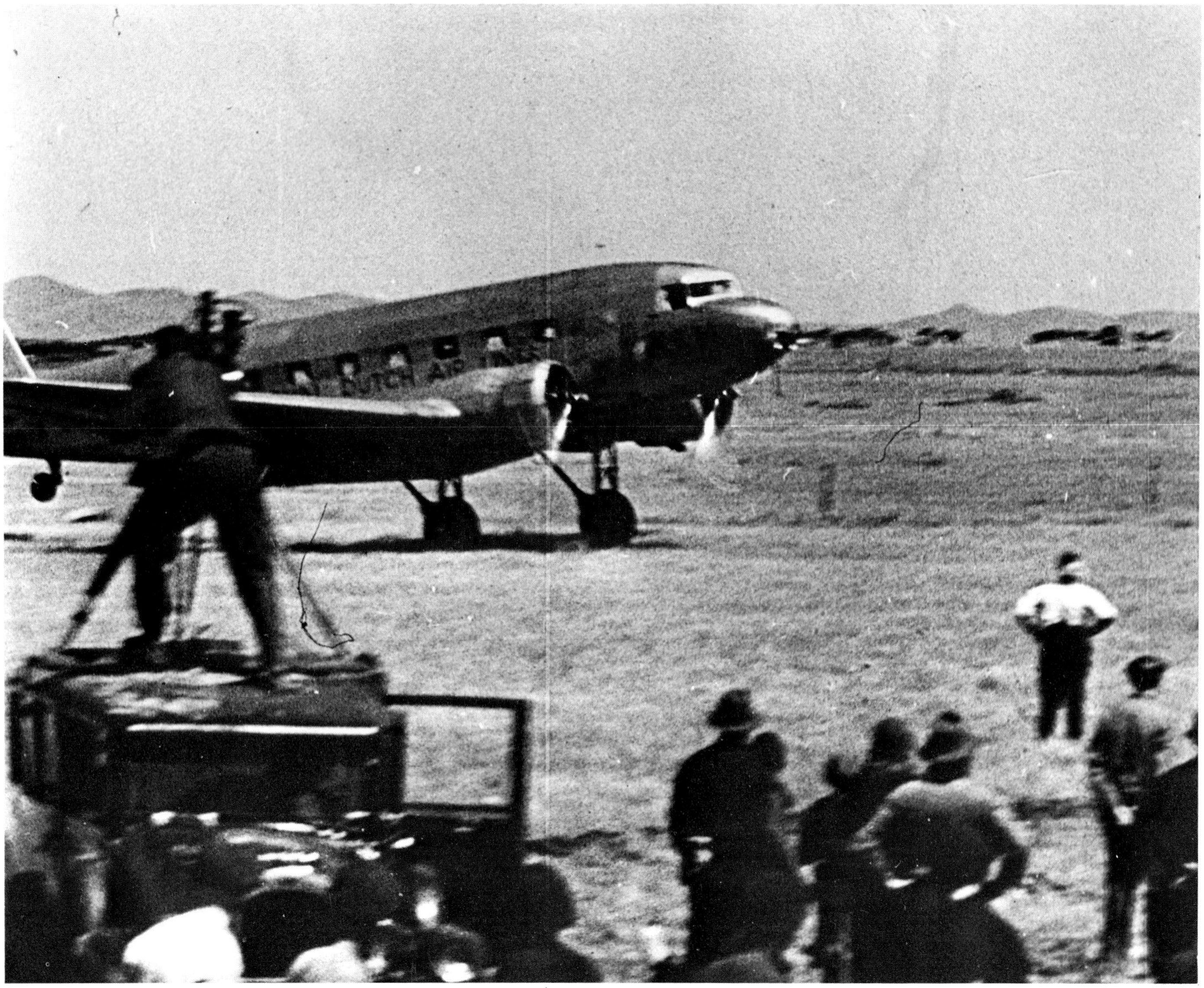

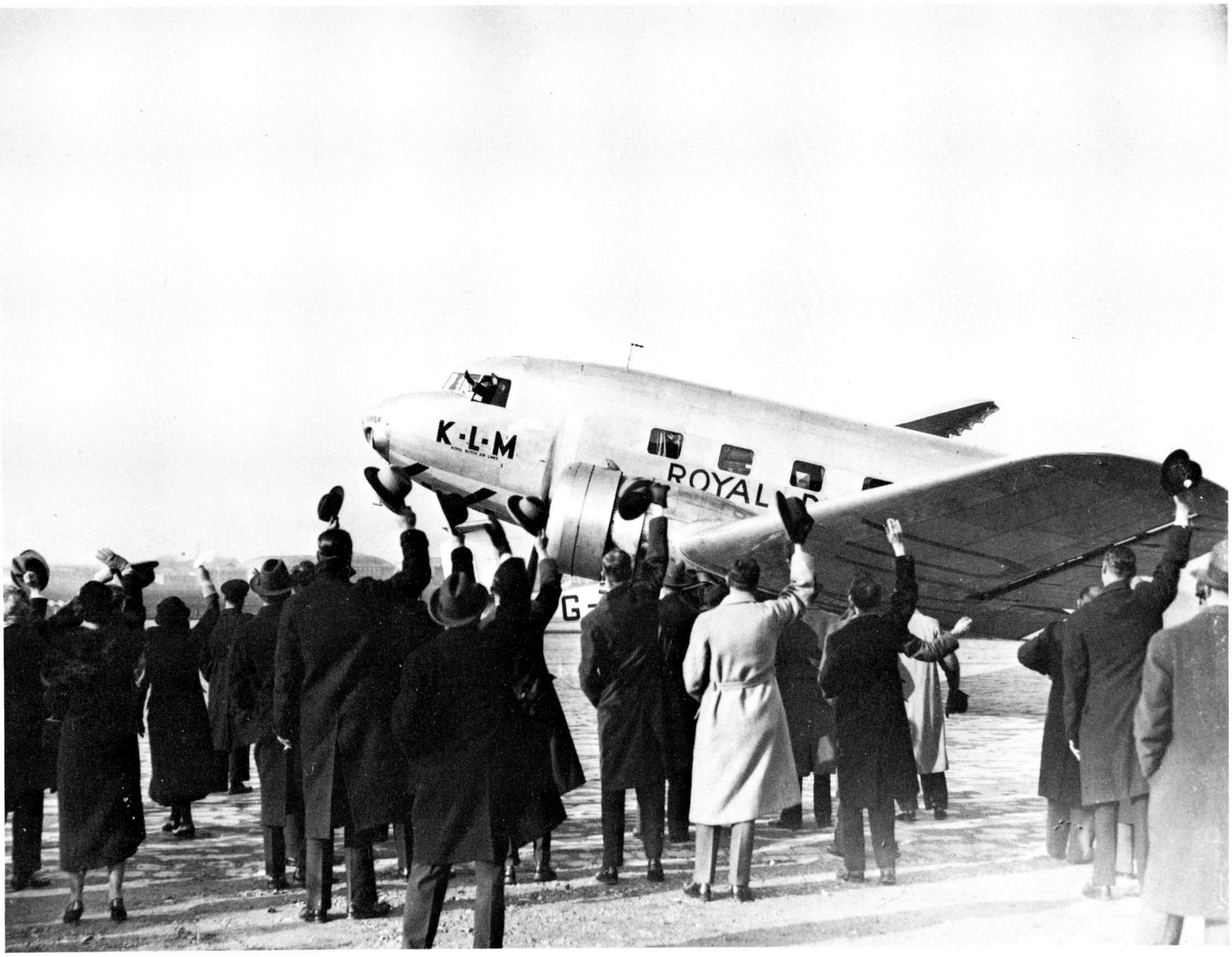

During the return journey, the team was acclaimed during its stop at Le Bourget.

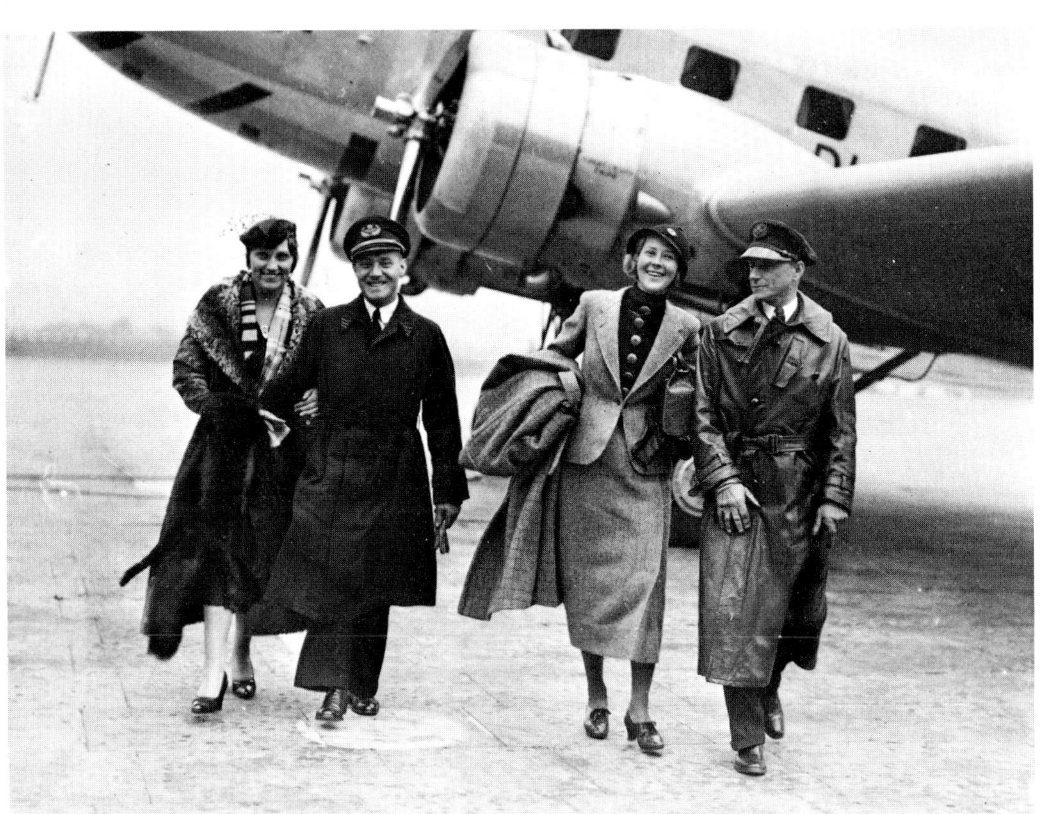

The victorious pilots of the DC-2: Parmentier (at left) and Moll, greeted by their wives in Holland.

Above all, with a Machiavellian smile, didn't they have an advantage over the others? The worse the weather, the better off they would be! Fortunately the boss of KLM did not hear these things.

The planes started the race by taking off, in single file, one after the other, every forty seconds. They immediately disappeared into the autumn fog.

The easy takeoff of the DC-2 was very spectacular. The Douglas passed Rome at 12:28 p.m.; Athens at 5:35 p.m.; Aleppo at 9:57 p.m. With each stage the competition disappeared, suffering engine failure or losing their landing gear. In the lead, running away, were Scott and Campbell Black in their de Havilland Comet, a wooden airplane with short, pointed wings, powered by two ridiculous Gipsy Six engines giving 224 hp. But it was so streamlined, so light, so well varnished, that it could fly at a steady 300 km/h (185 mph) — in total discomfort! The pilots finished the race exhausted.

Let's Light Up The Race Course

Meanwhile, the team in the Douglas traveled in ideal conditions. The plane was heated, there were baskets of food on board, it was possible to prepare hot beverages, and berths were provided for sleeping, lulled by the steady drone of the two Wright engines. The passengers, reduced in number to only four, played cards or read. At mid-race, the order was: lst, one of the Comets; 2nd, the Douglas; 3rd, the Boeing 247 of Roscoe Turner. But after Karachi the latter made a navigational blunder and found himself lost, at low altitude, over an unknown forest. By a miracle, he was located by radio, but he then had to return to Karachi because he was running short of fuel.

The same thing happened to Parmentier, but he was luckier. Some 200 km (125 mi) from Melbourne, in the dead of night and in pelting rain, the Douglas was running smoothly but near the end of its fuel supply. He was not lost, since he had just exchanged a few words, quickly and garbled, with the radio station of the small Australian city of Albury, whose lights he could vaguely see. Parmentier needed to land soon, but he hesitated to do so in the darkness.

It was then that the mayor of Albury, comprehending the desperate situation for the Douglas, had an extraordinary idea. He sent out, over the local radio, a message to all automobile owners:

"Come quickly to the race course and light up a runway with your headlamps."

Then the mayor hurried to the town's central power plant and used the large main switch, which controlled all the power for the town, like a giant Morse code key. High above, the crew of the DC-2, scrutinizing the ground below, suddenly saw the street lights and the lights in the windows of the houses start to blink on and off — in Morse code! They understood. The town as a whole, with its lights flashing, dots and dashes, was directing them to the race course. Parmentier successfully landed the Douglas, under acrobatic conditions, in a minuscule space, and above all, on very damp ground. It was a miracle that the plane did not flip over in the mud.

The first words from Parmentier were "Thanks, you're terrific!" Then "Do you have news about the Boeing?" They told him that Roscoe Turner had not yet passed there. Parmentier and his crew worked throughout the night and part of the morning to pull the Douglas out of the mire. All the townspeople were there, from store clerk to mayor, to pull on the ropes. Then Parmentier had them bring planks, and they built two strips for the wheels to roll on, each plank being solidly fixed to the ground with pegs.

The takeoff was going to be touchy. To make the plane as light as possible, Parmentier abandoned his four passengers. (KLM had insisted: this would be a peaceful, normal, demonstration flight...!!)

One can even suspect that Parmentier had quietly jettissoned other items to make it even lighter, such as equipment which he would no longer need. The pilot also had them knock down some fences and even cut down some trees so that he would have a clear path. Parmentier successfully made the takeoff — the hand of a master — and dashed for Melbourne. There he was the second to arrive, behind the Comet of Scott and Campbell Black. Roscoe Turner, in the Boeing, would come in third. Actually, the Douglas was classified first in the handicap category. It had covered 19,877 km (12,345 mi) in 3 days 18 hours 17 minutes, at an average speed of 220.162 km/h (136.832 mph).

(continued page 65)

The DC-2 purchased in 1935 for testing by the French government and Louis Renault.

Lieutenant Polart, in the midst of tests, at the controls of the French DC-2.

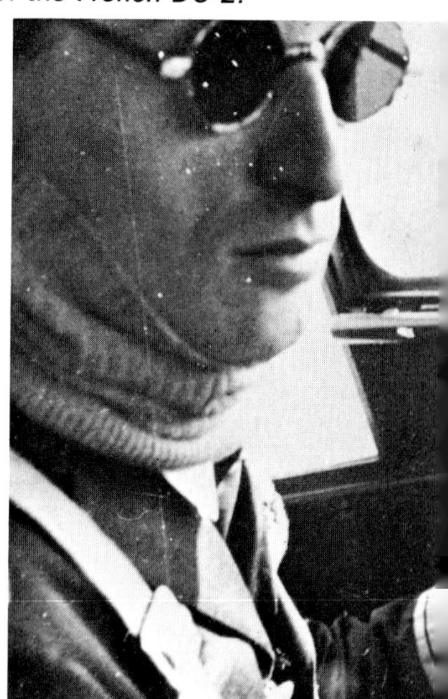

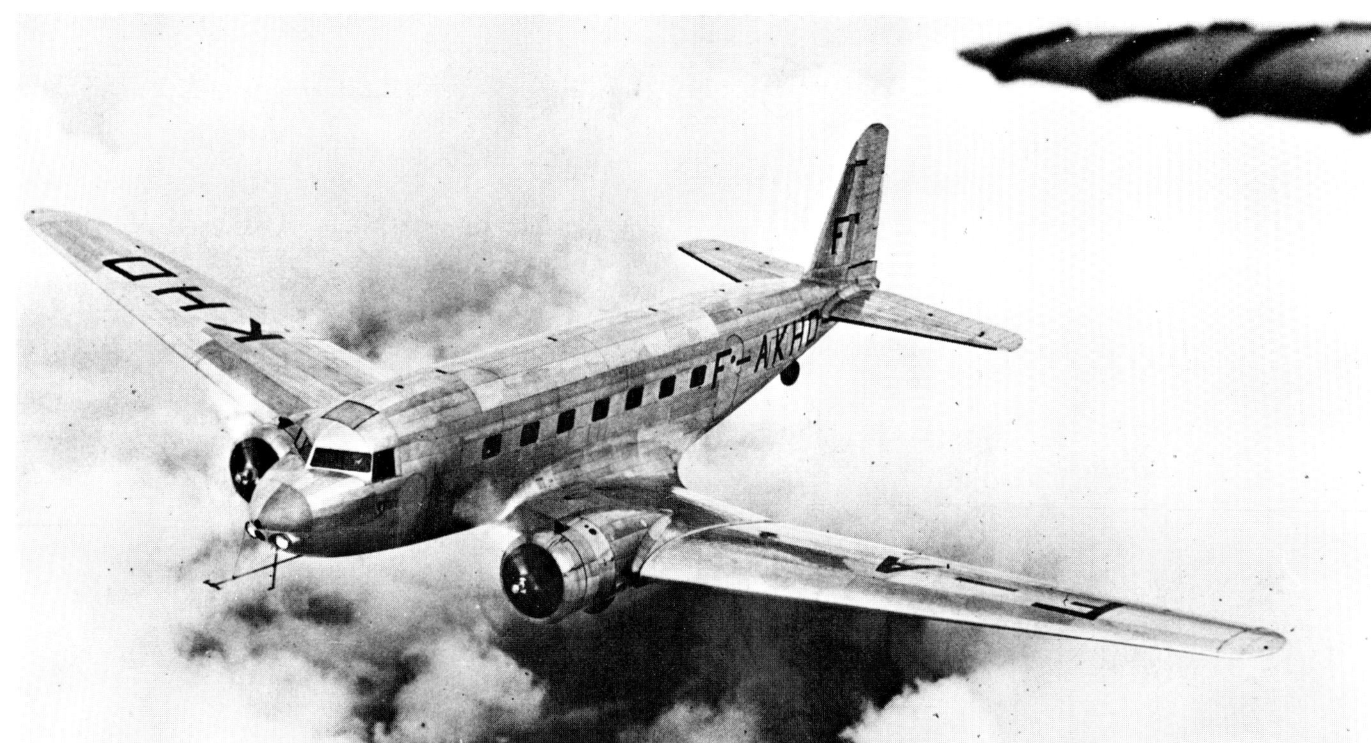

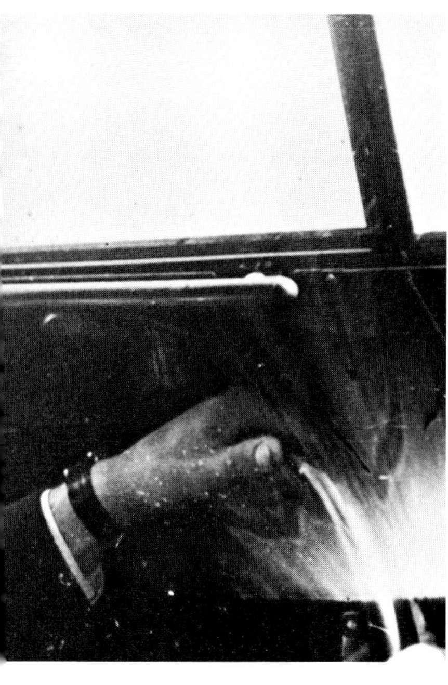

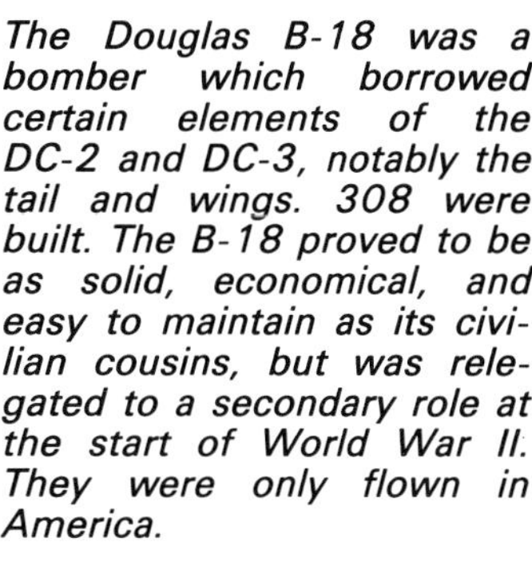

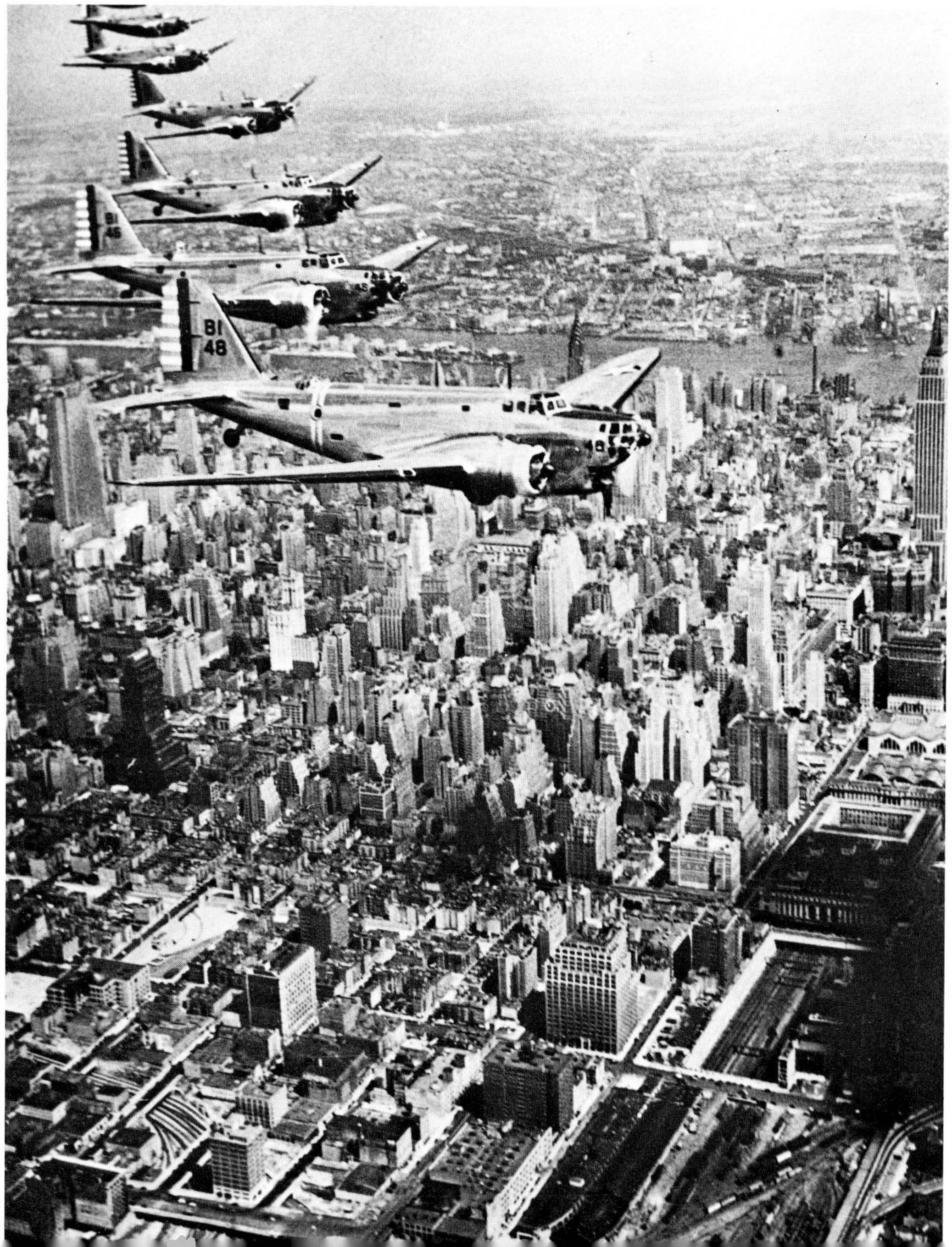

The Douglas B-18 was a bomber which borrowed certain elements of the DC-2 and DC-3, notably the tail and wings. 308 were built. The B-18 proved to be as solid, economical, and easy to maintain as its civilian cousins, but was relegated to a secondary role at the start of World War II. They were only flown in America.

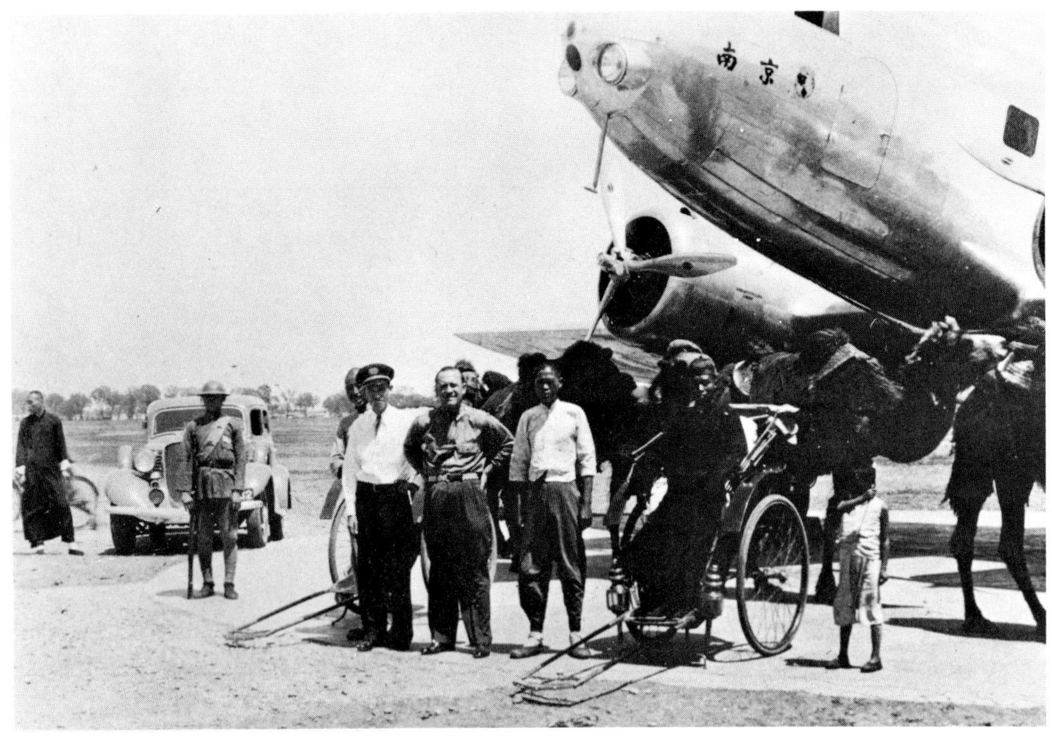

Traditional rickshaws and camels in front of the ultra-modern Douglas of CNAC (China National Air Company). (Photo taken 7 August 1935).

A Douglas placidly going up the Yellow River on a barge.

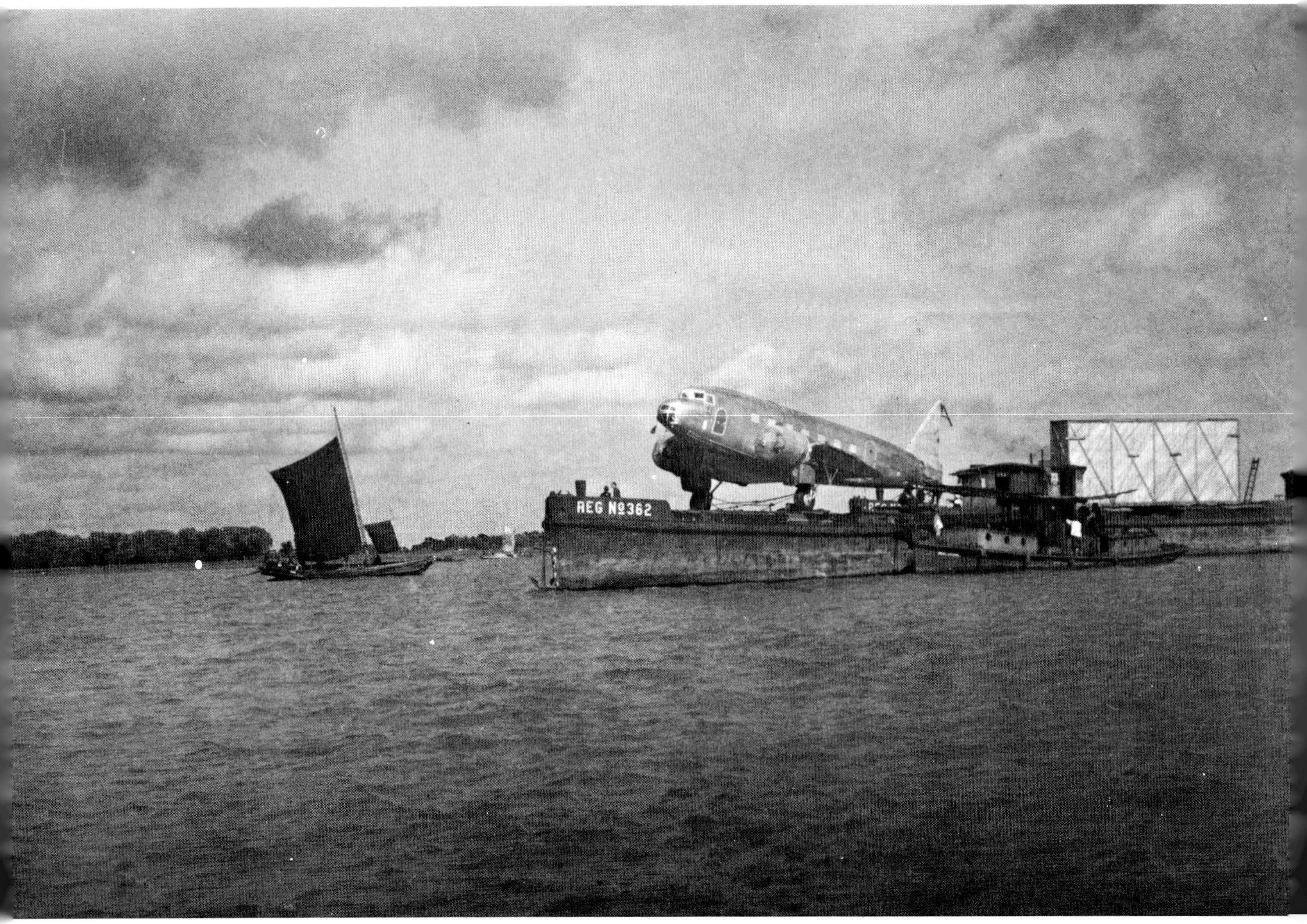

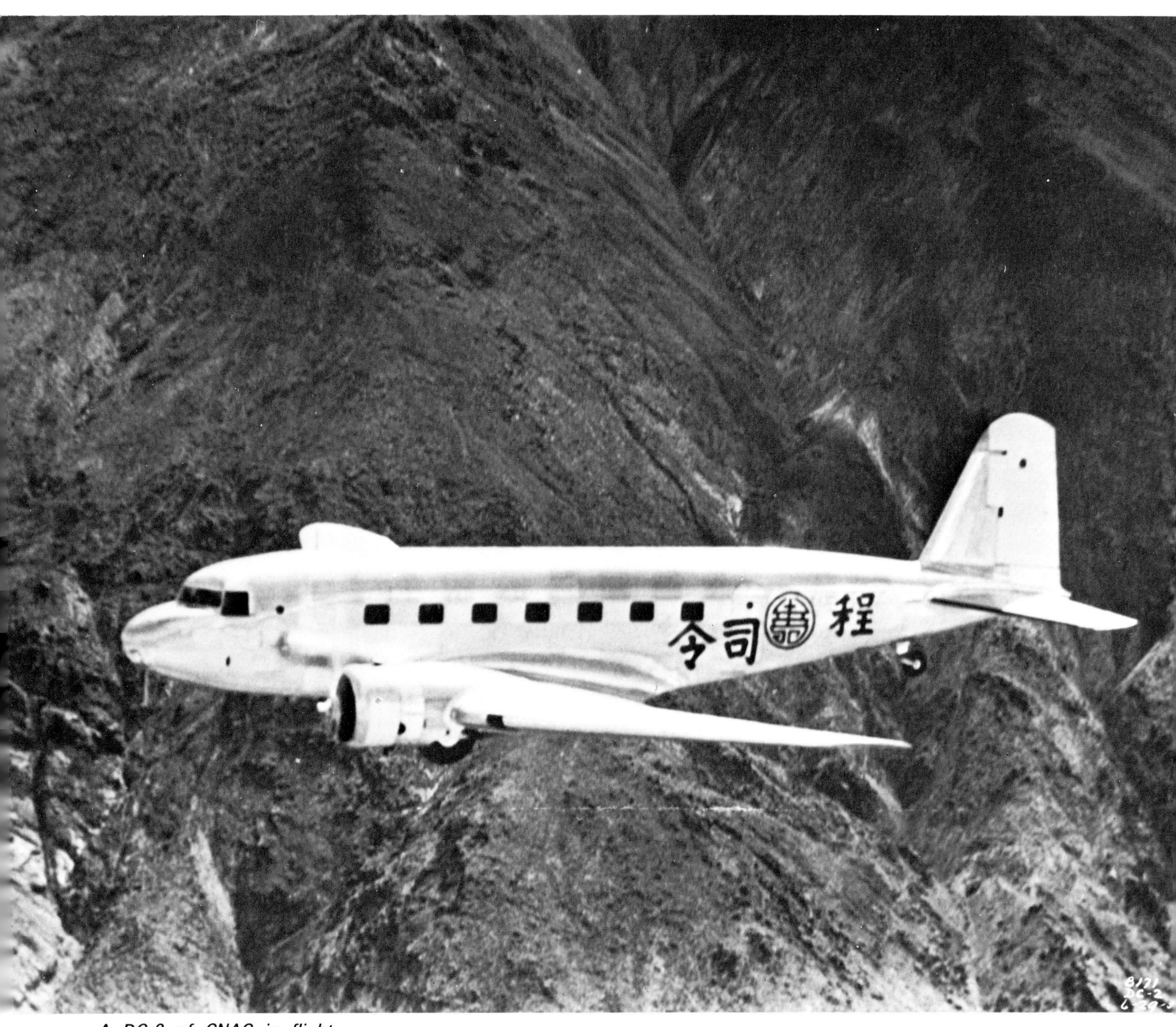

A DC-2 of CNAC in flight over the spurs of the Himalayas.

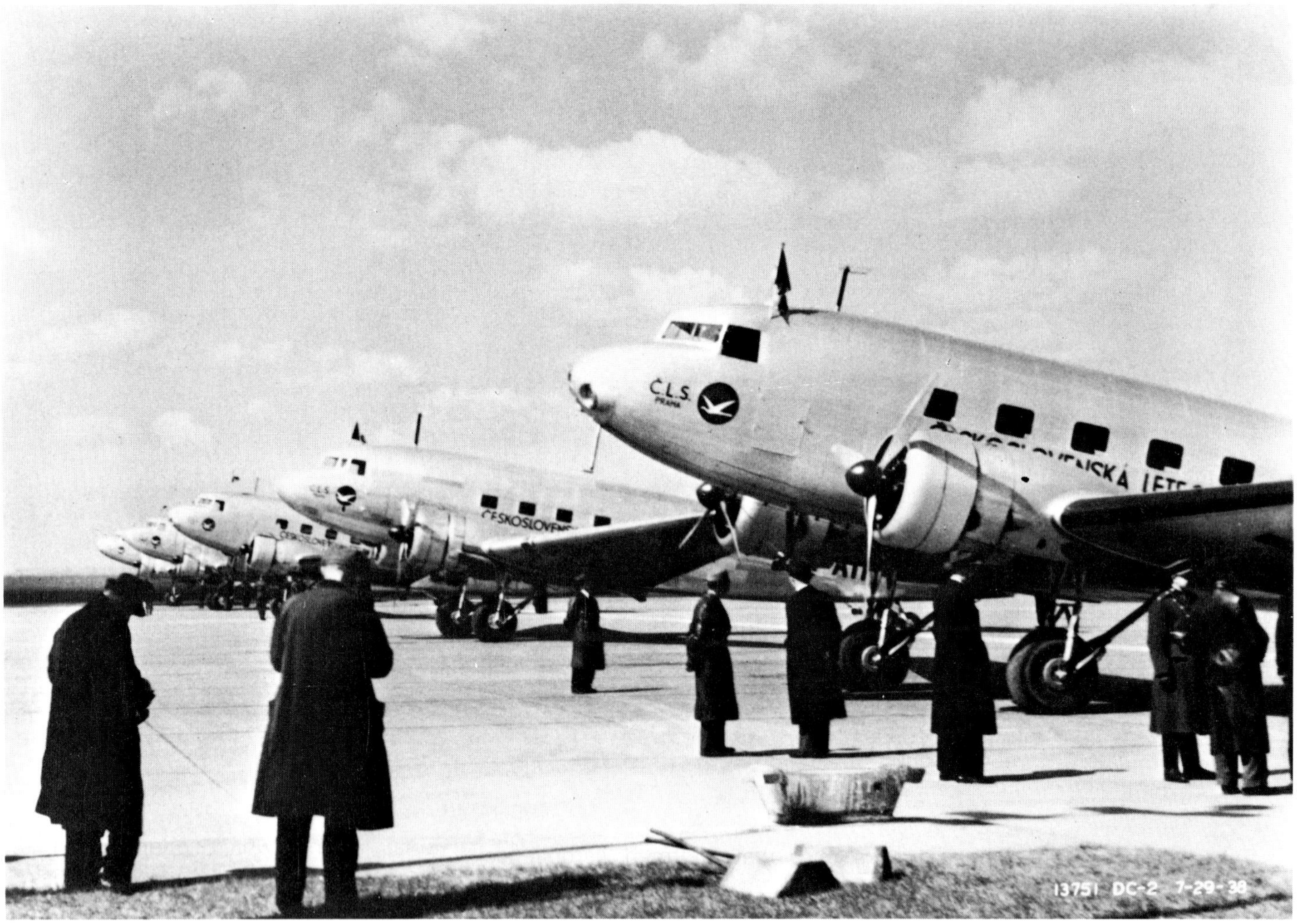

The DC-2s of the Czechoslovakian company CLS.

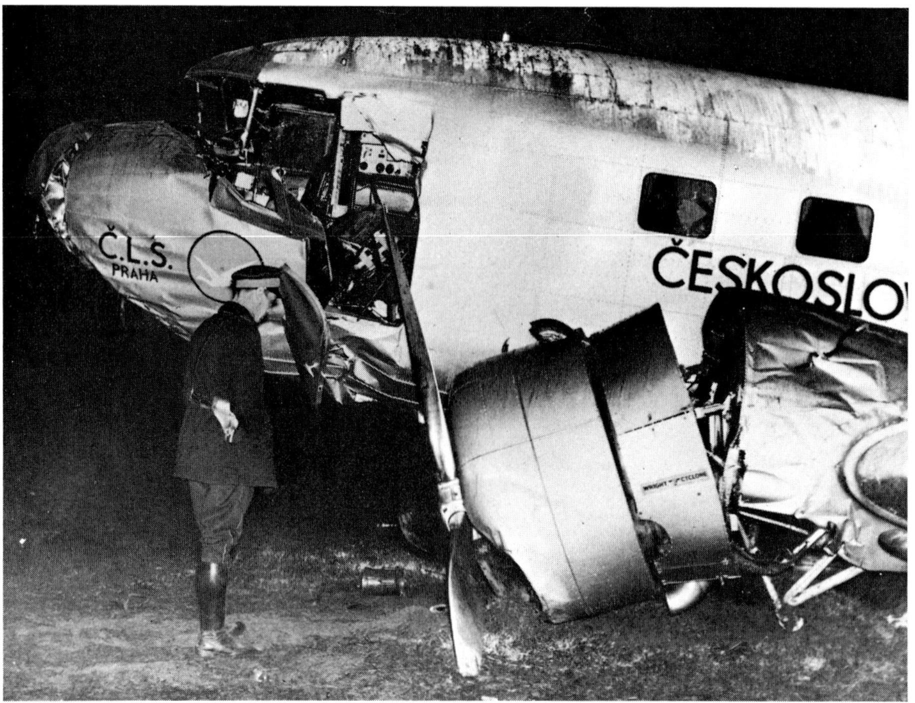

Forced landing for a Czech DC-2. The passengers were safe and sound. (Photo taken 21 April 1936).

A Successor: The DC-5

The event made a big splash in the press. As for the DC-2, reported an American observer; the British journalists were becoming "Douglasterics".

Plesman rubbed his hands with glee, for his Douglas was sure to be swamped with customers.

The victorious DC-2 never got the chance. On 20 December 1934 it crashed in the desert in Syria after being struck by lightning. It had only survived for four months.

KLM would remain loyal to Douglas, buying (through the intermediary, Fokker) DC-4s, DC-6s, DC-7s, DC-8s, DC-9s, and DC-10s. In its enthusiasm for the Santa Monica firm, KLM even bought some DC-5s, the model intended as a successor to the DC-3. This little-known airplane was not further developed because of the war. Douglas recognized that it was not a success.

The French Test It

The French government also had an eye on the Douglas. It had been aware of the plane ever since its introduction, thanks to a well-informed aeronautical press that kept on the watch for innovations. The Air Ministry bought from Fokker, the intermediary, a DC-2 which was delivered during 1935 by Parmentier, the chief pilot for KLM and the hero of the recent air race.

The French government found a co-owner, in the person of Louis Renault. He had visions of building the plane under license and fitting it with two 600 hp, nine-cylinder radial engines which he manufactured. These engines were not equal to the Wright "Cyclones" used by Douglas, and in many ways were a great deal inferior. Renault had only paid 1/16th of the total price of the airplane, but spoke of the Douglas as if it were "his airplane".

Lieutenant Polart of CEMA (Centre d'Essai du Matériel Aéronautique or Center for Testing Aeronautical Material) was put in charge of evaluating the airplane. A young pilot, Lieutenant Badré, had just been assigned to CEMA. The head of the service, Colonel Delattre, told him: "The best way to learn your job is to take a seat in the co-pilot's chair. So go and see how Polart does things, and do what he does."

After five or six flights Lieutenant Polart left on vacation, and Paul Badré replaced him at the controls. It was he who made practically all the flights in the DC-2.

The plane was equipped to carry sixteen passengers. Paul Badré found that the Douglas, thanks to its kapok linings, was much quieter than other planes. While in flight it was possible to carry on a conversation with no difficulty.

In addition to performing tests, Paul Badré was also responsible for making numerous demonstration flights. One day, he carried Louis Renault and his staff on a flight. This imposing excursion flew over Louis Renault's estate. Upon leaving the plane, the manufacturer confessed to Badré that this had been only the second airplane flight of his life. The first had been before World War I, with the pioneer aviator Farman.

As for the results of the tests of the airplane, we could not do better than to cite this extract from the work *Histoire des essais en vol* (History of Flight Testing) by Louis Bonte (Éditions Larivière):

"The plane at first surprised the pilots by its conduct on the ground which, with the tail wheel released, required a certain fine touch in operating the directional levers (which operated in the opposite direction from those then in use on French airplanes). Once this wheel was locked, the plane taxied absolutely straight, even in cross winds. The takeoff presented no problems, and the three-point landing was easy, but required a certain amount of force to completely control the stick at the moment of touchdown. Then, under heavy braking (hand brake and flaps) the plane could be brought to a stop in a remarkably short distance.

The procedure, during demonstration flights for dignitaries and technicians which took place later, was to have the wheels touch at the entry to the approximately 200 m (650 ft) triangular cement platform located at the extreme east of Villacoublay, and bring the plane to a stop before the end of the platform. A sharp angle of descent and engine speed reduced to a minimum (techniques never used by airline pilots, however) enormously facilitated the approach.

The plane was longitudinally stable, with corrections easily made, in all types of flight, but a certain buffeting of the tail appeared at very large angles of attack, which did not allow the pilot to relax for very long.

Transverse stability was less brilliant. In fact, the plane was even slightly unstable transversely during full-power climbs, which was probably due to a shortage of dihedral on the plane. The ailerons were very efficient and accurate.

The rudder, however, required a great deal of foot pressure, if the movement was not accompanied by trimming.

Level flight, with one engine shut down and a full load on board, was just barely possible, and the operating engine, which it was necessary to keep at low propellor pitch, heated up quickly. At the time, actually, there was no bimotor plane that could fly normally on one engine.[21]

The report of the test flights, edited by 'Vellay', really stirred up, quite unwittingly, a great controversy when it was widely circulated in the technical journals of the period.

The reports by CEMA were, normally, secret and were supplied only to branches of the government which had a need for the information. They were prepared in a very particular fashion, and *on principle* never made mention of the good points of an airplane, which were implicit — but instead only mentioned the faults which had been ascertained or which were the most persistent.

When the tests of the DC-2 in particular were completed, the list of faults comprised some ten items and took up an entire page. The final phrase, however, written up by 'du Merle', tried to be flattering: 'Other than the faults which have been noted, and taking everything into consideration, there is nothing particular worth noting about this airplane.'

The manufacturers, Douglas, and their representative in Europe, Fokker, were, naturally, furious with this 'publicity'. On the other hand, the French manufacturers, who up to that time had been unable to come up with anything that approached the Douglas,[22] were boisterously exultant. The only one who learned a lesson from the affair was, once again, Marcel Bloch, whose MB 220 would appear two years later. Built using only French parts, it did not appear all that ridiculous when compared to the DC-2, or even the DC-3 which followed."

After the tests were completed, a crew from Renault took the plane completely apart, engines and all, and examined it under a magnifying glass. Then the Douglas was put back together and given to Air France, who put it to work for a while on the route from Paris to Algiers. Then the plane was passed along to the Governor-General of Algeria. Before it disappeared without a trace, the DC-2 would have one last adventure.

Colonel Renin, head of the air branch of the Intelligence Service, had a plan for making secret, high altitude, flights over Germany, for the purpose of taking aerial photographs of airfields and fortifications. For reasons of security, the pilots would be civilians who were in the military reserve, and the planes would have the appearance, theoretically, of being civilian aircraft. Therefore, it was an attorney (who was also a general in the reserve) who would purchase the two Lockheed 12s chosen for these missions. The attorney would pay for the planes, and the Air Ministry would reimburse him.

At least, that was what was planned. But the red tape involved in the bureaucracy delayed the reimbursement so long that the poor attorney, who had advanced the money by taking it out of his practice, narrowly missed being forced into bankruptcy.

The missions began. The planes chosen turned out to not be very adaptable to this type of work. It was then

A Douglas hybrid: the body of a DC-2 and the tail of a DC-3. The military called it the C-39.

21. Before World War II, there was no test for takeoff with one engine shut down. Afterwards, planes had to be able to clear a 20 m (65 ft) obstacle after a takeoff run of 600 m (1,970 ft), which the DC-2 could just barely do, according to Paul Badré. On landing, the plane likewise had to clear the 20 m obstacle and come to a stop within 600 m of runway.

22. The Potez 62 ordered by Air France underwent testing at the same time as the DC-2. It carried half as many passengers, with a little more power.

thought that the DC-2 might be the ideal airplane. It was brought back from Algeria.

Paul Badré made a test flight, accompanied by Colonel Renin, over the Parisian area. The two men perceived that the plane had insufficient performance of altitude, and would require costly modifications to allow it to be used for aerial photography.[23] The plane was returned to Algeria. What became of it is not known.

The DC-3 Is Finally Born

The DC-3 arrived in 1935. It would be the best, the most perfect, of the dynasty. In the gallery of masterpieces created by man for travel or combat, it would join the Jeep, the Spitfire, the Rolls-Royce Silver Ghost, the Pacific 231, the Citroën 2 CV, etc.

Once again, it was not Donald Douglas who took the initiative to build it, but the management of an airline company. Two men who were far-sighted and quick to take action. Cyrus Smith, a giant standing over six feet tall, a Texan once again, a born businessman who had roamed the world conducting great enterprises, and who one day found himself at the head of an aviation company American Airlines. The other was William Littlewood, the vice-president of the same company. A vice-president who was not content to play golf with the CEO and assist with administrative conferences, but a well-informed engineer who spent hours flying, beside pilots or passengers, observing them. He was thoroughly familiar with airplanes and engines, and was technical manager for American Airlines.

Smith, who acquired full authority after a few months, had instituted the idea of sleeper planes. His slogan was "Cross the continent sleeping peacefully in a bed on an American Airlines airplane." The sleeper plane was a Curtiss Condor biplane, made of fabric and wood, which could carry twelve recumbent passengers. To tell the truth, to actually sleep on such an airplane required either nerves of steel or total unconsciousness. Every three or four hours the plane would land, refuel, and then take off once again — over rough runways. Let's not even think about conditions in bad weather! One mystery which we have been unsuccessful in solving was whether the hostess ordered the passengers to sit up and fasten their seat belts before landing and on takeoff, or whether the passengers were left alone, subject to becoming flying projectiles, launched from their bunks, in case of a disaster?

Smith and Littlewood faced the same situation as the majority of airlines in 1934. They had to modernize their fleet of planes, or they would go out of business.

TWA, with the DC-2, and United Airlines, with the Boeing 247, already had a good head start. The gimmick of the sleeper plane was still a good promotion, but only if the plane became a fast, all-metal one, and not an antiquated wood and string one, like the Curtiss Condor.

One story making the rounds at the time concerned Curtiss offering the Condor to the president of Western Air Express, a company with routes crossing the United States. His response was alleged to have been: "I will agree to purchase ten . . . as soon as a tunnel for airplanes is put through the Rocky Mountains!"

Well, there was only one modern airplane available on the market, the Douglas DC-2. It was sufficient, the two men thought, to be transformed into a sleeper plane. The idea was seductive. Smith, Littlewood and his assistant, Kirchener, sketched a plan of the DC-2. They realized that the project was possible only if the plane were slightly modified. During the conferences which they had during the weekend they drew, always starting with the DC-2, the lines for their ideal plane, the plane which would best fill their needs and, moreover, give them a lengthy lead over their opposition. In America in the 1930s, competition was fierce. This is what motivated men, and encouraged progress.

An Historic Telephone Call

"Their" Douglas was the answer to two requirements: It had to fly for longer periods, in order to reduce the number of intermediate stops; and it had to be capable of carrying more passengers, so it would be more profitable.

The plane which took shape on paper

23. The ideal airplane would appear to have been the prototype of the Potez 540. Very light, fitted with two Hispano 12 X motors, it could attain 11,000 m (36,000 ft). It was never registered. Three photo missions were completed, with some success.

that weekend would have eight berths for overnight service, one of which would be a small, enclosed, private compartment reserved for VIPs or newlyweds (it would be named "the love cabin" by the hostesses). For day flights, the layout allowed the fitting of three rows of seven seats each. This was an innovation, for everyone believed that a supplementary row of seats would unbalance the airplane in flight. It was this version of the aircraft which received the name DC-3.

Littlewood had already calculated that the new arrangement required lengthening the fuselage by 66 cm (2 ft 2 in) and increasing the height by 19 cm (7.5 in). This was a relatively great increase, and would in turn require that the plane be fitted with more powerful engines. This was no problem. Littlewood, who had spies everywhere, had learned that the Wright engines which were furnished on the DC-2 would soon be capable of supplying 1,000 hp instead of the 875 hp then quoted. Technically, there were no major obstacles to the project. But there was the problem of finances. However, Smith thought that he would be able to obtain a loan from Washington. In retrospect, they only had one problem, and it was psychological. The men at American Airlines, having done all of the planning themselves, were in the dark as to the reaction of a rather important person — Donald Douglas. It was going to be necessary for them to convince him to build an airplane that would have 85 % of the DC-2 and 15 % of new forms and ideas. It was difficult to evaluate what might happen. Cyrus Smith, like a Texan, took the bull by the horns. One evening, he picked up his telephone and called Donald Douglas, attacking him without warning.

In the history of the Douglas company, there had already been the "historic letter" from Frye, of TWA, which led to the DC-1.

Now there would be the "historic telephone call" from Smith. We have attempted to recreate that telephone conversation from fragments.

Smith : *Donald, we would like to buy some DC-2s.*

Douglas : *OK, we are always happy to accommodate new customers!* [24]

24. Douglas did not make the fatal error made by Boeing, who responded to TWAs request to purchase the 247 with "wait until we have delivered the sixty planes ordered by United Airlines".

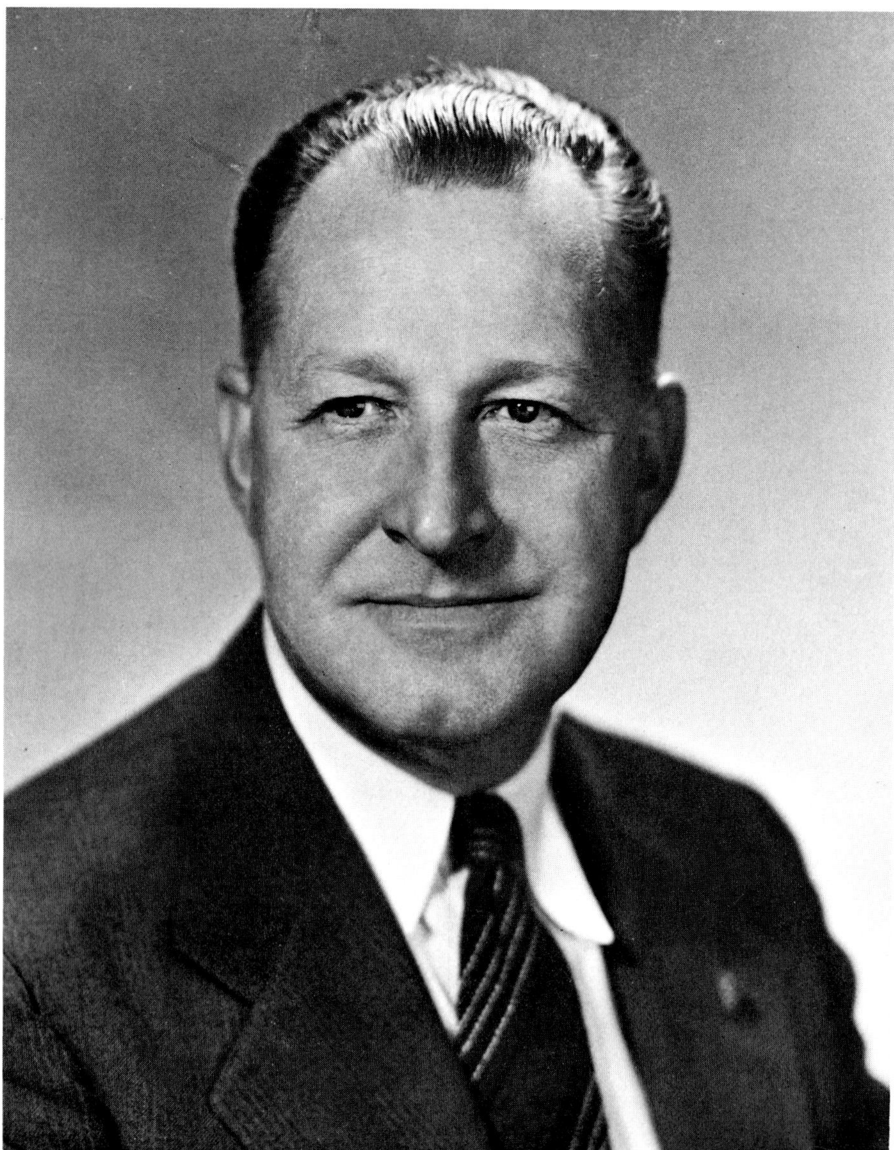

William Littlewood, Vice-President for Engineering, American Airlines. It was due to his impetus that the DC-3 was born.

Smith : *However, we would like an airplane that is a little bit different . . . one on which berths could be installed... you know . . . like our Curtiss Condors.*

Douglas : *For berths, we will have to see... it is a question of physical arrangements.*

Smith : *That's true, Donald. We have already worked on this project. It will require enlarging the fuselage slightly.*

Douglas : *Enlarge the . . . out of the question, Cyrus! I am only just now getting out of the experimental stage with the DC-2. This has caused a great deal of concern, you understand. And now I can finally start to concentrate on production.*

It was this response that drove TWA into the arms of Douglas. After this episode, all the manufacturers left open spaces in their order books so they could accommodate new customers. This method of doing business is still being pursued today at such companies as Douglas, Boeing, Lockheed, or Aérospatiale.

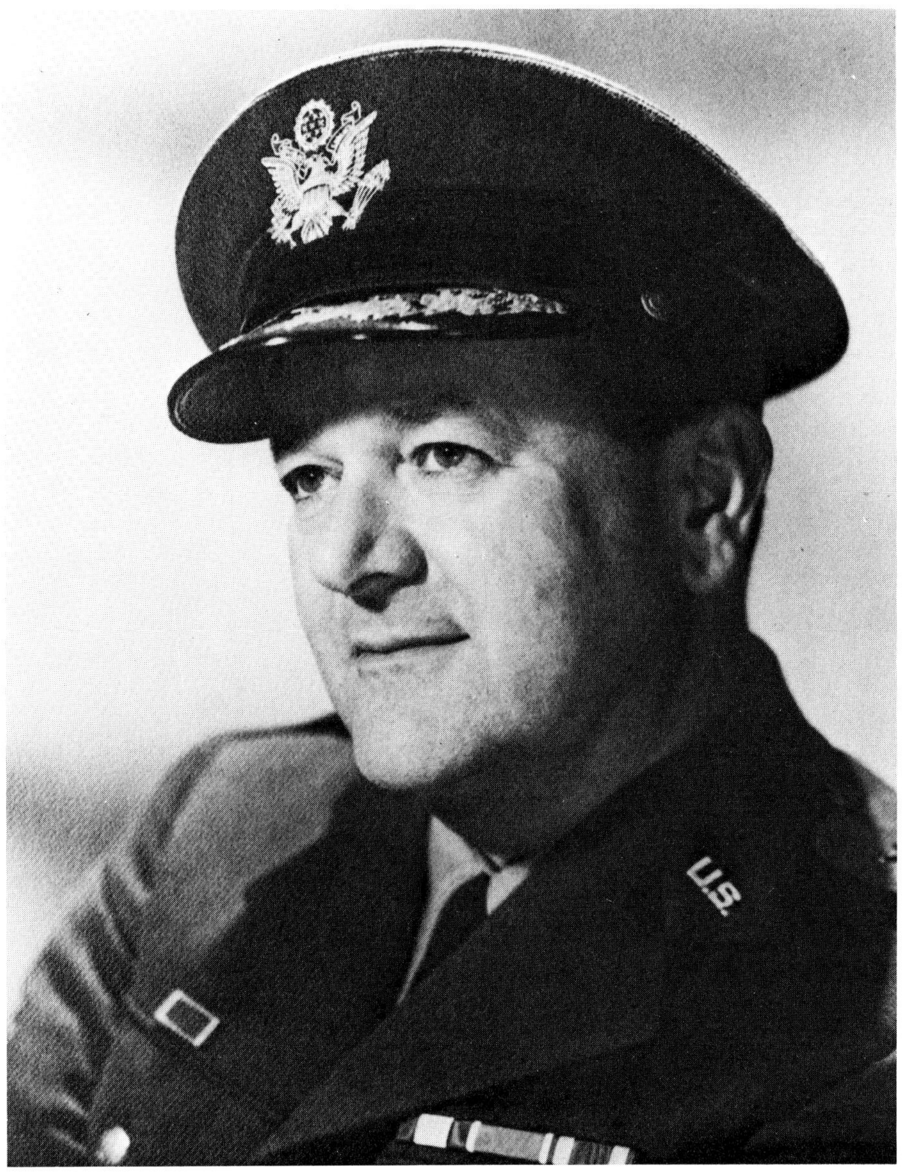

The forceful C. R. Smith, President of American Airlines.

Smith : *The studies will be entirely at our expense, Donald. I am counting on a substantial New Deal loan.* [25]

Douglas : *That's not the problem, Cyrus... I have no confidence in such an airplane. We would not sell ten! On the other hand, my order books for the DC-2 are full.*

Smith : *We think just the opposite, Donald. We think that an airplane capable of flying non-stop from New York to Chicago would be without any rivals for at least ten years. We think that a Douglas carrying twenty-one passengers would be of interest to even more companies, both in the U.S.A. and abroad. You know the DC-2 has its faults, Donald. You've heard that little story circulates among the TWA pilots who fly your plane — when they report in they announce "light rain outside... heavy rain inside!" The windshield of your DC-2 is not watertight. When it is raining, pilots show up to fly it wearing their slickers, and they stuff their maps in the leaks.* [26] *With relatively few modifications, you could make the DC-2 even better. Why not take the chance . . . using our money and with our help?*

The telephone conversation continued in this vein for two hours. At last, Cyrus Smith, with some regrets, brought out the only argument that could move the stubborn Douglas. American Airlines would place a firm order for twenty examples of the new plane, which would be called the DST — Douglas Sleeper Transport — while the twenty-one passenger version would be called the DC-3.

It should be noted that no letter sealed the agreement reached during this telephone conversation. Their word seemed sufficient to the two men — a verbal accord on which $4.5 million was staked! Donald Douglas, despite his reservations and his doubts, gave the project his all. He was not stingy with men or time. He put 400 engineers and draftsmen on the new project, which required 3,600 drawings, and once again spent a fortune on tests and research.

"George" Has The Confidence Of All The Pilots

Bill Littlewood, from American Airlines, took up residence at Douglas. He would supervise the building of the DST, surrounded by the men who were responsible for the DC-2: Raymond, the head engineer; Oswald, the aerodynamics expert; Drs Killian and Klein from the California Institute of Technology, etc.

At the beginning, they expected to be through in twelve months. But each change required another, and the DC-3 in reality would require two years of work. For example, a new wing, 1.50 m (5 ft) longer had to be designed; and new landing gear, much stronger, and which was automatically raised, no longer requiring forty strokes by hand on the pump to raise the wheels.

The plane received new brakes, with the incongruous large lever on the instrument panel being discarded in favor of pedals. A new vertical stabilizer provided with a new rudder was designed. This modification overcame

(continued page 77)

25. Industrial development loans were granted by the government as part of the New Deal programs of Franklin D. Roosevelt.

26. An actual anecdote.

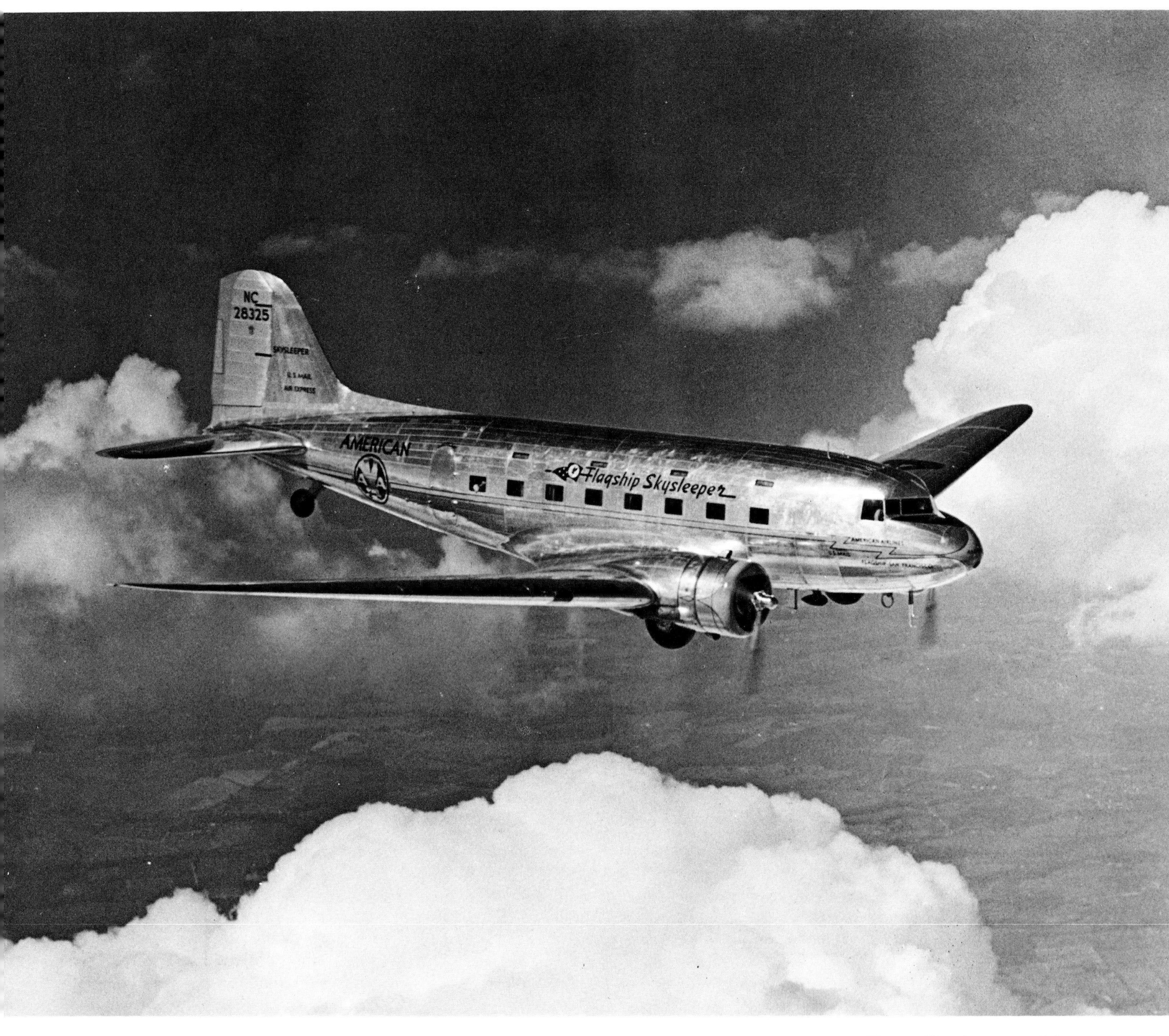

The Skysleeper (sleeper plane) made for American Airlines. It was an enlarged and modified DC-2. For the seated-passenger version it received the name DC-3. Note the small windows for the benefit of the occupants of the upper berths.

It was to replace the aged Curtiss Condors, fitted with bunks, that the American Airlines management ordered from Douglas the DSTs (Douglas Sleeping Transports) that became the DC-3.

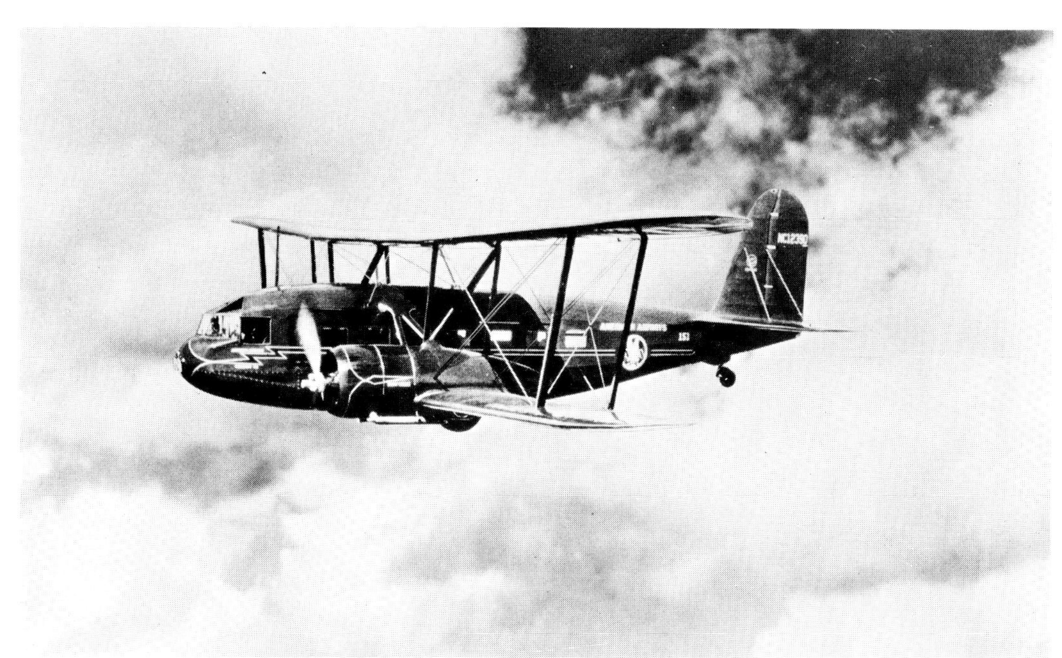

Many companies adopted the Douglas sleeper plane. Here is a DST owned by Western Air Express, accompanied by an antique Douglas M-2 which was used to carry the mail between Los Angeles and Salt Lake City in 1924.

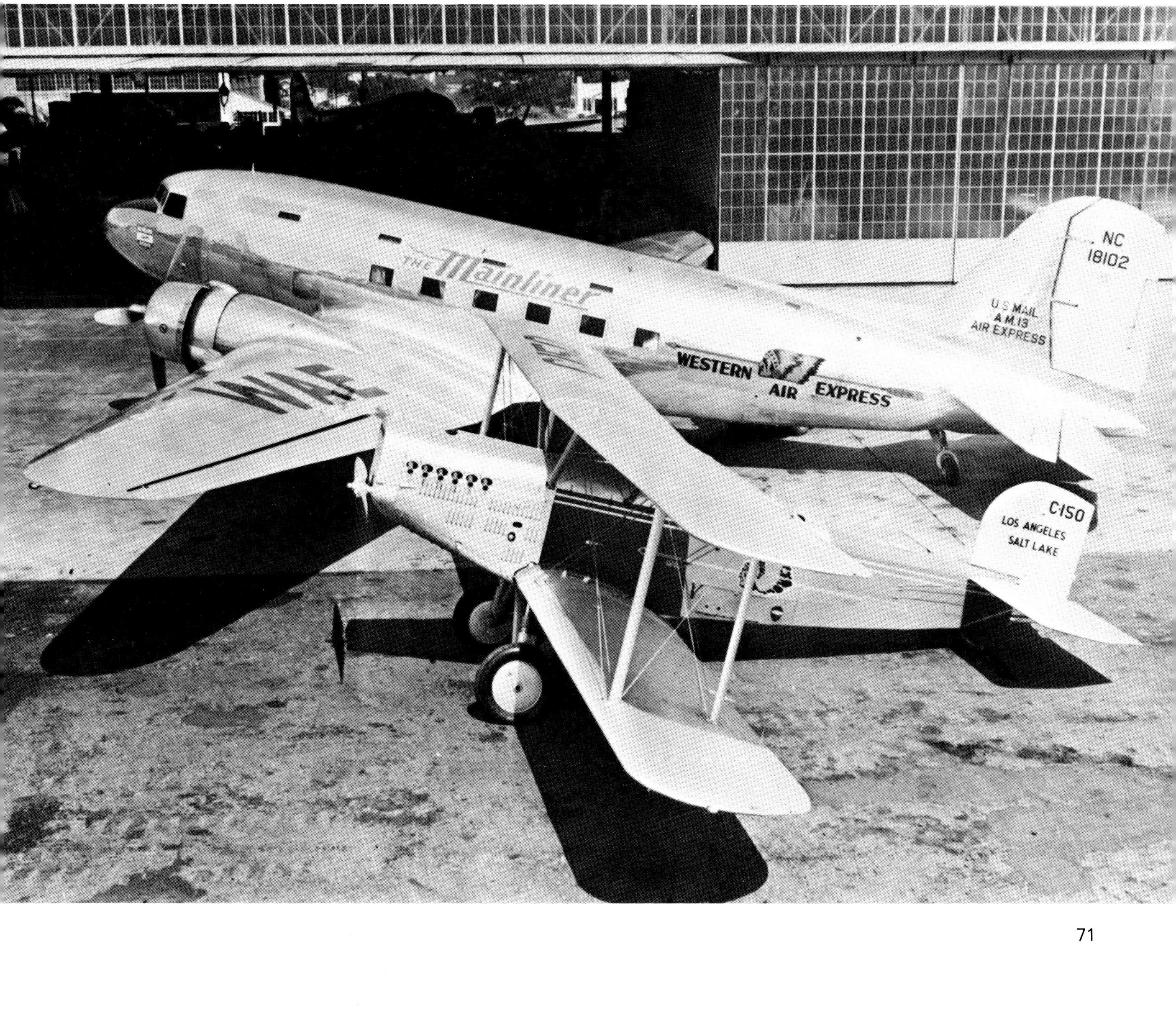

An unusual view of a DST, taken in October 1937. By that time the factory already had 7,300 employees.

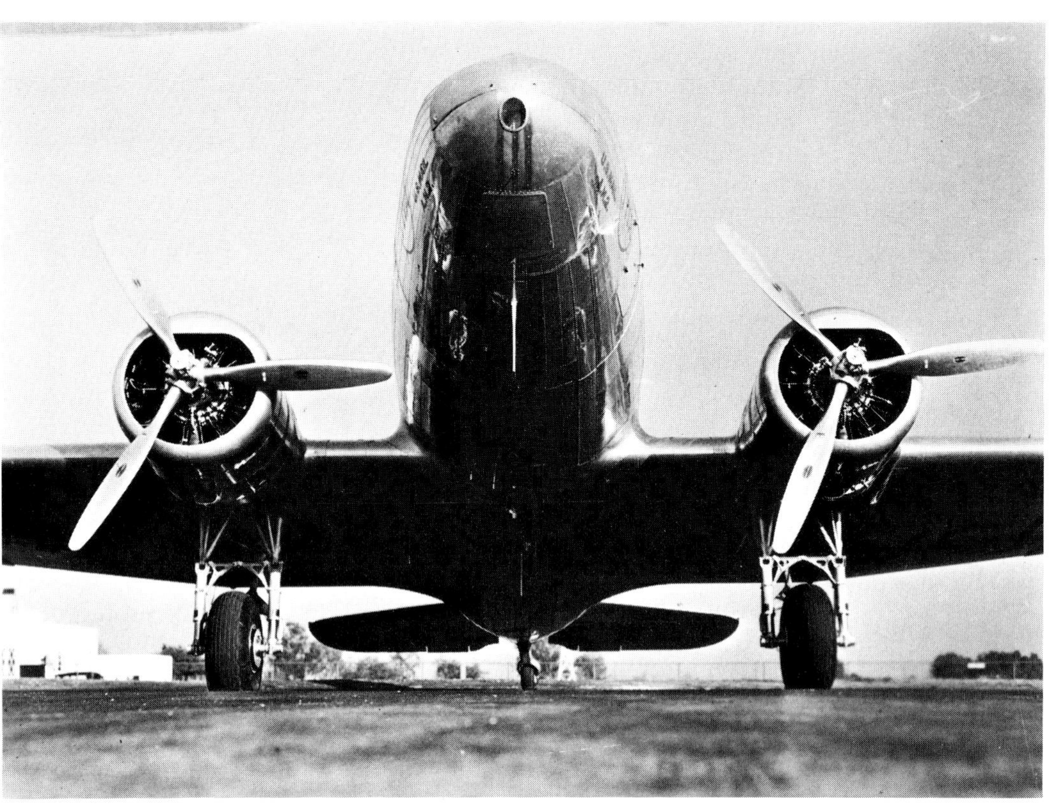

A DC-3 owned by TWA, photographed in 1937.

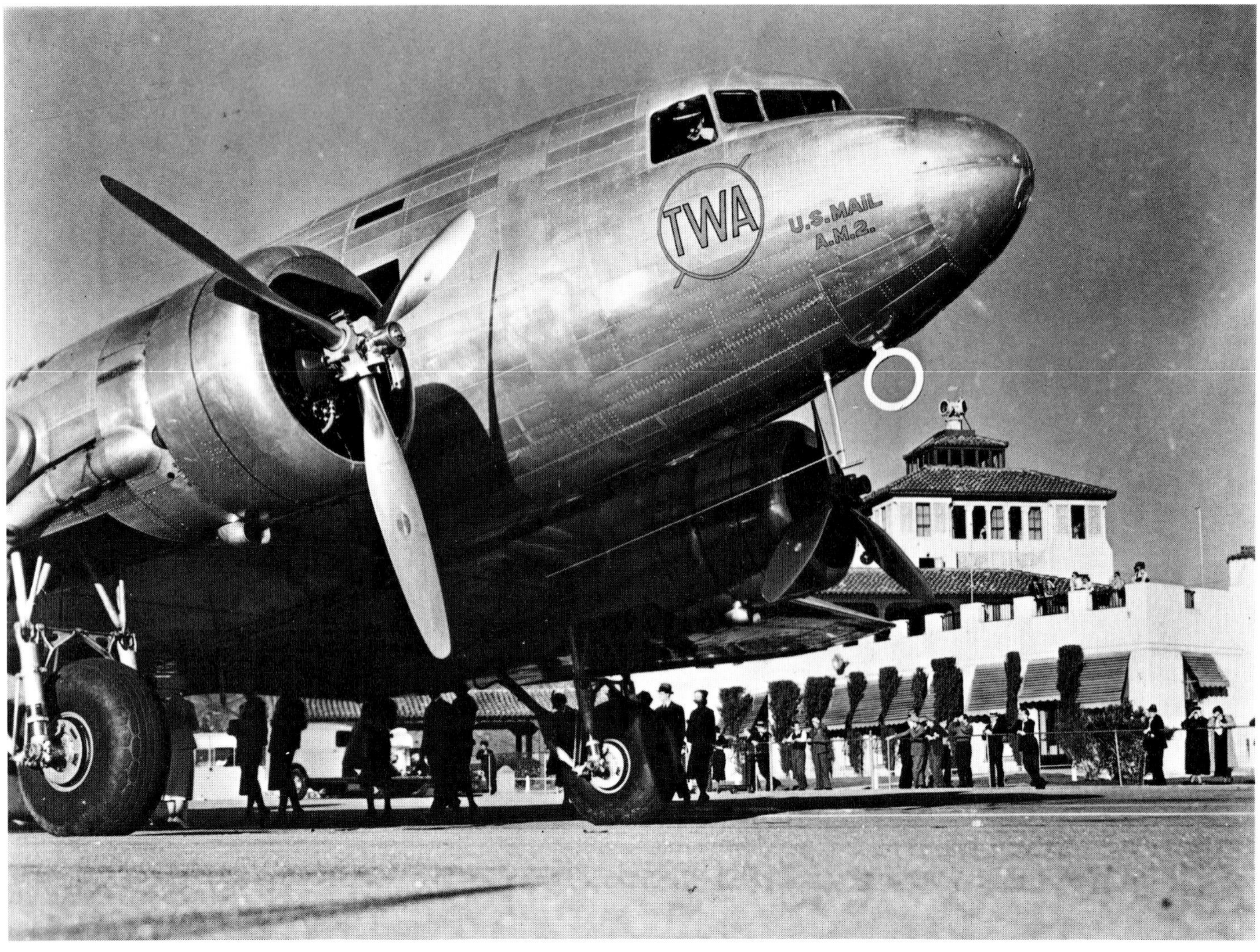

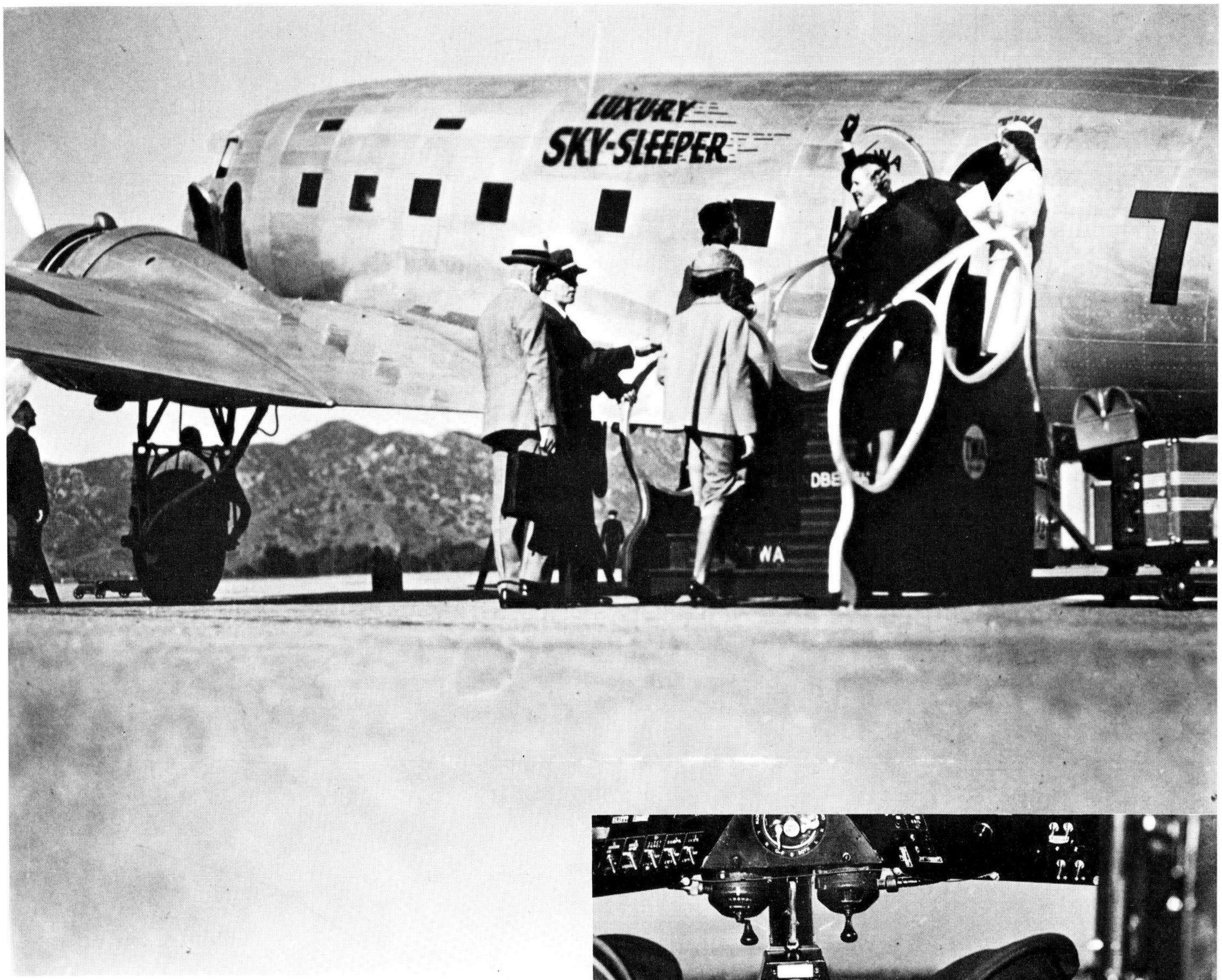

Boarding passengers onto a TWA Skysleeper (photo taken September 1937).

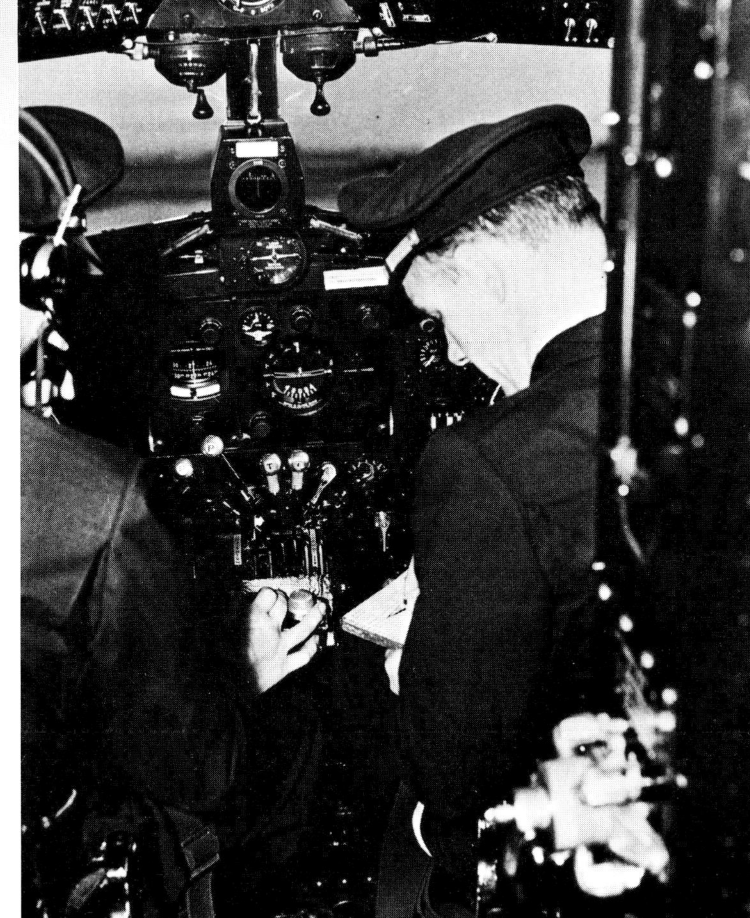

While the passengers slept, lulled by the purring of the Wright engines, the crew were at work in the cockpit.

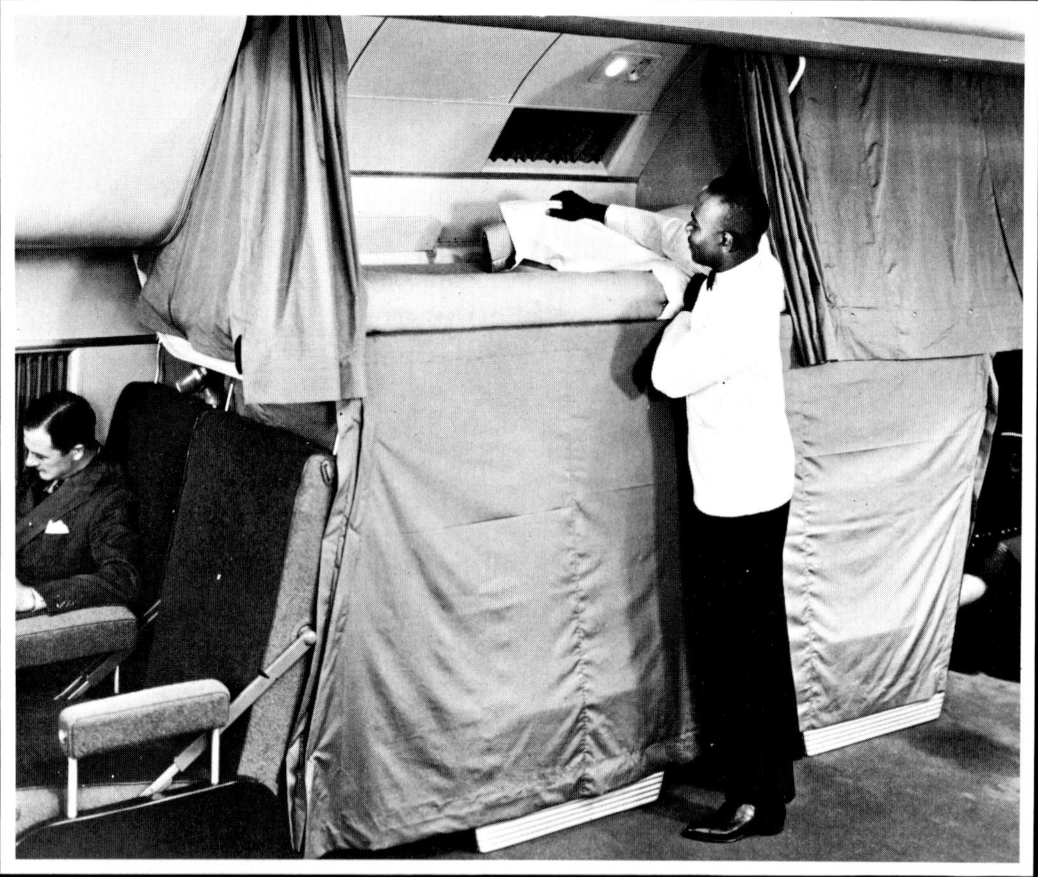

At left: On board a United Airlines plane, the steward prepares the upper berth. Note the small window, covered by a curtain, to prevent claustrophobia for the passenger. Also note this plane also had seats.

At right: Breakfast in bed... an impossible dream today!

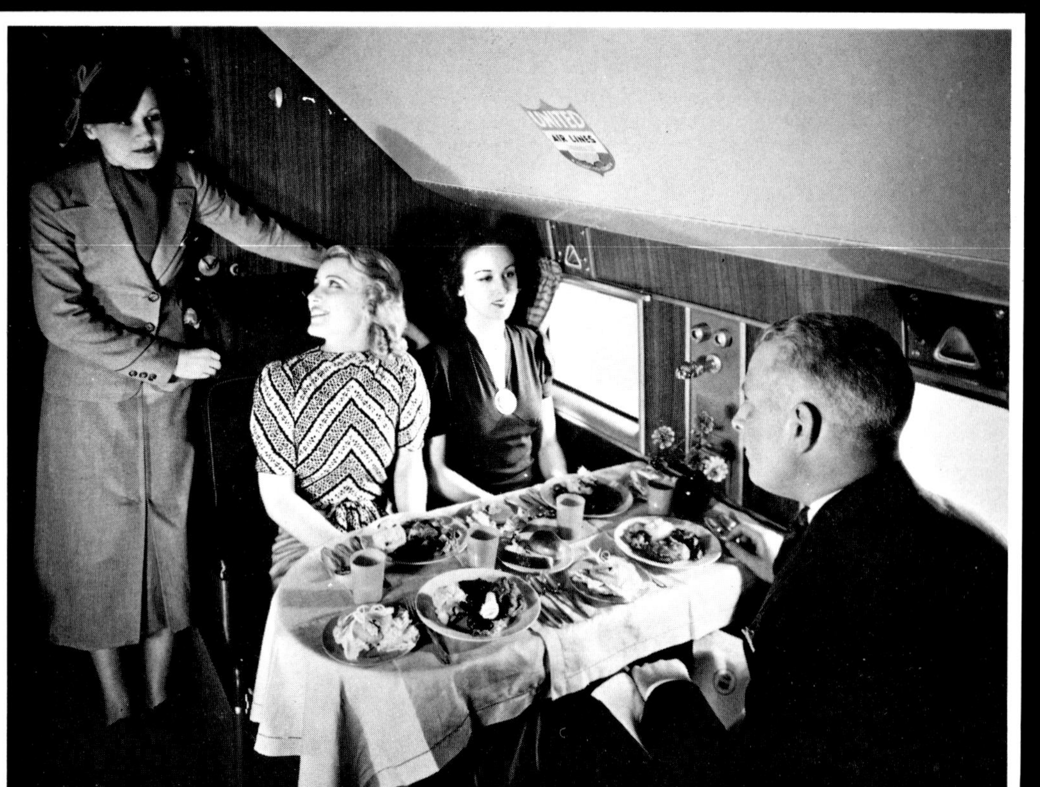

Lunch served at a table, as in a dining car (deluxe service on United Airlines in 1938).

At right: Crossing America at night, asleep between the sheets... a luxury which is no longer available. A passenger in the lower berth, with a personal lamp, a ventilator, and a button to call the steward at her disposal can be seen.

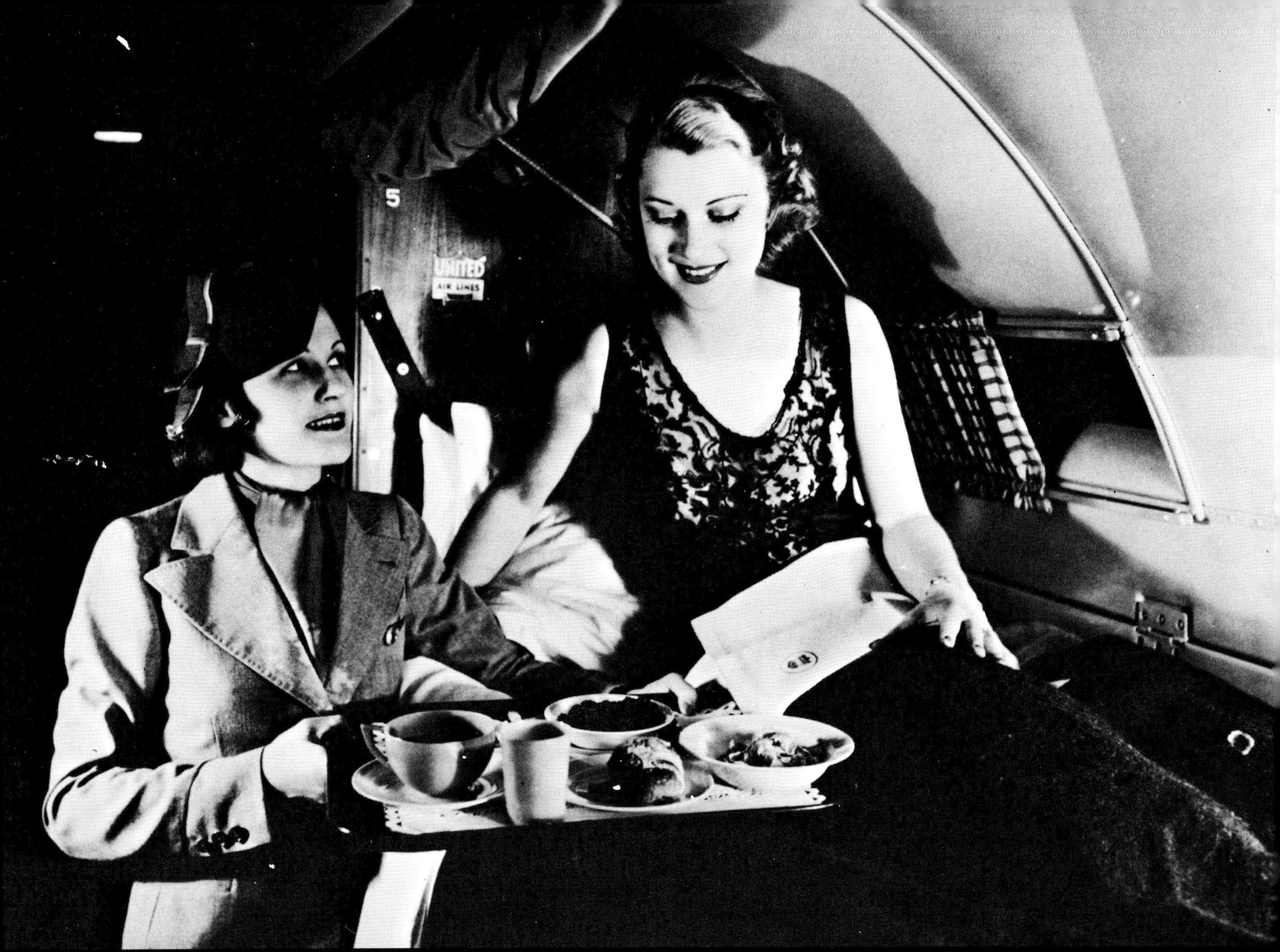

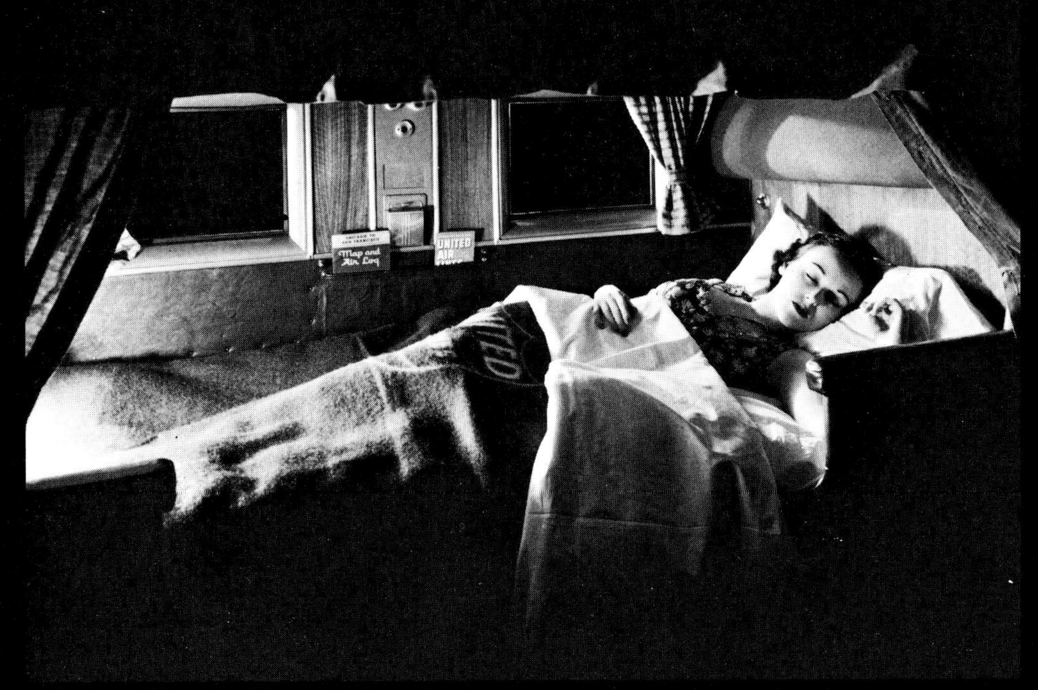
Map and Air Log
UNITED AIR

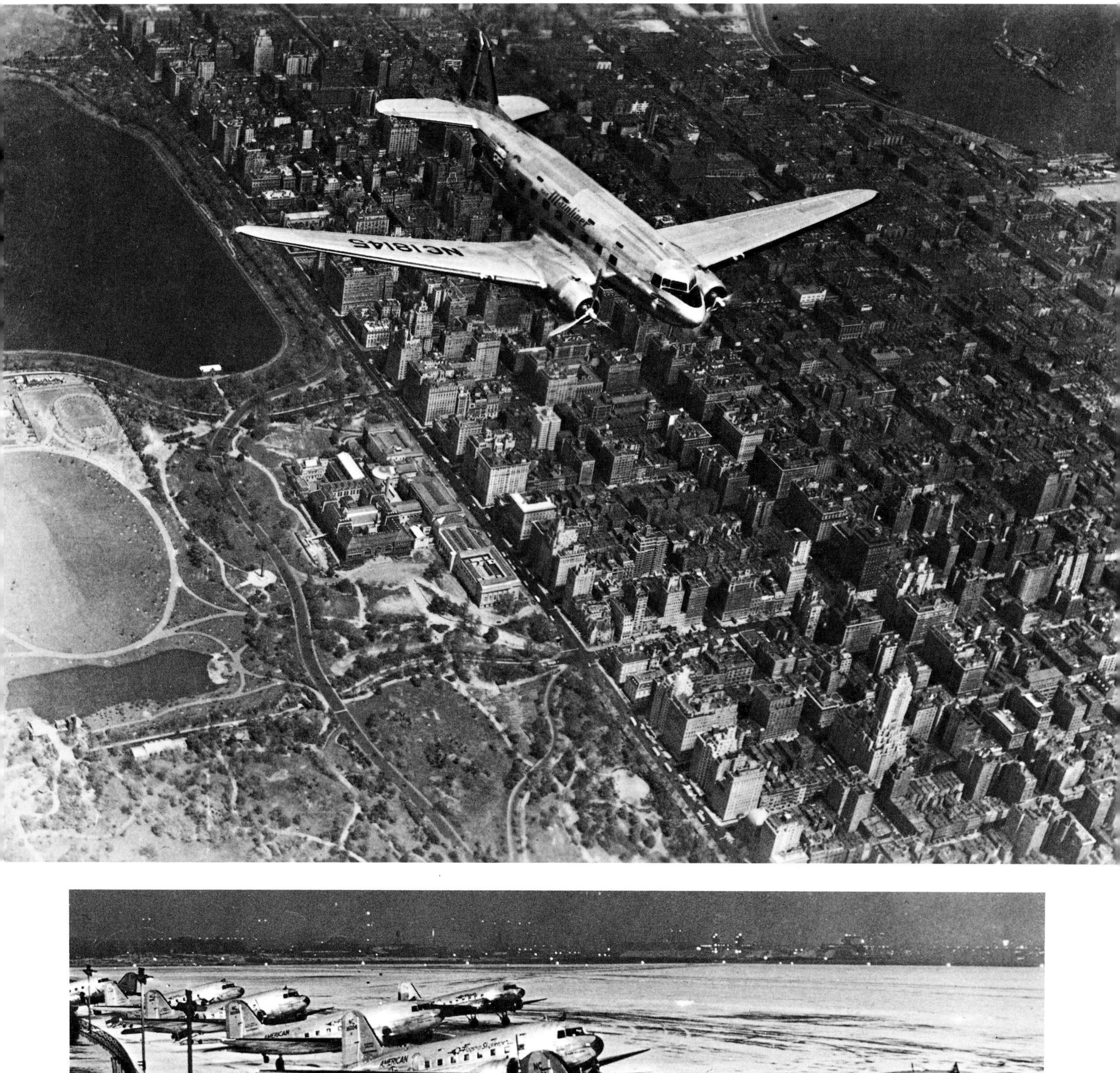

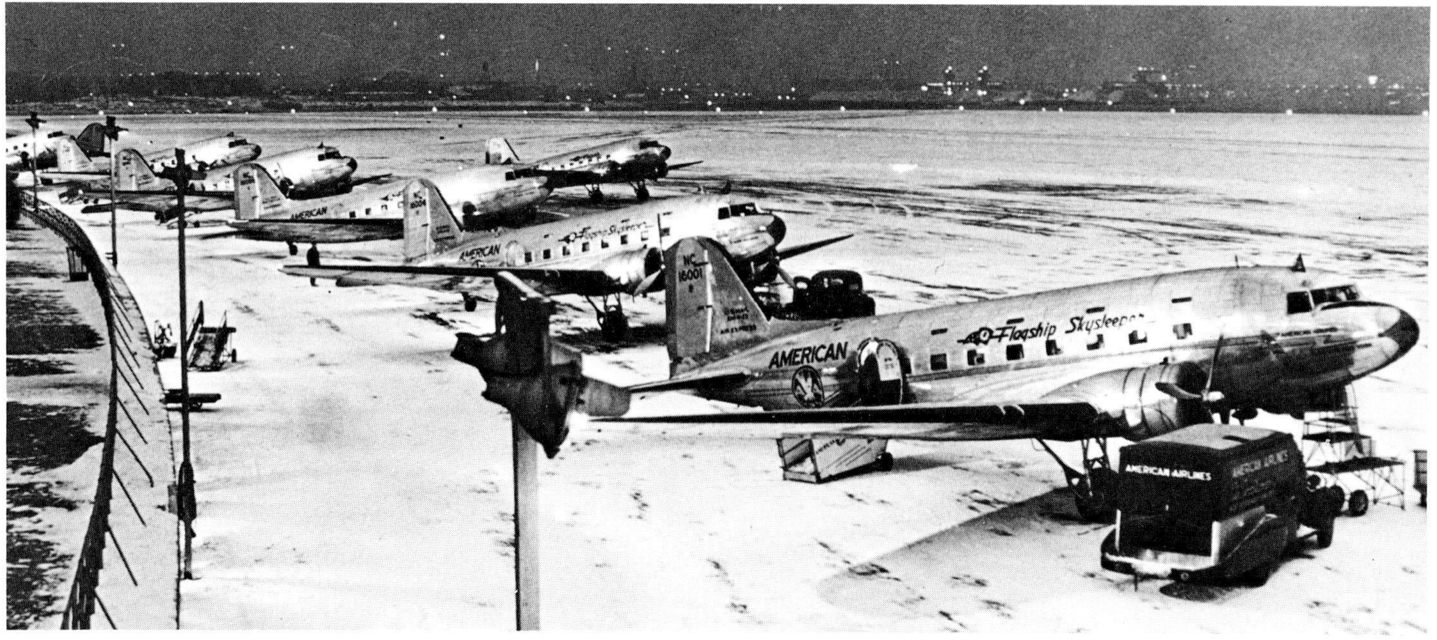
NC
16001
AMERICAN
AMERICAN AIRLINES

Demonstrating flight with only one motor, over Miami in 1940.

The sleeper planes of American Airlines being readied for flight in December 1940, at the Municipal airport of New York City.

the chronic directional instability that plagued the DC-2. Carl Cover had first noted it on the DC-1.

Once again the layout of the plane was studied in detail, by means of a wooden mockup that required 15,000 hours of work. Littlewood wanted all of the cockpit instruments to be duplicated, a set for each position, so that the plane could be flown from either seat in the cockpit, a new idea. He also wanted the gauges to be legible at night, so a system for illuminating the instrument panel was studied. Also adopted was a new flight instrument, the automatic pilot. For unknown reasons, the pilots gave the nickname "George" to his instrument. It has happened more than once that pilots have completely entrusted the plane to George.

The Hostess Fainted

Arthur Raymond, the engineer who designed the Douglas dynasty, recalled one such incident when, during a trip to Paraguay, he flew on a small, local airline that used DC-3s. In the course of the flight, he noticed that the pilot had come back into the cabin, taken a seat beside a passenger, and proceeded to carry on a conversation.

"I became very interested," recounted Arthur Raymond, "when I saw the co-pilot also arrive, take a seat at the rear of the plane, and smoke a cigarette. While I had reasons to have good faith in the DC-3, just the same I knew that it could not fly itself. So out of curiosity, I got up and went to see what was going on in the cockpit. There I found the steward, seated comfortably, reading a book . . . and it was not a pilot's manual!"

While on the subject of South America, we cannot resist also telling a story which took place in Bolivia. One day, shortly after taking off, a passenger in a DC-3 noticed that the plane was making a U-turn. "What's going on?" he asked the hostess. "Mechanical problems," she answered. The plane landed. The pilot and co-pilot got off, and were replaced by another crew. Then the plane took off again.

"But I thought we had mechanical problems," said the passenger to the hostess. "Yes, that's right. The crew refused to continue the flight but, fortunately, another crew has been located and they have agreed to take us to our destination!"

With respect to the automatic pilot, there was also a practical joke which was very common among the airline pilots in America in the 1930s, who delighted in playing it on beginner hostesses. The pilot and co-pilot would set George. Then they attached a glove to the end of a hot air tube (used as a defroster). Next they twisted the tube so that the glove, inflated with air, seemed to be holding the control wheel. Finally, they would press the button that summoned the hostess, and then hide themselves in the baggage compartment. When the young lady arrived and looked into the cockpit she usually fainted.

At Santa Monica, the passenger cabin was studied at length. For the first time, one of the major preoccupations was with the psychological influence of colors on the passengers' subconscious. The studies demonstrated that some shades of green caused a predisposition toward airsickness. Dark colors were adopted for the bases of the partitions and for the floors in order to give an impression of strength and security; the ceilings and the partitions were in bright colors to alleviate the feeling of claustrophobia.

Littlewood had an American Airlines Curtiss Condor brought to the works so that the berths could be studied. Littlewood and Wetzel, the sales manager for Douglas, spent long hours in these beds, testing them.

All this work was somewhat wasted, for the formula for the DST (Douglas Sleeper Transport) would not last very long. The airlines quickly realized that it was more profitable to carry twenty-one "commoners" than it was fourteen "privileged persons" who could stretch out and lie down.

No detail was neglected, from the installation of a 12-volt electric razor in the men's washroom, to a pocket containing publicity postcards for the company, bearing a picture of Cyrus Smith, President of American Airlines.

Thermos Bottles And Ashtrays

The airplane was being improved right up to the last minute. In going through the files at the works in Long Beach, we found a memorandum dated 5 August 1935, four months before the first flight of the DST. It consisted of a list of modifications submitted to

(continued page 85)

Ships still ruled on the Atlantic (shown here, the Normandie*), but the war would change many things, and in a few years commercial airliners would finally doom the beautiful trans-Atlantic liners.*

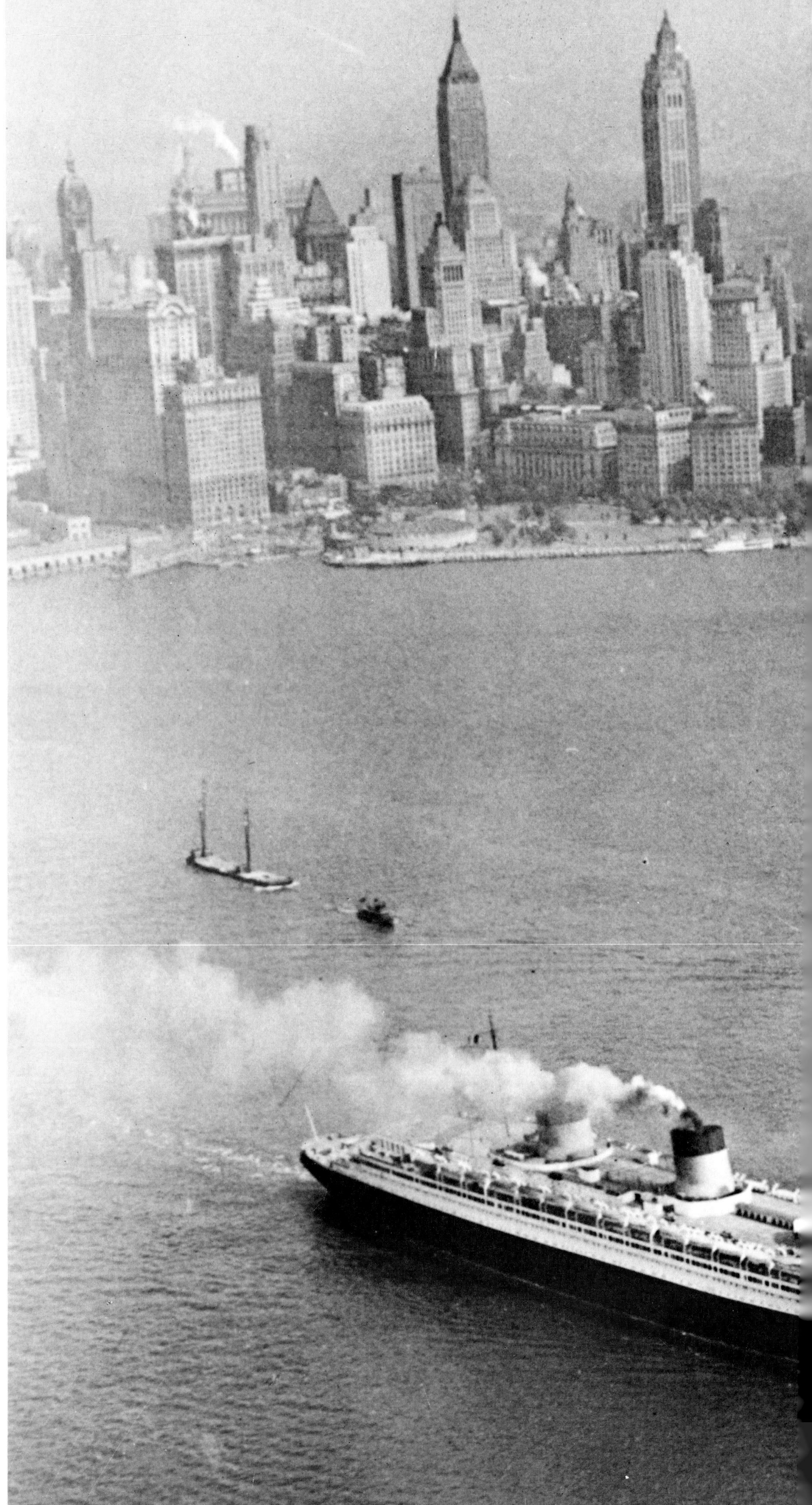

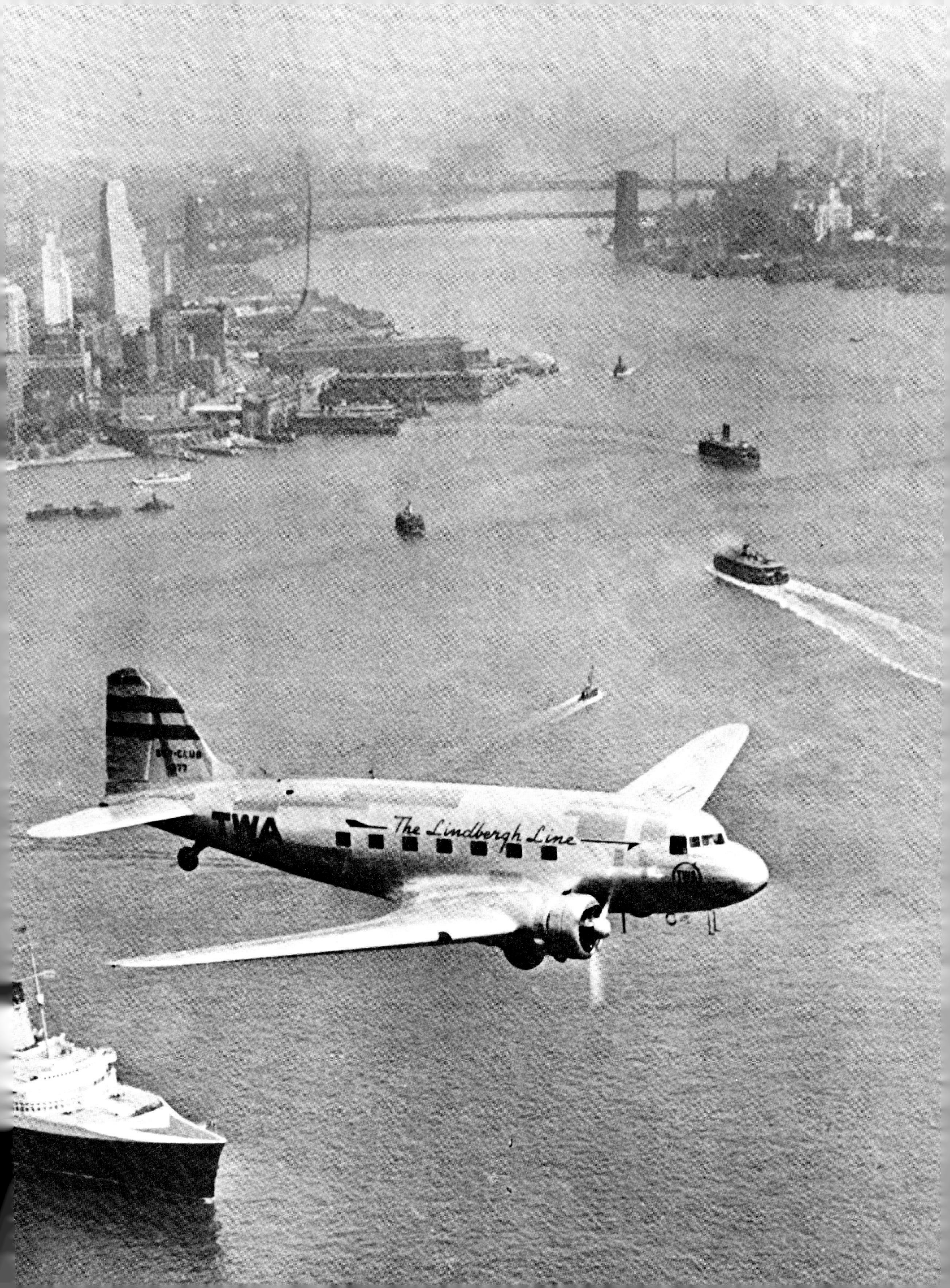
TWA
The Lindbergh Line

A wall of kapok covered by cloth served to make the DC-3 of the era very quiet. Nothing like it is seen on those which still fly today. At the time, each airplane carried 109 kg (240 lb) of sound insulating material.

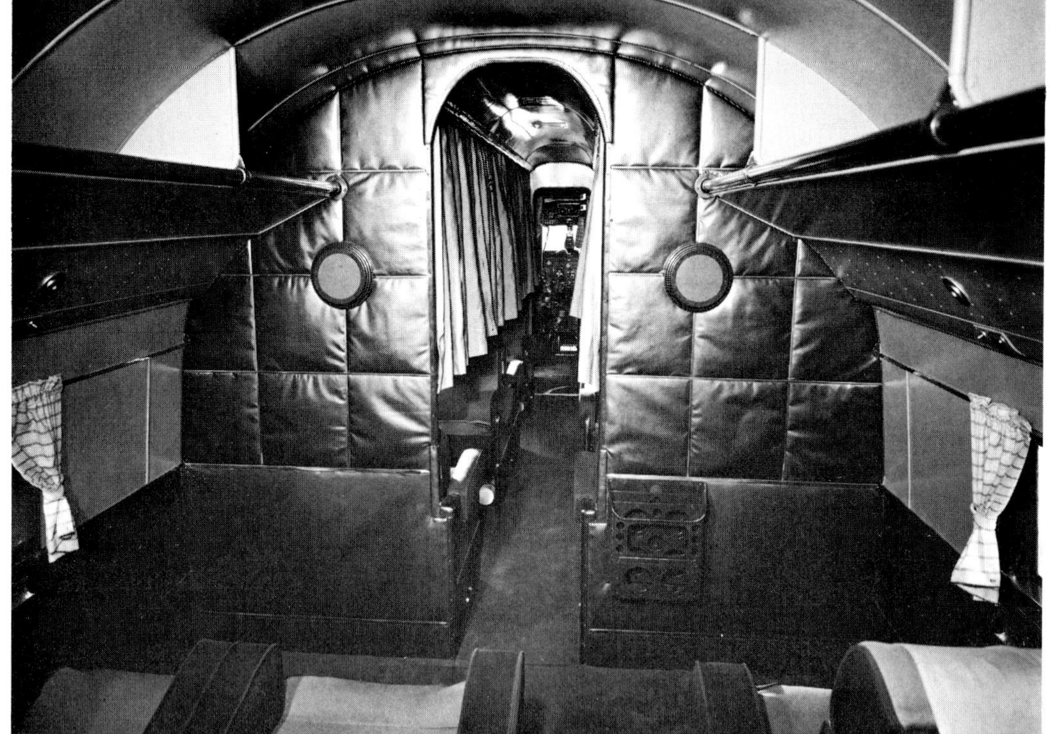

Gradually, with the passage of time, the comfort of the DC-3 diminished. In 1942, eight privileged persons sat in only two rows of seats. In 1950, twenty-eight "sardines" sat in four rows of seats (British Airways). The steward had to make do with very little!

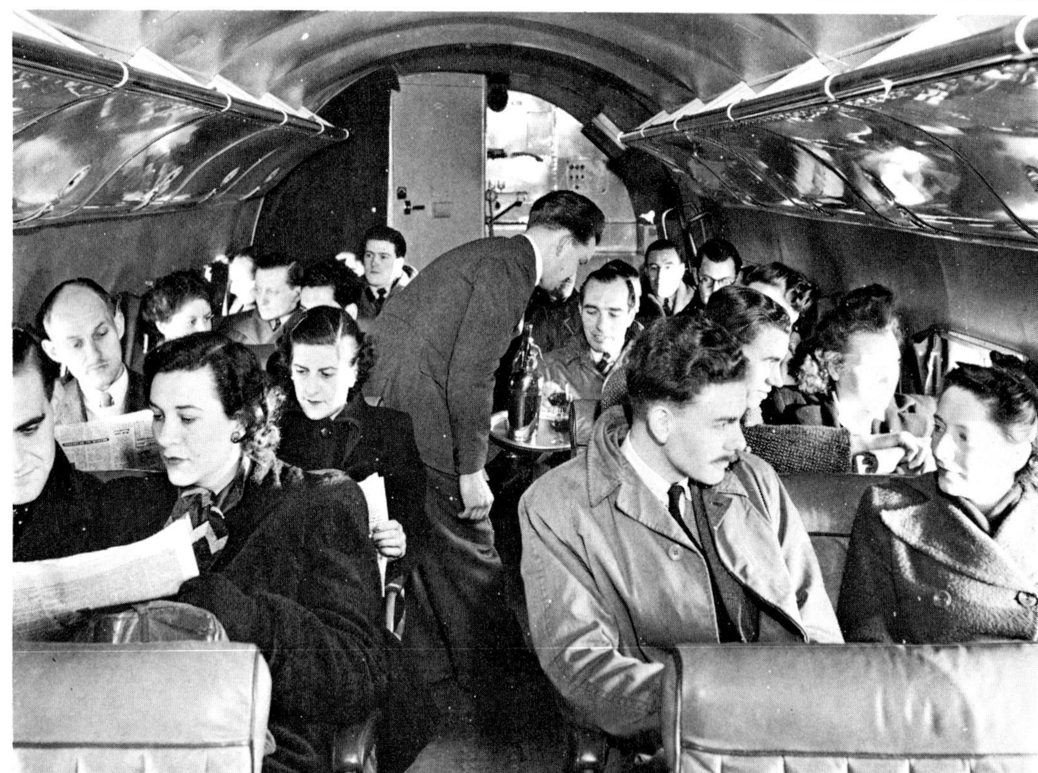

In 1936 a Hollywood film company made, for one of its movies, a mockup of a commercial airliner of the future. A lighted map above the passengers allowed them to follow, step-by-step, the progress of the plane along the route. The mockup was built in the fuselage of a DC-3.

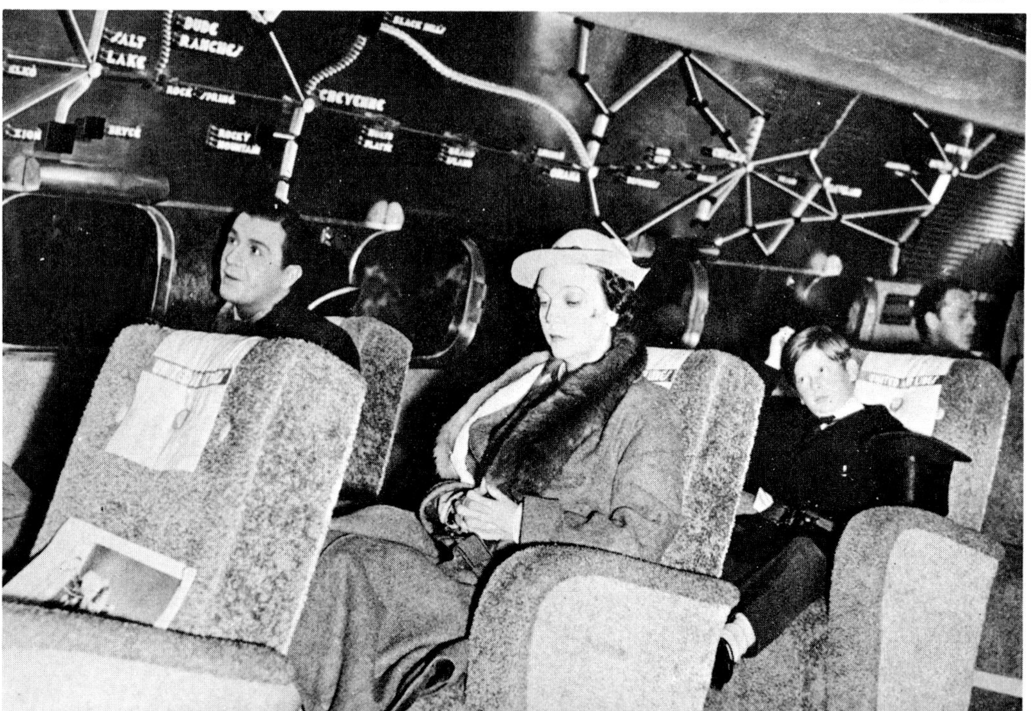

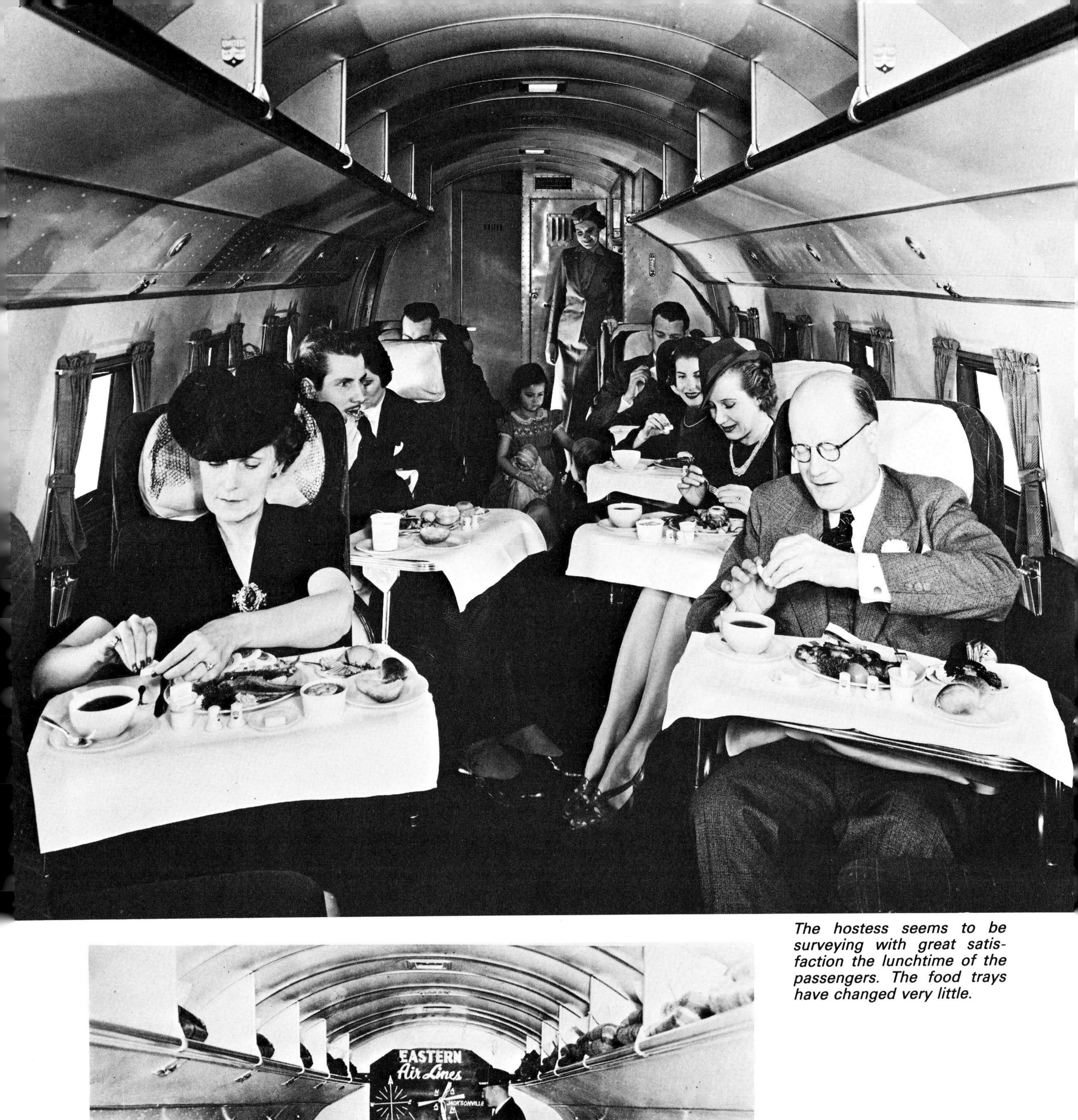

The hostess seems to be surveying with great satisfaction the lunchtime of the passengers. The food trays have changed very little.

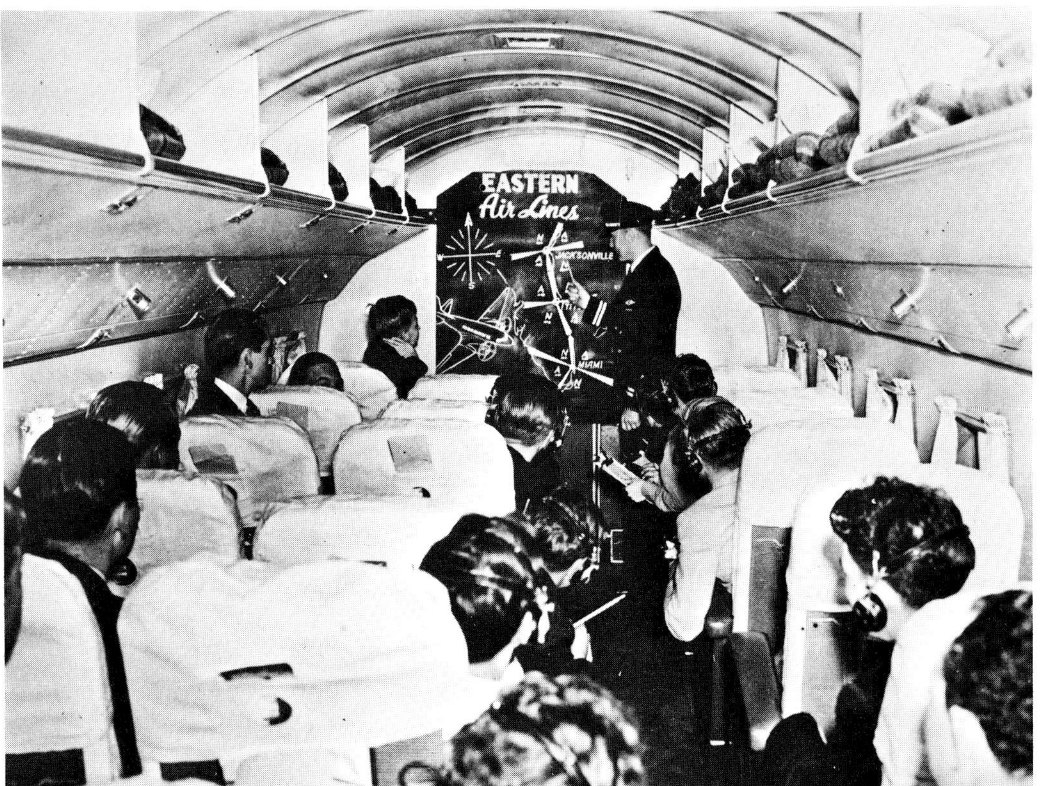

A DC-3 transformed into a flying classroom for the students of a technical college.

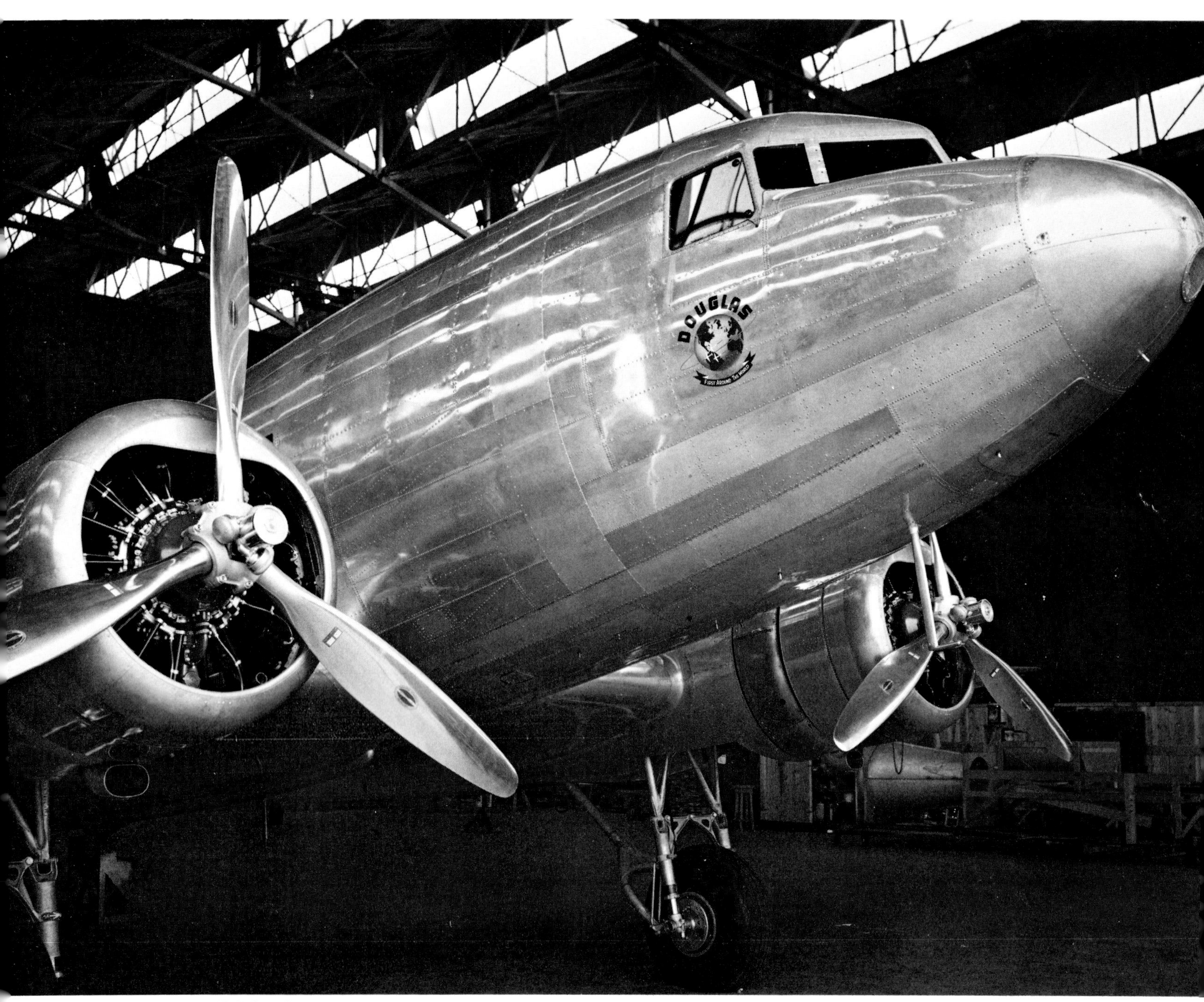

A shiny new DC-3 photographed at the factory on 7 July 1938. There were 500,000 rivets in each plane. If placed end-to-end, they would form a line almost two miles long!

A Delta Air Lines DC-3 being overhauled in 1940.

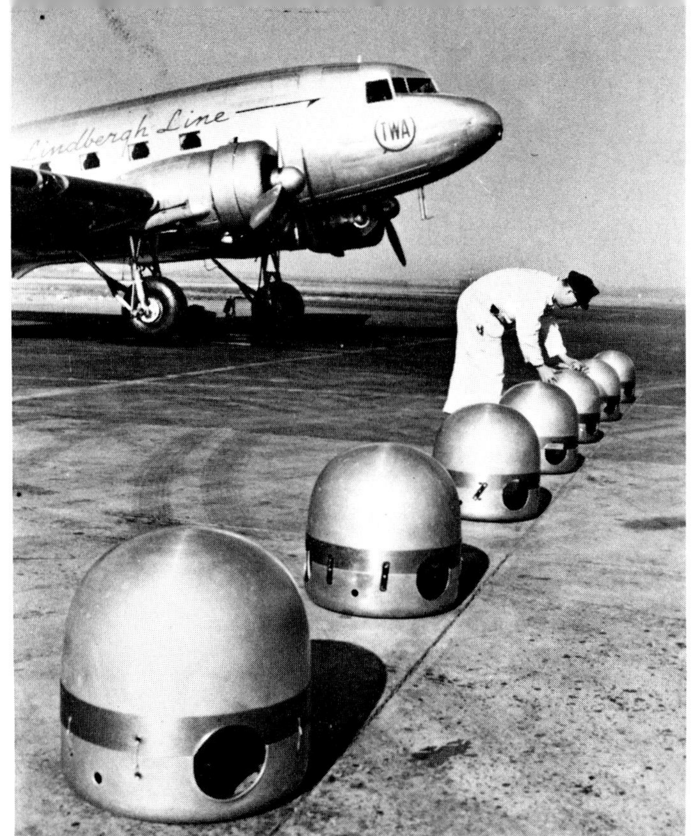

A TWA mechanic prepares the propellor nose cones.

These DC-3s on the ground at Santa Monica await their wings.

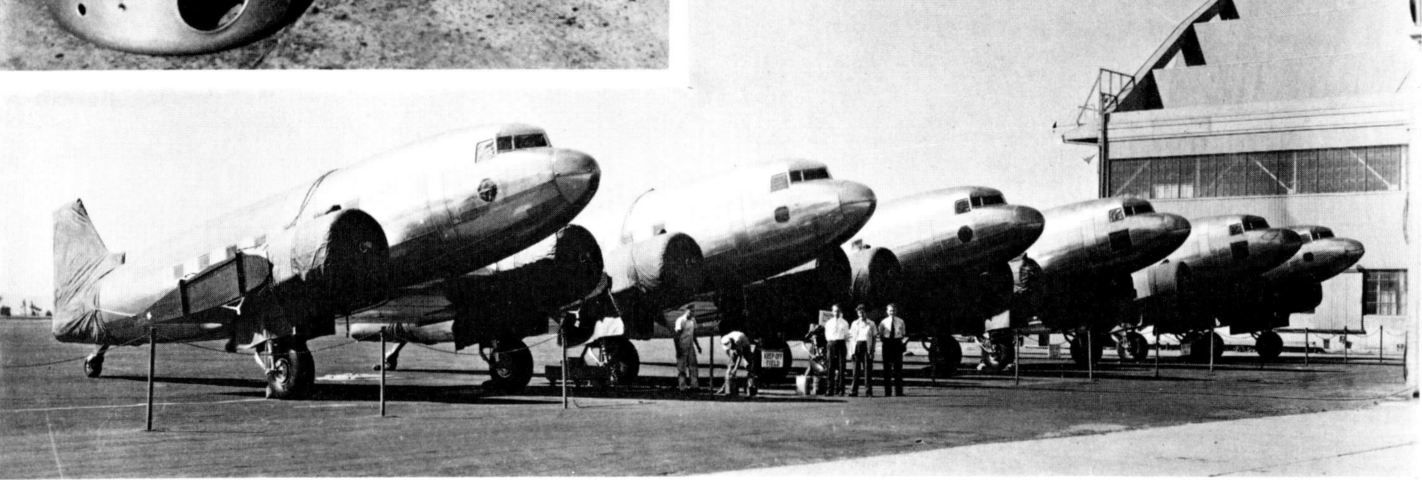

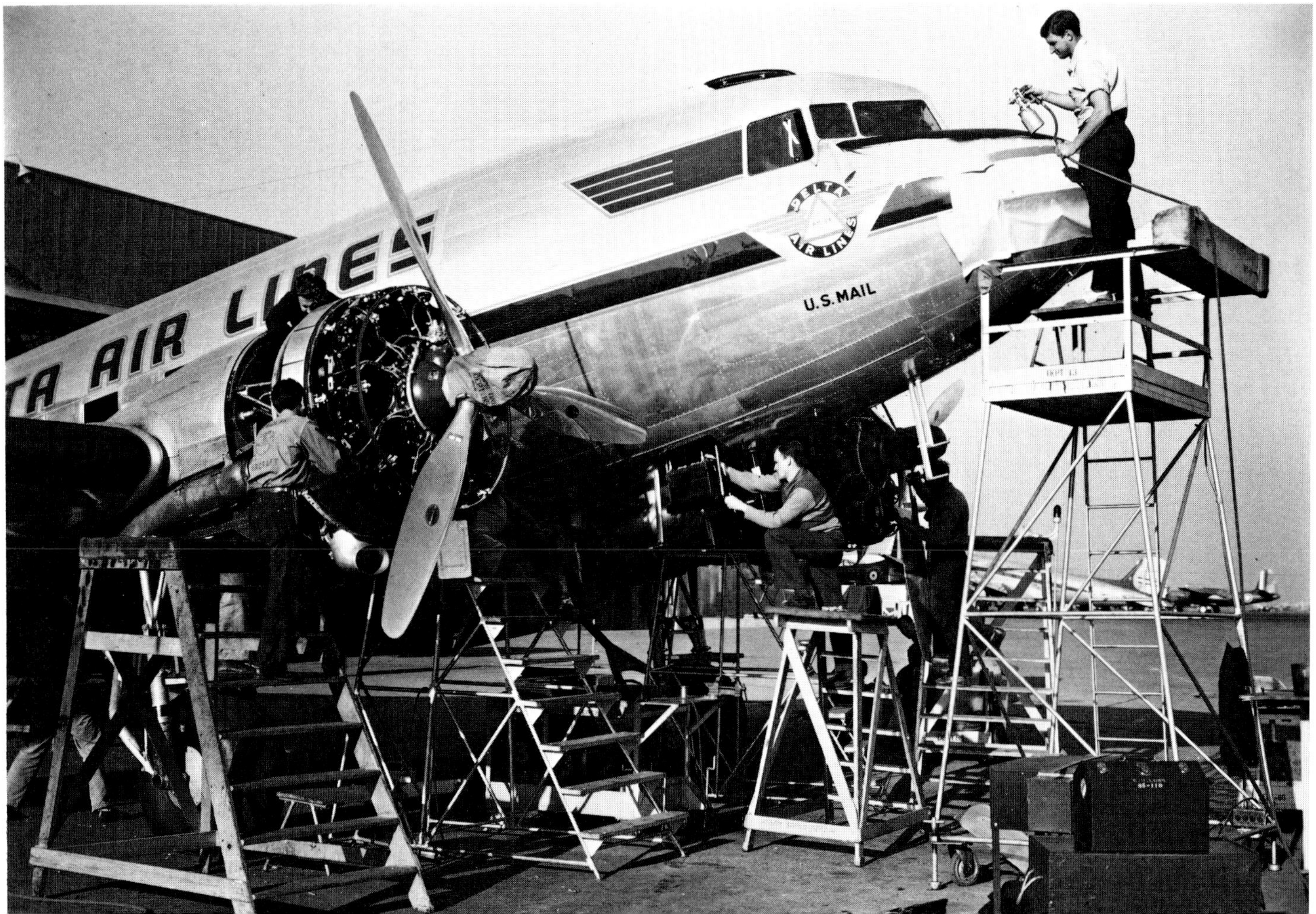

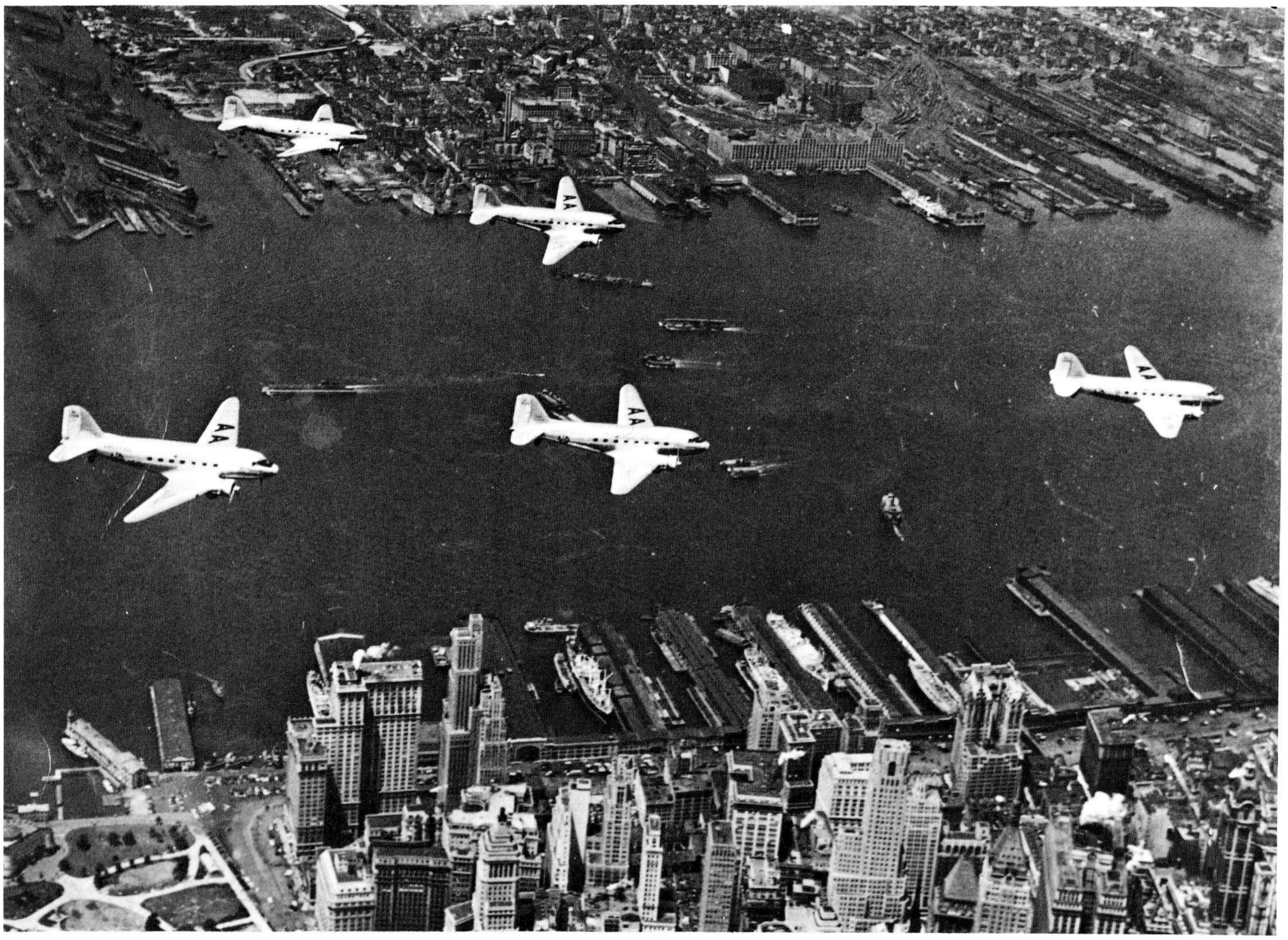

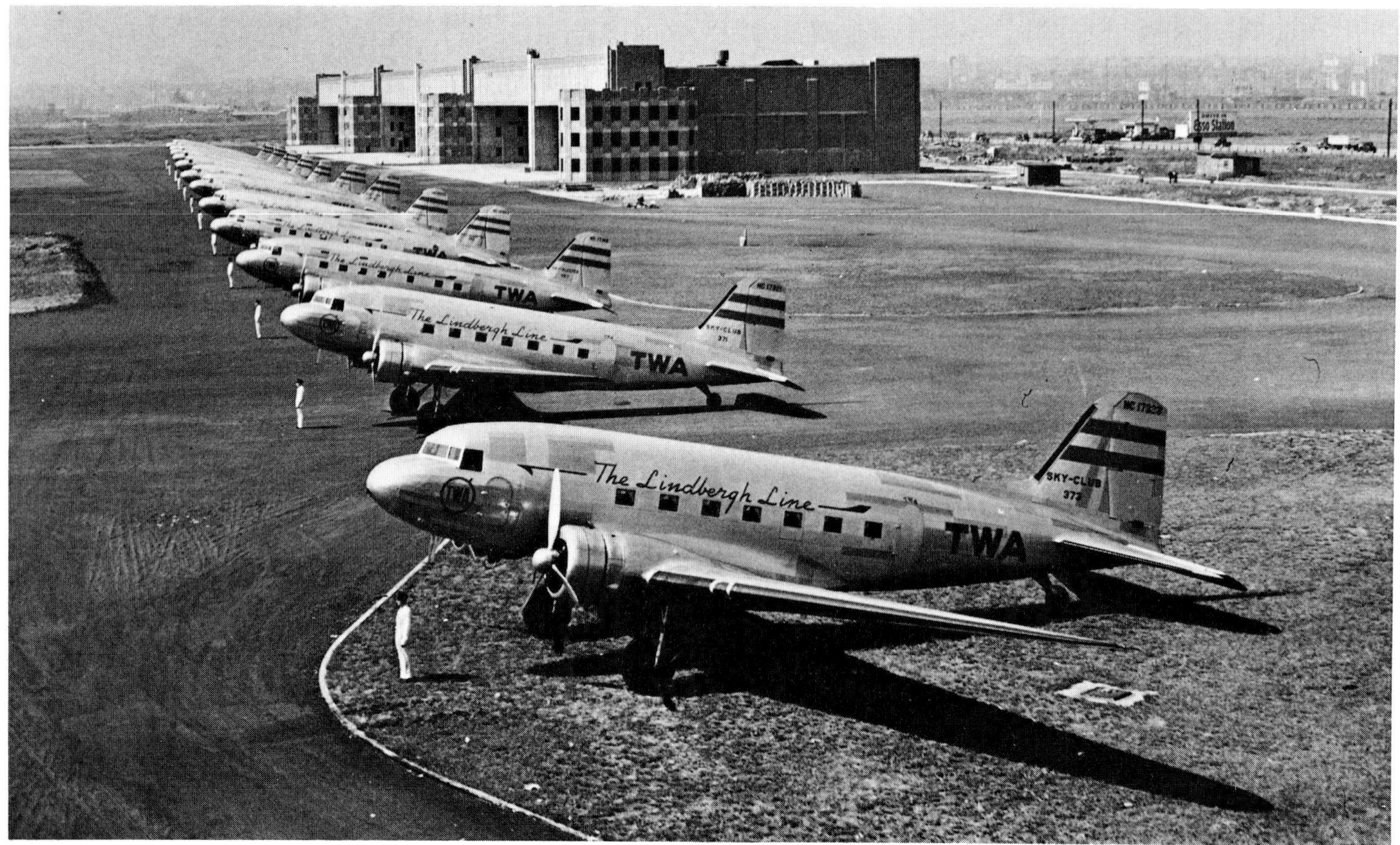
The Lindbergh Line
TWA
SKY-CLUB

A parade of commercial aircraft (here DC-3s) organized in 1938 in all the major American cities for publicity purposes. At the time the US Army Air Corps declared the planes would be very useful in case of war.

William Littlewood for approval before being made. The weight of each new object, and its price, were carefully noted. Taken at random, it included:

"The cabin windows are to be tinted. We are waiting for your decision as to the color....

A thermos bottle for the passengers. Please let us know if this bottle has to be specially designed so we can begin work on it. Weight, including the water in the bottle, 1,300 kg (2 lb 14 oz).

An ashtray for the pilots. Weight, 450 g (1 lb).

An electric cigarette lighter for the pilots. Weight 700 g (1 lb 9 oz).

Three fire extinguishers, to be located in the cockpit and in the washrooms. Weight, 3,175 kg (7 lb).

Possibility of placing a mirror in each berth. Weight, 200 g (7 oz) each.

The pilot's seat cushions could be lighter. We are going to test the Dunlop cushions made for American Airlines. On the subject of tires, we point out to you that the Goodrich tires are heavier by 7 kg (15 lb 7 oz) than the Goodyear tires. Having noted that the users of the DC-2 customarily have to use a chamois when refueling, we suggest that the fuel tank opening be enlarged by 10 cm (4 in). This modification will require two weeks of work.

Weight per airplane: 1,800 kg (4 lb).

Cost: $70.00.

N.B.: The blankets and mattresses for the Sleeping Transport weigh 89 kg (196 lb)..."

Etc...

The note ended with "we need your approval so work can begin without delay...".

Not A Bolt Changed

The first flight of the DST was made on Tuesday, 17 December 1935, at 3:00 p.m. The plane flew for 1 hour 40 minutes under the control of Carl Cover, the pilot who had made the first flight with the DC-1 some twenty-nine months earlier. With him were the same engineers as in 1933: Herman and Collbohm.

Questioned about his memories of the flight, he answered: "I recall nothing beyond the fact that it took place that day. For me, it was just another routine flight, similar to many others."

A photograph of this first flight does not exist, for the simple reason that it was not considered necessary to have a photographer present. The excitement would come later. One month later, X14988 proved to be unable to take off, fully laden, in 300 m (985 ft) of runway. Pilots began to spread the rumor that the DC-3 was a failure, that the DC-2 was a better buy.

Two engineers from the Wright factory borrowed a DC-3 and subjected it to endless testing. It did not take them long to discover that, because of a shortage of crankcase breathers, the crankshaft was whipping the oil used into a "mayonnaise", robbing the power output of the engines of 70 horsepower! On 28 February, a pilot made a majestic takeoff in only 280 m (920 ft) of runway, and Donald Douglas wiped his brow.

The afternoon of 5 March was much more dramatic. On that day, the career of X14988 was disastrously ended in a horrible crash. Veblen, at the controls, was making brake tests with a full load, while Beard, another pilot, was filming, through the cockpit window, markers placed along the runway.

Just after landing, one wheel locked up due to an overheated brake shoe, and the plane left the runway, spinning out of control, headed straight for the hangar. There was absolutely nothing that could be done to stop the plane, but Veblen had the reflex to increase the spinning movement by giving one engine full throttle. The Douglas crashed through a barricade and came to a stop a few feet from the hangar.

More than 13,000 DC-3s would be built. During the ten years they were manufactured, they remained unchanged (except for details, such as doors and decks, etc., for the different military versions).

The DC-3 was a success from the very beginning. It was not necessary to change a single bolt, a single rivet. All the modifications to which it was later subjected proved to be totally unnecessary; It was already a masterpiece... why try to add earrings to the Mona Lisa?

The Husband Carried A Heavy Valise

On 16 August, the first DC-3 left the factory. It was the ninth of this new series. It had a payload one-third more than any significant airplane in the world. Its total weight, 11,340 tons (25,000 lb), was half again as great as

(continued page 95)

Britain's Dakotas

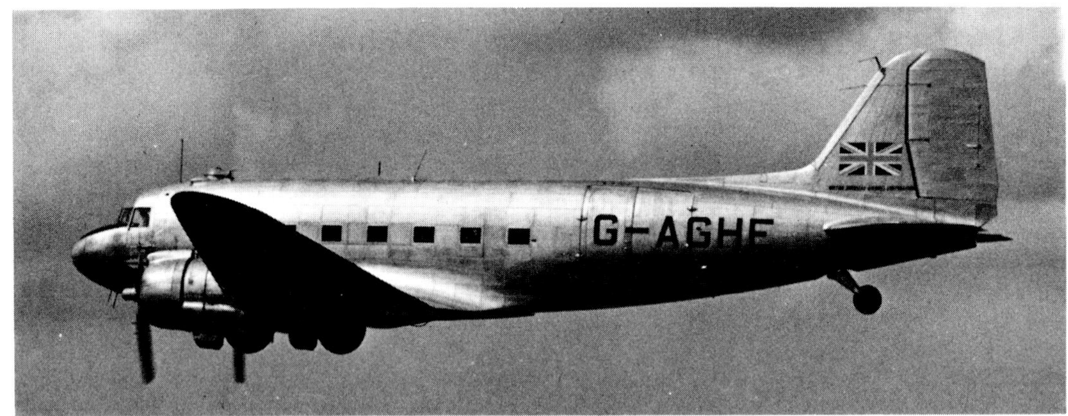

A C-47 operated by BOAC and dating from 1947.

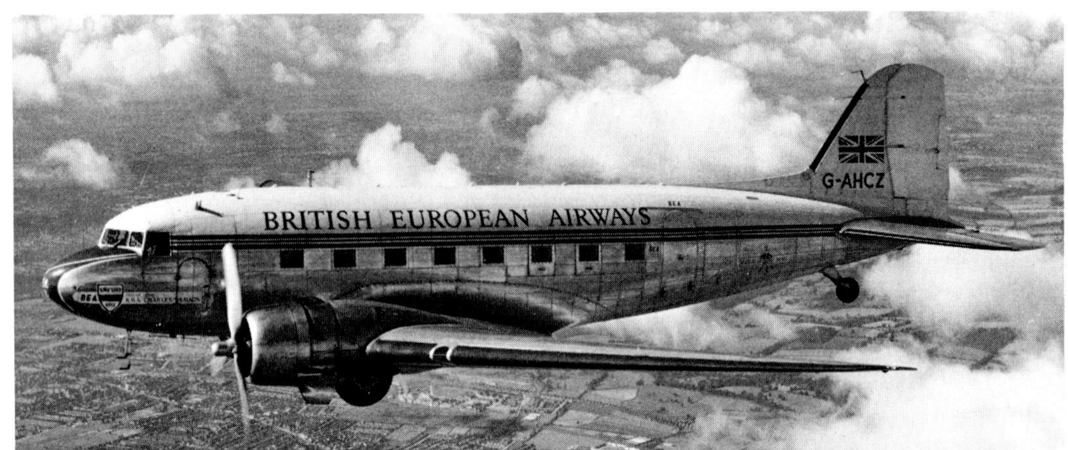

BEA C-47 of the late 1940s flying over southeast England.

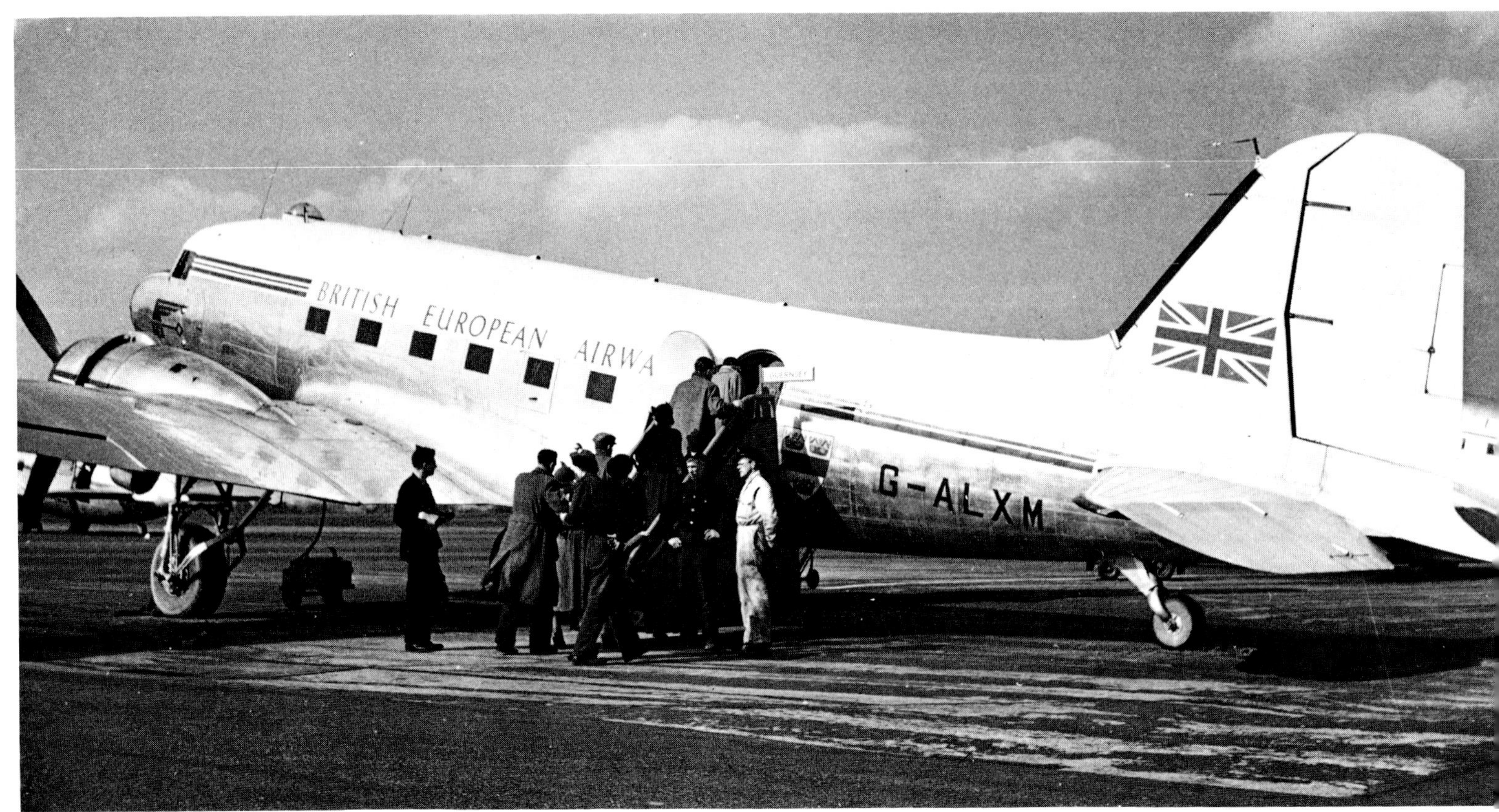

Passengers embarking on a BEA Dakota at Northolt airport, England.

...and France's

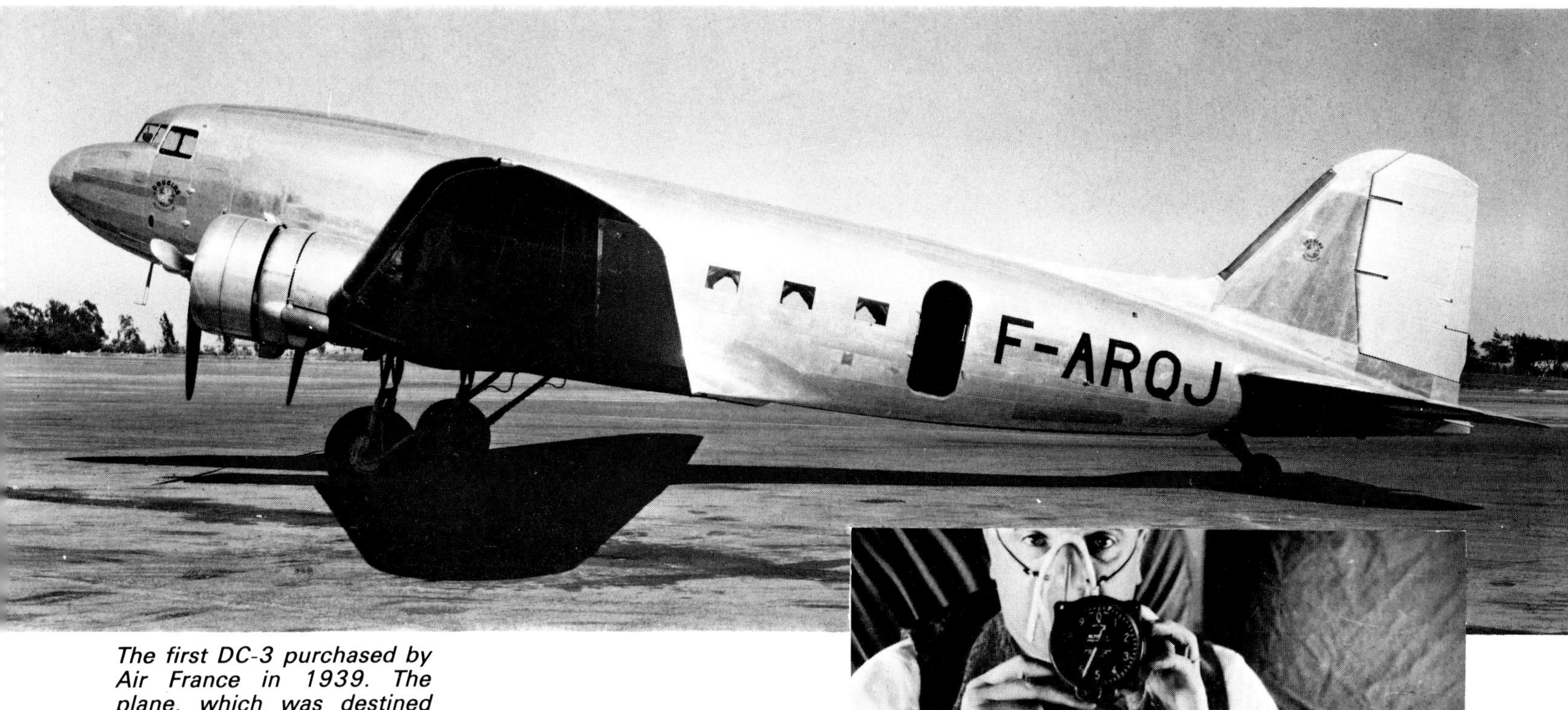

The first DC-3 purchased by Air France in 1939. The plane, which was destined for South American service, was delivered in early May to a French crew which came out from Paris, and then conveyed it all the way to Rio de Janeiro.

A refueling stop on the ground at Guatemala City. The pilot, Dedieu, at left, and Sarrazin.

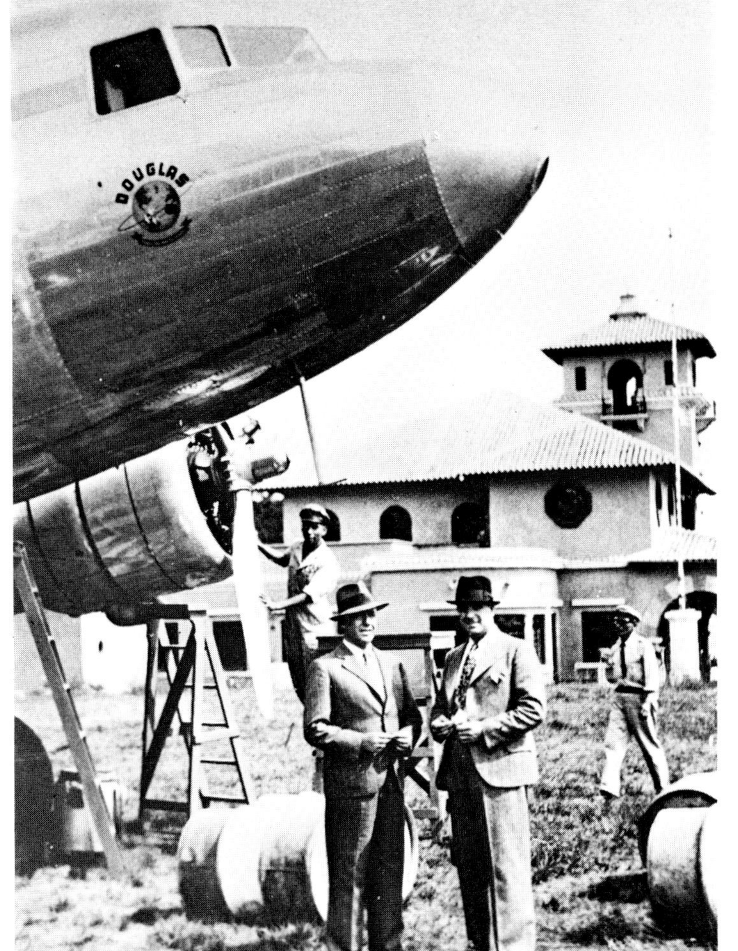

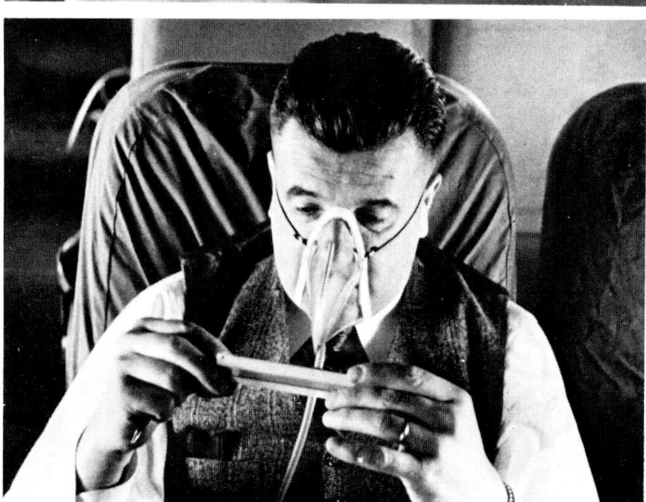

The head of the mission, Fernand Sarrazin, had his picture taken with his oxygen mask on and holding an altimeter showing almost 6,000 meters (19,685 feet), the altitude reached during the crossing of the Andes. In the lower photo Sarrazin works on his calculations.

The Dakota in the U.S.S.R.

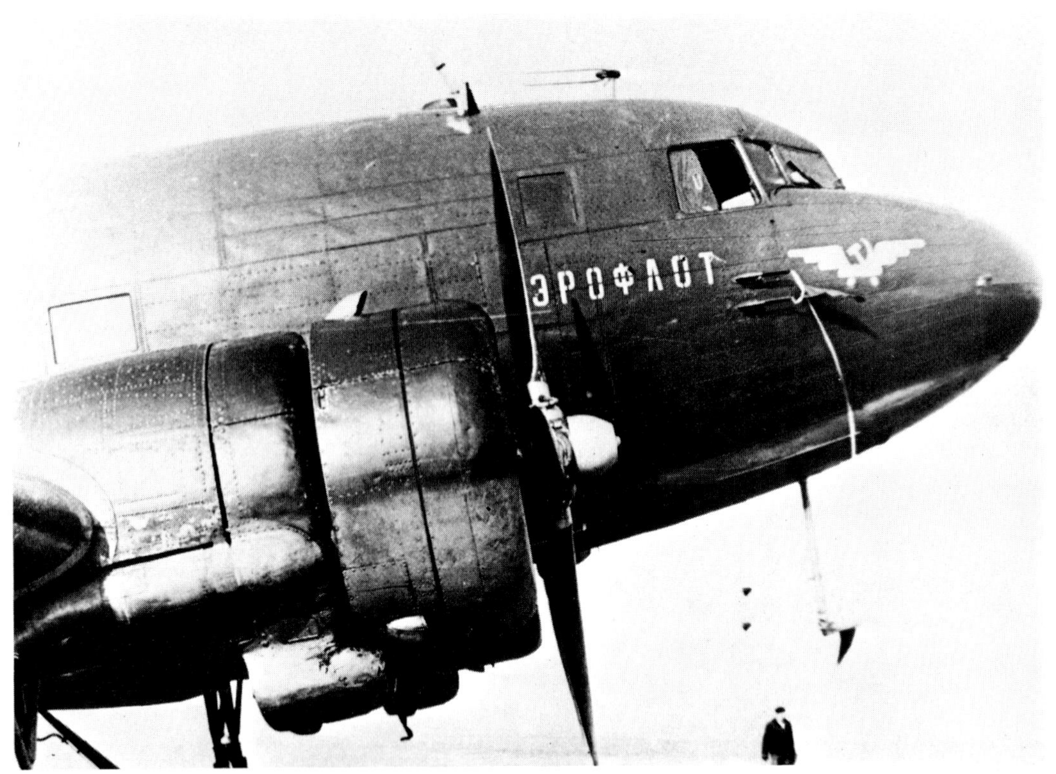

The Lisunov (Li-2) copy of the DC-3 made by the Soviets. The civilian Li-2s are recognizable by the boarding door on the right side, as opposed to a significant number of military Li-2s (the Li-2 cargo), which had doors on both sides of the plane.

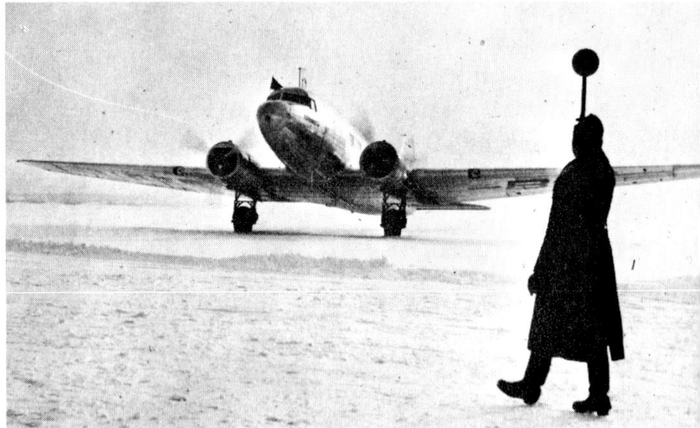

21 January 1940. The opening of the Moscow to Berlin route. This was during the Stalin-Hitler friendship. The plane is an Aeroflot DC-3.

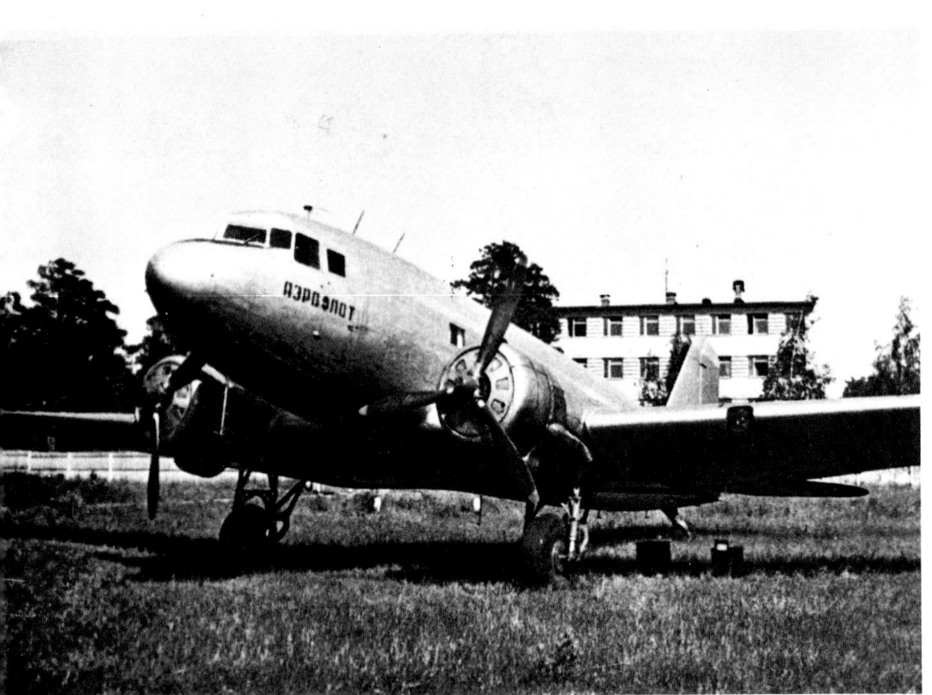

The Soviets have never said exactly how many Li-2s they made, nor have they ever paid any royalties to Douglas. Note that this example is equipped with Soviet engines fitted with a shuttered shroud which could be closed for starting in cold weather.

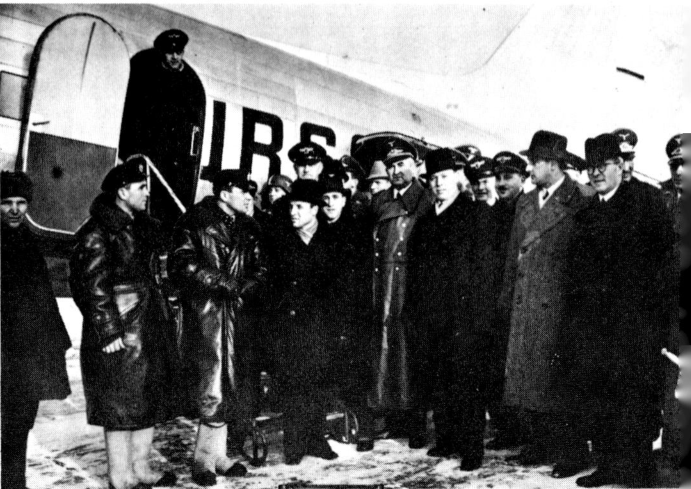

At the time of the inaugural flight, the crew of the Russian plane (on the left, in leather coats), were welcomed with great pomp by the German authorities, among them the head of Goering's ministry.

Before World War II the Russians bought some DC-3s from Douglas for their national airline, Aeroflot. Here one of them is shown at Bromma, Sweden, having come from Russia with 450 kg of gold destined for England.

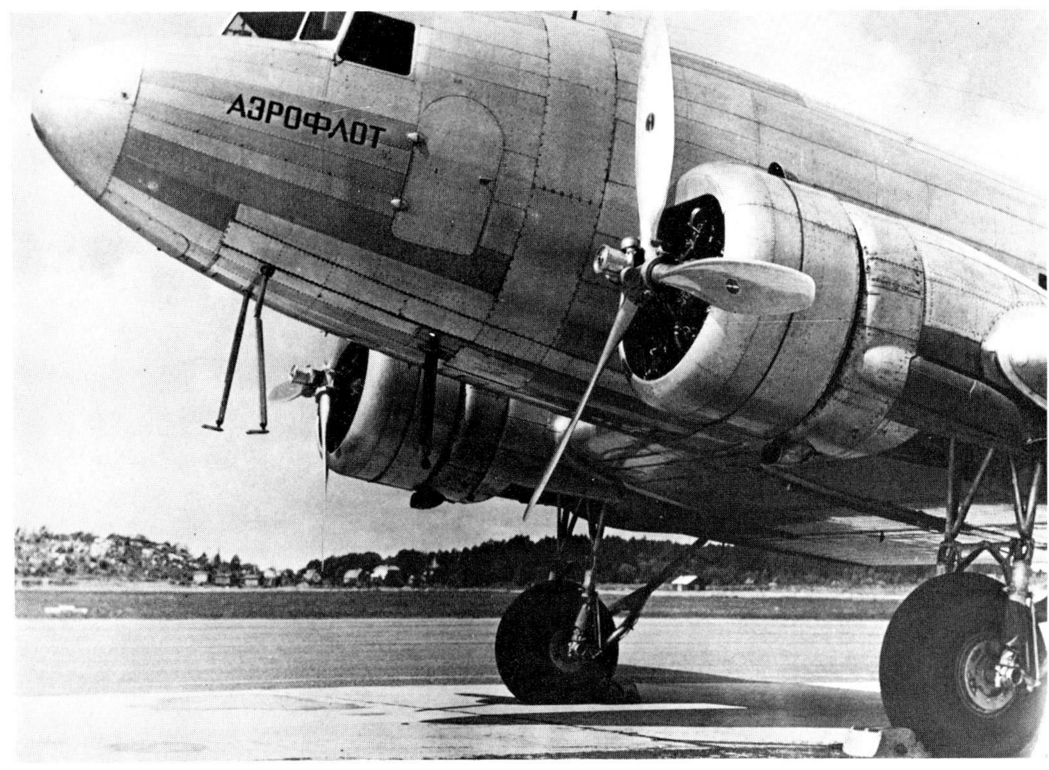

A C-53 (one of many DC-3 versions) transferred to the USSR at the beginning of the war, under the terms of the Lend-Lease Act, photographed in flight over China.

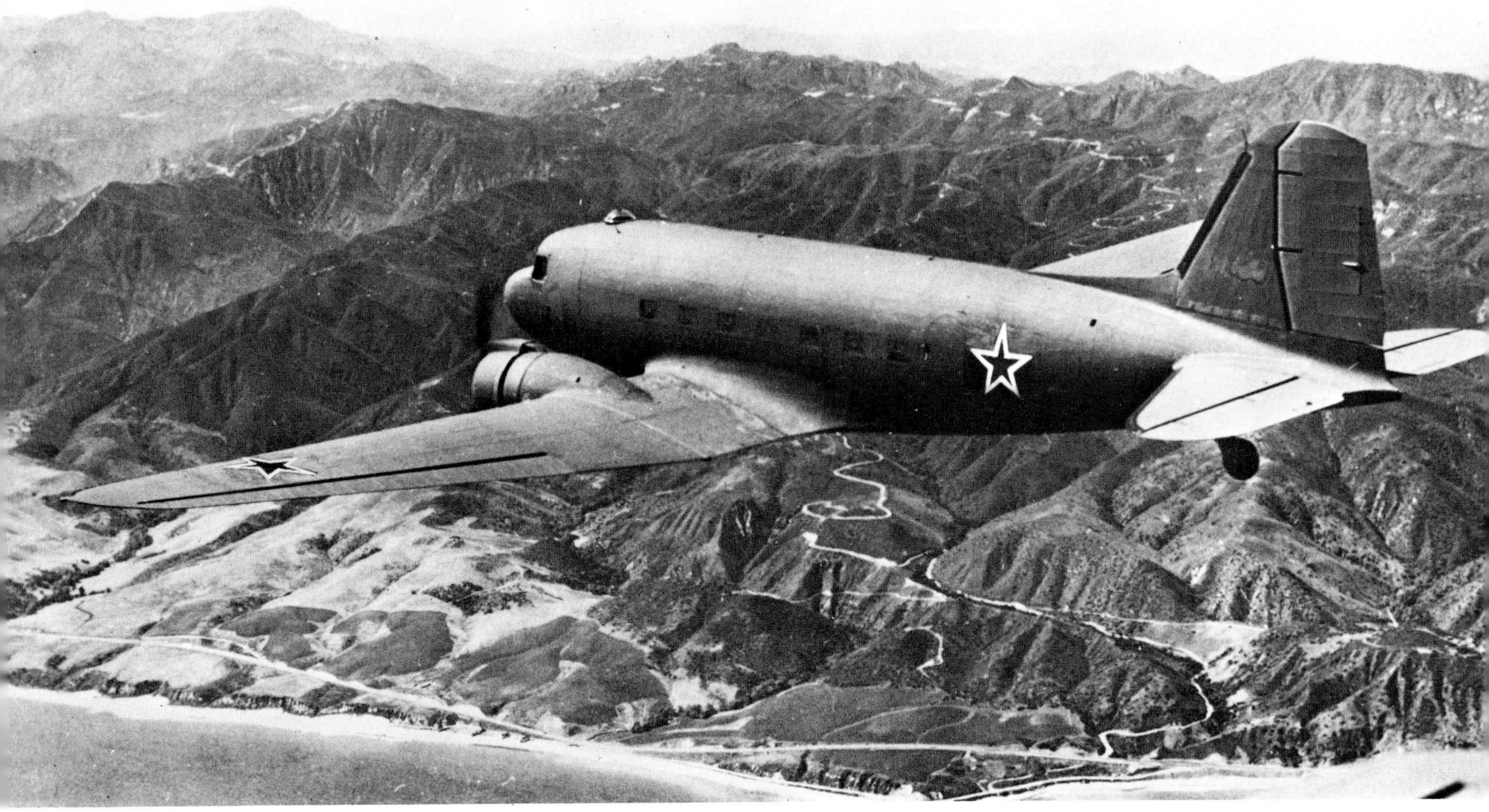

Modified Dakotas...

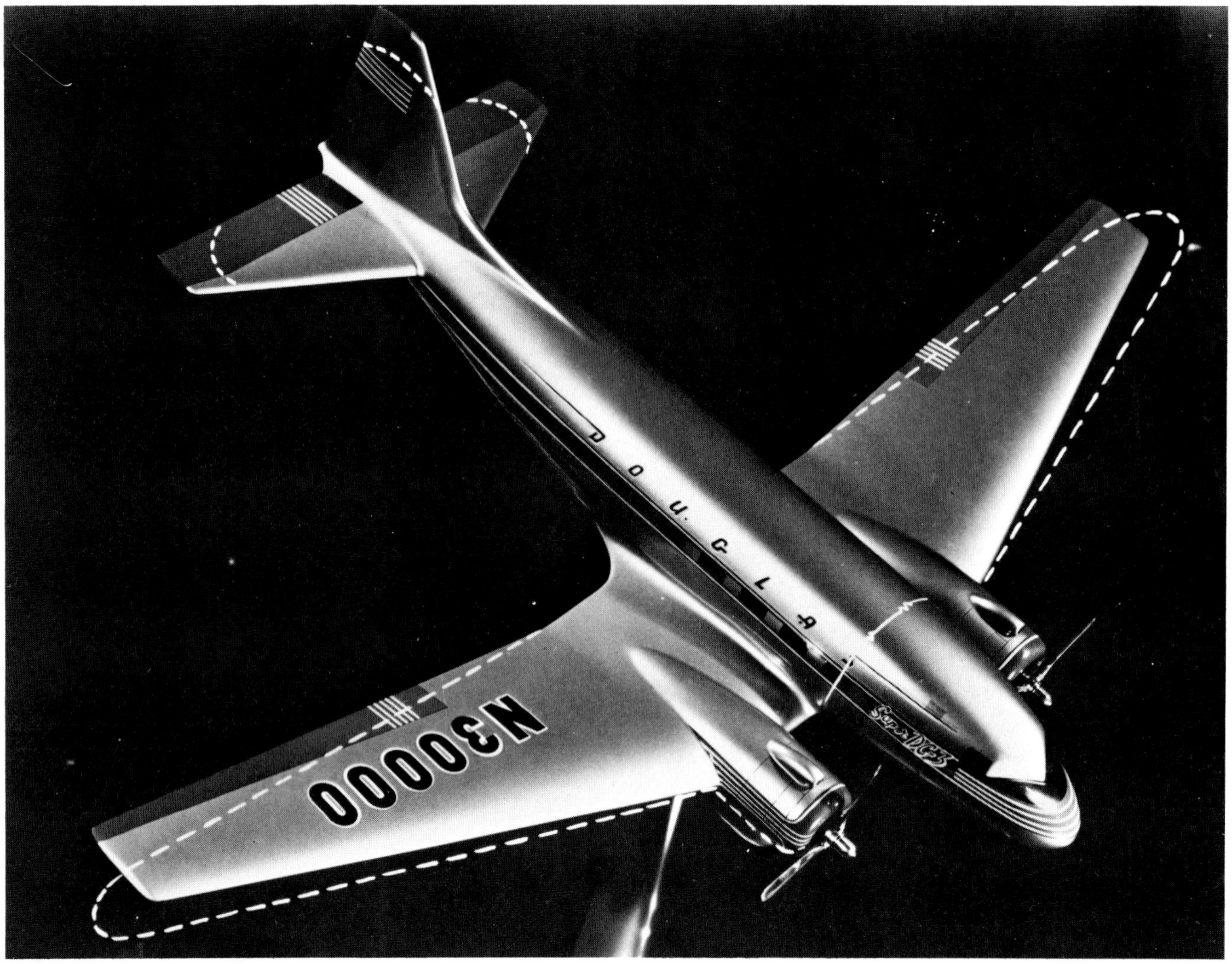

The dotted lines show the shape of the DC-3 compared with that of the Super DC-3. Note that the wings and tail have been modified, as well as the engine pods.

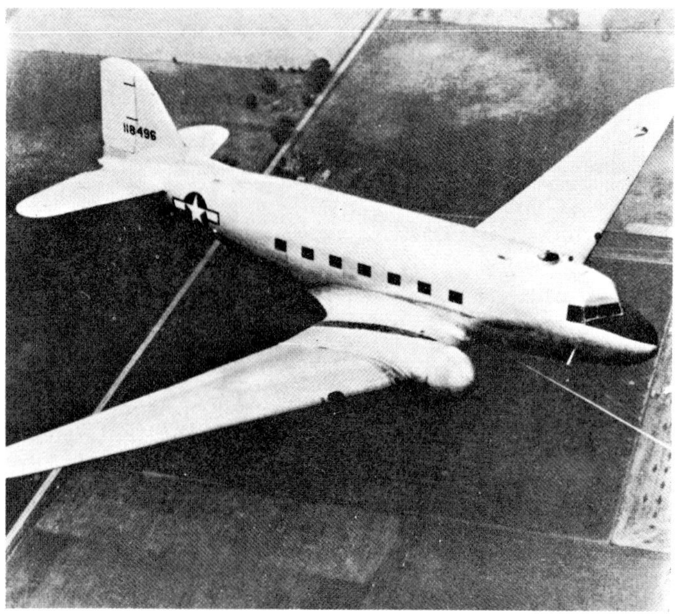

This poor photograph shows the American transport glider XCG17 tested in 1944. It was nothing more than a C-47 with the engines removed. It was intended to be towed behind another C-47. The end of hostilities put an end to the project. The plane, re-engined, was sold for civilian use in 1959, and flies today — for the Mexican company Petroleros Mexicanos.

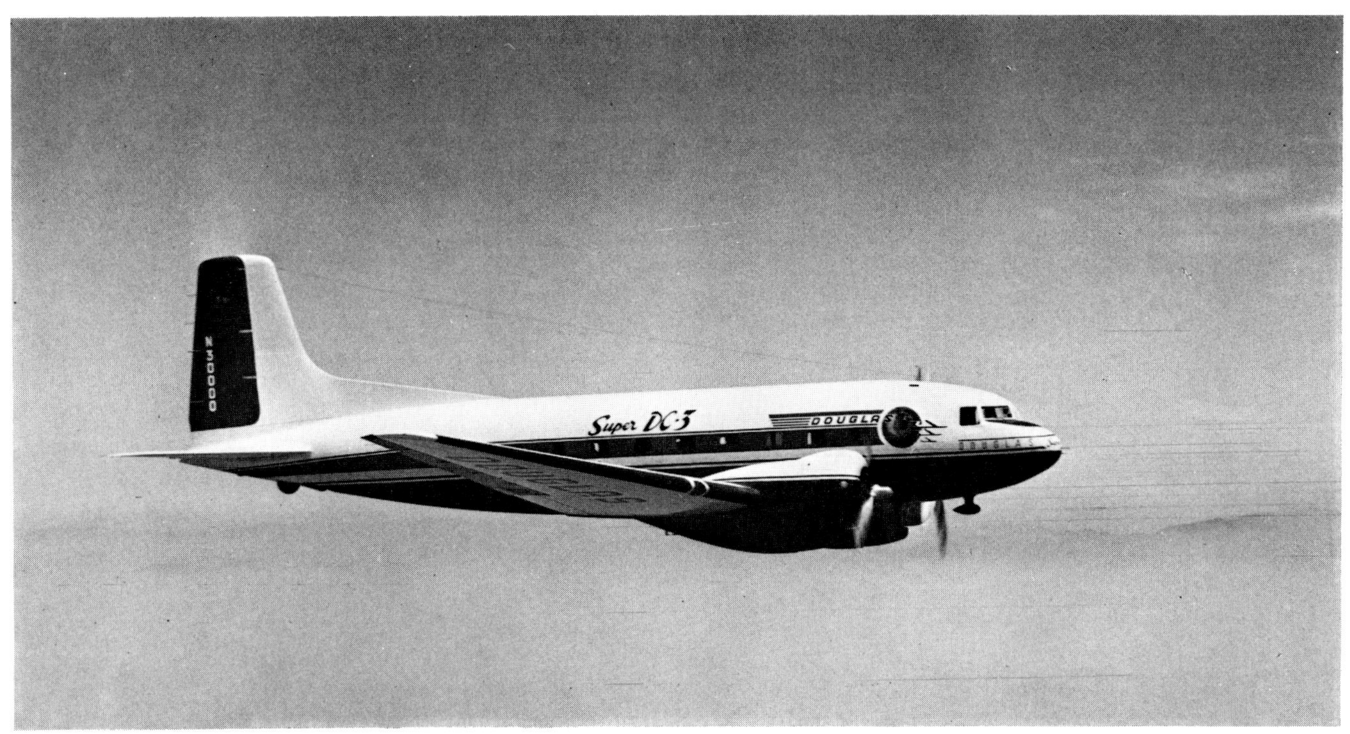

The Super DC-3 was an attempt by Douglas to re-establish the plane in the marketplace following the war. It did not do very well, due to the numerous surplus C-47s dumped on the market and sold for a mere song, and the project was stopped. Only the Navy bought a few.

The special DC-3 belonging to the Westinghouse company. It was furnished as a test bed for electronic instruments.

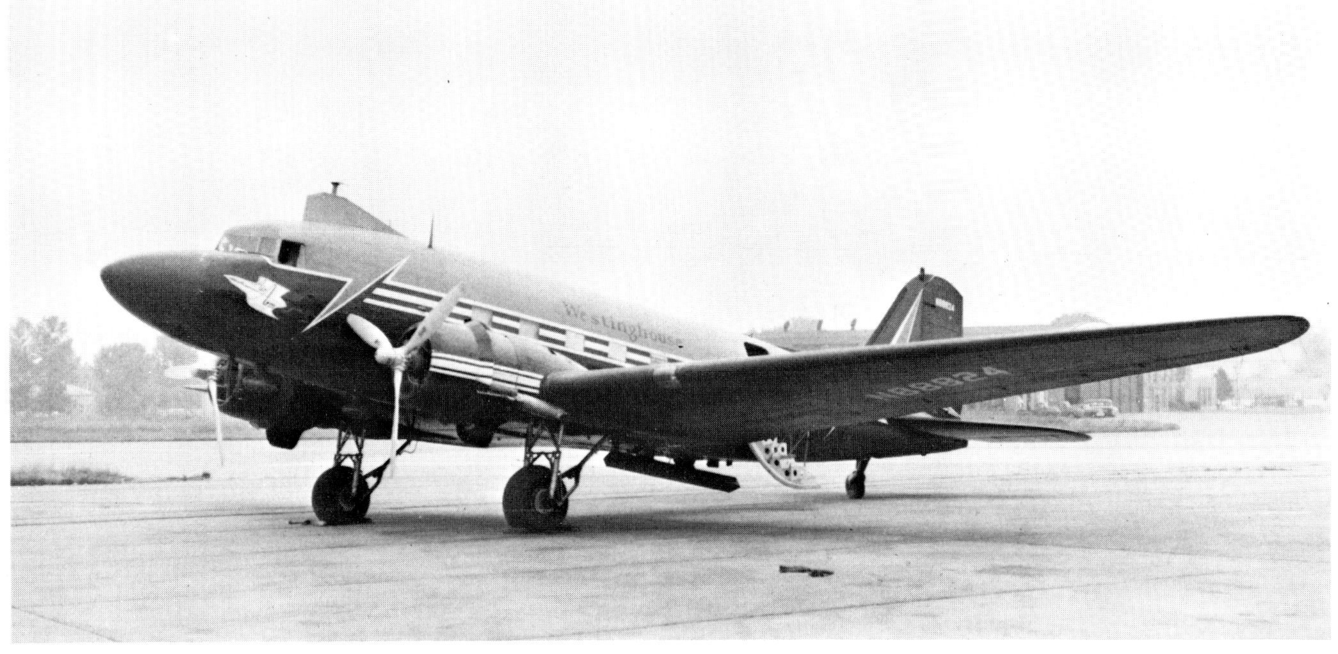

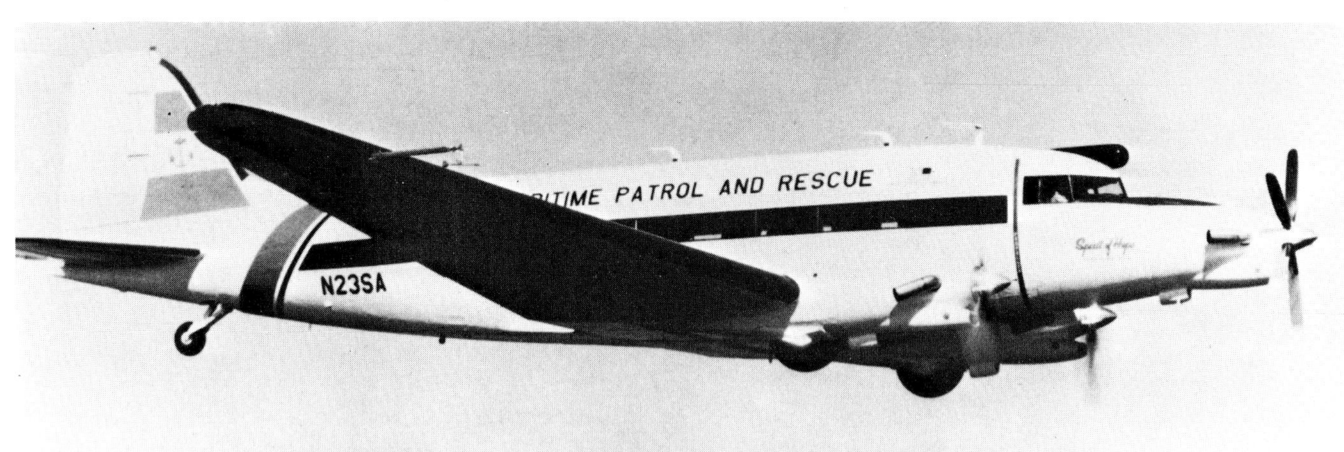

The Tri-Turbo Three was a DC-3 modified by adding three PT6 turbine engines. It was an appealing idea by the engineer Conroy of the Specialized Aircraft company — for the price of a single new aircraft of the same class, one could buy five Tri-Turbo Threes. Unfortunately the Federal Aviation Administration (FAA) prohibited the flying of the plane under the pretext that the structure of the C-47 was too antiquated to support the modification.

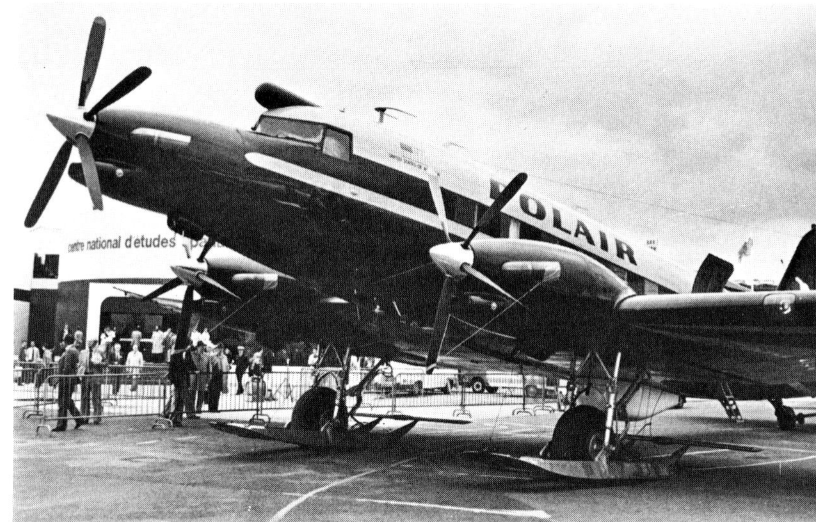

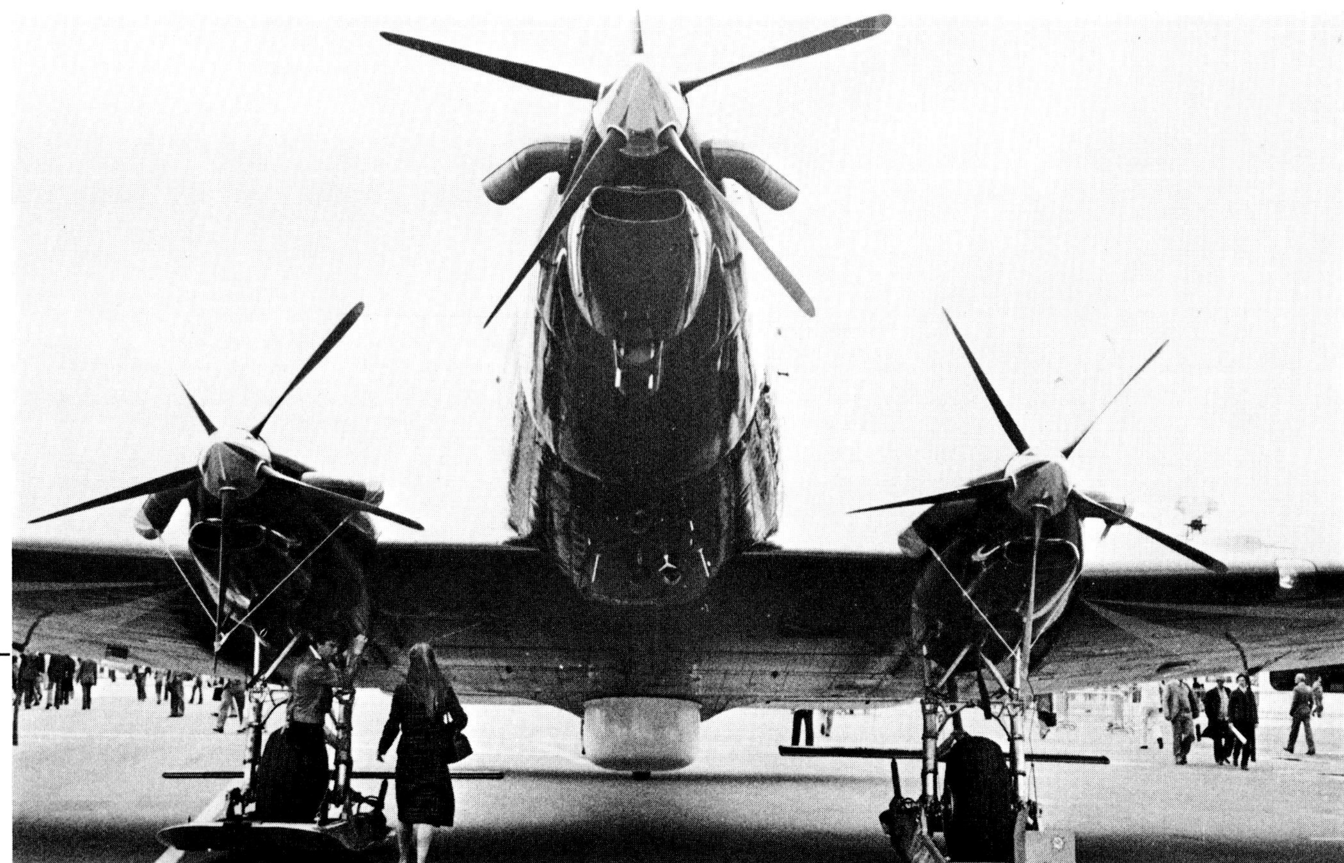

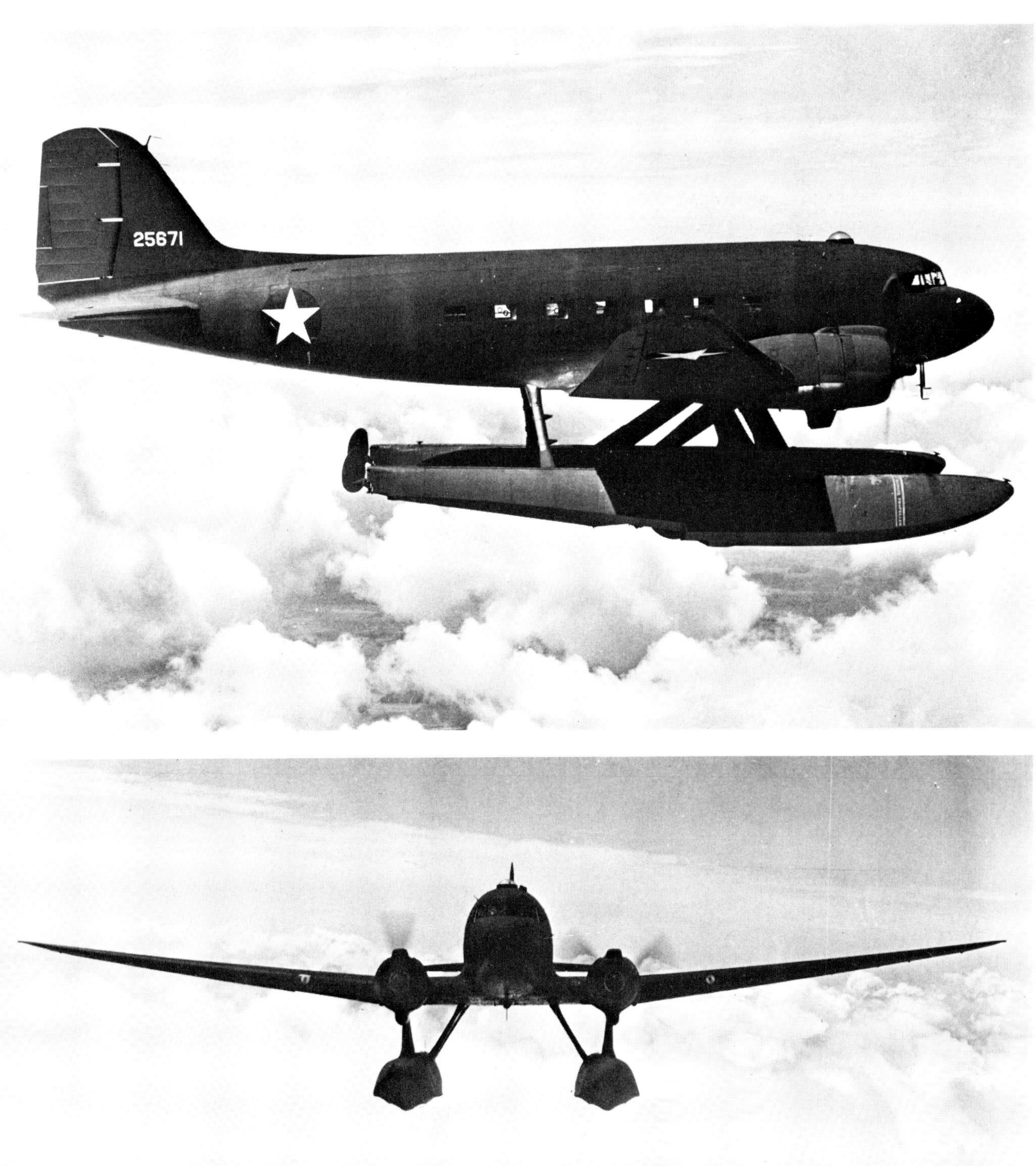

The XC-47-C was the amphibious version of the C-47. The pontoons were equipped with small wheels and rudders. The problem with the XC-47-C was the difficulty in controlling it when it was on the water. Other than that, it was an unquestioned success. No more than one example was built. Note the white line on the pontoons (upper photo) indicating the danger caused by the propellors. The crews had a tendency to walk on the pontoons.

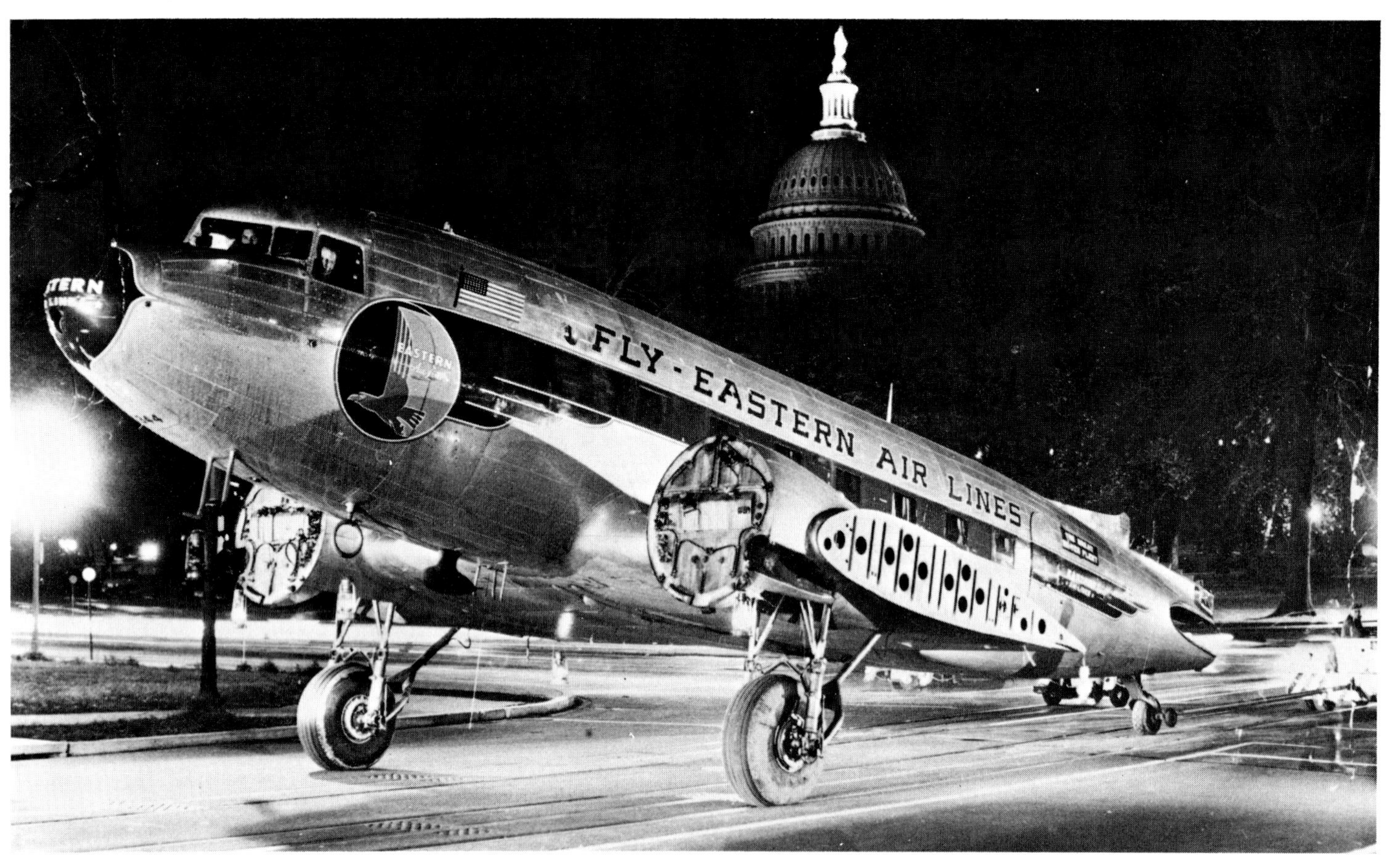
FLY-EASTERN AIR LINES

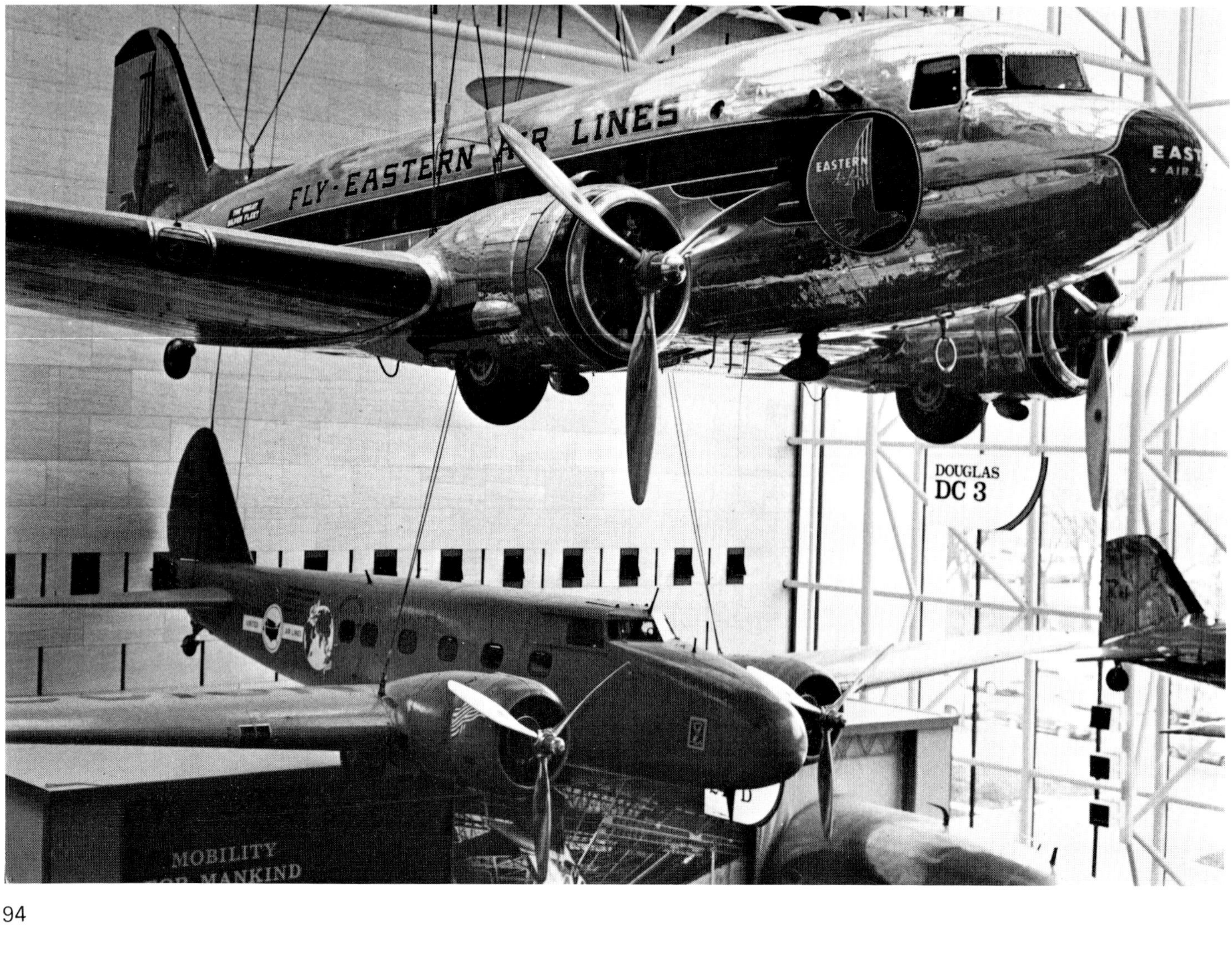

This Eastern Air Lines veteran made its last journey on the street, to get to the National Air & Space Museum in Washington. It had logged 56,700 hours of flying time.

The DC-3 was placed above its old rival, the Boeing 247, which it had eclipsed in just a few months. The Boeing is the same one that had participated in the famous London to Melbourne race in 1934.

any existing airliner. Its cost of operation, at 69 cents per mile, was half that of the Ford Trimotors, which were being purged, sold off, and disappearing from the sky. Also vanishing were the Boeing 247s. They had not lasted one season. United Airlines were replacing them with DC-3s; Revenge was sweet.

The new Douglas reduced the number of stops required between New York and Los Angeles to only two. It could fly from New York to Chicago and return, non-stop, in 8 hours 5 minutes — a DC-3 demonstrated this feat. By train, the trip from New York to Chicago took 18 hours. All the airlines wanted DC-3s.

But as they went into service, the DC-3s started to run into mountains, to crash to the ground...

The movie actress Carole Lombard was among the famous victims of DC-3 crashes. But in every case, the inquiry determined that pilot error was the cause. The structural integrity of the plane was never found to be at fault. The high percentage of accidents was proportional to the number of DC-3s — forming 92 % of the American airlines' fleets.

In fact, the plane was considered so safe that, for the first time, insurance companies authorized the use of automatic insurance vending machines in airport waiting rooms — on the condition, naturally, that the passenger was travelling on a Douglas.

Several months after these machines were put into operation, a DC-3 was involved in the first murder attempt via airplane. A husband accompanied his wife to the airport. He was carrying a heavy valise. At the last minute, he bought an insurance policy on her... good-bye, my dear... write to me soon! During the flight there was an explosion. The plane was able to land . . . the police found there had been a bomb in the valise. The man had tried to get $5,000 to start a new life with another woman.

A Damn Piece Of Tin

The Japanese bought a license to build the DC-3. The Russians ordered fifteen, then, in turn, bought a license. They sent an engineer named Boris Lisunow to Santa Monica, where he spent two years studying the plane's fabrication. In 1941, during the war, a Russian factory was producing the plane at the rate of forty per month. They called them the Li-2.

An American writer, William L. White, went to Russia just after the war. He recalled, in his work "Report on the Russians", one of his trips on a DC-3, or rather, an Li-2: "We got on board. There were no seat belts. There was not a 'No Smoking' sign. The pilot started the engines, which had been sitting in the cold all night. He released the brakes and taxied onto the runway. He took off, without waiting. When he had reached an elevation of about 3 m (10 ft) he made a turn that can best be described as pointing one wing at the sun while plowing (almost) a potato field on a farm below us with the other. Once he had the plane headed in the right direction, he levelled off. Since there were no mountains ahead of him, he continued to fly at an altitude of 150 m (500 ft), terrorizing the cows, the chickens and . . . the passengers."

But we also have the testimony of one of the rare pilots who had the opportunity to fly in a Russian DC-3 during the war, in September 1944. He had crashed in Soviet territory with his B-29 after a raid on Japan, and was "interned" while the Russians copied his plane. Then he was repatriated in an Li-2. What astonished him the most, on seeing the interior of the plane, was a cast-iron stove, near which was a supply of wood. The stove had two handles, so it could be quickly thrown out of the door in case of fire!

When, early in 1949, American Airlines announced that they were retiring their 92 DC-3s from their fleet, in favor of more modern airplanes, all the journalists wrote a funeral oration for the Dakota.

One of them, Robert C. Ruark, was more sentimental, almost poetic: "The old DC-3 was just a damn piece of tin, but it was the only argument capable of convincing earthlings that the sky was also their avenue.... It could not have suffered worse treatment.... It flew with sand in the carburetors, it was maintained by savages and even by cannibals.... Damn you, Dakota — you shook, you made a row, you jumped, you bounced . . . but you flew . . . and so well!"

These funeral orations were premature. It is possible that the 5,000 DC-3s still flying today are just beginning their careers.

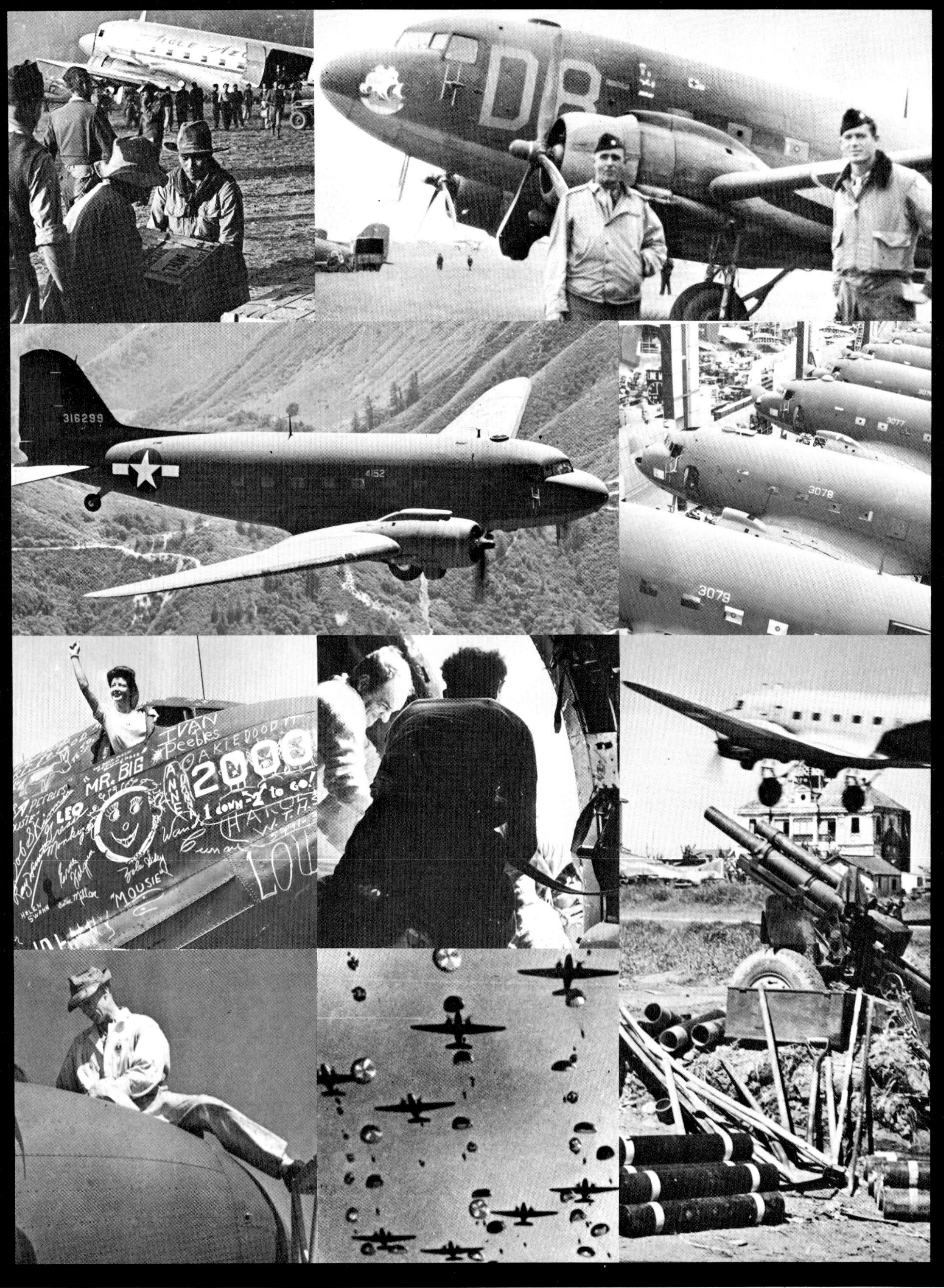
D8
316299
4152
3077
3078
3079
IVAN
Peebles
"MR. BIG"
LEO
1 down - 2 to go!
"MOUSIE"
HELEN
SWANN

ITS WARS

CHAPTER II

The DC-3 was a perfect piece of equipment. For military use, it is hard to imagine a better flying truck. If it had not already existed, it probably would have been built like the Jeep, to meet a certain set of characteristics. But, fortunately, it did exist, and long before the war.

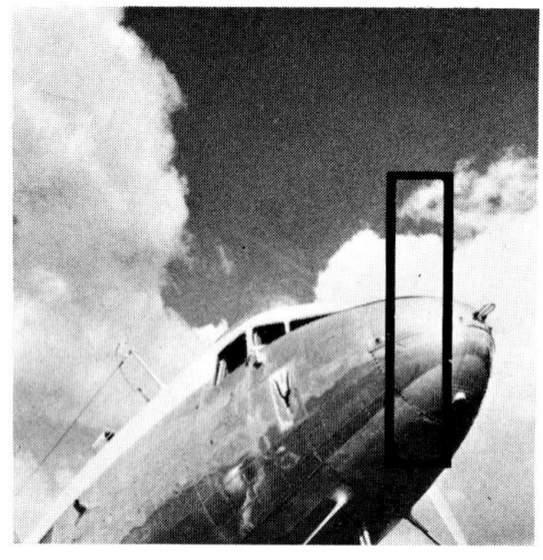

Its adoption by the US Army was somewhat laborious, for two reasons:

During 1935, the depression was still being felt, and the military did not have a great deal of money. The money that was available was being spent on fighters, bombers, and training aircraft. In addition, the idea of military aviation transport was new and still vague. It should be noted, in passing, that the Japanese did not make this mistake, and were eager to buy licenses to build the DC-2 and then the DC-3 in their factories. The Allies gave the Japanese military's Douglases the code name "Tabby".

Before World War II, the military slowly began to take an interest in the DC-2. They even destroyed one to see how strong it was, and went to the trouble to verify that the DC-2 only broke after being subjected to loads three times greater than those indicated by the manufacturer. Secretly, however, they could not stop thinking that a civilian airplane, no matter how successful, could never make a good military airplane.

Nevertheless, they bought a few DC-2s.[1]

When the DC-3 came out, there were two Air Corps officers who were not completely short-sighted — Major Frank Carroll and Major K. B. Wolfe. They were responsible for testing and purchasing equipment, and realized that the plane could be of considerable interest to the Army.

"It's a good airplane," Carroll told Donald Douglas after testing the DC-3, *"but we need to modify it a little . . . fit it with more powerful engines . . . give it a bigger load capacity . . . reinforce the fuselage . . . and, of course, paint it khaki"*, he added with a smile.

"All that is possible," said Douglas, who was very interested, since he had existed for years on business from the government, *"and we will start work right away."* For his part, Wolfe had to figure out where to find the money to pay for the planes. The Army was not rich. At last, he came up with an idea. There was money in a fund designated for the purchase of personal aircraft for generals. If these planes happened to also turn out to be cargo planes, who would notice the difference on the invoices?

Donald Douglas remembered: "The C-47 and the R4D (Navy designation) were born that day. Essentially the design was the DC-3. Our job was to turn the bus into a truck. We installed a new, sturdier, cabin floor and reinforced the aft fuselage to allow a huge,

---

1. The primary military versions of the DC-2 and DC-3 were: R2D1, DC-2 version for the Navy (1935); C-32, civilian DC-2 modified for the Air Corps (1942); C-33, cargo variation of the DC-2 for the Air Corps; C-34, slightly modified C-32; C-38, the C-33 with tail of the DC-3; C-41, VIP transport version of C-39; C-42, a C-41 with different engines; C-47, military version of the DC-3; X47-C, prototype with pontoons; C-53, troop transport version of the DC-3; C-117, VIP transport version of DC-3; XCG-17, prototype without engines (glider); C-48, 49, 50, 51, 52, 53, 68, all military designations for civilian DC-3s mobilized for the war effort; R4D1 through 7, versions of the DC-3 for the Navy.

double-door, cargo bay. In place of the passenger's seats, we installed two long rows of bucket-type seats along the cabin sides, and we fitted a system of external bracings and support to allow the carrying of cargoes under the fuselage. [2] The C-47 received Pratt and Whitney engines producing 1,200 hp, and its total authorized weight increased from 11,340 tons for the DC-3 to 13,290 tons."

Thus the most popular airplane of World War II was born. The plane would be cited by General Eisenhower as one of the weapons most responsible for winning the war, along with the Jeep, the bulldozer, the bazooka, and the atomic bomb.

An Unfortunate Resemblance

The plane was also unique in that, after the war, when the Flying Fortresses, Liberators, etc., were condemned to rot on the ground, many of the military C-47s were transformed into civilian aircraft and put to use.

Fortunately, the C-47 was ready when the United States declared war on Japan in 1941, although the Army did not yet own very many. At the time of Pearl Harbor, there were only some fifty C-33s (military passenger version of the DC-3) and C-47s flying under the white and blue star insignia of the United States Army Air Corps.

But first we will turn our attention to Europe, where the war was already raging, and where, for the first time, the Douglases were confronted with the harsh realities of battle. [3]

The country with the most Douglas aircraft in 1939 was Holland. We have already seen how the wily Anthony Fokker was successful in selling them to KLM. The Dutch airline owned some thirteen DC-2s and twenty-one DC-3s when the war started. The planes had each been given the name of a bird — Ibis, Toucan, Marabou, Jay, Pelican, Buzzard, etc. On 18 April 1940, before the German attack, KLM suspended all its flights. From 5 May to 10 May, the company went through the most trying time of its existence. On the 5th, the Luftwaffe bombed the Schiphol Airport, destroying eight perfectly good Douglases as they sat on the ground. On the 10th, the Germans occupied the airport and captured about a dozen Douglases intact. The captured planes were immediately given swastikas and put to use by the Luftwaffe, gratified by such good luck. One of them would later be seen in Russia, and another in North Africa. [4] Fortunately, several pilots, including the famous Parmentier, winner of the England-to-Australia race, slipped away to England with seven of the planes. With the assistance of BOAC, four DC-3s then began making the Bristol-Lisbon run, a vital link between England and neutral Portugal.

While on the subject of this route, the following story should be recounted. [5]

On 1 June 1943, a KLM DC-3, registered in England as G-AGBB, took off from the Portela Airport at Lisbon, bound for Bristol. At the controls was the Dutch pilot Quirinus Tepas, a famous captain with KLM. The DC-3 took the usual route, along the northern coast of Portugal then across the Bay of Biscay before turning toward the south coast of England and then on to Bristol. On board were thirteen passengers, among them famous British actor Leslie Howard and his manager Albert Chenhalls. The two men were returning from conferences in Spain and Portugal. When Captain Tepas arrived over the Bay of Biscay, his DC-3 was intercepted by eight Junkers Ju88s, which had taken off from their base at Bordeaux. The German planes immediately shot down the DC-3, which crashed into the sea.

One questions the reasons for this crime. Why did the Germans shoot down the DC-3 when they had never before attacked the planes on the route, although they were fully aware of it? It was learned that Albert Chenhalls, Leslie

(continued page 103)

2. The C-47 also received special windows, with small holes in their centers. In theory, this arrangement would allow the passengers to fire their small arms through the windows. Many of the C-47s in use today are still fitted with these unusual windows, which were seldom used as intended, but which were found to be very practical for ventilation purposes, especially in Indochina.

3. To be precise, the Douglases had already been in combat — in Spain, where the DC-2s had been used as bombers; and in China, where the CNAC company used them throughout the Sino-Japanese War.

4. The Douglases belonging to Sabena slipped away and went to England. Those of the Czechoslovakian company CLS were captured and used by Lufthansa. Swissair, which had nine, hid them in hangars until the end of the war. The Swedes used theirs on a few flights, painted with large letters proving their neutral status.

5. As reported by Roy Allen in *Pictorial History of KLM,* Ian Allan.

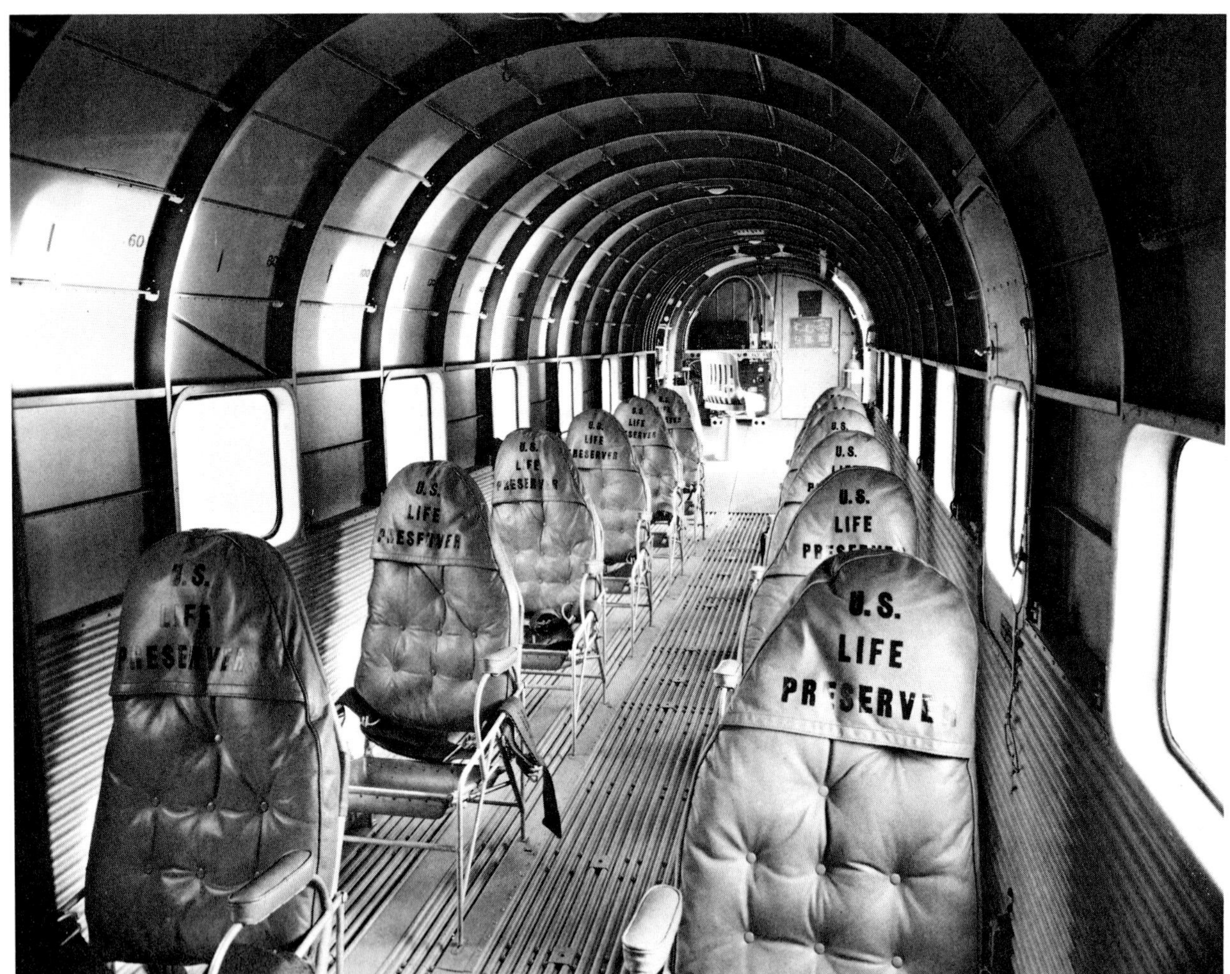

The interior of a C-39 equipped for carrying passengers. Considering the absence of all trimmings, the plane must have been noisy. Notice the radio operator's rotating chair at the far end of the craft.

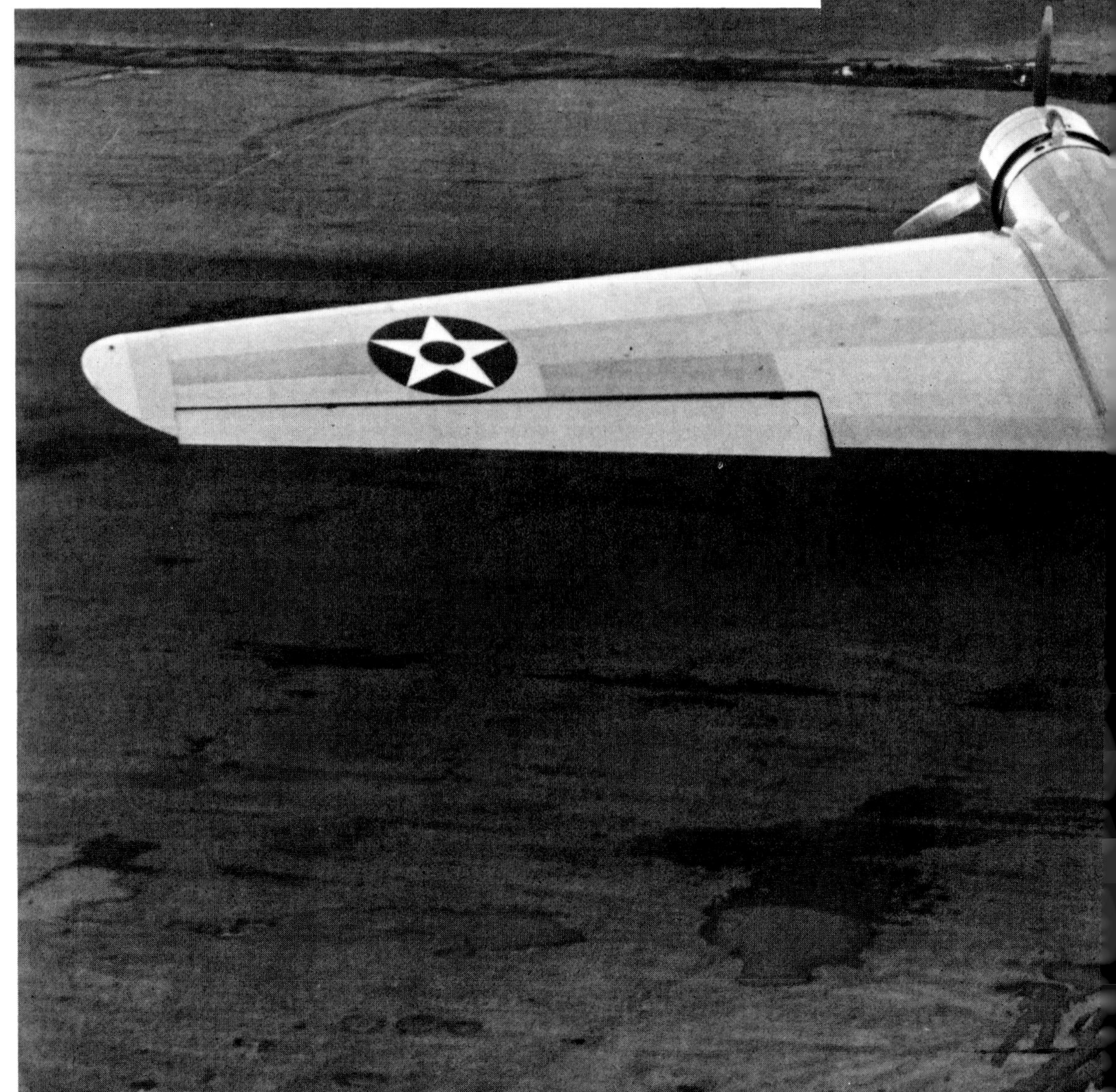

The C-39 had two Wright 975 hp engines, a fuselage from the DC-2, and a tail from the DC-3. There were only 35 built, and the majority were cargo planes.

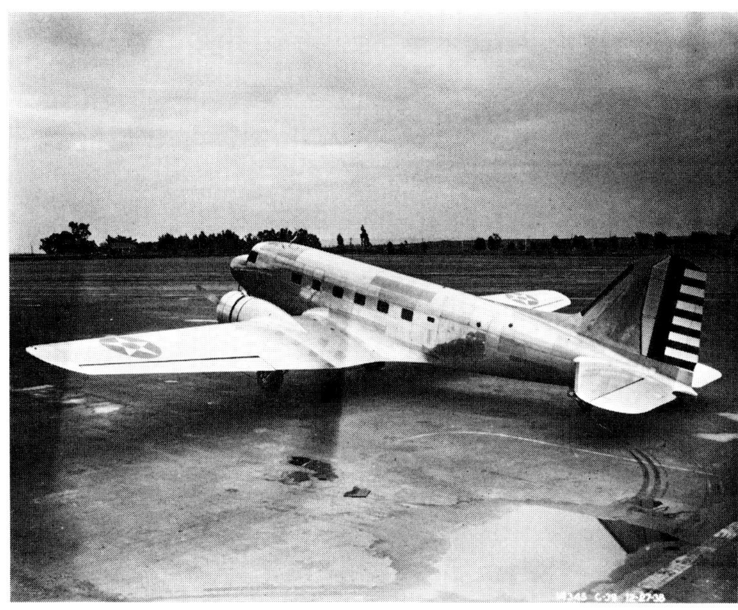

A US Army Air Corps' C-34, in 1937. This version of the DC-3, equipped with two Wright 750 hp engines, could carry 14 passengers. No more than two were built.

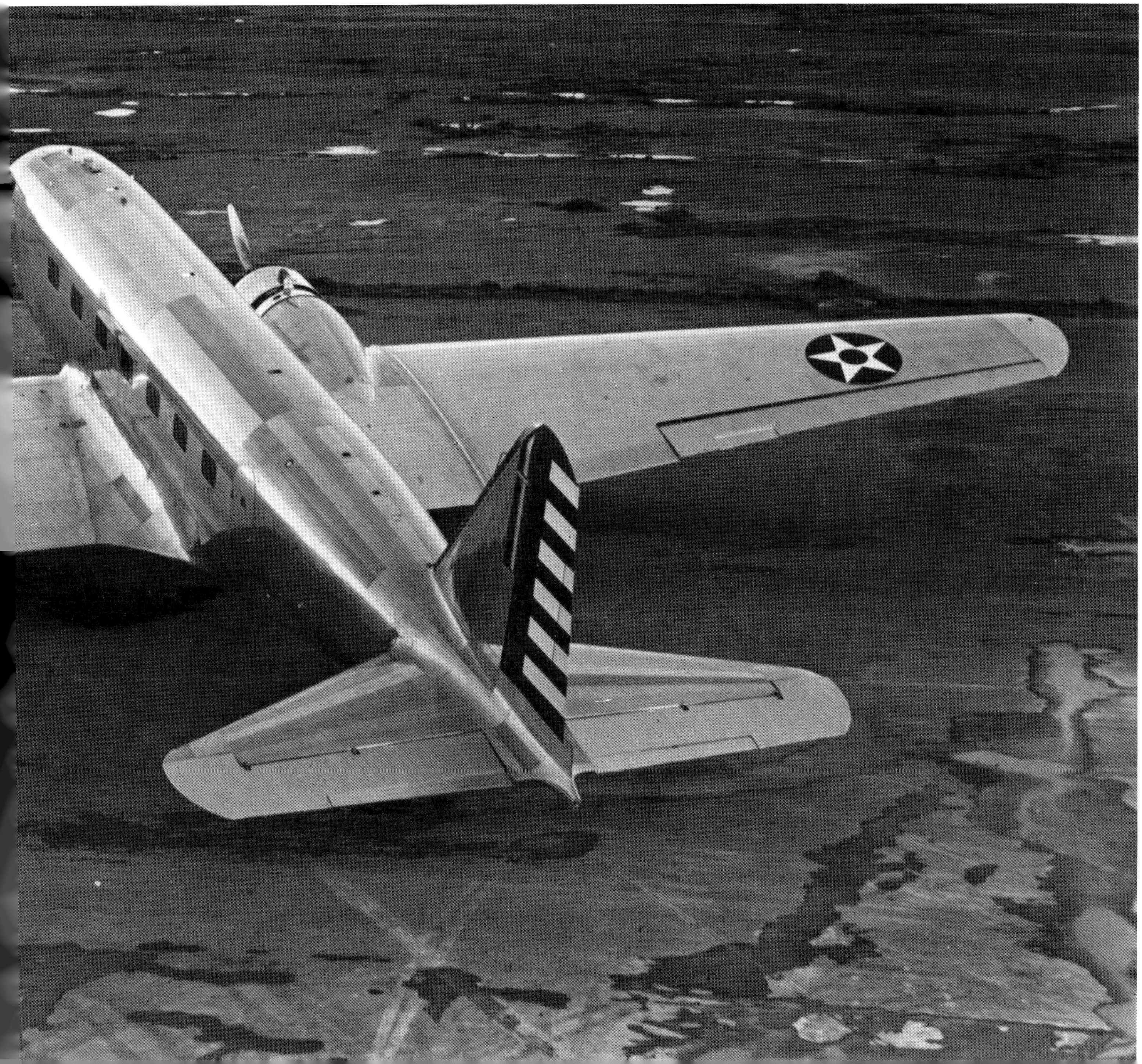

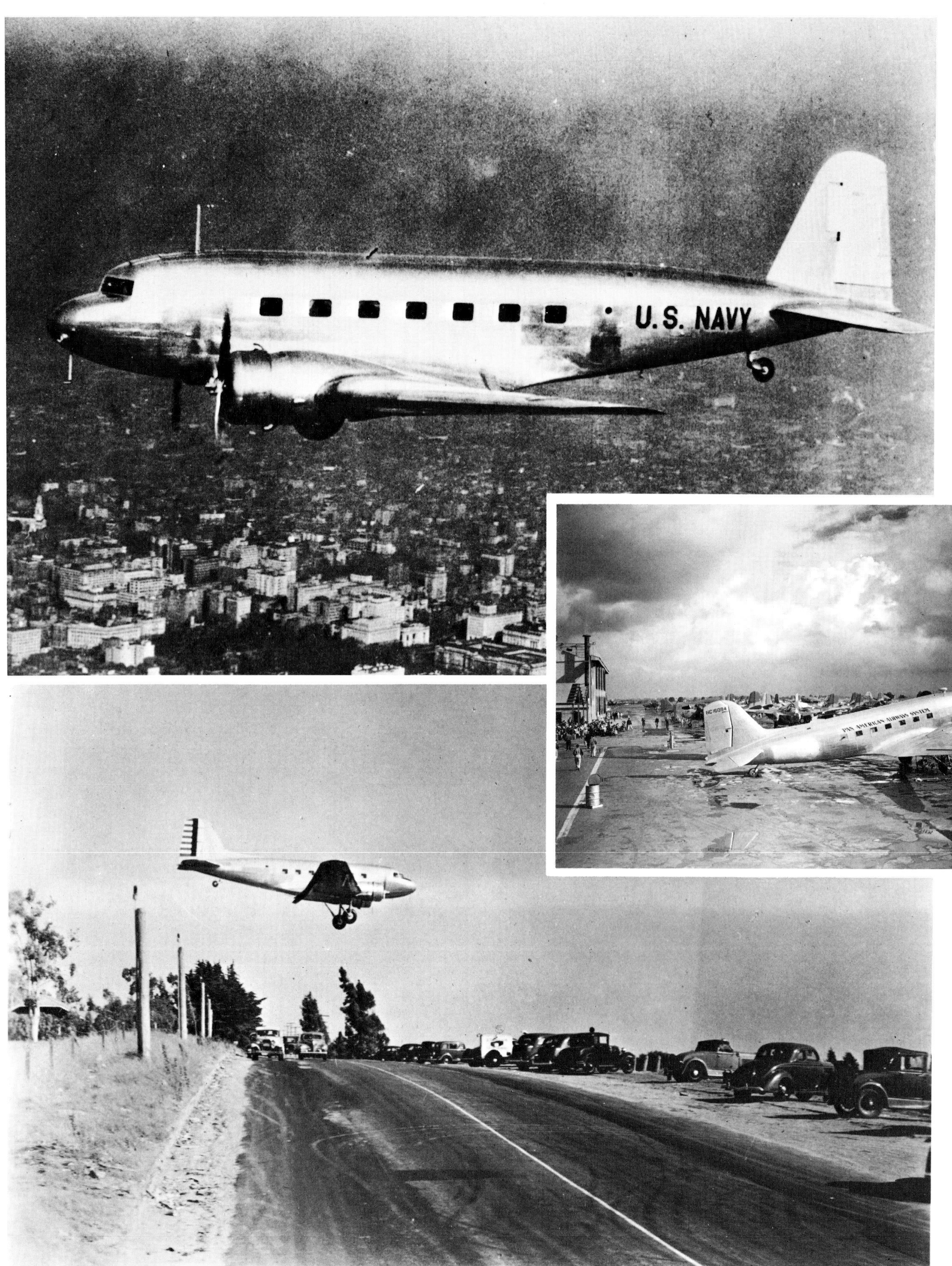
U.S. NAVY

One of the first DC-2s, tested by the Navy in 1935. The caption for this photo, distributed to the American press, stated "the mysterious US Navy airplane during a speed test over Miami."

A C-39, photographed in 1939 during its final approach to the Santa Monica airport.

Howard's manager, was a corpulent man who wore a derby hat and smoked a cigar — just like Winston Churchill. By an unfortunate coincidence, at the time the DC-3 took off from Lisbon, Winston Churchill was in Algiers for a conference. Lisbon was teeming with German spies at that time. Undoubtably one of them had transmitted the plausible information that he had seen the British Prime Minister leaving for England. This was sufficient reason to attack the DC-3.

A Terrible Weather Forecast

With the commencement of the war against Japan, the DC-3s allowed the Americans to speedily send in reinforcements to weak points, or to evacuate wounded and civilians.

In March 1942, thirty-six airline pilots, who had been mobilized along with their DC-3s, took off from Morrison Field. They were to open the envelopes containing their orders only after they were in the air. On breaking the seal on their orders, they learned that they were to proceed as quickly as possible, by way of South America, to the Far East, where they were to evacuate the wounded who were about to be captured by the Japanese.

Several days later, the thirty-six planes left Natal, on the north-east coast of Brazil, carrying 6,000 liters (1,600 gallons) of fuel and equipment to last for two years.

Upon takeoff, the pilots realized that this was the first time that the DC-3 had taken off with a weight of 16 tons, for a non-stop flight of more than 3,000 km (1,850 mi) over the South Atlantic. The planes were so heavy that the pilots had to coax them along for 150 km (90 mi) just to gain an altitude of 2,000 m (6,500 ft).

The thirty-six planes arrived in Burma just as the Japanese invaded. The DC-3s escaped, carrying thirty to forty wounded men each, evacuating them to India. The planes were literally assaulted by the panicky civilians, and there are several exploits that could be related about some of these pilots.

The DC-3 was just beginning to demonstrate its capabilities. Several weeks later, the Japanese occupied all of Burma and the famous Burma Road, linking India with China, winding like a snake over the spurs of the Himalayas, was cut. No more trucks could pass. China was also struggling against the Japanese, assisted by the American "Flying Tigers" of Colonel Chennault. It was now cut off from supplies of weapons and munitions.

Therefore a gigantic aerial bridge was organized, crossing over the 1,200 km (750 mi) of Burma. "The Hump", as this route was called, joined Assam, in north-east India, with Chungking, in China. But this route, the most dangerous in the world, a route for acrobatic pilots, was paved with rocks as high as 8,000 m (26,000 ft). Just look at an atlas and trace with your finger the imaginary line connecting these two terminals — you're navigating in an area colored dark ochre, the color for elevations over 5,000 m (16,000 ft). In this region, throughout the year, there is deplorable weather — a mixture of ice and snow storms with winds of 200 km/h (125 mph), and in the lower areas, tornadoes and typhoons.

Looking at the map again, you might wonder why a more southern route was not used, where the colors of the atlas are more reassuring — deep yellow or bright green. But there was another danger to the south, the Japanese fighter airplanes, whose airbases were scattered throughout the area. Every day the Japanese fighters patrolled the routes taken by the DC-3s, and whenever they encountered one, they shot it down.

Wandering Cargoes

This route had been pioneered just before the war by the Douglases (once again!) flown by CNAC (Chinese National Airline Corporation), an affiliate of the American company Pan-Am, which operated in China. The pilots of CNAC, some of them Chinese, had already been at war against the Japanese for almost three years. They knew all the nooks and crannies of the valleys of the Himalayas, where the Japanese fighters could hide. From the first, the route for "The Hump" was a secret. The pilots of the DC-3s were ordered not to divulge any accounts of incidents which happened during their flights. But it appears that the Japanese were quick to learn all about it.

The updrafts and downdrafts that prevailed near the summits could, literally, suck the planes from 8,500 m (28,000 ft) to 800 m (2,600 ft) in a matter of minutes, in the midst of peaks and rocks.

Improperly secured cargoes were the terror of the crews. The pilots knew that, with so much turbulence, should the heavy loads they were carrying break loose and start sliding about, the fuselage could be damaged — not to mention the poor passengers who would be crushed by the crates which would lay to waste everything in their path.

Yet, despite these obstacles, and despite the heavy losses (of the sixty-four Douglases put in service at the beginning of the operation, after eight months eighteen had been shot down by the Japanese or crashed in the Himalayas), the pilots of the Air Transport were imperturbable, flying their planes while sucking on their oxygen tubes, and accomplishing their job with the regularity of a civilian company. One year after its opening, the aerial bridge over Burma had transported more supplies to the Chinese than the trucks had ever transported via the Burma Road. Flying night and day at a cruising speed of 280 km/h (175 mph), these brave pilots and their wartime DC-3s were not long in becoming a legend.

In Washington, the uniformed public relations people were aware of the publicity impact the Douglas could have on the public. In the spring of 1944 they retired from the front lines a plane known as "Old Miscellaneous". This was the tenth C-47 bought by the Army and the first to participate in the Pacific front, just after Pearl Harbor, having been sent to join up with MacArthur.

In two years, "Old Miscellaneous" had accomplished 2,000 missions in New Guinea. It had tallied 3,000 hours of operational flight. At the Battle of Guadalcanal, it had parachuted reinforcements onto an airbase where one end was controlled by the Americans and the other end by the Japanese. Its fuselage had been riddled by bullets and shrapnel.

"Old Miscellaneous" had already had twelve engine changes and the "doctors" who tended it had fitted new wing tips, elevators, and rudder.

The Washington publicists organized a triumphal tour across America for "Old Miscellaneous". Thousands of children visited it. When the crew delivered the plane to the Army's stockpile, a plaque was found inside with the inscription: "This ship is the oldest C-47 in the Pacific and one of the most courageous. To whomever she is assigned, treat her kindly and she will always get you to your destination!" Meanwhile, the DC-3s belonging to the regular airlines in the United States continued to provide regular passenger service. But since their numbers had been cut in half — many of them were engaged in resupplying the Chinese — their average working day had increased from six to twelve hours. But the planes did not falter.

The North Atlantic Was Still An Adventure

In 1942, the DC-3 opened to transport aviation the hated and feared North Atlantic route. It is hard to imagine the terrible reputation still possessed by the North Atlantic at the end of the 1930s, thirteen years after Lindbergh's crossing. The public still read and heard the news of the disappearances of the some thirty pilots who vanished without a trace. The North Atlantic barrier was, obviously, too great for the planes of the era.

Only the Zeppelins could cross this great ocean, majestically, imperturbably, in total comfort. [6] They were untouchable . . . until the Hindenburg catastrophe, the ship catching fire while landing on 6 May 1937.

In the years before World War II, each time an airplane crossed the Atlantic it was considered noteworthy. In 1937, the pilot Dick Merrill hired by the Keystone photographic agency, made a round trip from New York to Croydon to bring back the negatives of the coronation of George VI. All the papers recorded this flight as a great event. In 1939, when Howard Hughes made his around the world trip, his crossings were again considered notable.

For quite some time, the DC-2s and DC-3s bought by the Europeans were delivered by ship. Even the Glenn Martin bombers acquired by France arrived at Le Havre, their wings detached, on the deck of a trans-Atlantic ship. But the British, in early 1941, set about to change this. They were eager to put to use, as quickly as possible, the warplanes ceded to them by the Americans under the terms of the Lend-Lease Act. Shipping them across the Atlantic would take too long and was becoming too dangerous because of the German submarines. So the English began to carefully study maps of Labrador and Greenland.

6. See Jacques Borgé and Nicolas Viasnoff *Le Zeppelin,* Editions Henri Veyrier.

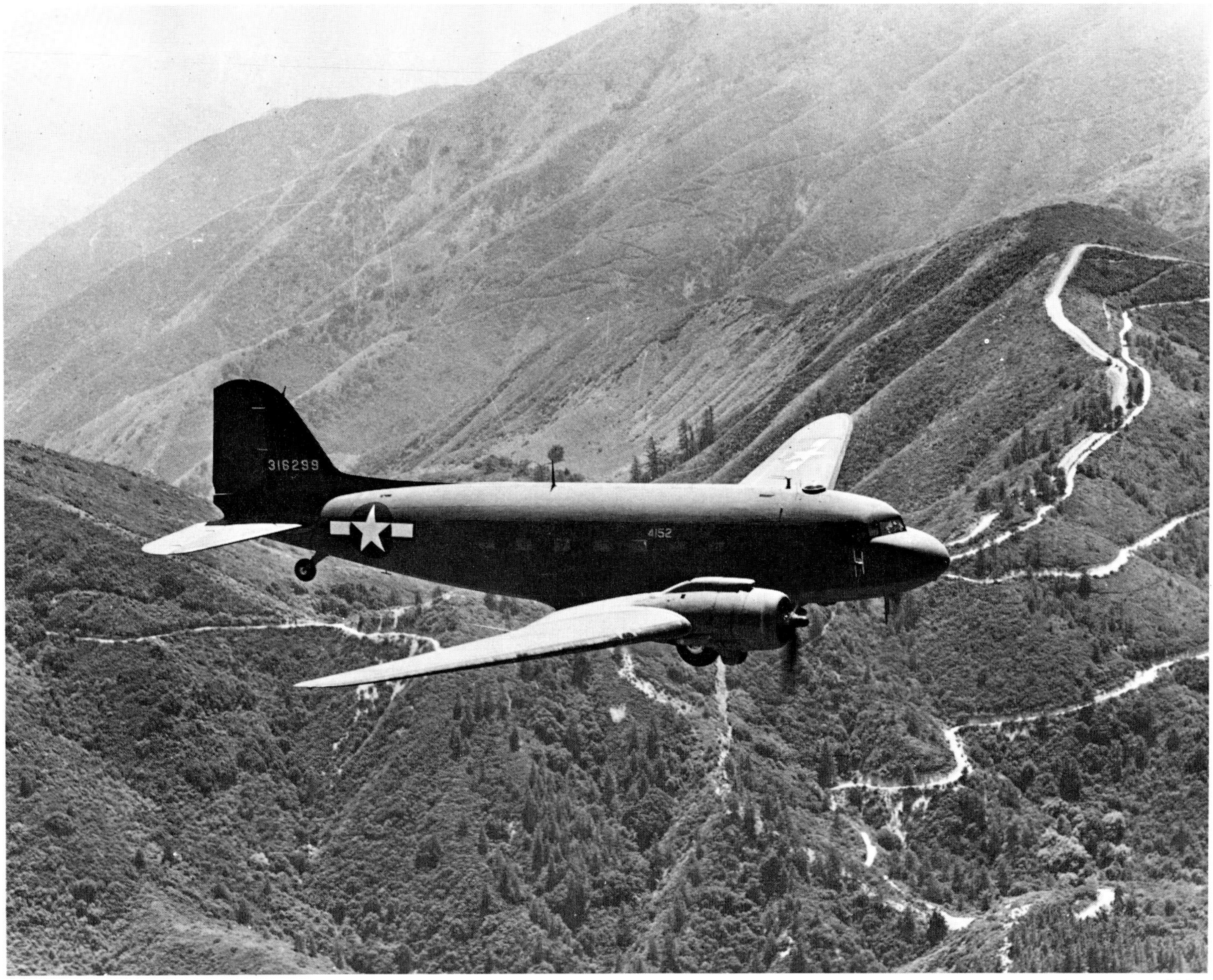

Somewhere between China and Burma.

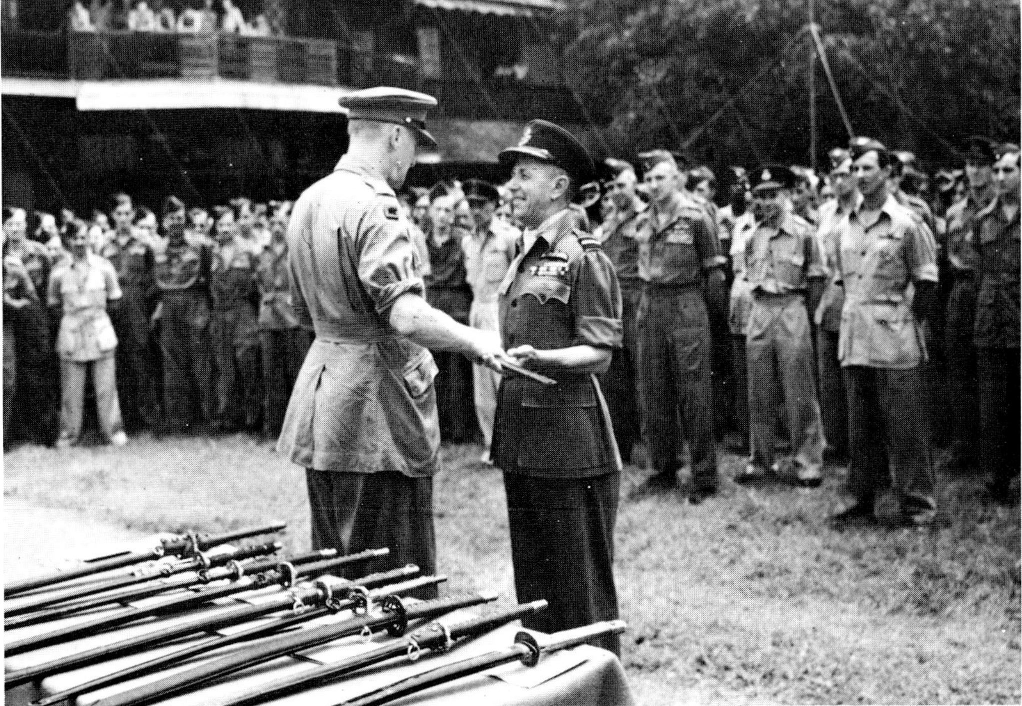

In Burma — captured Japanese swords are presented to the most meritorious Dakota flight crews.

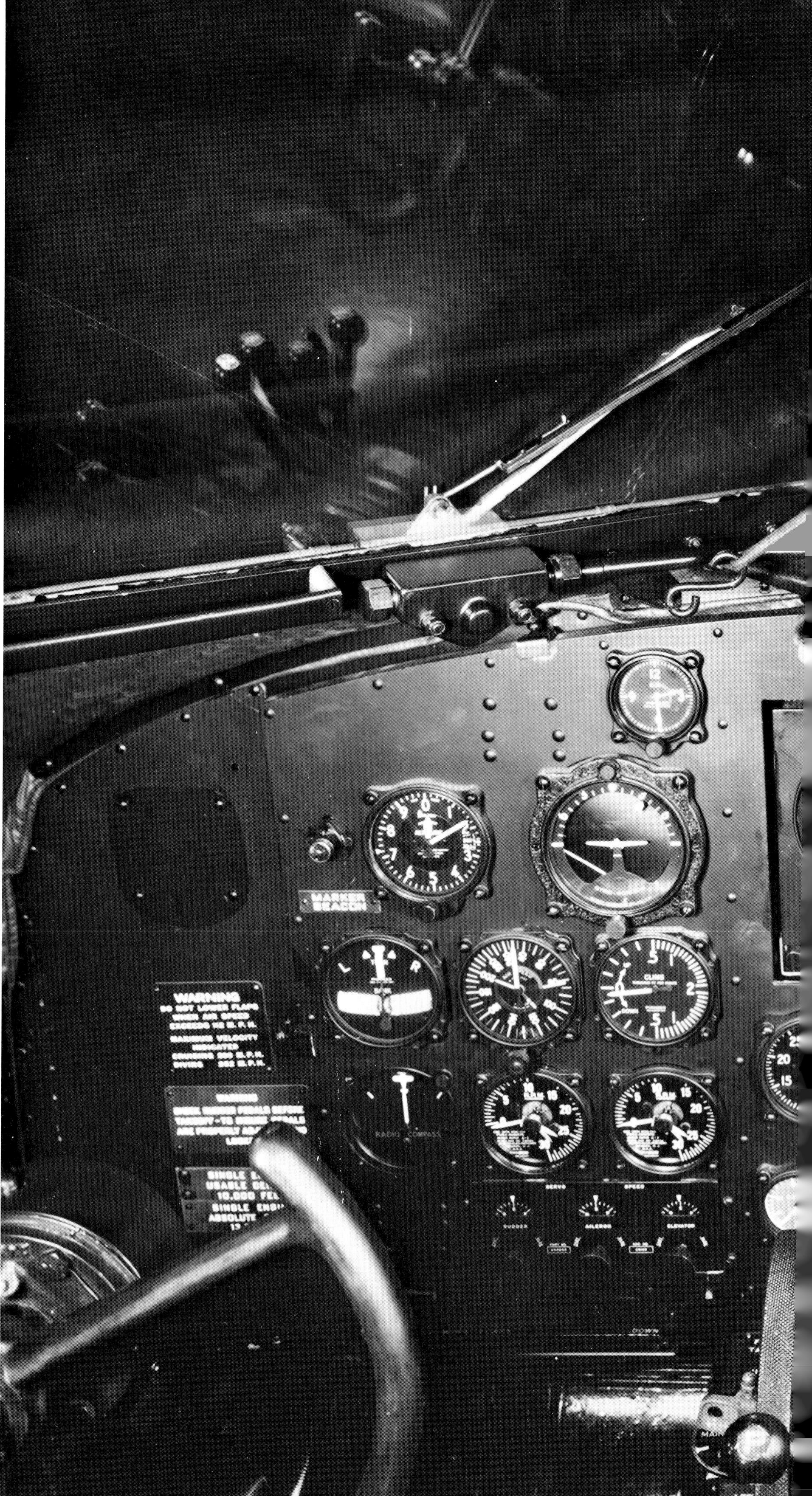

The instrument panel of a World War II vintage US Army Air Corps' C-47 (photograph taken in 1942):
At top, held in place by shock-absorbing elastic bands, is the magnetic compass.
Below that (the large circular dial) is the radio compass.
Located within the rectangle are the instruments for the automatic pilot (nicknamed "George") — at left the directional indicator and in the center the attitude indicator.
Below "George", from the left, are two engine manifold pressure gauges, an altimeter, and an air speed indicator.
In the foreground of the photograph can be seen, from the left, the two propellor control levers; the two throttle levers; and the two fuel mixture control levers.
Just below the last lever on the right can be seen the fuel tank selector switch for the right engine.
At left, in front of the pilot, at the top all alone is a clock; then below that is an altimeter and an attitude indicator; further down a turn-and-slip indicator, another altimeter, and a vertical velocity indicator.
Finally, still further down, a radio compass indicator and the two engine tachometers (rpm indicators).
Along the bottom are the knobs for setting the automatic pilot — the rudder, aileron, and elevator knobs controlling the three axes: vertical, roll, and pitch.
On the panel, right, at the top, the clock for the copilot; then below that the fuel and oil pressure gauges.
Still further down, the two large instruments show the cylinder head temperatures, while the four smaller ones indicate the fuel temperatures and the carburetor air temperatures.
Finally, the oval instrument on the left is the fuel indicator, and the last instrument on the right is an outside air temperature indicator.

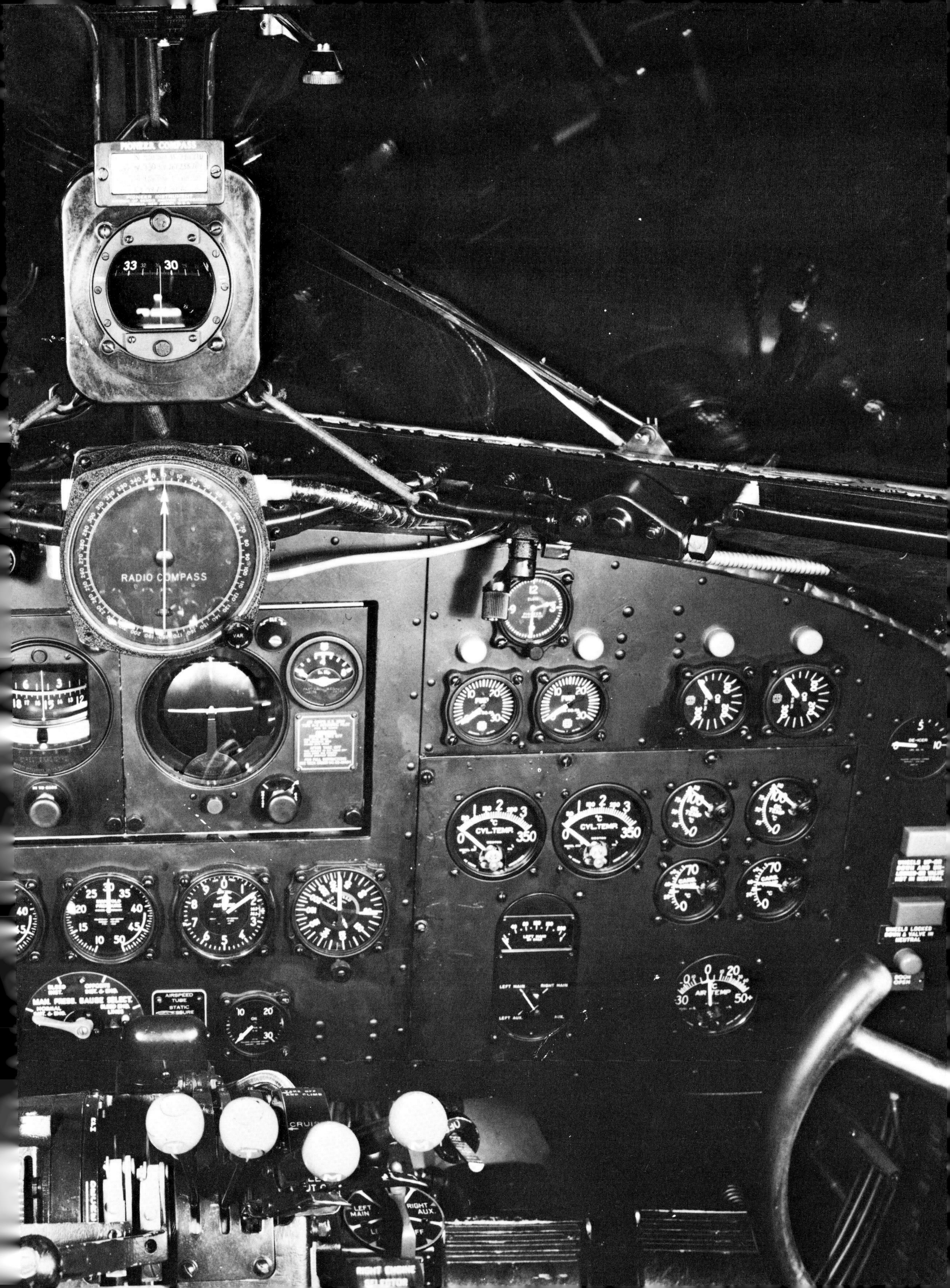

PIONEER COMPASS
RADIO COMPASS
VAR
CYL.TEMP.
CYL.TEMP.
AIR TEMP
DE-ICER
AIRSPEED TUBE
STATIC
MAN. PRESS. GAUGE SELECT.
CRUISE
LEFT MAIN
RIGHT AUX.
LEFT MAIN
RIGHT MAIN
LEFT AUX.
AUX.

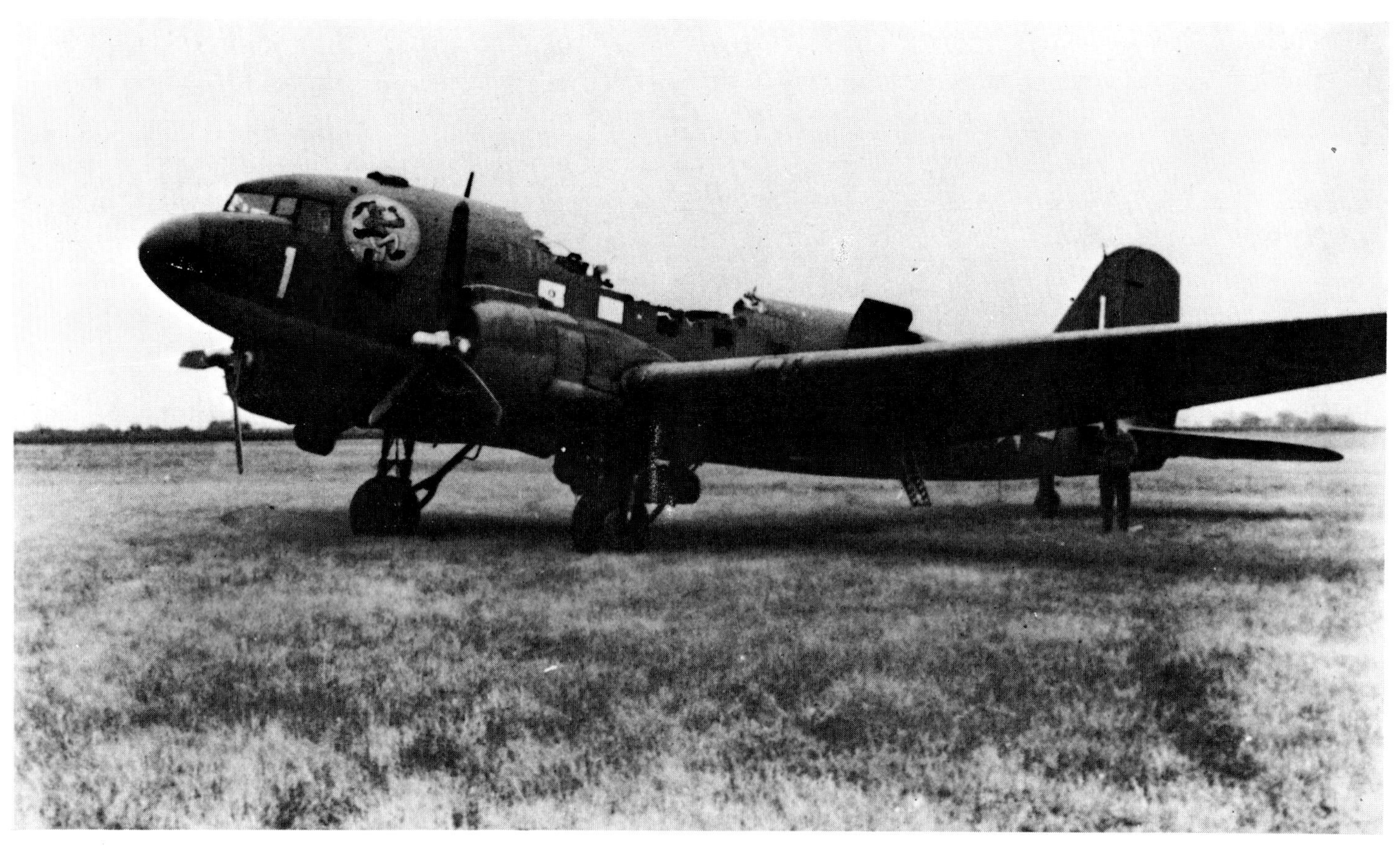

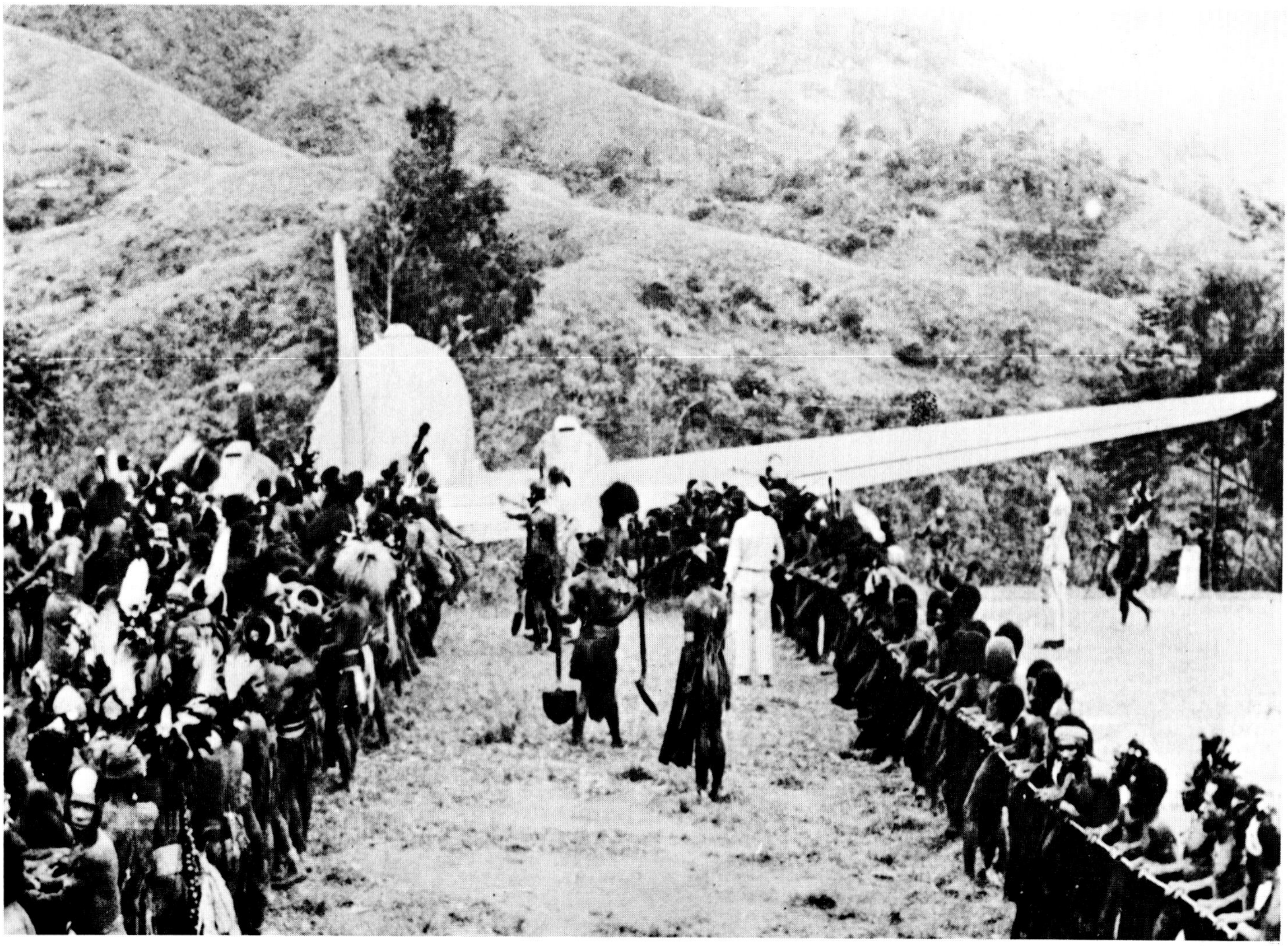

Left: In the Pacific, a Japanese suicide pilot tried to knock down this C-47 by flying through it. But only the Japanese plane crashed — the American plane successfully made it back to its base.

Right: Very disciplined Chinese soldiers await embarkation. Note the antique munitions pannier at right.

This C-47 got bogged-down while attempting to land on a tiny field in New Guinea. An entire tribe of Papuans, in ceremonial dress, turned out to pull the plane from its predicament.

A very proud pilot shows off his diverse missions.

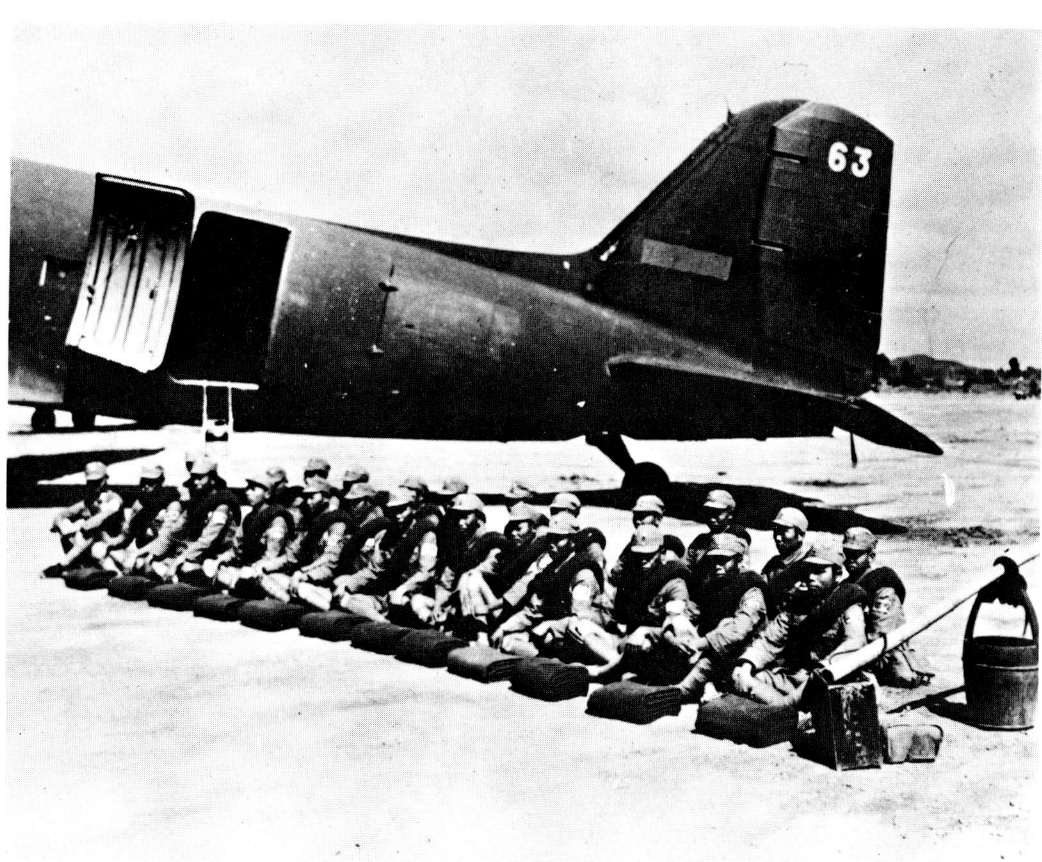

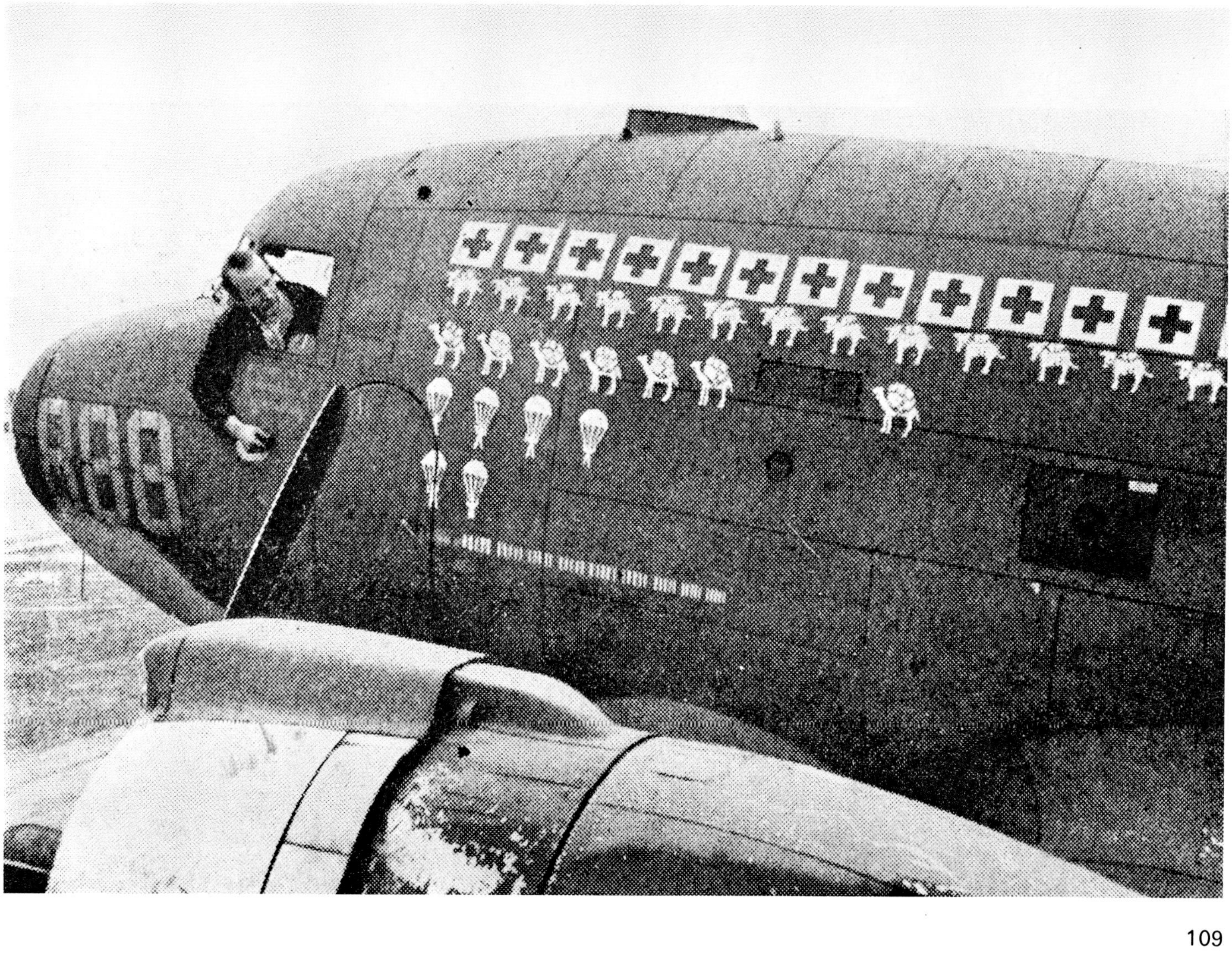

Obviously, they had to choose a place where the Atlantic could be crossed as one crosses a brook, leaping from stone to stone. The islands of Newfoundland, Labrador, Greenland, Iceland were the stones. But this ideal route remained theoretical, due to a lack of appropriate installations along the way.

Toward the end of 1941, the Americans began to mark out this route with bases equipped with radio navigational aides. The transportation of this material fell, naturally, to the Douglases. The DC-3s of Northeast Airlines were used to study a linking of the USA with Europe. On 24 April 1942 one of their planes landed at the Eskimo-named base of Narssarssuak on the edge of a fjord on the south-west coast of Greenland, where the military were installing a radio station named Blue West I. The first DC-3 was almost shot down by the soldiers, who had never before seen a commercial airplane operating in the lower Arctic regions.[7]

Women Pilots

In May, the pilots of Northeast made another 1,000 km (621 mi) leap across the sea, between Greenland and Iceland, where the American Army had been sent to build a base. Finally, on 4 July, the last section was cleared, between Reykjavik and Stornoway, in the northern Hebrides Islands, located on a map above and to the left of Scotland. The DC-3 brought in its cargo bay the radar installation that would allow, from then on, bombers, transport aircraft, and even long-range fighters to make use of the route. The pilots who delivered these airplanes were nicknamed "One Trippers" as they made only the one journey in the plane.

In fact, the terminus became Prestwick, in northern Scotland. From there, the planes delivered by the "One Trippers" were sent throughout the British Isles by non-uniformed volunteers, among them numerous women of the WAAF (Women's Auxiliary Air Force).

With their skill of placing the right man in the right place, the Americans placed at the head of the North Atlantic Air Transport Command one General Lawrence G. Fritz. He had been, in civilian life, head of operations for TWA, and was one of the first pilots to test the DC-1. Fritz would organize a veritable aerial bridge between the United States and Europe. The route had more radio navigational aides than could be found in the entire United States in 1944. A plane set out from one point or another along the line on average every four minutes.

In 1943 the military planners wondered if it would be possible to cross the Atlantic with convoys of gliders towed by Dakotas. A joint British and Canadian crew demonstrated that it was possible. In January 1943, a period when the weather was the worst in the area, a Dakota crossed the Atlantic from Canada to Iceland in 28 hours towing, at the end of a 90 m (300 ft) cable, a Waco glider loaded with medicines and vaccines for Russia and the disassembled pieces for a radio post. In all, this was a ton and a half of freight.

The route through Newfoundland and Iceland, pioneered by the DC-3, would allow the civilian airlines such as TWA, PanAm, and Air France, to offer the first regular passenger service between the USA and Europe after the war was over.

Another route, somewhat longer, allowed the United States and Africa to be linked across the South Atlantic. it had also been pioneered by the DC-3s. In May 1942 the first leg, from Miami to Natal in Brazil was inaugurated. Before long, the line was extended to Accra, in Africa, using a stopover point on the island of Ascension.

Clamour For Worker's Measurements

In August, the engineer George Strompl was ordered to organize, in the greatest secrecy, a mid-route base at Accra for repair and maintenance of the DC-3s. The base, given the code name Project 19, was operational at the end of 1942. It employed 2,000 locals and about a hundred Douglas employees who had agreed to this "exile". The base was given the nickname "Douglastown" by the pilots.[8] This route allowed the invasion and ultimate victory in North Africa. It was also used by the DC-3s and C-47s bound for Asia. From Accra they flew to Egypt and then on to Persia and India.

(continued page 118)

7. Douglas J. Ingells *The Plane That Changed The World,* Aeropublishers.

8. Douglas J. Ingells *The Plane That Changed The World.*

During World War II the factory employed mostly female workers. Here a young lady installs instruments in the nose of a plane. Each plane used 870 m (2,850 ft) of wiring.

Final touches for a C-47.

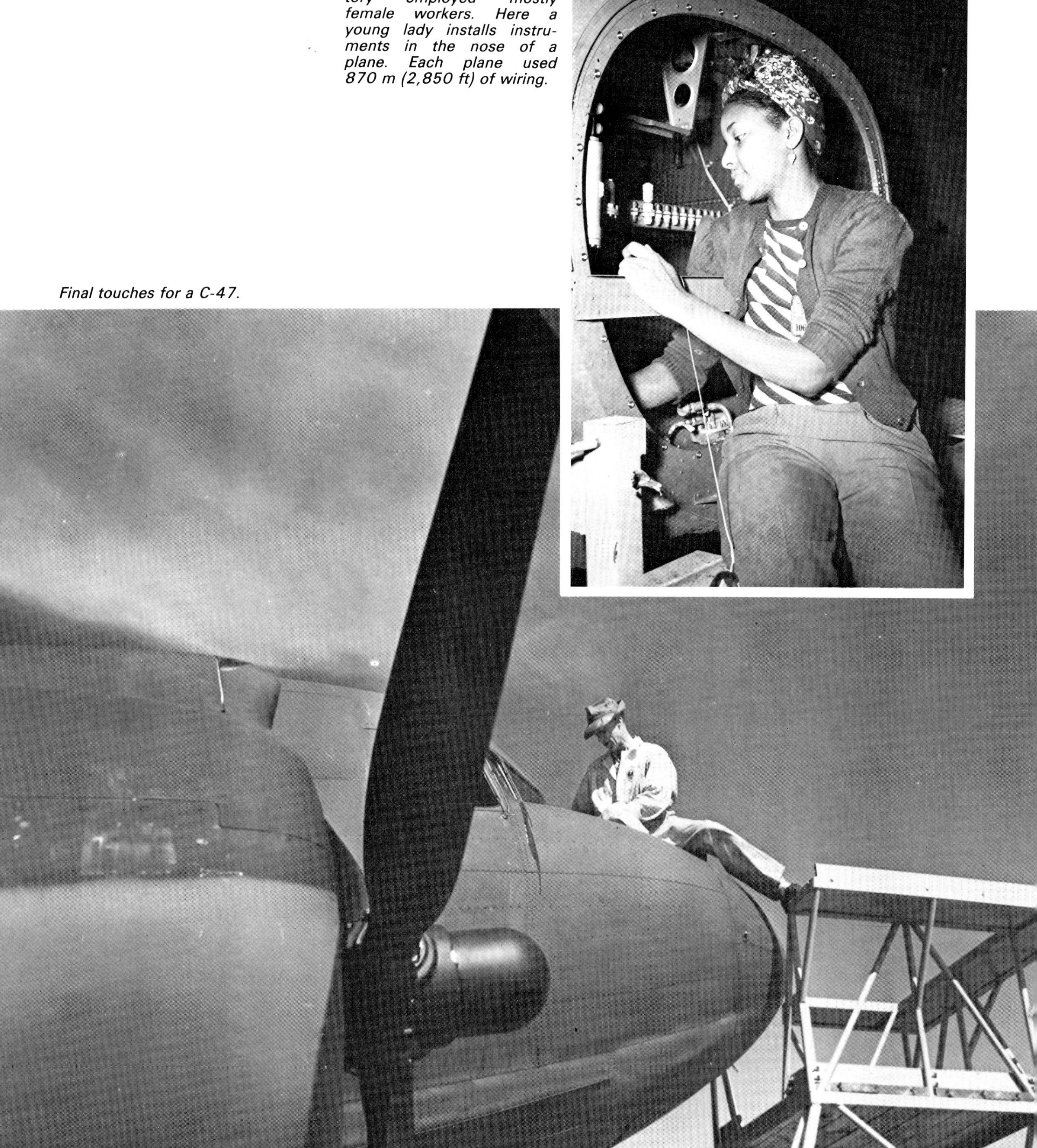

A photograph of the surroundings of the factory, taken in 1943. The cloth stretched over the area makes everything a little shadowy. The C-53 was built from 1941 to 1943. It was given the name "Skytrooper" because, originally, it was intended for dropping paratroopers. In the background can be seen Douglas A-20 bombers being assembled.

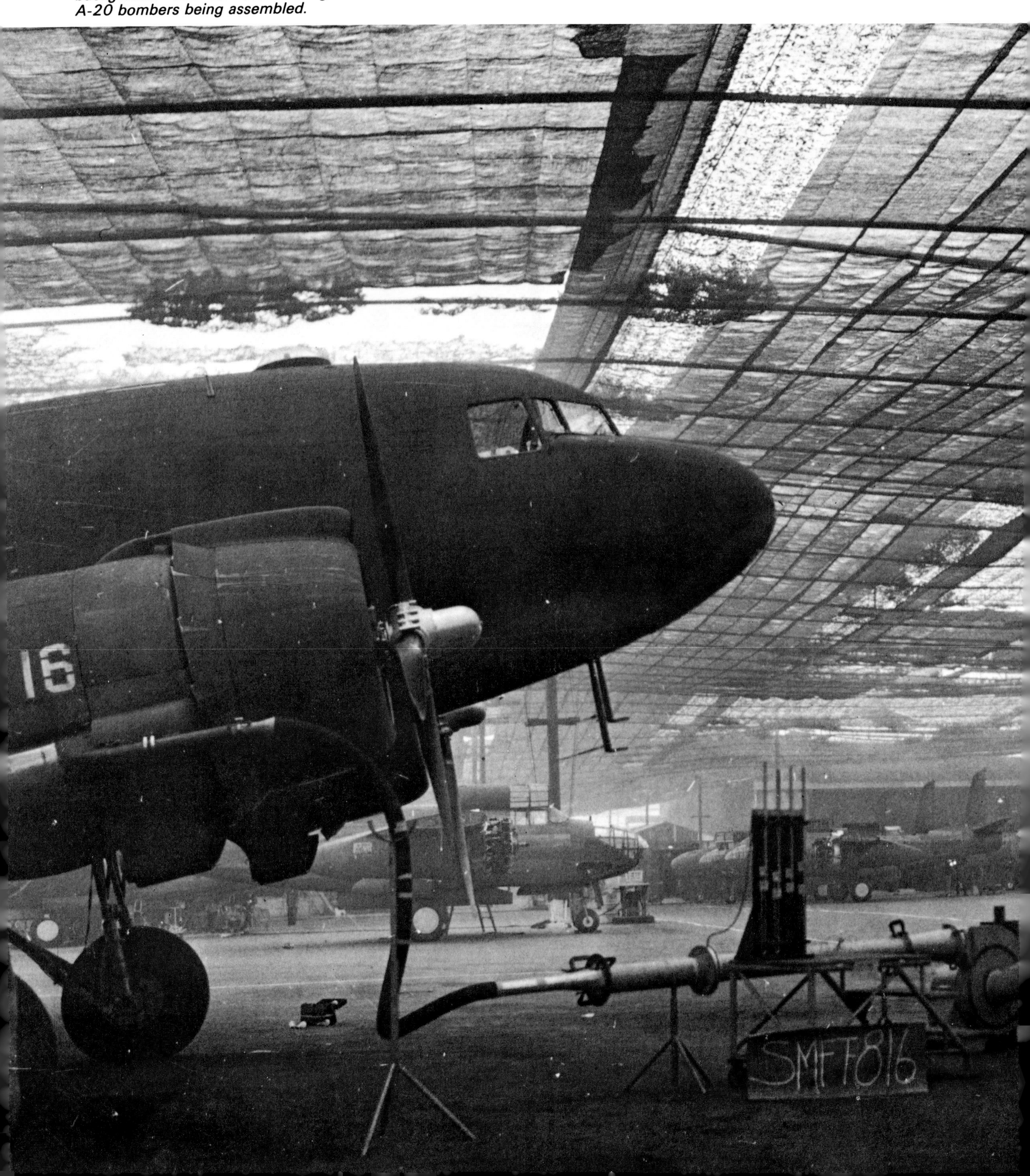

Photograph taken in the factory's assembly hall on 17 February 1944. These planes probably took part in the Normandy invasion. The number painted on the rudder is the number assigned to the plane by the military administration of the United States. Note the slogan hanging in the background — "Win With Wings".

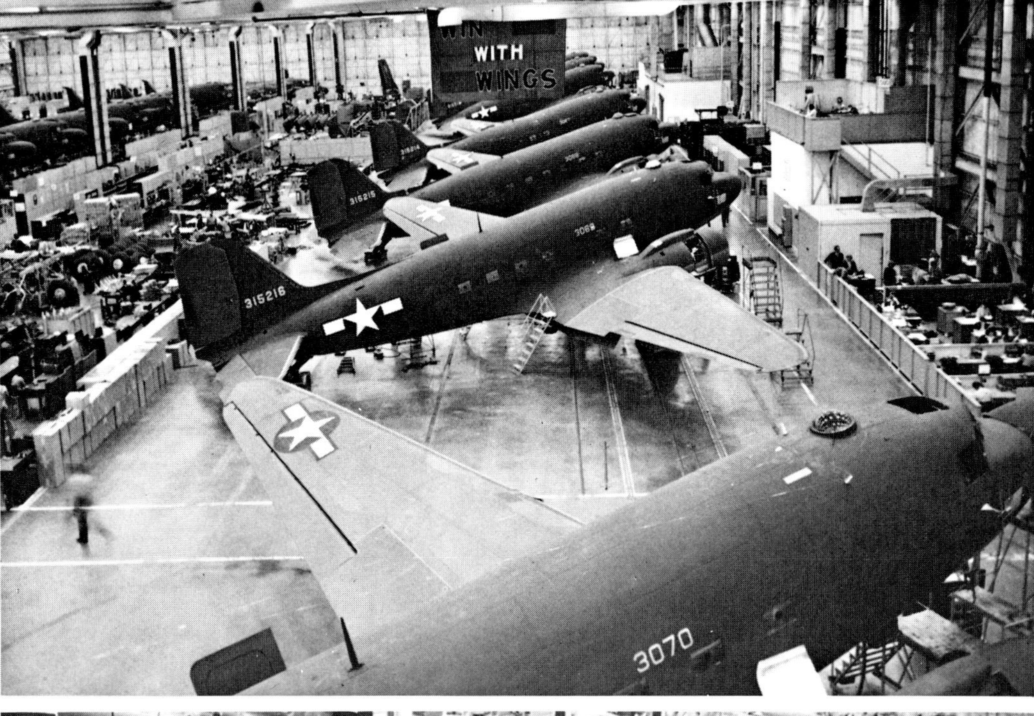

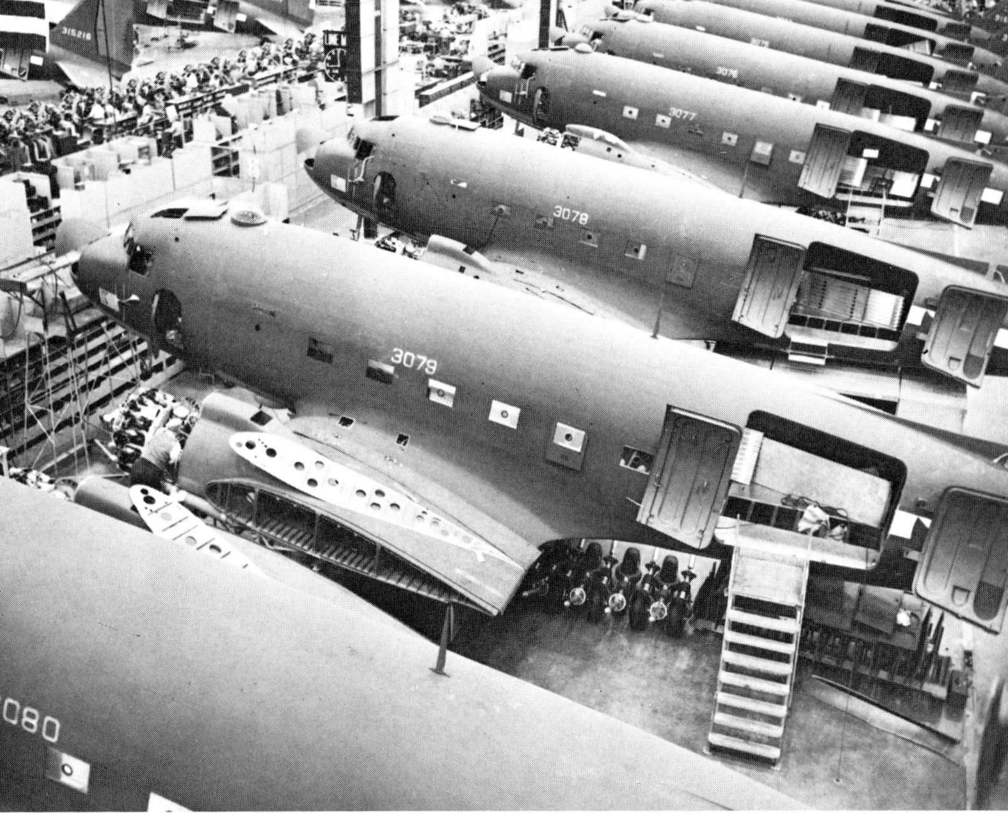

Building C-47s during the war at the factory in Oklahoma City. These planes have already been painted "olive drab" (khaki) color. Notice the stock of tail wheels under the plane. The small removable plastic discs in the windows were theoretically intended to allow the firing of small arms from inside the plane.

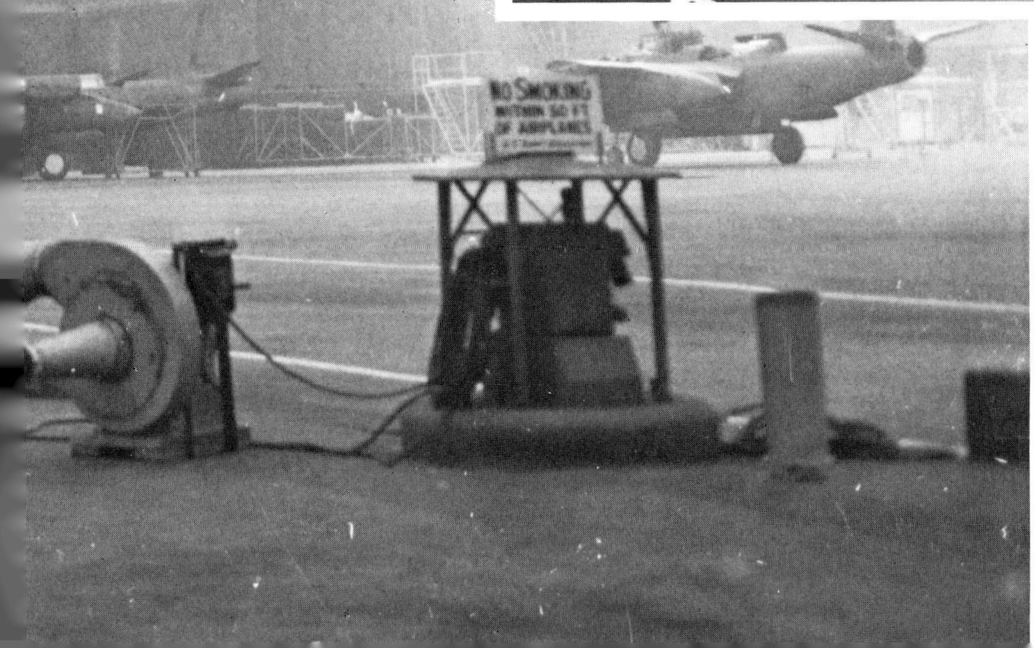

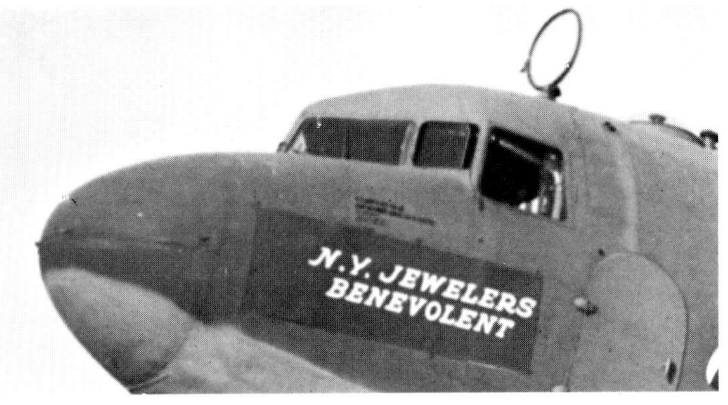

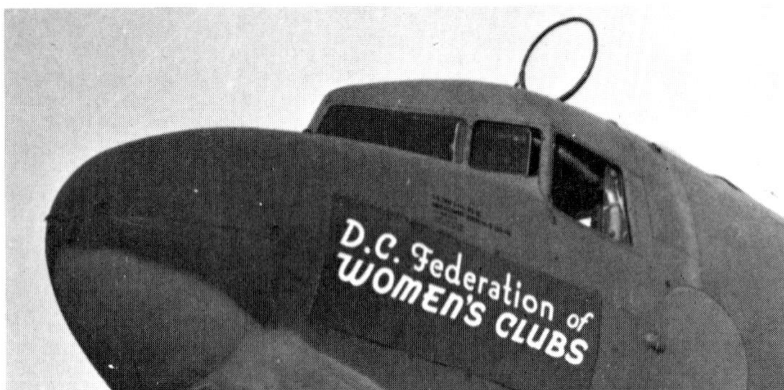

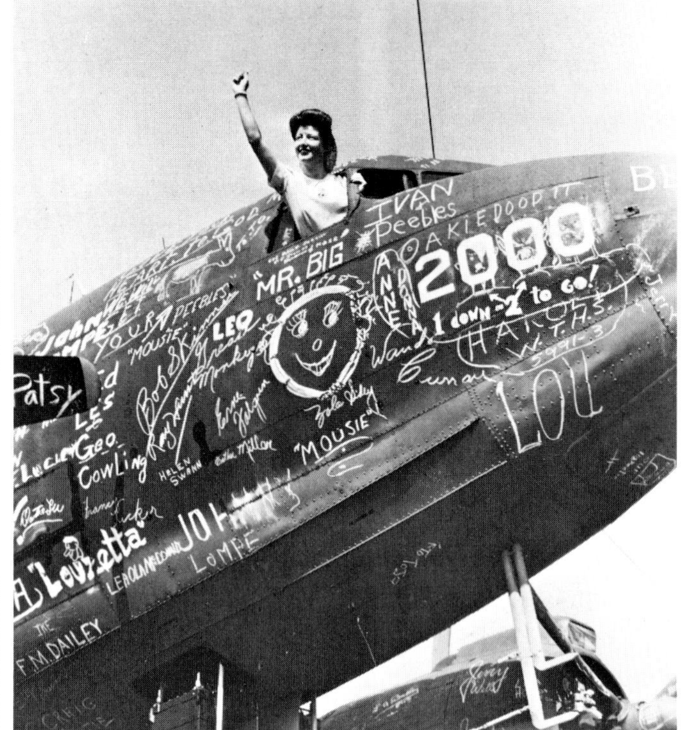

C-47s were presented to the nation's war effort by civic groups such as the New York Jewelers Benevolent Society (above) and the Washington DC Federation of Women's Clubs.

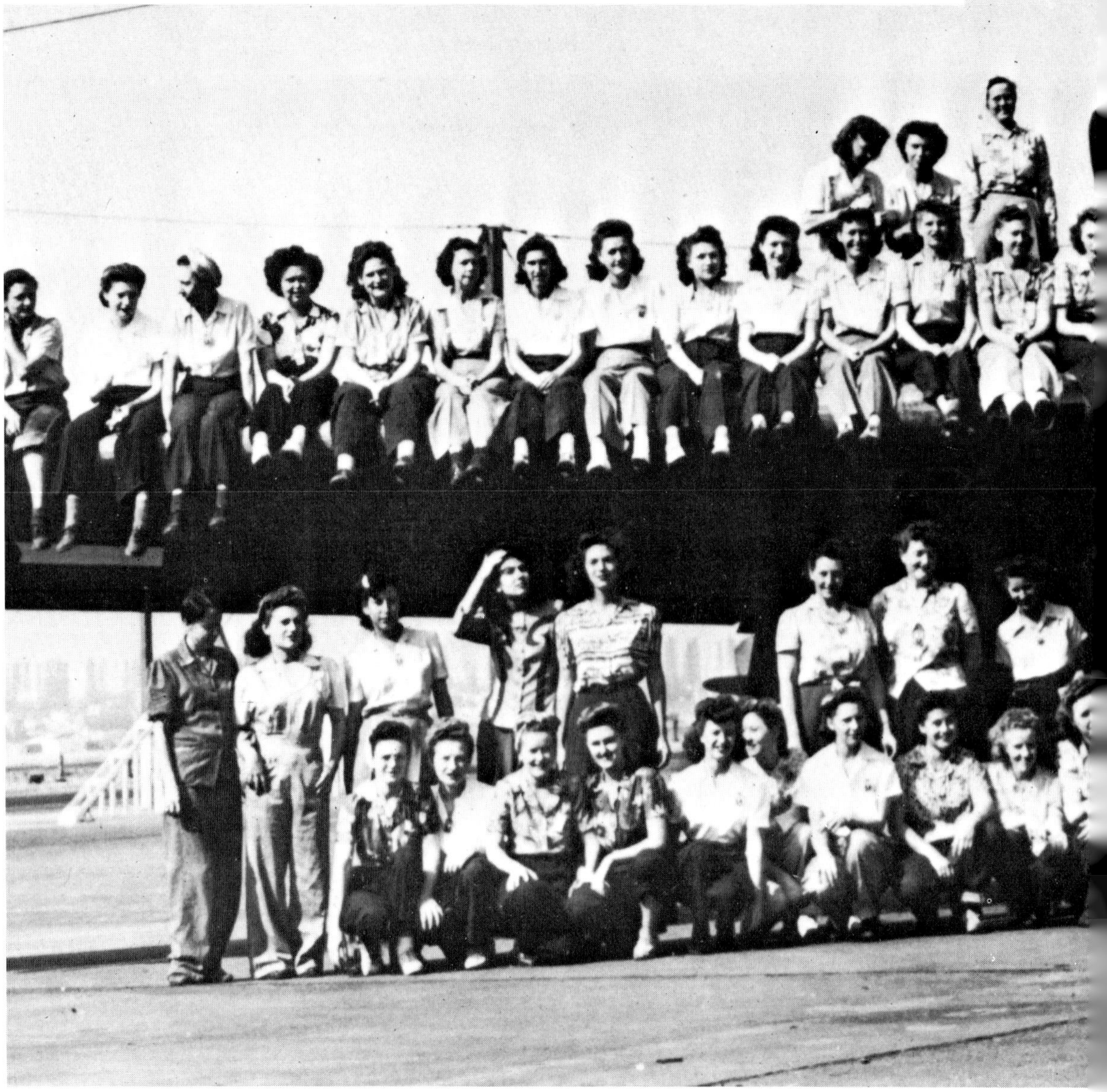

The 2,000th C-47 received the signatures of all the lady workers who built it. They were nicknamed "Riveting Rosies". The army demanded that the signatures be covered up before the plane was delivered, but they reappeared later through the covering paint!

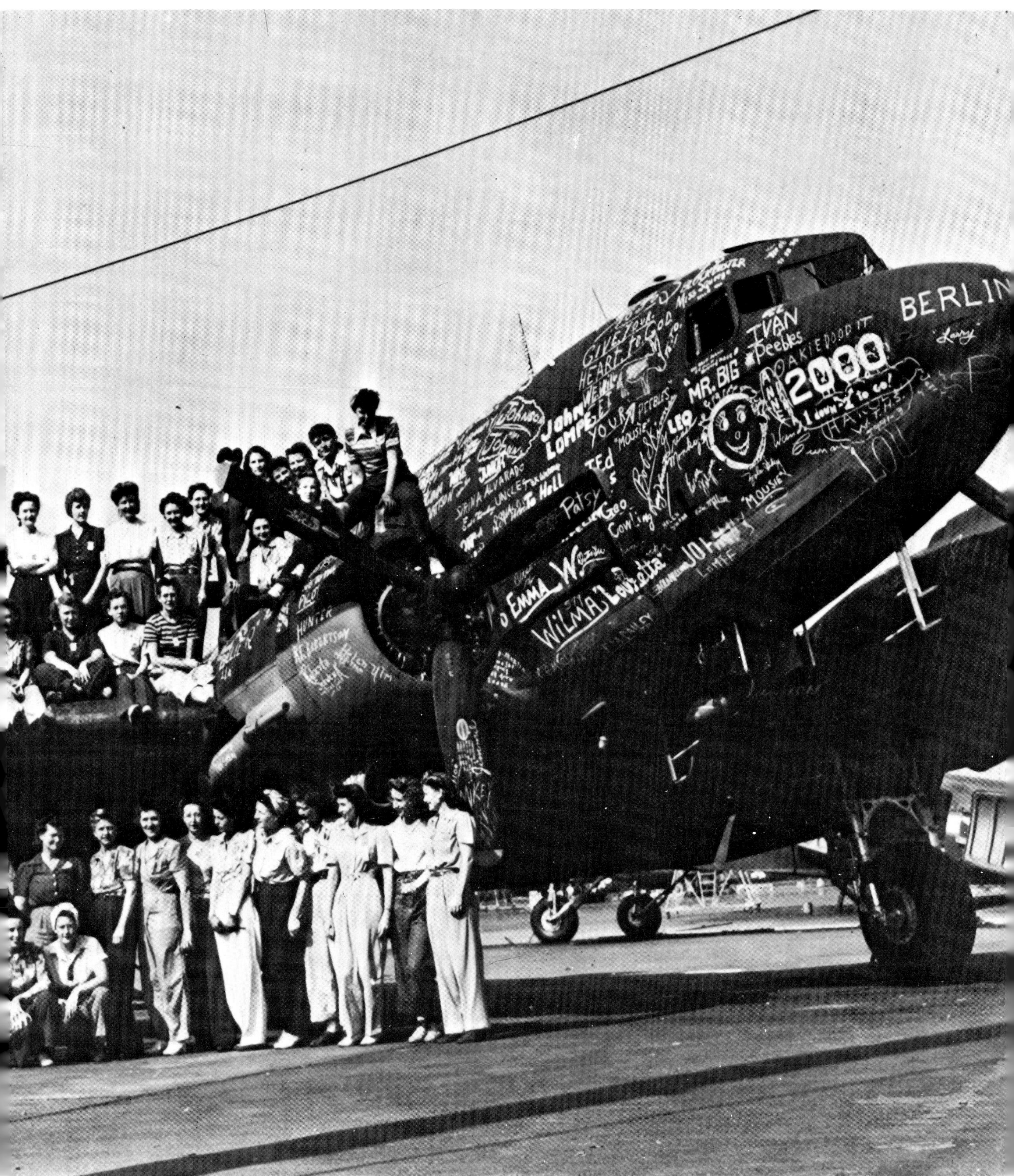
BERLIN
IVAN
Peebles
2000
MR. BIG
John
LOMPE
LEO
"MOUSIE"
JUNIOR
Patsy
Emma W
WILMA
HUNTER

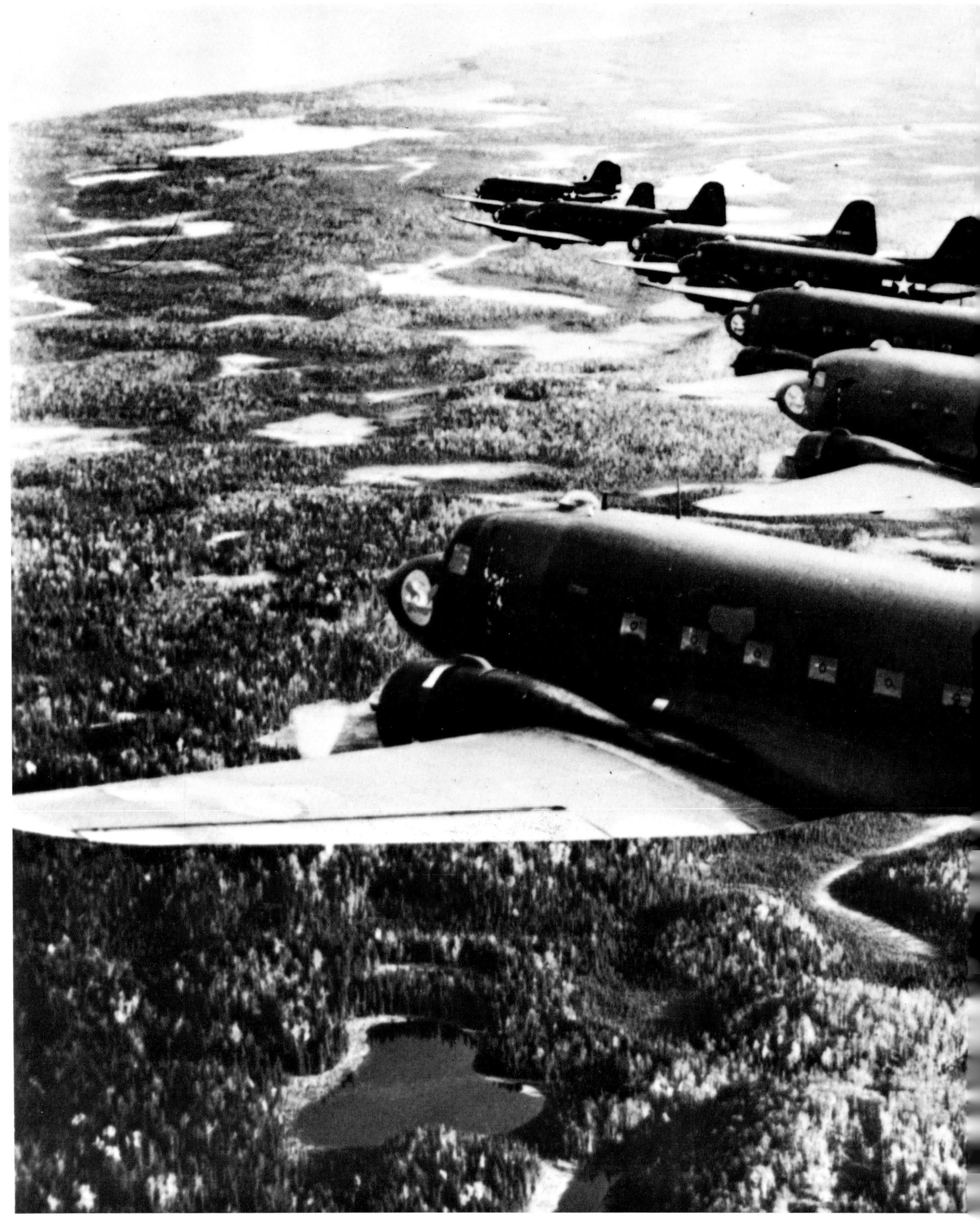

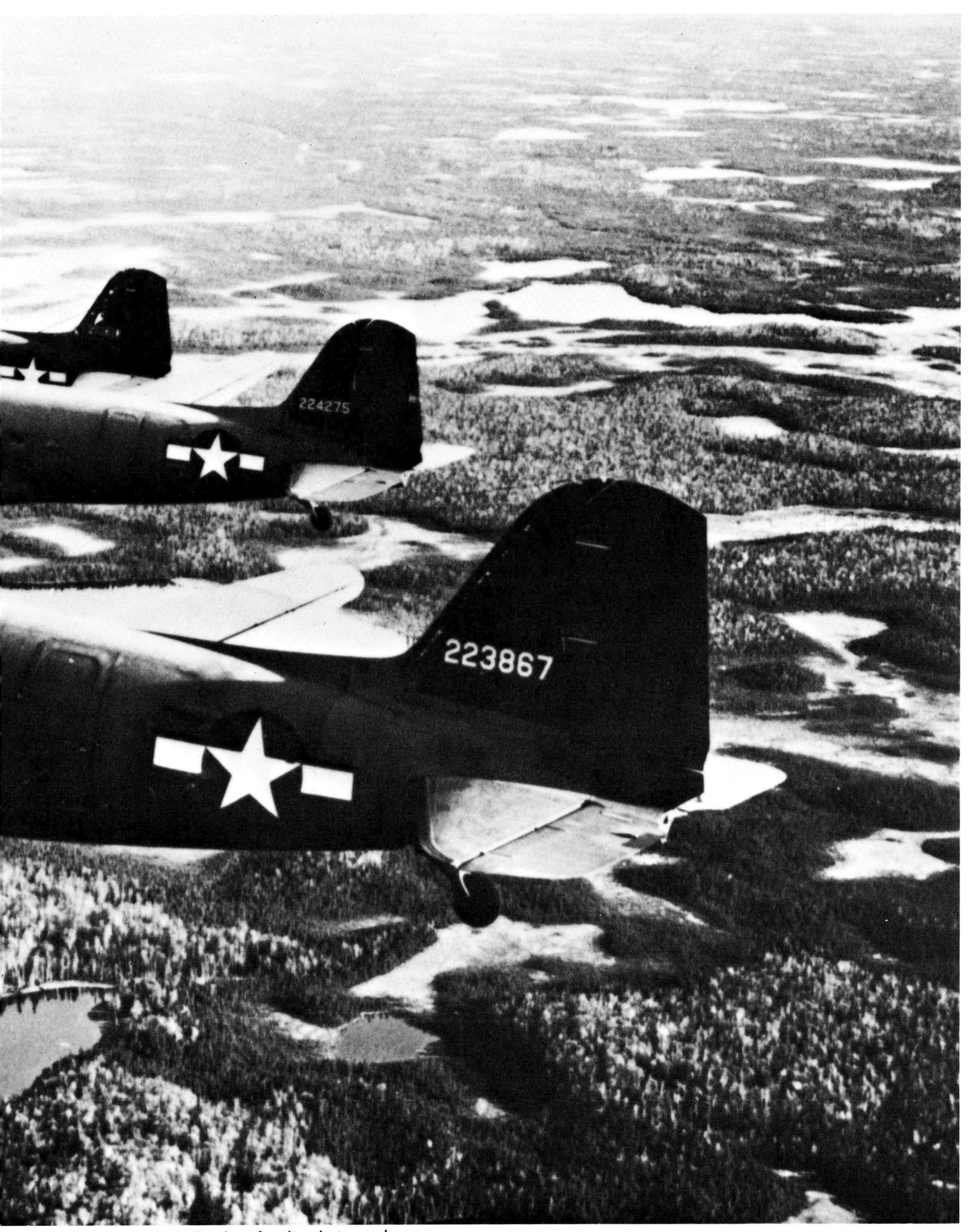

A fine squadron, lined up for the photographer.

It might seem surprising that the American airplanes did not cross the Pacific to reach their theater of operations in Asia, a route that would appear to be shorter. But the African route was free of all Japanese fighters, well marked, constantly patrolled, and only slightly longer.

On 2 October 1943, the works at Long Beach completed its 2,000th C-47. To celebrate the occasion, the Douglas publicity man, Joe Messick, had a charming idea. He asked all the women workers at the plant to sign their names in chalk on the fuselage and wings of the 2,000th plane. They eagerly complied.

When the representatives of the Army came to take delivery of the plane, Joe Messick suggested to them that the plane be painted with a clear varnish in order to protect this amusing decoration. But the man from Washington was aghast. He ordered that the C-47 be immediately repainted in khaki. The men at Douglas gave in. History was obliterated.

Several months later, the women working at the factory started receiving large quantities of mail, coming primarily from the Pacific. Beneath the coat of khaki paint, their inscriptions had remained visible on the plane. From hundreds of mechanics who worked on the plane during its wanderings through various theaters of operation came letters written to the women, asking them for their measurements . . . or for dates!

The Planes Are Daubed With Paint

In January 1944 the Material Command sent the Douglas factory an order for 300 additional C-47s, to be ready by June. But several days later General H. Arnold, who was planning the D-Day invasion, arrived at the plant and asked Donald Douglas if he could supply a further 400 planes by the same date. Douglas, of course, did not know the reason for these requests. He would find out on 6 June 1944, at the time of the invasion.

The engineers at the factory, already skeptical about the first 300 ordered, were sure it would be impossible to build the 400 planes in such a short period of time.

The government granted the factory a No. 2 Order of Priority. Before then, it had only had a No. 5. This new classification allowed Douglas to make the workers at its plant in Oklahoma labor for seven days a week. They were only given one day off in six months — Easter Sunday. On the other hand, the personnel at the plant in Long Beach, 75 % of whom were women, could only work six days a week because of the laws in force in the state of California.

Thorough studies were made of the methods of construction, and modifications were introduced. For example, forged steel girders were substituted for steel tubing in the undercarriage; the fuel tanks were welded into two parts by electric arcs; and especially important, riveting machines replaced the hand riveting. This allowed a reduction of 35 % in the time it took to build one airplane.

In April 1944 the C-47s were being completed at the rate of 1.8 planes per hour. In just the one year of 1944, 4,878 were built.

With the Normandy invasion, the Douglases made a dazzling demonstration of their efficiency. We have reconstructed, hour by hour, their work during Operation Overlord.

In the afternoon of 5 June, 850 Dakotas were gathered on some twenty British airbases. Of these planes, 104 were tow planes, charged with pulling gliders loaded with soldiers. The others would launch thousands of paratroopers, an average of twenty per plane, behind the invasion beaches, around Sainte-Mère-Église.

Near the end of the day, hundreds of jeeps full of buckets of paint spread out among the planes already aligned in long rows (on one airfield alone could be counted 140 planes). Soldiers, equipped with brushes, climbed onto the planes and began to repaint the wings and the rear of the fuselages with large white stripes. In order to keep the invasion secret, they only began painting after it was dark. This visual code would allow other planes and the antiaircraft gunners to recognize the Allies' planes. Thus, it was hoped, the fatal error of a year earlier, during the invasion of Sicily, would be avoided. (A number of American airplanes had been shot down by their own air defense during that campaign.)

Near the planes, standing nervously, sitting on the grass, or checking their

(continued page 124)

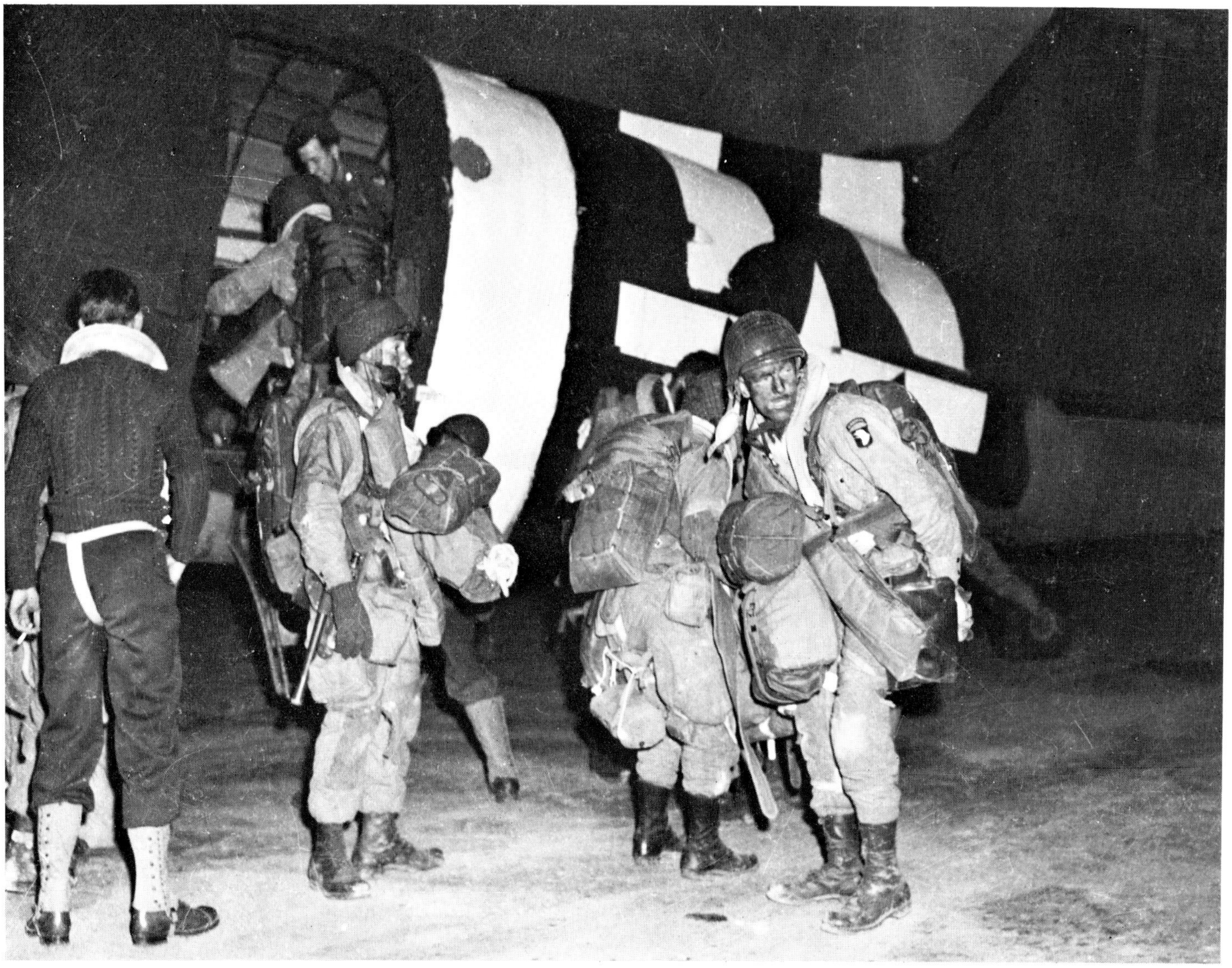

On 5 June 1944, at about 10:00 p.m., the paratroopers of the 101st Airborne board the C-47s of the 439th Troop Transport Squadron commanded by Lieutenant-Colonel Charles H. Young. Note the white band hastily painted around the fuselage.

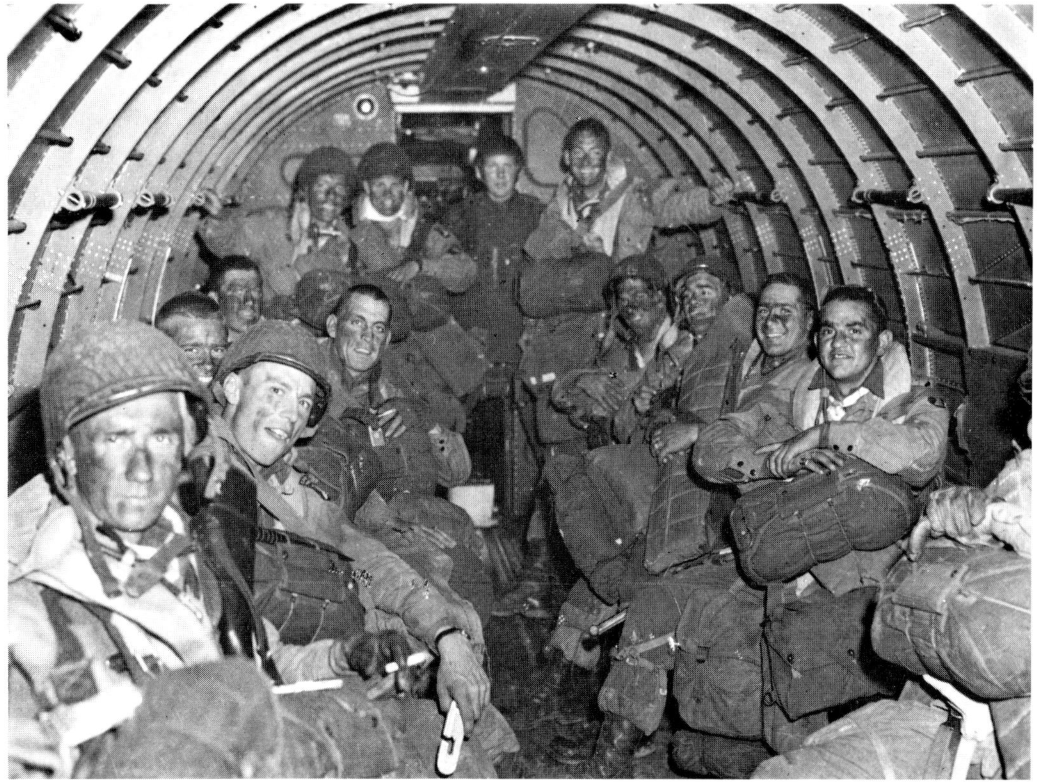

Photograph taken in the interior of a C-47, just before the engines were started. Some of the paratroopers have blackened their faces with soot.

A rare photograph, taken 5 June 1944 in England, showing a group of "Pathfinders" (scouts) of the 82nd US Airborne Division. These men were the first to land on French soil, at Sainte-Mère-Église, at a quarter past midnight on 6 June. Their task was to mark the landing zones and actuate radio beacons to guide the armada of 850 C-47s carrying the two divisions of paratroopers. The paratrooper Robert Murphy (marked with an X) landed in the courtyard of the Sainte-Mère-Église school.

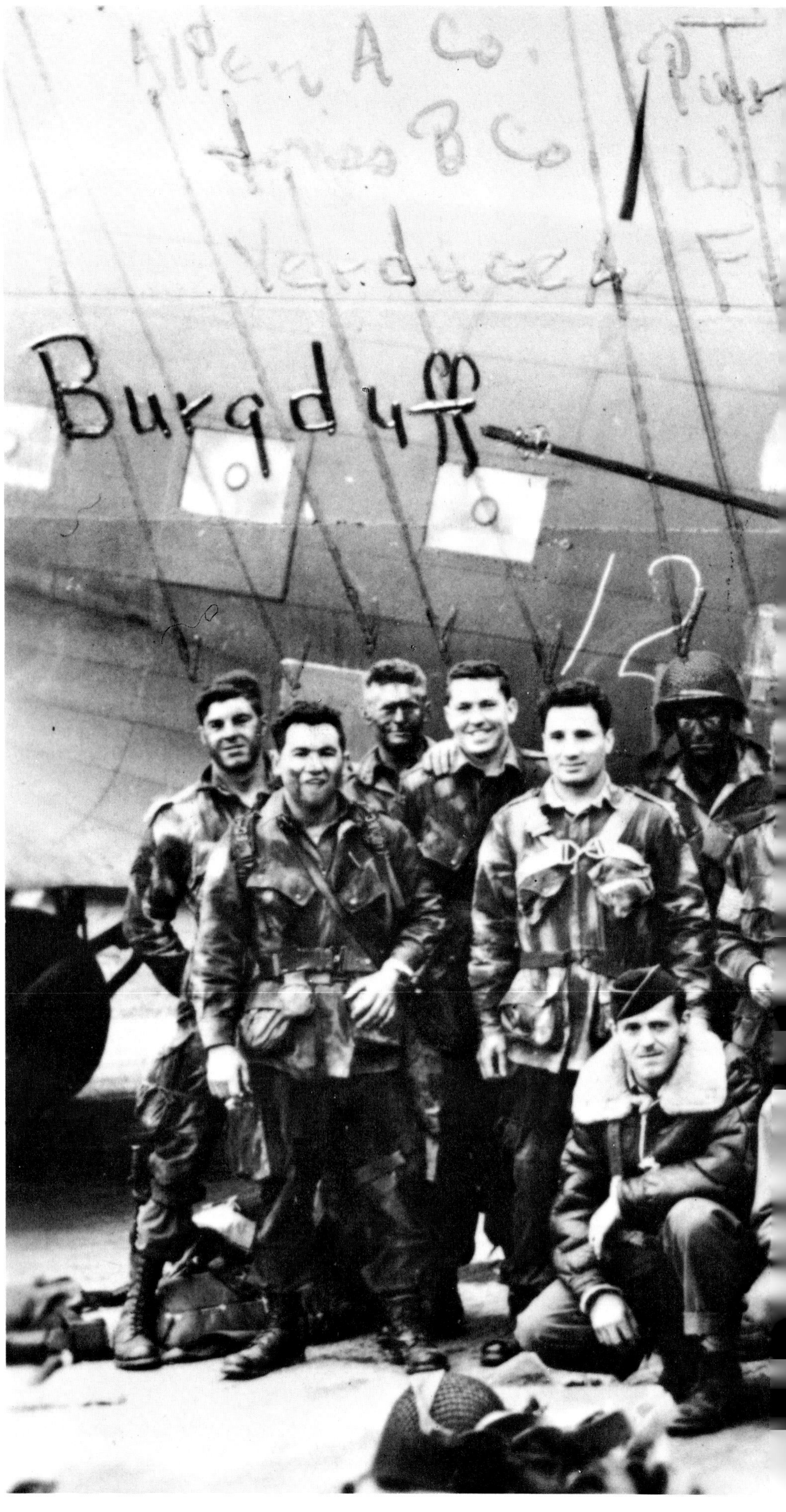

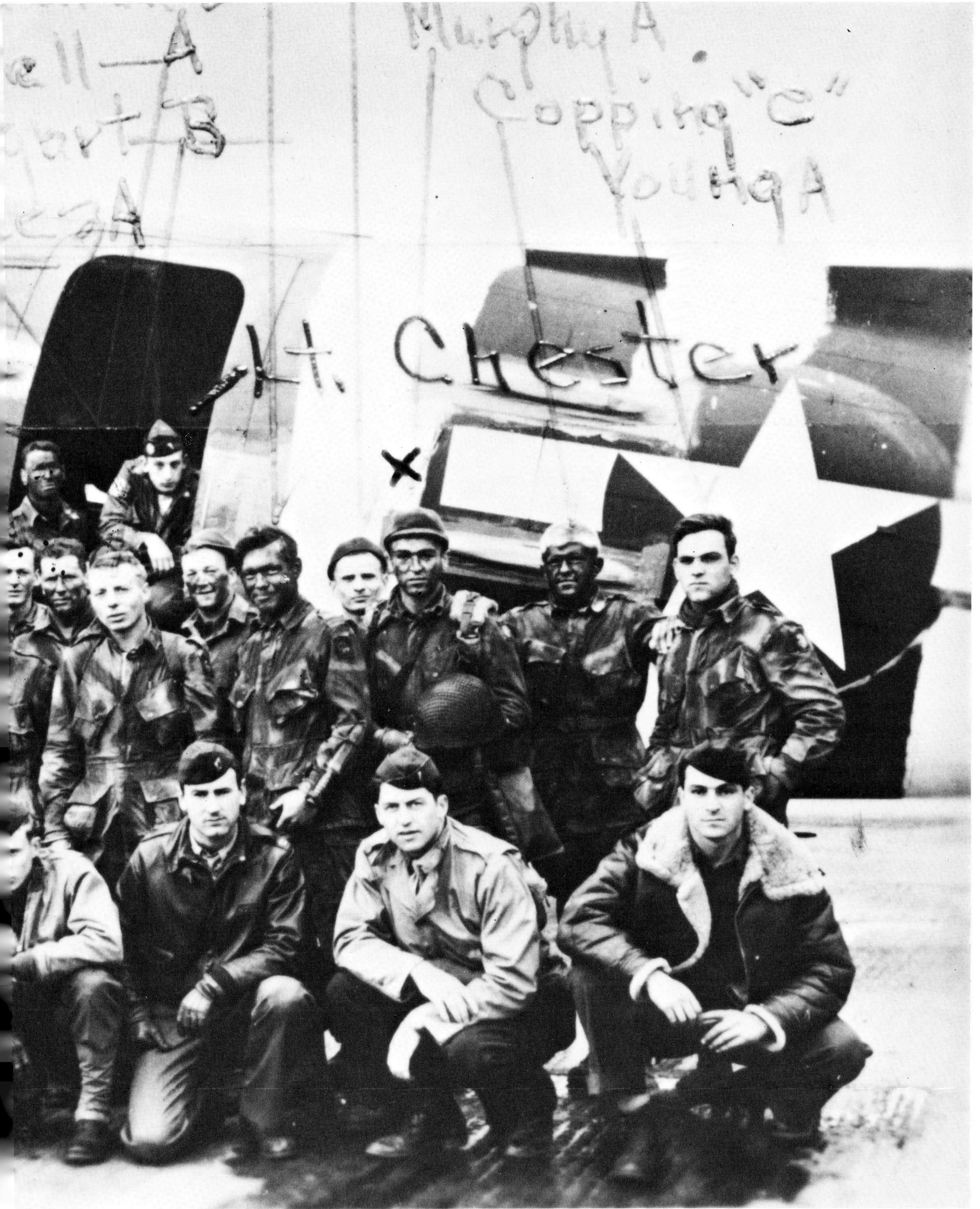
Murphy A
Copping "C"
Young A
Chester

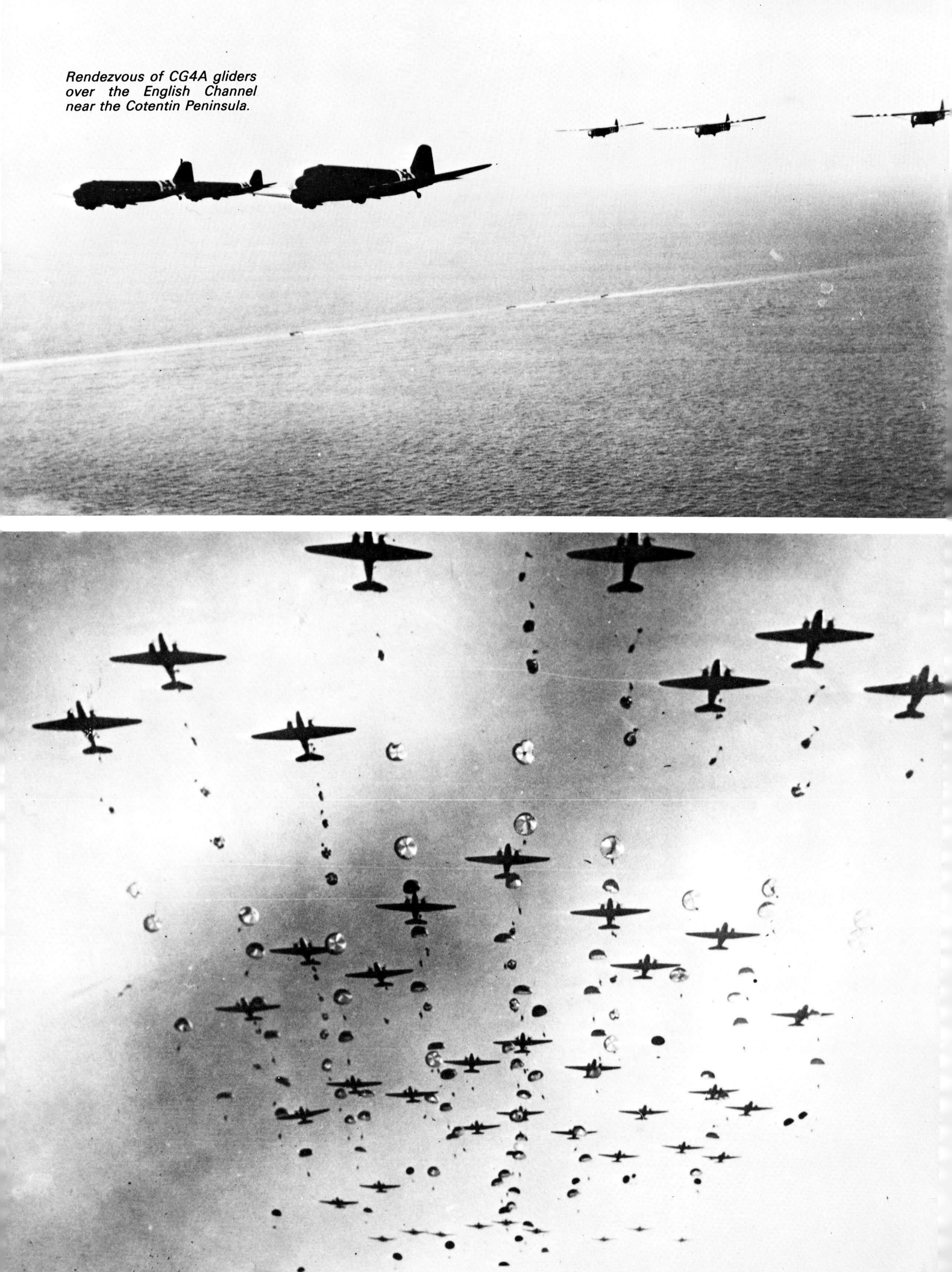

Rendezvous of CG4A gliders over the English Channel near the Cotentin Peninsula.

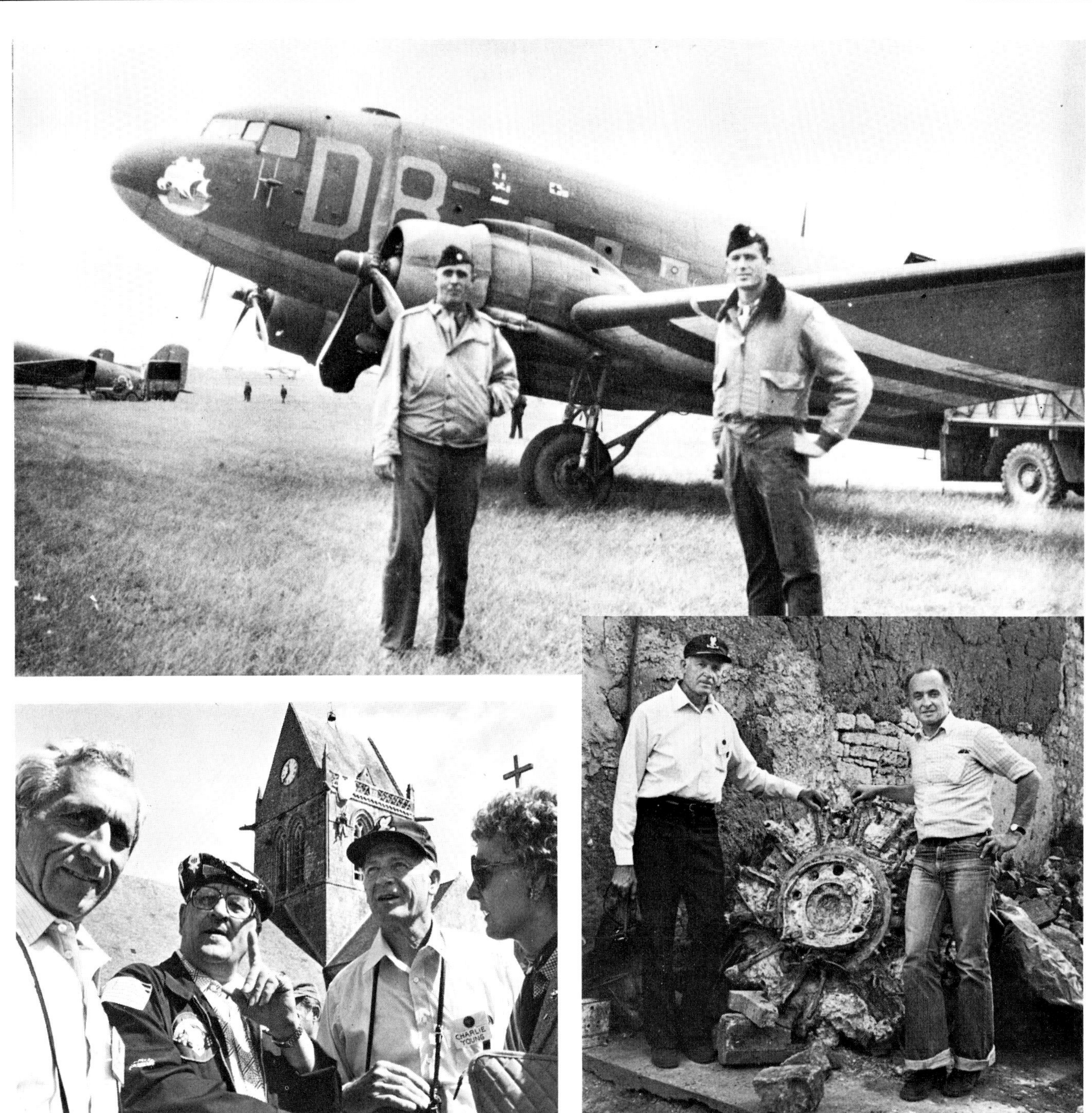

At the top of the page: After returning from his mission in the Normandy invasion, Lieutenant-Colonel Young (at right) posed before the C-47 he commanded, named the Argonia. Before the war Young was a DC-3 pilot for American Airlines.

Left: Thirty-six years after the invasion, on 6 June 1980, Lieutenant-Colonel Young (at right, wearing cap) and his co-pilot, Adam Parsons, made a pilgrimage to Sainte-Mère-Église. There the two men met one of the paratroopers of the 506th Regiment, which they dropped in 1944. On the clock tower hangs a commemorative parachute, placed there in honor of the occasion.

Right: Lieutenant-Colonel Young, left, and Yves Tariel, a fan of the C-47, located, using the testimony of inhabitants of the area around Sainte-Mère-Église and assisted by a metal detector, an engine from a C-47 shot down by the German defenders near Picauville during the night of 5-6 June 1944.

There were hundreds of similar formations, which dropped the two American divisions on the Sainte-Mère-Église sector.

equipment one last time, were thousands of paratroopers, faces blackened with soot, ready for the invasion. Some among them had completely shaved their heads excepts for a band of hair right down the middle, from front to back, resembling Mohawk Indians on the warpath.

Each crew member wore a leather helmet, reinforced for protection against flak, a bullet-proof vest, his parachute harness (the crew's parachutes were hung along the wall of the plane) and carried a Colt 45 and survival rations.

Each plane also carried a Thompson sub-machine gun and explosive charges to destroy the plane in case of a forced landing behind enemy lines.

Under the fuselages of the Douglases were hung the "parapacks", loads to be parachuted containing weapons, munitions, medicine, etc. Each plane carried six. They were launched automatically by the pilot.

A Corridor Over The Channel

One can imagine the euphoric atmosphere that prevailed. Supreme Allied Commander, General Eisenhower, came out to encourage the troops. From hundreds of loud speakers came his words: *"This evening, the whole world has its eyes on you!"*

"Five dollars says you're not going to be successful in dropping me within 250 m (800 ft) of the drop zone" was the bet given by Colonel Sink of the paratroopers to Lieutenant-Colonel Charles Young, who was flying in the lead plane of a squadron of eighty-one Dakotas.

Three weeks later, a paratroop officer came up to Young and took a bill from his wallet.

"From Colonel Sink," he said, *"you put him only 150 m (500 ft) from the target. Here's your five dollars."* [9]

Without a doubt, everything had been studied and planned down to the very smallest detail. The airborne operation would last for about four hours, going and returning. The pilots had to follow their instructions to the letter, for on that night there would be more than 3,000 airplanes in the air over the English Channel.

The planes were to take off every eleven seconds, then regroup in squadrons. At radio beacon FLATBUSH, everyone descended to 3,000 m (10,000 ft). To cross the channel the Dakotas, with all lights extinguished, had been assigned a corridor at 200 m (650 ft) altitude and 16 km (10 mi) wide. Then, flying at 270 km/h (170 mph), the planes were to be directed toward the navigational marker GALLUP, located on a ship in the middle of the channel.

At the HOBOKEN navigational marker, off Cherbourg, the Dakotas would turn right in order to pass to the west of the Cotentin Peninsula. The English Stirling bombers were to continue straight ahead to drop tons of "Window", strips of tinfoil designed to confuse the enemy radar. After HOBOKEN the Dakotas would climb to almost 500 m (1,600 ft) to avoid the anti-aircraft batteries located on the Channel Isles.

Finally, the armada would reach point MULESHOE. After having identified their drop zone, the planes would descend to 250 m (800 ft) and reduce their speed, first to 200 km/h (125 mph) then to 180 km/h (110 mph). They would begin dropping their paratroopers at 12:15 a.m.

A little-known detail — the officers on board had been given orders to shoot paratroopers who refused to jump. In no instance did this prove to be necessary. Then the empty planes were to head north, passing successively the navigational markers PADUCAH and SPOKANE before turning sharply to the west, to GALLUP, and once again entering the corridor by which they had originally crossed the Channel.

Forty-five minutes before the embarkation of most of the troops, nine "Pathfinder" C-47s took to the air. These were the "scout" Dakotas which would drop the paratroopers charged with marking the drop zones. In their packs they carried illuminating flares, wind direction indicators; and radio beacons for guiding the later airplanes.

The first "pathfinders" took off at 10:48 p.m. They would fly in absolute radio silence. These paratroopers would be the first of the invasion force to touch the French soil. The rest of the invasion force would begin to take off at 11:13 p.m.

Lieutenant-Colonel Charles Young was in command of a group of 82 planes. On board his plane, numbered D8-Z, painted olive drab with a neutral gray underside, he carried the

9. Authentic dialog.

general staff of a regiment of paratroopers. His radio code (composed of his squadron number and the first letter of the plane's registration number) was clearly visible on the front of the fuselage. Although only twenty-nine years old, Charles Young was not a beginner. In civilian life he had been the captain of an American Airlines' DC-3, one of the famous DSTs, with berths, which operated between New York and Los Angeles. His co-pilot was named Adam Parsons.

Three Dakotas Missing

At exactly 11:15 p.m., Young and Parsons left the ground at Upottery, at the head of a long line of planes, waiting immobile, their engines idling, queued up one after the other. The line stretched for more than 5 km (3 mi).

"I could not help having an incredible feeling of power and confidence," confessed Young.

"On reaching the Cotentin Peninsula, I saw directly ahead of me a bank of fog which I did not have time to avoid. I flew into it and my entire group followed me, flying on instruments only for a while. As we neared the drop zone, some 35 km (21 mi) inland, we came under heavy anti-aircraft fire. My wing was lightly hit and one Dak, piloted by Capuleto and Muir, which found itself at the tail end, was shot down in flames. Those on board had enough time, I think, to evacuate the plane.

When we returned to the base, at 2:30 a.m., three planes were missing. Our seventy-nine planes brought back only two paratroopers. One had been hit in the leg by a burst of shrapnel. He would make the jump several days later. The other had knocked himself out just as he was preparing to jump from the plane."

One of the Dakotas shot down, from another group, had extraordinary luck. Hit by anti-aircraft fire, one engine stopped, but there was still enough time to launch the paratroopers on board. Then, in turn, the other engine also stopped. It was necessary to make a blind landing, in the middle of the night. By a miracle, the pilot avoided the trees and the hedgerows and successfully made a belly landing in a field.

The crew, unhurt, destroyed the plane with the explosive charges, then wandered about for several hours before meeting up with the paratroopers — and exchanging a few shots with them!

An Ex-Paratrooper Relived The Scene

Yves Tariel, originator of the 6 June anniversary celebrations at Sainte-Mère-Église and a Dakota enthusiast, was able one year to recover the engine of one of the planes which crashed during that historic night. One of his friends, a former paratrooper with the 82nd Airborne, Thomas Porcella, wanted to relive his adventure in Normandy.

Thirty-five years later, he retraced, step by step, the route he had followed after being dropped in the marsh at Picauville-Pont-l'Abbé, where scores of his comrades had drowned, tangled in their parachutes.

He had jumped from the plane with an anti-tank mine suspended between his legs. That was why, luckily, he had been the first to jump. Plunging into the water up to his nose, he took a deep breath before going under, and grabbed the knife he had in his right boot. He was then able to cut himself free from his parachute.

He remembered seeing the German anti-aircraft battery at Picauville make a direct hit on a Dakota. He had watched the plane, in flames, making a frightful roar, head straight for him. At the last minute, the pilot had made a slight turn, and the plane crashed near a small house located a little way away from the village. This was all Porcella could recall.

An inhabitant of Picauville, Raymond Hollé, had also seen the crash from some distance away. He was able to locate the small house. Yves Tariel then took his metal detector and watched by the deeply moved ex—paratrooper, did not take long to locate, at the expected spot, the engine from the Dakota.

One Of The Heroes Of Arnhem

Several months after the Normandy Invasion, some of the RAF crews who had participated in the D-Day landings found themselves once again, as part of an armada of 150 Dakotas, dropping paratroopers — this time over Arnhem, in Holland.

The operation was soon revealed to be a disaster, the Red Berets were fighting against odds that were twenty to one, and they were running out of supplies.

Despite the terrible weather and the heavy anti-aircraft fire, it was imperative that the troops be resupplied. Flight-

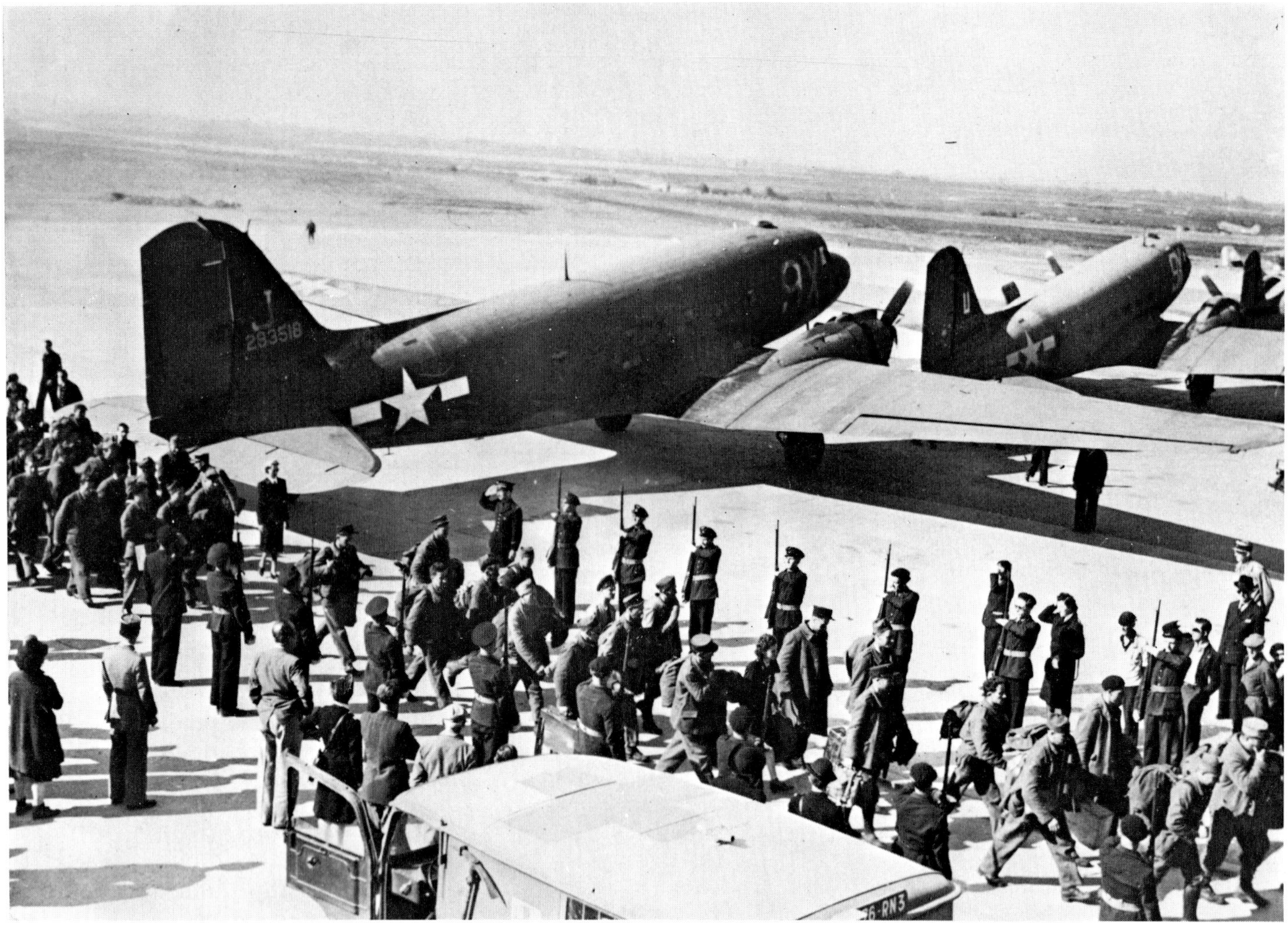

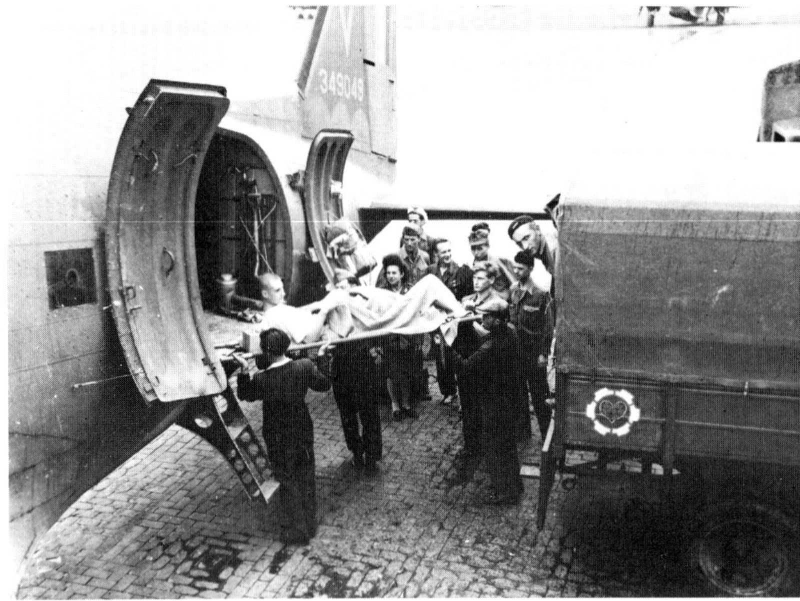

Deportees on stretchers...

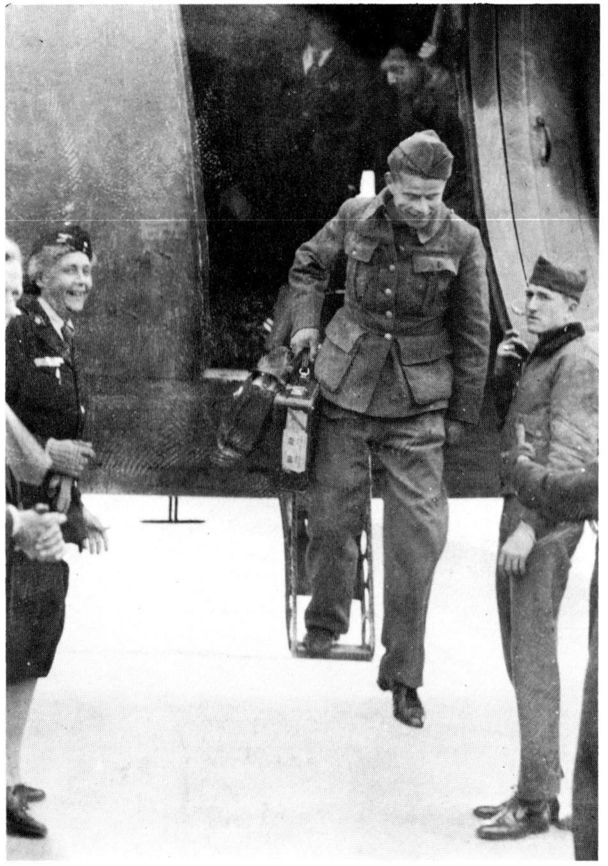

The 1,000th French POW repatriated descends from a C-47 at Le Bourget.

An armada of C-47s was required to repatriate the prisoners of war in 1945.

Lieutenant David Lord of the 271st Squadron was one of the pilots who undertook this mission.[10] His task was to drop eight panniers of explosives on a drop zone that was only partially controlled by the paratroopers.

With the reduced visibility, Lord approached the drop zone at a low altitude. About a minute and a half before reaching the target, the left engine of the Dakota was hit by flak and set on fire. Lord could not see the ground very well because of the smoke, so he didn't drop his load. Instead, he made a U-turn and started another pass.

This time, he released half of his panniers. But the Dakota was again hit by enemy flak, and this time the right engine caught fire. Lord was able to extinguish this fire and began a third pass with the left engine still burning as well as the wing. All the remaining panniers were released except two. Finally, Flight-Lieutenant Lord, whose Dakota was now completely on fire, made another U-turn and a final low pass. When the last panniers had been released, the plane exploded and crashed on the drop zone. None of the crew survived.

During the Second World War, the Dakotas were the backbone of all the evacuations, of all the airlifts, of all the parachute drops, of all the invasions, from North Africa in 1942, to Rangoon, in Burma, in 1945.

10. Arthur Pearcy *Profile* No. 220.

Some Polish workers deported to Germany finally return to their country.

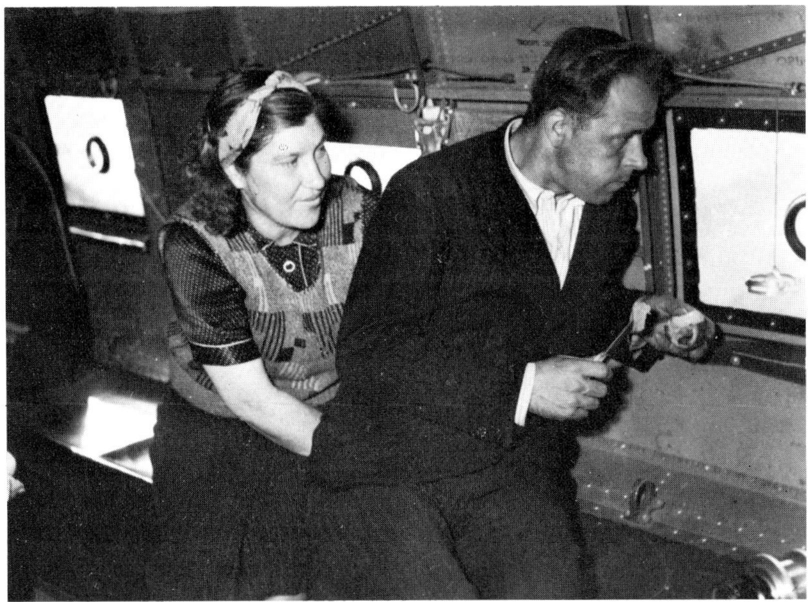

It's Believed To Be Finished

At the end of hostilities, thousands of Dakotas were sold. Many ex-GIs bought them for a mere song — from $5,000 to $8,000. They were used for passenger transport on "non-scheduled" flights with rates that were flabbergasting — $50 for a trip from Los Angeles to New York. Most of these companies were short-lived, some lasting only for one trip. The large airlines were eager to put a stop to these small enterprises.

It was believed that the Dakota was finished, but as soon as a revolution or a war broke out, the DC-3s were once again indispensable.

By 1946, all the air forces throughout the world demanded Dakotas. All the aviation companies were reborn thanks to the Dakotas.

They kept being pulled out. The United States Air Force used a hundred in the Berlin Airlift, supplying the city after it had been isolated by the Russians. France, beginning a serious war in Indochina, demanded them. They were required again by the thousands for the war in Korea: they were needed for the war in Algeria; and yet again by the hundreds in Viet Nam, where the weapons had become very sophisticated. The Dakotas accomplished an astonishing variety of tasks for an airplane.

We will have to be satisfied with enumerating only the most unusual.

Among the thousands of items that were dropped by parachute from the Dakotas can be counted:

1. Cases of lipstick, over Germany in 1945. The crew ordered to undertake this mission were shocked at having to take such great risks for such an insignificant cargo, especially since the German flak had been especially heavy in their assigned sector. Their colonel was obliged to explain to them that the lipstick was destined for a medical unit. It was to be used to mark the foreheads of the wounded, so the evacuation teams would be able to quickly pick out those who needed to be evacuated immediately.

2. Drums of fuel, twelve huge barrels per airplane, at Guadalcanal. This in itself was not unusual, but the circumstances were. In October 1942, the Americans on the island still held only the airbase, Henderson Field. The Japanese occupied all the rest of the land.

(continued page 131)

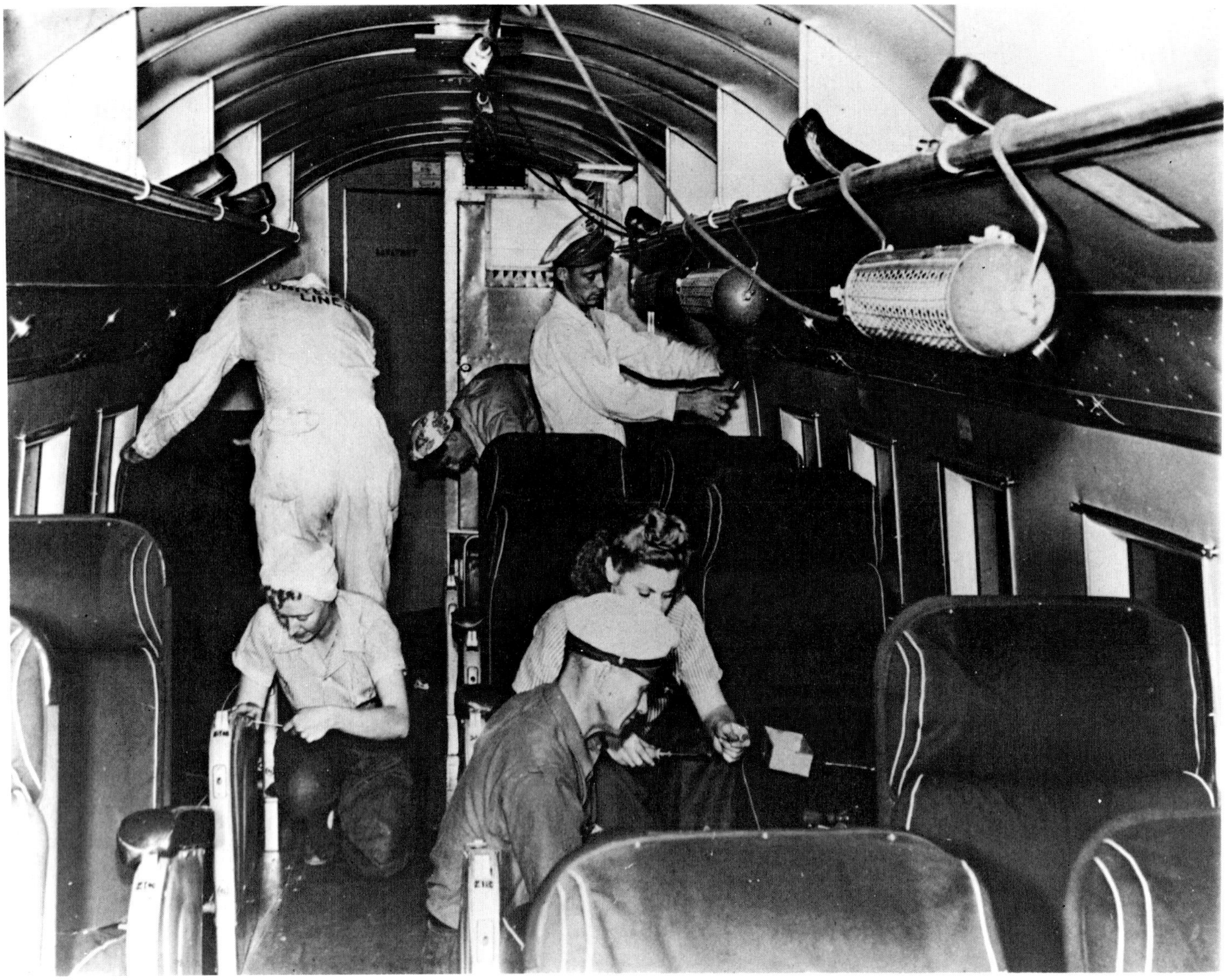

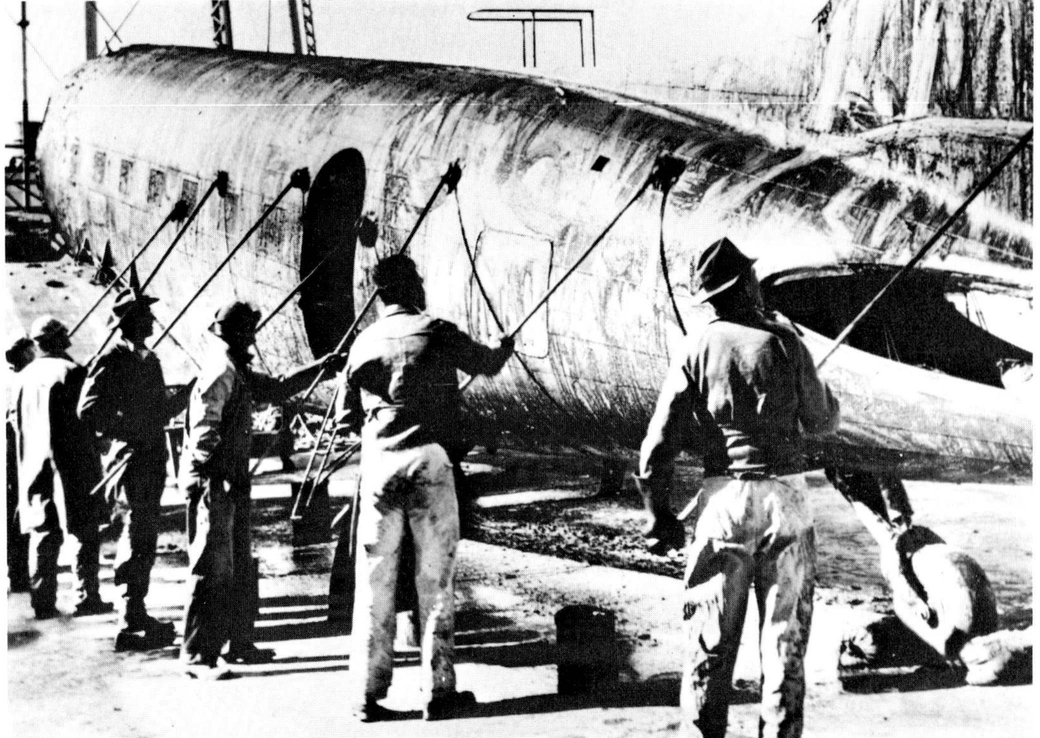

After having fought on all fronts, the military C-47s were transformed into passenger transport planes. Also the pre-war DC-3s, mobilized in 1942, stripped of their luxury and painted in camouflage, recovered, once the war was ended, their paint and their former comfort. This says a great deal for the versatility of the plane. After the war the C-47s did not rot on the ground like the bombers. They were immediately bought from the army by their old military pilots, who put them to work.

Behind F-BBBA can be seen two Languedoc four-engined planes. This plane was sold to the Senegal Air Force in 1963.

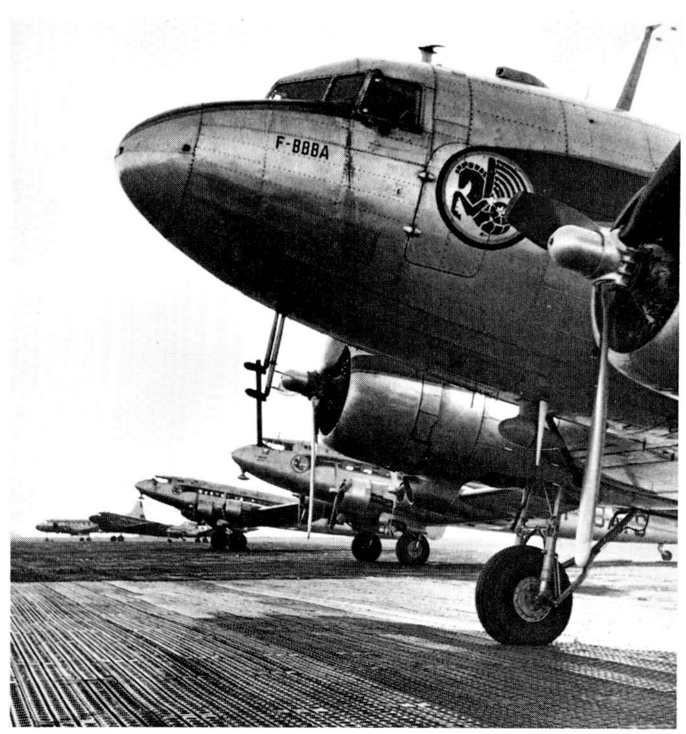

An Air France DC-3 in 1946, F-BAXG was acquired by Air Atlas in 1947. Air France owned, in all, seventy-two DC-3s.

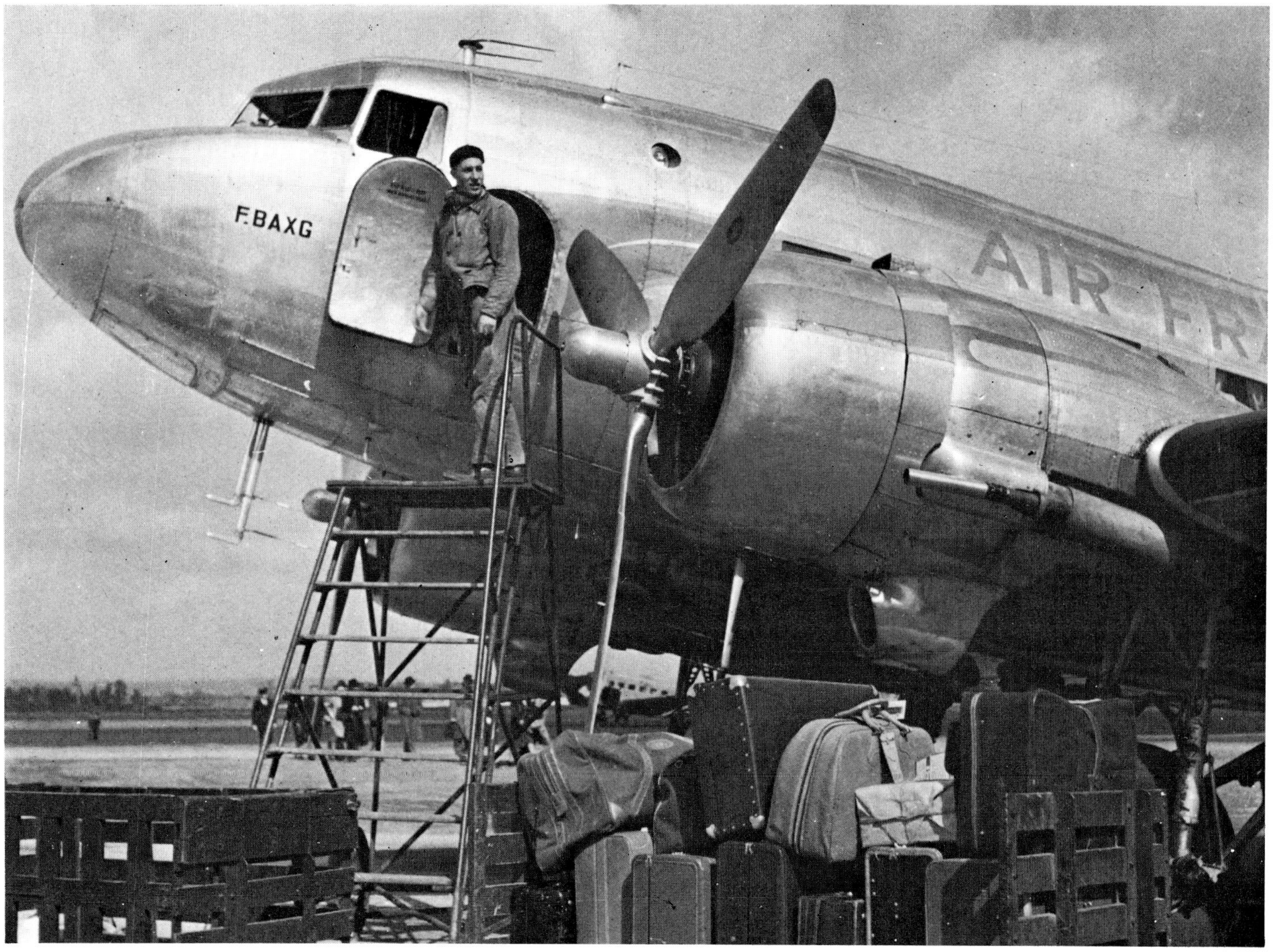

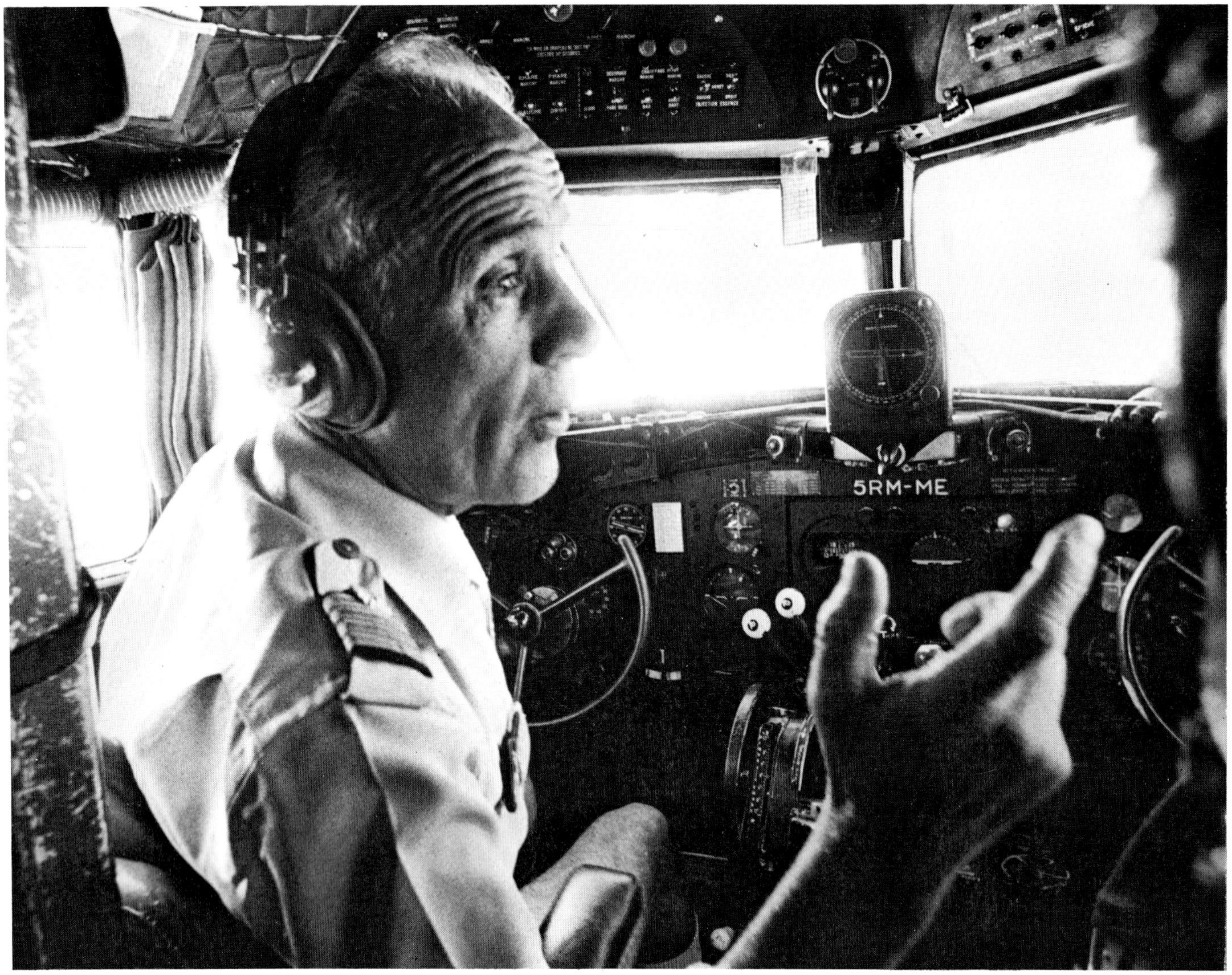

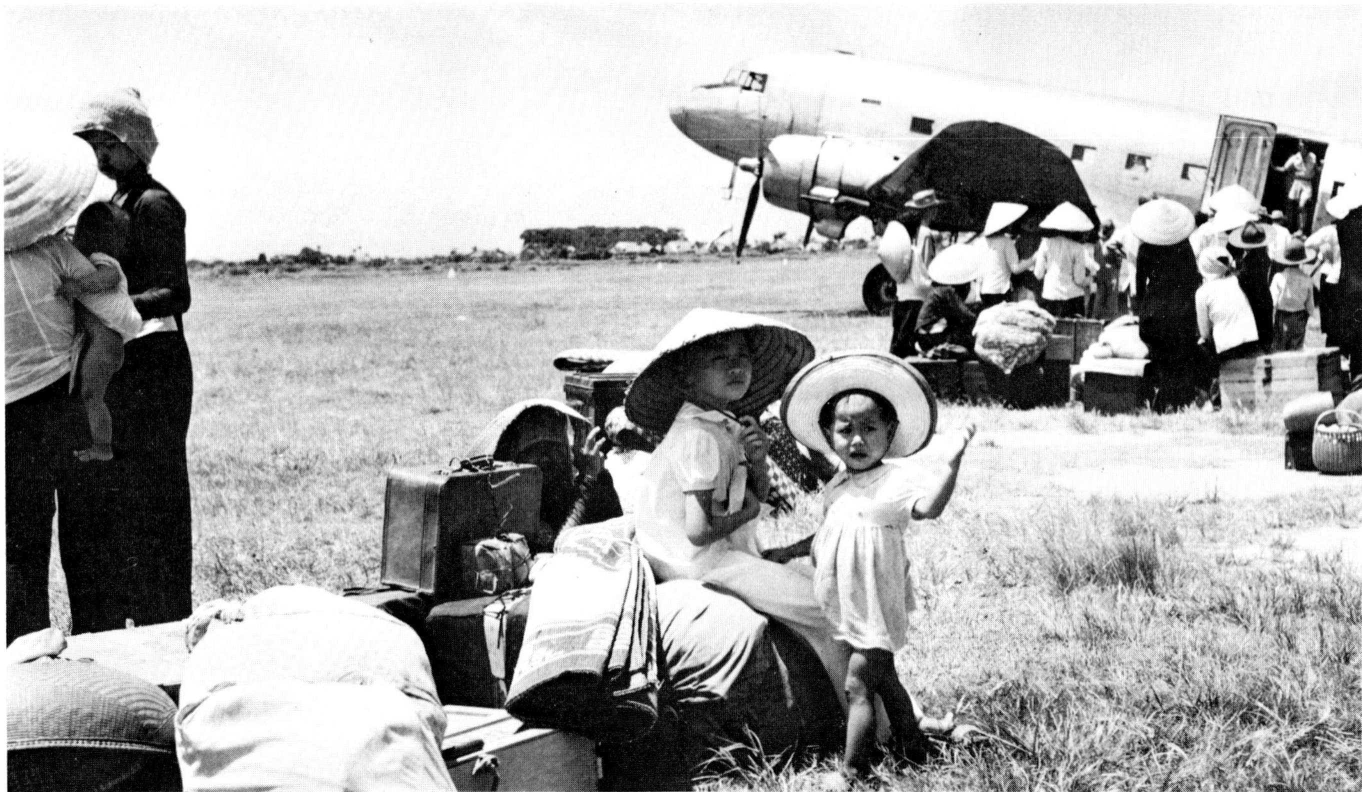

Major Eugène Pécherand, called "The Peach" (la pêche), at the controls of his "maximized" DC-3 in Madagascar.

In front of the Air Madagascar DC-3. Note the streamlined engine nacelles of this "maximized" version.

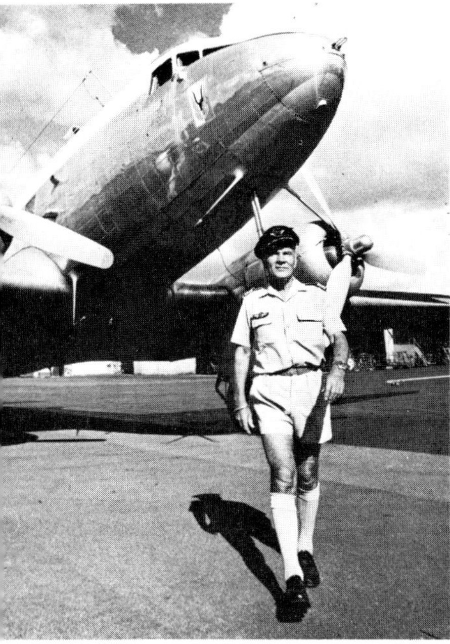

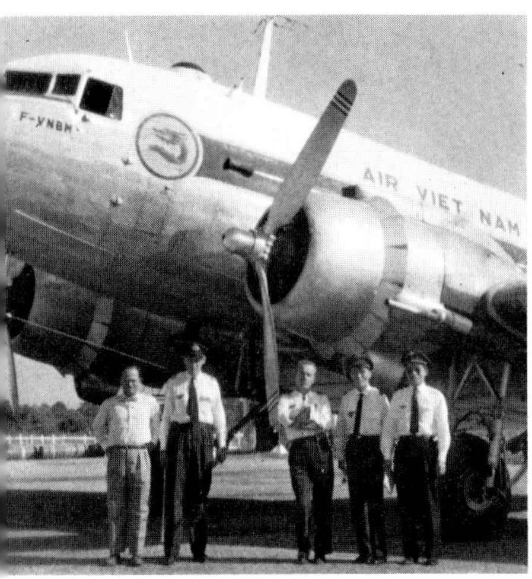

In Indochina, a family portrait of a Dak and its crew.

Passenger transport in Indochina.

But on 12 October, due to a lack of fuel, the seventy American planes at Henderson were unable to fly. An airlift by C-47s was organized, from the island of Espiritu Santo, 1,000 km (620 mi) away. The drums were parachuted in at night, and the next day the Corsairs were back in the air, strafing the Japanese who had dug in at the end of the runway.

On 29 September 1944, at Cleves, in Germany, at the moment when it appeared the battle was turning in favor of the Germans, one hundred Dakotas of the 9th Troop Carriers dropped, in three days, 132 Jeeps, 73 trailers, 31 motorcycles, 4,000 liters of fuel, 27 tons of provisions, 30 tons of munitions, and 882 paratroopers.

3. Mules. This operation was carried out by the 315th Troop Carriers over the jungles of Burma, where this farm animal performed marvelously. 1,596 mules were dropped by parachute. Bamboo stalls for them were installed in the fuselage. The floors of the airplanes were given an impermeable cover, for it was feared that the animal's urine would damage the control cables. There were only two difficulties encountered — getting the mules on the planes, and getting them off!

Once, one mule refused to be parachuted, despite six men energetically pushing it. The officer in charge arrived, carefully lifted the tail of the animal, and applied the flame from his cigarette lighter to a sensitive spot. The animal jumped outside.

No Safety Belts

While on the subject of transporting animals, let us tell you this tale worthy of Hitchcock. It happened after the war to a crew on a DC-3, returning from Asia with a load of laboratory monkeys.

Because of turbulence in the air, the cages containing the monkeys were opened and scores of the animals escaped, scattering throughout the plane. Some of them made it into the cockpit, climbing into the pilots' laps, and, more seriously, playing with all the levers and buttons. The pilots were able to keep calm and keep control of the airplane . . . as far as the nearest airport!

In 1944, the C-47s that resupplied Patton's army in France as it dashed towards Germany were nicknamed "Biscuit Bombers". In one day, they dropped 5,000 cases of K-rations to the soldiers.

While mentioning resupply operations, it is necessary to pay tribute to the men knowns as "launchers" or "kickers". * These were the men who pushed the heavy loads out the doors of the Dakotas. They risked their lives every day. Some of them were hit by shell fragments when they appeared in the doorways. Others accidently fell into the void along with the loads they were launching.

In Indochina, the flight crews considered these men to be a bit "cracked". They refused to use the safety belts, under the pretext that it hindered their freedom of movement. On the return flights, they sat in the gaping doors of the C-47s, half in and half out, reading their detective stories, defying the turbulence.

To put an end to this dangerous and tedious work, the Americans tested, in July 1944, at Wright Field in Ohio, a system of automatic rollers, powered by electric motors, and controlled from the cockpit. The pilot could launch three and a half tons through the two doors, one on each side of the plane.

Laundries And Hearses

Dakotas also served as flying headquarters, equipped with kitchenettes and collapsible beds, and, above all else, as huge and powerful radio stations. General Montgomery had five, one after the other. Lord Mountbatten had one at Rangoon, from which he directed the liberation of Burma.

Telephone installation: In 1944, the Bell Telephone Company successfully equipped a Dakota with spools capable of unrolling miles of telephone cable. This system allowed ten miles of cable to be laid in only six minutes, saving the poor men of the Signal Corps hours of slow, tedious progress through the jungle.

A Dakota laundry: This plane made a regular tour of some thirty Pacific islands. The soldiers brought their linens to it. The plane was equipped with a washing machine, a dryer, and a pump for drawing water from wells encountered along the way. A four-cylinder gasoline engine supplied the power required for these various operations. However, the linens were not ironed.

Douglases fitted with loudspeakers were used for psychological warfare dur-

---

* In Indochina they were called "dispatchers".

ing the wars in Indochina and Korea. Once a plane even made use of its powerful loudspeakers while in flight to give advice to a downed crew that was trapped behind enemy lines.

A mechanical workshop. During the Italian campaign, in order to repair as quickly as possible the P-38 Lightning fighters damaged in various areas, a colonel had the idea of transforming a Dak into a repair workshop. It was named "Belle Depot" and had a generator powering a lathe, a drill press, and a punch. The plane carried a work bench, tools, spare parts, and even an air compressor for repainting.

Several Dakotas made night landings in occupied France, either to bring in, from England, secret agents, or to pick them up after their missions had been accomplished. This despite the fact that the size and the noise of the DC-3 made it impossible to keep such landings a secret.

C-47s also carried the coffins of soldiers killed in action. On one such flight, the crew recalled [11] that they had distinctly heard someone knocking on the door to the cabin. "None of us", said the pilot, "dared go to the rear to see what was happening. After landing, we checked and all the coffins were still tightly closed."

They also carried emirs and sultans. After one flight, one of these potentates was so satisfied that he offered the crew not only the traditional gold Swiss watch, but also three women from his harem.

I Have Asked The Impossible Of It

To tell the story of the Dakota in Indochina, we have obtained the testimony of two ex-pilots: Eugène Pécherand and Claude Guyot. Major Pécherand, "The Peach", logged 30,400 hours of flight, including 18,000 in the DC-3. He told us of his adventures in the Indochina sky during the 1950s.

"I had definitely retired from command after my last flight, on 29 April 1976. I then closed the door on numerous and marvelous memories I had acquired while plying my trade as a pilot during a period of forty years.

At the request of Jacques Borgé and Nicolas Viasnoff, I have agreed to open this door, for their work concerns my weak point — the DC-3, the C-47, the Dakota, the Dak, etc.

While I have the ability to easily forget the past, I will never be able to forget my brother, my friend, the Dak. I have spent my most memorable hours with it. While all the other airplanes, be they Mirages or Concordes, leave me cold, the sight of a DC-3 brings a tear to my eye, for I love that plane, and I love it with all my guts.

Many times I have asked the impossible of it, in the heart of a storm, in a monsoon, in the desert, on an impossible runway. As a faithful friend, it has always come through, responding to my demands.

I was demobilized, at my request, in 1946, after ten years in the Air Force, including 600 hours on a Maraúder bomber. I began studying so I could realize my dream of becoming an airline pilot. I passed my public transport test and my elementary navigation test, and I began my career with the Société Transatlantique Aérienne (STA), based at Lyons, headed by ex-General Girier, of old stock and with a prestigious past.

The Dak Is Something Else

"At that time we were flying the Junkers Ju 52, a veritable truck of the air, made of corrugated tin, with its central engine spewing oil on the windshield and giving the entire plane a terrible vibration, as well as having a deafening noise.

One fine day, the general told me: 'Tomorrow, we are going to Geneva to take delivery of a C-47 which I am going to buy. See what information you can get together on this type of airplane.' The next day, it was 25 March 1948, we arrived at the airport of Geneva-Cointrain. After a brief period of instruction with the chief pilot of the selling company — how to start the engines, two tours of the runway with both of us at the controls — came the takeoff for Lyons, with me being the only pilot aboard! I was immediately won over. Comparing the Dak to the Ju 52 was like comparing a 1970 Cadillac with a Model T Ford from the early 1920s.

(continued page 137)

11. *Aeroplane Monthly*, April 1976.

A Dak landing somewhere in Indochina. Some of these planes had their undersides painted black as a means of camouflage for night operations.

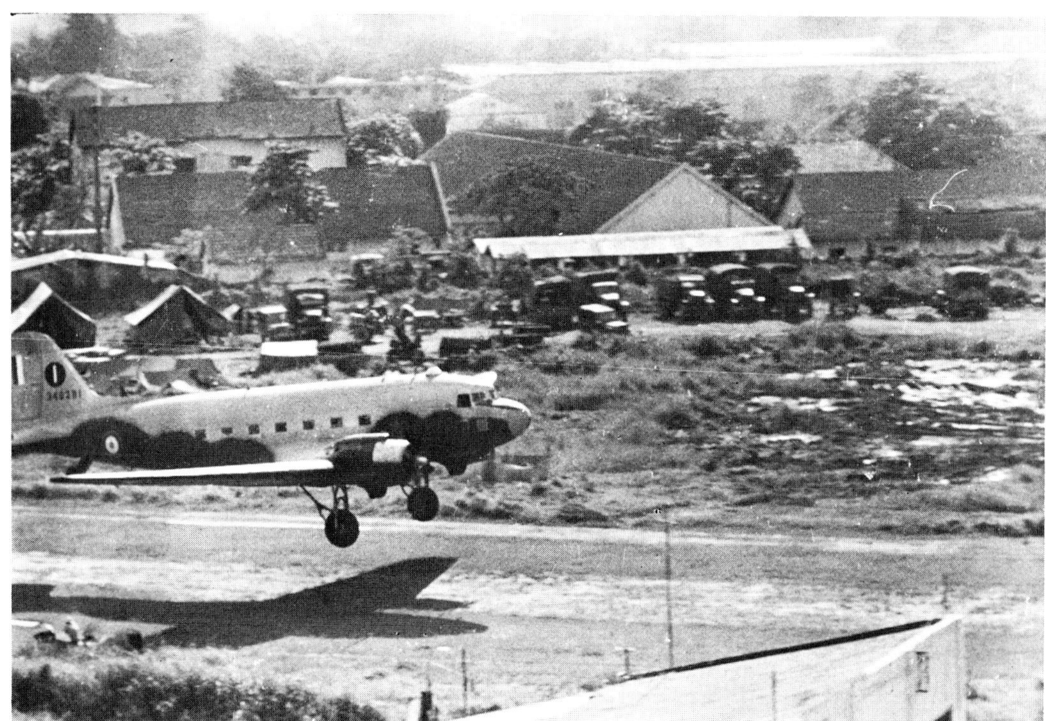

Taking off from a field guarded by artillery.

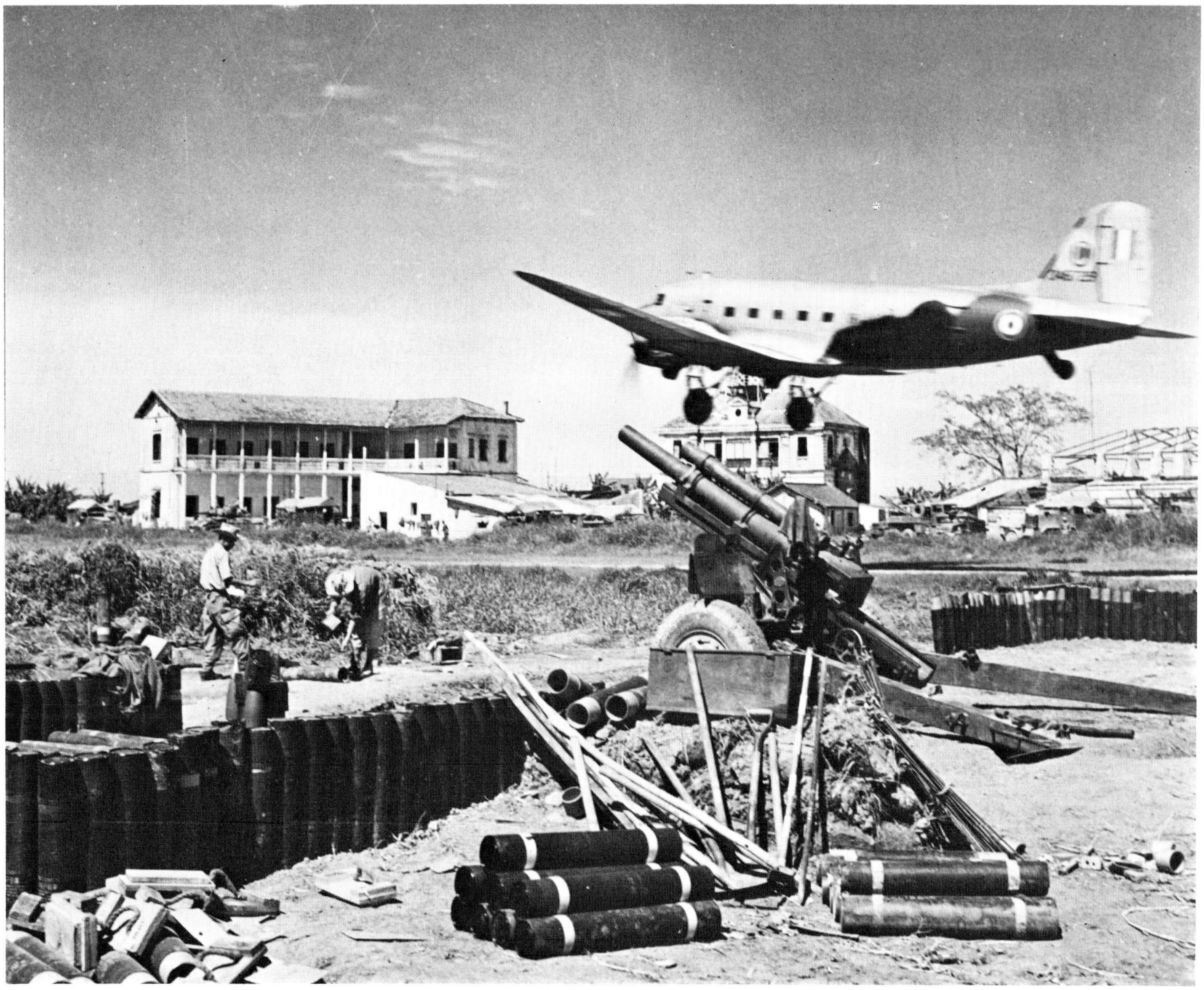

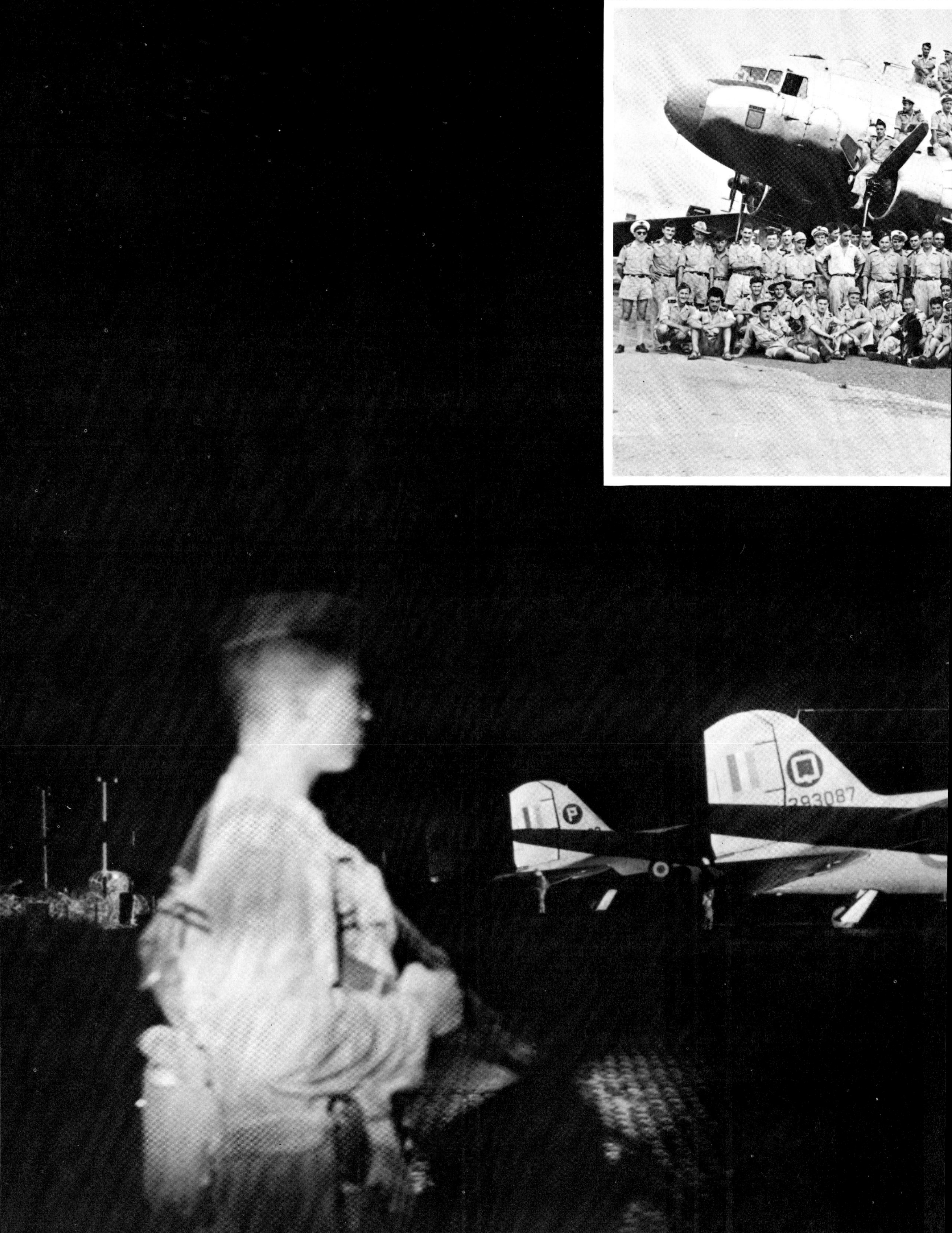
P
293087

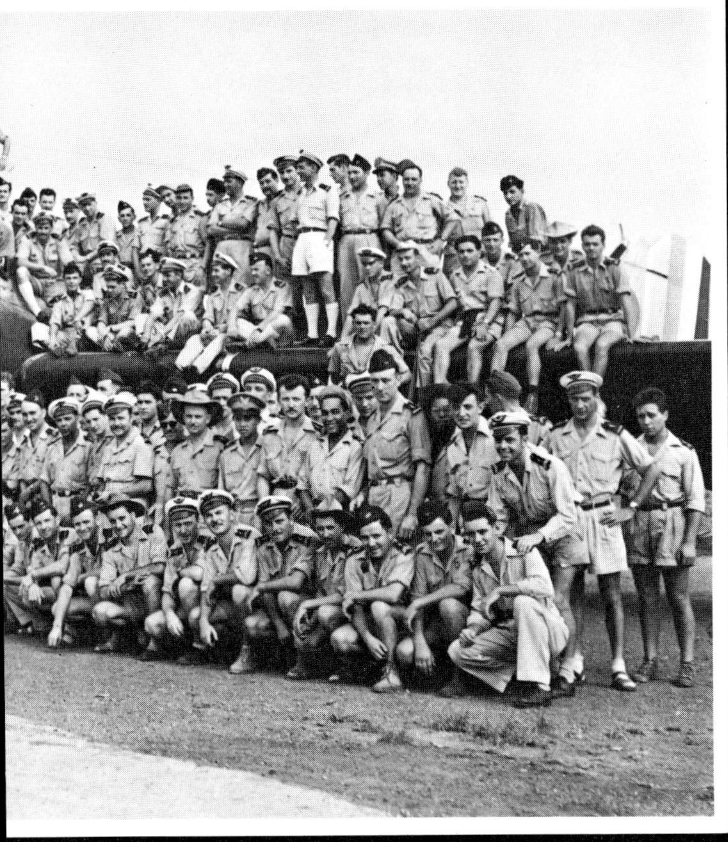

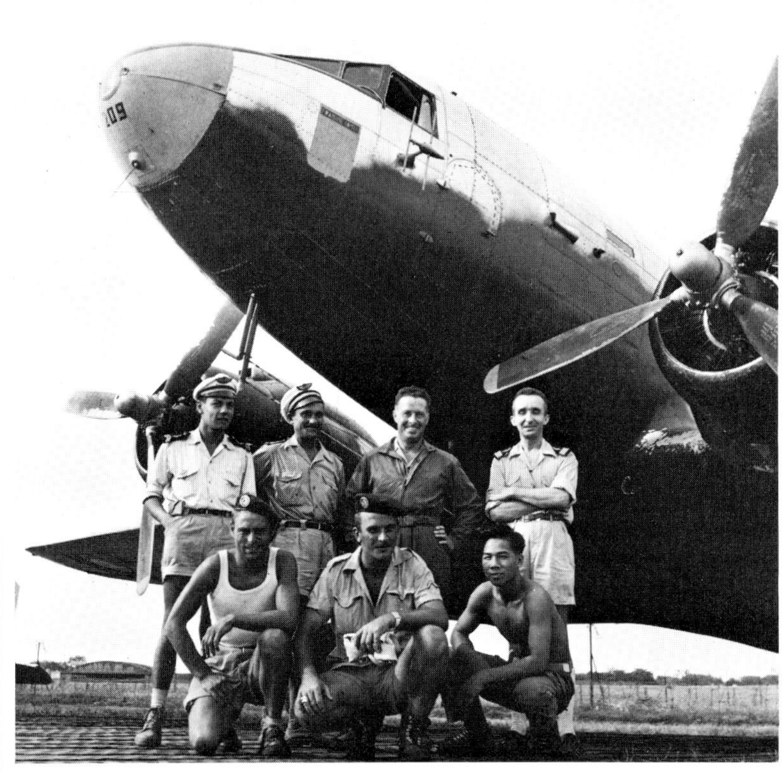

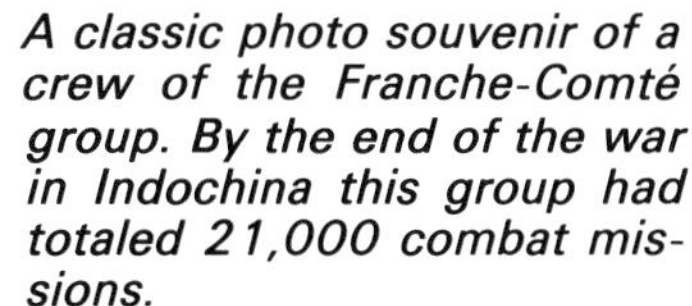

A classic photo souvenir of a crew of the Franche-Comté group. By the end of the war in Indochina this group had totaled 21,000 combat missions.

The flying and non-flying personnel of the Anjou group who found themselves on the ground that day, as well as all their buddies who happened to be passing by! The Anjou group totaled 17,596 combat missions by the end of the war (above at left).

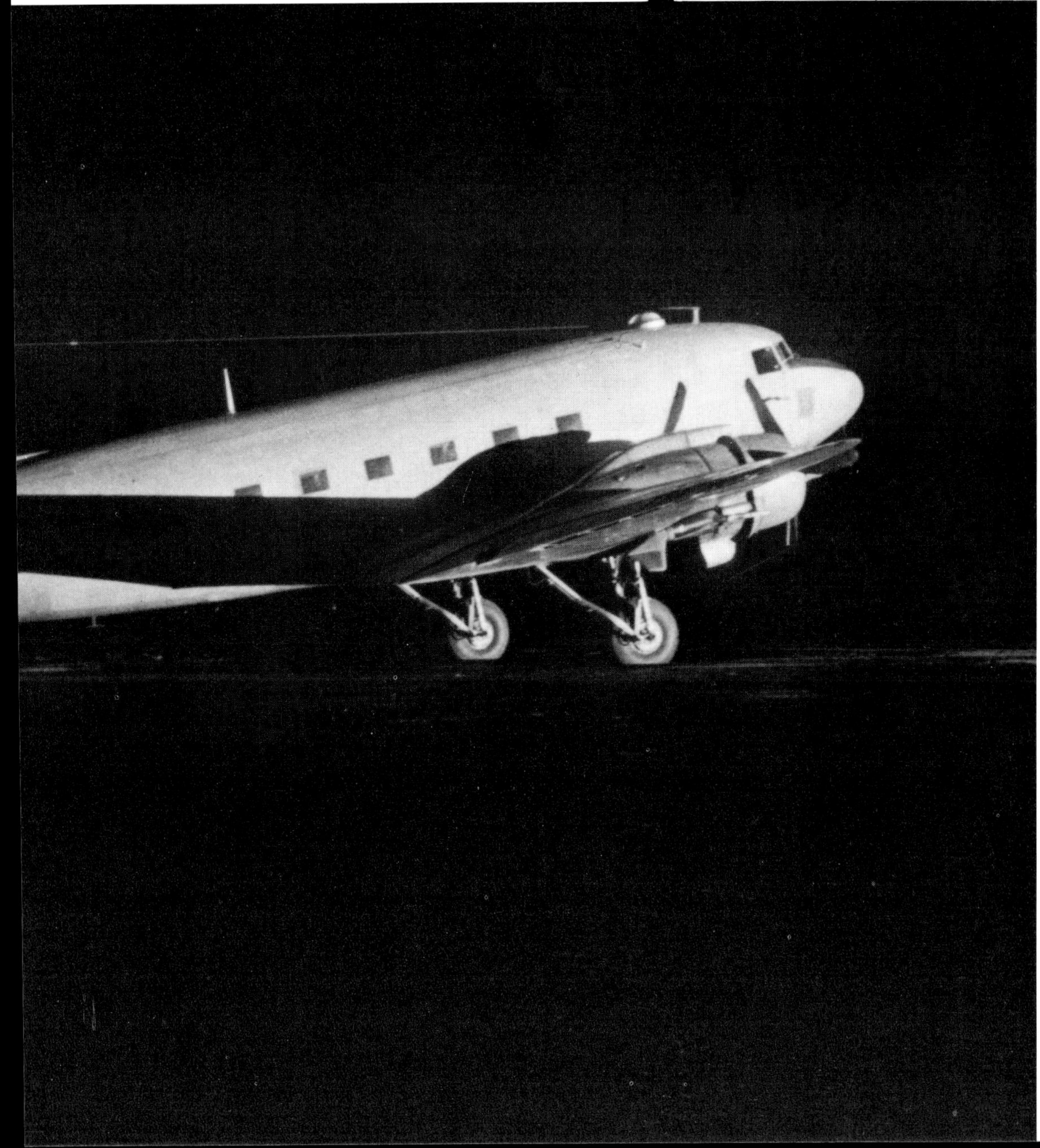

The airports were guarded night and day. This photo was taken at Saigon.

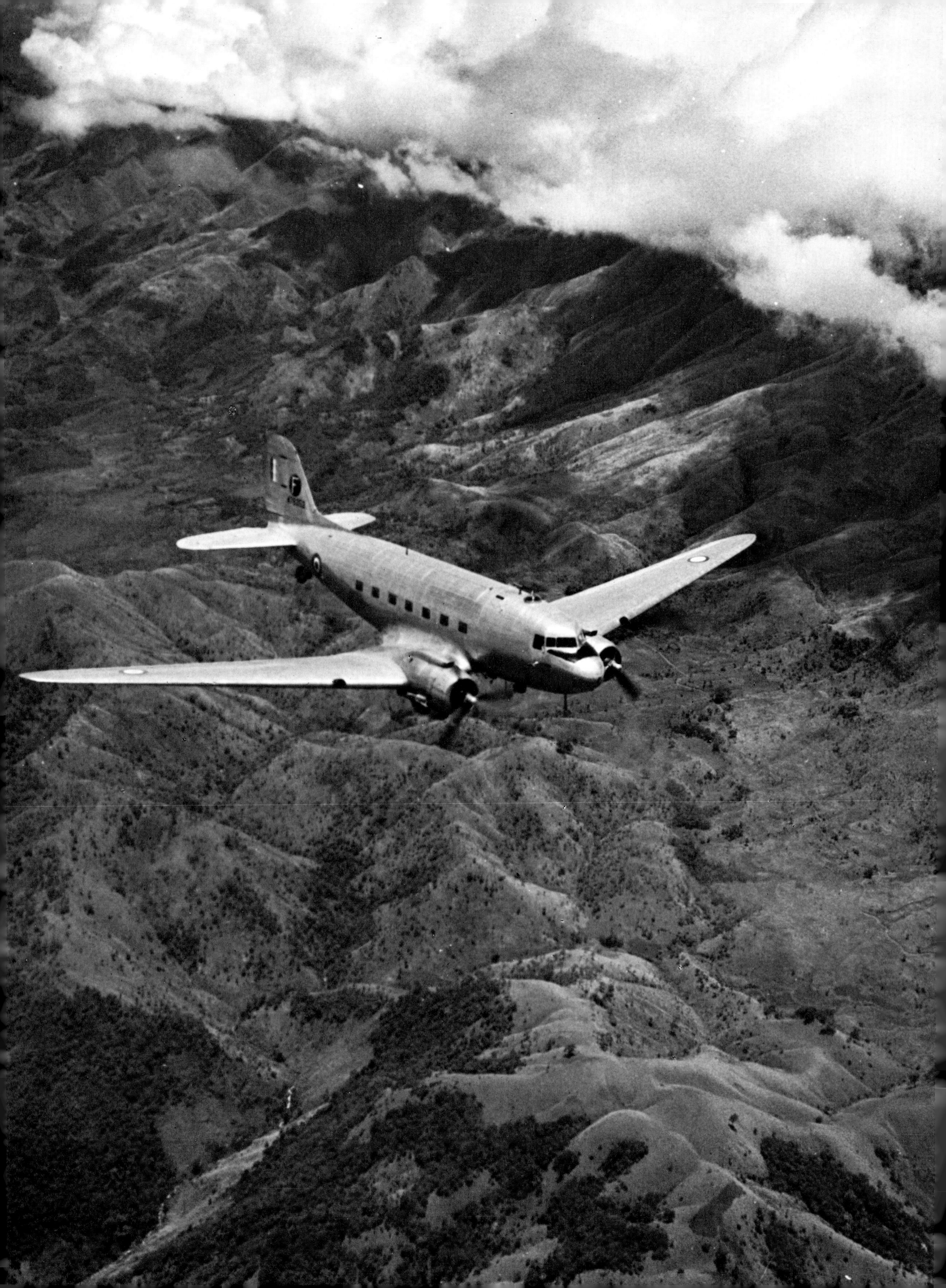

A Dakota over Laos in 1951.

It was a marvel of marvels. From the very first, we were in perfect physical harmony. I realized that our association was going to be durable, fruitful, and very interesting.

The attraction which I felt for this plane has not diminished after almost thirty years spent working together. I made my last flight with my old friend on 20 September 1975, in Madagascar. It is not possible to explain the intensity of our life together.

General Girier asked me if I would volunteer to convoy a DC-3 to Indochina and remain there for a few weeks (I would live there for the next eleven years). At that time, India and Pakistan, disapproving of our war and using as a pretext a shortage of fuel (due to the *coup d'État* in Iran by Mossadegh), were refusing to refuel airplanes of private companies. I suggested to the general that drums of fuel be purchased and carried on board prior to our arrival in Karachi, and that a permit for transportation of inflammable materials be secured. This was done.

Forty-eight hours later, I headed for Saigon. For navigation, all I had was a Mercator map, at a scale of 10/1,000,000 in two 50 cm parts. But nothing could curb my enthusiasm. Drums of fuel were purchased in Damascus, Basra, Sharjah. This last city was the final stop before Karachi, thus I then had my full load — eighteen drums of fuel in the cabin, the three men of the crew, a young girlfriend tempted by the adventure, our baggage, and several odds and ends. In calculating the weight for takeoff, I realized that it was 14,200 kg (31,300 lb), almost a ton too much. I modestly closed my eyes to this figure, and prepared for takeoff around noon. The ambient temperature was about +40 °C (104 °F), the runway was unpaved, there was no wind, and we were overweight by a ton. All conditions could have been better, if we had been able to select the most favorable conditions.

At the marker lights, the plane would have preferred to continue its takeoff run for a bit more, but I pulled it up. Everybody was sweating — no doubt due to the temperature! At 50 m (165 ft), the cylinder head temperature was 250 °C (472 °F) and the oil temperature 100 °C (212 °F). I slowed the plane to cruising speed to lower the temperatures to a more decent level, then, once I reached our cruising altitude, I relaxed, had a bite to eat, lit a cigarette (the hell with the fact that we were carrying drums of fuel), and set the automatic pilot.

At Karachi, the authorities put us in quarantine. Since my girlfriend was along on the trip, this was not too unpleasant for me. Their reason — we were transporting inflammable material through their country without the proper authorization. I paid a visit to the French ambassador. This diplomat in Karachi was no exception to the rule, and told me, in diplomatic terms, that I had gotten myself into this mess, so I could get myself out. Forced to take matters into my own hands and break the stand being taken by the authorities, I was finally able to extort from them not only permission to leave, but also 500 liters (130 gallons) of fuel! This was quite an achievement, but in return I had to swear on my honor that I would not return to Karachi. I gave the oath and headed for Hamedabad, leaving behind my mechanic, Bouillaguet, who did not have the proper vaccinations."

A Pilot's Festival

When I began with the airlines, the maximum weight of the C-47 for takeoff was 13,160 kg (29,000 lb). This would be increased later (the "maximized" version), but in the process the plane would lose some of its maneuverability.

While the plane was completely free of any treachery, always giving plenty of warning of any problems, the Dak also had a playful nature, so it was necessary to always keep an eye on it. It had a great tendency to suddenly go on a romp. It was the last airplane, and everyone who has ever flown one agrees with me, that could be flown by the seat of the pants. On a takeoff with 20 or 30 knots of crosswind it was, for some pilots, a true pilot's festival; for others, an absolute terror, no matter how many times they did it.

In Indochina, I had a maximum amount of exposure to the flying of the DC-3. It is a fact that we averaged 200 hours per month, and some of my colleagues occasionally surpassed 300 hours. As an example: on the first day of one month, I added to my crew a Vietnamese radio operator, Minh-Tinh, who would become a good friend of mine. He had never before flown. By the end of the month, he had logged 236 hours of flight! I am sure that for the rest of his life he wll feel the great fatigue caused by this effort.

Another time, my radio operator, Robert, who is a pilot today, sent and received messages while reclining on a mattress in the corridor. Our plane had been flying thirty-six hours without a break, which represented forty-five or fifty hours of actual work, in order to transfer a regiment of paratroopers from Nhatrang to Haiphong. The transport was very crowded, as usual. The end result, unfortunately, was that we were already too late.

Quite often, for a bit of pleasure and to break the routine, I would practice precision landings in a very short space. I could land the plane in 280 m (920 ft). Reaching the reference point, with both engines in operation, I would push the levers and keep the plane on line, tail high, to the great terror of the runway personnel. This exercise was more difficult and even more risky with the "maximized" DC-3 [12] which I had in Madagascar. Some might think that this exercise was more in the nature of a stunt than of piloting, but the work performed by the DC-3 in Indochina was truly acrobatic and bore no resemblance to traditional flying.

With my favorite mechanic (they were all first-rate), Chapron, I discovered (and here stake my claim to) a method for starting the engines when the starter motors failed. I took a rope some 10 to 15 m (35 to 50 ft) long with a knot tied in one end. I placed the knot between the base of one blade of the propellor and the locking screw, then I wound the rope three or four times very neatly around the hub of the propellor. Then five or six men were placed at the other end of the rope, and I made sure my rope was offset several degrees from the plane of the propellor blades. One strong pull on the rope, and as it came free I made contact. The result was guaranteed.

I Didn't Have The Right To Land

One day, on the ground at Hue, which at night fell into the hands of the enemy, I found myself, at nightfall, with an American crew with two broken starter motors on their plane. Forced to abandon their DC-3, they asked me to evacuate them to Saigon. I took my rope (I was never without it) and got on board their plane. Chapron installed the rope and recruited a team for the pull. Three minutes later the two Pratt engines were in full song. The Americans were not seen again.

This mastery of the plane, these flights made under precarious security conditions, allowed me to perform one of the best actions of my life. My proverbial modesty will here be set aside (for all of us in the corporation were very modest). I was requisitioned by the Army for eight days. On 22 March 1954 I was flying out of Senosavanaket, making parachute drops of supplies over an area of limestone hills, a savagely rocky but picturesque outcrop some 100 km (62 mi) north-east of Seno. That morning, I was going to drop 120 mm artillery shells to a mobile combat group composed of several battalions operating in an area called Ban Sa Ang. On arriving over the drop zone, I noticed what appeared to be a runway, cleared by a bulldozer in a drained rice paddy. Beside this runway were about a hundred reclining figures, stretched out on parachutes.

I made radio contact with the men below before beginning my parachute drop. Their radio operator, with a sob in his voice, begged me to land and evacuate the very badly wounded. The group had been attacked and suffered a hundred casualties: 30 were dead and 70 wounded, with 40 of them very seriously wounded. Without surgical attention, the gravely injured were, for the most part, doomed. I answered that I would contact the two military DC-3s operating in the area. But their pilots had already been approached and had refused to land. They claimed that the landing strip, or what was called a landing strip, was below acceptable standards and they did not believe that the ground of this ex-rice paddy could support the weight of a DC-3.

The length of the landing strip was 700 m (2,300 ft), bordered at each end by a forest. I was in a quandary, for being a civilian working under a requisition I was only authorized to make parachute drops. Furthermore, officially, there was no landing strip in the area.

(continued page 146)

12. In the 1950s, the Airsearch company sold a kit which allowed the "maximization" of the DC-3, that is, to give it better performance thanks to more streamlined engine pods, and doors for the landing gear. The complete kit also had a new empennage of larger dimensions.

Overhauling the planes at Saigon. At the right rear a Dak of the Anjou group, and in the foreground a plane from the Touraine group.

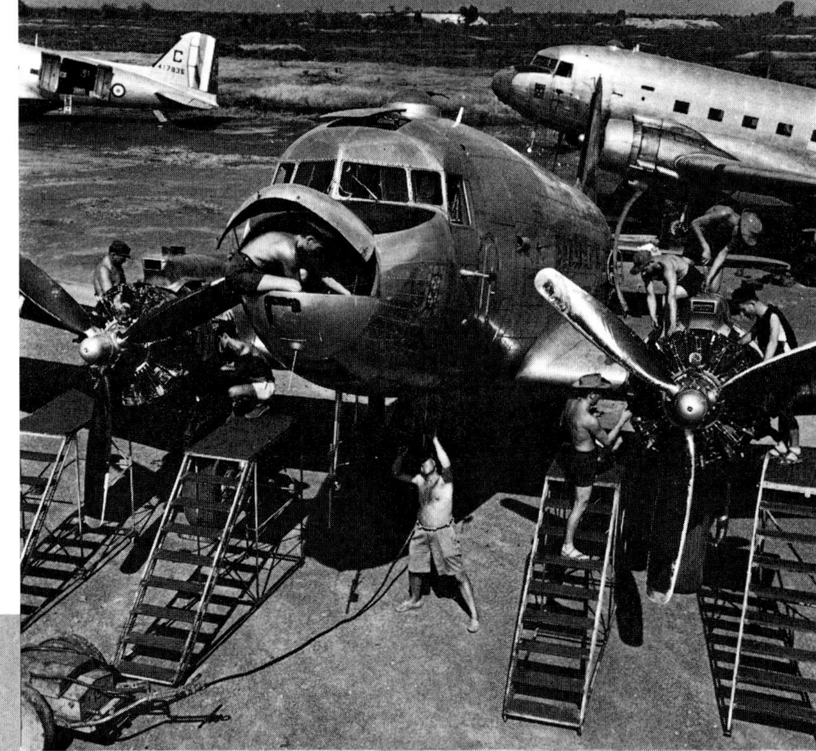

A plane, apparently of the Béarn group, arrives to help in the evacuation of Luan Prabang.

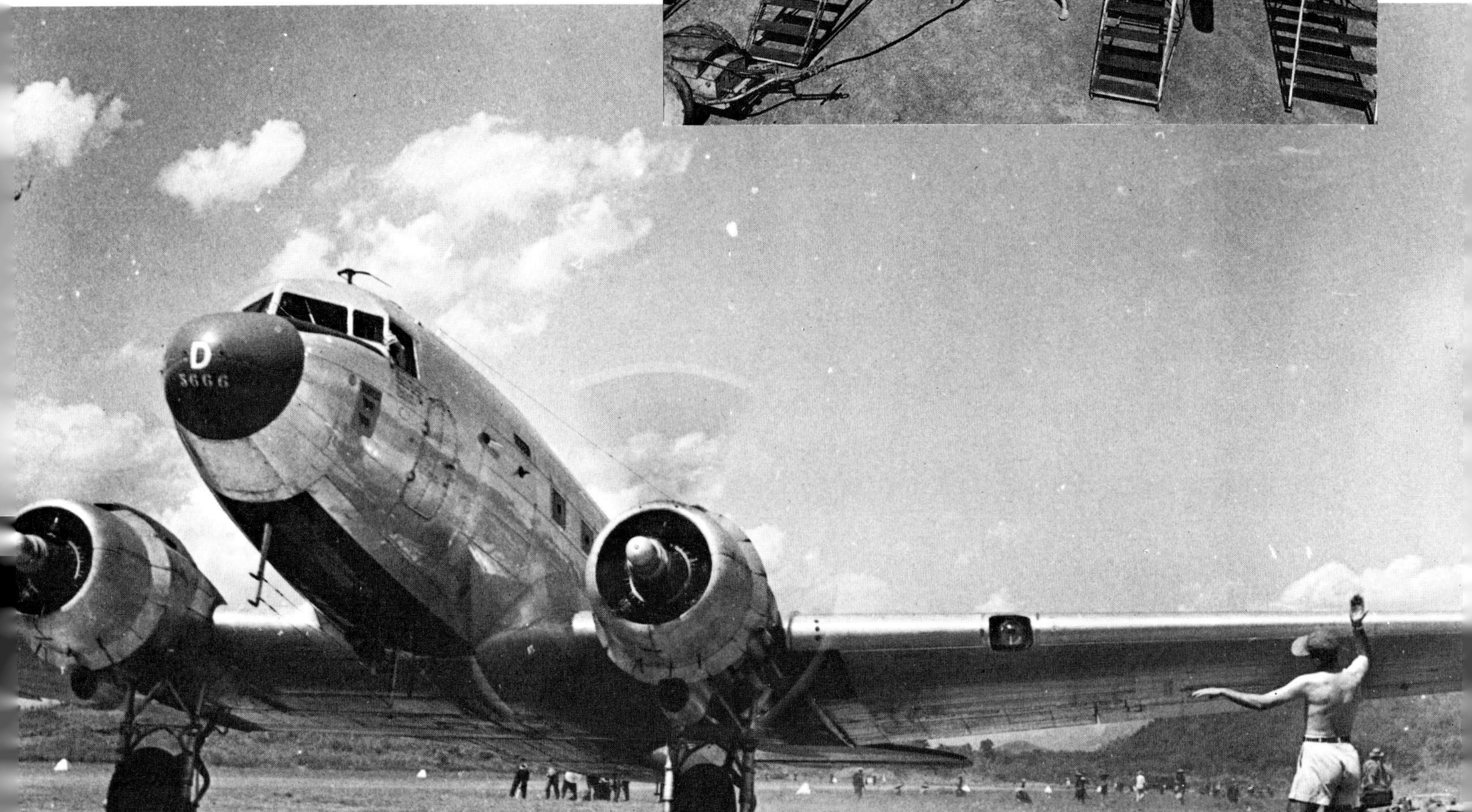

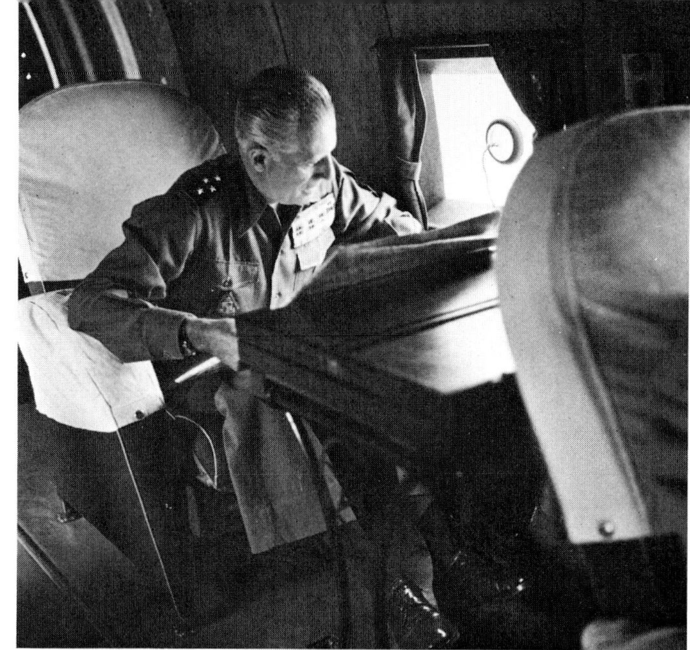

General Salan in his personal plane. Note the removable opening intended for small arms firing.

Improvised airport on the Plain of Jarres, bathed in a haze. The planes were leased from private companies by the government.

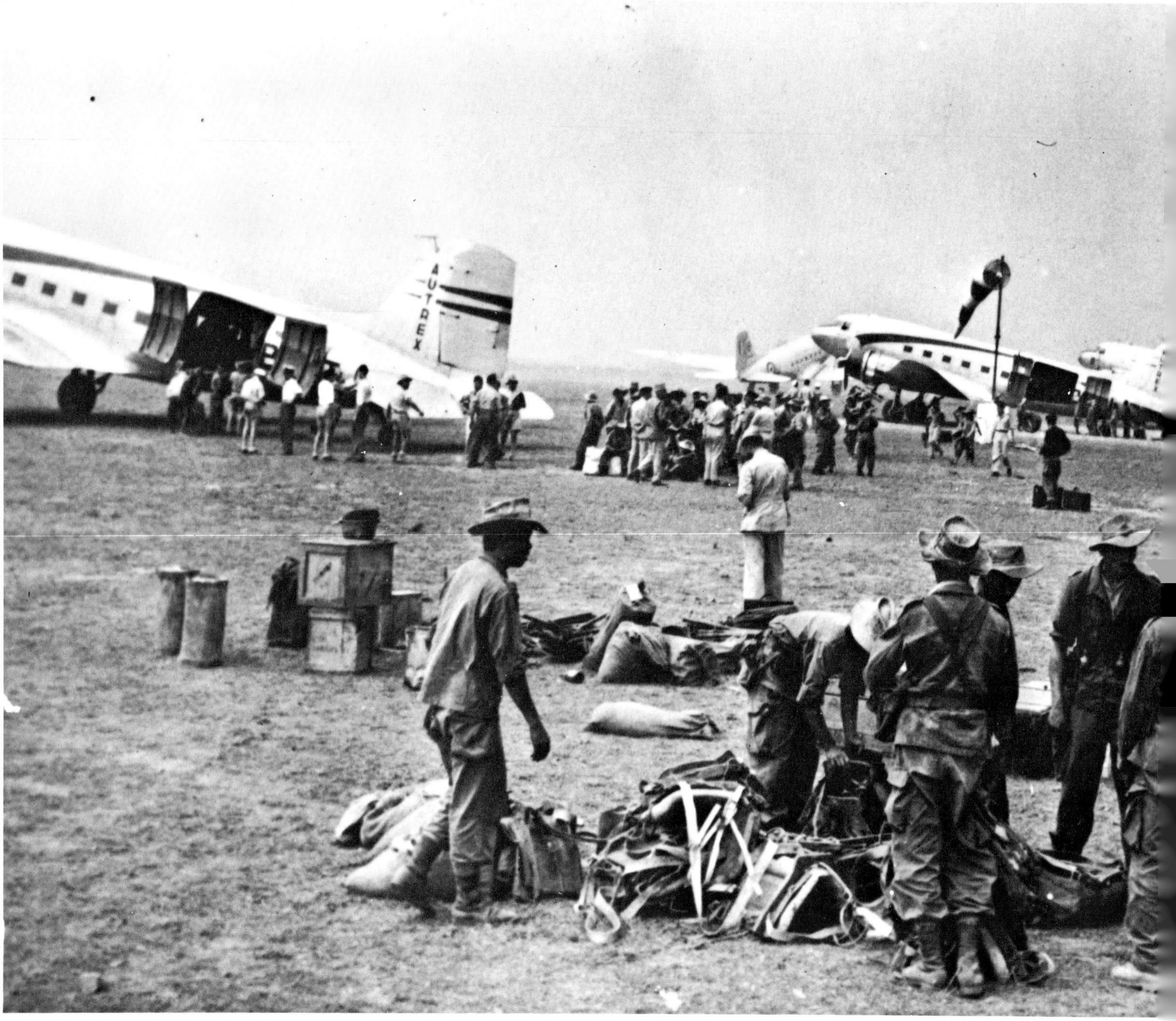

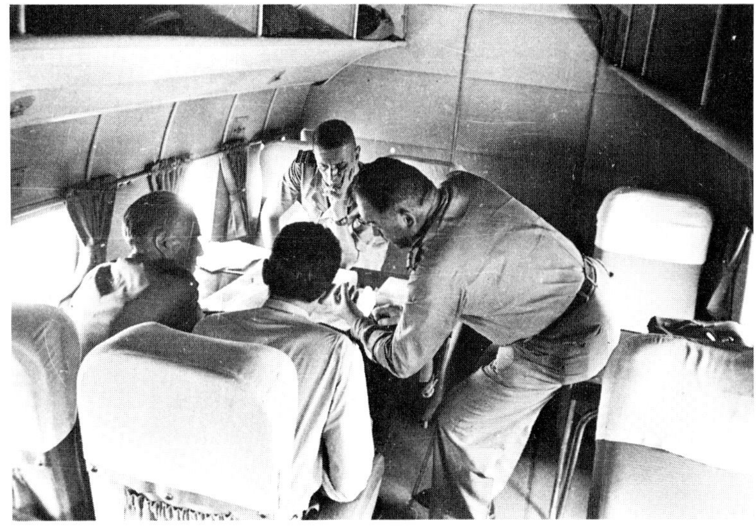

The general staff studies the situation in its flying headquarters, a very comfortable DC-3.

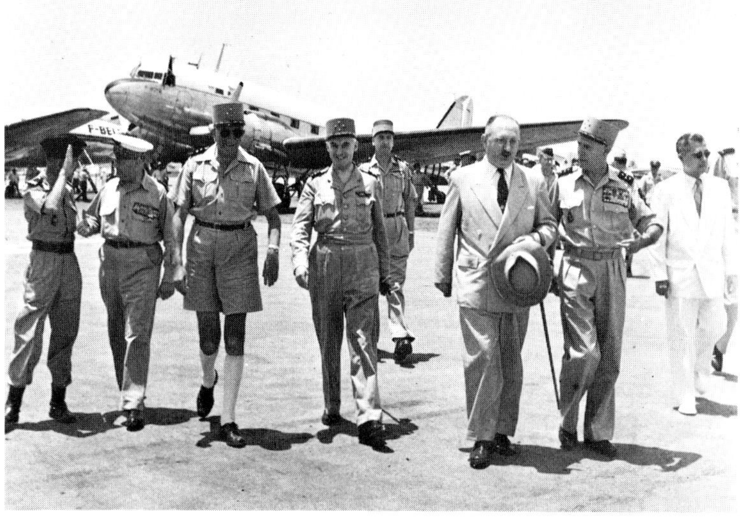

Hanoi: From left to right, General de Linarès (in shorts), General Navarre, Minister Letourneur, and General Salan. They have just arrived via Dak.

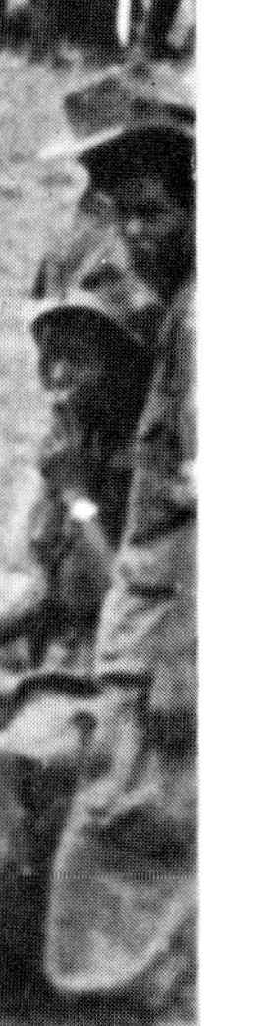

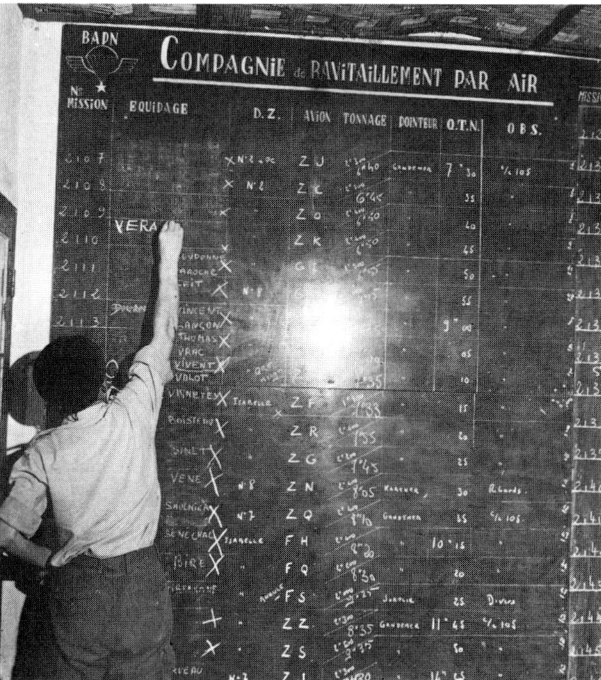

Air supply operations board. Note, in the column headed "tonnage", that on this day there were twenty air drops of supplies between 6:40 a.m. and 1:30 p.m.

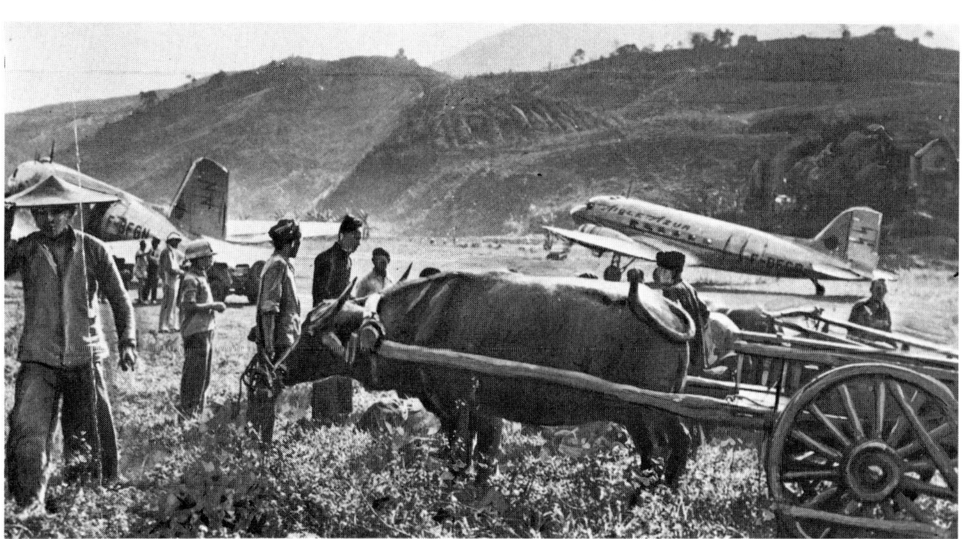

1951: The airplane replaces the buffalo. Photograph shows the airlift established between Hanoi and Lai Chau to allow shipping of relief supplies to the Thai capital.

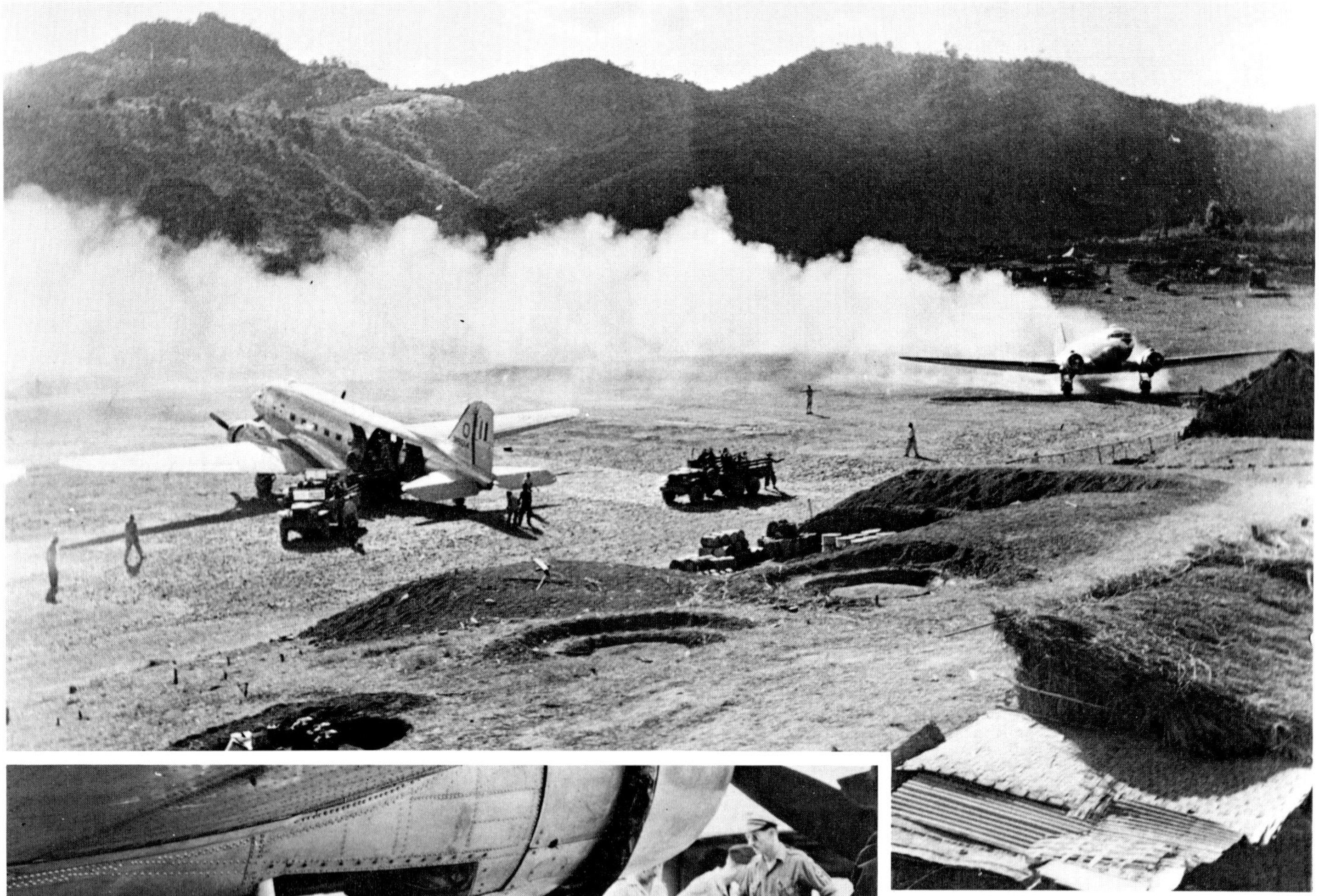

In Laos, taking off and landing in the dust on improvised runways.

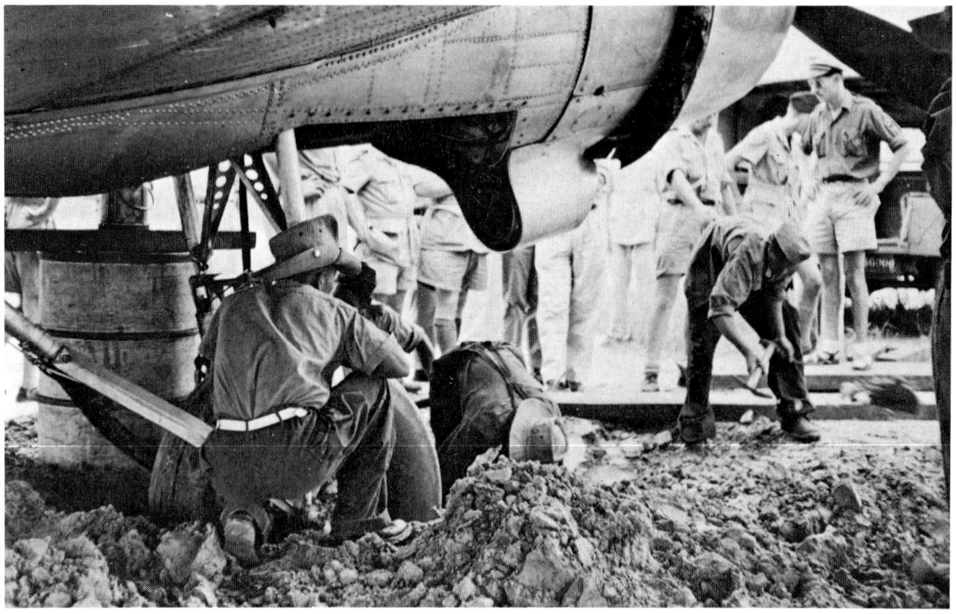

Bogged down in Laos.

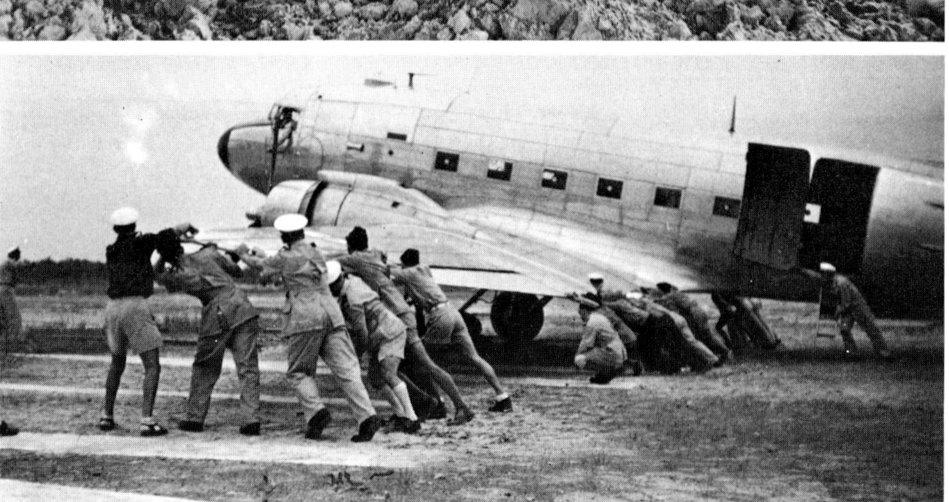

A consignment of Christmas packages to be air dropped to the posts inaccessible by road. The plane is a DC-3 of the Aigle Azur (Blue Eagle) company, leased, along with its civilian crew, by the government.

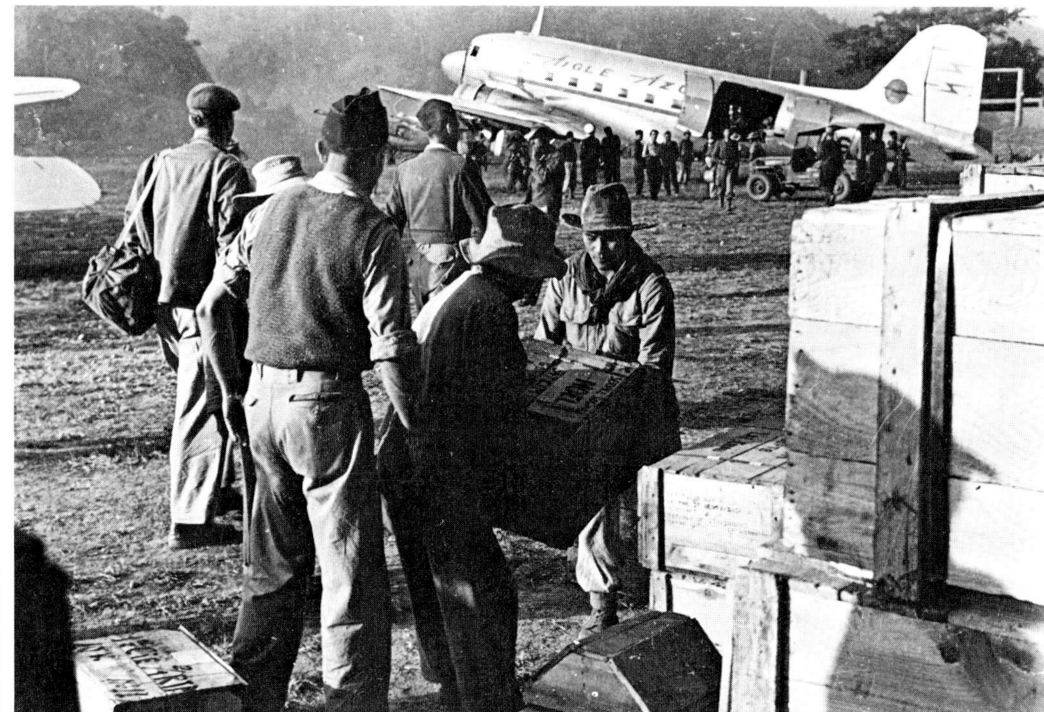

1953: Landing on the plain at Luan Prabang.

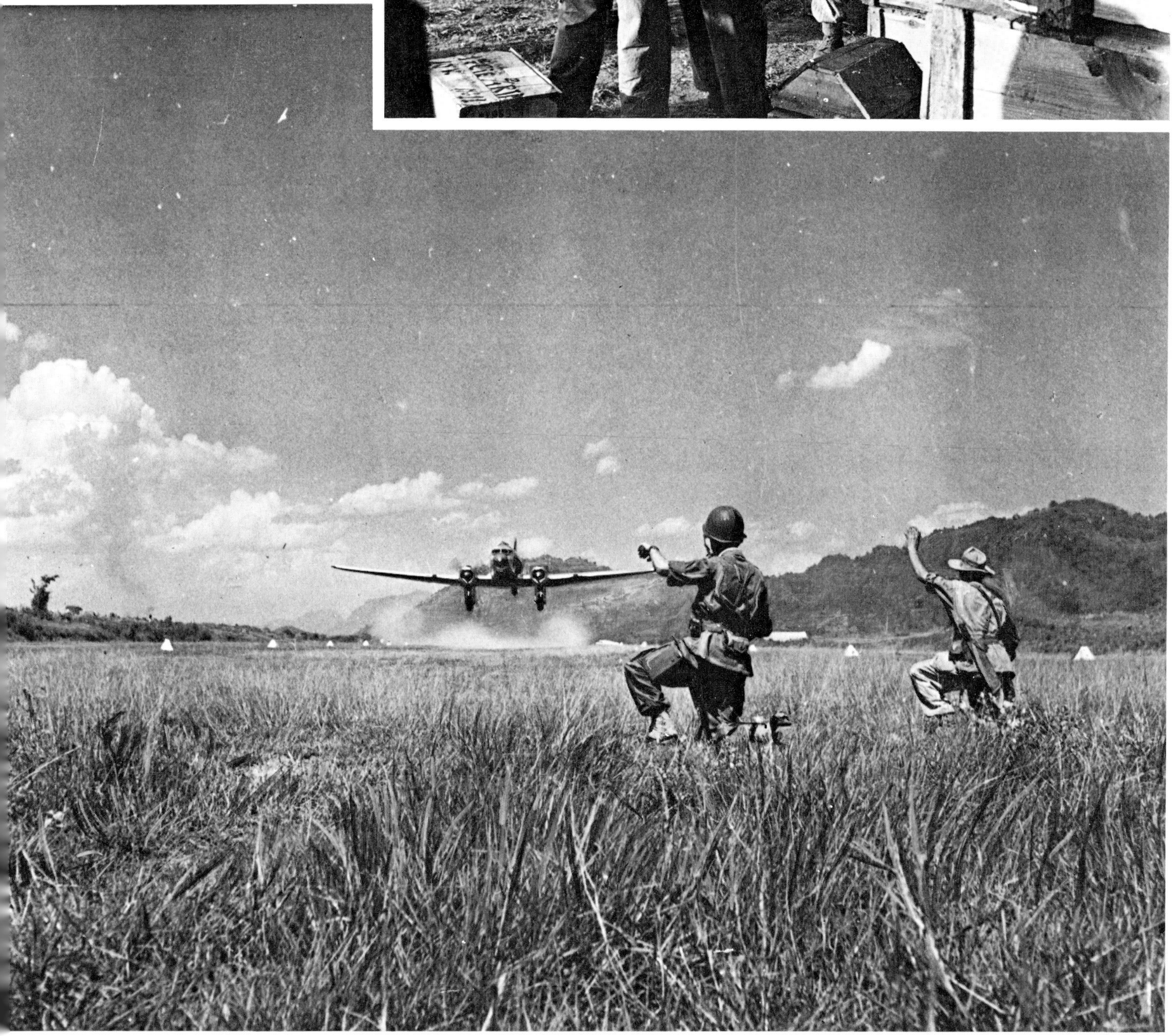

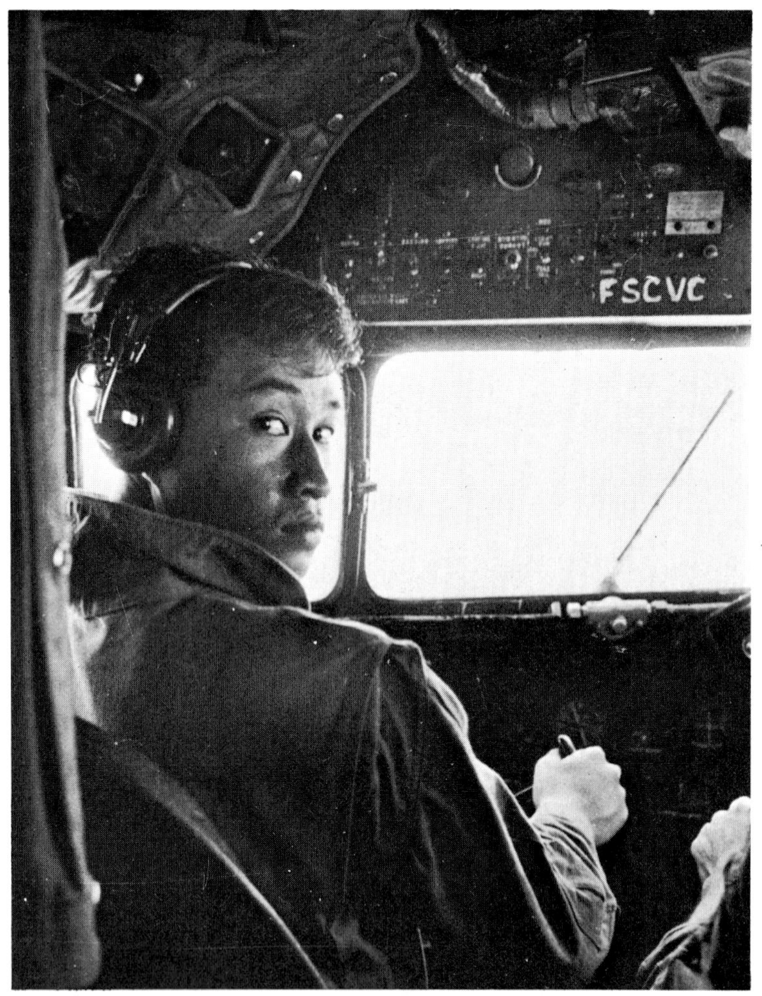

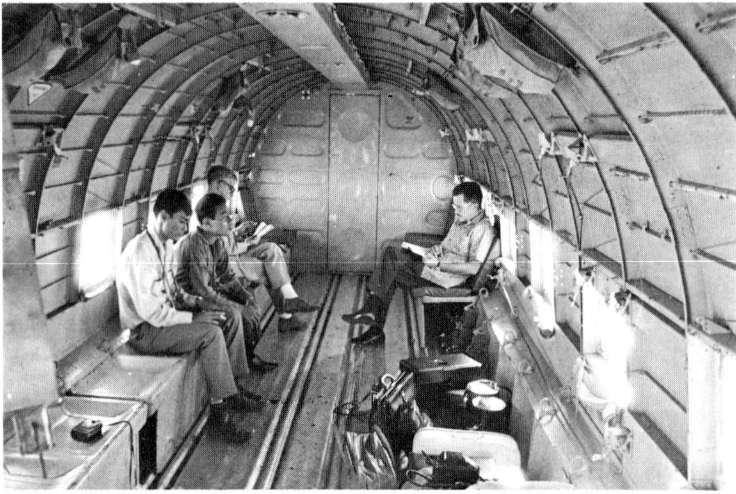

Some war correspondents already editing their dispatches.

A Vietnamese pilot at the controls of the French Air Force's FSCVC (above).

1

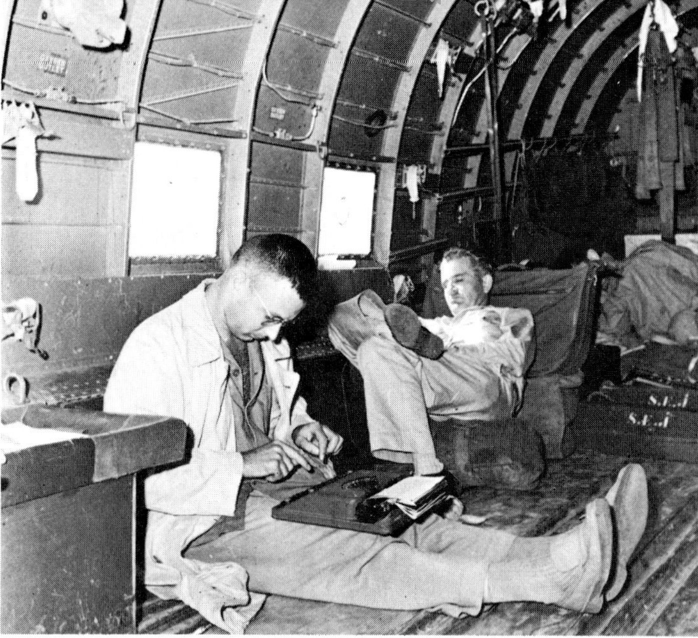

2

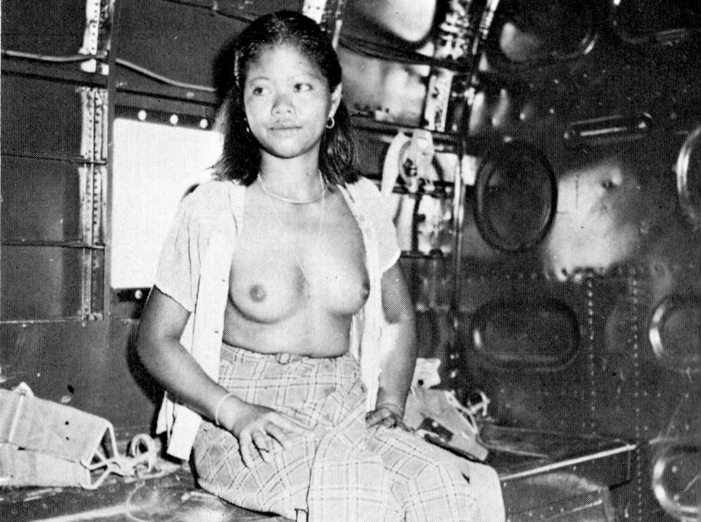

3

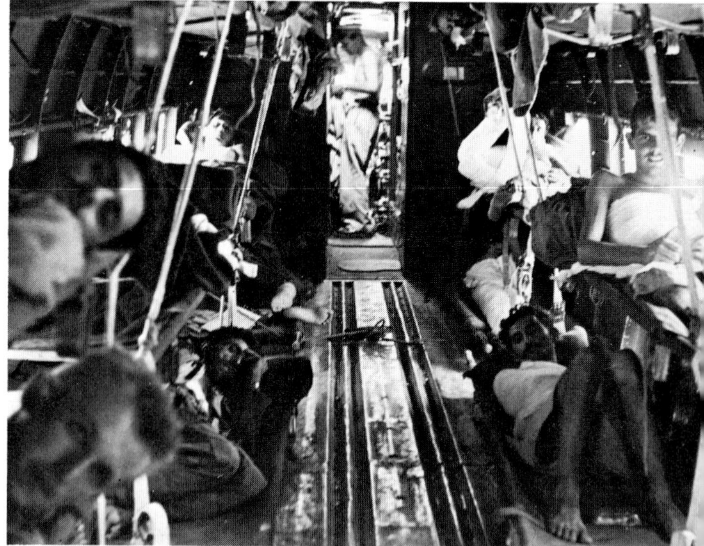

4

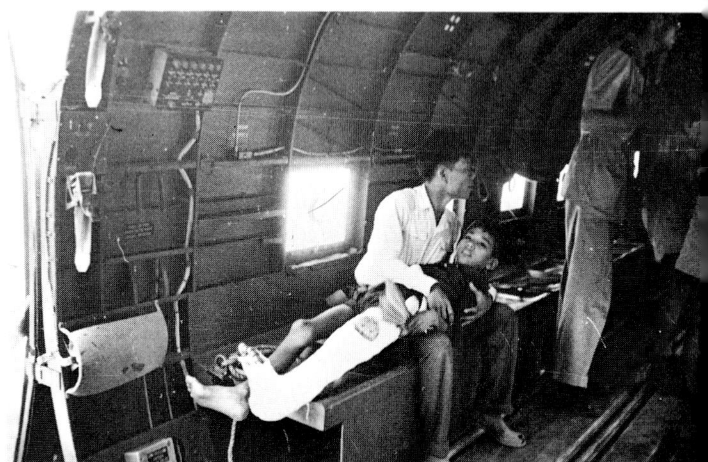

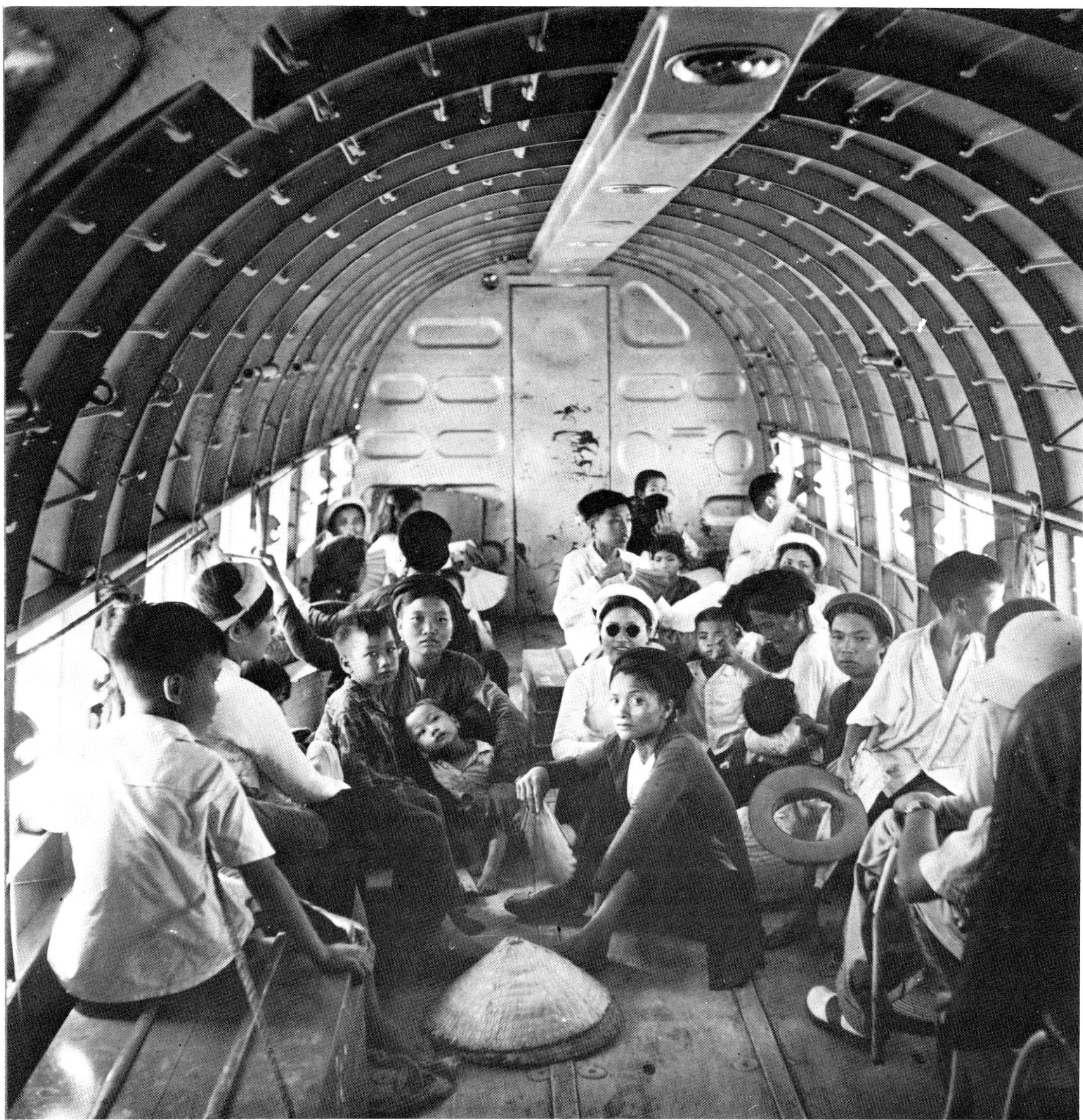

From the top down:
1. *Transporting journalists.*
2. *A Laotian passenger.*
3. *Hospital evacuation after a battle. The smallest space is occupied by wounded.*
4. *Evacuating a young Vietnamese. The panel on the wall at left controls the release of the "parapacks" (parcels suspended under the fuselage of the plane).*

Carrying civilians to Tonkin. This photo gives an idea of the dimensions and the amenities for comfort of the Dakota.

I asked my radio operator, Stark, and my mechanic, Picard, for their advice. Without hesitation, they agreed that we ought to land.

Approaching the fragile landing strip, I saw several mortar shells explode on various parts of the runway. I brought my Dak down at the limit of its abilities; the poor old thing was trembling from the buffeting. As I passed the trees I reduced the throttles, continued on a level approach, increased engine speed slightly as I neared the ground to reinforce the cushion of air under the wings, and made a three-point landing.

Barely halfway down the runway, I made a U-turn and headed back for the takeoff point in an enormous cloud of dust. The stretcher carriers converged on the plane at a run. Another U-turn to line up for the takeoff. When the cloud of dust had cleared and I could see the ribbon of runway ahead of me, I confess that I had a moment of doubt. I decided to take only fifteen wounded. The stretchers were loaded and lashed down in record time. I started the engines, locked the brakes, put full power to the engines, released the brakes, kept the tail up high at all times, and started the takeoff run for the return trip. I reached the limit of the runway, rolling as far as the trees would permit, then cleared the trees with the engines at full speed. It was unusually hot that day at Ban Sa Ang. In three trips, I would evacuate forty-five wounded that same day.

Before each landing, we would still make our parachute drop of rations or munitions. On the second trip, my dispatchers, paratroopers caught up by the drama of the mission, broke the record for the regiment by launching three tons in three passes. That evening, at about 8:00 p.m., I evacuated to Saigon fifteen of the most seriously wounded, and the next day, at 6:00 a.m., I was at my post in Seno, ready to continue the parachute drops. [13]

15 Kilos Of Good Quality Opium

There was no other plane at that time, or even today, I believe, that could have accomplished such a mission other than the DC-3. That day, Colonel Guffaut, who knew me, felt as though he had been slapped in the face when he learned that a civilian pilot had accomplished a mission that military pilots had refused. One month later, we received the Croix de Guerre for Operations in a Foreign Theater along with a citation from the Ministry of Aviation. (So much for my modest side.)

Upon my return to Saigon, the boss of the company called me in and reprimanded me for this mission. The head pilot, Meyer, who was with me, took my defense, and as the boss was Vietnamese, saw fit to point out that among the wounded were a number of his countrymen. The boss then decided to defer my execution. I might have been out of luck if no Vietnamese had been among the wounded!

To be sure, the DC-3s not only served to save human lives. They also transported some less valuable things.

One day I was making the regular mail run from Saigon to Ventiane and back. On arrival at Ventiane, the steward on board told me he was eating lunch at the home of his friends in the town. The rest of us took our meal at the airport or close by. I ordered him to be back forty-five minutes before our scheduled departure time.

During the return flight, my radio operator, Ha Minh Tinh, overcoming his fatigue, informed me that the VHF band was not operating. Wanting to extend the antenna so he could operate on the HF band, he had encountered a blockage in the passageway for the antenna. While making our descent, he asked me if he could remove the panel giving access to the passageway. As there were only fifteen minutes left before landing, there was not enough time. I made a record of the problem in the log book and, after parking the plane, verified the fact that our antenna was not operating properly and that the actuating cable was blocked under the plane.

Pilot Pécherand, "Cosara" squadron

"A pilot of the first rank, accomplishing numerous resupply missions at the request of the Military Command, with devotion and often in most dangerous conditions, successfully making parachute drops to combat troops despite adverse conditions.

He particularly distinguished himself during operations from Seno on 22 and 23 March 1954, at Ban Sa Ang, in making the first landing on an improvised runway under enemy fire. He made several round trips to this site, in extremely difficult conditions, to save the badly wounded"

These citations have earned him the award of the Croix de Guerre for Operations in a Foreign Theater, with a silver star.

Awarded at Paris, 4 November 1955 Signed: P. BILLOTTE

13. To end all the arguments between the military and the civilian pilots who flew the Dak in Indochina, here is the text of the citation given to Mr. Pécherand on 4 November 1955 after this operation:
"Pilot Pécherand, 'Cosara' squadron

At 11:00 p.m. that same evening, two policemen came looking for me, to take me to the police station. A bit upset, I arrived at the station, and the commissioner showed me 15 kg of opium, of the best kind, in three packets of 5 kg each.

This merchandise had been found on my DC-3, and one packet had been crammed into the antenna passageway. He explained to me that, as the pilot in command of the airplane, I was responsible for the cargo. During the night tongues loosened and my steward confessed. The result was five years in prison for him.

On my DC-3 I also once carried a paratroop captain who was very likeable, although I forget his name. He had worked with Paul-Émile Victor during his expeditions to the Pole. His mission was to create a band of native subversives who, after their training, were to be dropped by parachute near their villages to create an underground resistance movement. The only thing that could not be taught them was parachute jumping. Thus, on each mission, my friend the captain gave them a little help in leaping from the airplane. As for himself, every time he flew he would not relax until we were back on the ground. I often wondered to myself if he had a little fear of landings.

These good old DC-3s were equally effective on many other transports, somewhat less glamorous but more fragrant. I carried pigs, swaddled in tarpaulins (because of their excrement), between Soctrang and Saigon. It was necessary to step over them to get into the cockpit and one day my ankle was almost devoured by one of these voracious animals. I carried cows between Pakse and Hue . . . and fresh milk. One time, a disaster — a can of milk was turned over. A tragedy to us, but not to Vietnamese cooking!

I carried workers for the rubber plantations. In the absence of seats, fifty men sat on the floor along with their baggage. One day, with one of these loads bound for the plantation in the Kak meadow, in the loop of the Mekong river south of Pakse, I made my descent toward the gap between the rubber plants. During this step, I noticed that the ground was somewhat rough, so I increased my engine speed to 1,500 rpm. Then, judging everything to be all right, I came on down. It was a disaster. The plane pitched and jumped, the tail came up, and we were shaken like a plum tree. I cussed my friend Fournier, manager of the plantation. Then I noticed the markers in the grass. I had landed 400 m (1,300 ft) before the beginning of the runway. Our plane had leaped over stumps, over trunks of rubber plants, over deep ditches, and was still intact and smiling. As for the workers, they looked a little bit green....

A Great Rivalry

For the evacuation of refugees, we also flew without seats. With three tons of refugees, the absence of seats allowed us to gain 250 kg (550 lb). Ah! The smells of the Far East! I transported paramilitary colonial forces. Their odor was very different between their trip out and their return trip. I carried the foodstuffs of the Riz-Pain-Sel commissary, literally rice-bread-salt. The rice was in 50 kg (110 lb) sacks, loosely bound together in bundles of three sacks which were dropped without parachutes from about 150 m (500 ft) of altitude. Also dropped without parachutes were "fakir's pillows", bundles of barbed wire that, on hitting the ground, bounced about as rather deadly projectiles.

One day I was making my second pass, dropping the bags of rice on a drop zone. Two soldiers, unaware of the danger they were in, started gathering the bags from the first pass. Bags from the second drop hit them and mowed them down. There was nothing I could do to prevent it, but for some time afterwards, the sight of those two lifeless bodies haunted me day and night.

I transported thousands of bicycles sent to Hue and Dongoi. These were then, secretly, passed along to the enemy. I carried full loads of hundred year-old eggs to Hue, and little chicks by the hundreds, in cages stacked one on top of another. Sometimes they would escape and pay us a visit in the cockpit.

We paid no attention to the maximum load limits for takeoff, while not getting too overweight.

Hundreds of wounded men were evacuated to the large medical facilities at Saigon or Hanoi, by both civilian and military DC-3s. Unfortunately, hundreds of coffins containing the remains of soldiers killed in combat were also carried.

(continued page 152)

Transporting munitions.

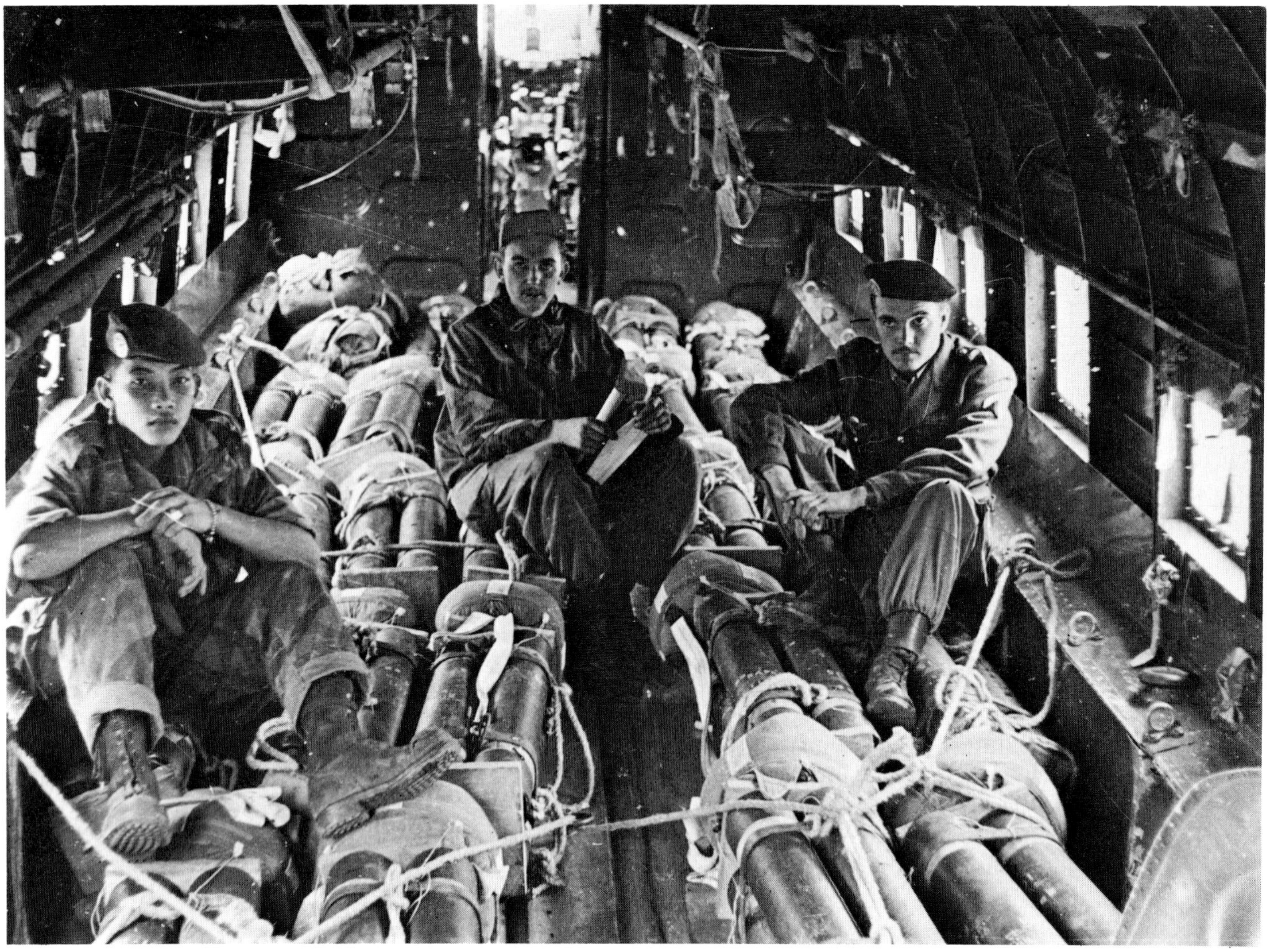

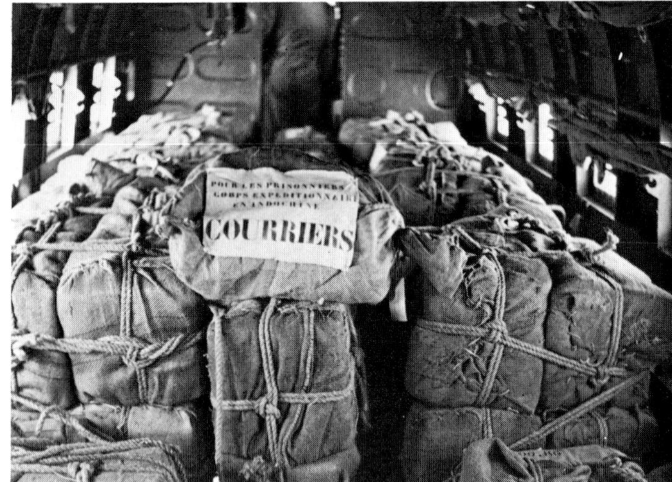

Parcels destined to be parachuted into the camps of French prisoners of the Vietminh.

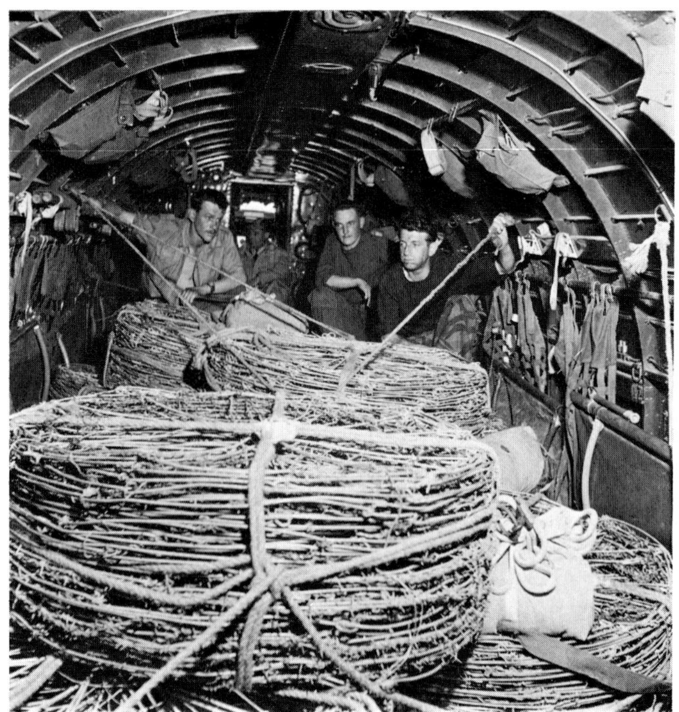

Miles of barbed wire for the defense of isolated outposts.

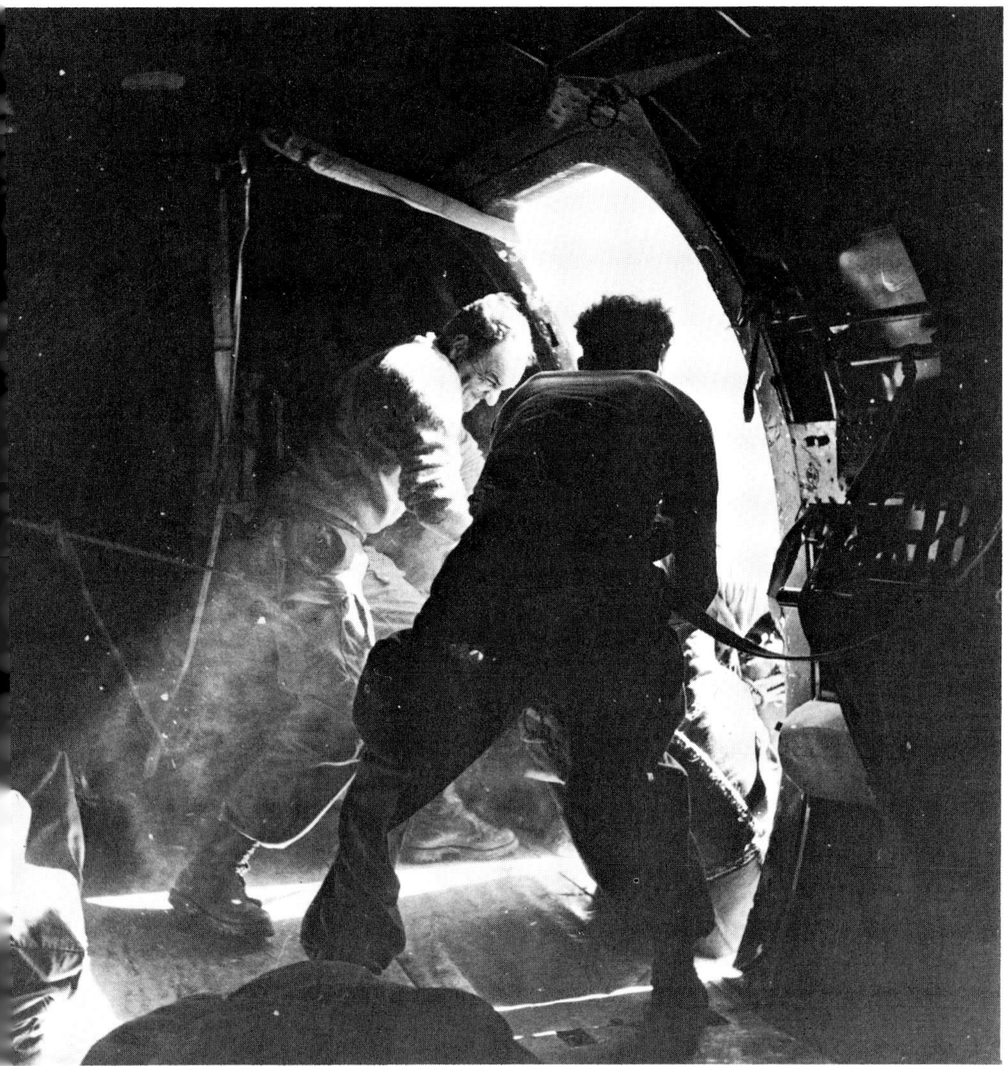

The "dispatchers" hard at work.

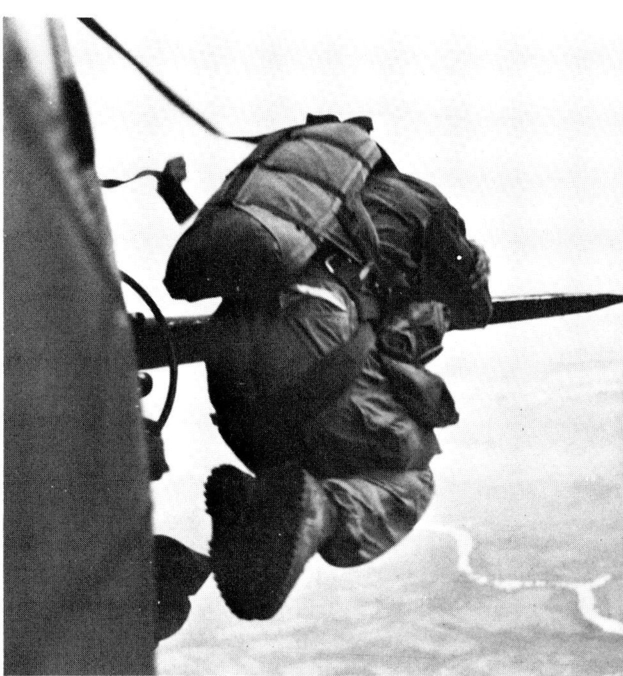

A paratrooper jumps in impeccable style. His parachute is a French TAP 660 and he is wearing the famous Pataugas boots. Note that the horizontal plane of the rear wing is not very far from the parachutist. Despite its use, the DC-3 was in fact not designed for dropping parachutists. A special "kit" was necessary. History, however, was to prove otherwise.

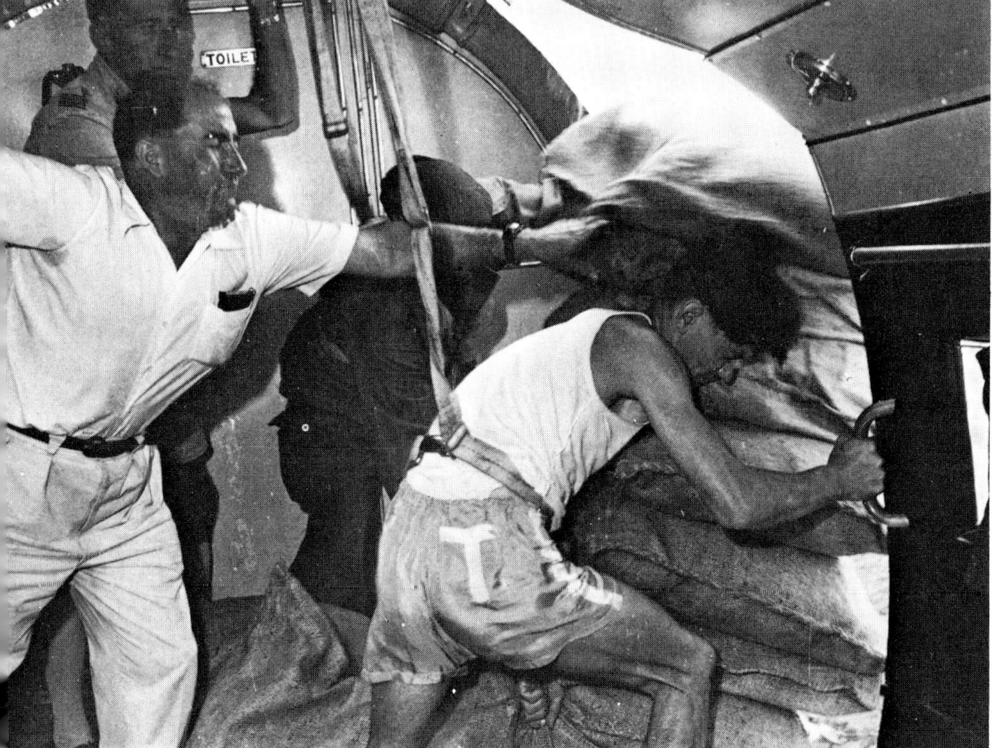

The man (at bottom) is attached to the plane by a safety strap. This was not normal.

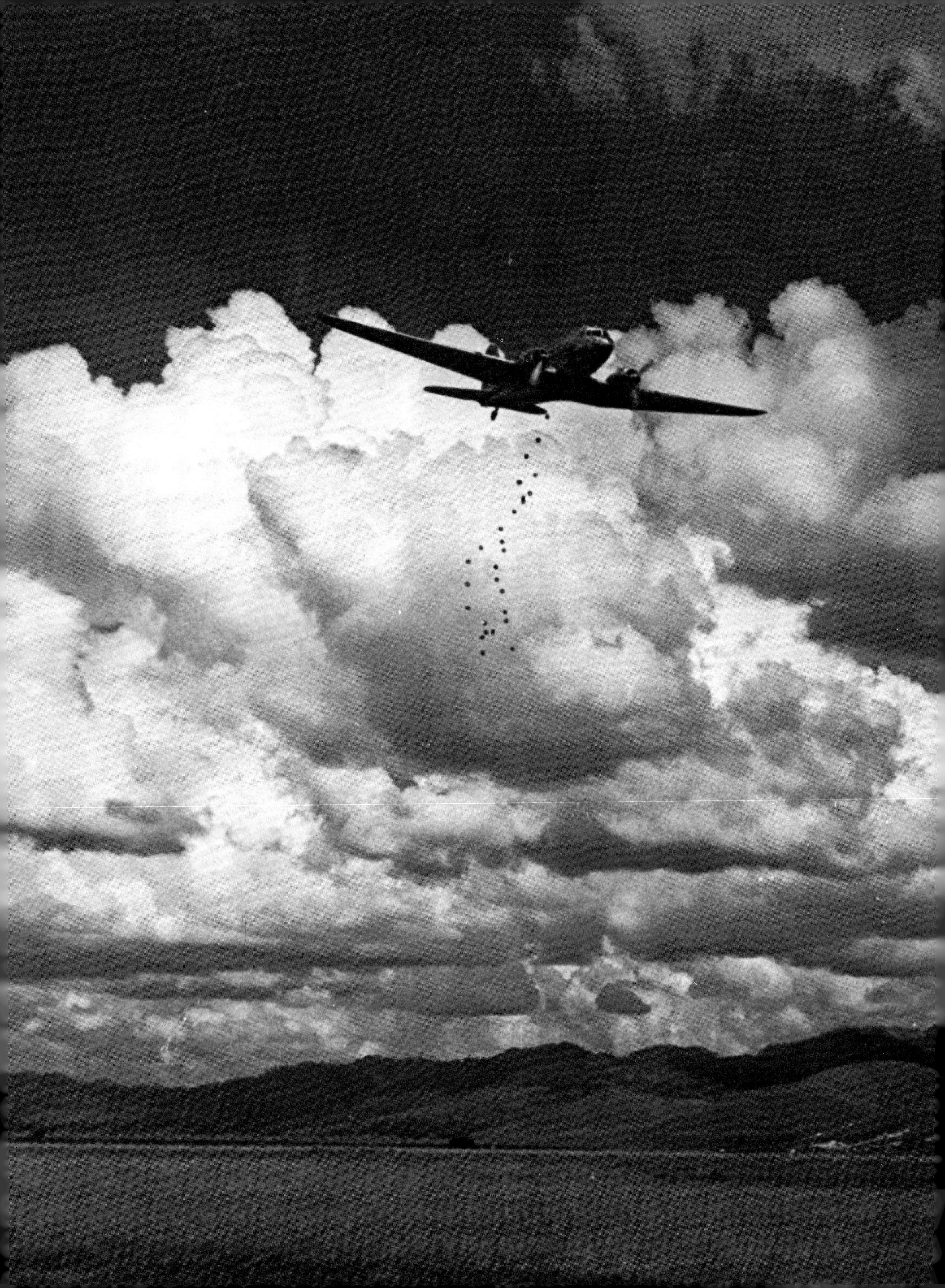

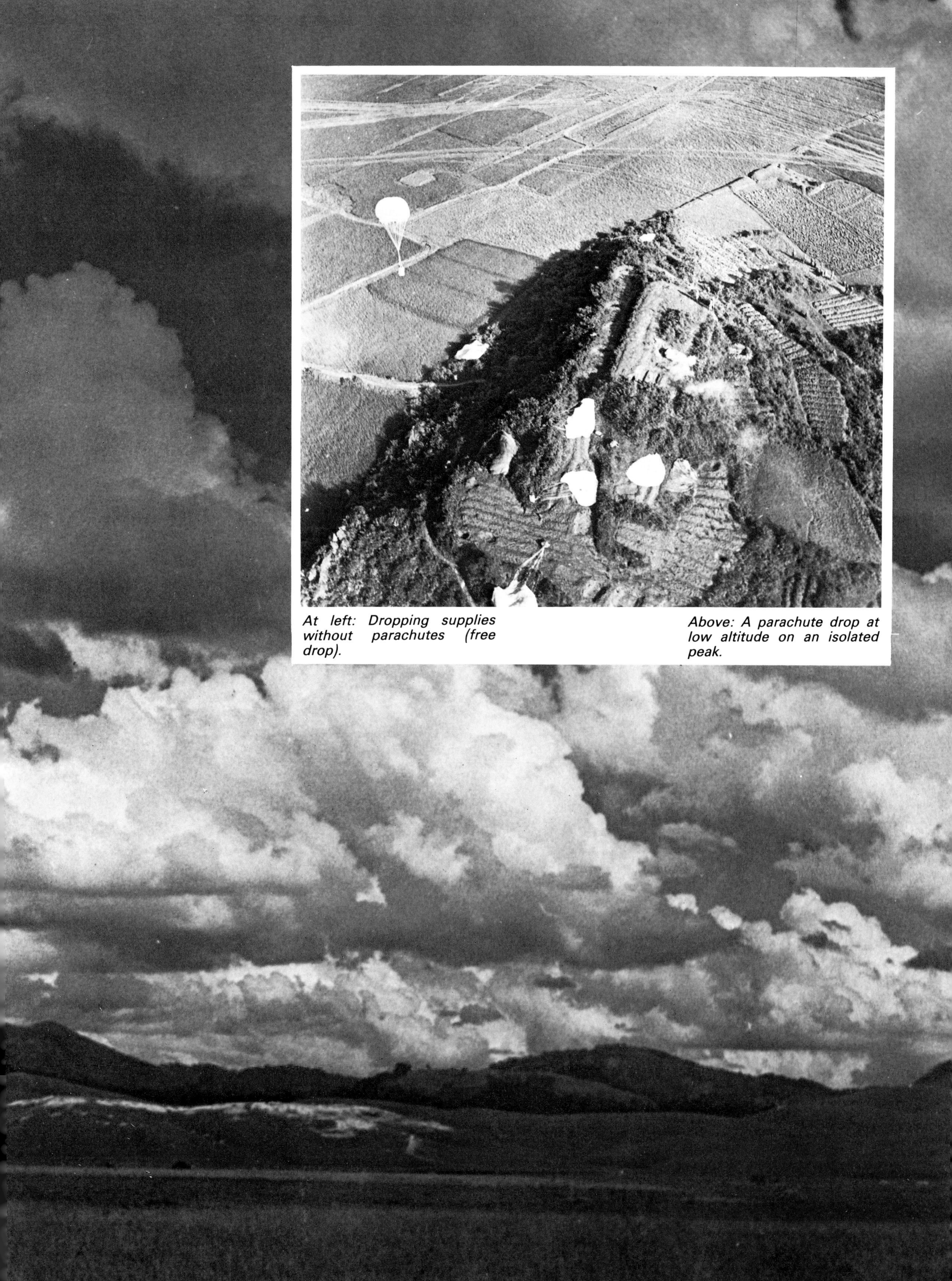

At left: Dropping supplies without parachutes (free drop).

Above: A parachute drop at low altitude on an isolated peak.

Other flights were more pleasant. My great passion was hunting big game. When returning empty from a mission or when flying nothing but freight, I flew along skimming the ground. My objective was to find buffaloes or elephants.

My hunting sector was the Srepok river and along one of its tributaries, the Dac Play. The nearest post was Deshay. My hunting forays would last for more than a month, and I always went alone.

Except for the towns, the countryside was totally controlled by the enemy. When I projected a hunting expedition, I would send a message to Deshay, indicating my date of arrival and stating the number of pack elephants I would need. All was always impeccably arranged.

At Christmas, I would drop bottles of champagne packed in detective novels to the isolated outposts. I used a parachute I had specially made, and the bottles were never broken.

There was a great rivalry between the DC-3 pilots from the different companies. With the arrival of General de Lattre de Tassigny (a great general), we became mercenaries of the air, flying 200 to 300 hours some months. During a three-year span, I averaged 180 hours of flight every month. A job to be done, a royal salary paid, requiring flights by day and by night or, more often, both night and day.

At Hanoi at dawn there would be thirty or forty DC-3s lined up, ready to go. The orders for the day's missions were established by the authorities. Departures took place every five minutes. Unfortunate were those who missed their turn, for there was no giving way by the other crews, and they had to go to the end of the line. This could represent at least two or three hours lost on a mission, which was not permissible. The airwaves were turned blue by the insults exchanged by rivals. There was a race for cargoes and for refueling.

At Seno my mechanic, Jessenne, promised the soldier responsible for the fuel tanks that the recipient of the Croix de Guerre would put a good word in for him. So, when we arrived, we were always given priority. A colleague might, perhaps, be abandoned with his refueling only half finished. Again, an exchange of insults . . . but we paid them no attention and at the bar, over drinks, everyone was joking around and exchanging obscene gestures, the traditional evening pastime for pilots.

As for pomposity, it had no chance to flourish.

One day, I arrived at Gia Lam around dinner time. All of my compatriots were in the bar, and they watched my DC-3 make its approach. I made a complete mess out of the landing and, even worse, performed three or four actual, beautiful, "béconards". [14] My goodness! On joining my friends, I was greeted by their grinning faces. One of them said to me: *"I say, 'Peach', your Dak was so happy to have arrived that it was jumping for joy."* I gave him a furious obscene gesture, and bought a round of drinks.

What can be said about the marvelous behaviour of the DC-3 in bad weather? It flew during the monsoon season, through hours of rain, on the tail of typhoons. It flew in the cumulonimbus where, because of rising currents of air, it was necessary to reduce airspeed, and thereby engine speed, whilst keeping the cylinder heads hot enough to prevent misfiring. The only way was to fly with 1/2 flap, engine at about 2,250 rpm, heading maintained by the autopilot, and playing with the throttles to maintain airspeed.

I have flown at the tail of a typhoon with water behind the glass on my instruments, and they still gave correct readings. With what other plane could I have continued effectively? None that I know of."

We Were Pale And Shaken

"One day, my old friend saved my life. On a regular courier flight, I had left Nha-Trang bound for a landing strip located just behind Cape Varella. This landing strip, like most of them in Indochina, was completely without radio communications and navigation aids. Therefore, in bad weather, it was necessary to make a low altitude sighting of the strip. On that day the weather was particularly bad — low clouds, torrential rain, a violent wind. Before we reached Cape Varella, I found it impossible to follow on in visual condition.

I decided to climb, and then take a heading which I thought would allow me to make my approach over the sea. But I was mistaken in my evaluation. My mechanic, Taffani, shouted to me that we were flying low enough to clip the

(continued page 158)

14. *Béconard:* a muffed landing where the plane bounces.

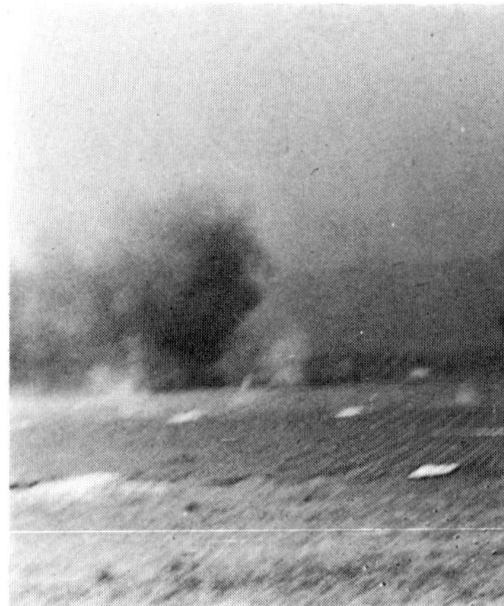

Taking off in the midst of a mortar barrage.

18 March 1954 — A Dak hospital plane takes off in the smoke of exploding Vietminh shells.

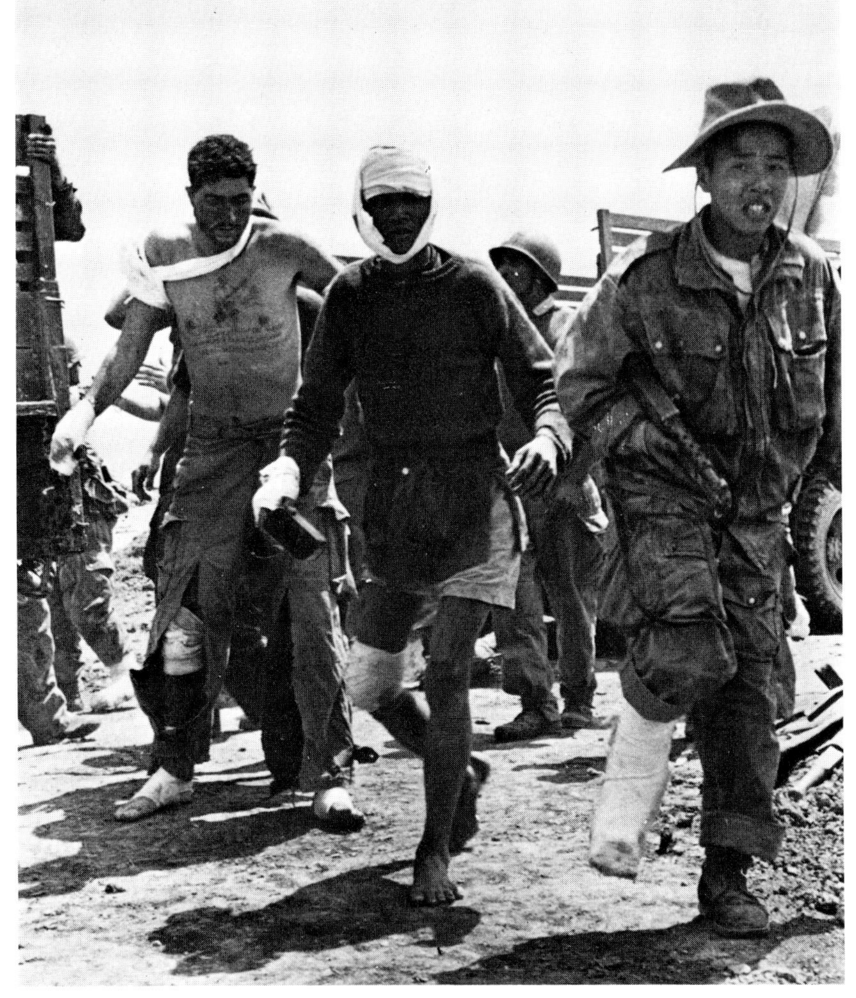

The wounded hurry toward the plane that will evacuate them.

Last evacuations by Dak from Dien Bien Phu. The plane keeps its engines running. The medics help the wounded. Below, before the enemy fire zeroes in, the plane starts to roll. The men leap into the plane . . . the medics run back to the ambulance. The photographer took these pictures rapidly, without focusing.

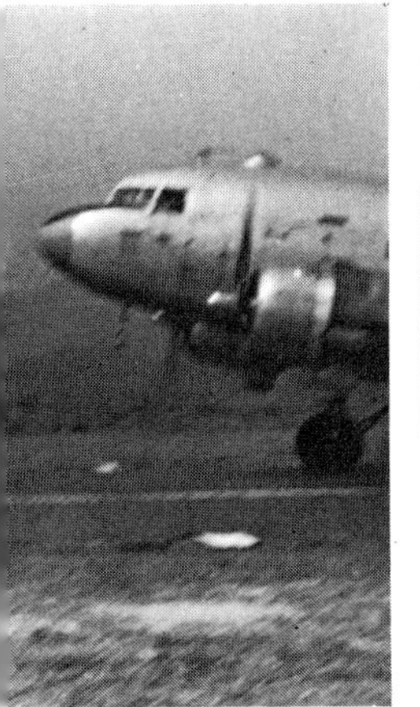

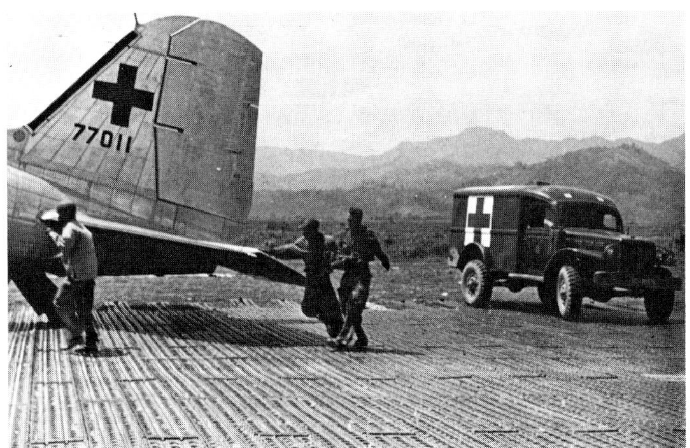

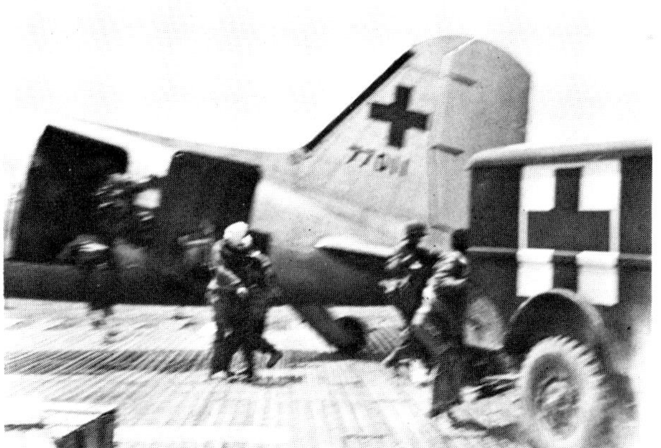

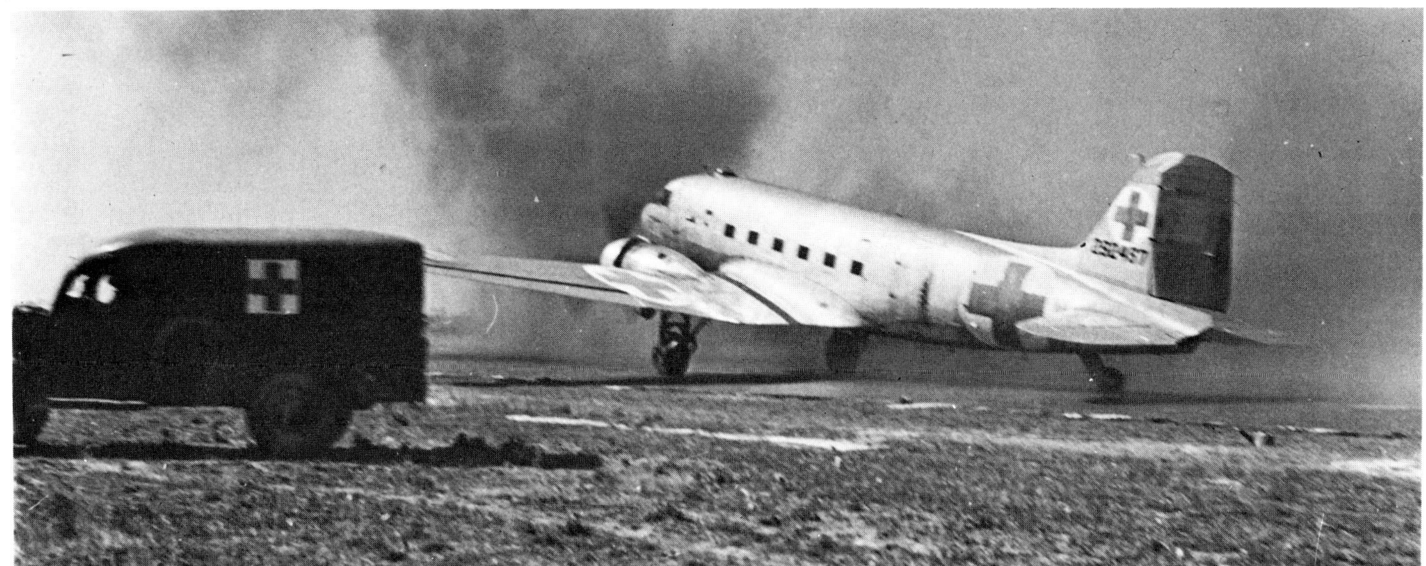

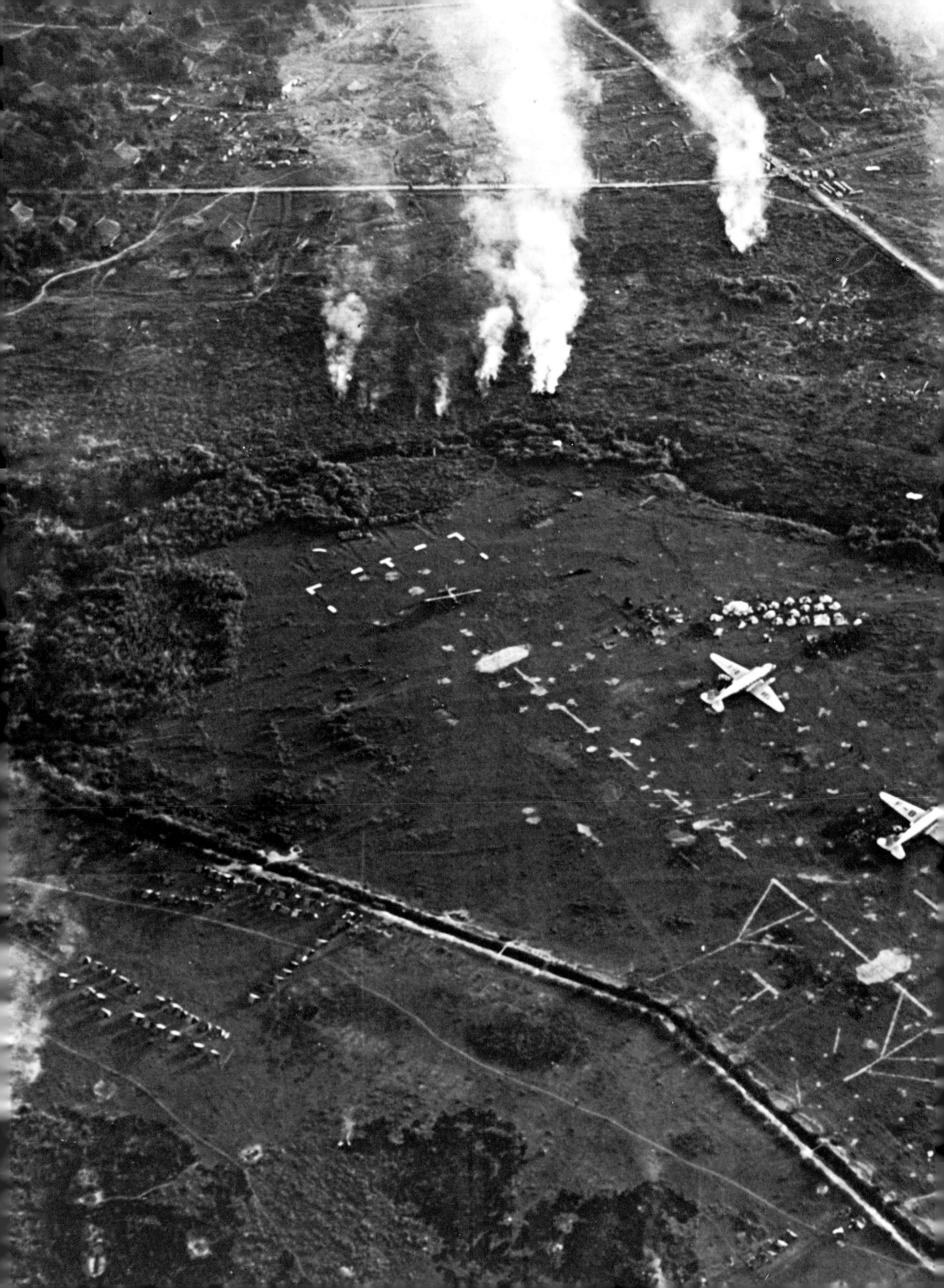

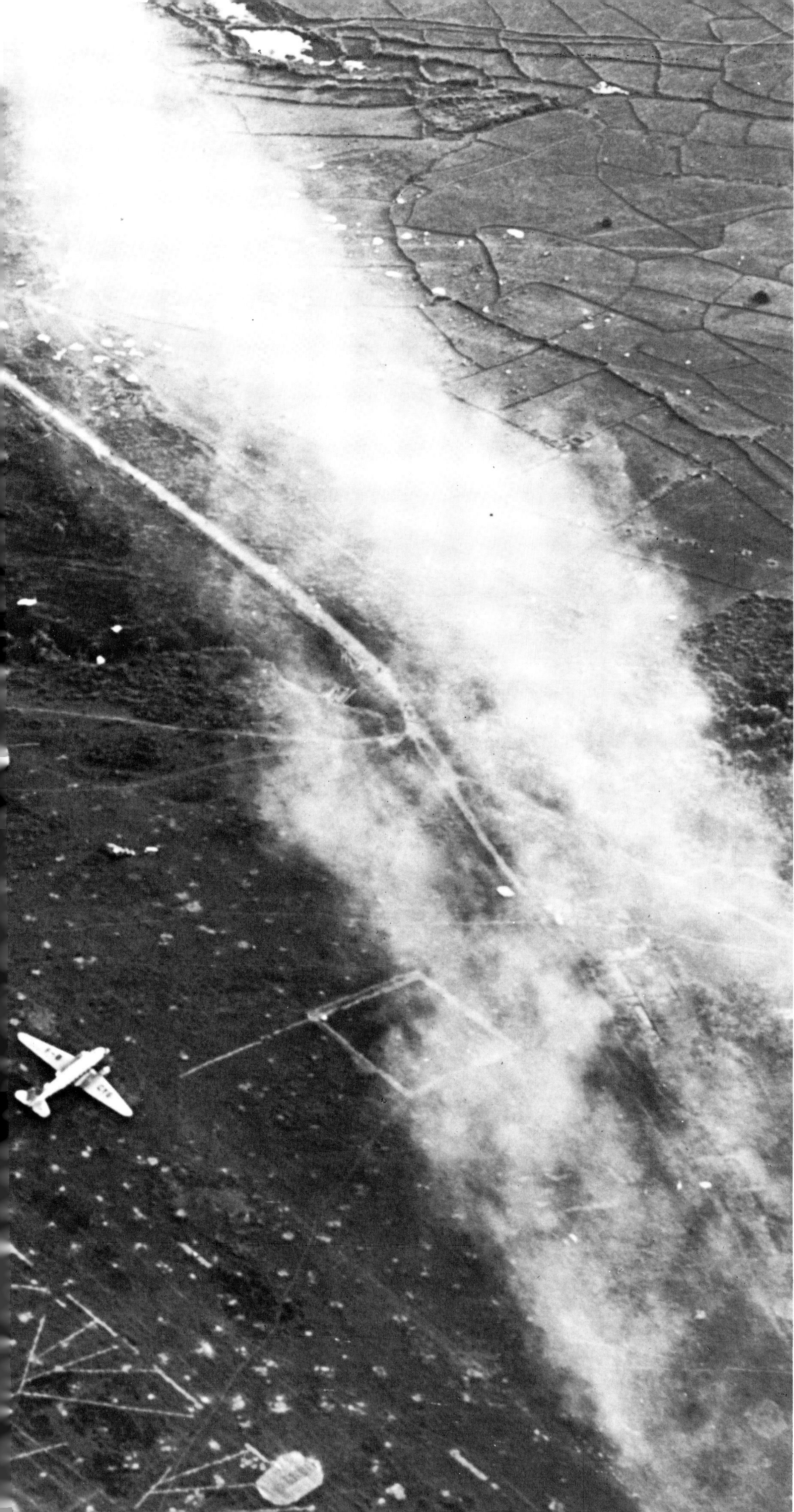

The ground of Dien Bien Phu during the battle. Seen at left, in front of the white lines marking the beginning of the runway, a Morane "Cricket" (Fieseler Storch) observation plane, then three Dakotas and a helicopter. Note the numerous shell impact marks on the runway.

"Puff the Magic Dragon" in Viet Nam

During the war in Viet Nam, in 1965, the old Dakota is there again. It received some new nicknames — it was called "Spooky" or "Puff The Magic Dragon". In truth, this last name perfectly conveys its latest wartime utilization. Military experts armed it with three awesome General Electric machine guns, capable of firing a total of 18,000 rounds a minute. This version, baptized AC-47, literally spat fire like a dragon! The AC-47 used a particular flying pattern — the pilot made a tight circle at a constant altitude (about 3,000 ft), at 125 knots, with a precise angle of 30° bank. A red button on his wheel allowed him to open fire. The plane then sprinkled, systematically, an area of terrain without sparing a square inch. This fearsome weapon was used primarily at night, between 11:00 p.m. and 3:00 a.m., the hours of greatest activity for Viet Cong soldiers. The target area was marked by dropping very powerful illuminating flares, each of which could supply five million candlepower for five minutes. The plane carried a ton of ammunition and forty-five of these flares. Some twenty "Dragons" were used. Each had a crew of eight men-pilot, co-pilot, navigator, mechanic, two ordnance men to load the machine guns, a flare launcher, and a Vietnamese observer. Although in theory they flew at an altitude beyond the range of the enemy's light weapons, five of these "sky cruisers" were shot down.

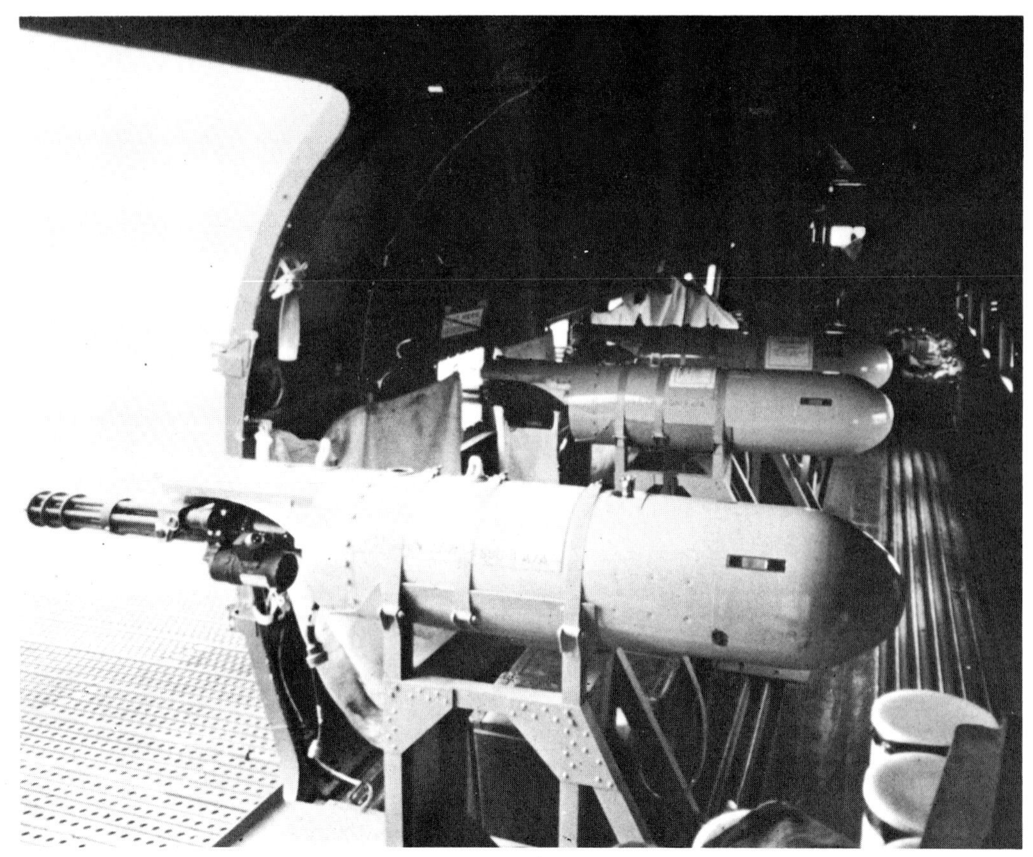

Photos showing the installation of the General Electric GAU-2B/1 fourbarrel machine guns, each capable of firing 6,000 rounds a minute. They are all mounted on the same side of the plane, at an angle of 12° below horizontal.

The Americans also used the classic C-47 in Viet Nam. This one had received a direct hit on the ground at the Khe San airfield.

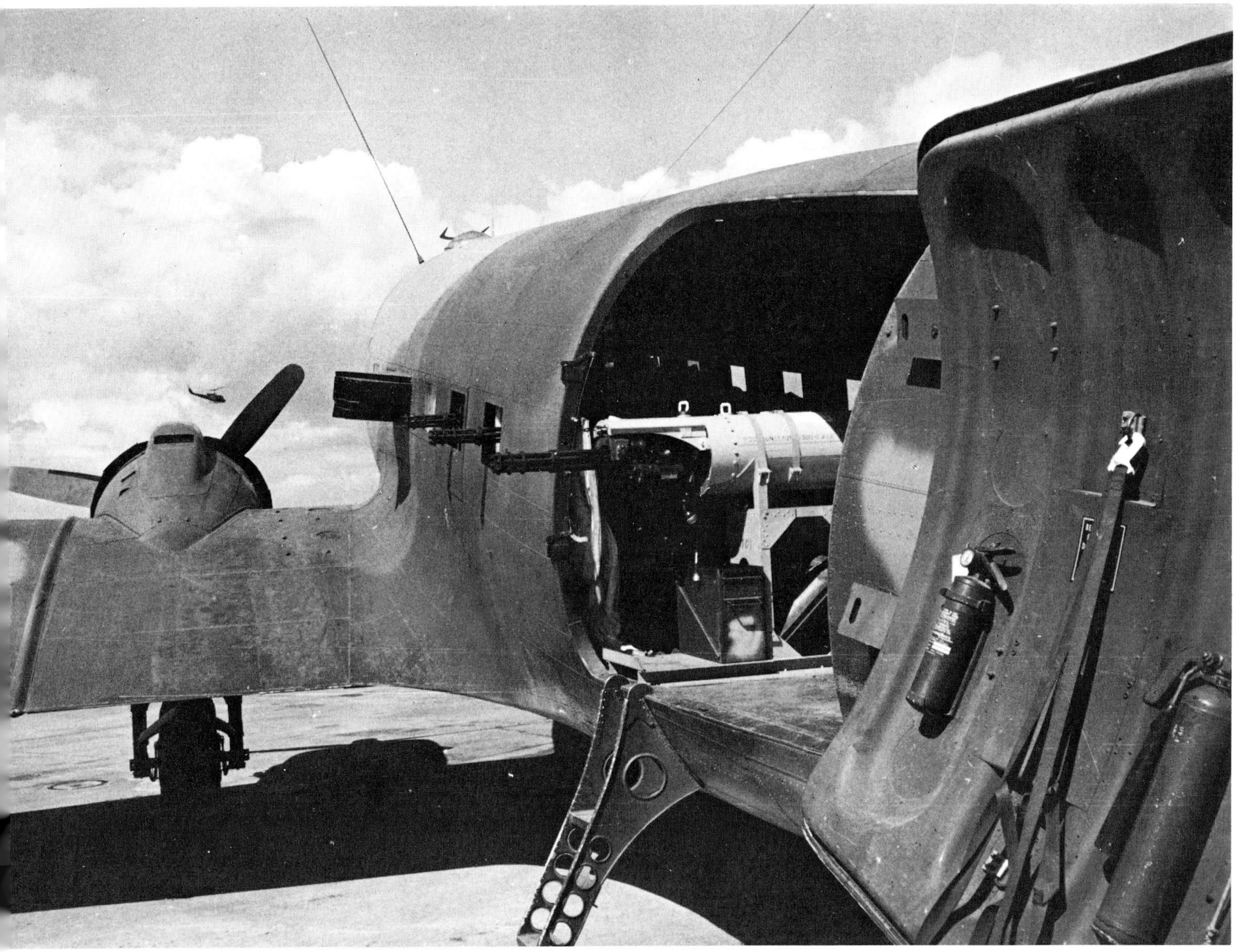

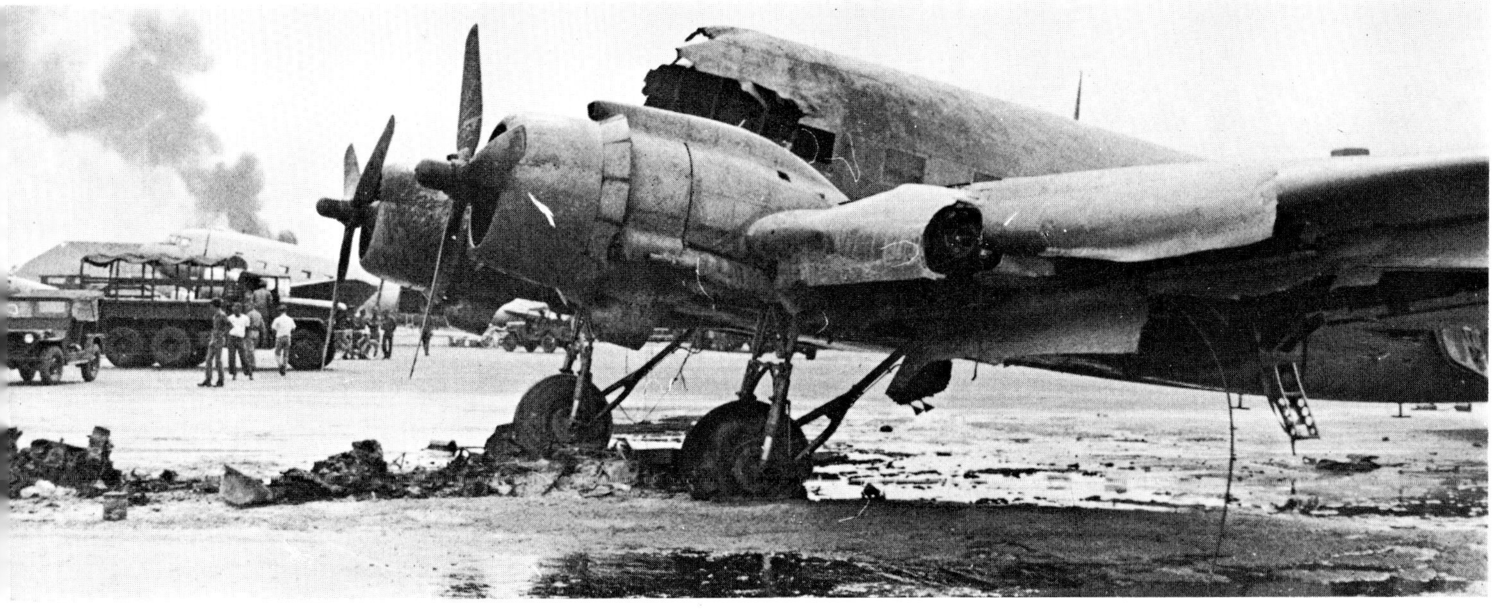

trees. I took a quick look, and sure enough, the tops of the trees were only a few feet away. Then I also discerned, through the bad weather, the black mass of a mountain straight ahead. Further up there was a light triangle, a valley. I gave full throttle, pulling back on the stick. The airspeed indicator barely registered as I banked steeply towards the left face of the triangle. Then there was a second black mass, a second triangle, on the right this time, a second sharp turn. Finally, my altimeter indicated we had reached an altitude higher than the mountains. All three of us were pale and shaken. At that moment, the steward arrived up front and said to me: *"Sir, the passengers want to know why we flew so close to the trees."* Gales of laughter relaxed us. On that day, I gave thanks to my old Dak. It had valiantly responded to my call, and did not let me down, even though I had put it in a very tight spot.

In Indochina our DC-3s were perfectly maintained. All the revisions were made according to regulations, and airport maintenance operated practically around the clock. Whenever a plane arrived for a few hours, a flock of mechanics swarmed over it, making repairs and revisions and, above all else, cleaning it. We never had the slightest problem, and only one of our planes was lost, during a landing at Tourane, but it was shot down. Meyer also crashed one, during a landing at Phantiet. The enemy were located near the runway and had hit the plane with machine-gun fire during its landing.

The war having come to an end, the aerial circus of the DC-3s was finished. STAEO, COSARA, and Air France were fused together to form Air Vietnam. The pilots were sent home by rank, and took regular jobs, more monotonous, adapting perfectly to peacetime.

Several years later, Ngo Din Diem laid off, in twenty-four hours, all the French personnel of Air Vietnam. I then found a position with Air Madagascar, and left Indochina in November 1959, leaving part of my heart in the country I loved, as well as a tea and coffee plantation of some 30 hectares (74 acres)."

"At Madagascar, I once again found a little bit of the atmosphere that I love. The private company of Air Madagascar was equipped with De Havilland Dragons called "Rapides", and was just beginning to work with the DC-3. The Madagascans adored the airplane and our flights were always full. It is true, of course, that the absence of roads had something to do with their passion.

Before my arrival, the pilots, under the direction of my friend Meyer, the chief pilot, had transported via DC-3 everything necessary to build a concrete and asphalt runway in the Andapa basin, which was served by no road although inhabited by 20,000 people. The personnel, the asphalt, the shelters, the steam-roller (in several sections), the dump trucks, which were disassembled and then reassembled — their too-large baskets being cut in half by a cutting torch, and then rewelded at the site — were all flown in. I arrived in time to transport a metal bridge and a disassembled D-5 bulldozer. Only the blade was too large to fit in the DC-3.

Return flights were made carrying full loads of the products of the basin — coffee, vanilla, and cloves. Before the arrival of the DC-3, all this freight was carried out, a distance of some 20 to 25 km (12 to 15 mi), on the backs of men. I saw some of these professional porters, the muscles of their shoulders being quite developed, in particular their trapezius, which were practically attached just below their ears.

There would be periods of hard work, and then times of relaxation, for bad weather ruled the area. We did not have any radio navigation aids. The basin was entered by flying through a valley called "the corridor", and frequently, very frequently, we found ourselves in a triangle formed by the walls of the valley and a low layer of clouds.

Sometimes, a vagabond cloud would come along and completely close the triangle. This could cause some rather unnerving moments. At such times, one returned to the pilot's manual looking for a very personal means of getting through (Method 22: Get out of the mess *any* way you can!).

People forget men's past just like they forget airplanes' past. The only memories that endure are the great friends and the great loves. My love for the DC-3 will never be erased.

I think that it is time to close this chapter; it is not good to bring back too many memories. One thing consoles me — the DC-3 will survive after I am gone. If I have the good fortune (or the bad fortune, take your choice) to live until the year 2,000, I will be eighty-four then, I am certain that somewhere in the world, the DC-3 will still be flying."

A Direct Hit

Claude Guyot was twenty years old during the war in Indochina. He was the co-pilot on a Dakota of the Franche-Comté Transport Group. He had the dramatic privilege of being shot down over Dien Bien Phu by Viet Minh anti-aircraft fire.

"In March, 1954, we were ordered to resupply the Dien Bien Phu basin, where 5,000 French soldiers were dug in, surrounded by 20,000 Viet Minh. We established, with the modest means at our disposal, an aerial bridge between Hanoi and Dien Bien Phu, a distance of some 400 km (250 mi). In order to more easily guide our planes to the landing strip, we brought a goniometric post to the entrenched camp at Dien Bien Phu. I myself made about fifty landings on the strip at Dien Bien Phu.

Around the 2nd or 3rd of March, the Viet Minh began shelling the runway every thirty minutes, with salvos from their 105 and 155 mm artillery located in the hills nearby. These barrages were as regular as clockwork, and we timed our landings to occur between firings.

Then they increased the frequency of the salvos to every fifteen minutes. But their shells meant nothing to us, who were not going to be intimidated.

From about the 8th or 10th of March, things got more serious. Now the enemy began firing mortars at close range to the runway, attempting to destroy the planes landing there. Our technique consisted of never coming to a full stop. Once we landed, we continued to roll so the enemy would not have time to adjust his sights. The dispatchers pushed the supplies out of the door, men ran alongside and jumped on board while we kept moving. Jeeps rolled beside us and the soldiers did their best to pass to us the seriously wounded on their stretchers, and all the time we kept the plane in motion.

But soon we were forced to stop all our comings and goings, for the Viet Minh, under cover of darkness, had set up a machine-gun nest in the immediate proximity of the entrance to the runway. Any plane that made an attempt to land was doomed.

Lacking any fighter aircraft support — the Bearcats or Hellcats did not have the cruising range to make the round trip from Hanoi — it was once again up to a Dakota to wipe out this machine-gun nest.

It was imperative that the cans of napalm be dropped right on the mark, otherwise it was the plane that would be wiped out.

The plane made only one pass, at 20 m (65 ft) and successfully hit the nail on the head. We could then recontinue our airlift. But very soon the anti-aircraft fire became more and more formidable. Some fifty planes were shot down, more than one-third of the airplane fleet operating in Indochina. I saw numerous Dakotas return to Hanoi with one motor shot out, or full of holes like a colander, and even one that was missing the end of a wing. We were forced to reduce our landings and to start making more high-altitude parachute drops, due to the anti-aircraft batteries.

One afternoon, while making such a drop, there was suddenly a flash and then an enormous explosion in the cockpit. I found myself hanging from my parachute without knowing what had happened.

Witnesses told me later that our plane had suffered a direct hit by a rocket.

I landed between the lines. My legs-were trembling. I hid myself in a hole, for the barrage was tremendous. The legionnaires came during the night to rescue me; I would be groggy for twenty-four hours.

The next day, I was put on board a rolling airplane — I ran with a limp but the legionnaires helped me — which was one of the last Dakotas to land at Dien Bien Phu. It evacuated me to Hanoi.

When I was attending aviation school at Grenoble, our mathematics instructor was a former pilot with the Free French Forces. He told us that his Halifax had been shot down by anti-aircraft fire over Belgium, as he was returning from a raid on Berlin. He thought he had gone to heaven when, after bailing out, he landed in the middle of a convent of bearded and sandaled monks — looking like Saint Peter.

History has many surprises. Nine years later the same adventure came my way... but without the monks!

In the course of my career as a pilot, I have seen the Dakota do many things that defy imagination — for example, a loop-the-loop. I know that there are those who do not believe me concerning this acrobatic endeavor, but it was done before my own horrified eyes, as the result of a bet, over the plain of Jarres."

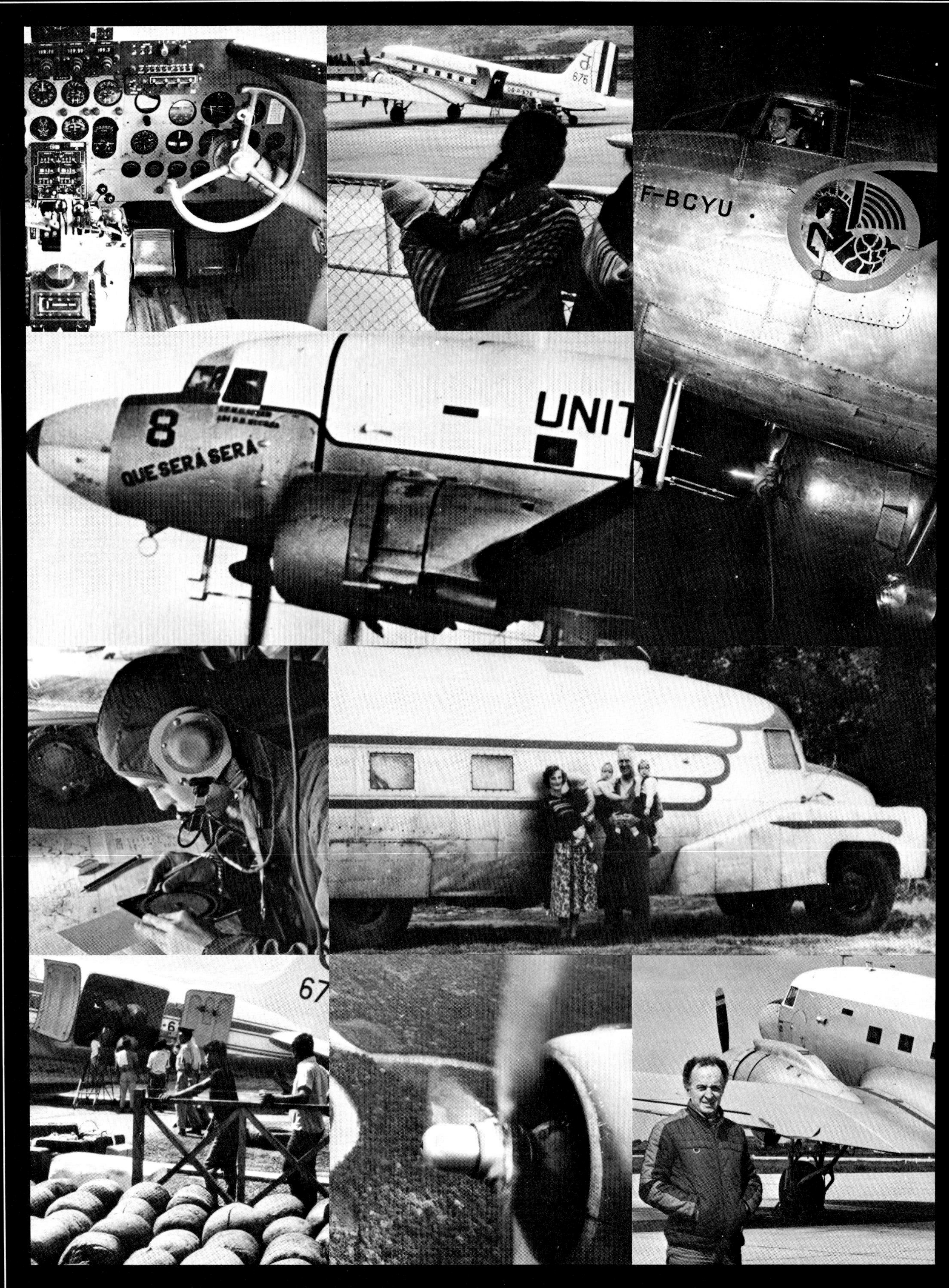
F-BCYU
8
QUE SERÁ SERÁ
UNIT

ITS EXPLOITS

CHAPTER III

The exploits accomplished by the Dakotas, or thanks to the Dakotas, could easily fill six thick books, like an encyclopedia. For a period of forty years, the plane was always there — in the wars, in the epidemics, in the earthquakes, in the famines. If one calculates that there were 12,000 Dakotas built, and each one had a minimum of ten different flight crews, and each crew consisted of four aviators, then there are about 500,000 people (not counting passengers) with a history of Dakotas.

These people didn't do everything, of course. But there are also many — Japanese, Russian, Chinese, Indian, etc. — who may never have the chance to tell their stories.

Here, then, are the most classic stories, the best known exploits of the Dakota odyssey, those that are always told with a bit of amazement.

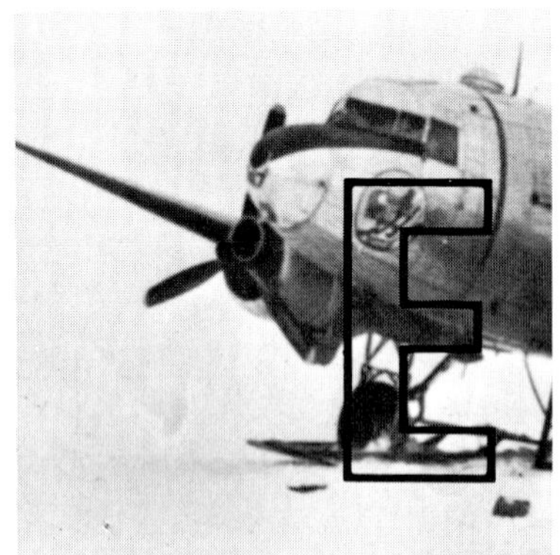

arly, on 13 October 1956, the R4D (the United States Navy's name for the Dakota) nicknamed "Que Sera Sera" was the first airplane to land at the South Pole. Pilot Shinn recalled the event: [1] "After three passes at a low altitude to examine the frozen surface, the experts had determined that our landing skis would touch down on a cushion of light snow. I landed the plane at 8:34 a.m. We were the first men to reach the South Pole since Amundsen and Scott had been there, forty-four years earlier.

It was minus 58 °C (−72 °F). Two men were given orders to keep the motors turning so they would not freeze up. We chopped the ice with a hatchet so we could plant an American flag on the surface. We only took two pictures because our photographic equipment quickly froze. After about forty-nine minutes, we got back on board the airplane. I gave the engines full throttle and we didn't budge an inch! The intense cold had firmly frozen our skis to the ice. [2] I then ignited four of our JATO rockets, [3] and still we didn't move. Very quickly, for every second counted, I ignited the eleven remaining rockets, consisting of two groups of four each and one of three. If someone had been in another airplane flying over us at that instant, they would have thought that the 'Que Sera Sera' had exploded. We finally took off in a cloud of smoke."

The Dakotas were judged to have been so helpful during International Geophysical Year (1957-1958), that the geographers used their names on some features in the Antarctic. On the maps, from that time on, there has appeared a Dakota Pass, a Skytrain Mountain, and an R4D Valley.

A similar story concerns a Dakota sent to the rescue of an airliner that had crashed on a glacier in Iceland. Despite all of its power, the Dakota remained stuck to the ice. A helicopter was then dispatched to bring everyone to safety. The United States Army made plans to go and recover its Dakota, but each time the weather was too bad. Finally, the plane was abandoned where it was.

Two young Icelandic pilots bought the abandoned plane for $600. The following spring, they brought a small tractor to the site to extricate the plane which was buried in the snow. They towed the plane to the base of the glacier, and cleared a makeshift runway. Then the young men took their seats in the cockpit. Their hands flew from one control to the other and, to everybody's surprise, one engine gave out a deep cough and the propellor started to turn. These engines had been in the snow and glacial winds for eight months. The Icelanders then took their C-47 to London, to have it transformed into an airliner.

(continued page 166)

1. "Dakotas in Antarctic", Monograph Number One, History and Research Division, U.S. Naval Support Force Antarctica, Washington, D.C.
2. This experience demonstrated that it was necessary to coat the bottoms of the skis with plastic to prevent them from sticking to the ice.
3. These were rockets placed under the plane to give it a short but very powerful boost. JATO = Jet Assist Take Off.

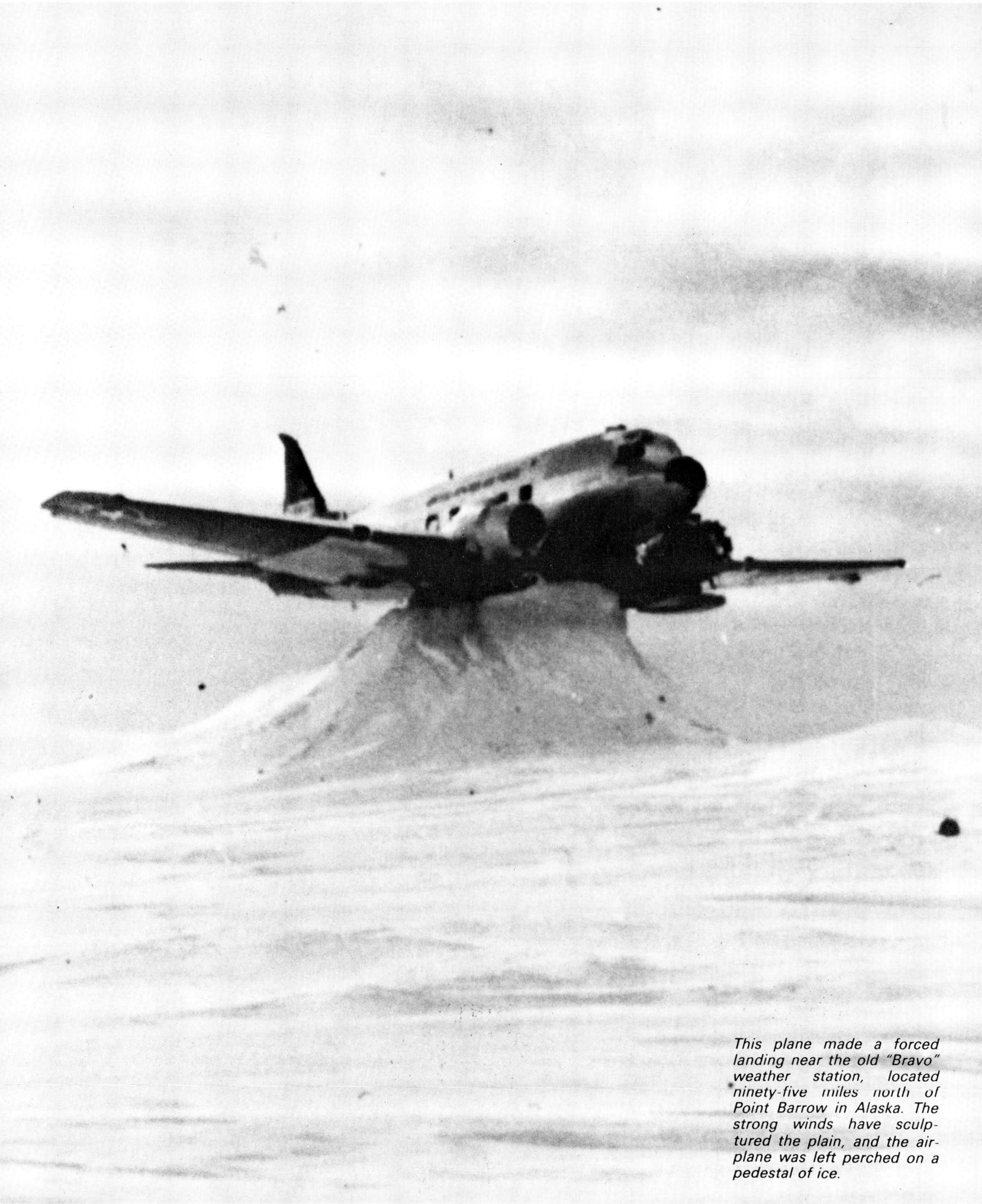

This plane made a forced landing near the old "Bravo" weather station, located ninety-five miles north of Point Barrow in Alaska. The strong winds have sculptured the plain, and the airplane was left perched on a pedestal of ice.

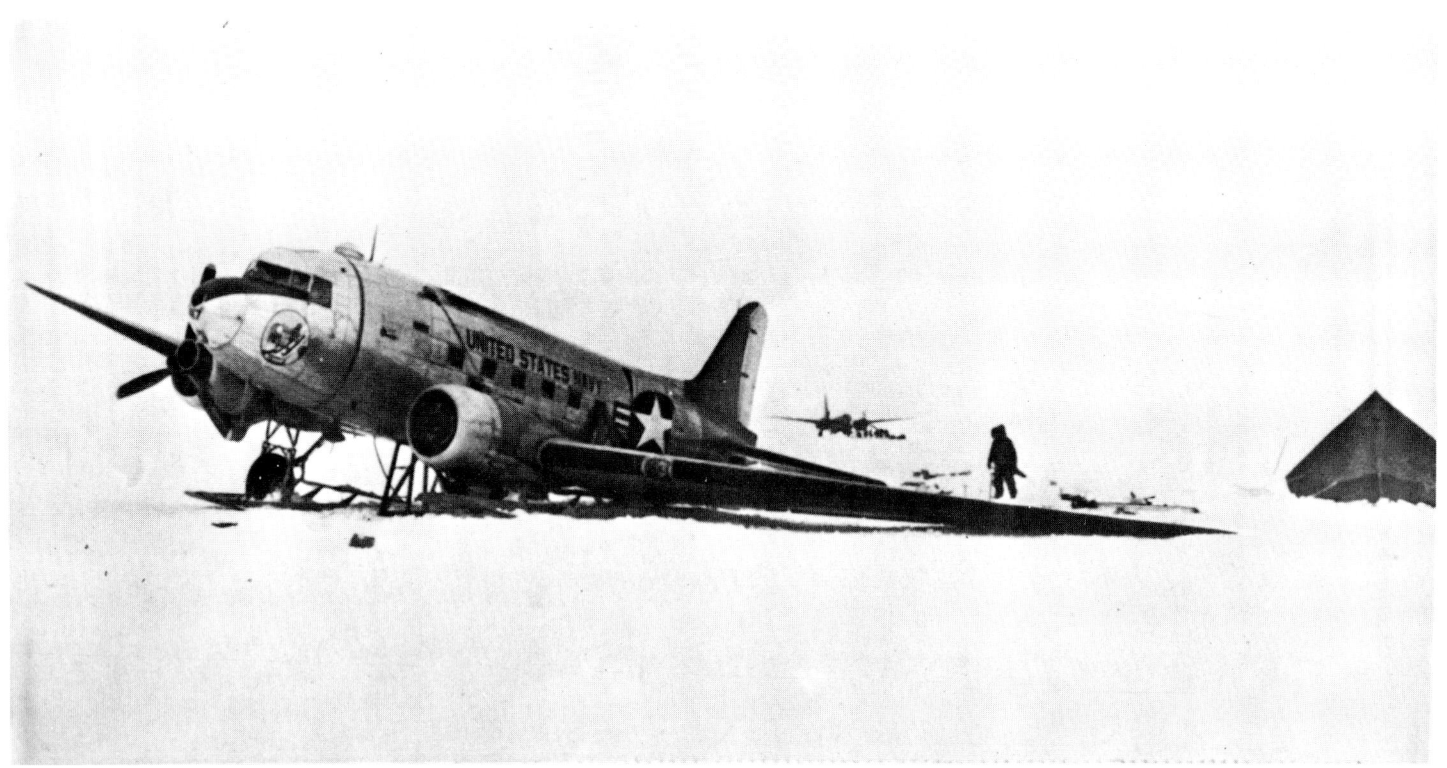

1952: The R4D used by polar explorers landed on an ice floe near the North Pole. On attempting to take off the plane broke its landing gear and one propellor. The crew and passengers spent four days in a tent (at right) waiting for a rescue plane.

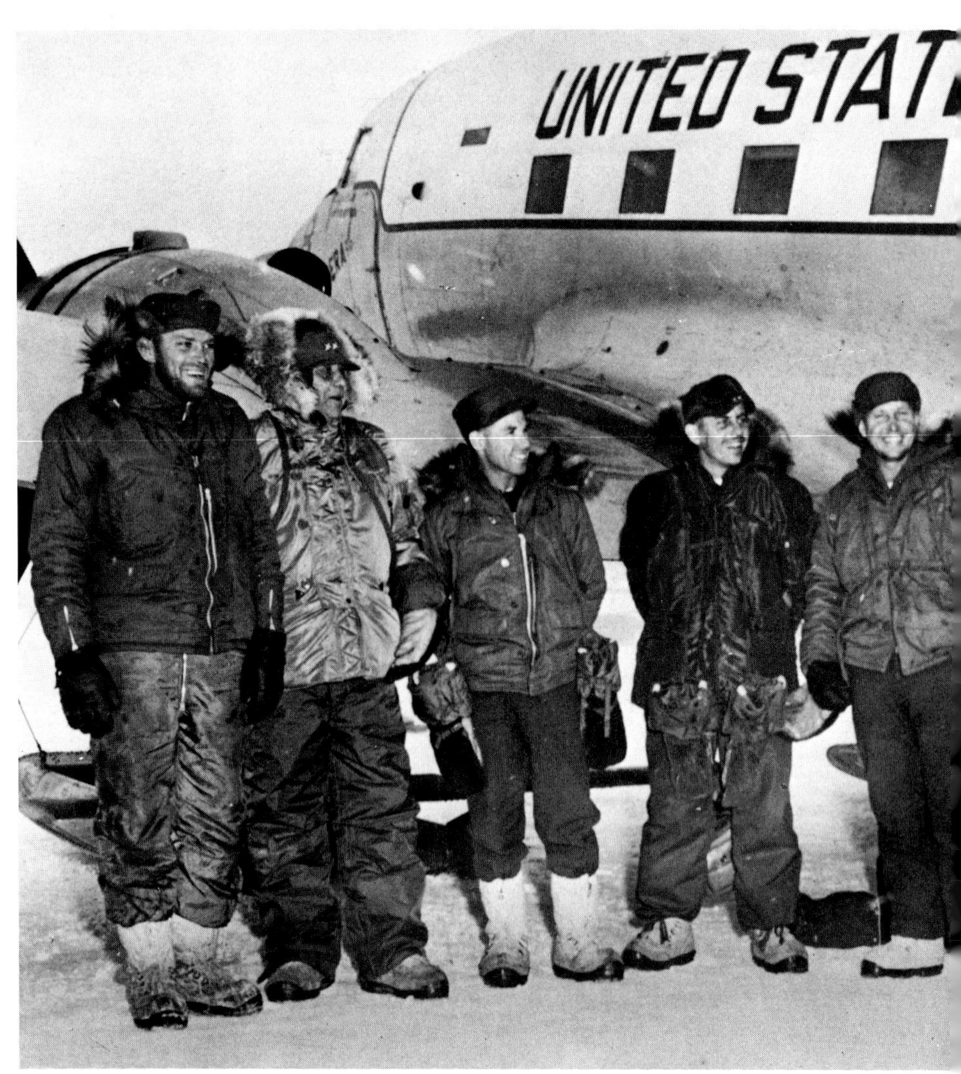

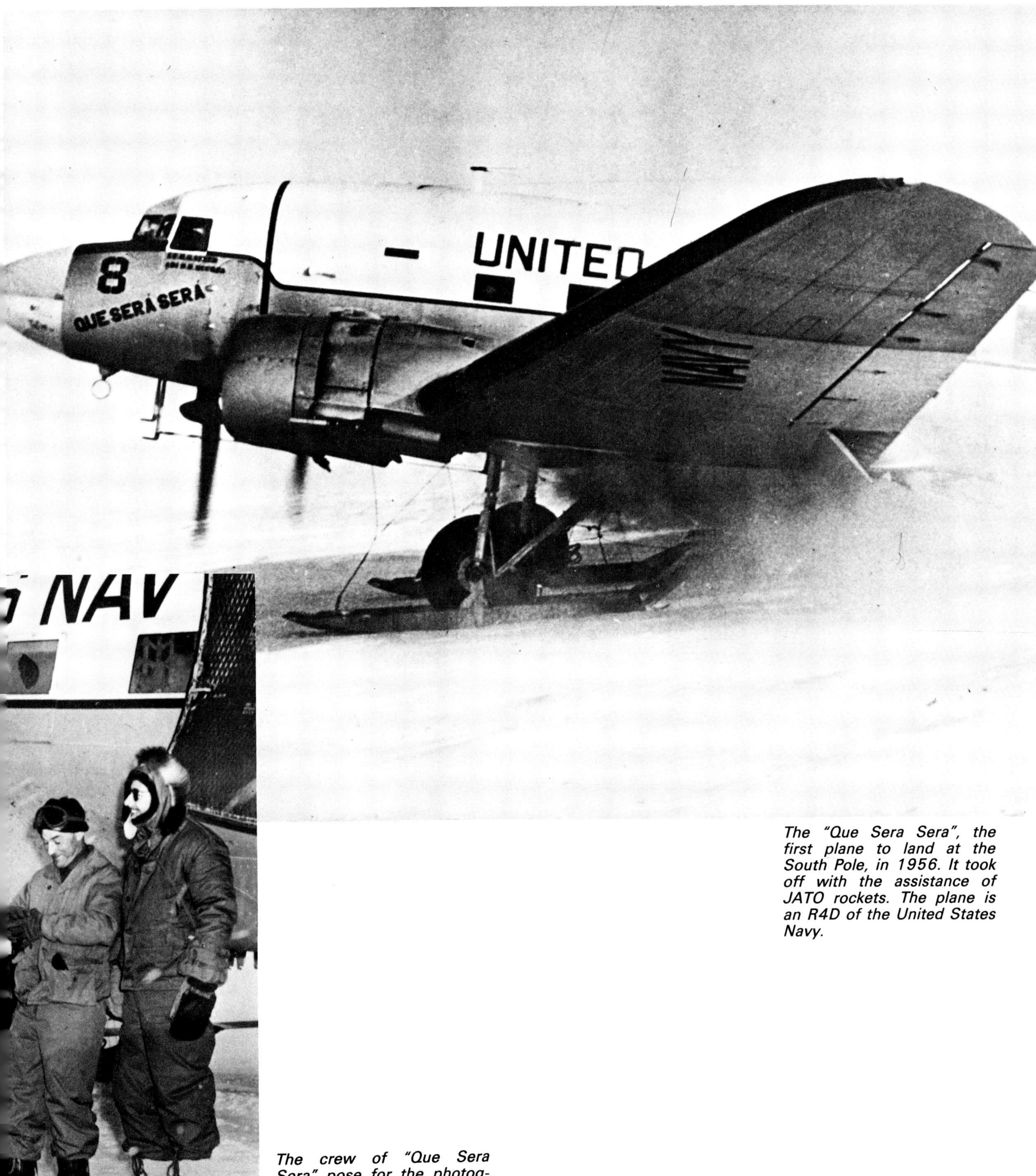

The "Que Sera Sera", the first plane to land at the South Pole, in 1956. It took off with the assistance of JATO rockets. The plane is an R4D of the United States Navy.

The crew of "Que Sera Sera" pose for the photographer after their triumphal landing at the pole. The temperature was −45 °C (−50 °F).

But the Spanish company Iberia bought it from them for $75,000. With this money, the Icelanders bought a large four-engined airplane. Today, they have a Boeing 747.

A Sensational Graft

May 1941. A routine flight from Chongking to Changtu by one of the six DC-3s belonging to CNAC (Chinese National Airline Corporation). This company was, in fact, a front for the United States government, which wanted to assist the Chinese in their war against the Japanese. The personnel were Sino-American. On the morning in question, before leaving Chongking, Captain Woods, known as "Woody", was warned that Japanese fighters were prowling in the area where he was going. He decided to modify his itinerary slighty and make a stop at Suifu, where the company maintained a radio station. As he was landing, five Japanese fighters appeared in the sky. Woods quickly got his passengers off the plane and hustled them off to hide in the woods, far from the plane. The Japanese saw the DC-3, and attacked. A bomb went through the right wing and exploded. The wing was pulverized and the rest of the plane was pierced by about fifty bullet holes. After the bombardment was finished, Captain Woods had the coolies push the plane to the shelter of a bamboo forest, where it was camouflaged with branches, for he knew that the Japanese would probably return to finish the job.

How to repair the plane?

At the general headquarters of the company, in Hong Kong, the Chinese and American managers of the CNAC reflected on the problem. There was only one obvious solution — order a DC-3 wing from Douglas, in Santa Monica, and have it sent by ship to Hong Kong. This would take about one month. But then, how to deliver this 23 m (75 ft) wing by road to Suifu. As the crow flies, only 950 km (590 mi) separated Hong Kong from Suifu; but by road the route went over the terrible Burma Road, full of twists and turns, a distance of 3,000 km (1,850 mi). This would take four months.

At Hong Kong, Sygmond Soldinski, the technical director of the company, and Mr. Wong, its commercial director, decided to go and clear their thoughts over a whiskey at the bar in a hangar of the airport (CNAC had inherited the installation from the Royal Air Force, who loved their comforts). In passing beside a Douglas DC-2, Soldinski had an idea. What if they could adapt the right wing of this DC-2 to the damaged DC-3? The mechanics examined the wing. Of course, it was not the same shape as the wing of a DC-3. It was shorter by 1.50 m (5 ft). But it was attached in the same manner. Theoretically, it was possible. Two problems remained to be solved. Would the plane fly with one wing shorter than the other? And how was the replacement wing to be flown to Suifu? Soldinski broke the wing down into as many pieces as possible. He placed the ailerons, the flaps, and the wing tip inside a DC-3 that would serve as a truck. He attached the wing itself under the belly of the plane, using hooks and cables, and then he fashioned a rough fairing out of cloth and plywood so the wing would not offer too much wind resistance.

Harold Sweet, the chief pilot, a calm and well-experienced man, was chosen to fly the DC-3 that carried the wing between its paws. It was raining. Soldinski, who bore the responsibility for the mission, was very nervous. The takeoff was perfect.

In arriving near Suifu, Sweet learned that there was an aerial alert. So he continued his flight all the way to Changtu, landed, took on passengers, and returned to Suifu, all this with the DC-2 wing still suspended beneath the belly of the airplane. He stated that he could not fly faster than 290 km/h (180 mph) because of the terrible vibrations.

The Chinese mechanics at Suifu operated on the wounded DC-3, grafting the new wing, brought from Hong Kong by plane, on to it. When they were finished, Harold Sweet took off in the hybrid airplane. The pilot was forced to apply a great deal of pressure to the rudder bar, because the shorter right wing made the plane want to turn to one side. When the fuel tank in the right wing was empty, however, the stability of the plane was almost normal. The people of CNAC named their plane the Douglas DC-2 1/2.

The American military attaché at Hong Kong sent a secret report concerning this exploit to Washington. We found this document in the archives of the Douglas factory. The military attaché concluded that the affair was, to his knowledge, unique, and might have some military application in case the United States entered the war.

These were prophetic thoughts. In 1943, in the Philippines, a C-47 carried under its fuselage a Dakota wing, destined for another C-47 immobilized some 500 km (310 mi) away. Following this, the Army produced a kit allowing the Douglas to transport wings of all types of planes, from fighters to bombers. The Dakotas could also transport, suspended beneath them, the three-bladed propellors.

Cut Some Patches For Me

A little bit later, in 1942, again in Hong Kong, the Japanese were approaching and a DC-3, nicknamed "Willie", was ordered to evacuate everyone possible. Just before leaving, there was an alert. There was no time to put the plane back into its shelter before the Japanese fighters attacked. They strafed the unfortunate DC-3, which was found to have hundreds of bullet holes in it. The pilot was an old-timer. He saw things differently from others. He gathered together all the coolies he could find.

"Boys, cut some patches for me out of the cloth of these old tents and I will fill all the holes in Willie with the patches and glue!" Two hours later, the pilot loaded sixty-one passengers aboard the plane (which was only designed to transport twenty-one) and took off, heading Willie for the Indian border. The weather was terrible. The plane flew into a tropical tempest. As a result, the glue holding the patches over the holes began to dissolve. The air, blowing over the numerous holes, transformed Willie into a gigantic whistle. When the plane arrived at Calcutta, a British Major told the crew: "You didn't need to use your radio, we could hear you coming for 100 km (60 mi)!" The plane was christened "Whistling Willie".

Several days later, the announcer on the Japanese radio declared that the enemy had put into use a new and terrifying aerial weapon designed to sap the morale of the Japanese pilots. This weapon was alleged to spit flame and make a sound that was unbearable to human ears.

Just A Big Bed

We mentioned sixty-one passengers. That will increase. Captain Moon Chin, a Chinese pilot, was ordered with his DC-3 to help evacuate wounded soldiers from Burma. There wasn't much time; the Japanese were only a few kilometers from the small field bordered by palm trees that served as an airport. The plane was being besieged by a terrified crowd who wanted to be evacuated. Captain Moon Chin had the seats removed so he could take as many as possible. He counted his passengers: There were, in addition to the four-man crew, twenty-one women, twenty-one children, seventeen soldiers with their equipment, and one white man with a two-week-old beard and a uniform that was anything but fresh. In all, sixty-four persons. The lone white man was Colonel Jimmy Doolittle, who was returning from a bombing raid on Tokyo. After the raid, he crashed in China, and he made use of the DC-3 to also get to safety in India. When the plane stopped in Calcutta, Captain Moon Chin was surprised to see sixty-eight passengers get off his plane. In fact, eight additional people had successfully hidden themselves in the toilets and in the nooks and crannies of the plane. This made for a total of seventy-two people on board. "If I had known," said Colonel Doolittle, with a smile, "that he was going to take off with that many people, I would have walked home!"

There would be more. In Bolivia, in 1949, a DC-3 evacuated ninety-three victims of an earthquake. To be sure, there were a large number of children among them. Again, all the seats were removed so the refugees could be seated as closely to one another as possible on the floor of the plane which was, let us not forget, designed to carry twenty-one passengers.

Today, there are several privately owned Dakotas still flying without seats. One of them is used by a sky-divers' club in the United States. Its name is "Mister Douglas". It has the peculiarity of having a floor covered with pink velvet pile carpeting, and a stereo system so the parachutists can enjoy the wait while the plane gains altitude.

Another Dakota, operating in Germany, flying occasionally over the Alps, has nothing except a big bed installed in its fuselage. This piece of furniture is intended for couples' love-making, which is filmed for pornographic pictures. This sacrilege might, perhaps, cause some sadness among former DC-3 pilots, but the anecdote shows that the Dakota will always be young and capable of new adventures.

(continued page 170)

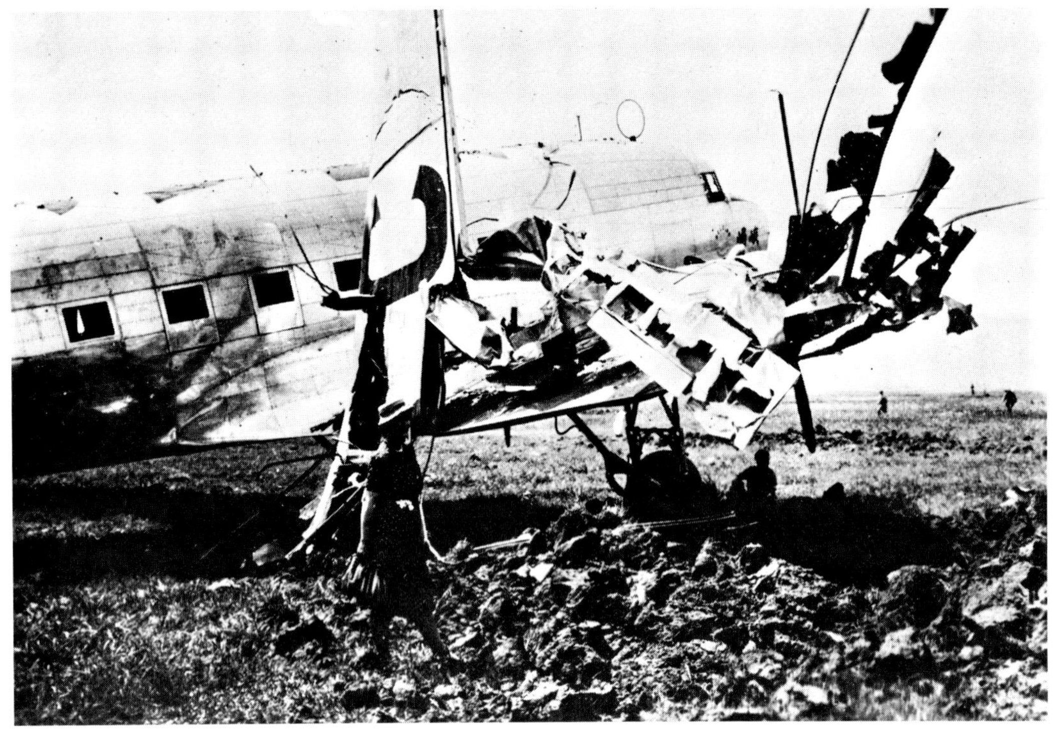

A DC-3 belonging to the Chinese company CNAC after it was strafed on the ground by Japanese fighter planes in 1941. The right wing was pulverized by the bullets. These photos were taken by a Chinese missionary.

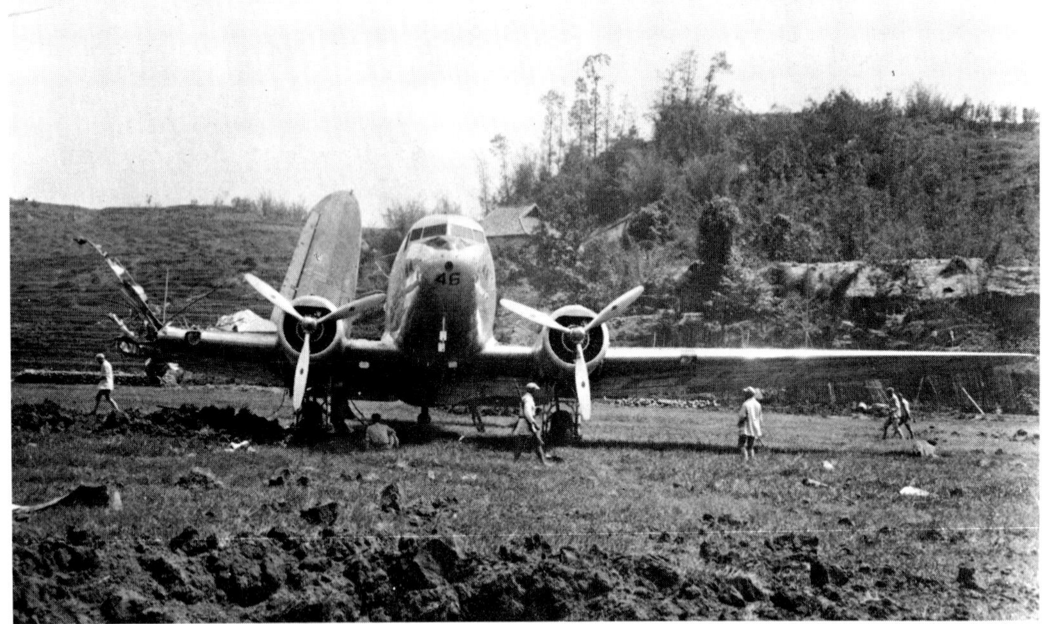

Right: The Chinese mechanics grafted on a right wing from a DC-2 (visibly much shorter), after which the plane was able to return to its base in Hong Kong. The plane received the nickname "DC-2 $\frac{1}{2}$". Note the patches on the flaps to cover holes caused by the strafing.

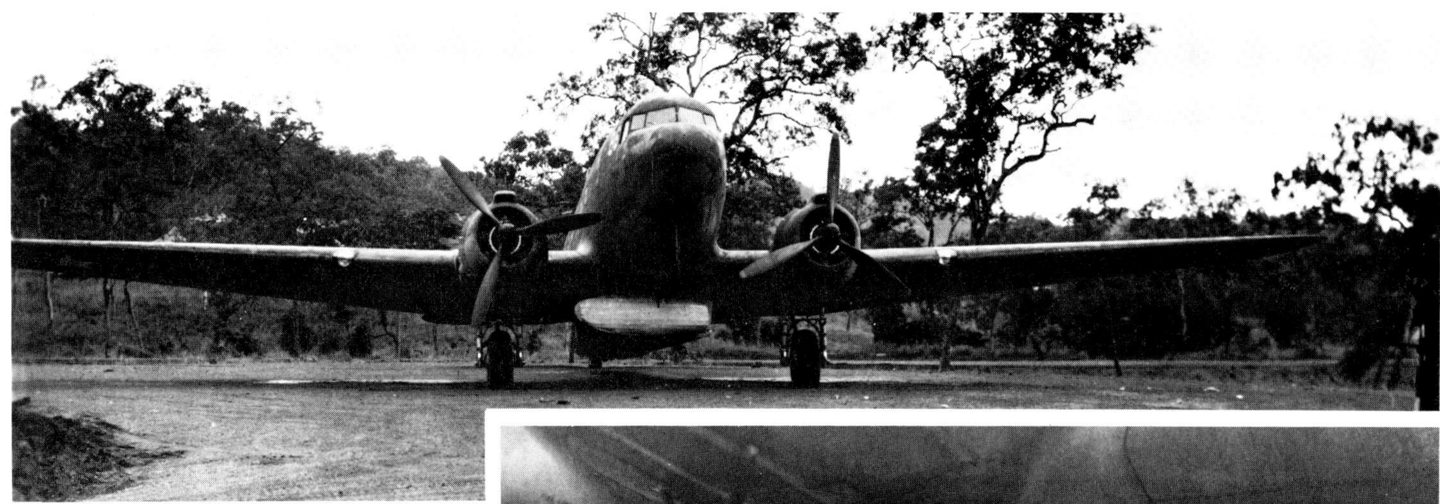

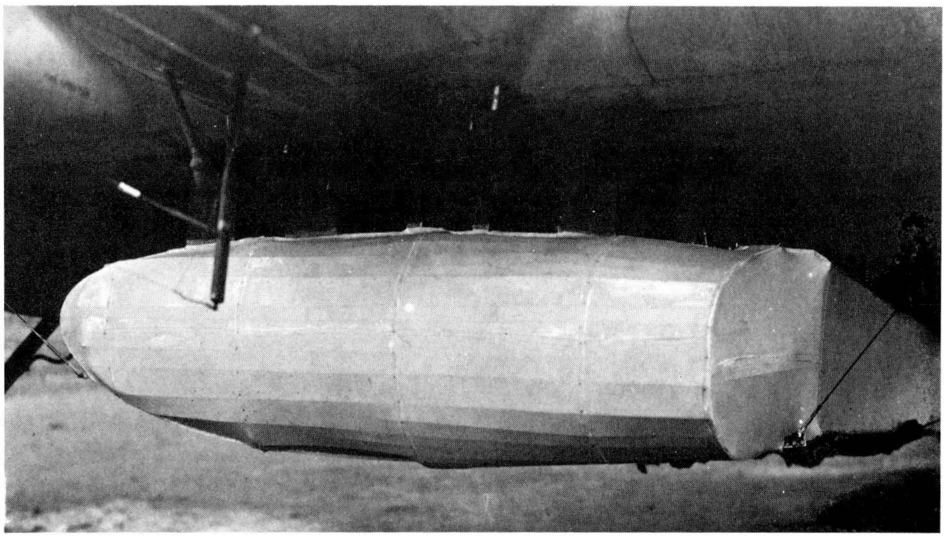

This is how a C-47 could carry, under its fuselage, a replacement wing for a plane that crashed some 900 km away during the war in the Pacific. This procedure allowed all manner of planes to return to service, with new wings and propellors ferried in.

The photo opposite shows how the replacement wing was enveloped in varnished tissue. This roughly streamlined the package to reduce the drag.

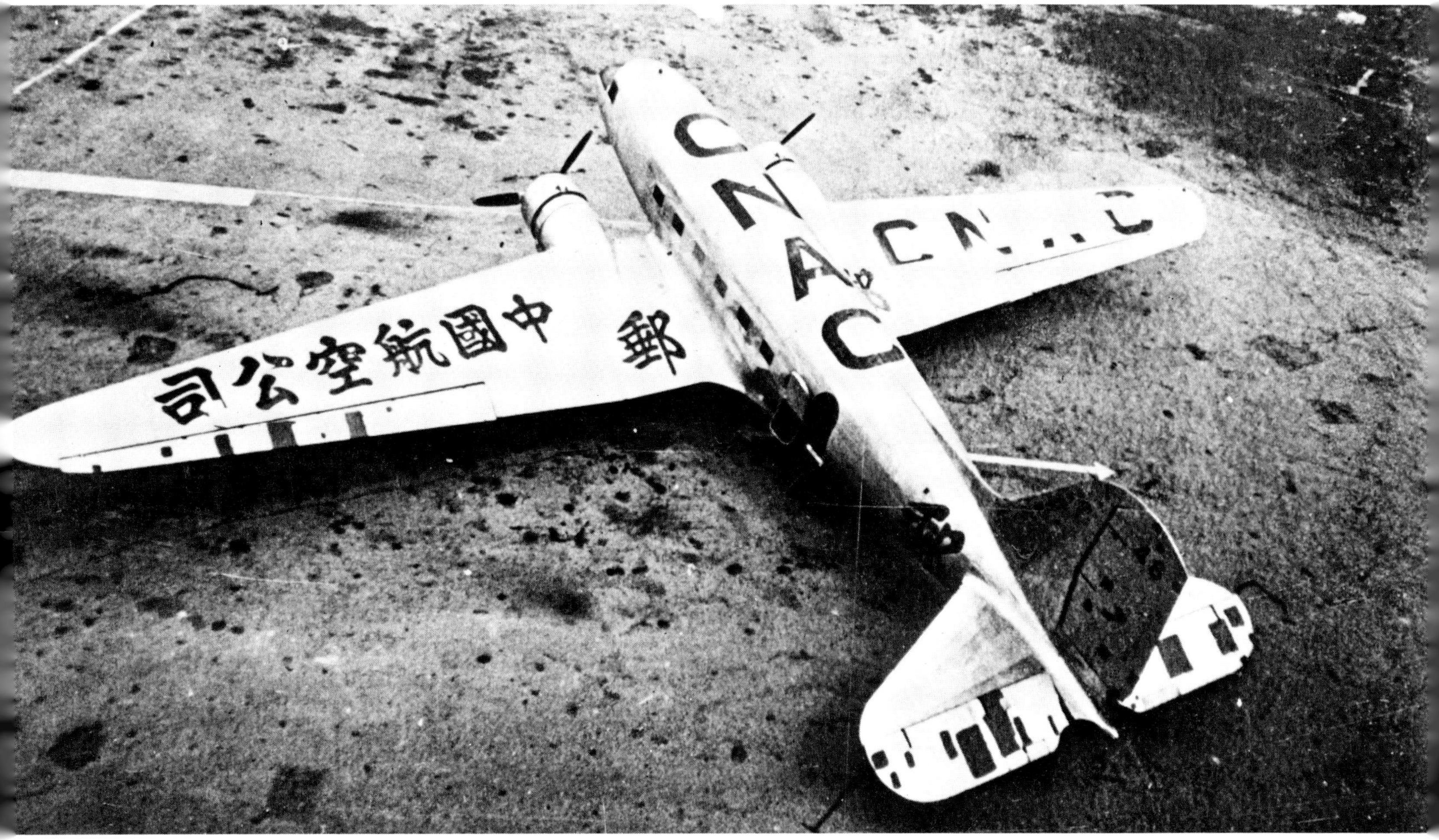

It is also a fact that the DC-3 has done everything that can be done by an airplane during warfare . . . for example, shooting down an enemy fighter plane.

In 1942, Captain Hal Scrugham and his crew were sent to Burma, where there was a great demand for transport aircraft. Two weeks after they arrived, during a routine flight, their Dakota was attacked by two Japanese fighters. A first Zero harassed the American plane, but since they were flying so low, the Japanese plane was forced to disengage without having hit the Dakota. A second Zero flew in on the rear of the Douglas. When the Japanese fighter was only a few meters to the rear, Scrugham attempted to gain some speed by putting the engines on full throttle. This took the Japanese pilot by surprise, he ran into the tail of the Dakota, lost control and crashed to the ground. The Dakota had suffered a heavy blow to its stern. Scrugham wisely checked his controls. The elevator worked, but the rudder did not respond. The crew intended to gain some altitude and then to bail out of the crippled plane. Finally, Scrugham was successful in regaining control and brought his plane safely back to earth. From that time on, the plane wore, on the left front side of the fuselage, a small Japanese flag... just like those on the victorious fighters that had recorded a "kill".

It Skipped Like A Stone

In another incident, a Zero pilot had the ambition of forcing a Dakota to land at a Japanese airbase. Flying very close to the Dakota, the Japanese pilot made it known to the pilot of the Dakota that if he didn't fly as directed, the Dakota would be shot down. But then the pilot of the Zero made a small mistake. He took up station on the left of the C-47. This was a fatal error. The door of the Dakota opened suddenly, like a jack-in-the-box, and a machine-gun appeared, spitting a deadly fire at the Japanese pilot, who was not expecting it!

This good old Fatso was also loved for its reputation for always bringing one back alive.

Once a Dakota, mortally wounded, was skimming along over the Pacific Ocean. It was shot full of holes like a sieve, it had lost a piece of one wing and a slice of its vertical stabilizer, and one of its engines was spitting black smoke. "It looked like we were sure to get wet," said the pilot, "for there was nothing else to do but ditch the plane." He took the preparatory steps outlined in the manual: 1st, prepare the crew; 2nd, jettison everything that was not needed so the plane would be lighter; 3rd, keep the landing gear raised; finally, slowly approach the surface of the water, keeping parallel with the sea, then land on the belly of the plane. The pilot, however, was not accustomed to ditching. Deceived by the color of the water, he had poorly estimated his height, and his plane hit the surface very hard and skipped like a stone... to a height of 50 m (165 ft). Instinctively, the pilot gave the engines some gas to increase speed. "After all its problems it still flew," said the pilot, "so we decided to try and keep going. One thing led to another, and we made it back to solid ground." [4]

It Rained Presents

There is also this story about a brave Canadian pilot; His colonel ordered him to go and parachute supplies to four men who had been shipwrecked and found themselves stranded on a tiny island. The pilot located the island and the castaways. He made one pass to drop the first packet. His aim was off, and the package fell into the water, some 200 m (650 ft) from the beach. The ocean was infested with sharks. He made a second pass . . . and missed again! Feeling very sorry for the poor men below, who were dying of thirst and hunger, the pilot decided to attempt a landing on the narrow and tiny band of sand, sprinkled with rocks, that bordered the island. It was a challenge to all the laws of aviation. His landing was a miracle. The castaways came rushing toward him. "Thank you! It was very good of you to come to our rescue." The pilot raised a finger. "Listen, folks, I will take you back with me under one condition . . . promise me that you will never tell my colonel that I dropped my packets into the ocean!"

The Dakota is, to our knowledge, the only machine in the world to have given rise to a religion, "the Cargo Cult". The presents which it caused to rain down

(continued page 174)

4. Recently, a crew from Miami landed a disabled Dakota on a very smooth sea. The plane floated for twenty-five minutes before sinking.

A DC-3 fuselage transformed into a comfortable camping vehicle for a family of five.

In Finland, a DC-2 houses a restaurant; perhaps it will fly again...?

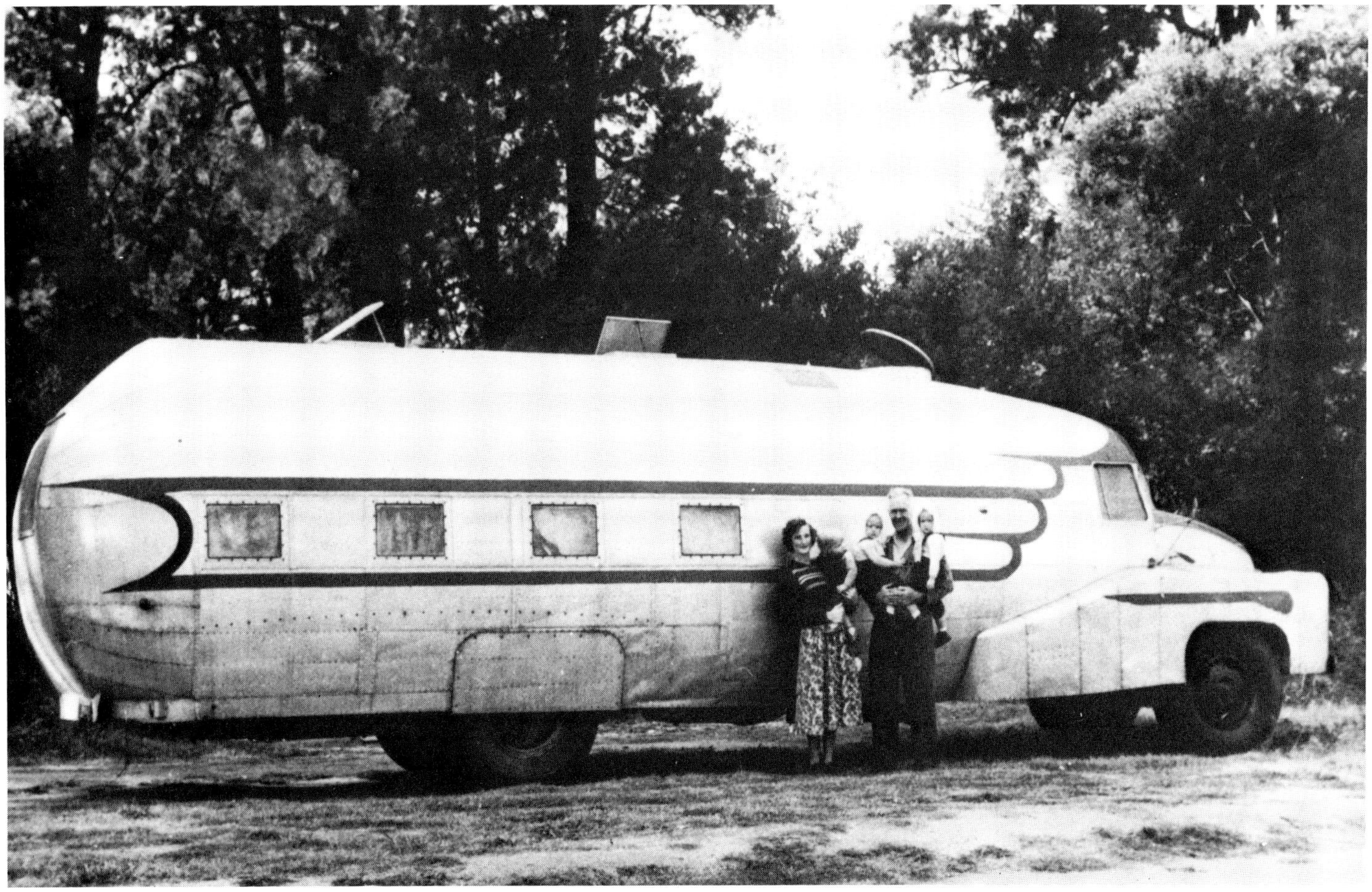

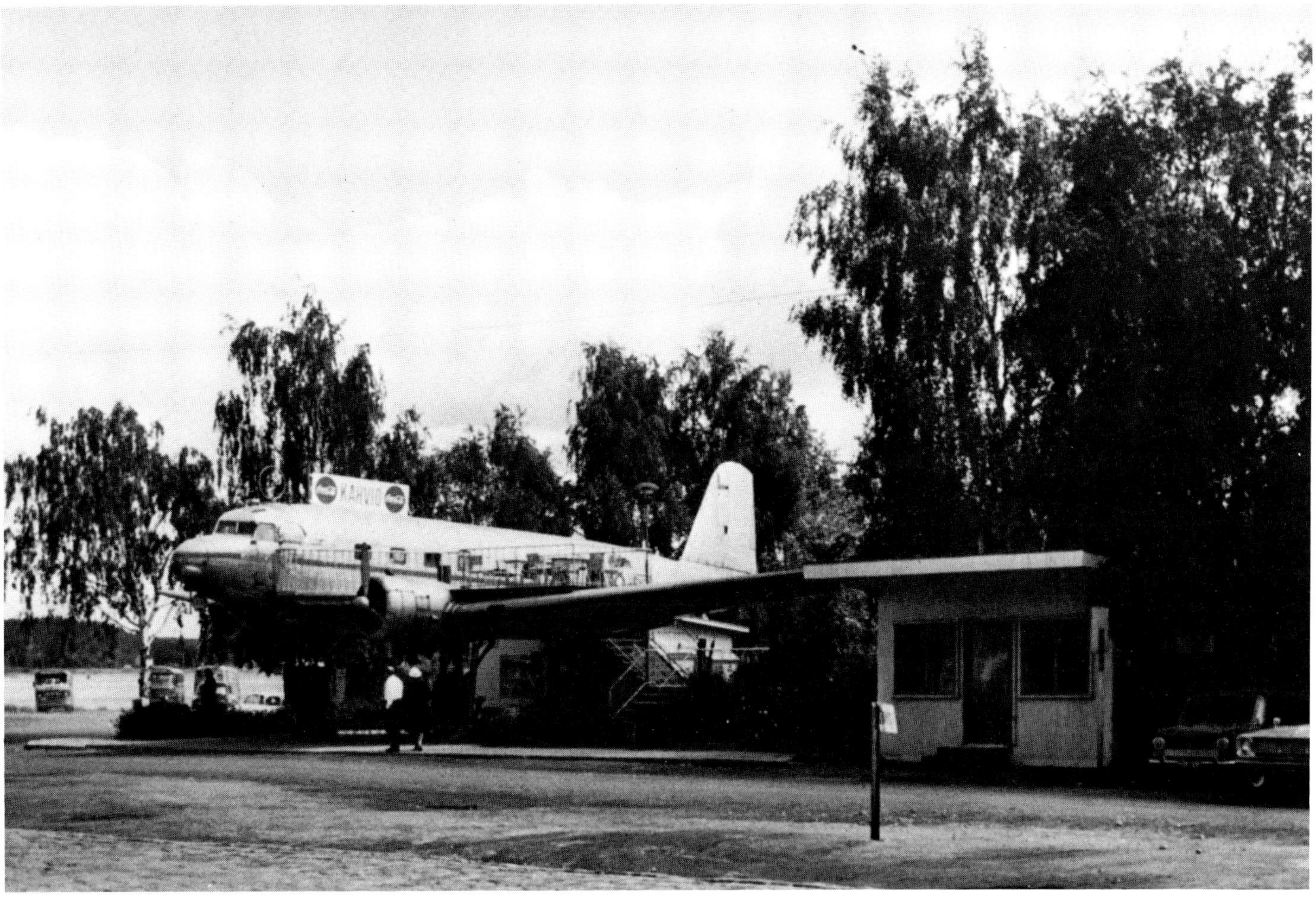

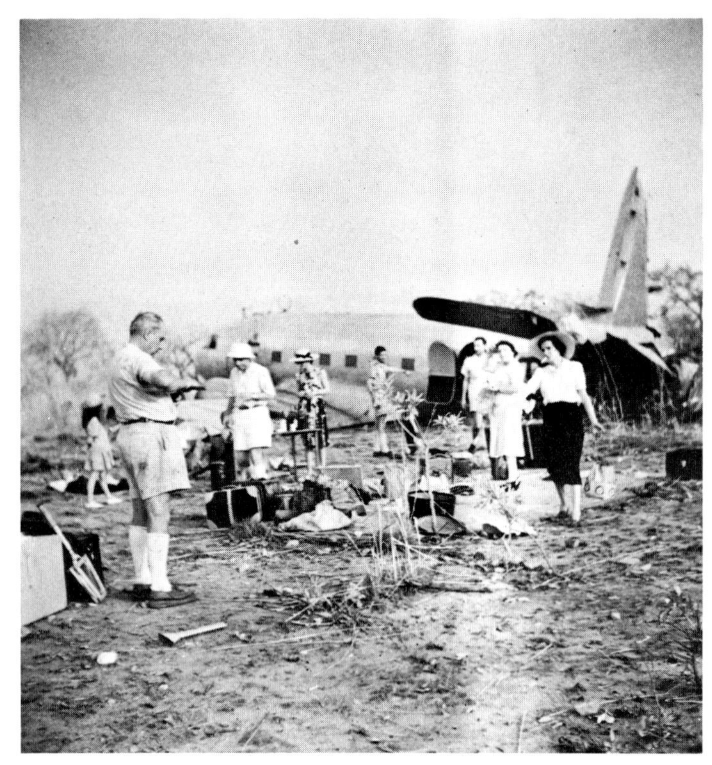

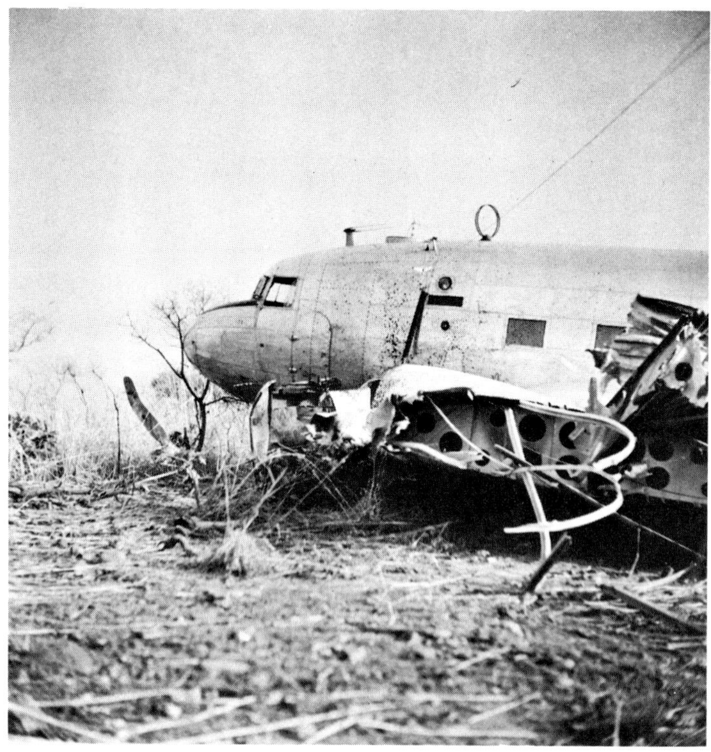

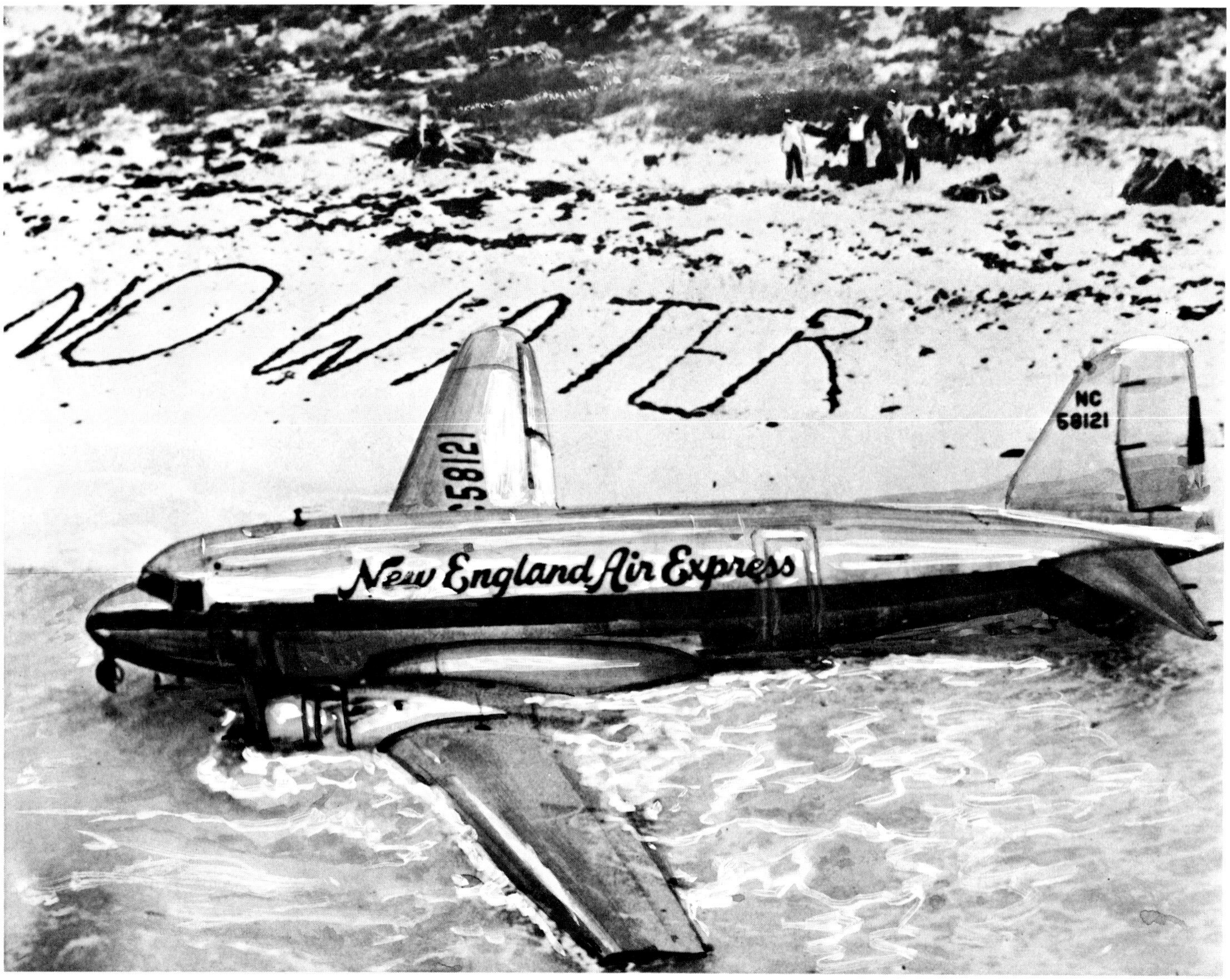

Above at left and below: In 1952, engine failure forced this belly-landing in the brush of Upper Volta. There were no casualties. It has the appearance of a Hollywood film.

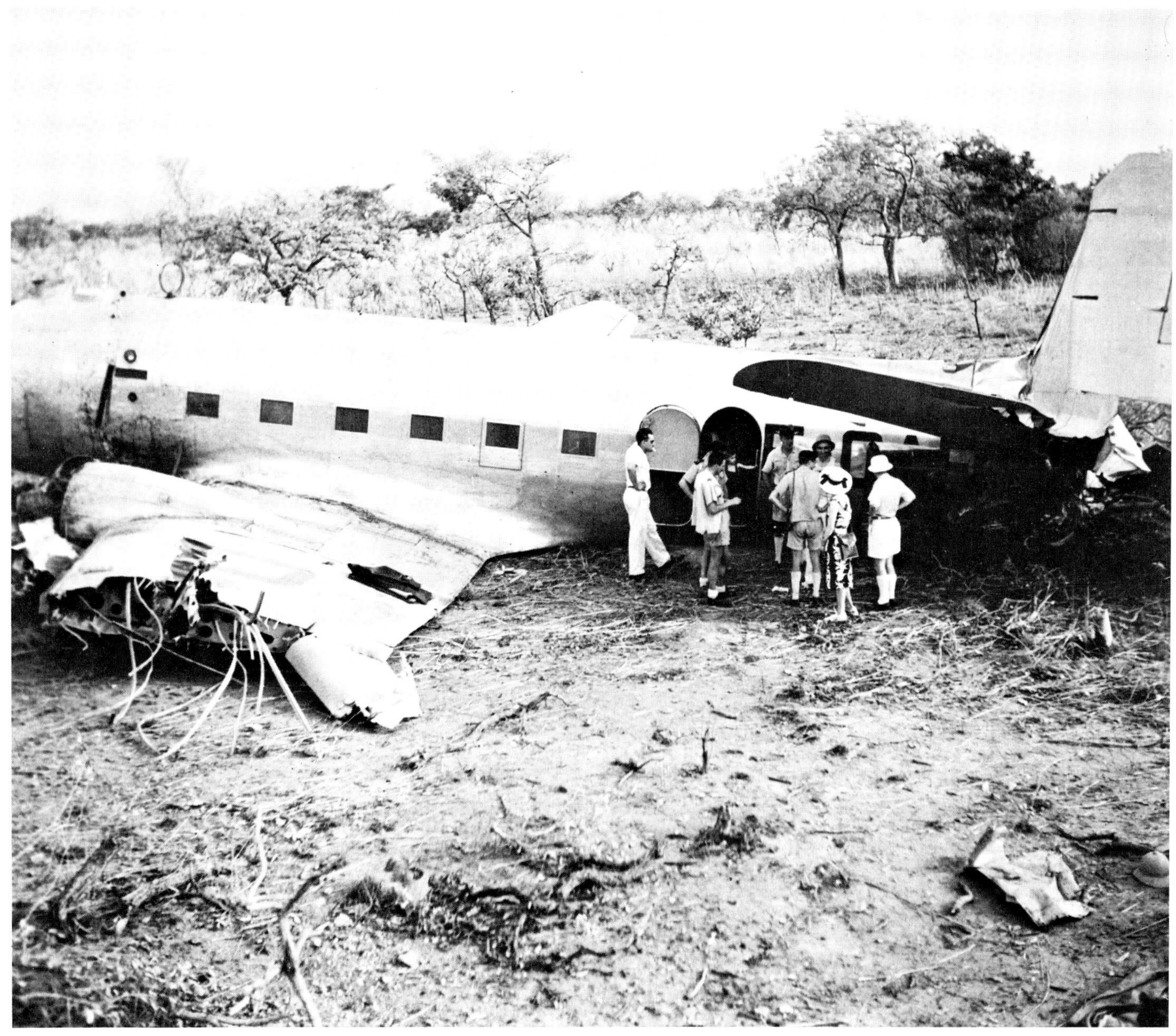

Left: In 1954, engine failure forced this landing on a beach in Labrador. The occupants of the plane have written "NO WATER" in large letters — meaning, of course, no drinking water.

from the sky during the war (packages of supplies parachuted inadvertently into the jungle) left an indelible impression on the Papuans of New Guinea. Today, thirty-nine years after the war, the great priests of the natives paint red runways on the tops of the hills, hoping to encourage the flying gods (the Dakotas) to return with their presents.

A French pilot, Jean-Charles Boillin, who flew a transport route in Africa, probably made an involuntary friend out of a village witch-doctor in the same fashion. With one motor disabled, he found it necessary to jettison his load to keep the airplane flying. A leg of frozen beef fell into the very center of a village. It was this type of incident that was the origin of "the Cargo Cult".

Then there was the DC-3 airliner that brought its passengers home safe and sound with 3 m (10 ft) of wing missing. The pilot had skimmed too close to a cliff. There was the one that crashed in the desert in Libya without its crew knowing it. Lost in the night, the plane flew into the top of a dune and glided along in the sand without the slightest shock. The crew took several seconds to realize that there was no longer any noise, and that they had stopped moving . . . and that they were still alive.

There was the plane that was landed by a mechanic, haunted by flying, who had never before touched a joystick. There was the Dakota which made a steady landing all alone, after its crew had bailed out. There was the one that took off one night in Mexico, with an extreme heaviness at the rear. The surprised pilot made a quick return. After landing, he found a clandestine passenger, a child of only fifteen years of age, clinging to the rudder, half dead from the cold.

There was the C-47 that landed near a small military base in New Guinea following an oil leak. There was not a drop of this precious liquid in the engines. By chance, the crew discovered a stock of cooking oil (to be exact, Wesson Oil) and were able to once again take off.

We are not going to retell stories of Dakotas that were flown with much more than their authorized weight on board. There are too many such tales. There is one, however, that attracted our attention.

It was during the famous Berlin Airlift in 1948. The Russians had decided to blockade the city, so the Allies resupplied it by air. Day and night, every two or three minutes a plane would land, was quickly emptied, and it left. One day, a C-47 was loaded with the usual number of aluminum plates being used to lengthen the runway at Tegel, the second airport in Berlin. The pilot put full power to his engine and started his takeoff run. He was only able to take off at the extreme end of the runway, and gained altitude very slowly, skimming over the roofs of the houses and the tops of the trees for quite some time.

The pilot sensed that something was not right. The plane refused to go faster than 130 mph and his controls were sluggish. But on the other hand, the control panel instruments indicated that everything was normal.

On landing, the tail of the plane touched down first, then the two tires blew out when they touched the runway. As the plane was unloaded, the pilot realized that, by mistake, he had been carrying plates made of sheet steel, and not aluminum. Nevertheless, the plane had flown — with a cargo of 6,200 kg (13,670 lb), despite the fact that it had been designed to carry only about half that amount.

Finally, this story, which is our favorite. In 1944, A South African Air Force DC-3 crashed near Johannesburg. A restaurant owner bought the castoff for £320, transformed it into a snack bar, and placed it beside a highway, bedecked with neon signs. Twelve years later, an American who specialized in selling parts salvaged from airplanes passed through the area. After his meal, he paid his check to the owner and then added "I am going to buy your establishment as well!" He shipped the plane to California, where it was completely restored to original condition. An aviation company bought it, and it is still flying today.

It would be impossible to close this chapter of exploits without making mention of the pilots of the Overnight Postal Service. Two of the former pilots of this service, Bernard Violette and Alexandre Besnier, both now pilots in command of Boeing 747s, have told us of their experiences.

"My regularity can be told with one number," Bernard Violette told us, "for in two years of flying for the Overnight Postal Service, I only had to turn back one time."

The Click-Clack Of Ice

The Overnight Postal Service consisted of a handful of pilots who, every evening, no matter what the weather — rain, snow, ice, fog — delivered the mail to the four corners of France. After the war, the service was restarted with the Junkers Ju 52 trimotors, made of corrugated tin, then with some twenty DC-3s.

It was a life for night owls. "We would usually get to bed about five o'clock every morning, just like the party-goers, with the one difference, however, that we had not had as good a time as they!"

It was a job that demanded not only a high level of professionalism, but also the eyes of an eagle and a devil-may-care attitude. "When other planes were grounded by the QGO (forbidding take-offs), we had all the permission necessary to fly. Theoretically, we were supposed to be able to identify the green lights at the entry to the runway from 30 m (100 ft) of altitude. This signified clearly that, should you have misjudged your approach, you had only to count: one, two, three, four, five, and then you could touch down. I made my only missed approach at Lille, in February, due to a thick pea-soup fog. I had been flying with a tail wind and had arrived sooner than expected. In one fraction of a second I could only see two white lights marking the line of approach. All the other lights were not visible. I did not insist on landing."

During the heyday of the Dak, few of the airports possessed an ILS[5]. At Pau, at Lille, at Clermont-Ferrand, at Poitiers, etc., it was necessary to make a laborious approach through a succession of bearings.[6] This required a slick brain, capable of making calculations with the speed of an electronic machine.

Flying in all weather meant mud. Once, on the grass field at Poitiers, which was transformed into a skating rink when it rained, Bernard Violette became bogged down. The mud was splashed up as high as the vertical stabilizer.

5. Instrument Landing System, which permitted landings using only the instruments and without needing to see any reference points.

6. By the QDM: The plane sent out a signal and a station on the ground received it. By goniometrics, this furnished the heading to be taken for the approach then the direction toward the entry to the runway. This heading had to be constantly corrected due to wind and airspeed.

It meant ice. One night, the system for de-icing the windshield (by spraying it with alcohol) broke down. Bernard Violette put his windshield wiper into operation and made his landing in the dark by peering through a narrow slit of only 2 cm (less than one inch) width around the axis of the windshield wiper. Another time, in arriving at Le Bourget, the Dakota was so heavy with ice that it could not hold its line of flight. "I was able to dislodge the ice that was collecting at the base of the propellor blade by playing with the pitch variations. The fuselage was then peppered with these ice crystals."

It meant storms; "One night, between Marseilles and Lyons, there was such a succession of lightning flashes that we flew for thirty minutes able to see the ground as well as in the middle of the day. We didn't pay too much attention to weather forecasts, because no matter what the weather, we were still going to be flying. But one night, at Pau, I asked the man on duty at the weather station to give me a forecast.

'You will be able to go,' he told me, *'the ceiling is at 900 m (2,950 ft)!'* He was in error, for in reality it was only 900 ft or 270 m, a rather important difference.

I began to swear at him.

'But that is what the reading on our transmissometer[7] *is,'* he told me.

'That may be,' I answered him, *'but you could at least take a look out the window and see for yourself that the weather is closing in!'*

"But what was the worst for me," sighed Bernard Violette, "was, on the approach to Pau, at five o'clock in the morning, to see my co-pilot and my mechanic eating a plate of tripe, something I never could stomach.

What did I think of the Dakota? I was an instructor on that airplane, training, in my turn, the future pilots for the Postal Service.

One time, at Pontoise, during landings with only one motor operating, a student was fighting against a cross wind with gusts up to 50 km/h (30 mph) and losing. We touched tail first, scraped the horizontal stabilizer deeply, then the left wing, of which we damaged over two meters.

(continued page 178)

7. A device that measures the height of the base of the clouds.

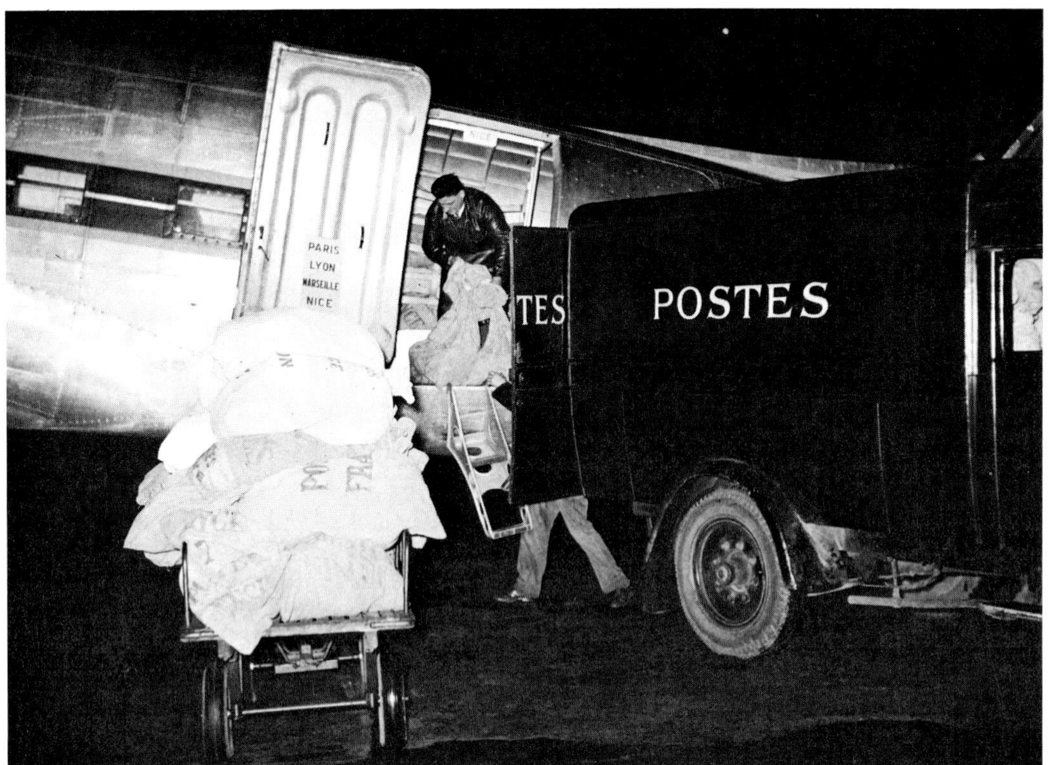

10:00 p.m.: The postal truck has arrived. The bags of mail are loaded on the plane. This one, during the night, will deliver letters to Lyons, Marseilles, and Nice.

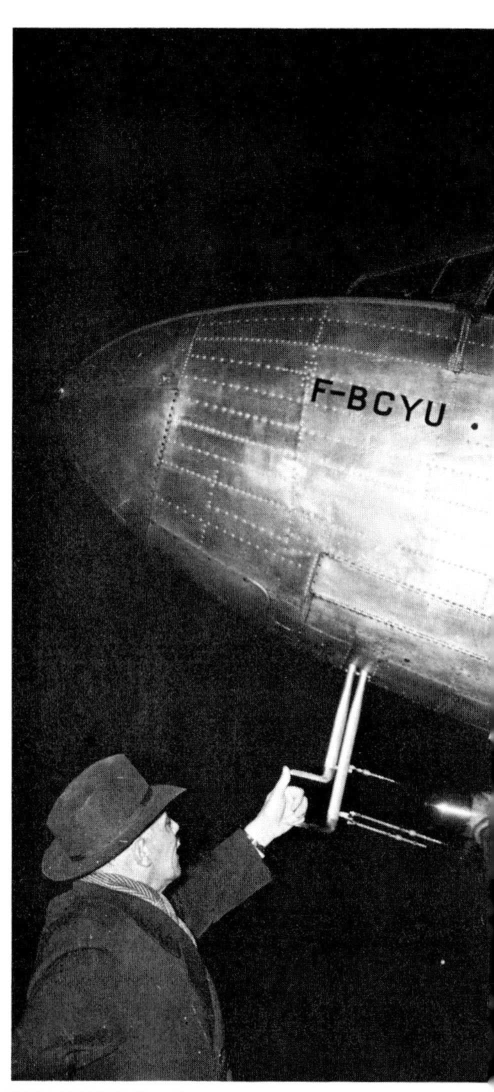

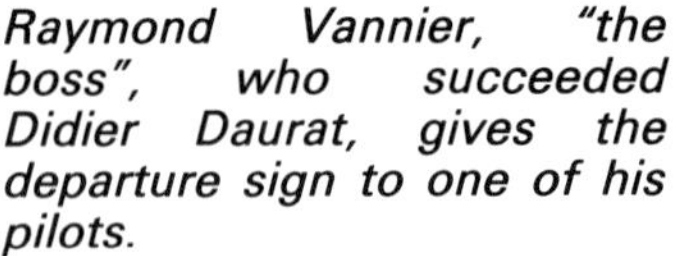
Raymond Vannier, "the boss", who succeeded Didier Daurat, gives the departure sign to one of his pilots.

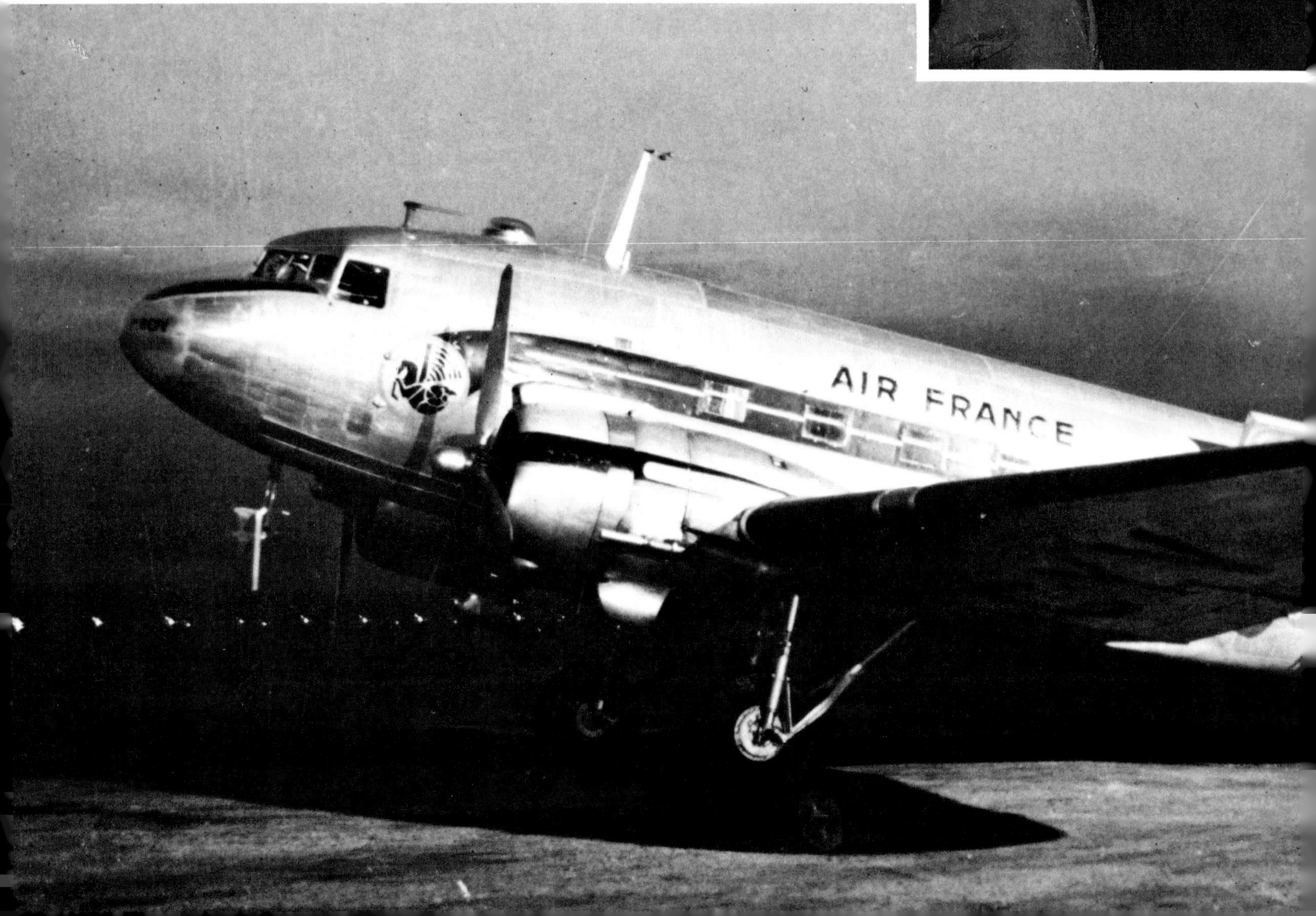

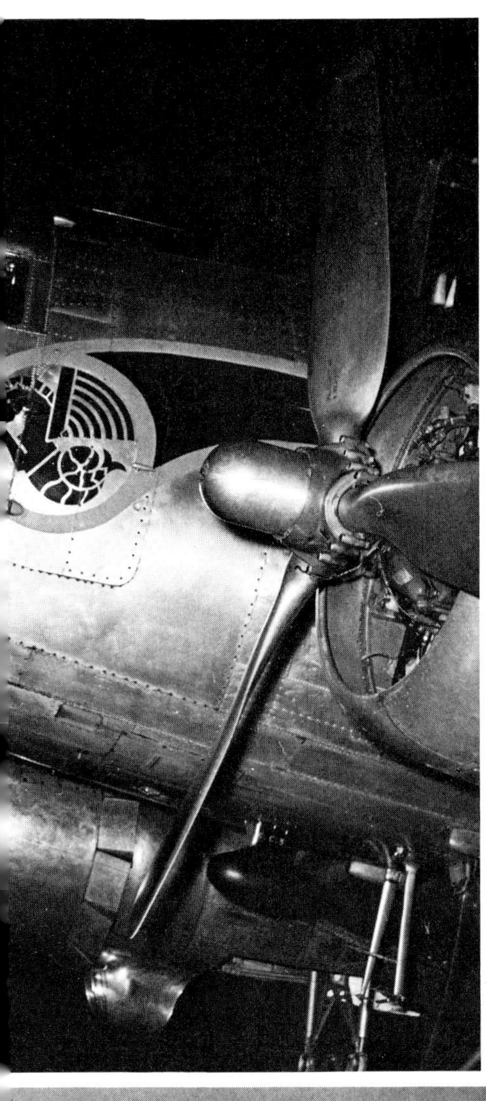

A DC-3 of the Overnight Postal Service, parked at Le Bourget, waits for the postal truck.

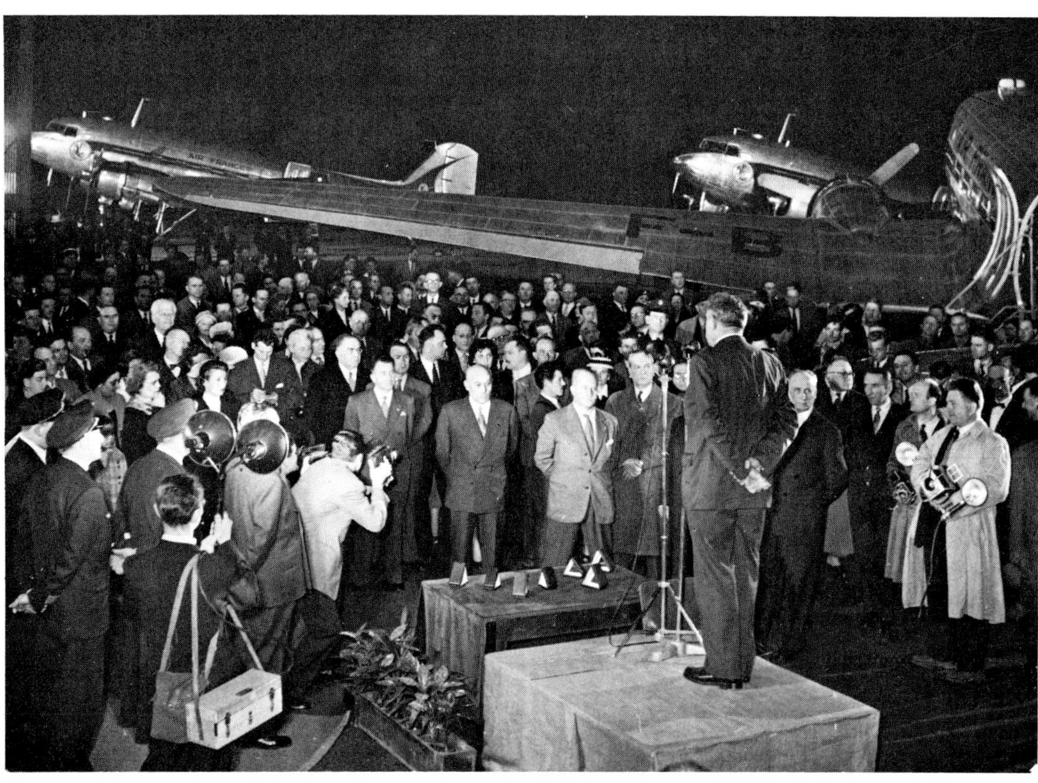

1956: Ceremony in honor of the tenth anniversary of the resumption of the Overnight Postal Service, linking the cities by air; Max Hymans of Air France makes a speech.

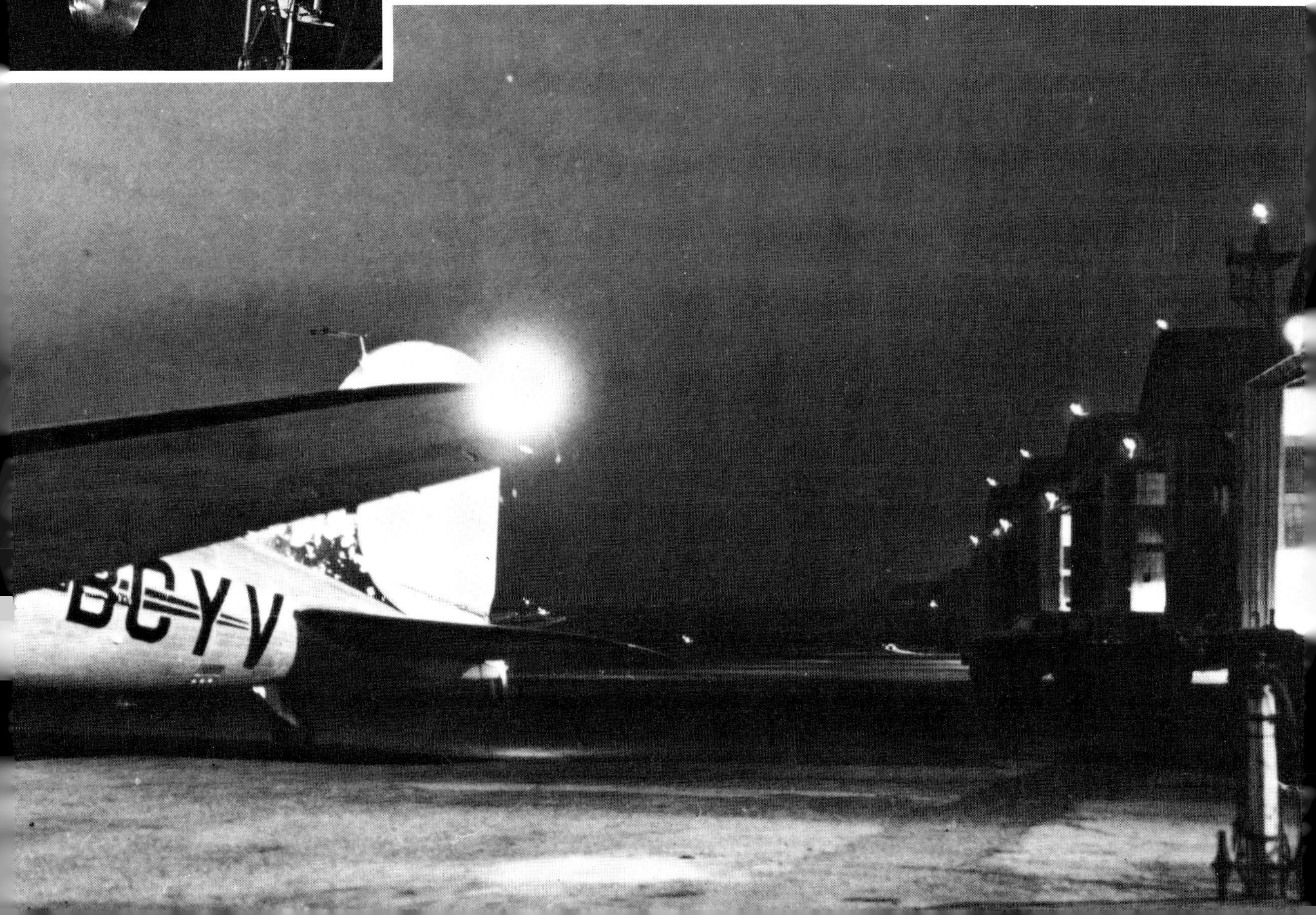

I recovered what I could; I cut the engines, pulled on the stick, and the plane dropped to the runway. The most incredible thing is that I was able to return the airplane to Le Bourget. The aileron was bent but still worked. I flew carefully, without too many maneuvers, and landed with caution, after a straight line approach of 10 km (6 mi)."

Alexandre Besnier also missed only one landing... during five years of flying for the Overnight Postal Service. It was at Rennes, during a very heavy rain. "I saw only one signal light, and I flew very close to the control tower, so I said my greetings to the men on duty . . . and promised to do better the next time!"

At Lyons, one night, a pilot realized that he had flown between two factory chimneys.

Alexandre Besnier liked to cite statistics. In 1963, for example, in the course of 11,800 landings at night, there were only two that were missed — both because the runway at Strasbourg was coated with ice and there was a cross wind of 50 knots. A 99.99 % regularity.

An example of the sturdiness of the Dakota? One of their comrades, Auret, was attempting a landing at Lille in a fog so thick it could be cut with a knife. He could see absolutely nothing. He only felt his wheels touch the ground, then he gave his engines full throttle and decided to return to Le Bourget. In flight, he noticed that he had to give his engines a bit more gas to maintain airspeed. But everything ran smoothly.

After landing, he looked at his propellors and couldn't believe his eyes. They were bent like the blades of a food mixer. At Lille, when the plane had touched the runway, the propellors had shaved the cement. But since all six blades were equally bent, the Dakota did not vibrate.

"On some nights," Besnier said, "we could only see the halo of lights on one side of the runway. To taxi along the ground, we would turn on the right landing light and then open the left window and try to guide ourselves by watching the joints in the cement in the reflection of the light. On arrival, it frequently happened that the postal trucks could not find us and were sometimes themselves lost on the runways.

In order to take off, we would set the directional compass on a round number and then plunge at full speed into the cottony fog, our eyes fixed on the compass, as if we were under a cape.

Our bosses, Didier Daurat and Bernard Vannier, covered for us. When we mowed down the marker lights or touched a wing, our reprimands came from within the family.

We had a fantastic life and some formidable pilots, such as Constant Chevrier, called 'Biquette' (Kid), for obvious reasons. One day, at the threshold of the Hôtel de France, at Pau, a hotel guest called to him: 'Boy, come here and carry my luggage!' and he proceeded to do a good imitation of a bellhop."

Alexandre Besnier saw the valiant DC-3s of the Postal Service disappear one by one. Two of them were sold to a transport company in Florida.

The pilot sent to convoy them back arrived at the field one Thursday and said: "Fill it up with fuel and get it ready for tomorrow morning, because I have to be in Miami the day after that. I will return for the other one next Wednesday." He left and flew across the Atlantic, with no one else on board. He was back on Wednesday. "Greetings... your plane flew very well!" And he left again for Miami, still alone, with only a sandwich wrapped in a napkin from the airport restaurant.

It Coughs And Sneezes

When the airplane world learned that we were considering a book about "old grandpa", invitations began to flood in. "Come pay us a visit at Dinart," we were told by the head of operations of Intra-Airways, which made connections with the Channel Isles. "I invite you to Yemen", we were telephoned at Bordeaux by Jacques Hemet, who prospects for petroleum with John Wayne's old Dak, remodified and crammed full of electronic gear. After our visit to the Douglas factory, at Long Beach, every day American pilots wanted us to fly in their Daks. It was beautiful, very special, and very historic. We could have spent months flying in DC-3s if we had wanted to.

Finally, we went down to Nîmes, where the French Navy still has a squadron of C-47s used for the instruction of navigators. The evening of our arrival, they were engaged in night flights. Suddenly, this loud buzzing took

(continued page 183)

Jacques Borgé (in the center) and the photographer Yves Tariel (at right) with the pilots of Squadron 56-S at Nîmes, the last military users of the C-47 in France.

The C-47s of the 56-S Squadron will be retired during the years 1982-1984. By special permission, one of them will be consigned to Yves Tariel so it can be displayed in the museum at Sainte-Mère-Église — after it has been restored to the standards of 1944.

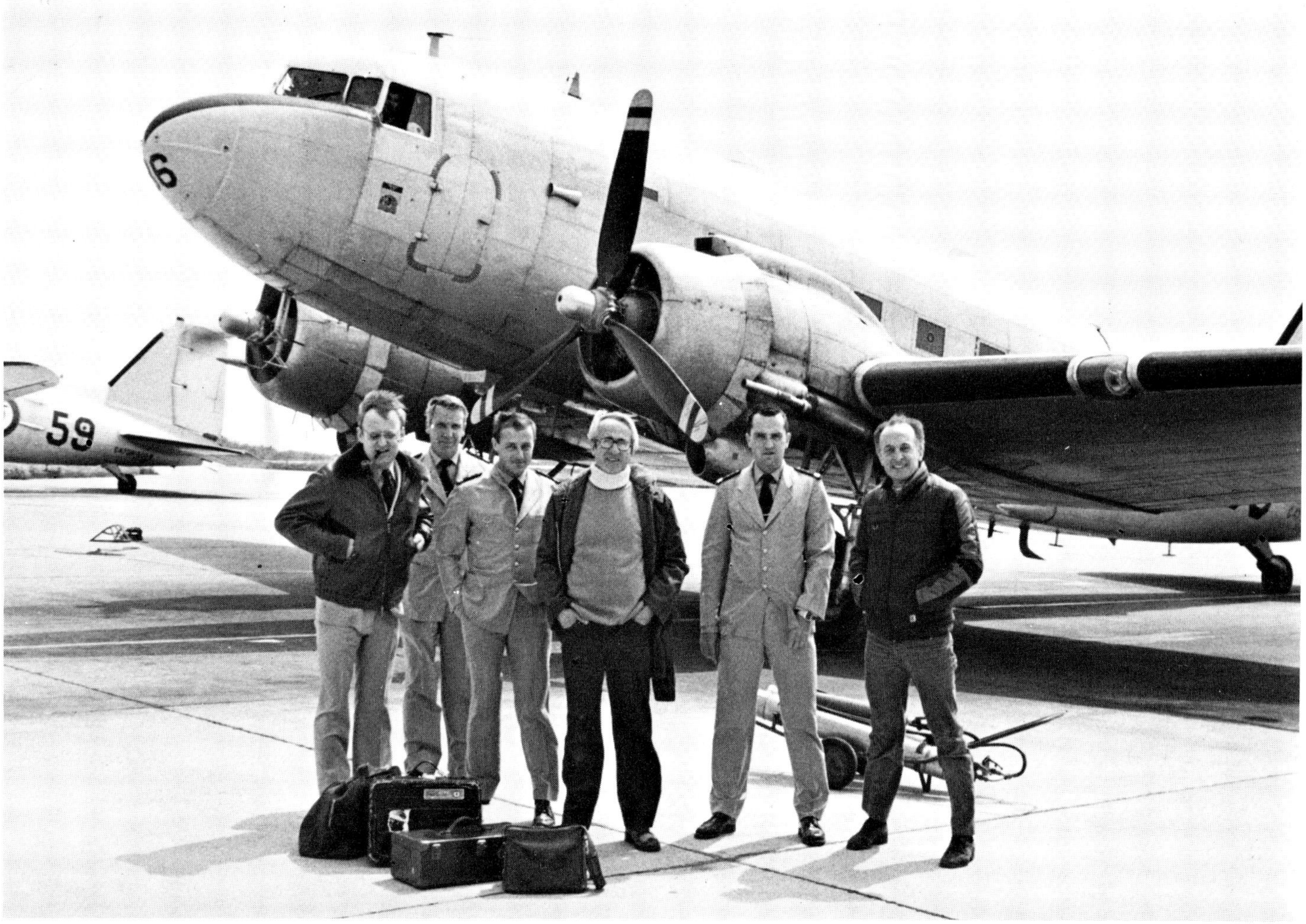

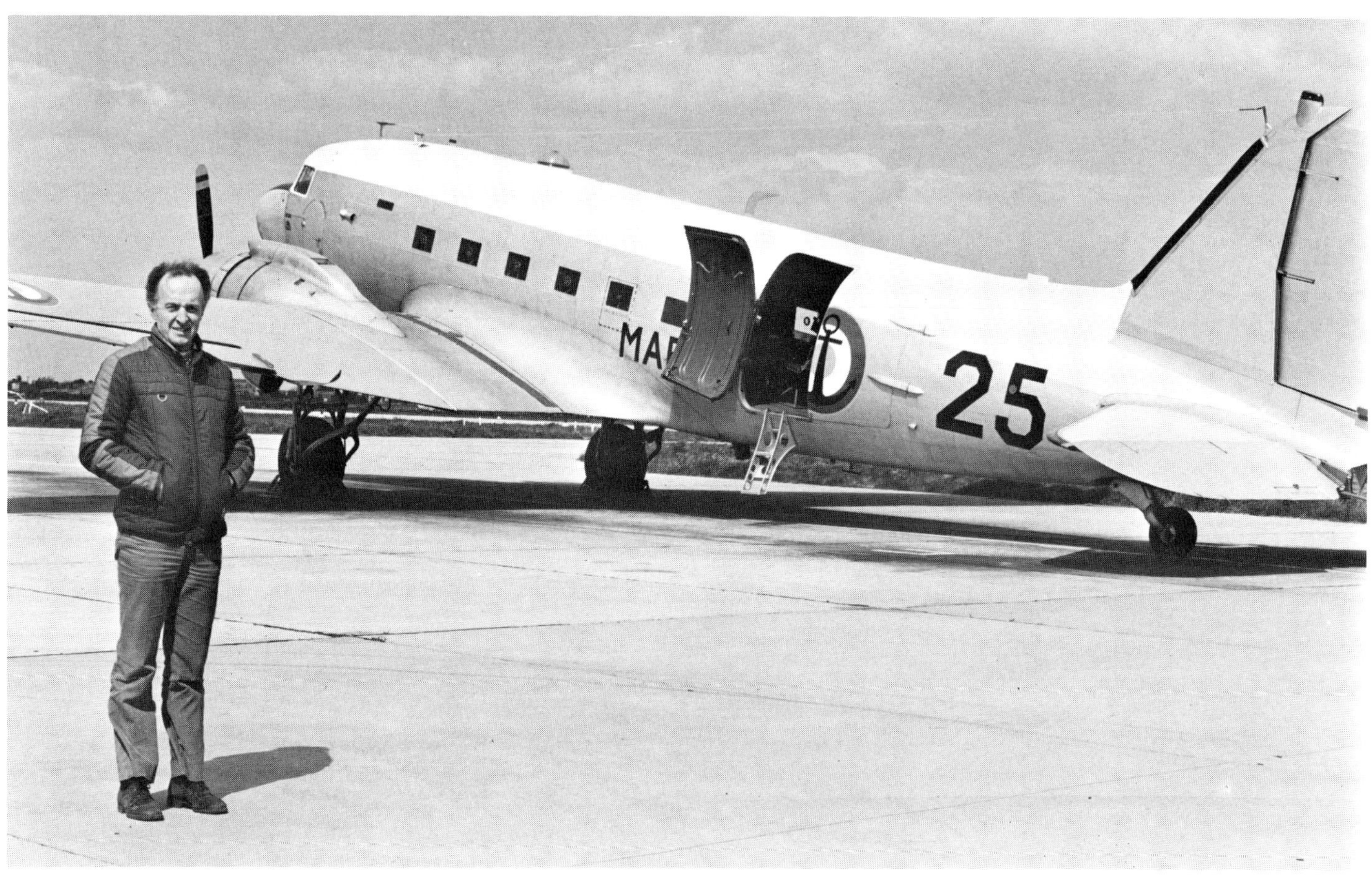
25

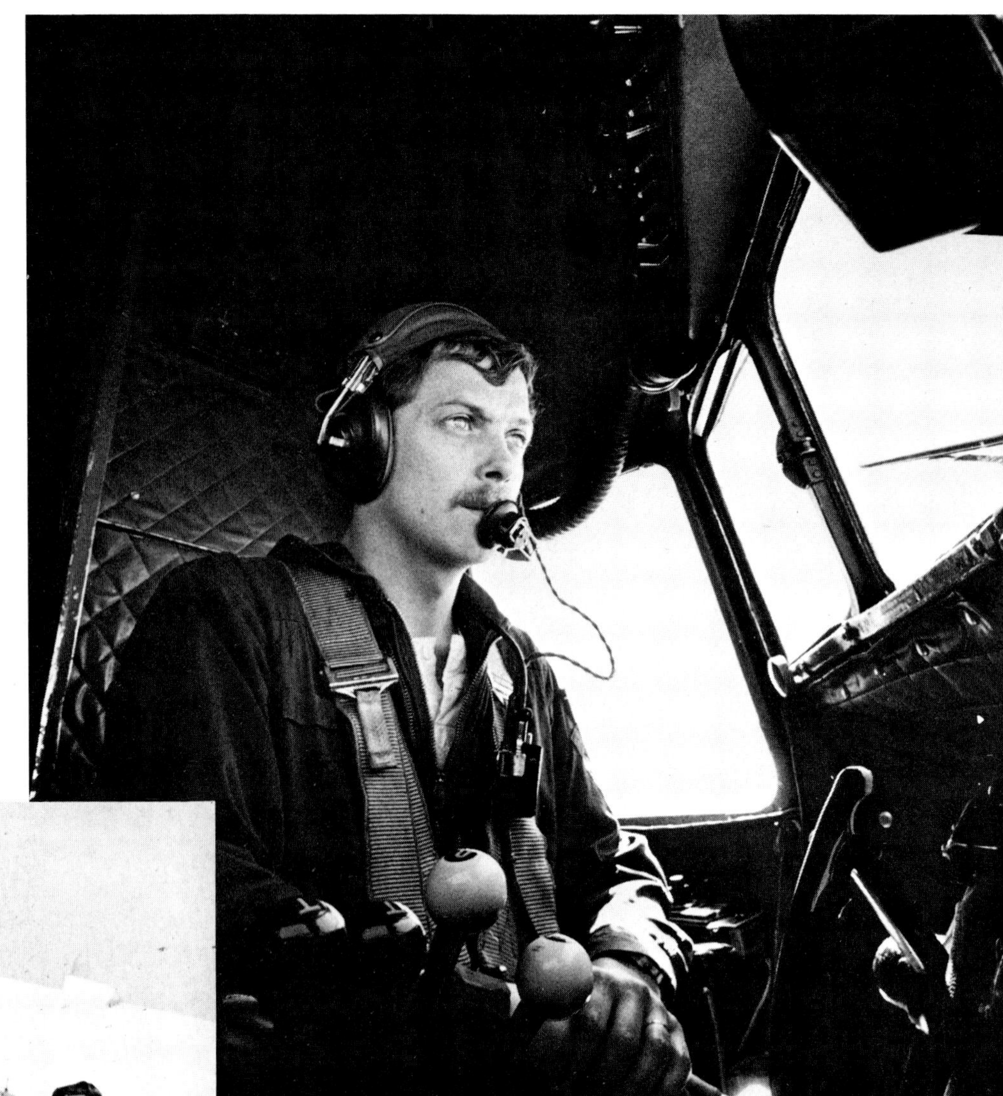

A young pilot of the 56-S Squadron. His grandfather was also a Dak pilot.

Student navigators and their instructors at work. For practice, the planes sometimes fly as far as Dakar or Northern Ireland.

The traditional initiation after 500 hours of flight.

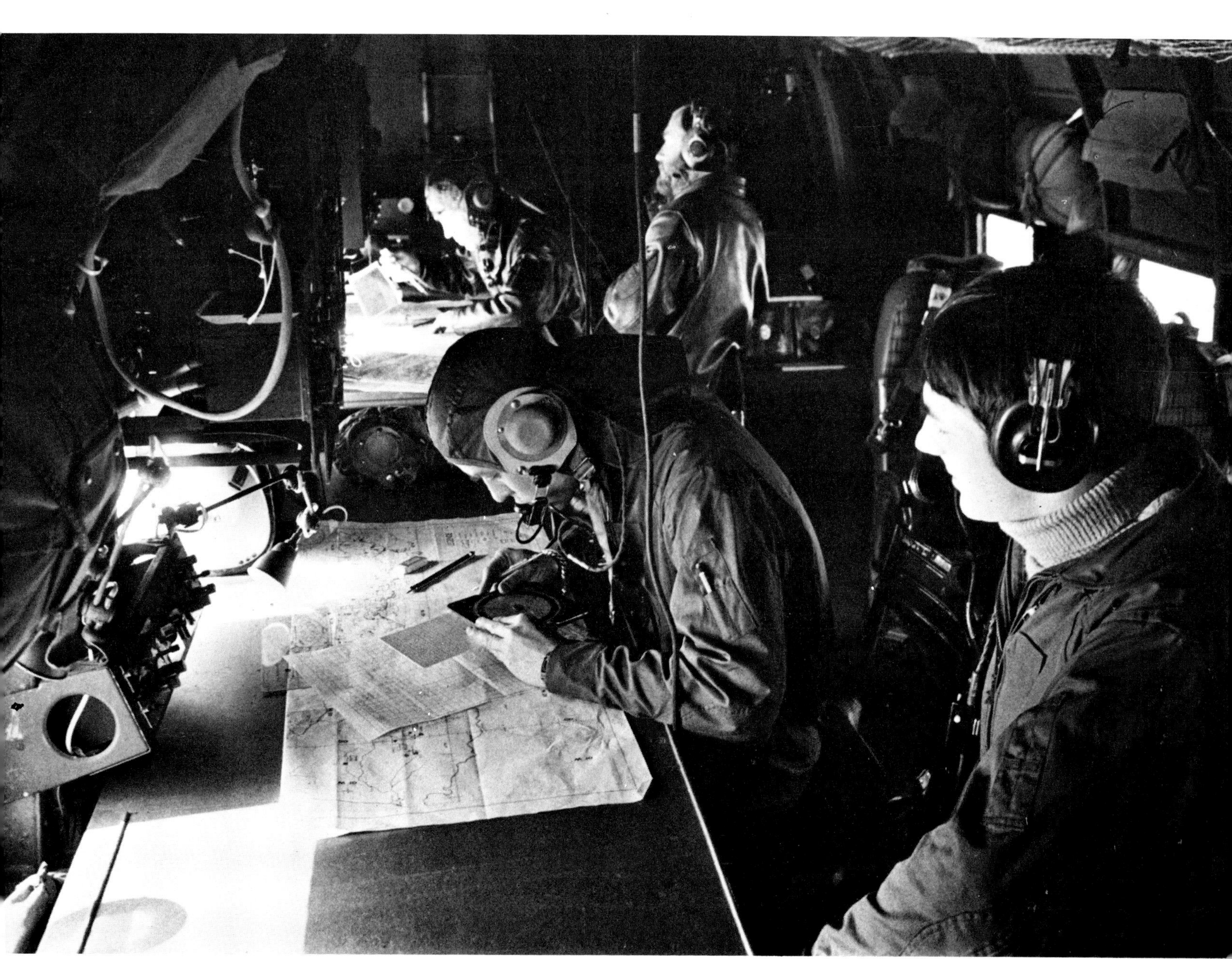

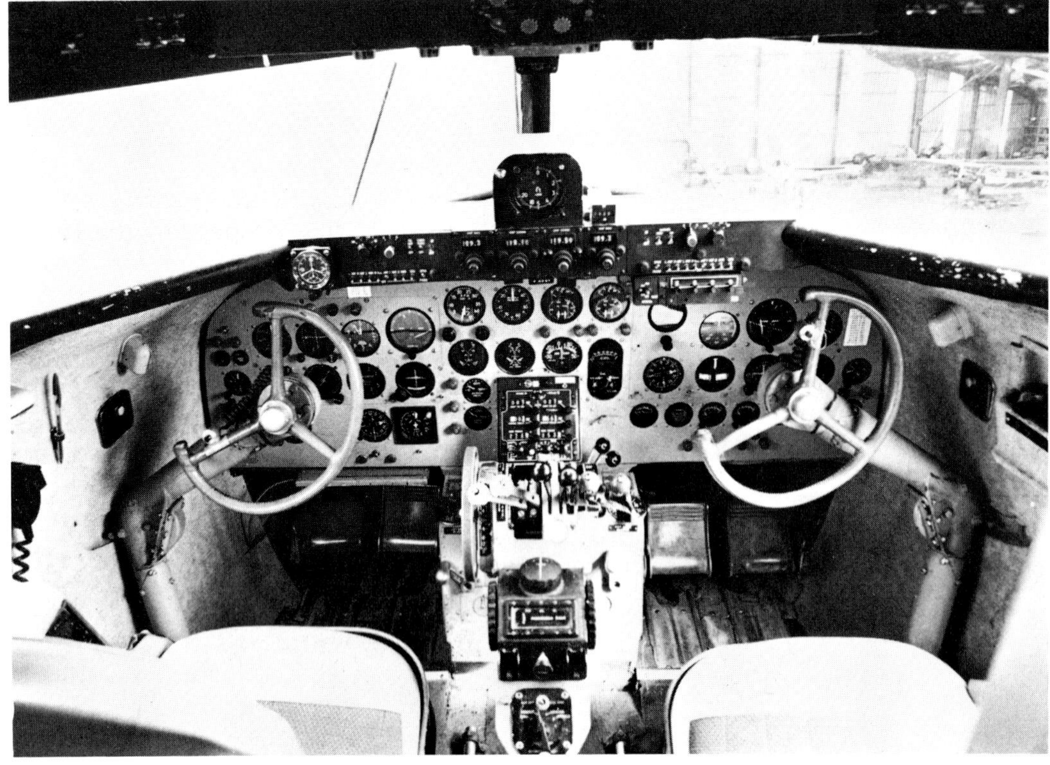

The ultra-modern cockpit of John Wayne's old airplane. Visibility has been improved by removing some of the windshield supports.

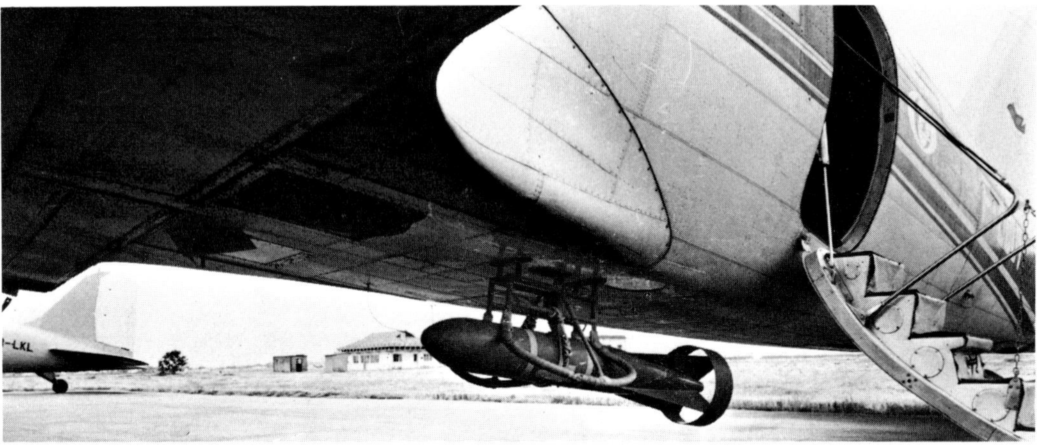

"The Bird" is the nickname of the electromagnetic torpedo which can be lowered, at the end of a cable, 60 m (200 ft) below the airplane. It is used in exploring for petroleum.

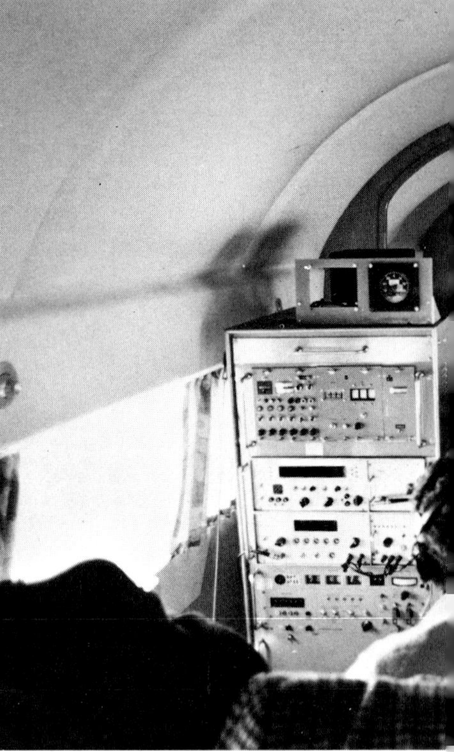

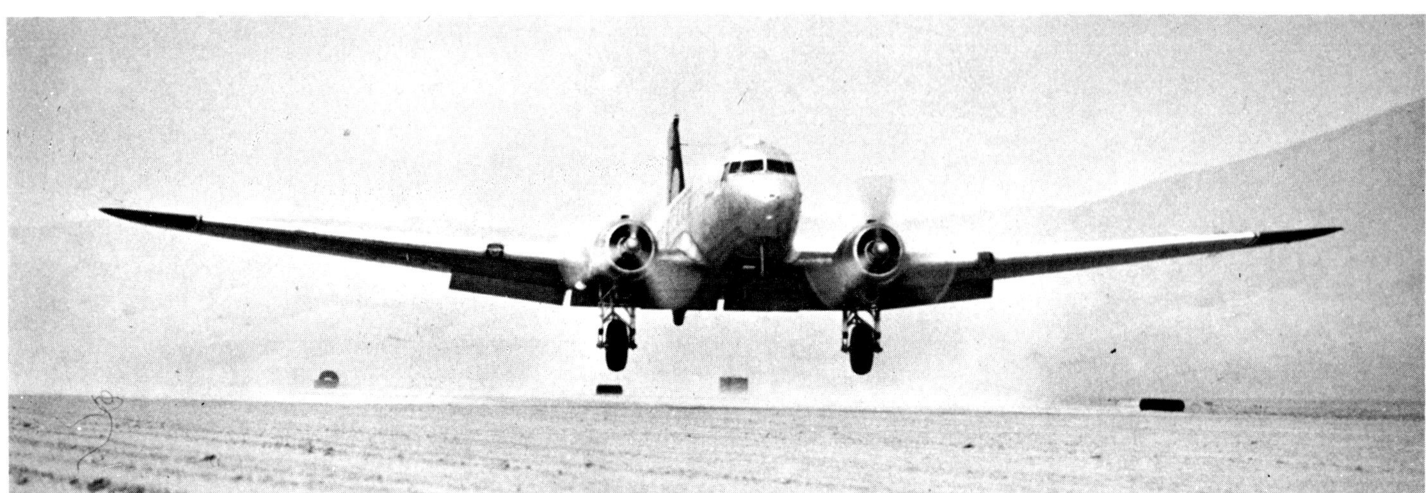

Hemet Exploration uses a DC-3 (C-53 version) formerly owned by the actor John Wayne. This plane was transformed into a deluxe airplane, for fifteen passengers, with the windows replaced by large glass bays. Below — the interior of the plane, now jammed with electronic gear. In its splendor the plane had a parlour, two beds, and a bar.

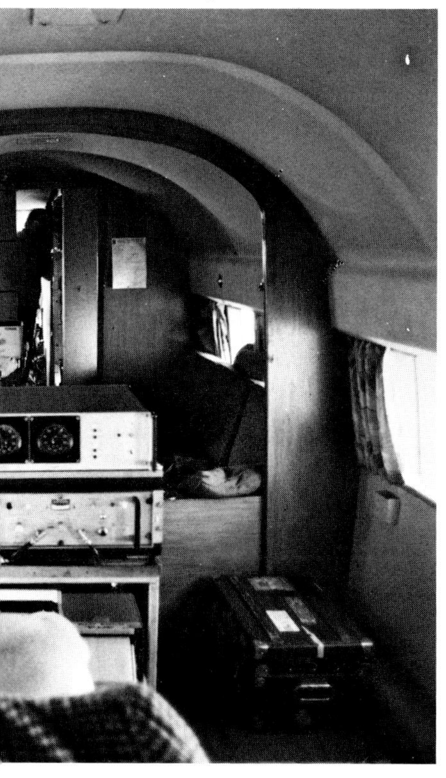

The French company Hemet Exploration, specialists in aerial geophysical exploration and based at Toulouse-Blagnac, uses four C-47s. They search for petroleum in all latitudes. Only the DC-3 is rugged enough to be sent into the desert. In Saudi Arabia one of the company's C-47s was kept outside for three years. Despite temperatures as high as 50 °C (122 °F) and sand storms, the upkeep of the plane posed no problems. What more can be said?

us back thirty-five years, [8] when scores of them were seen in the sky every day. As a little boy, every time one flew over we looked up. The Dakotas put in only a brief appearance, crossing the garden from the row of poplars to the neighbor's wall.

At Nîmes, we renewed our acquaintance with the DC-3, to touch it, to smell it (a strong odor of aluminum), and above all else, to see how it lived, how it went about its work as a good and faithful friend of man. In the morning, we were on the runway to assist with the starting of the twenty planes, carefully aligned. One of the last such spectacles in the world, for squadrons of Dak no longer rule the runways.

The sound of the Dakota is unmistakable, a cavernous voice. There is a jet of black smoke and then the marvelous sound of the Pratt and Whitney engine when it turns over. Nothing at all like the inhuman starting of a turbine. Here, it breathes, it sneezes, it coughs, it lives!

The interiors have not changed much since the Normandy invasion. They have been given a coat of green paint, a row of armchairs and three navigation tables have been added, for the students, and there is a radome for taking sightings with a sextant and for navigation by the stars. That is all.

Still to be found are the small ladder, in its regulation box, for climbing on the wings; the two hatchets, in case of a crash; and the "Very" signal gun. In this large fuselage, one cannot help but imagine the dream of a flying house for vacationing families, a modification that it would be easy to make because the dimensions of the cabin are admirable.

The cockpit is more confined than one would think. One slides into the pilot's seat by folding back the movable armrest. Once seated, everything seems to be right. Everything is easily reached by the hands. If absolutely necessary, a lone person could do everything from the pilot's seat, except shuttering the hood which required stretching to the opposite wall. Some of the instruments are somewhat rustic . . . there is something of the 2 CV about the Dakota. But what could be more effective than a transparent tube that allowed one to see that there was enough liquid in the hydraulic circuit of the landing gears? What could be more efficient than the large flange for directing warm air on the windows? What could be more simple, and less expensive, than the simple rubber band that suspended the compass above the instrument panel, a system that went all the way back to the DC-1 of 1932? What was so amazing about the Dakota was that so much of it was successful from the very first. Very little ever had to be modified.

It was the last "real" airplane. It was flown by the seat of the pants, by arms and legs, for the controls are direct and it took muscles to pull the cables. Taking off required a steady control of the pedals to hold the plane on line. In flight, it acted like a large ship, for it waddled and heaved and the helm suffered from inertia. It was necessary to sharply angle the wheel to make the plane bank. There were tricks to flying it that were passed down by word of mouth. For example, to become airborne in a short distance, when the plane was empty, one rolled down the runway and gave it full flap. This made it rise like an elevator. [9]

The Daks of the 56-S squadron flew about 400 hours each month. The navigational exercises were conducted as far north as Iceland and as far south as Dakar. Last year, during a night flight from Ajaccio to Nîmes, while still 80 nautical miles (150 km) from the coast, a Dak of the 56-S developed problems. Due to a loss of lubrication, a propellor broke loose and began spinning free. The pilot shut down the engine, but the propellor would not stop rotating. It spun like a windmill, causing a terrible vibration. The other engine was not sufficient to hold the line of flight. As the plane descended, it was calculated that land might be reached before all altitude was lost . . . and it might not. Nothing was certain.

On board was a young lady doctor doing her internship at Bordeaux. The pilot ordered the crew to put on their parachute harnesses. The young lady, wearing a dress, found it difficult to don the harness, which had to pass between the thighs. She was given a flight suit, which was much too large for her, and this relaxed the atmosphere a little bit.

The plane continued to lose altitude over the waves. It had dropped from 8,000 ft to 1,000 ft. But this rate was

8. It is Jacques Borgé who is talking.

9. Told to us by a former pilot for the Overnight Postal Service. Another trick we were told was how to tell if the plane was too heavy. The pilots operating in Africa would try and place their foot between the fuselage and the tail wheel. If the foot would not fit, the plane was too heavy.

permissible, very good, in fact. The crew contemplated making a landing on the beach at Saintes-Maries-de-la-Mer, in the dark, but this would not be easy. The plane passed Saintes-Maries at 500 ft. The landing strip at Nîmes was not far. Luckily, on that evening, their final approach was right on line; they did not have to turn the least bit. 100 ft . . . 50 ft . . . the landing gear was lowered at the last possible minute so as to not increase the rate of descent. The plane finally passed the edge of the runway, at several feet of altitude, and it made a perfect landing.

Once again, the good old Dakota brought everyone home.

Suddenly, A Horrible Fear

In 1976, Yves Tariel visited Peru to see some friends. During a dinner at Lima, he met a Peruvian aviator, José Carlos Salazar, thirty-five years old and a pilot for the Faucett company.

Salazar made the connections between Cuzco and the Amazon Forest, on the other side of the Andes. Learning of his interest in the Dakota, the pilot came up to Tariel after the meal and said: *"So come to see me at Cuzco some day and I will show you how we work with our DC-3!"*

A week later, Tariel landed at Cuzco with the BAC 111 which came from Lima. On the ground there was a lone DC-3. It was bright and smart-looking in the sunlight, painted white with orange trim, the colors of the Faucett company.

Twenty-five passengers climbed into the plane under the watchful eyes of the steward - mechanic - ticket - puncher - freight - agent, mostly Indians with a few "gringos". The women wore tall, misshapen hats and carried their babies on their backs. There were also chickens and hogs in cages and a multitude of jute bags. A few weeks earlier, a crocodile had escaped from one cage and went to pay a visit to the pilots.

The plane did not have seats, but instead two long benches along the sides, exactly like the Dakotas at the Normandy invasion. This was comfortable, for it allowed the passengers to put their parcels in front of them and stretch their legs out. Yves Tariel recalled his flight: "Salazar invited me, like royalty, to join him in the cockpit and assist with the operations. Nothing could have pleased me more. I was in seventh heaven. The weather was beautiful. Viva Peru and viva the Dakota!

From the moment we began to taxi onto the runway, everything that I observed seemed to me to be incredible and at the limit of reason. To begin with, Salazar and his co-pilot each put a small tube in their mouths and greedily inhaled several shots of oxygen to clear their minds.

We waited without moving for a long time, much longer than usual, and I saw they were concentrating heavily. They did not say anything. Finally, the engines were warmed up. Salazar gave the plane full throttle while holding it with the brakes. The plane trembled and pawed at the ground. It was a takeoff style suitable for an aircraft carrier. All at once, the pilot released the brakes and we were launched down the runway. Salazar pushed on the stick like a madman to make the plane run as long as possible with the nose down. We continued to roll . . . the mid-point of the runway was passed . . . it was the first time in my life that I had witnessed a takeoff that was so slow. The speed indicator showed me that we were still far from the speed necessary for liftoff. I suddenly had a horrible fear that I could not shake.

The runway was 1,800 m long (5,900 ft) . . . there was only 300 m (1,000 ft) left.... Salazar painfully coaxed a few more centimeters of speed. I had the desire to cry out 'faster, faster, please!' A few feet from the end of the runway, in one movement, the pilot pulled the plane up and raised the wheels. Then he dived into the valley to gain some more speed."

You will see, Salazar Told Me

It should be explained that the airstrip at Cuzco is located at 3,400 m (11,150 ft) above sea level. An airplane, just like a human, has problems with breathing and with the conditions of life in an atmosphere of thin air. At this altitude, the engines lose from 25 % to 30 % of their power and the lift is not as good.

"Before leaving, Salazar had shown me a map. *'You see,'* he had said to me, *'Cuzco is here in this hole . . . and to get to our destination, it is necessary for us to cross the Andes Mountains, which reach up to 6,000 m (20,000 ft).'* Surprised, I made the

(continued page 188)

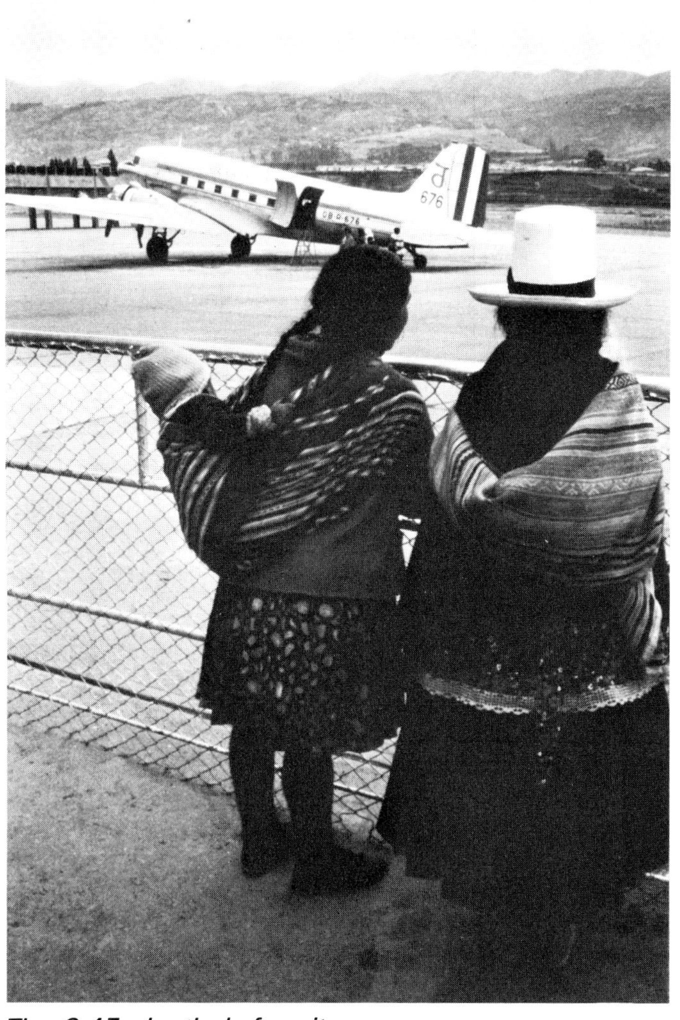

The C-47 shortly before its daily flight, on the runway of the Cuzco airport. Altitude is 3,400 m (11,150 ft).

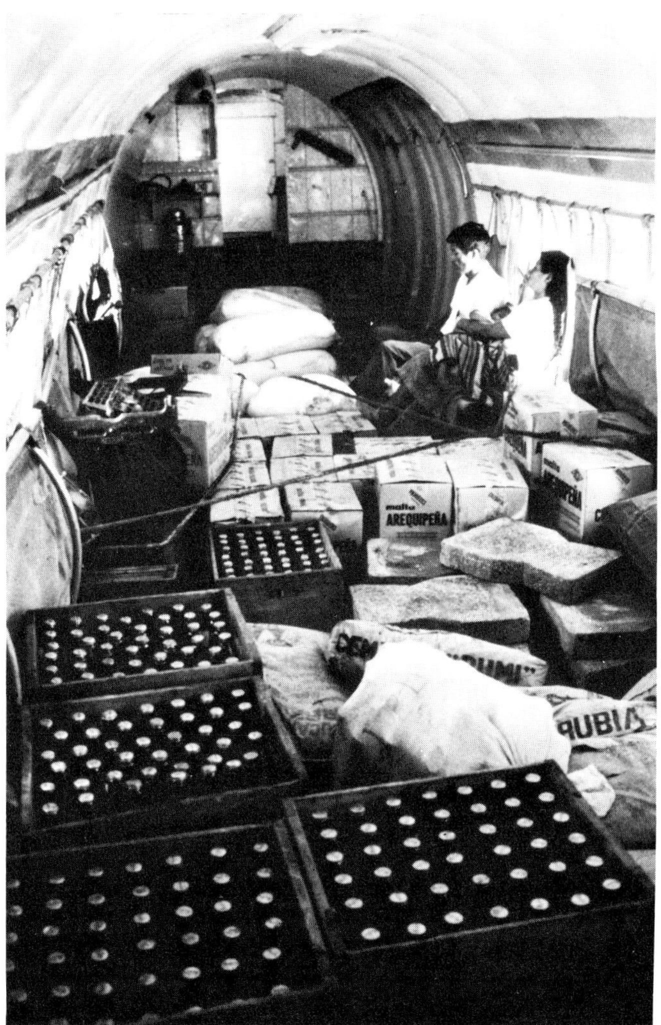

The plane carries freight and passengers mixed together.

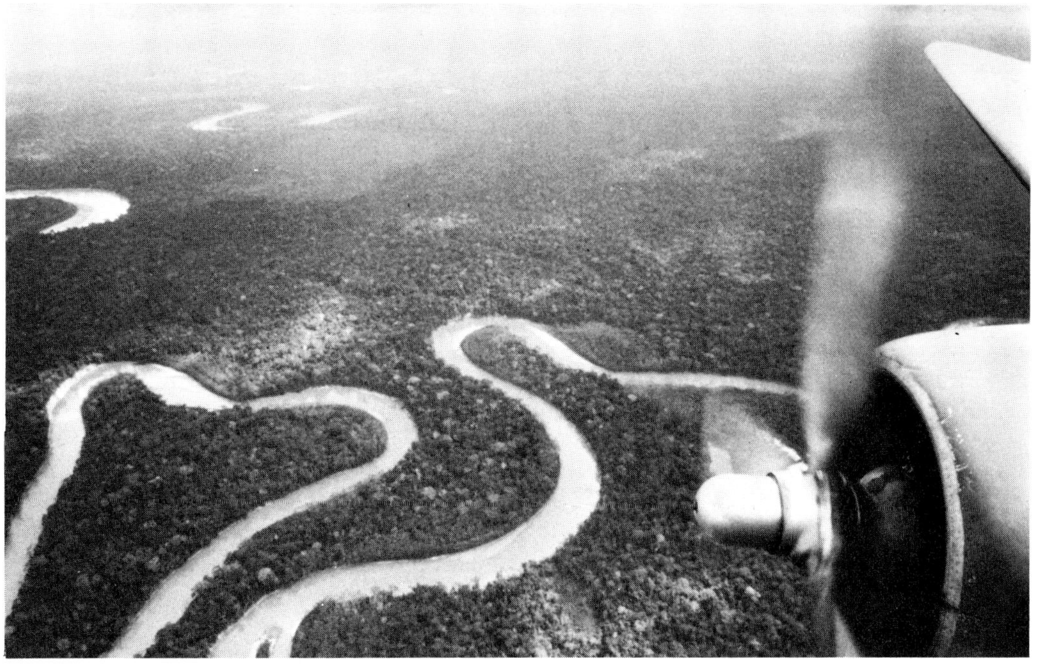

Above the ocean of green of the Amazon forest. The river is the only reference point for the navigator.

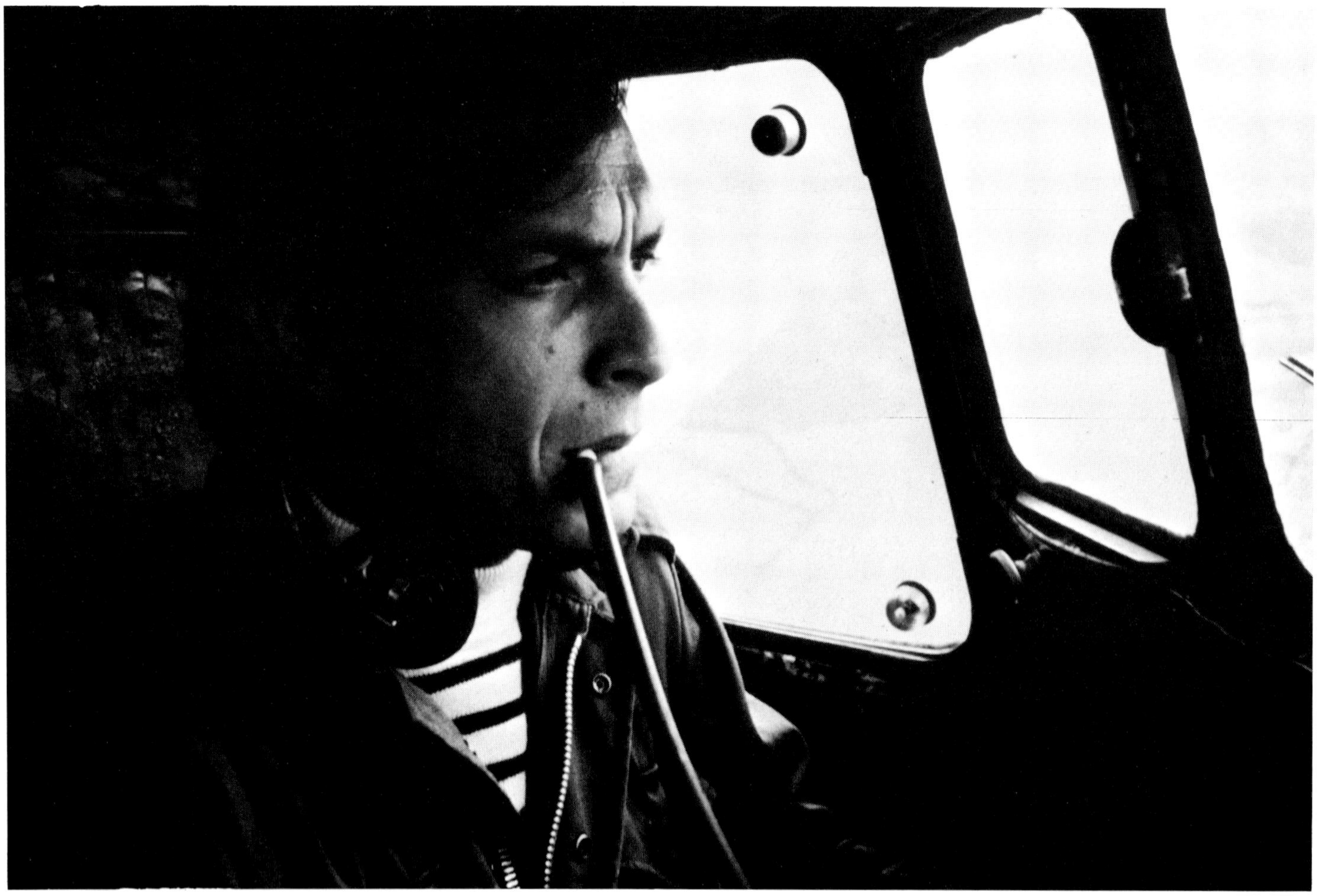

A study in concentration — the face of José Carlos Salazar who, oxygen pipe in his mouth, pushes his C-47 to the limits of its capabilities.

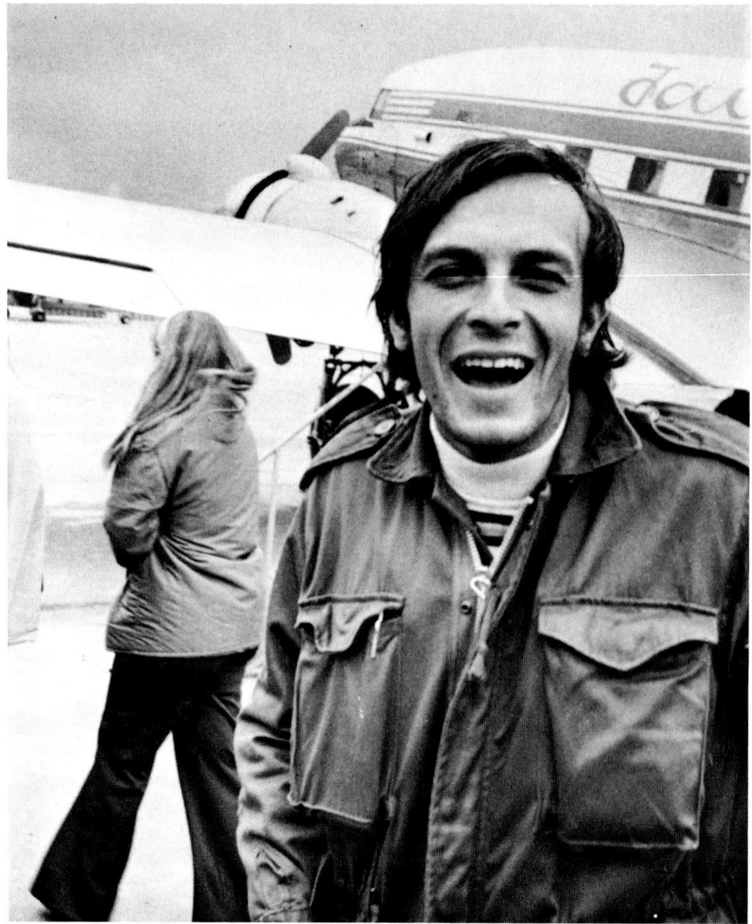

The smiling face of José Carlos Salazar after his return to Cuzco in the worst weather conditions.

Stop-over at Iberia to load balls of rubber for Seringueros.

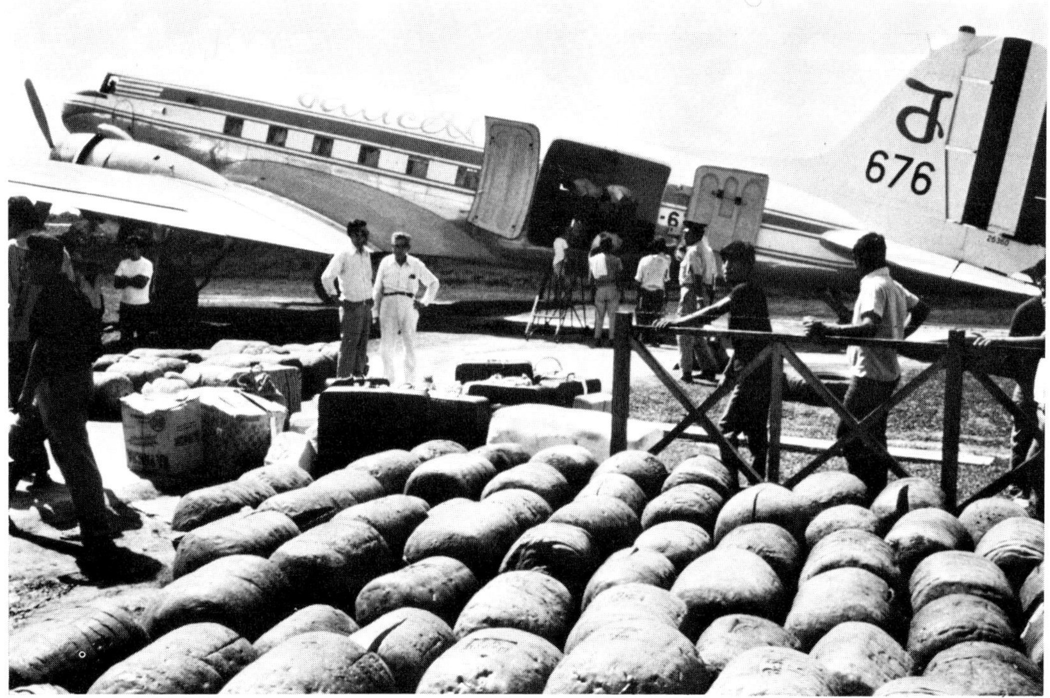

Shortly before takeoff, on the ground at Quincemil with an overcast of fog. The entire village is there — including the local priest, two tourists, and a Spanish Republican exile. Yves Tariel is the third from the left.

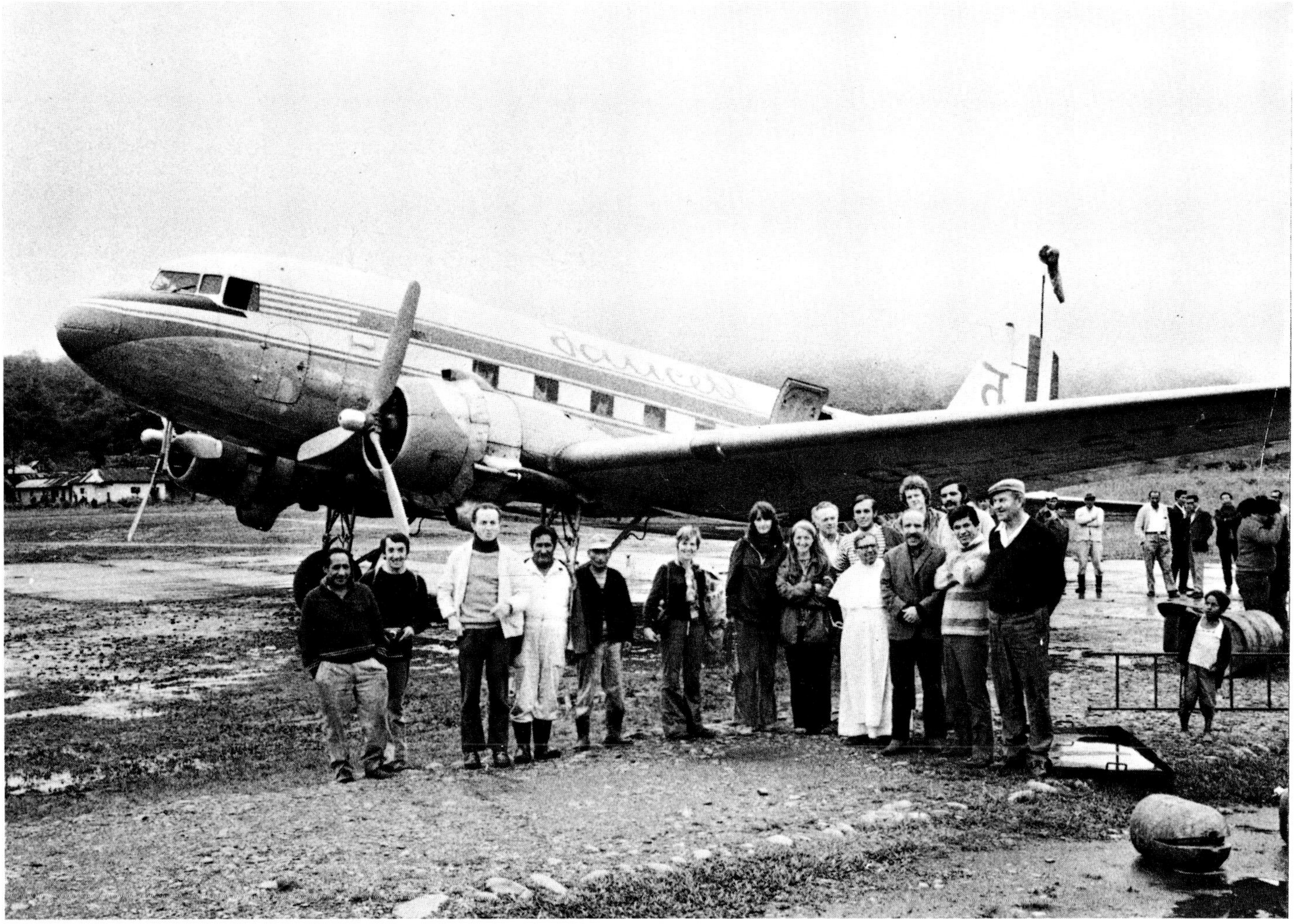

remark that the Dakota could not climb to that altitude.

'You will see,' the pilot said to me with a chuckle, 'we have a trick!'

The trick, quite simply, was to fly like a sailplane. Salazar flew along the slopes, looking for updrafts to help gain altitude. The plane was visibly strained by the increasing altitude. All the gauges were in the red — temperature, oil pressure, etc. I preferred to no longer look at the instrument panel. We reached our ceiling at 4,500 m (15,000 ft) and began to zigzag to make our way across the cordillera, through the small valleys, the defiles, the gorges, skimming over the rocky outcroppings. I had the impression that I had already experienced this through the books by Saint-Exupéry on Mermoz and Guillaumet.

In the cabin, the passengers, knocked out by the altitude, slept peacefully. Even the chickens were now silent.

We landed without problem at Quincemille, on a field of packed dirt.

Then we took off for Puerto Maldonado. It was no longer the same countryside. Below us now was a forest that extended as far as the eye could see. The only reference point was a river, winding between two green banks. We saw an Indian in his dugout. 'Watch this,' Salazar said to me. He dived to 1,500 m (4,900 ft) and plunged into the course of the river, flying lower than the trees. We approached the Indian only 2 m (6 ft) above the water. He was so alarmed that he dived into the water head first. All this in an airliner . . . with passengers.

We landed at Maldonado, then took off for Iberia, near the frontier between Peru and Brazil. We flew over an ocean of greenery, without a single reference point — not one hill, not one stream.

Lacking radio navigation, we flew by chronometer and compass. In sixty minutes we were supposed to have reached our destination. If not, then we were done for. There was no survival gear on board, and there was no means of rescue on the ground.

15 km (9 mi) from Iberia, we finally reached a small radio signal transmitter, of the type used by the Signal Corps in 1943. We first made a low pass to chase the children and animals off the large street, then we landed on this street. Here, it is the airport that has created the village, and not the other way around.

We returned immediately to Quincemille, at the foot of the Andes, from whence we would return to Cuzco the next day.

Oh! I was glad to be on solid ground and able to take a break. I did not know that the worst was just beginning. The next morning, when I got up in my small room in the Faucett building — in reality a wooden barracks — the entire village was drowned in a thick fog. There was a terrible humidity. I was completely damp and also bored, for there was truly nothing to do at this place. Salazar walked around, looking at the sky, muttering oaths in Spanish.

By the following morning, the weather had not changed. It was as thick as pea soup. Visibility: horizontal, 50 m (165 ft); vertical, 20 m (65 ft). Salazar could not stand it, and said he was not going to spend another day in this out-of-the-way place. At noon, it was still closed in. 'Too bad,' said Salazar, 'we are going.' I climbed into the plane with regret, saying to myself 'this is not going to be fun at all!'

We took off in the fog. The liftoff was easy, for the landing strip here was on the plain. Absolutely nothing could be seen through the windows, but I knew that the Andes were there, and that to cross them it was necessary to zigzag through the rocks.

I watched Salazar and the co-pilot. They were sweating profusely. Their only instruments were the compass and the chronometer. From time to time, they turned the plane and took another heading. I could not help thinking that we were at the mercy of the smallest wind current, the slightest drift, that would take us off our route. I was wringing wet, my courage at zero.

Finally, and I don't know how, by what methods, or over what hazards, we arrived above Cuzco, still in complete whiteness.

Below, there was a radio . . . not a goniometer . . . a simple VHF. Salazar spoke into his microphone. Then, suddenly, he made, in the fog, a descent of 3,000 ft per minute, very painful for the ears. And we came out of the clouds at 300 m (1,000 ft) above the ground. When I saw Cuzco, I was astonished.

A little later, Salazar confided in me: *'Before becoming a pilot in charge of a DC-3, you have to have about 1,000 hours as a co-pilot on the route. This is so you can say that you know every rock, every tree, even the slightest air currents.'* And Salazar added, ironically, *'In this business, there are only good pilots... all the others are dead.'*

Several months after my return to France, Salazar sent me a press clipping cut from a newspaper in Lima. The pilot had an engine fail on takeoff. Incredibly, he was able to keep control and bring the plane back in one piece with all his passengers. One chance in a million, concluded the article.

The plane was a Dakota."

Recently a sticker has appeared issued by an aerial transportation company urging "Bring back the Dak". Elsewhere, an English company announced a three-and-a-half week trip from London to Singapore in a Dakota. There would be 140 hours of flight time for lovers of these wonderful airplanes which refuse to go out of service.

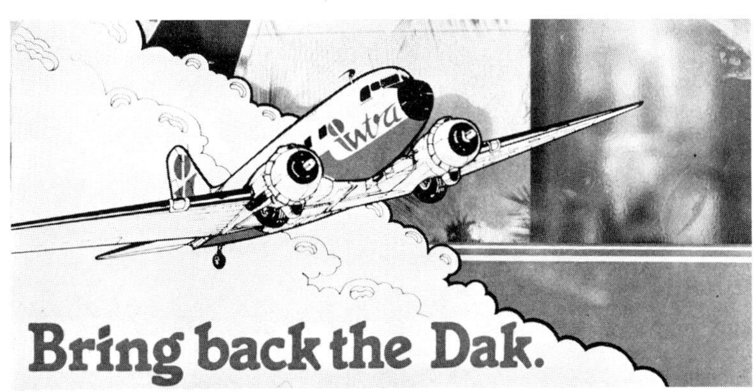

PHOTOGRAPHIC CREDITS

Jacket : Yves Tariel. Private collections, pages : 17, 30, 48, 54, 64, 102, 109, 130, 133, 135, 140, 141, 143, 145, 172, 173, 188. Eastern Airlines, pages : 41, 81. American Airlines, pages : 71. TWA, pages : 16, 49. United Airlines, page : 84. KLM, pages : 16, 50, 51, 52. Pan American World Airways, pages : 17, 62, 168. US Navy, pages : 163, 164, 165. Smithsonian Institute, pages : 18, 24, 54, 63, 69, 84, 94, 117. Imperial War Museum, page : 105. USIS, pages : 14, 108, 122. Photo Agut, Ban. Nîmes, page : 180. Mc Donnell Douglas Aircraft, CO pages : 18, 23, 24, 27, 29, 32, 37, 38, 39, 42, 44, 45, 66, 68, 70, 71, 72, 73, 74, 75, 76, 78, 80, 82, 83, 90, 91, 100, 101, 102, 105, 106, 108, 109, 111, 112, 113, 114, 115, 156, 157, 168, 171. Raymond Cauchetier, pages : 136, 139, 150. Yves Tariel, pages : 42, 94, 123, 179, 180, 181, 185, 186, 187. Collection Young, pages : 119, 123. Collection Tariel, page : 121. ECP Armées, pages : 126, 127, 133, 134, 139, 140, 141, 142, 143, 144, 145, 148, 149, 154. Eugène Pécherand, page : 130. Air France Museum, pages : 176, 177. Hemet Exploration, pages : 182, 183.

ACKNOWLEDGEMENTS

We want to express our warmest thanks to all those who generously helped us in the making of this book: former test-pilot Paul Badré who tested the DC-2 in 1935; Jean Delmas of the magazine Le Trait d'Union *for his advice; Jacques Hémet of Hémet Exploitation for his photographs and stories on the C 47; Colonel Petit of the Air-France Museum who opened his archives and told us the story of the first Air-France DC-3; Fernand Sarrazin who flew on this aircraft in 1939; Claude Guyot and Eugène "La Pêche" Pécherand, pilots during the Indochina War, as well as Raymond Gauchetier, former photographer of the French air forces; Alexandre Besnier and Bernard Violette, two former DC-3 pilots of the night postal service, and both Boeing 747 captains today.*
We also thank the MacDonnell-Douglas Aircraft company in Long Beach, U.S.A., especially, Raymond P. Tourne, Manager of the PR Department, Elaine P. Bendel in the PR Department and Harry Gaun in the Information Department; the National Air and Space Museum in Washington, especially, Walter Boyen; the PR departments of K.L.M., American Airlines, Panam, TWA and United Airlines for the pictures and documentation they provided; the FAF public relations service (SIRPA); the French army photo service (ECPA), especially Mr Rolland.
The Commander, staff and crews of the EPV 56-S at Nîmes-Garons naval base were of great help as well as Petty Officer Agut, photographer of the base.
We also thank paratroopers Thomas Porcella and Robert Murphy of the 82nd Airborne Division who landed at Sainte-Mère-Église on June 6 1944 and Charles H. Young, a C 47 pilot on D Day, for their records and research in the U.S.A.
With his patience and immense knowledge Jean Cuny spared us many errors.
Last but not least, Yves Tariel, a long established Dakota fan, was our "special correspondent" at Douglas, in Long Beach, and lived our adventure with tremendous enthusiasm.

Achevé d'imprimer sur les presses
de Berger-Levrault à Nancy
en septembre 1982
798547 — Dépôt légal : septembre 1982
Imprimé en France